RV Bibliothek des Widerstandes

Erich Oberpichler

DETLEV PEUKERT

Ruhrarbeiter gegen den Faschismus

Dokumentation über den Widerstand im Ruhrgebiet 1933–1945

Röderberg-Verlag Frankfurt/Main

ISBN 3-87682-026-X

BIBLIOTHEK DES WIDERSTANDES

Schumannstraße 56 · 6000 Frankfurt/Main 1, Tel. (0611) 751046
Gesamtherstellung: Plambeck & Co., Druck und Verlag GmbH, Neuss/Rhein

Inhalt

Zur Einführung

1975 jährte sich zum dreißigsten Male die Zerschlagung des Faschismus und die Beendigung des Zweiten Weltkrieges. Obwohl die Hauptlast des Krieges von den Armeen der Anti-Hitler-Koalition getragen wurde, hatten doch die vielfältigen Widerstandsaktionen der von der Hitlerarmee unterworfenen Völker Europas einen bedeutenden Anteil an diesem historischen Sieg. In diese Front reihte sich die deutsche antifaschistische Widerstandsbewegung ein, die auch in bedrückenden und aussichtlos scheinenden Situationen noch die Kraft und den Mut besaß, für das andere Deutschland, die humanistische und demokratische Traditionslinie unserer Geschichte, einzustehen.
Dreißig Jahre nach der Befreiung vom Faschismus ist in der Bundesrepublik die Beschäftigung mit dem Widerstand nicht nur aus historischem Interesse schlechthin erforderlich, sondern vor allem deswegen, weil jene Kräfte, die Faschismus und Weltkrieg verursachten, noch immer Einfluß auf Staat und Gesellschaft ausüben. Die Erkenntnis, daß ohne die Machenschaften der reaktionärsten Kräfte der Rüstungskonzerne, des Industrie- und Bankkapitals, der Vertreter des alten Deutschland in Staatsapparat, Justiz und Militär der Faschismus in Deutschland nicht errichtet worden wäre, war zwar unmittelbar nach 1945 allen bedeutenden politischen Gruppen in Deutschland gemeinsam, aber die Restauration der alten Besitzverhältnisse in der Bundesrepublik im Zeichen des kalten Krieges verhinderte, daß durch den einheitlichen Kampf aller Demokraten daraus erfolgreiche Konsequenzen gezogen werden konnten. Seit über 25 Jahren ist der antifaschistische Auftrag des Grundgesetzes und der Landesverfassung von Nordrhein-Westfalen in wichtigen Teilen besonders der sozialen Grundrechte unerfüllt. Was Wunder, wenn sich in diesem Klima immer wieder Kräfte hervortun, die auf eine Tendenzwende nach rechts und eine Abkehr von der internationalen Entspannung drängen.
Aber auch der offene Faschismus ist international noch nicht überwunden, wie die Ereignisse in Chile zeigen. Die Besinnung auf den antifaschistischen Widerstandskampf begründet sich daher auch aus der unmittelbaren Aktualität seiner Lehren und Erfahrungen für die Bewegungen um Demokratie, Frieden und mehr soziale Sicherheit.
Lange Jahre standen in der Bundesrepublik nur die Widerstandsaktionen der Kirchen und der Militärs des 20. Juli 1944 im Mittelpunkt der Geschichtsschreibung und -vermittlung. Erst in den letzten Jahren wandten sich einige Forscher auch dem Widerstand der Masse der Bevölkerung, besonders der Arbeiter zu. So legte die sozialdemokratische Friedrich-Ebert-Stiftung Unter-

suchungen zum Widerstand in Essen, Dortmund und Duisburg, sowie zur Gewerkschaft der Eisenbahner vor,[1] deren Bemühungen um Materialfülle und Breite der Darstellung allerdings mit einer starken ideologischen Voreingenommenheit besonders gegenüber dem kommunistischen Widerstand kontrastieren. Bedeutendes Material zum antifaschistischen Kampf wurde aus Kreisen der Vereinigung der Verfolgten des Naziregimes – Bund der Antifaschisten zusammengetragen. Im Düsseldorfer Landesarchiv der VVN,[2] in örtlichen Archiven und Sammlungen,[3] sowie in zahlreichen persönlichen Erinnerungen und Materialien dokumentiert sich der Widerstand aus der Sicht der Handelnden selbst, bleiben der Geist und das innere Anliegen des antifaschistischen Kampfes lebendig.

Auf der Grundlage der genannten Veröffentlichungen, ergänzt durch Archivstudien[4] und Befragungen noch lebender Zeugen entstand dieser Versuch einer ersten zusammenfassenden Darstellung des Widerstandes in der ganzen Ruhrregion. Es wurde dabei versucht, das Bemühen um Objektivität und historisch-kritische Darstellung mit einer Wertung des Arbeiterwiderstandes zu verknüpfen, die ihre Sympathie für die Antifaschisten nicht verhehlt, ohne deshalb in eine falsche Heroisierung zu verfallen.

Dieses Buch wendet sich zuerst an den interessierten allgemeingebildeten Leser, nicht ausschließlich an Fachhistoriker. Im Interesse einer guten Lesbarkeit wurde daher auf allzu spezialisierte Quellenkritik und auf die detaillierte Diskussion von historischen Spezialproblemen weitgehend verzichtet. Statt dessen soll die Wiedergabe von Dokumenten im Faksimile oder im Textauszug zusammen mit Erlebnisberichten für ein lebendiges und anschauliches Bild des antifaschistischen Widerstandes sorgen. Der Autor hofft, im Zuge seiner begonnenen Dissertation über den „Widerstand der KPD in Rheinland – Westfalen 1933-1945“ weitere neue Materialien, aber auch die hier von manchem Fachhistoriker vielleicht vermißte Auseinandersetzung en detail, vorlegen zu können. Hierzu werden alle Kritiken, Korrekturen und Ergänzungen an dieses Buch mit großem Interesse erwartet.

Zwar soll erst im Schlußkapitel dieses Buches eine zusammenfassende Charakterisierung des Widerstandes versucht werden, aber trotzdem muß hier bereits auf ein nur unvollkommen lösbares Problem hingewiesen werden. Gerade in Deutschland, wo der Widerstand nicht in bedeutende Massenkämpfe und Partisanenaktionen umschlug, darf sich die Darstellung des Widerstandes nicht auf die relativ organisierten Parteien der Arbeiterklasse beschränken, sondern muß eigentlich jene Fülle kleiner und kleinster Aktivitäten mit umfassen, die von der Verweigerung der Winterhilfsspende bis zum Abhören ausländischer Sender reichten. Erst die ganze Summe solcher Haltungen und Handlungen markiert das Feld, aus dem organisierte Formen des Widerstandes im-

mer wieder hervortreten. Der Charakter einer zusammenfassenden Darstellung über eine ganze Region erzwingt es aber, sich den organisierten und allgemein bedeutenden Aktivitäten in erster Linie zuzuwenden. Es kann daher nur in Form einzelner Beispiele auf solche Einzelerlebnisse eingegangen werden. Die gleiche Einschränkung gilt auch für die Fülle lokaler Organisationen und Aktionen, die ebenfalls nur verallgemeinernd angesprochen werden können. Am schwierigsten aber ist es, die elementaren Bewegungen in den Betrieben nachzuzeichnen, die in Prozeßakten und Erinnerungsberichten nur selten ihren Niederschlag gefunden haben und deren eventuelle Zeugnisse in den Archiven der Industrie uns verschlossen bleiben.
Zur Rekonstruktion von bestimmten Ereignissen und von Zusammenhängen zwischen Gruppen und Personen sind heute – über 40 Jahre nach dem faschistischen Machtantritt – die Akten und Dokumente der Verfolgerseite (Justiz, Gestapo, usw.) unerläßlich, da die Mehrzahl der Zeugen des Widerstandes nicht mehr lebt. Sowohl die Art der Informationsgewinnung wie das Interesse der Autoren lassen diese Nazidokumente zu einer höchst unsicheren Quelle werden. Bedauerlicherweise hat besonders die Untersuchung der Friedrich-Ebert-Stiftung über Duisburg diese kritische Distanz oft vermissen lassen.[5] Das Anliegen des Widerstandes kann u. E. nur dann objektiv gewürdigt werden, wenn dessen authentische Dokumente, Schriften, Aufrufe und Erinnerungsberichte im Mittelpunkt des Interesses stehen.
Um das politische Anliegen des antifaschistischen Widerstands genügend herausarbeiten zu können, ist daher auch in einem sonst für regionale Darstellungen nicht üblichem Maße auf grundsätzliche Probleme und ganz Deutschland betreffende Entwicklungen eingegangen worden. Dabei mußten wir uns besonders mit jenen antikommunistischen Legenden und Entstellungen auseinandersetzen, die bis heute das Bild der bedeutendsten Gruppe des Widerstandes trüben.
Das Projekt dieses Buches entstand aus einer Ausstellung über den Widerstand im Ruhrgebiet, die unter vielen Schwierigkeiten von einer Gruppe Bochumer Studenten aufgebaut wurde. Aus der inhaltlichen Konzipierung der Ausstellung erwuchs der Plan, eine begleitende, zusammenfassende Schrift mit den interessantesten Bilddokumenten der Ausstellung zu verfassen. Im Frühjahr 1974 wurde mit dieser Broschüre begonnen, und die weitere Beschäftigung mit dem Thema erzwang es, gleichsam im Selbstlauf, eine breitere und fundiertere Darstellung zu geben, für die schrittweise durch Befragungen, Interviews und Archivstudium die Quellengrundlage geschaffen wurde. Dies alles mußte neben dem Studium, neben der Ausstellungsvorbereitung und im Sommer und Herbst 1975 neben dem Staatsexamen geschehen. Freundlicherweise gab mir Prof. Dr. Hans Mommsen ein Thema für meine Arbeit, das sich ebenfalls auf

den Widerstand in unserer Region bezog. Natürlich macht sich der Mangel an Zeit – und Geld –, der manche Befragung weit verstreut wohnender Widerstandskämpfer und manches zusätzliche Archivstudium verhinderte, in der Darstellung bemerkbar.
Diese Bemerkungen sollen weder etwaige Schwächen und Fehler des Textes noch zu knappe Darstellungen und Auslassungen wichtiger Details entschuldigen. Sie sollen vielmehr den kritischen Leser versichern, daß der Autor dieses Buch erst für einen bescheidenen Anfang in der Darstellung des Ruhrarbeiter-Widerstandes hält, der der offenen Kritik, aber auch der Bereitschaft zur konstruktiven Mitarbeit bedarf. Daher muß betont werden, daß dieses Buch von seiner Resonanz, vom Engagement und der Kritikbereitschaft seiner Leser lebt.
Ein herzlicher Dank gilt Karl Schabrod in Düsseldorf, Ernst Schmidt in Essen, den Mitarbeitern des Instituts für Marxismus-Leninismus beim ZK der SED in Berlin, besonders dem Zentralen Parteiarchiv und dessen Leiter, Prof. Dr. Heinz Voßke. Außerdem verdanke ich viele Hinweise und Anregungen Aurel Billstein, Renate Heimann, Burkhard Heringhaus, Ernst Hinz, Luise Kraushaar, Walter Kuchta, Prof. Dr. Klaus Mammach, Max Oppenheimer, Werner Stertzenbach, Heinz Junge, Michael Zimmermann, Amir Lewin und vielen weiteren.

Bochum, Frühjahr 1976 *Detlev Peukert*

1. Der Aufmarsch des Faschismus

Lange vor 1933 hatten sich bereits jene Kräfte formiert, die die Beseitigung der Weimarer Republik, den Angriff auf die sozialen und politischen Lebensrechte der arbeitenden Bevölkerung, die Verfolgung und Vernichtung ihrer Organisationen und die Vorbereitung des Revanche-Krieges zu ihrem Programm gemacht hatten. Schon seit Gründung der ersten deutschen Republik standen dem demokratischen Verfassungsanspruch die realen Machtverhältnisse in Staat und Gesellschaft entgegen. Was sich auf der staatlichen Ebene als Fortbestehen der alten Bürokratie, des alten Militärapparates, der monarchistischen Justiz darstellte, wurzelte in der entscheidenden Sphäre der Gesellschaft, im Weiterbestehen der alten Besitzverhältnisse in der materiellen Produktion. Mit dem Beginn der Weltwirtschaftskrise wandten sich immer breitere Kreise der Herren von Industrie, Banken, Adel, Militär und Bürokratie gegen die Rahmenbedingungen der bürgerlich-parlamentarischen Demokratie. Schon seit 1929/1930 wurden per Notverordnungen schrittweise die Löhne, Gehälter und die Arbeitslosenunterstützung gekürzt. Gleichzeitig erfolgte eine Beschränkung der demokratischen Rechte durch Versammlungsverbote, Demonstrationsverbote, Verbote oppositioneller Zeitungen und von Arbeiterorganisationen, wie dem Roten Frontkämpferbund oder dem proletarischen Freidenkerverband. Ferner durch Film-, Theater- und Buchzensur, sowie durch die Einrichtung von Sondergerichten. Die Pläne der Republikfeinde in den Schlüsselpositionen der Republik zur Vernichtung der revolutionären Arbeiterbewegung, zur Beseitigung der letzten Errungenschaften der Novemberrevolution unterschieden sich zwar in den Methoden (und reichten von der Stärkung der Notstandsvollmachten des Reichspräsidenten über Pläne zur monarchischen Restauration bis zur Errichtung einer blutigen faschistischen Diktatur). Das Ziel aber, die Beseitigung selbst der formaldemokratischen Schranken und die Orientierung auf Deutschlands Wiederaufrüstung, war allen gemeinsam. Die verschiedenen politischen Methoden wurden in immer neuen Kombinationen diesem gemeinsamen Ziel zugeordnet.

Während auf der staatlichen Ebene die Ausschaltung des Reichstages, die Regierung durch Notverordnungen des Reichspräsidenten und ein scharfer Polizeiterror gegen die revolutionäre Arbeiterbewegung auf der Tagesordnung standen, formierten sich die Bürgerkriegsarmeen der Nationalsozialisten überall im Lande. Schon bevor sich eine breite reaktionäre Interessenkoalition auf

die Errichtung der unverhüllten Diktatur mit Hitler als Reichskanzler geeinigt hatte, trieb der Straßenterror der bewaffneten SA und SS zu einem immer wilderen Klima der Gewalttätigkeit besonders gegen die Arbeiterklasse, und formierten die radikalen Parolen der Goebbelspropaganda die bisherigen Anhänger der traditionellen bürgerlichen Parteien zur Millionenwählerschaft der NSDAP. Angestellte, Beamte, Bauern, kleine Händler und Handwerker und die Angehörigen der bürgerlichen Intelligenz waren durch die Weltwirtschaftskrise in eine Existenzangst und oft auch materielle Not getrieben worden, die sie relativ leicht zu Anhängern der nationalsozialistischen Bewegung machte. Dabei konnte die NS-Propaganda an die weitverbreiteten Ideologien des Antisemitismus, des übersteigerten Nationalismus, der Verherrlichung des Krieges, des Rufs nach Revanche und der Sehnsucht nach einer Obrigkeit, die „richtig durchgreift“, anknüpfen. Der Haß gegen die Novemberrevolution von 1918 und der schrankenlose Antikommunismus, der im Weimarer Bürgertum weit verbreitet war, konnte ebenfalls bruchlos zum Hauptbestandteil der faschistischen Ideologie werden.
Diese Massenstimmung wurde nicht nur durch die reaktionären Pressekonzerne, wie etwa Hugenbergs, unterstützt, sondern zunehmend auch von Kreisen der rheinisch-westfälischen Schwerindustrie finanziert. Um Fritz Thyssen (der schon 1923 zu Hitlers Förderern gehört hatte,) und Albert Vögler (Vereinigte Stahlwerke), Bankiers wie Karl Rasche (Westfalenbank Bochum), Kurt Freiherr von Schröder (Bankhaus Stein, Köln) und andere einflußreiche Großunternehmer bildete sich besonders seit 1929/31 ein fester Kreis von Förderern der NSDAP heraus, der sich frühzeitig auf den Ausbau dieses radikalsten Instruments der Faschisierung in Deutschland orientierte. Zunächst setzte aber die Mehrheit der Großindustriellen und Bankiers, besonders die führenden Leute in den Chemie- und Elektroindustrien, auf einen schrittweisen Abbau der demokratischen Rechte und die Errichtung eines autoritären Staates. Verschiedene Konzepte für eine allmähliche Faschisierung, gestützt auf die Deutschnationale Volkspartei (DNVP), klerikal-faschistische Kräfte oder auf die Reichswehr, teilweise unter Einbeziehung der NSDAP, wurden entworfen. Nachdem aber sowohl die klerikal-junkerliche Regierung des Reichskanzlers Franz von Papen wie die militaristische Regierung des Generals Kurt von Schleicher als auch die Verhandlungen zur Einbeziehung der NSDAP in diese Regierungen gescheitert waren, bildete sich um die Jahreswende 1932/33 eine neue Interessenkoalition heraus: sie setzte auf die brutalste, unverhüllteste Variante der faschistischen Diktatur mit dem Reichskanzler Adolf Hitler und unter Einbeziehung der bedeutendsten Repräsentanten der Rechtsopposition in der Weimarer Republik.
Wenn sich manche Forscher und besonders der Amerikaner H. A. Turner jr.

darauf berufen, daß maßgebende Industrielle wie etwa Krupp die NSDAP als Partei erst relativ spät unterstützt hätten, dann verkennen sie dabei den Charakter des Faschisierungsprozesses, bei dem die verschiedenen Methoden miteinander kombiniert wurden. Daher kann man nicht jene, die zunächst die NSDAP noch nicht an der Regierung sehen wollten, von der Verantwortung für die Faschisierung insgesamt freisprechen; denn die offene, blutige Diktatur blieb für alle Gruppen in Großindustrie, Banken und Großgrundbesitzer als letztes Mittel parat. Es profitierten auch die, die zunächst mehr auf die Reichswehr oder die Deutschnationale Volkspartei (DNVP) des ehemaligen Krupp-Direktors Hugenberg setzten, von der NSDAP als terroristischer Massenbasis und als Alternative zur schrittweisen Faschisierung.[6]

Im Ruhrgebiet blieben Massenanhang und Wählerstimmen der NSDAP merklich unter dem Reichsmaßstab. Während am 6. November 1932 33,1 Prozent der Stimmen im Reich auf die NSDAP entfielen, erhielt die Nazipartei in den vier nordrhein-westfälischen Wahlkreisen, die neben dem Ruhrgebiet ja auch noch ländliche Gebiete umfassten, 24,5 Prozent,[7] in einer reinen Industriestadt wie Dortmund sogar nur 17,7 Prozent.[8] Wenn man innerhalb Dortmunds eine typisch bürgerliche Wohngegend (hier Dortmund-Gartenstadt) mit einem Arbeiterviertel (hier die Siedlung der Westfalenhütte um den Borsigplatz) vergleicht, wird die unterschiedliche soziale Herkunft der Wähler von NSDAP und linken Parteien noch deutlicher:[9]

In Gartenstadt erhielt die NSDAP am 6. November 1932 29,6 Prozent der Stimmen, während der Anteil der Arbeiterparteien KPD und SPD 25,1 Prozent betrug. (Der Gesamtanteil von KPD und SPD blieb in der Weltwirtschaftskrise ungefähr gleich: 1928 hatten sie zusammen 27,3 Prozent.) Am Borsigplatz hingegen konnte die NSDAP nur 12,8 Prozent erzielen, die beiden Arbeiterparteien erhielten 63,1 Prozent der Stimmen. (1928 hatten sie zum Vergleich 57,7 Prozent. Dabei war die KPD am Borsigplatz von 29,8 Prozent 1928 auf 43,2 Prozent im November 1932 angewachsen.)

Das Wachstum der NSDAP vollzog sich also innerhalb der bürgerlichen und kleinbürgerlichen Wählerschaft. Nur das katholische Zentrum blieb unbehelligt, während die anderen bürgerlichen Parteien bis zur Bedeutungslosigkeit dezimiert wurden. Das festeste Bollwerk gegen die faschistischen Einflüsse stellte aber die organisierte Arbeiterbewegung dar, die nicht nur ihren Stimmenanteil hielt, sondern sich auch in den Städten des Ruhrreviers zur aktivsten antifaschistischen Kraft profilierte.

Der relativ schwache Massenanhang der NSDAP im Ruhrgebiet und die Tatsache, daß sich hier Hochburgen der revolutionären Arbeiterbewegung befanden, führte dazu, daß Geldgeber und Hintermänner der Nazibewegung besonders darauf orientierten, mit den Terroraktionen der SA die Schwäche im Massenanhang wieder wettzumachen und die Kampfbereitschaft der Arbeiter durch immer neue Überfälle auf ihre Wohnviertel, die Büros ihrer Organisationen usw. zu brechen. Bei der Eskalation des Terrors konnten sie der wohlwollenden Duldung der Staatsorgane sicher sein. In zahlreichen Prozessen wurden 1932 Arbeiter zu hohen Strafen verurteilt, weil sie sich gegen SA-Banden zur Wehr gesetzt hatten. Dabei wurden sie für alle Opfer solcher Auseinandersetzungen von der bürgerlichen Justiz haftbar gemacht. Tausende Mitglieder gerade jener Organisationen, die seit 1933 die Hauptlast des antifaschistischen Widerstandskampfes trugen, wurden so bereits vor Machtantritt des Faschismus eingekerkert. Insgesamt wurden in Deutschland allein 1932 von den Nazis 139 Arbeiter und von der Polizei 81 Arbeiter ermordet. 33686 Antifaschisten standen in diesem Jahr in 7316 politischen Prozessen vor Gericht.[10] Als die mehrheitlich sozialdemokratische Polizei in Dortmund nach viel zu langem Abwarten endlich einmal am 19. April 1932 die Straße von SA-Schlägern räumte und das NSDAP-Haus am Schwanenwall nach Waffen durchsuchte, trug ihr das eine Verurteilung des Landgerichts Dortmund wegen „Hausfriedensbruch und Körperverletzung" ein.[11]

2. Antifaschistische Aktion

Erste Abwehraktionen

Die demokratischen Kräfte im Ruhrgebiet waren nicht bereit, dem Vormarsch des Faschismus tatenlos zuzusehen. Bereits anläßlich des NSDAP-Gautages am 3. und 4. Mai 1930 in Dortmund hatten nach einem Aufruf von KPD und Kommunistischem Jugendverband (KJVD) zur Einheitsfront gegen den Faschismus Tausende demonstriert.[12] Dem Zug schlossen sich auch viele Mitglieder des sozialdemokratisch geführten Wehrverbandes Reichsbanner Schwarz-Rot-Gold an, obwohl dessen Führung die Teilnahme abgelehnt hatte.[13] Am 7. August 1930 rief dann der Bezirksvorsitzende der KPD im Ruhrgebiet, Wilhelm Florin, erneut zur Vereinigung gegen die Faschisten auf. In diesem Zusammenhang wurde bereits ein überparteiliches Kampfkomitee gegen den Faschismus für Groß-Dortmund gebildet.[14] Unter der Losung „Formiert die antifaschistischen Bataillone!“[15] konstituierte sich der Kampfbund gegen den Faschismus, den auf Anregung der KPD parteilose, sozialdemokratische und kommunistische Arbeiter als überparteilichen Träger von Selbstschutzstaffeln und antifaschistischen Einheitskomitees gebildet hatten. Noch im Laufe des gleichen Jahres erlebten fast alle Städte des Ruhrgebiets ähnliche Gründungen. Alle diese frühzeitigen Aktivitäten zeugen davon, daß besonders die KPD bereits vor den Anfängen der faschistischen Massenbewegung warnte und einheitliche Kampfaktionen zu initiieren suchte. Auch die Presse und die Politiker der deutschen Sozialdemokratie und der bürgerlich-demokratischen Parteien (Zentrum und Deutsche Staatspartei, vormals Deutsche Demokratische Partei) warnten vor dem Haß der Nazibewegung gegen Demokratie und Humanismus. Immer wieder wiesen führende Sozialdemokraten darauf hin, daß sich Industrielle und Bankiers mit der NSDAP ein Instrument zur Beseitigung der Weimarer Republik herangezogen. Aber den deutlichen Warnungen vor dem Aufschwung der Nazibewegung folgte kein Aufruf zur Entfaltung von kämpferischen Abwehraktionen besonders der Arbeiterklasse, sondern eine ängstliche Politik des Mißtrauens in die eigene Kraft, der Unbeweglichkeit und der Tolerierung des „kleineren Übels“ von Notverordnungsdiktatur und Sozialabbau, weil man damit trügerischerweise hoffte, dem größeren Übel der offenen faschistischen Diktatur entgehen zu können.[15a]
Als die Nazis seit Beginn des Jahres 1932, salonfähig durch das Bündnis der Harzburger Front, finanziert durch Ruhrindustrielle und ermutigt durch die offizielle Regierungspolitik der schrittweisen Faschisierung, immer unver-

schämter auf den Straßen des Ruhrgebietes auftraten, stießen sie auf den erbitterten Widerstand besonders der klassenbewußten Arbeiter in den Fabriken und Gruben, in den Kolonien und auf den Stempelstellen.
So protestierten am 19. Januar 1932 sozialdemokratische und kommunistische Betriebsräte der Schachtanlage Sachsen in Heessen gegen die sogenannte HIB-Aktion der Nazis (dem Versuch, den faschistischen Einfluß „Hinein-in-die-Betriebe" auszudehnen).[16] Zahlreiche ähnliche Proteste machten deutlich, daß nur eine kleine Minderheit der Industriearbeiter auf die braune Propaganda hereinfiel. Um so mehr sollte der offene Terror den Widerstandswillen zu brechen versuchen. Mit den Geldern der Ruhrindustrie wurden kasernierte SA-Trupps besoldet, gekleidet, verpflegt und darauf gedrillt, in die Arbeitersiedlungen einzudringen, Prügeleien und bewaffnete Zusammenstöße zu inszenieren, bekannte Arbeiterlokale zu stürmen und zu demolieren. Mit Messern, Pistolen und Schlagstöcken bewaffnet, überfielen sie Funktionäre und Mitglieder der Gewerkschaften, der Arbeiterparteien und der proletarischen Massenorganisationen. Auch Parteilose und Christen wurden Opfer des Terrors. Am 30. Januar 1932 ermordeten SA-Trupps in Dortmund zwei Jungarbeiter,[17] den Christen Josef Geiße und den Kommunisten Willi Jäger. 7000 Dortmunder, Mitglieder der KPD, des KJVD, der SAJ (Sozialistische Arbeiter-Jugend: Jugendorganisation der SPD), Jugendliche der (linkssozialistischen) SAP, christliche und parteilose Arbeiter, gaben den Toten am 4. Februar das letzte Geleit.[18] Während der Beisetzung traten die Arbeiter mehrerer Baustellen in den politischen Proteststreik.[19]
Bedeutend erschwert wurde der Kampf gegen die Faschisierung des Staatsapparates und den wachsenden Einfluß der NSDAP dadurch, daß die Führungen von SPD und Gewerkschaften die Konzeption der „Tolerierungspolitik" vertraten. Sie vertraten die Auffassung, daß Zugeständnisse an die Notverordnungspolitik des Reichspräsidenten und des rechten Zentrumskanzlers Brüning diese vor der Zusammenarbeit mit den Nationalsozialisten zurückhalten würden. Diese Tolerierungspolitik erlaubte aber ungewollt gerade jene schrittweise Faschisierung des Staatsapparates, die erst den Machtantritt der Nationalsozialisten ermöglichte. Statt die Arbeiter zur Verteidigung auch der kleinsten demokratischen Errungenschaft aufzurufen, gewöhnte die Stillhaltepolitik die sozialdemokratisch beeinflußten Massen daran, den wiederholten Übergriffen der Rechtskräfte tatenlos zuzusehen.[20] Bei der Neuwahl des Reichspräsidenten im Frühjahr 1932 entschloß sich die SPD dann sogar, die Kandidatur Paul von Hindenburgs zu unterstützen, des kaisertreuen Militärdiktators aus dem Ersten Weltkrieg. Millionen Anhänger wurden vor die Scheinalternative „Hindenburg oder Hitler" gestellt. Dieses „kleinere Übel", das angebliche Bollwerk der Verfassung, Hindenburg, berief bereits neun Monate später Adolf Hitler

zum Reichskanzler, so daß sich die Warnung der KPD bewahrheitete „Wer Hindenburg wählt, wählt Hitler. Wer Hitler wählt, wählt den Krieg!“[21]

Die Antifaschistische Aktion

Die drohende Gefahr des Faschismus veranlaßte die KPD im Mai 1932, zur gemeinsamen „Antifaschistischen Aktion“ aufzurufen. Im darauffolgenden Aufruf der Bezirksleitung Ruhr der KPD vom 6. Juni werden im Zeichen der Antifaschistischen Aktion gemeinsame Kampfdemonstrationen, Bildung von Organen des Massenselbstschutzes, und von antifaschistischen Einheitskomitees vorgeschlagen.[22] Die Kommunisten gingen davon aus, daß jetzt alle Kräfte der Arbeiterklasse vereint werden müßten, um die demokratischen Rechte und Freiheiten zu verteidigen.[23] Aber nicht nur die Arbeiterklasse sollte gegen die faschistische Offensive geeint werden, sondern auch die Mittelschichten, die kleinen Händler, Handwerker und Bauern, sollten dem faschistischen Einfluß entzogen werden. Gerade in den reaktionären Hochburgen rund um das rheinisch-westfälische Industriegebiet fuhren antifaschistische Arbeiter zu regelmäßigen Landeinsätzen, um mit Flugblattverteilungen und Dorfversammlungen die schwachen demokratischen Kräfte auf dem Land zu unterstützen.
Als die neugebildete Regierung des Reichskanzlers Franz von Papen, der bereits ein Großteil der späteren Minister der Hitler-Regierung angehörten, das Verbot für SA und SS, in Uniform zu demonstrieren, am 16. Juni 1932 aufhob, setzte sofort eine bis dahin unbekannte Welle von Provokationen und Mordaktionen gegen die Mitglieder der Arbeiterparteien ein. Allein am 17. und 18. Juni 1932 kam es zu Überfällen der SA auf Arbeiter in Essen, Wanne-Eickel, Dortmund, Bochum, Herne, Duisburg-Hamborn und Wattenscheid.[24] In vielen Orten brach sich angesichts des Terrors der spontane Einheitswille Bahn. Während schon am 5. Juni 30000 Dortmunder an einer antifaschistischen Kundgebung auf dem Viehmarkt teilnahmen,[25] kam es jetzt nicht nur zu spontanen gemeinsamen Verteidigungsaktionen in den Arbeiterwohnvierteln, sondern zu ersten offiziellen gemeinsamen Beratungen aller Arbeiterorganisationen. Nach einem SA-Terrorüberfall auf Arbeitersiedlungen in Essen-Werden am 17. Juni 1932 kamen die Funktionäre von KPD, SPD, Gewerkschaften und proletarischen Massenorganisationen Werdens zusammen und beschlossen einen Aufruf zu einer gemeinsamen Protestdemonstration. Allerdings mußten die sozialdemokratischen Unterzeichner am Tage darauf ihre Unterschrift zurückziehen, weil ihnen der Parteiausschluß angedroht worden war. Trotzdem nahmen zahlreiche Reichsbannerkameraden an der darauf folgenden Demonstration am 2. Juli teil.[26]

Einzelpreis 10 Pf.

Der Kämpfer

Gegen die Reichen! Für die Armen! Wählt Kommunisten! Liste 3!

Organ der Kommunistischen Partei Deutschlands, Bezirk Ruhrgebiet • Se[...] der Kommunistischen Internationale

Für Arbeit Brot u. Freiheit

Nr. 133 | Freitag, den 24. Juni 1932 | 8. Jahrgang

Werdens Arbeiterschaft verwirklicht die Losung:

Mit Kommunisten – gegen Faschismus

Gemeinsamer Kampfappell aller Arbeiterorganisationen Werdens gegen Faschismus, Notverordnungskabinett u. Hungerabbau

Durch die Initiative der Arbeiter aus dem Reichsbanner, Schutzbund und Kampfbund hat sich auch in Werden die rote Einheitsfront gegen Faschismus und braunen Mordterror gebildet. Der äußere Anlaß zur ersten Aussprache der Funktionäre aller proletarischen Organisationen war die Tatsache, daß in der Samstagnacht 200 SA-Mordgesellen eine „Strafexpedition" von Essen nach Werden machten und einen Arbeiter niederstachen. Am Montag hatte man erneut eine SA-„Strafexpedition" vorgesehen. Doch war in der Zwischenzeit die Diskussion in den Betrieben und auf der Straße so gesteigert, daß ungeheure Massen die Nazis gebührend empfingen.

In der Zusammenkunft aller proletarischen Organisationen wurde nachfolgender Aufruf beschlossen, für dessen Forderungen am Freitag demonstriert und die gesamte Arbeiterschaft Werdens mobilisiert werden soll.

An die Arbeiterschaft Werdens!

Wir teilen der Arbeiterschaft Werdens mit, daß mit dem heutigen Tage die Einheitsfront untenstehender Organisationen auf folgender Plattform gebildet ist:

Gegen den Faschismus, gegen jeden Abbau der Löhne, gegen den Abbau der Sozialversicherung, der Arbeitslosen-, Krisen- und Wohlfahrtsunterstützung. Kampf der Papen-Schleicher-Regierung!

Am Freitag, dem 24. Juni, demonstriert die Arbeiterschaft für obengenannte Forderungen.

Reichsbanner, Ortsgruppe Werden, Kampfbund gegen den Faschismus, Werden; Schutzbund, Werden; KPD, Werden; Ortskartell der freien Gewerkschaften; Rot Sport; Arbeitersportvereine und alle proletarischen Massenorganisationen. — Ferner schließen sich die freigewerkschaftlichen Betriebsräte der Schachtanlage Pörtingsiepen, der Werdener Feintuchwerke und der Holzfabrik Fa. Döllken u. Co. dem Aufruf an.

*

Der mutige Einheitsfrontschritt der Werdener Arbeiter und proletarischen Funktionäre muß im gesamten Ruhrgebiet den lebhaftesten Widerhall finden!

Das Beispiel des einheitlichen Kampfes gegen den Faschismus, gegen Lohn-, Unterstützungs- und Rentenabbau, gegen die Papen-Schleicher-Regierung muß überall zünden, wo ehrliche Proletarier bereit sind, ihre Existenz und ihre Freiheit im Klassenkampfe zu verteidigen.

Folgt dem Beispiel von Werden, ihr SPD- und Reichsbanner-Arbeiter. Nichts fürchtet der Faschismus und seine Helfershelfer so sehr wie die rote Einheitsfront der Antifaschistischen Aktion! Gerade deshalb ist diese Einheitsfront notwendig, gerade deshalb muß sie marschieren!

Vorwärts, unter der Sturmparole: Mit den Kommunisten — gegen den Faschismus!

Zehntausende vereint gegen den Mordfaschismus!

(h) Heute wird in Duisburg der parteilose Arbeiter und Wohlfahrtserwerbslose Josef Bischof, der von den vertierten SA-Banden niedergestochen wurde, vom Proletariat Duisburg-Hamborns zu Grabe getragen. Die einmütige Massenforderung der Arbeiterschaft erzwang die Freigabe der Straße für die Arbeiter, die dem ermordeten Antifaschisten das letzte Geleit geben.

Hinter dem Sarge des Gemordeten werden diesmal nicht nur die Arbeiter marschieren, die das Sowjetbanner in ihren Fäusten halten. Schulter an Schulter mit ihren marschieren diesmal auch die sozialdemokratischen Arbeiter, die Kameraden aus dem Reichsbanner, die Mitglieder der freien Gewerkschaften. Wie ein elektrischer Funke zündete der bestialische SA-Mord in den Reihen der Arbeiter aller Parteirichtungen. Nachdem bereits in Neudorf, in Hochfeld, in Moers, in Hamborn die Provokationen der uniformierten und bewaffneten SA-Terrorbanden zu gemeinschaftlichen Abwehraktionen der sozialdemokratischen und kommunistischen Arbeiterschaft geführt hatten, beseitigte der jetzige SA-Mord an dem parteilosen Arbeiter Bischof die letzten künstlich errichteten Dämme. Stürmisch forderten die SPD- und Reichsbannerarbeiter den gemeinsamen Aufmarsch. Der Wille zur antifaschistischen Einheit wurde so übermächtig, daß auch die Führer der „Eisernen Front" nicht mehr umhin konnten, die Fühlung mit den Kommunisten aufzunehmen.

So kam die gemeinsame Begräbnisdemonstration zustande. Die Kommunistische Partei stellte den Führern der „Eisernen Front" keinerlei Bedingungen für ihre Teilnahme an der Demonstration. Mag der Reichsbannerprolet in seiner schwarzrotgoldenen Uniform neben dem Kampfbündler in seinem schwarzen Hemde marschieren! Uns Kommunisten kommt es nur auf eins an: auf die gemeinsame Kampfdemonstration gegen den Faschismus, auf die einheitliche antifaschistische Front!

Dieser gemeinsame Begräbnisaufmarsch in Duisburg-Hamborn ist ein erster Auftakt der Einheitsfrontbildung im Maßstabe einer ganzen Stadt, das erste Wetterleuchten jener gewaltigen Massenfront, deren Antifaschistische Aktion mit dem faschistischen Mordgelichter für alle Zeiten aufräumen wird. Wir schlagen den antifaschistischen Arbeitern und Funktionären der Sozialdemokratie, des Reichsbanners und der freien Gewerkschaften vor, noch einen Schritt weiter

Nazis proklamieren Mordfreiheit

„Notwehrrecht" gegen Antifaschisten gefordert • Landsknechte Frankreichs gegen Sowjetunion

Essen, 23. Juni. Die Essener „National-Zeitung" veröffentlicht ein Telegramm der Florian und Terboven, das in der Form eines Aufrufs aufgemacht ist. Die Rhein-Ruhr-Nazipartei, die wir seinerzeit überführten, einen konkreten Terrorplan gegen das Proletariat des westlichen Industriegebietes aufgestellt zu haben, proklamiert mit diesem Aufruf nicht mehr und nicht weniger als volle Mordfreiheit für die SA-Notverordnungsarmee! Wörtlich heißt es darin:

„Sturmabteilungen sind bei Inanspruchnahme des Notwehrrechts stark genug, roten Terror restlos zu brechen ... Bitten Sie (den Fraktionsführer Kube), dieses Notwehrrecht von der Tribüne des Landtages öffentlich zu proklamieren ... Ersuchen weiterhin, schärfsten Druck auf Reichsregierung auszuüben zwecks Einleitung einer energischen außenpolitischen Aktion an Adresse der Sowjetunion. Verlangen dringend sofortige Verhaftung sämtlicher hier anwesenden sowjetrussischen Agenten."

Weshalb Mordaktion gegen das Ruhrproletariat? Um die Kriegsbefehle Frankreichs gegen die Sowjetunion besser durchführen zu können!

Mit bewußten Lügen gegen die Kommunisten und Reichsbannerproleten und kindischen Erfindungen über die Anwesenheit von „Sowjetagenten" im Ruhrgebiet werden die Naziproleten aufgeputscht, um noch blutrünstiger die Interessen Thyssens und Klöckners, die Interessen der Papen und Schleicher gegen das Ruhrproletariat wahrzunehmen.

An den stählernen Einheitsreihen der Antifaschistischen Aktion werden sich die faschistischen Mordorganisationen und Young-Landsknechte die Zähne ausbeißen.

Schüsse bei Exmittierung!

Massenaktion gegen Zwangsräumung

Der bürgerliche „Rheinisch-Westfälische Provinzdienst" meldet:

RWP Rheinhausen, 23. Juni. Bei einer zwangsweisen Wohnungsräumung in der Gartenstraße kam es am Abend zu schweren Zusammenstößen. Schon vor der Räumung hatte der Wohnungsinhaber die Hausflur und die Umgebung der Wohnung durch kommunistische (?) Gesinnungsfreunde besetzt. Beim Erscheinen der Polizei stimmten die dort anwesenden Kommunisten die Internationale an. Man griff die zwei im Hausflur stehenden Polizeibeamten tätlich an, so daß einer der beiden Beamten sich „genötigt" sah, von seiner Schußwaffe Gebrauch zu machen. Da man beiden Beamten die Gummiknüppel entrissen hatte, gaben sie aus ihrer Pistole mehrere Schüsse ab. Auch die draußen stehenden Beamten machten von ihrer Schußwaffe Gebrauch. Darauf flüchteten die in der Wohnung Anwesenden durch die Fenster. Auf der Straße hatten sich etwa 200 Antifaschisten „zusammengerottet", die unter Anwendung des Gummiknüppels von der Polizei zerstreut wurden.

Totenwache!

Duisburger Reichsbanner- und Kampfbundproleten haben gemeinsam die Totenwache am Sarge des parteilosen Arbeiters Bischof übernommen, der von den legalisierten SA-Horden viehisch abgeschlachtet wurde. Sorgen wir alle dafür, daß die antifaschistische Einheitsfront der Arbeiter, die in Duisburg zum gemeinsamen Kampfaufmarsch am heutigen Bestattungstage geführt hat, im ganzen Ruhrgebiet errichtet, gestärkt und gefestigt wird!

Der Kämpfer, Dortmund, 24. Juni 1932

Nach der Ermordung des parteilosen Arbeiters Josef Bischoff in Duisburg richtete die KPD am 22. Juni einen offenen Brief an die örtlichen Organisationen des Reichsbanners, der SAJ und der Gewerkschaften, worauf sich Reichsbanner und die sozialdemokratisch beeinflußte Eiserne Front bereit erklärten, geschlossen an der Beerdigung teilzunehmen.[27] Obwohl die Duisburger SPD-Führung noch in letzter Minute ihre Zustimmung zu einer gemeinsamen Demonstration zurückzog, beteiligten sich am 24. Juni 1932 über 40000 Menschen an der Beisetzung. Hans Sager von der KPD und der Reichsbannerführer Weynand hielten gemeinsam Totenwache. Zur gleichen Zeit traten 22 Hafenbetriebe in Ruhrort in einen einstündigen Proteststreik. Im Anschluß an die Demonstration, bei der die Polizei mehrmals bewaffnet gegen die Arbeiter vorging, wobei unter anderem der Jungarbeiter Paul Werther durch Lungensteckschuß lebensgefährlich verletzt wurde, tagte eine gemeinsame Versammlung von Funktionären der christlichen Gewerkschaften, des sozialdemokratisch beeinflußten Deutschen Metallarbeiterverbandes (DMV) und der KPD-nahen Revolutionären Gewerkschaftsopposition (RGO), auf der rund 100 Beitritte zu den überparteilichen Gruppen des Massenselbstschutzes erfolgten. Sie handelten dabei im Geiste des Transparents über der Bahre von Josef Bischoff: „Parteilose, SPD, KPD und Christen schlagen vereint die Faschisten".[28]
Am gleichen Tage verhinderten 3000 Arbeiter in Dortmund-Eving eine Naziversammlung. Auch in Dortmund-Körne wurde eine SA-Versammlung von den empörten Arbeitern gesprengt und in Hörde bildete sich eine 80köpfige Gruppe des Massenselbstschutzes aus Mitgliedern des Reichsbanners, der SPD, SAP, KPD, aus Parteilosen und Christen sowie aus Mitgliedern eines bürgerlichen Fußballvereins.[29]
Auf den Aufruf des Einheitskomitees der Antifaschistischen Aktion Essens[30] gaben über 10000 Essener dem ermordeten Jungarbeiter Heinz Mertens am 26. Juni 1932 das letzte Geleit. An seinem Grabe sagte der Vertreter der KPD, Anton Saefkow:
„Dein Tod, Heinz Mertens, hat dazu geführt, daß heute an Deinem Grabe Schulter an Schulter sozialdemokratische und kommunistische Arbeiter stehen. Diese Einheit darf nicht nur gegen den faschistischen Mordterror stehen, sondern muß in allen Betrieben und auf allen Stempelstellen geschmiedet werden. Es gab im Jahr 1920 im Ruhrgebiet eine Einheit, vor der die ganze Bourgeoisie zitterte. Die Stunde ist ernst. Rüsten wir zu kommenden entscheidenden Kämpfen."[31]
Im Leitartikel des „Ruhr-Echos" rief Ernst Thälmann am folgenden Tag zur „Antifaschistischen Aktion gegen faschistische Papenregierung":
„Die KPD erklärt, daß es keinen anderen Weg und keine andere Möglichkeit gibt, um die Errichtung eines hemmungslosen, barbarischen faschistischen

Blutregimes über das deutsche Volk zu verhindern, als die tatkräftige, unermüdliche, nie aussetzende Organisation des Massenkampfes der Antifaschistischen Aktion gegen alle Unterdrückungs- und Knechtungsmaßnahmen der Unternehmer, des kapitalistischen Staatsapparates und der faschistischen Massenorganisationen. (. . .) Antifaschistische Aktion – das heißt gemeinsame Einheitsfront gegen die Vernichter der Volksfreiheit, für die Verteidigung der Freiheit der Arbeiterorganisationen, der Arbeiterpresse, der Demonstrations- und Versammlungsfreiheit der Arbeiterklasse."[32]
Eine Welle von Kundgebungen der Antifaschistischen Aktion ging daraufhin durch das Ruhrgebiet. Allein am 30. Juni 1932 fanden 63 Versammlungen zwischen Hamm und Moers statt.[33] In Hamborn kam es zu einer Bergarbeitereinheitskonferenz, zu der sozialdemokratische, christliche und kommunistische Betriebsräte gemeinsam aufgerufen hatten.[34] Am 7. Juli 1932 rief das Einheitskomitee Groß-Dortmund „alle Werktätigen Groß-Dortmunds, ihre Parteien und Organisationen" zur Antifaschistischen Aktion:
„Trauernd stehen die Dortmunder Arbeiter an der Bahre des in Essen erschossenen katholischen Antifaschisten Heinrich Steinweg. Er ist das erste Dortmunder Todesopfer nach der Legalisierung der SA und SS als Armee der Notverordnungsdiktatur. Die Arbeiterschaft muß daraus ihre Lehre ziehen. Ihr Schwur in der Riesenkundgebung auf dem Viehmarkt, den Klassenfeind entscheidend anzugreifen, um ihn für immer zu schlagen, muß seinen Ausdruck auch darin finden, daß am Tage der Beerdigung unseres Klassenbruders Steinweg die Dortmunder antifaschistische Bevölkerung zu Zehntausenden aufmarschiert.
Das antifaschistische Einheitskomitee Groß-Dortmund wendet sich daher an die werktätige Bevölkerung und fordert zur Massenbeteiligung an der Beerdigung auf. . . . Wir wenden uns daher an alle Fraktionen des Stadtparlamentes, vor allem an die Fraktionen der KPD, der SPD und des Zentrums, eine dringliche Stadtverordnetensitzung zu beantragen, um die Forderungen der Dortmunder Antifaschisten durchzuführen.
Wir verweisen noch einmal auf die in Duisburg durchgeführte Riesenkundgebung der Antifaschistischen Aktion. Wieviel stärker wäre die Beteiligung gewesen, wenn nicht große Teile der sozialdemokratischen Arbeiter und Reichsbannerkameraden durch den Spaltungsaufruf der ‚Eisernen Front' von der Kundgebung abgehalten worden wären. (. . .) Wir werden den Betriebsräten als den Vertretern der Belegschaften den Vorschlag unterbreiten, am Tag der Beerdigung einen einstündigen politischen Massenstreik als Protest gegen den Mordterror, gegen kapitalistische Hungerdiktatur und Faschismus in Erwägung zu ziehen und die geschlossene Teilnahme an der Beerdigung zu beschließen."[35]

Nachdem ein bewaffneter SA-Trupp aus einem fahrenden Wagen den kommunistischen Arbeiter Hubert Lubberich am 30. Juni in Hattingen erschossen hatte, hielten Sozialdemokraten in der Uniform des Reichsbanners und Mitglieder des Kampfbundes gegen den Faschismus gemeinsam Totenwache. 10000 Arbeiter aus Hattingen, Bochum und Umgebung demonstrierten bei der Beisetzung Lubberichs am 12. Juli 1932 ihre Bereitschaft, dem Terror gemeinsam entgegenzutreten.[36]

Nicht nur in den Wohnvierteln der Arbeiter, sondern auch in den Betrieben gab es zahlreiche Initiativen zur Einheitsfront. So wandten sich die kommunistischen Betriebsräte bei Krupp an ihre sozialdemokratischen und christlichen Kollegen mit einer Reihe praktischer Vorschläge zur Herstellung der Einheitsfront:

„1. Organisation einer gemeinsamen großen Belegschaftsversammlung, in der Vertreter aller Gewerkschaftsrichtungen sprechen sollen.

2. Schaffung eines Einheitskomitees in allen Abteilungen, die die Aufgabe haben, die Einheitsfront gegen Lohnraub und Faschismus zu organisieren.“[37]

Probleme der Einheitsfront

Zahlreiche ähnliche Resolutionen, Versammlungen, Demonstrationen und Verteidigungskämpfe des Massenselbstschutzes demonstrierten den Kampfwillen der Arbeiter. Aber nur die KPD drängte auf eine größtmögliche Entfaltung von Massenkämpfen. Sie orientierte die Arbeiter darauf, daß sie jeden kleinen Erfolg, die Verteidigung der elementarsten sozialen und politischen Rechte selbst erkämpfen mußten. Die KPD warnte einerseits vor der Verharmlosung der NSDAP, der weitverbreiteten Illusion, wenn Hitler erst an die Regierung käme, dann würde er schon von selbst „abwirtschaften“. Andererseits trat sie aber gegen alle Versuche an, eine Politik der schrittweisen Beseitigung der Verfassungsrechte, der allmählichen Faschisierung, wie sie die Regierungen Brünings und von Papens betrieben hatten, als das „kleinere Übel“ hinzustellen. Wenn etwa die Dortmunder Zeitung der SPD, die „Westfälische Allgemeine Zeitung“, die KPD als „linken Flügel des deutschen Faschismus“ diffamierte,[38] wenn sozialdemokratische Wahlparolen von den „Kommunazis“ sprachen, während gleichzeitig die wirklichen Schritte der Regierungen Brüning und Papen zum Faschismus toleriert wurden, dann wird verständlich, daß die KPD den Kampf um die Aktionseinheit der Arbeiterklasse auch mit der scharfen Zurückweisung der Anpassungspolitik der SPD-Führung verband. Die Arbeiter mußten aus der Haltung des Abwartens, des kampflosen Zurückweichens vor der Offensive der Rechtskräfte, des ausschließlichen Hoffens auf

Wahlergebnisse und parlamentarische Manöver herausgerissen werden. Das aber konnte nach Auffassung der Kommunisten nur geschehen, wenn die Arbeiter gegen die erklärte Taktik der SPD-Führung in Kämpfe zur Verteidigung ihrer elementaren Rechte geführt wurden.
Bei aller verständlichen Polemik gegen die abwartende Haltung der sozialdemokratischen Führung verzerrte die Empörung über immer neue Kapitulationsakte der SPD und ihren militanten Antikommunismus oft auch die Argumentation der Kommunisten in politisch unverantwortlicher Weise. In diesem Zusammenhang war das Schlagwort vom „Sozialfaschismus" besonders schädlich.[39] Es war ursprünglich zur Charakterisierung einer Politik entstanden, die sich nicht scheute, Polizei und Reichswehr, Justiz und Staatsbürokratie gegen kämpfende Arbeiter einzusetzen, so daß Sozialdemokratie und Nationalsozialismus als „linkes" und als „rechtes" Instrument zur Aufrechterhaltung der bürgerlichen Klassenherrschaft angesehen wurden, ohne sie deshalb miteinander zu identifizieren. Trotzdem konnte mit einem solchen Vokabular der wesentliche Unterschied zwischen beiden Bewegungen nicht genügend betont werden. Die völlig neue Qualität des ungehemmten Terrors und der Formierung unter den Totalitätsanspruch des faschistischen Staates, womit die nationalsozialistische Bewegung Deutschland bedrohte, kam in einer Theorie, die jede reaktionäre Maßnahme als „faschistisch" und die Sozialdemokratie als „sozialfaschistisch" bezeichnete, nicht genügend zum Ausdruck. Im Gegensatz zu dem angestrebten Ziel, die sozialdemokratischen Mitglieder von der Stillhaltepolitik ihres Parteivorstandes loszulösen, führte die scharfe Polemik der Kommunisten oftmals zur Solidarisierung der SPD-Mitglieder mit ihrer Führung. Auch das taktisch unbewegliche Verharren auf der Bildung der Einheitsfront nur „von unten", also unter Ausschluß der sozialdemokratischen Führungsgremien, erleichterte es den Antikommunisten in der SPD, ihre Anhänger vom einheitlichen Kampf mit den Kommunisten abzuhalten.
Unter den Losungen der Eisernen Front, in der sich seit Ende 1931 SPD, Allgemeiner Deutscher Gewerkschaftsbund (ADGB) und Reichsbanner zusammengeschlossen hatten, wurden große Kundgebungen durchgeführt. So kamen am 21. Februar 1932 20000 Menschen in die Dortmunder Westfalenhalle, um den SPD-Stadtverordneten Fritz Henßler, den Vertreter des Parteivorstandes Arthur Crispien und den Reichsbannerführer Höltermann zu hören. Am 10. Juli 1932 demonstrierten 30000 Menschen in Dortmund im Zeichen der Eisernen Front,[40] aber auf dieser Demonstration durfte der Brief des Antifaschistischen Einheitskomitees von Groß-Dortmund, der zu einer gemeinsamen Aktion gegen einen bevorstehenden Besuch von Joseph Goebbels aufrief, nicht einmal verlesen werden.[41] Der Elan und die Aktionsbereitschaft der sozialdemokratischen Arbeiter wurden in Wahlkundgebungen und Veranstaltungen

abgeleitet, während man jedes Anzeichen gemeinsamer antifaschistischer Kampfaktionen mit den Kommunisten mit sofortiger Ausschlußdrohung bedachte. Besonders lähmend war die Theorie der sozialdemokratischen Gewerkschaftsführung, man könne in der Krise keine Streikkämpfe führen, sondern bestenfalls durch Verhandlungen den Sozialabbau etwas mildern oder hinauszögern.[42] Mit dieser Theorie wurde die Spaltung auch in der Gewerkschaftsbewegung vertieft; denn sie veranlaßte die revolutionären Kräfte zu einer selbständigen Kampfführung auch gegen den Willen der ADGB-Führung, die dann gegen solche selbständigen Aktivitäten mit Massenausschlüssen aktiver linker Gewerkschafter vorging.
In der zweiten Jahreshälfte 1932 modifizierten einige SPD-Führer unter dem Eindruck der Erfolge der Antifaschistischen Aktion ihre Losungen und sprachen manchmal von der Einheit der Arbeiterbewegung unter Einschluß der Kommunisten. Diese „Einheit“ verstanden sie als eine Art „Nichtangriffspakt“ zwischen den Parteien, während sie konkrete Abmachungen über gemeinsame Kampfaktionen weiterhin ablehnten.[43] Die KPD hätte nach Abschluß eines solchen „Nichtangriffspaktes“ auf jede Kritik an der Politik der SPD-Führung verzichten müssen. Gleichzeitig wollte sich die SPD-Führung aber nicht auf entschiedene einheitliche Aktionen gegen die Nazis festlegen lassen. Ein solcher „Nichtangriffspakt“ hätte die KPD in die absurde Lage gebracht, den gleichen Widerstand wie bisher gegen jede wirkliche Aktion von Seiten des SPD-Vorstandes zu verspüren, ohne diese Haltung auch nur kritisieren zu dürfen. Hinter der „neuen“ Losung verbarg sich daher nur der Versuch, die KPD auf die Politik des Stillhaltens und der Anpassung zu verpflichten.
Unter solch komplizierten Bedingungen und nicht ohne zeitweilige Rückschläge entwickelte die KPD ihre Strategie und Taktik des antifaschistischen Kampfes weiter. Dabei spielte die Verallgemeinerung der Erfahrungen aus dem Ruhrgebiet eine bedeutende Rolle. Auf der Bezirksparteiarbeiterkonferenz vom 10. Juli 1932 legte der neu eingesetzte politische Leiter des Ruhrbezirks der KPD, Max Opitz, die nächsten Aufgaben der Kommunisten dar. Er ging davon aus, daß die zunehmende faschistische Gefahr die „Verstärkung der Orientierung der Arbeit auf die sozialdemokratischen, gewerkschaftlich organisierten und christlichen Arbeiter“ erforderte. Die Einheitsfrontpolitik sollte „auf der Basis konkreter Kampfforderungen und Aktionen“ mit dem Schwergewicht auf der Bildung betrieblicher Einheitskomitees durchgeführt werden. Im Interesse der Kampfeinheit der Arbeiter schloß Opitz Angebote an die Spitzen der sozialdemokratischen Organisationen nicht aus, wenn sie im Rahmen einer breiten Massenbewegung ständen.[44] Einen wichtigen Beitrag zur Entwicklung einer elastischeren Einheitsfrontpolitik leistete Wilhelm Florin, der den KPD-Bezirk Ruhr von 1925 bis Anfang 1932 geleitet hatte und inzwi-

schen die KPD bei der Kommunistischen Internationale vertrat. Er wandte sich gegen die sektiererische Haltung, die Einheitsfront sei nur ein „Manöver zur Entlarvung der sozialdemokratischen Führer", und betonte statt dessen: „sie ist geboren aus dem einheitlichen Willen, die Arbeitermassen zum Kampf für ihre eigenen Interessen zu sammeln."[45]
Die antikommunistische Politik der SPD-Führung erschwerte aber die breite Durchsetzung der antifaschistischen Einheitsfront und gab sektiererischen Stimmen in der KPD immer neue Nahrung. Wäre es auch nur zu ersten Ansätzen einer Aktionseinheit beider Parteien gekommen, hätten sich aus solchen ersten Schritten sehr schnell mitreißende einheitliche Kämpfe der gesamten Arbeiterklasse entwickeln können. Die (auch nicht problemlose) Entwicklung in Frankreich eineinhalb Jahre später von einer ersten gemeinsamen antifaschistischen Demonstration bis hin zu einem umfassenden Einheitsfrontabkommen beweist, wie sehr praktische Erfolge den Lernprozeß beflügelten. In der „Geschichte der PCF" heißt es zu den Aktionen in Frankreich Februar 1934:
„Im Gefolge dieser Kämpfe . . . schwanden die Vorurteile, die an der Basis die kommunistischen und sozialdemokratischen Arbeiter getrennt hatten, immer schneller. Die einen wie die anderen erkannten klarer die Gemeinsamkeit ihrer Interessen und die Notwendigkeit, ihre Einheit gegen den Faschismus und das Kapital zu verstärken."[46]
Auch unter den komplizierten deutschen Bedingungen hätte ein in der Aktionseinheit begonnener gemeinsamer Lernprozeß zu rapiden Fortschritten im antifaschistischen Kampf führen können. Die große Chance einer solchen gemeinsamen Erfahrung verpaßten die deutschen Arbeiter durch den Antikommunismus der SPD-Führung, aber auch durch noch nicht überwundene sektiererische Strömungen in der KPD.

Der 20. Juli 1932

Besonders die Ereignisse des 20. Juli 1932 sollten demonstrieren, daß die SPD-Führung nicht einmal für die Verteidigung ihrer eigenen Regierungspositionen zu einheitlichen Kämpfen bereit war. Am 20. Juli ging die Reichsregierung des Kanzlers Franz von Papen zum offenen Verfassungsbruch über. Gewaltsam wurde die von SPD, Zentrum und der liberalen Deutschen Staatspartei gebildete Landesregierung Preußens abgesetzt. Gegen diesen Staatsstreich rief die KPD zum Massenstreik. Sie bot den Führungen von SPD, ADGB und christlichen Gewerkschaften Verhandlungen zur Vorbereitung eines einheitlichen Generalstreiks an.[47] Aber die sozialdemokratische Führung wollte weder einen gemeinsamen Massenstreik noch auch nur die Mobilisierung der eigenen

Kampforganisationen, besonders der Eisernen Front, des Reichsbanners und der überwiegend sozialdemokratisch eingestellten preußischen Polizei. Über die Kampfbereitschaft der Arbeiter und die spannungsgeladene Stimmung berichtet die Bochumer Antifaschistin Christine Schröder:[48]

„Wir wohnten damals im Griesenbruch, (einer traditionellen Arbeitersiedlung des ‚Bochumer Vereins'). Mit 16 eingeschriebenen Kommunisten wohnten wir in einem Eckhaus am Moltkeplatz (der heute nach dem von den Nazis ermordeten Redakteur des kommunistischen ‚Ruhr-Echos', Karl Springer, benannt ist). Daran hing bei Wahlkämpfen und Demonstrationen ein großer Sowjetstern. Beim Aufgebot der Hunderttausend hatten wir im Wettbewerb eine Fahne gewonnen, auf der geschrieben war: ‚Drum höher und höher wir steigen – trotz Haß und Verbot'. Diese Fahne hing dann aus dem Fenster heraus. (Die Fahne haben wir lange noch in der Illegalität aufbewahrt, aber dann wurde das Haus bombardiert und ist abgebrannt). Ein halbes Jahr vor dem 30. Januar 1933 marschierten auf dem Moltkeplatz das Reichsbanner und der Kampfbund gegen den Faschismus gemeinsam auf. Das war damals die Sensation in Bochum! Am 20. Juli 1932 hatte der Reichskanzler von Papen (der spätere Vizekanzlers Adolf Hitlers) die SPD-Zentrums-Regierung in Preußen gewaltsam abgesetzt. Natürlich war überall große Unruhe und hier in Bochum auch, vor allen Dingen auch bei den Sozialdemokraten, die eine große Veranstaltung auf dem Moltkeplatz festgelegt hatten. Da gehen ja tausende Menschen drauf. Da hättest du keine Stecknadel mehr unterbringen können, so voll war der Platz. Und wir, die Kommunisten, alle in der Uniform des Kampfbundes gegen den Faschismus, dazwischen. Auch die Sozialdemokraten waren der festen Überzeugung: Jetzt schlagen wir los! Da hätten wir um ein Haar die Einheitsfront hergestellt. Den ganzen Tag lang warteten sie auf den Einsatzbefehl ihrer Führer, bis gegen Nachmittag dieser berühmte Spruch von Severing (dem preußischen Innenminister) durchkam: ‚Ich weiche der Gewalt'. Und da haben die örtlichen Reichsbannerführer die Aktion abgepfiffen und die sozialdemokratischen Arbeiter haben sich ganz enttäuscht zurückgezogen. Das muß ich zu Ehren der sozialdemokratischen Genossen sagen. Aber auf unseren Appell zum Generalstreik haben sie auch nicht gehört, als ihre Führung kapituliert hatte. Sonst wäre nämlich die ganze Entwicklung anders gelaufen. Das war ein aufregender Tag. Ich hab garnicht gekocht. Wir waren den ganzen Tag unten, immer zwischen den Menschen und haben über die Einheitsfront diskutiert. Du brauchtest garnicht viel zu diskutieren. Die waren mit uns einer Meinung: Das können wir uns nicht mehr bieten lassen, jetzt schlagen wir los!"

Während es also auf dem Bochumer Moltkeplatz, dem Dortmunder Borsigplatz und an vielen anderen Orten des Ruhrgebiets zu Protestversammlungen kam,[49] während sich die Mitglieder des Reichsbanners und des Kampfbundes gegen den Faschismus vor den Gewerkschaftshäusern versammelten und auf den Einsatzbefehl warteten,[50] riefen SPD und Gewerkschaften dazu auf, den „Kampf um die Wiederherstellung geordneter Rechtszustände in der deutschen Republik . . . zunächst mit aller Kraft als Wahlkampf zu führen."[51] Unter den Parolen von „Disziplin und Kampfbereitschaft" wurden die sozialdemokratischen Anhänger ausdrücklich von Kampfaktionen mit den Kommunisten zurückgehalten. Viele Geschichtsforscher, unabhängig von ihrem politischen Standpunkt, sind heute der Meinung, daß das kampflose Zurückweichen der SPD am 20. Juli 1932 einen Wendepunkt in der Politik der Faschisierung darstellte, weil das Millionenheer der Sozialdemokraten und Freien Gewerkschafter damit entwaffnet und entmutigt wurde.[52]

Die KPD übte an der Kapitulation vor der reaktionären Gewalt in einer Erklärung der Bezirksleitung Ruhr vom 21. Juli 1932 scharfe Kritik. Sie betonte, daß sich die KPD über alles Trennende hinweg an die Leitungen von SPD und ADGB zur gemeinsamen Proklamation des Generalstreiks gewandt habe. Es sei die historische Schuld der sozialdemokratischen Führer, die Arbeiterklasse vom gemeinsamen Kampf abgehalten zu haben.[53] Vor 100000 Kundgebungsteilnehmern in der Essener Ausstellungshalle und auf dem Dortmunder Mendeplatz rief Ernst Thälmann am 27. Juli 1932 die deutschen Arbeiter dazu auf, es nicht zuzulassen, „daß mussolinische Gewaltmethoden, daß blutige Militärstiefel, daß eine Schreckensherrschaft des Galgens und des Standgerichts über Deutschland hereinbrechen," und warnte angesichts der Vertröstungen der SPD-Führung auf die nächsten Wahlen: „Wer glaubt, daß dieser Faschismus mit dem Stimmzettel, mit Redensarten, mit Bittgängen bekämpft werden kann, der kennt nicht die geschichtlichen Tatsachen der Entwicklung Deutschlands oder ist ein Betrüger." Thälmann setzte seine Hoffnungen auf die „Antifaschisten der Tat": „Wenn auch nur langsam, so doch sichtbar, zeigt sich in der roten Einheitsfront der Arbeiterklasse, daß die sozialdemokratischen, christlichen und parteilosen Arbeiter gemeinsam mit den kommunistischen gewillt sind, gegen den blutigen Faschismus zu kämpfen."[54]

Bei den Reichstagswahlen am 31. Juli 1932[55] erhielt die NSDAP die größte Stimmenzahl in der Zeit der Weimarer Republik. Im Ruhrgebiet zeigte sich jedoch gegenüber den preußischen Landtagswahlen vor fünf Wochen bereits eine Stagnation der Nazistimmen. In Oberhausen, Mülheim, Duisburg, Moers, Essen, Wanne, Wattenscheid, Recklinghausen, Bochum, Witten, Herne, Castrop, Lünen und Hamm verlor die NSDAP bereits Wähler. Damit wirkte sich die Aktivität der Antifaschistischen Aktion positiv aus. Während die Arbeiterparteien insgesamt ihren Stimmenanteil halten konnten, führte die Enttäuschung vieler Arbeiterwähler über die SPD-Politik zu erheblichen Stimmenverlusten der Sozialdemokratie, so daß die KPD seit der Reichspräsidentenwahl

Morgenausgabe

Nr. 339 A 167 49. Jahrgang

Donnerstag 21. Juli 1932

Vorwärts

Berliner Volksblatt

Zentralorgan der Sozialdemokratischen Partei Deutschlands

Vorwärts-Verlag G. m. b. H.

An die Partei!

Sozialdemokratie im Kampf um Freiheit!

Der Kampf um die Wiederherstellung geordneter Rechtszustände in der deutschen Republik ist zunächst mit aller Kraft als Wahlkampf zu führen. Es liegt beim deutschen Volke, durch seinen Machtspruch am 31. Juli dem gegenwärtigen Zustand ein Ende zu bereiten, der durch das Zusammenwirken der Reichsregierung mit der Nationalsozialistischen Partei entstanden ist. Die Organisationen sind in höchste Kampfbereitschaft zu bringen. Strengste Disziplin ist mehr denn je geboten. Wilden Parolen von unbefugter Seite ist Widerstand zu leisten! Jetzt vor allem mit konzentrierter Kraft für den Sieg der Sozialdemokratie am 31. Juli! Freiheit!

Berlin, 20. Juli 1932 — Der Parteivorstand

Alle Minister abgesetzt!

Papen entfernt die gesamte preußische Staatsregierung.

Bracht bei Severing.

Gewaltandrohung gegen Severing

Mit Gewalt!

Volk, richte!

Kampf gegen Unrecht und Gewalt!

Vorwärts, Berlin, 21. Juli 1932

im April 1932 über 200000 Stimmen in den Wahlbezirken des Rhein-Ruhrgebietes hinzugewann. Insgesamt konnte sie im industriellen Ballungsraum zwischen Moers und Hamm etwa 50 Prozent mehr Wähler als die SPD mobilisieren. In Dortmund hatte sich seit 1928 (KPD: 12,6 Prozent, SPD: 38,3 Prozent) die Stimmenzahl der Kommunisten mehr als verdoppelt. (Juli 1932: KPD: 27,9 Prozent, SPD: 23,7 Prozent; November 1932: KPD: 31,3 Prozent, SPD: 20,3 Prozent). Noch deutlicher wird der wachsende Einfluß der KPD auf die Mehrheit der Arbeiterklasse in den typischen Arbeitervierteln. In der nördlichen Innenstadt Dortmunds, in der besonders die Arbeiter des Hüttenwerks Union wohnten, erhielten 1928 die KPD 17,3 Prozent und die SPD 43,1 Prozent, im Juli 1932 hingegen die KPD 42,9 Prozent und die SPD 21,9 Prozent. Im November erreichte die KPD hier beinahe die absolute Mehrheit: 47,1 Prozent (SPD: 17,1 Prozent). Ein ähnliches Bild zeigt sich in Dortmund-Eving und am Borsigplatz, während sich in der sozialdemokratischen Hochburg Dortmund-Hörde (Phoenix-Werk) und im Bergarbeiterviertel Dortmund-Marten beide Parteien (mit zusammen über 50 Prozent) die Waage hielten.[56]

Um die Einheitsfront in den Betrieben

Am 6. und 7. August 1932 wertete die Bezirksleitung Ruhr der KPD die Erfahrungen der Antifaschistischen Aktion und des Wahlkampfes aus. Nach einem Bericht an das ZK der KPD hatten bis dahin antifaschistische Einheitskonferenzen in folgenden Städten stattgefunden: Gelsenkirchen, Duisburg-Hamborn, Bochum und Dortmund, die von Sozialdemokraten, Gewerkschaftern, Christen, Parteilosen, Kommunisten und Arbeitersportlern besucht waren. Einheitskomitees mit Vertretern aller Arbeiterparteien und mit Parteilosen gab es u. a. in Essen-Borbeck, Duisburg-Laar, Herten, Dortmund, Nordhorn und Hattingen. Selbstschutzstaffeln bestanden in fast allen Orten, in vielen Häuserblocks und Straßenzügen, so in Wanne (700 Mitglieder), Wattenscheid (500), Gelsenkirchen (2930). In den relativ kleinen Bergarbeiterdörfern des östlichen Ruhrgebietes waren starke Massenselbstschutzstaffeln gebildet worden, so in Herringen (Zeche „De Wendel“) 400, in Ahlen (Zeche „Westfalen“) 200, in Bockum-Hövel (Zeche „Radbod“) 240, in Rünthe (Zeche „Grimberg“ und „Werne 1/2“) 300. Die Mitgliederzusammensetzung betrug: 30 Prozent KPD, 5 bis 10 Prozent SPD, die übrigen waren parteilos. Die hohe Zahl Parteiloser demonstriert den Einheitswillen der Arbeiter, während die SPD-Mitglieder mit Repressalien ihrer Führung rechnen mußten.[57] Auf der Tagung der Bezirksleitung Ruhr der KPD orientierte der politische Leiter Max Opitz die Partei darauf, die Antifaschistische Aktion in die Betriebe zu tragen. Gerade das

Ausbleiben größerer Streikaktionen anläßlich des Staatsstreiches vom 20. Juli 1932 machte deutlich, daß nur die Entwicklung von Teilkämpfen, einzelnen Streiks und Protestaktionen gegen Entlassungen und Lohnabbau die Kampfbereitschaft der Arbeiter so steigern könnten, daß sie zu Massenstreiks im Zentrum der schwerindustriellen Produktion, im kapitalistischen „Raubritternest Ruhrgebiet" (Thälmann), antreten würden. Opitz erinnerte an den IV. Weltkongreß der Kommunistischen Internationale, der die Einheitsfrontpolitik ausgehend von den Kämpfen um die Tagesinteressen der Massen begründet hatte, und stellte als konkrete Kampfaufgaben:

1. Die Organisierung von Lohnkämpfen und Teilstreiks in den Betrieben;
2. Solidarität mit den streikenden Kumpels der belgischen Kohlenreviere;
3. Politische Massenaktionen gegen den Abbau demokratischer Freiheiten;
4. Verbesserung der Arbeit der Kommunisten in den sozialdemokratisch und christlich beeinflußten Gewerkschaften;
5. Steigerung der Erwerbslosenbewegungen.[58]

Bei der Vorbereitung und der Unterstützung innerbetrieblicher ökonomischer Kämpfe fiel den Mitgliedern und Funktionären der Revolutionären Gewerkschaftsopposition (RGO) eine besonders verantwortliche und schwierige Rolle zu. Die Ausschlüsse tausender Kommunisten und anderer klassenbewußter Arbeiter aus den sozialdemokratisch geführten freien Gewerkschaften, die im Allgemeinen Deutschen Gewerkschaftsbund (ADGB) zusammengeschlossen waren, hatte die Gewerkschaftseinheit im Zeichen des militanten Antikommunismus zerstört. Neben den so enstandenen sozialdemokratischen und kommunistischen Flügeln bestanden in der Weimarer Republik zusätzlich noch die Christlichen Gewerkschaften, verschiedene kleinere Gruppen und die Nationalsozialistischen Betriebsorganisationen (NSBO). Ohne ihr prinzipielles Ziel, die Gewerkschaftseinheit auf der Basis der kämpferischen Vertretung der Arbeiterinteressen aufzugeben, mußten die Kommunisten in dieser komplizierten Situation jedoch sowohl Oppositionsarbeit in den reformistischen Gewerkschaften leisten, als auch die ausgeschlossenen und ausgetretenen Kollegen in eigenen roten Verbänden, besonders dem im Ruhrgebiet einflußreichen Einheitsverband der Bergarbeiter Deutschlands (EVBD), zusammenfassen.

Allerdings wurde diese schwierige zweigleisige Politik unter dem Einfluß dogmatischer Beschlüsse der Roten Gewerkschaftsinternationale von sektiererischen Strömungen zum Anlaß genommen, ganz auf die Arbeit in den reformistischen Gewerkschaften zu verzichten.[59] Gegen diese Haltung führten prominente Kommunisten einen entschiedenen Kampf. So erklärte der langjährige Bezirksleiter der KPD im Ruhrgebiet, Wilhelm Florin, in seinem Artikel „Die Bedeutung der Wirtschaftskämpfe, der politischen Streiks und die mangelnden Erfolge der RGO":

„Der Durchschnittsarbeiter darf nicht zu der Auffassung kommen, als sei durch die RGO und durch die roten Verbände die Arbeiterklasse in zwei feindliche Lager gespalten. Er muß vielmehr an der Tagesarbeit, an der allgemeinen Problemstellung durch die RGO und dem verantwortungsbewußten Organisieren der Kämpfe durch die RGO erkennen, daß RGO und rote Verbände eine kämpfende Einheitsfront gegen die Ausbeuter schaffen wollen." Er wandte sich dagegen, daß „man in den Augen der Arbeiter die RGO zu sehr als einen gewissen Gewerkschaftsersatz aufkommen" ließ.[60] Angesichts der Haltung der ADGB-Führer, daß man in der Krise nicht streiken könne, bereiteten RGO und rote Verbände jede Streikaktion, jeden Lohnkampf selbständig vor, um auf der Basis des Kampfes dann über die Wahl von einheitlichen Streikkomitees die Aktionseinheit herstellen zu können. Der antikommunistische Einfluß der Gewerkschaftsführer führte oftmals dazu, daß die durch Entlassungsdrohungen ohnehin geschwächte Belegschaft auch noch in Streikanhänger und reformistisch beeinflußte Streikgegner gespalten wurde. Lachende Dritte waren dann die Nationalsozialisten, die gegen einen gespaltenen Gegner vorgehen konnten.[61] Bei den Massenentlassungen, aber auch nach jeder Streikaktion warfen die Unternehmer bevorzugt jene Arbeiter aus den Betrieben, die sich für die Interessen ihrer Kollegen kämpferisch eingesetzt hatten. Besonders die KPD entwickelte sich durch diese Entlassungsstrategie in großem Maße zu einer „Erwerbslosenpartei", die trotz aller Anstrengungen nur noch ungenügend in den Betrieben verankert war.

Trotz aller Schwierigkeiten gelang es, einen bedeutenden Teil der Ruhrarbeiter für die aktive Verteidigung ihrer Interessen unter Führung der RGO zu gewinnen. Das zeigte sich schon beim Ruhrbergarbeiterstreik im Januar 1931, der eine geplante 25prozentige Lohnkürzung weitgehend verhindern konnte, und bei den folgenden Betriebsrätewahlen im Ruhrbergbau, bei denen RGO und EVBD 29 Prozent, der sozialdemokratisch geführte BAV 36,4 Prozent und der Gewerkverein Christlicher Bergarbeiter 24,2 Prozent der Mandate erhielten.[62] Die Kommunisten führten unter den komplizierten Bedingungen der Gewerkschaftsspaltung den Kampf um die Arbeitereinheit als Kampf um die Einheitsfront der vorhandenen Richtungsgewerkschaften und als oppositionelle Arbeit in den reformistischen Verbänden. Die kampfgewillten Mitglieder des sozialdemokratisch geführten Bergbauindustriearbeiterverbands (BAV) waren bereit, auf dieser Ebene mit den Kommunisten zusammenzuarbeiten. So verabschiedete die BAV-Mitgliederversammlung in Duisburg-Obermarxloh einstimmig folgende Resolution:

„Die am 7. August tagende Mitgliederversammlung des BAV mißbilligt die Haltung der ADGB-Führung beim Staatsstreich der Papen-Regierung am 20. Juli. Wir sehen in der Beseitigung der Preußen-Regierung einen weiteren

Schritt zur Faschisierung Deutschlands, zur vollständigen Unterdrückung der Arbeiterklasse. Die von der revolutionären Arbeiterschaft geforderte Losung des Generalstreiks wird als die einzig richtige anerkannt. Die Zahlstellenversammlung beschließt, mit sämtlichen gewerkschaftlichen Organisationen gemeinsame Versammlungen in die Wege zu leiten zur Herstellung der Einheitsfront aller Ausgebeuteten gegen den faschistischen Mordterror, gegen Lohn- und Unterstützungsraub, gegen die Zerschlagung aller Arbeiterrechte, sowie gegen jedes Verbot linksgerichteter Organisationen. Wir geloben, alles zu tun, um der faschistischen Papen-Regierung ein geschlossenes Ganzes aller Ausgebeuteten entgegenzustellen. Wir sind gewillt, mit allen zu Gebote stehenden Mitteln die Interessen aller Ausgebeuteten zu verteidigen."[63]
Ein Einheitsfrontangebot des EVBD und der RGO an die christlichen und reformistischen Gewerkschaften vom 5. September 1932 betonte:
„Wir sind bereit, mit allen Organisationen zu kämpfen, die gewillt sind, gegen jeden Pfennig Lohnabbau und Auflockerung der Tarifverträge die Bergarbeiter zu mobilisieren," und schließt: „Räumt alles Trennende beiseite! Schlagt ein in unsere Bruderhand! Nur im gemeinsamen Kampf werden wir die Feinde der Arbeiterklasse besiegen und ihre räuberischen Angriffe erfolgreich zurückschlagen."[64]
Auf zahlreichen Belegschaftsversammlungen, so auf den Zechen „Diergardt", „Neumühl" und „Thyssen 2/5" in Duisburg, auf „Ickern" in Castrop, sowie in Hochlarmarck, Oberhausen, Witten, Dortmund und anderen Orten wurden die Einheitsfrontvorschläge der RGO begrüßt und betriebliche Einheitskomitees aus Kommunisten, Sozialdemokraten, Christen und Parteilosen gebildet.[65] In Essen traten Vertreter von 11 BAV-Zahlstellen für die Einheitsfront ein und in Wanne-Eickel führten BAV, Christlicher Gewerkverein und EVBD am 13. September 1932 eine gemeinsame Mitgliederversammlung durch, auf der sie ein Einheitskomitee aus allen beteiligten Organisationen wählten.[66]
Obwohl die Führungen der christlichen und sozialdemokratischen Gewerkschaften bei ihrer ablehnenden Haltung blieben, kam es besonders im Oktober 1932 in etlichen Betrieben zu Streikaktionen. Eine Aufstellung für das ganze Jahr 1932 dokumentiert, daß trotz aller Schwierigkeiten im Ruhrgebiet 33 242 Arbeiter in 159 Betrieben in großenteils von der RGO geführten Streiks standen, von denen 123 erfolgreich beendet werden konnten.[67] Die Streiks im Ruhrgebiet reihten sich in die bedeutende Streikwelle ein, die im Oktober und November durch das ganze Reich ging. Schwerpunkte der Streiks waren Verkehrsbetriebe, metallverarbeitende- und Textilbetriebe. Wenn auch das Ruhrgebiet wegen der besonders drückenden Krise in Bergbau und Schwerindustrie nicht die Breite der Aktionen erreichte wie etwa der Niederrhein mit Schwerpunkten in Düsseldorf, Wuppertal, Mönchengladbach und Hagen, oder die

großen Verkehrsarbeiterstreiks in Berlin und Hamburg, so trugen auch die vielen kleineren Kämpfe im Revier dazu bei,daß die Notverordnungen Papens zum weiteren Lohn- und Sozialabbau nicht durchgeführt werden konnten.
Es gelang dabei zunehmend, die nationalsozialistisch beeinflußten Arbeiter in die Kämpfe einzubeziehen und ihnen so durch die eigene soziale Erfahrung den Gegensatz zu ihrer Führung zu verdeutlichen. So wurden am 2. Oktober 1932 auf der Belegschaftsversammlung der Zeche „Alter Hellweg" in Unna neben zwei christlichen, zwei sozialdemokratischen, zwei kommunistischen und fünf parteilosen auch drei nationalsozialistische Arbeiter in den Streikausschuß gewählt, während die gleiche Versammlung einen leitenden Funktionär der NSBO aus dem Saal wies. Am Streikausschuß auf dem Hochofengelände bei Krupp in Essen beteiligten sich nationalsozialistische Kollegen, während die NSBO gleichzeitig Streikbrecher organisierte.[68]
In bundesdeutschen Geschichtsbüchern wird noch heute die Legende aufgewärmt, beim Berliner Verkehrsarbeiterstreik Anfang November 1932 hätten Nazis und Kommunisten gemeinsame Sache gemacht. In Wirklichkeit gehörte die Einbeziehung nationalsozialistischer Arbeiter in Einheitskomitees von Kommunisten, Sozialdemokraten, Christen und Parteilosen zu den wichtigsten Methoden, diese dem Einfluß der NSDAP zu entfremden. Die zunehmenden betrieblichen Kämpfe steigerten auch das Niveau der politischen Aktionen. Als am 16. Oktober 1932 über 1 000 SA-Leute unter Polizeischutz in die Arbeiterviertel des Dortmunder Nordens eindrangen, trat die Hochofenbelegschaft des Union-Werkes in den politischen Proteststreik.[69] Bei der Beerdigung der Opfer dieses Terrorüberfalls streikte die Belegschaft der Metallfabrik Jucho.[70]
25 000 Menschen in Essen und 40 000 in der Dortmunder Westfalenhalle begrüßten am 25. Oktober 1932 Ernst Thälmann, der hier das Manifest der deutschen und der französischen KP zum Kampf gegen das Versailler Diktat verkündete. Die beiden Parteien verdeutlichten darin, daß die nationale und soziale Befreiung ihrer Völker nicht durch Nationalismus, Völkerhaß und Unterdrückungspolitik gegen die Nachbarstaaten errungen wird, sondern nur durch die gemeinsame internationalistische Aktion der Arbeiterklasse. Es war von großer Bedeutung, daß sich hier auch die französische KP gegen das Diktat von Versailles aussprach; denn damit wurde den Parolen vom französischen „Erbfeind" entschieden entgegengetreten. Nicht die Errichtung der terroristischen Diktatur der Industriegewaltigen mithilfe der Nazipartei, sondern der Sturz des Kapitalismus auf beiden Seiten des Rheins würde neben der sozialen auch die nationale Befreiung bringen.[71]
Die erneuten Reichstagswahlen vom 6. November 1932 zeigten die NSDAP als klaren Verlierer. Wie sich schon am 31. Juli 1932 im Ruhrgebiet andeutete, verloren die Nazis unter dem Druck der Antifaschistischen Aktion jetzt auch

im Reichsgebiet erheblich an Stimmen. Im engeren Ruhrgebiet (dem Industrierevier von Moers bis Hamm) verlor die NSDAP in dem Vierteljahr seit den letzten Reichstagswahlen 76293 Stimmen und sank mit insgesamt 490180 Wählern auf den dritten Platz, während die KPD mit 570518 Stimmen zur stärksten Partei aufstieg. Erstmalig hatte auch das Zentrum 27841 seiner traditionellen katholischen Wähler verloren und stellte mit 538159 Stimmen nur noch die zweitstärkste Partei dar. Die Sozialdemokratie verlor weitere 39732 Wähler und sank auf 324986 ab.[72] Das Stimmenverhältnis in den Städten des Ruhrgebiets bei der letzten Wahl vor der Errichtung der faschistischen Diktatur wird durch folgende Tabelle verdeutlicht:

Die Reichstagswahl vom 6. November 1932.

	KPD	SPD	Zentrum	DNVP	NSDAP
Essen	89348	41135	**109443**	21876	75751
Dortmund	**97936**	63499	57155	21266	55547
Duisburg	**63846**	27752	47568	16501	54654
Gelsenkirchen	**52796**	21363	41771	10549	30962
Bochum	39611	31448	38869	10285	**48857**
Bottrop	**14229**	3735	13101	1769	5249
Oberhausen	24323	10000	**29999**	7125	20478
Recklinghausen	11444	5303	**13045**	2828	9767
Münster	4983	5783	**31661**	5785	16244
Wanne-Eickel	**15018**	6169	9634	1968	13026
Wattenscheid	**9122**	5229	8423	2599	5681
Gladbeck	**8274**	5572	7789	2219	5384
Hamm	4320	4359	**9851**	2361	8118
Herne	**15596**	7389	11038	2589	10047
Mülheim	17579	9802	12385	8283	**20332**
Castrop	**9210**	4792	7508	1883	5082
Lünen	**7511**	5782	4816	1507	3562
Rheine	2400	1416	**7125**	1360	1722
Bielefeld	11044	**28709**	3482	6252	21824

Diese Aufstellung[73] macht deutlich, daß die KPD in vielen Orten des Ruhrgebietes zur größten Partei geworden war, während die SPD ihre Mehrheit unter den linken Arbeiterwählern außer in Münster und Hamm nur in Bielefeld behaupten konnte. Das Zentrum hatte seine stärksten Positionen in katholischen Gebieten, wo es auch noch einen gewissen Teil der Arbeiterwähler er-

reichte. In keiner Stadt des Ruhrgebietes erreichte die NSDAP annähernd die Stimmenzahl der beiden Arbeiterparteien zusammen, nur in Mülheim und Bochum (dem Sitz der NS-Gauleitung Westfalen-Süd) war sie stärkste Partei.
Die Stimmenverluste der Nazis belegten, daß es der Antifaschistischen Aktion, wie Max Opitz einschätzte, gelungen war, „über die revolutionäre Agitation und Propaganda hinaus aktive Kämpfe an der Betriebsfront und an den Stempelstellen auszulösen", mit dem Ergebnis, daß „die chauvinistische Welle nicht nur eingedämmt, sondern zurückgeschlagen wurde." Obwohl damit „die Absicht des Finanzkapitals, die Nazibewegung unter der Industriearbeiterschaft stärker zu verankern", durchkreuzt wurde, muß trotz des Rückgangs der NSDAP mit weiteren Aktionen „in Richtung der Errichtung der offenen faschistischen Diktatur" gerechnet werden. Daher sei es weiter die zentrale Aufgabe, „die Kämpfe der Arbeiterschaft um Lohn und Brot in den Hütten und Zechen zu organisieren". Das „Kettenglied dabei ist unsere Einheitsfrontaktion", sagte Max Opitz.[74]
Im Laufe des November nahmen die betrieblichen Streikaktionen weiter zu und griffen auf so bedeutende Betriebe wie Hoesch in Dortmund und das Hochofengelände von Krupp über.[75]

Die letzten Monate der Weimarer Republik

Während sich in der Nazibewegung offene Zersetzungserscheinungen zeigten, so daß beispielsweise in Essen ein ganzer SA-Sturm aufgelöst werden mußte,[76] sprachen sich immer mehr tonangebende Industrielle, Großagrarier und Bankiers dafür aus, Hitler die Regierungsgewalt zu übertragen, bevor die NSDAP weiter geschwächt wurde. Daher bemühte sich die KPD erneut darum, die Einheitsfront gegen erwartete neue faschistische Manöver zu bilden. Am 18. November 1932 warnte das ZK der KPD: „Der Hitler-Faschismus, die nationalsozialistischen Terrororganisationen des Finanzkapitals, sollen offen in den Machtapparat der Bourgeoisie eingespannt werden." Das ZK der KPD erklärte weiter: „Wir bekräftigen erneut unsere Bereitschaft, mit allen Organisationen, die zum Kampf, zu Massenaktionen, zum Streik bereit sind, zusammen zu kämpfen."[77] Die sozialdemokratische Gewerkschaftsführung allerdings spekulierte auf Verhandlungen mit dem angeblich „sozialen" General Schleicher und war im Interesse einer Übereinkunft, die ihre Gewerkschaftsverbände in den geplanten autoritären Staat eingebaut hätte, bereit, nicht nur alle Einheitsangebote in den Wind zu schlagen, sondern auch offensiv gegen die KPD vorzugehen. Während die Faschisten immer dringender das Verbot der KPD forderten, ließ der SPD-Polizeipräsident Zörgiebel in Dortmund am 10. Dezember 1932

bewaffnete Polizeitrupps in die Tagungsräume des 14. Bezirksparteitages der KPD eindringen und die Versammlung mit der Begründung verbieten, daß am Vortage unerlaubterweise einige kommunistische Losungen an Häuserwände geschrieben worden wären.[78]
Gegen Jahresende stand trotz des bedeutenden Aufschwunges der Antifaschistischen Aktion eine Verständigung zwischen den Leitungen von KPD und SPD über einheitliche Kampfmaßnahmen gegen die drohende Nazidiktatur noch nicht in Aussicht. Der Regierung des Kanzlers General von Schleicher, die Thälmann als „Platzhalterkabinett zur Vorbereitung einer Hitler-Diktatur" charakterisierte,[79] stand die Arbeiterbewegung auch weiterhin gespalten gegenüber. Die KPD verstärkte ihre Versuche, auf allen Ebenen und in den verschiedensten Formen die Einheitsfront herzustellen. Obwohl die Gewerkschaftsführung das Einheitsangebot der RGO vom 5. September 1932 abgelehnt hatte, machten die kommunistischen Gewerkschafter in der Vorbereitung der Betriebsrätewahlen einen neuen Vorstoß. Unter den Bedingungen der Spaltung in Richtungsgewerkschaften hatten auch bei den Betriebsrätewahlen bisher getrennte Listen der Verbände vorgelegen. Schon bei den vereinzelten Wahlen 1932 versuchte die RGO, Einheitslisten auf Belegschaftsversammlungen aufzustellen, was aber am Einspruch der ADGB-Funktionäre scheiterte. Jetzt konte die RGO einschätzen: „Der Gedanke der kämpfenden Einheitsfront hat unter den Gewerkschaftsmitgliedern und selbst unter zahlreichen unteren Funktionären den breitesten Boden gefunden." Daher müsse um die Verabschiedung von Einheitslisten in Abteilungs- und Belegschaftsversammlungen gerungen werden. „Dort, wo die überwiegende Mehrheit der Belegschaften freigewerkschaftlich organisiert ist, werden wir den Kampf um die Aufstellung der Listen in der Gewerkschaftsmitgliederversammlung und um ihre Bestätigung und Ergänzung in den Belegschaftsversammlungen führen."[80]
Unter der Losung „Einheitsfront gegen Lohnabbau und Faschismus" wurde hier ein bedeutender Schritt zur Überwindung der Gewerkschaftsspaltung getan.
Entgegen der Darstellung von Siegfried Bahne und Horst Duhnke[81] beschränkten sich die Kommunisten nicht auf einzelne Einheitsappelle zu besonderen Anlässen. Sie bemühten sich unermüdlich nicht nur um die Einheitsfront von unten, also die Vereinigung der Arbeiter im Kampf für ihre elementaren Interessen, sondern ergriffen auch immer wieder trotz der abweisenden Haltung der SPD-Führung die Initiative, alle Arbeiterorganisationen einschließlich ihrer Führungsgremien zur Einheitsfront zu gewinnen.
In den ersten Januartagen 1933 ging eine Welle von antifaschistischen Demonstrationen und Kundgebungen durchs Ruhrgebiet. Allein am 3. Januar zogen 25 000 Dortmunder zu einer von insgesamt 40 000 Menschen besuchten Kund-

gebung auf dem Viehmarkt zur Begrüßung befreiter politischer Gefangener, demonstrierten 5000 Menschen in Essen, 6000 in Bochum, 2000 in Lünen, 2500 in Bielefeld, 3000 in Wattenscheid, 1800 in Herne und 3000 in Wanne-Eickel.[82] Am nächsten Tag bekundeten 6000 Arbeiter auf dem Duisburger Dellplatz ihre antifaschistische Kampfbereitschaft.[83]

Am 7. und 8. Januar 1933 fand in Essen der letzte legale Bezirksparteitag der KPD Ruhrgebiet statt.[84] Die Eröffnungskundgebung mit John Scheer stand bereits unter Aufsicht der Polizei, die dem Redner das Wort entzog, als er über die Notwendigkeit des antifaschistischen Massenstreiks sprechen wollte. Auf dem Parteitag selbst gab Ernst Thälmann eine umfassende Einschätzung der komplizierten Situation unter dem Übergangskabinett Schleicher, das jederzeit in eine offene Hitler-Diktatur übergehen konnte. Eindringlich und kritisch analysierte er die Kräfte der revolutionären Arbeiterbewegung im Ruhrgebiet, neben Berlin und Hamburg als eine der „drei Säulen der KPD". Diese bedeutende Rolle verlangte aber auch von den Kommunisten des Ruhrgebiets, „daß wir unseren Einfluß unter den Massen verbreitern und vertiefen müssen, daß hier in schnellerem Tempo als im übrigen Deutschland die Massen über Wirtschaftskämpfe, Teilaktionen und Massenkämpfe hinweg an die entscheidenden Positionen des Kampfes um die Macht herangeführt werden." Von diesem hohen Anspruch aus und angesichts der drohenden faschistischen Gefahr übte Thälmann aber auch harte Kritik: „Wie ein roter Faden zieht sich durch unsere gesamte Arbeit im Ruhrgebiet ein gewisses Sektierertum. Und dort, wo wir in wirklicher Verbindung mit den Massen, wie z. B. in Dortmund antifaschistische Massenaktionen und Wirtschaftskämpfe durchführen, wächst die Partei und ihre Autorität."[85]

Max Reimann, damals eines der jüngsten Mitglieder der Bezirksleitung Ruhrgebiet, erinnert sich an den tiefen Eindruck, den Thälmanns Worte hinterließen: „Ein wirklicher Höhepunkt für unsere Partei war der 14. Ruhrparteitag, der ganz kurz vor der Illegalität stattfand. Ernst Thälmanns ganze Rede war von Anfang an eine Darlegung über die Gefährlichkeit des Faschismus, über die Gefährlichkeit des deutschen Imperialismus. Und auf der anderen Seite standen seine Ausführungen über die Herstellung der Einheit der Arbeiterklasse, um dem Faschismus entgegenzuwirken im Mittelpunkt. Er hat auch scharfe Kritik an sektiererischen Auffassungen in unserer Partei geübt und dabei auch uns Funktionäre der Bezirksleitung kritisiert. Dabei wandte er sich am Rednerpult um, schaute uns an und sagte: ‚Warum sage ich das so scharf, Genossen? Weil ich die Ruhrpartei so hoch einschätze.' Und das war wirklich so, denn Ernst Thälmann war dem Ruhrgebiet eng verbunden. Er hat uns mit Recht kritisiert, vor allem was unsere Gewerkschaftsarbeit angeht."[86]

Der politische Leiter des Ruhrbezirkes der KPD, Max Opitz, faßte die konkre-

ten Erfahrungen der Parteiarbeit im Revier zusammen. Er analysierte die erfolgreiche Abwehr von Lohnraubversuchen bei „Thyssen“ in Mülheim, bei „Hoesch“, auf „Phoenix“ in Dortmund, bei „Jucho“ und in der „Gutehoffnungshütte“ und führte zur Einheitsfrontpolitik aus: „Wir hatten gewaltige Vorstöße im Kampf gegen den Naziterror. Die Ruhrpartei verstand es, als die Nazis versuchten, in die Arbeiterviertel einzudringen, sie entscheidend zurückzuschlagen. Wir sahen eine große Welle von antifaschistischen Widerstandsbewegungen . . . Obwohl die Nazis Stimmen verloren haben, konzentrieren sie sich stark auf die Betriebe, bauen ihre Zellen aus und infolgedessen müssen wir in verstärktem Maße auch diesen Arbeitern gegenüber unsere revolutionäre Arbeit durchführen.“ Daher, folgerte Opitz, „müssen wir erstens stärker denn je selbständig die Wirtschaftskämpfe organisieren, Widerstandsbewegungen in den Betrieben und an den Stempelstellen in Verbindung mit unserer Einheitsfrontpolitik bringen und ebenso unsere innergewerkschaftliche Arbeit in den Betrieben und Verbänden steigern. Auf diesem Wege werden wir dann die Arbeiter heranführen an die einzelnen Aktionen, an wirtschaftliche Kämpfe und darüber hinaus die Arbeiter führen zu politischen Kämpfen mit der Zielsetzung: ‚Sturz der faschistischen Kapitaldiktatur in Deutschland.‘“[87]
Noch während des Bezirksparteitages wurde die Nachricht von einer internationalen Konferenz der kommunistischen Parteien Belgiens, Deutschlands, Luxemburgs, Österreichs, Polens und der Tschechoslowakei verbreitet, die am 30. Dezember 1932 illegal unter Leitung Georgi Dimitroffs im Raum Solingen/Remscheid stattgefunden hatte, und auf der Wilhelm Florin das Hauptreferat gehalten hatte.[88] Die Tagung, die aus Tarnungsgründen „Essener Konferenz“ genannt wurde, gab eine politische Erklärung zum 10. Jahrestag der Ruhrbesetzung ab, der sich die kommunistischen Parteien Großbritanniens, Frankreichs und Italiens anschlossen, die keine Vertreter zu der Konferenz hatten schicken können. Für die antifaschistische Bewegung im Ruhrgebiet waren diese Dokumente, die in der kommunistischen Presse verbreitet wurden,[89] von besonderer Bedeutung, da in ihnen den Naziargumenten gegen das Versailler Diktat vom Boden des proletarischen Internationalismus aus entgegengetreten wurde. Nicht der Haß der Deutschen auf die Franzosen, sondern der gemeinsame Kampf der europäischen Arbeiter gegen ihren gemeinsamen Klassengegner werde die Lasten des Versailler Vertrages abschütteln. Die große Tradition der Zusammenarbeit von KPD und FKP während der Ruhrbesetzung zeigte den realen Ausweg zur nationalen und sozialen Befreiung. In diesem Geiste vereinbarten die kommunistischen Parteien eine Reihe praktischer organisatorischer Maßnahmen zur Verstärkung der internationalen Zusammenarbeit, besonders auch in den Grenzgebieten, was sich für die schon bald in die Illegalität gedrängte KPD als äußerst hilfreich für ihren antifaschistischen

Kampf erweisen sollte.[90] Die Parteien beschlossen auch die Durchführung großer Demonstrationen zum 10. Jahrestag der Ruhrbesetzung. Über 100000 Ruhrarbeiter folgten am 11. Januar 1933 diesem Aufruf und demonstrierten in Dortmund, Essen, Duisburg-Hamborn, Oberhausen, Buer, Bochum, Gelsenkirchen, Wanne-Eickel, Wattenscheid und anderen Orten.[91]
Nach der zweiten Bezirkskonferenz des Kampfbundes gegen den Faschismus in Bochum[92] fanden am 24. Januar 1933 erneut in Gelsenkirchen, Wanne-Eikkel, Bochum, Dortmund und Hamm Demonstrationen und Kundgebungen gegen die drohende Hitlerdiktatur statt. Im Geiste dieser antifaschistischen Entschlossenheit standen auch die Aufrufe der Bezirksleitung Ruhr der KPD nach dem Rücktritt des Reichskanzlers von Schleicher, in denen sie warnte: „Hitler in der Regierung – das bedeutet: Entfesselung des braunen Mordterrors der SA! . . . Hitler in der Regierung – das bedeutet: den Angriff auf eure letzten Rechte."[93]
Am Morgen des 30. Januar erschien die kommunistische Ruhrpresse mit dem Aufruf: „Massenstreik! Massendemonstrationen! Verhindert die Papen-Hitler-Diktatur! Antifaschisten, höchster Alarm gegen Aufrichtung der blutigen terroristischen Diktatur der Industriekapitäne und Großagrarier."[94]

3. Die Errichtung der faschistischen Diktatur Januar bis März 1933

Verfolgung und Gleichschaltung

Am 30. Januar 1933 wurde mit der Vereidigung des Kabinetts Hitler-Papen-Hugenberg die Regierung der offenen faschistischen Diktatur gebildet. Nachdem die Politik der schrittweisen Faschisierung, wie sie die Kabinette Brüning, Papen und Schleicher vertreten hatten, ins Stocken geraten war, orientierte sich eine breite reaktionäre Interessenkoalition auf die Hitlerpartei als den brutalsten und radikalsten Vertreter des Faschismus in Deutschland. Der Kölner Bankier Freiherr von Schröder berichtete 1947 der Untersuchungsbehörde des Internationalen Militärgerichtshofes in Nürnberg von seinem Treffen am 4. Januar 1933 mit Hitler, Papen, Heß und anderen und gab darüber eidesstattlich zu Protokoll:
„Am 4. Januar trafen Papen, Heß, Himmler, Hitler und Keppler in meinem Haus in Köln ein. (. . .) Hitler skizzierte die (geplanten) Änderungen, einschließlich der Entfernung aller Sozialdemokraten, Kommunisten und Juden von führenden Stellungen in Deutschland. (. . .) Von Papen und Hitler erzielten eine prinzipielle Einigung (. . .) Die allgemeinen Bestrebungen der Männer der Wirtschaft gingen dahin, einen starken Führer in Deutschland an die Macht kommen zu sehen, der eine Regierung bilden würde, die lange Zeit an der Macht bleiben würde. Als die NSDAP am 6. November 1932 ihren ersten Rückschlag erlitt und somit also ihren Höhepunkt überschritten hatte, wurde eine Unterstützung durch die deutsche Wirtschaft besonders dringend. Ein gemeinsames Interesse der Wirtschaft bestand in der Angst vor dem Bolschewismus (. . .) Ein weiteres gemeinsames Interesse war der Wunsch, Hitlers wirtschaftliches Programm in die Tat umzusetzen (. . .) In diesem Zusammenhang sind zu erwähnen: eine von Hitler projektierte Erhöhung der deutschen Wehrmacht von 100 000 auf 300 000 Mann . . .“[95]
Die Hitlerregierung faßte alle jene Kräfte zusammen, die sich schon seit der Bildung der Harzburger Front im Oktober 1931 auf den Faschismus als „kapitalistischen Ausweg aus der Krise“[96] orientierten. In ihr waren sowohl die Deutschnationalen (DNVP) unter Hugenberg, als auch der rechte Wehrverband Stahlhelm – Bund der Frontsoldaten – und jene profiliert faschistischen

Persönlichkeiten unter den Junkern, der Reichswehr, den Rechtskatholiken und der rheinisch-westfälischen Industrie vertreten, die schon 1932 die Kanzlerschaft von Papens getragen hatten. Die offene faschistische Diktatur stellte den Generalangriff aller seit 1918 gegen die Weimarer Demokratie kämpfenden rechten Gruppierungen dar. Daher war der 30. Januar 1933 nicht einfach ein Regierungswechsel, sondern der lange vorbereitete Übergang von der bürgerlich-parlamentarischen Staatsform zu einer neuen Form der terroristischen Machtausübung.

Die Führungen von SPD und ADGB betonten in ihren Erklärungen, daß das „Herrenklubkabinett Hitler-Papen" eine große Bedrohung für die Demokratie darstelle und riefen für den 31. Januar zu Protestdemonstrationen auf. Aber gleichzeitig warnten sie vor weitergehenden Kampfaktionen, weil man abwarten müsse, bis die Hitlerregierung selbst den Rahmen der Legalität verlasse. Sie hofften, daß die neue Regierung von selbst „abwirtschaften" würde. Seit der erneuten Reichstagsauflösung am 1. Februar 1933, orientierte die SPD die ganze Kraft ihrer Anhänger auf den Protest mit dem Stimmzettel bei den kommenden Parlamentsneuwahlen. Auch die nicht an der Regierung beteiligten bürgerlichen Parteien duldeten die Machtübertragung an Hitler und spekulierten auf den mildernden Einfluß der konservativen Minister und des Reichspräsidenten.

Im Gegensatz dazu wies die KPD frühzeitig auf die ganze Bedrohlichkeit der neuen Situation hin. Am 7. Februar 1933, dem gleichen Tage, an dem Ernst Thälmann auf der bereits illegalen ZK-Sitzung im Sporthaus Ziegenhals, zu verstärkten Anstrengungen im Kampf gegen die Diktatur aufrief, erklärte die Bezirksleitung Ruhrgebiet der KPD in einem ausführlichen Rundschreiben zur Lage:

„Die Entwicklung des Faschismus in der Vergangenheit trug mehr einen quantitativen Charakter. Die Kette der terroristischen Bluttaten und Mordakte . . . wurde natürlich im Auftrage des Trustkapitals mehr in der Linie der allgemeinen Unterdrückungspolitik der Bourgeoisie durchgeführt. Nunmehr aber mit der legalen Einbeziehung der Nazis und Stahlhelmer in den Staatsapparat beginnt der Umschlag in die qualitative Entwicklung des Faschismus in der Linie des legalen, wohldurchdachten, zentralen und organisierten Einsatzes der faschistischen Terrorformationen." Die Hitler-Regierung wird hier charakterisiert als „offene faschistische Diktatur. Die Hitler-Papen-Hugenberg-Regierung ist eine Regierung der Großindustrie, der Großagrarier und der Bajonette (Reichswehr, SA und Stahlhelm)", eine „Regierung des Staatsstreichs", von der jederzeit die „Proklamierung des Ausnahme- bzw. Belagerungszustands" zu erwarten ist, eine „Regierung der gesteigerten chauvinistischen Hetze, der verschärften Kriegsvorbereitungen".[98]

Einzelpreis 10 Pf.

Der Kämpfer

Organ der Kommunistischen Partei Deutschlands, Bezirk Ruhrgebiet • Sektion der Kommunistischen Internationale

Für Arbeit Brot u. Freiheit

Verbreitungsbezirk: Dortmund, Hörde, Lünen, Castrop, Hamm, Ahlen, Beckum, Unna, Soest, Lippstadt, Westfalen Ost, Lippe, Bielefeld [illegible]

Nr. 26 — Dienstag, den 31. Januar 1933 — 9. Jahrgang

KPD ruft zum Generalstreik!

Die Kommunistische Partei appelliert an alle sozialdemokratischen, christlichen u. Reichsbannerarbeiter zur sofortigen Schaffung der Einheitsfront der Tat — Generalstreikvorschlag an den ADGB, den Afabund und die SPD — Ihr selbst müßt in den Betrieben und an den Stempelstellen handeln! — Demonstriert! — Faßt sofort Streikbeschlüsse!

Arbeiter, Angestellte! Werktätige des Ruhrgebiets!

[illegible] Hindenburgs Auftrag ist eine Regierung Hitler-Papen-Hugenberg gebildet. Die schlimmsten Scharfmacher der Nazipartei, des [illegible], der Deutschnationalen, einschließlich von vier Papen-Ministern, sind die Minister dieser neuen Diktaturregierung. [illegible] faschistischen Staatsstreichler leiten mit dieser Regierungsbildung [illegible]en Generalangriff gegen euch, gegen euer [illegible] gegen eure Organisationen, gegen eure letzten [illegible] Rechte und Freiheit ein!

[illegible] Situation wenden wir uns an euch alle, Arbeiter und [illegible] Parteiunterschied, an alle ehrlichen Antifaschisten: [illegible]! Schafft die Einheitsfront der Tat in diesen Stunden [illegible] Bedeutung für das Leben und die Zukunft des deutschen Arbeitervolkes!

Heraus auf die Straße! Legt die Betriebe still! Antwortet sofort auf den Anschlag der faschistischen Staatsstreichler mit dem Streik, mit dem Massenstreik, mit dem Generalstreik!

In der entscheidenden Stunde der gestrigen Ernennung der arbeiterfeindlichen Regierung der Hitler-Papen-Hugenberg-Frick und Goering hat sich in Berlin die Kommunistische Partei Deutschlands in einem Aufruf vor der gesamten proletarischen Oeffentlichkeit

an den ADGB und den Afabund, an die sozialdemokratischen und die christlichen Gewerkschaften mit der Aufforderung gewandt,

gemeinsam mit den Kommunisten den Generalstreik gegen die faschistische Diktatur der Hitler-Hugenberg-Papen, gegen die Zerschlagung der Arbeiterorganisationen, für die Freiheit der Arbeiterklasse durchzuführen!

Vertraut nur eurer eigenen Kraft! Handelt sofort in der kämpfenden Einheitsfront der Tat!

Kommunisten! Revolutionäre Arbeiter an Ruhr und Rhein! Erkennt die große Bedeutung der Stunde! Seid in höchster Aktivität und Bereitschaft als kühne Organisatoren des proletarischen Massenkampfes und Massenstreiks tätig! Tretet brüderlich, kameradschaftlich an die sozialdemokratischen und christlichen Arbeiter mit unserem Vorschlag des Generalstreiks heran! Organisiert den proletarischen Massenwiderstand gegen überraschende Schläge der Reaktion, gegen die drohende Verhaftung von Arbeiterfunktionären, gegen das Verbot eurer Zeitungen und Organisationen!

Jetzt beweist, daß ihr Kommunisten seid! Jetzt zeigt der Arbeiterklasse, daß ihr ihre kühnsten und aktivsten Vorkämpfer seid!

Arbeiter des Ruhrgebiets! Fort mit der Diktatur-Regierung Hitler-Papen-Hugenberg! Fort mit jeder kapitalistischen Regierung!

Arbeiter, Arbeiterinnen, Jungarbeiter, nehmt in allen Betrieben, in allen Gewerkschaften, in allen Arbeiterorganisationen, auf allen Stempelstellen sofort Stellung für den Generalstreik gegen die faschistische Diktatur! Beschließt die Arbeitsniederlegung! Beschließt Massendemonstrationen! Wählt Einheitskomitees und Streikleitungen! Organisiert den Kampf!

Proletarier, schützt eure Partei! Deckt sie mit der Kraft eures Massenkampfes!

Kämpft gegen Lohnabbau und für Zurückeroberung der geraubten Löhne! Kämpft für Brot, Kohle und Kartoffeln für die Erwerbslosen!

Vorwärts für die Freiheit und Arbeitermacht! Vorwärts für die sozialistische Arbeiter- und Bauernrepublik!

Wenn ihr zur Waffe des Streiks greift, wenn ihr geschlossen in kämpfender Einheitsfront aufmarschiert, dann werdet ihr mit der faschistischen Reaktion siegreich aufräumen!

Bezirksleitung der KPD, Ruhrgebiet

Antifaschistische Massendemonstrationen

Berlin, 30. Jan. (Eig. Meld.) Seit Bekanntwerden der Ernennung des Hitler-Kabinetts sammeln sich die antifaschistischen Arbeiter des roten Berlin ununterbrochen in gewaltigen Massen auf den Straßen, um gegen die faschistische Hitler-Diktatur zu demonstrieren. Besonders stark sind die Ansammlungen vor dem Karl-Liebknecht-Haus, wo Tausende von Arbeitern zusammengeströmt sind und Hochrufe auf die Kommunistische Partei, die einzige Führerin im antifaschistischen Massenkampf sowie Niederrufe gegen die Hitler-Papen-Regierung ausbringen.

Essen, 30. Jan. In mehreren Essener Stadtteilen fanden im Laufe des heutigen Tages Demonstrationen statt. In Borbeck fand der größte Umzug statt. Ueberall bilden sich erregte Diskussionsgruppen, von denen die Generalstreiklosung lebhaft begrüßt wird.

In Borbeck sammelten sich bei strömendem Regen 2000 Mann auf dem Marktplatz und über 1000 nahmen an der Demonstration teil. Es wurde eine Kampfresolution gegen die Hitler-Regierung und eine weitere Entschließung gegen das Dresdener Polizei-Blutbad angenommen. Infolge Naziprovokationen wurden zwei Arbeiter verhaftet.

Duisburg, 30. Januar. In Hochfeld waren am frühen Nachmittag 3 Demonstrationen mit fliegenden Versammlungen gegen die Hitler-Diktatur. Ebenso bildete sich heute nachmittag im Stadtteil Beek [illegible] eine Demonstration gegen Hitler-Papen. Die Polizei trieb die Tausende, die mitzogen, mit gezogener Pistole auseinander[illegible] und drei Mann verhaftet. Kurz nach 16 Uhr fand in Hochfeld wiederum eine Demonstration am Gas- und Wasserwerk vorbei statt. Sprechchöre forderten zum Massenstreik auf und riefen: „Nieder mit der Hitler-Regierung."

Bielefeld, 30. Januar. Heute nachmittag 5 Uhr sammelten sich Hunderte von Arbeitern zur Demonstration gegen die Hitler-Diktatur. Ueber eine Stunde lang zogen die Arbeiter ohne Rücksicht auf die Bannmeile durch die Innenstadt. Losungen, wie „Nieder mit Hitler-Hugenberg-Papen-Diktatur" wurden ausgebracht. „Die rote Front marschiert gegen Terror und Verbot" — „Arbeiter, schließt die Einheitsfront" — „Rüstet zum Generalstreik in den Betrieben". Die Demonstration fand großen Anklang in der Bevölkerung. Die Arbeiter rüsten zur Gegenwehr gegen die für heute nacht geplante Nazidemonstration.

Lage, 30. Januar. Heute nachmittag fanden sich zur öffentlichen Protestkundgebung 450 bis 500 Arbeiter zusammen, die gegen die Hitler-Diktatur protestierten. 130 Werktätige demonstrierten durch die Straßen der Stadt, begrüßt von der gesamten werktätigen Bevölkerung.

Wohlfahrtsarbeiter streiken gegen Hitler

Dortmund, 30. Jan. (Eig. Drahtmeld.) Die Wohlfahrtsarbeiter der Baustelle Ostenfriedhof, in Stärke von 25 Mann sind, nachdem ihnen bekannt wurde, daß Hitler Reichskanzler ist, geschlossen in den Streik getreten.

„Antifaschistischer Alarm" beschlagnahmt

Essener Polizei verbietet Mittwoch-Demonstrationen

Essen, 30. Jan. Wie das Polizeipräsidium Essen mitteilt, sind die Kundgebungen und Versammlungen unter freiem Himmel in Essen am Mittwoch verboten worden. Gleichzeitig hat das Amtsgericht das Flugblatt „Antifaschistischer Alarm" wegen angeblicher Vorbereitung zum Hochverrat beschlagnahmt.

Der Kämpfer, Dortmund, 31. Januar 1933

Auf der Basis vieler solcher Analysen entwickelte die Kommunistische Internationale im Dezember 1933 dann die bekannte Definition des Faschismus als „die offene terroristische Diktatur der am meisten reaktionären, chauvinistischen und imperialistischen Elemente des Finanzkapitals. Der Faschismus versucht, dem Monopolkapital die Massenbasis unter der Kleinbourgeoisie zu sichern, und wendet sich dabei an die aus ihrem Gleise geschleuderten Bauern, Handwerker, Angestellten, Beamten und insbesondere an die deklassierten Elemente in den großen Städten. Er ist bestrebt, auch in die Arbeiterklasse einzudringen.“[99]
Diese Einschätzungen gaben den illegalen Kämpfern wichtige Hilfen, sich auf das neuentstandene Kräfteverhältnis und eine bis dahin nicht für möglich gehaltene Entfaltung von Brutalität und totalitärer Zwangsorganisation einzustellen.[100] Der Klassencharakter der faschistischen Diktatur bestimmte sich nach Einschätzung der Kommunisten dadurch, daß die Macht im Staate jetzt den reaktionärsten Vertretern der großen Konzerne, besonders aus der Rüstungsbranche diente. Die Macht weniger großer Monopole und der Staatsapparat verschmolz noch enger zu einem riesigen ökonomischen und politischen Lenkungssystem, das alle Bereiche der Gesellschaft seiner Kontrolle unterwarf und dem alleinigen Ziel unterordnete, durch Aufrüstung und Politik der Stärke Vorbereitungen zur militärischen Revanche zu treffen.
Aus dieser Zielrichtung, die den Lebensinteressen der Bevölkerung entgegengesetzt war, ergab sich der Übergang zum offenen Terror, die Vernichtung der Arbeiterparteien und Gewerkschaften, die Zerschlagung jeder denkbaren bürgerlich-demokratischen Opposition. Noch heute wird mancherorts die Legende verbreitet, daß die Industrie nur „fachmännisch“ und unpolitisch vor sich hin produziert habe, während die „Terrorarbeit“ nur den Naziführern anzulasten sei. Diese Behauptung widerlegt sich selbst dadurch, daß die Industrie, um ihre Politik durchführen zu können, erst den Widerstand der organisierten Arbeiterbewegung brechen mußte: Wer die Löhne niedrig halten will, muß das Tarifrecht beseitigen. Wer eine abenteuerliche Großmachtpolitik will, muß im Inneren Ruhe schaffen und Meinungsfreiheit und Demonstrationsrecht außer Kraft setzen. Wer ein ganzes Volk in den Krieg um die Weltherrschaft jagen will, muß frühzeitig mit der nationalistischen Hetze beginnen. Und nicht zuletzt: Wer sich solche märchenhaften Profite sichern will, wie sie die deutsche Industrie bei der Aufrüstung und erst recht während des Krieges erzielte, braucht einen umfassenden Terrorapparat, um die Opposition der seit Jahrzehnten politisch geschulten und wohlorganisierten deutschen Arbeiter niederzuhalten. Im Deutschland des Jahres 1933 reichten die bisherigen parlamentarisch-demokratischen Herrschaftsmethoden nicht mehr aus, um bei Beibehaltung des großkapitalistischen Systems einen Ausweg aus der Krise auf dem Rücken der

arbeitenden Bevölkerung durchzusetzen. Gerade die Aufrechterhaltung des bisherigen Wirtschafts- und Eigentumssystems verlangte den Wechsel der politischen Herrschaftsform, den Übergang zur faschistischen Diktatur.

Der Faschismus stützte sich auf eine relativ breite Massenbasis aus den Mittelschichten, die er nach seiner Machtergreifung noch auszubauen und bis in die Arbeiterklasse auszuweiten suchte. Daraus schlossen manche Theoretiker, daß man den Faschismus als Herrschaft des Kleinbürgertums bezeichnen könne. Sie verwechselten dabei aber die Machtinhaber im Faschismus mit deren Gefolge. In Wirklichkeit bedeutete gerade die Politik des Dritten Reiches eine neue Stufe in der Verarmung und Entmündigung des Mittelstandes. Die Widersprüche zwischen den eigentlichen Interessen des Mittelstandes und der Realität der faschistischen Herrschaft waren die Grundlage, von der aus die revolutionäre Arbeiterbewegung versuchte, ein antifaschistisches Bündnis mit Bauern, Händlern, Handwerkern, Angestellten und Intellektuellen anzuknüpfen.

Sofort nach der Machtergreifung begann die Hitlerregierung mit der Durchsetzung des faschistischen Systems: der Umformung des Staatsapparates in ein noch wirkungsvolleres Instrument der Unterdrückung und der staatsmonopolistischen Herrschaft, dem Vernichtungsfeldzug gegen die Organisationen der Arbeiterklasse und der Gleichschaltung der bürgerlichen Parteien und Verbände. Zunächst wurden die Vollmachten der staatlichen Exekutive rücksichtslos ausgeweitet (17. Februar 1933: Schießerlaß für die Polizei; 22. Februar: Ernennung von SA- und SS-Leuten zur Hilfspolizei; 4. und 28. Februar: Notverordnungen des Reichspräsidenten, die die wichtigsten Grundrechte der Verfassung außer Kraft setzten). Der Höhepunkt dieser Akkumulation von Notstandsvollmachten war das „Ermächtigungsgesetz“ vom 23. März, in dem alle Parteien des Reichstages außer den Sozialdemokraten und den bereits in die Illegalität gedrängten Kommunisten scheinbar gesetzlich der Hitler-Regierung die alleinige Gewalt übertrugen. In Zukunft konnten sogar Gesetze von der Reichsregierung allein beschlossen werden, die von der Verfassung abwichen. Die darauf folgende Beseitigung der Reste demokratischer Institutionen wie Föderalismus, Gewaltenteilung usw. war nur noch logische Konsequenz.

Die Verfolgung der Arbeiterbewegung begann mit einer zügellosen Terrorkampagne gegen die Mitglieder und Funktionäre der KPD und griff schon anläßlich des Reichstagsbrandes auch auf Sozialdemokraten und bürgerliche Demokraten über. Gegen die KPD war schon drei Tage nach dem Regierungsantritt Hitlers Polizei vorgegangen und hatte das ZK-Gebäude in Berlin besetzt. Willkürliche Verhaftungen durch SA-Trupps, bei denen bekannte Arbeiterfunktionäre in SA-Kasernen verschleppt und dort gefoltert wurden, persönliche Racheakte und sadistische Übergriffe von Nazis gegen kommunistische und sozialdemokratische „Feinde“ in den Arbeitervierteln waren an der Tagesordnung. Dieser bis dahin für unmöglich gehaltene Terror sollte den Widerstandswillen der Arbeiter brechen. So wurden z. B. in Bochum mehrere KPD-Führer, unter ihnen der Politische Leiter des Unterbezirks, Hans Schillack, und der Redakteur des „Ruhr-Echo“, Karl Springer, in einer SA-Kaserne blutig geschlagen, schwerverletzt durch die Straßen geschleppt und zuletzt an belebten Plätzen zu Boden geworfen und hilflos liegengelassen, um unter der Bochumer Bevölkerung lähmende Angst auszulösen.[101] Mutige Freunde nahmen sich der Mißhandelten an und versuchten, sie dem erneuten Zugriff der SA zu entziehen. Als Hans Schillack von seinen Peinigern gesucht wurde, versteckte man ihn in einer Dachkammer des holländischen Konsuls. Dort wurde er mit dessen Wissen gesund gepflegt und illegal über die holländische Grenze in Sicherheit gebracht. Trotz der erlittenen Qualen kehrte Schillack nach wenigen Monaten wieder ins Ruhrgebiet zurück, wo er die politische Leitung der Essener KPD übernahm.[102] Nach dem Reichstagsbrand, den die Nazis mit dem Propagandaplakat „Der Reichstag in Flammen! Zerstampft den Kommunismus! Zerschmettert die Sozialdemokratie!“ kommentierten, überfielen SA und Polizei das Haus der KPD-Bezirksleitung in der Essener Rottstraße, verhafteten die Anwesenden und zerstörten Druckerei und Redaktion des „Ruhr-Echo“ völlig.[103] Tausende Kommunisten wurden sofort verhaftet, nach allen entkommenen Funktionären wurde fieberhaft gesucht. Dabei leisteten die Karteien, die die politische Polizei (Ia) der Weimarer Republik über die Linke angelegt hatte, den Nazis gute Dienste. Auch Sozialdemokraten wurden Opfer der Verhaftungswelle. So kamen in Essen führende SPD-Parlamentarier nach der Kommunalwahl vom 14. März 1933 in „Schutzhaft“. SA-Trupps besetzten in der Nacht zum 11. März die Hauptverwaltung des Bergbauindustriearbeiter-Verbandes in Bochum, zertrümmerten die Inneneinrichtung und verhafteten den Vorsitzenden der Gewerkschaft, den Sozialdemokraten Fritz Husemann. Rechtsanwälte wurden in Haft genommen, weil sie, wie der Essener Dr. Levy, einfach Zweifel an den Schreckensmeldungen der Nazipresse geäußert hatten. Insgesamt wurden im Ruhrgebiet bis zum 2. März bereits über 2000 Personen verhaftet.[104] Am 31. Mai 1933 gab der „Höhere Polizeiführer West, Sonderkommissar des Ministers des Inneren“ mit Sitz in Recklinghausen einen Bericht über die Festnahmen im Rhein-Ruhrgebiet vom 14. bis 28. Mai 1933. Danach waren in diesen zwei Wochen 2830 Menschen verhaftet worden, unter ihnen 1571 Kommunisten und 1128 Sozialdemokraten. In „Schutzhaft“ saßen am 28. Mai 1933 4862 Personen, darunter 4780 Kommunisten und 51 Sozialdemokraten.[105] In überfüllten Gefängnissen erwartete die Menschen ein ungewisses Schicksal. In der Dortmunder Steinwache wurden 400 Gefangene in Zellen für maximal 180 Menschen eingesperrt[106] und eine Essener Zeitung sprach zynisch von „Drängelei im Haumannshof", dem örtlichen Gefängnis, das ebenfalls nicht für solche Massen gebaut war. Allein in Essener Gefängnissen befanden sich am 23. April etwa 500 „Schutzhäftlinge",[107] nicht gerechnet jene, die in provisorischen Konzentrationslagern der SA verschwunden waren. Solche Lager wurden u. a. in einem alten Fabrikgebäude in der Wuppertaler „Kemna" und in den stillgelegten Zechen „Herkules" in Essen und „Gibraltar" in Bochum geschaffen. Größere KZ für politische Häftlinge, besonders aus dem Ruhrgebiet, entstanden in Brauweiler bei Köln, in Kleve, und im Sommer 1933 in Börgermoor und Esterwegen im Emsland.

Am Tage nach der Reichstagswahl vom 5. März 1933 verschleppten SA-Trupps über 100 Bochumer SPD- und KPD-Funktionäre in das Kasino des Stahlwerks „Bochumer Verein", wo sie sie aus Rache für den hohen Stimmenanteil der Arbeiterparteien grausam verprügelten.[108]

Der Terror forderte bereits einen hohen Blutzoll von den Arbeitern. Albert Funk etwa, Reichstagsabgeordneter der KPD und populärer Funktionär des Einheitsverbandes der Bergarbeiter Deutschlands, wurde nach seiner Verhaftung aus der Dortmunder Steinwache ins Recklinghauser Polizeigefängnis verschleppt. Nach pausenlosen blutigen Verhören zwangen ihn seine Peiniger zum tödlichen Sturz aus dem Fenster.[109]

Mit den von seinen Mördern gemalten Schildern „Kommunist – Vertrieb gestern die FREIHEIT" (das illegale Organ der KPD des Niederrheins) und „Auf der Flucht erschossen – ha ha!" fanden entsetzte Düsseldorfer am 9. Juni 1933 die blutige und zerschlagene Leiche des Eisenbahners Heinrich Kiepenheuer, der die Verbreitung der Wahrheit über den Faschismus mit dem Leben bezahlte.[110] Bei der Zerschlagung der Gewerkschaften am 2. Mai 1933 wurden die vier Duisburger Funktionäre des ADGB Emil Rentmeister, Michael Rodenstock, Johann Schlösser und Julius Birk von der SA abgeführt. Erst am 21. April 1934 fanden Spaziergänger im Wald auf dem Oberlohberg bei Dinslaken ihre Leichen in einem Wasserloch.[111] Über die Ermordung des Essener Sozialdemokraten Peter Burggraf berichtet sein Bruder: „Am 15. Juli 1933 kamen die beiden Brüder Peter und Johann Burggraf, welche bei Heinrich, dem dritten Bruder in Heidhausen Namenstag gefeiert hatten, an der Schule auf der Keller-Straße vorbei. (Seit dem 14. Mai war hier die ‚Adolf-Hitler-Kaserne' des nationalsozialistischen Arbeitsdienstes untergebracht.) In den Fenstern lagen johlende Arbeitsdienstler und bewarfen Passanten mit Gegenständen und Flaschen. Peter Burggraf beschwerte sich und wurde von den Jugendlichen aufgefordert, seine Beschwerde innerhalb des Hauses vorzubringen. Peter befolgte diesen unglückseligen Rat, begab sich ins Haus und wurde besinnungslos geschlagen. Als er sich nicht mehr bewegen konnte, wurde er an den Füßen in den Keller geschleppt. Sein Kopf schlug auf jeder der 32 Treppenstufen auf.

Im Keller blieb der Schwerverletzte noch einen Tag liegen bis Nachbarn der Schule die Polizei riefen, da der Verletzte vor Schmerzen schrie und wimmerte. Ins Krankenhaus eingeliefert, starb Peter Burggraf am 17. Juli 1933. Die Beerdigung hatte die größte Beteiligung, die je in Werden gesehen wurde."[112]
Der Terror richtete sich sogar gegen durchaus konservative Mitglieder des katholischen Zentrums, wie z. B. gegen Heinrich Hirtsiefer, ehemaliger Wohlfahrtsminister in der preußischen Landesregierung, der am 11. September 1933 von SA-Leuten gezwungen wurde, unter ihren Spottrufen mit einem Regenschirm bewaffnet und dem Schild „Ich bin der Hungerleider Hirtsiefer" durch die Straßen Essens zu laufen.[113] Wenige Tage später wurde er ins KZ Börgermoor verschleppt.
Diese Beispiele charakterisieren das Klima des Terrors, der sich gegen alle wandte, die sich der organisierten Unmenschlichkeit entgegenstellten; gleich ob Kommunist, Sozialdemokrat, Christ, Pazifist oder einfach nur ein Bürger, der nicht schweigen konnte angesichts der Verfolgungen, des Boykotts jüdischer Geschäfte am 1. April oder der Verbrennung humanistischer und demokratischer Literatur auf dem Essener Gerlingplatz am 21. Juni 1933.
Gegen die bürgerlichen Parteien und Verbände wandte man mit der Politik der „Gleichschaltung" jene bewährte Mischung von Einschüchterung und Integration an, die bereits das Ermächtigungsgesetz zustande kommen ließ. Die Abgeordneten des Zentrums wie der ehemaligen Deutschen Demokratischen Partei hatten einst die Weimarer Verfassung mitgetragen. Nun aber stimmten sie nicht nur dem Ermächtigungsgesetz zu, sondern lösten sich im Juli 1933 auch selbst zugunsten der NSDAP auf. Vorher ließ es die Essener Zentrumspartei geschehen, daß die Redaktion und Druckerei ihrer „Essener Volkszeitung" am 11. März von SA-Trupps besetzt und gezwungen wurde, die nächste Ausgabe mit der Schlagzeile „Es wird abgerechnet mit dem Zentrum!" zu drucken.[114]
Dennoch befleißigte sich die Stadtverordnetenfraktion des Zentrums am 20. April 1933, dem „Führer des wiedererwachten Deutschland", Adolf Hitler die Ehrenbürgerschaft Essens anzutragen.[115]

Widerstand der ersten Stunde

Die breite antifaschistische Kampfbewegung in den Januartagen 1933 hatte den Weg gewiesen, das Kabinett Hitler zu stürzen, bevor es mit rücksichtslosem Terror seine Macht gefestigt hatte. Wie schon bei der Abwehr des Kapp-Putsches 1920 hätte eine einheitlich handelnde Arbeiterklasse die faschistische Diktatur mit dem Generalstreik beantworten müssen. Die Aussichten, die Naziregierung zu Fall zu bringen und damit dem Umsturz den Weg zu verstellen, war in den ersten Tagen nicht ungünstig. Als die Nachricht von der Regierungsbildung durch den Rundfunk ging, strömten in vielen Orten des Ruhrgebiets die Menschen auf die Straße, um ihrer Empörung Ausdruck zu verleihen, so in Essen-Borbeck, Duisburg-Hochfeld, Duisburg-Beek und Bielefeld,[116] in Wanne-Eickel, wo es bereits zu schweren Auseinandersetzungen mit der Polizei kam[117] und in Dortmund, wo erst ein Demonstrationsverbot des sozialdemokratischen Polizeipräsidenten, das schon zwei Tage vor dem Verbot Görings erging, die Straße für die SA freimachte. Über die Ereignisse am 30. Januar in Dortmund berichtet auch der damalige Jungkommunist Willi Rattai:

„Am 30. Januar 1933 wurden alle Genossen, die verantwortliche Funktionen in der KPD oder einer der Massenorganisationen hatten, von der Bezirksleitung zu Instrukteureinsätzen in die verschiedenen Parteikreise eingeteilt. Zusammen mit einem weiteren Genossen wurde ich zur Unterstützung der Arbeit in Dortmund eingeteilt. In Dortmund fand am Spätnachmittag des 30. Januar eine Großkundgebung auf dem Hansaplatz statt, zu der die KPD aufgerufen hatte, und wohin sich Demonstrationszüge aus allen Stadtteilen bewegten. Am gleichen Abend fand eine Sitzung des Parteiaktivs statt, auf der der Unterbezirkssekretär (Albert Funk) sprach. Es ging darum, den Aufruf der Partei zur Herstellung der Aktionseinheit und zum Generalstreik an die Arbeiter der Dortmunder Betriebe heranzubringen, und, wo möglich, den Streik zu organisieren. Die Genossen aus den Großbetrieben wie ‚Hörder Verein', ‚Westfalenhütte' und ‚Union' erhielten konkrete Hinweise für ihr Auftreten im Betrieb. Wir anderen fertigten noch in der Nacht auf allen verfügbaren Vervielfältigungsapparaten Flugblätter an mit dem Aufruf der KPD zum Generalstreik. Am anderen Morgen standen wir damit vor den Fabriktoren. Ich selbst stand mit anderen Genossen vor Beginn der Frühschicht an einem Tor der ‚Westfalenhütte' und verteilte Flugblätter. Die Arbeiter nahmen die Flugblätter an, ohne sich jedoch auf Diskussionen einzulassen. Nur vereinzelt hörte man solche Kommentare wie: ‚auch der Hitler wird bald abgewirtschaftet haben!' oder: ‚wartet nur ab, das ist bald wieder vorüber.' Wir standen nach Beginn der Frühschicht noch vor dem Tor herum, doch es ereignete sich nichts weiter. Den ganzen 31. Januar über kam es in Dortmund, der Innenstadt und den Arbeitervororten, zu Demonstrationen gegen Hitlers Machtantritt. Doch zu Streikaktionen ist es meines Wissens nirgends gekommen, womit die Arbeiter der Losung der SPD und des ADGB folgten, von ‚wilden Aktionen' abzusehen und in Ruhe abzuwarten, weil diese Regierung in Bälde ‚abgewirtschaftet' hätte."[118]

Auch in Bochum-Linden formierten sich Demonstrationszüge und Sozialdemokraten und Kommunisten versammelten sich auf dem Lindener Marktplatz, um Aktionen gegen Hitler zu besprechen.[119] Auf dem Bochumer Moltkeplatz marschierten der Kampfbund gegen den Faschismus und das Reichsbanner auf,

um die Arbeiterviertel im Griesenbruch vor Naziübergriffen zu schützen.[120]
Über welche Kampfmöglichkeiten die geeinte Arbeiterklasse noch verfügte, wenn sie nur geschlossen und aktionsbereit auftrat, zeigt ein Bericht aus Homberg im Kreis Moers:
„Nach dem 30. Januar beherrschten die Arbeiterparteien KPD und SPD zusammen mit dem Kampfbund gegen den Faschismus, dem Reichsbanner Schwarz-Rot-Gold und den freien und christlichen Gewerkschaftern tagelang die Straßen in Homberg-Hochheide. Tausende Antifaschisten, organisierte und unorganisierte, einige mit Karabiner oder Pistole bewaffnet, sicherten Tag und Nacht die Straßen des Stadtteils und hinderten Nazis und Göring-Polizei am Betreten.
Weil währenddessen SA und SS den Ortskern Homberg besetzt hatten, marschierten die Arbeiter von Hochheide geschlossen und bewaffnet nach Homberg, um sich vom Arbeits- bzw. Wohlfahrtsamt ihre Unterstützung zu holen. Weder SA und SS noch Polizei wagten, diese bewaffnete Demonstration aufzulösen oder anzugreifen.
Nachdem es in dieser gespannten Atmosphäre zu blutigen Auseinandersetzungen zwischen SA und Polizei in Homberg gekommen war, nahm der preußische Nazi-Ministerpräsident Göring dies zum Anlaß für einen Großangriff auf die Arbeiterschaft in Homberg-Hochheide. Das wurde Göring nicht zuletzt dadurch ermöglicht, daß solche entschlossenen Abwehraktionen wie die in Hochheide im Reichsmaßstab isoliert blieben.
Der ganze Stadtteil mit seinen Zechenkolonien und Arbeiterwohnvierteln wurde durch hunderte schwerbewaffnete Polizisten, unterstützt von SA, SS und Stahlhelm, vollständig abgeriegelt. An allen Straßenkreuzungen standen bewaffnete Polizeiposten. Auf Polizeiwagen waren leichte MGs aufgebaut. Haus für Haus wurde nach Waffen durchsucht, aber bei keinem aktiven Arbeiterfunktionär wurden belastende Materialien, ob Waffen, Schreibmaschinen oder Abzugsgeräte, gefunden. Dennoch wurden viele Arbeiter beschimpft, bedroht, mißhandelt und etwa 80 verhaftet.
Mit terroristischen Großaktionen wie dieser wurde zwar mancher eingeschüchtert, aber die organisierte illegale Tätigkeit gegen die Nazis ging weiter.“[121]
Den Appell der Bezirksleitung Ruhrgebiet der KPD an SPD und Gewerkschaften, den antifaschistischen Generalstreik auszurufen – er wurde am 31. Januar 1933 in „Kämpfer“ und „Ruhr-Echo“ veröffentlicht –, lehnte die sozialdemokratische Führung ab, um sich einen legalen Spielraum auch unter der Regierung Hitler zu sichern. Dabei verkannte sie völlig, daß allein schon die Existenz von Arbeiterorganisationen Provokation genug für die extremsten Kreise des Großkapitals war. Die Kraft der KPD allein aber reichte nicht aus, um die Arbeitermassen gegen den Willen ihrer sozialdemokratischen Führer in

den Generalstreik zu führen. Die Bezirksleitung Ruhrgebiet der KPD schätzte daher am 7. Februar ein:
„Der 30. Januar lehrt uns, trotz der Durchführung großer Massendemonstrationen in allen Städten und Orten Deutschlands . . ., daß die sozialdemokratische ‚Theorie' des ‚abwirtschaften lassens' der Nazis noch starken Boden im Proletariat und in den werktätigen Schichten hat." Die Notwendigkeit, neue und noch größere Anstrengungen zur Gewinnung der Arbeiterklasse für den antifaschistischen Massenstreik zu machen, ließ die Bezirksleitung auch Angebote an die Leitungsorgane von SPD und ADGB empfehlen: „In solchen Orten . . . wo die Einheitsfront der Tat sich in der Praxis zu formieren beginnt, wo in den Betrieben und Stempelstellen der Drang zur Einheitsfront sichtbare, konkrete Formen anzunehmen beginnt, dort ist eine kombinierte Einheitsfront von unten und oben in solchen Fällen zulässig, wo eine Steigerung der Massenoffensive und der Massenkampfaktionen des Proletariats aufgrund der Verbindung unserer Massenmobilisierung mit einem Einheitsfrontangebot an die örtlichen Vorstände der SPD und des ADGB zu erwarten ist."[122]
Unterstützung jeder innerbetrieblichen Kampfaktion, Aufstellung von Einheitslisten für die Betriebsrätewahlen, Aktionen der Erwerbslosen gegen Hunger und Frost, Bildung betrieblicher Einheitskomitees und neuer Massenselbstschutzformationen gegen den SA-Terror, Aufklärung der kleinbürgerlichen Mittelschichten über die Nazidemagogie, Kampf gegen das Verbot der Arbeiterpresse und der proletarischen Organisationen: unter dieser Aufgabenstellung sollte sich der antifaschistische Kampf entfalten. Angesichts der Polizeimaßnahmen gegen die Führungsorgane der KPD lastete auf den Grundeinheiten, den Betriebs- und Straßenzellen eine besonders große Verantwortung für die Herausgabe eigenen Aufklärungsmaterials, die offensive Diskussion in den Betrieben und auf den Stempelstellen und für den Schutz der Wahlagitatoren und Plakatkleber.[123]
Obwohl die KPD bereits unter halb illegalen Bedingungen arbeiten mußte, wandte sie sich unaufhörlich an ihre sozialdemokratischen Klassengenossen, um die Einheitsfront in letzter Stunde herzustellen. Nachdem Kundgebungen der Eisernen Front auf dem Essener Burgplatz am 5. und am 11. Februar durch SA-Aufmärsche gesprengt worden waren, wandte sich die KPD an die Ortsorganisation der Eisernen Front mit dem Vorschlag für eine gemeinsame Demonstration „für die Rechte der Arbeiter, gegen die Nazimordüberfälle, gegen die Zerstörung der Arbeiterorganisationen und des Arbeitereigentums".[124] Obwohl sich in der örtlichen SPD-Funktionärsversammlung vom 13. Februar 1933 Stimmen für die Einheitsfront gemeldet hatten, erhielt die KPD nur eine ausweichende Antwort von den sozialdemokratischen Führungsinstanzen.[125]
Auf der Zeche „Neumühl" in Duisburg-Hamborn hatte am 6. Februar eine

Einheitskonferenz stattgefunden, an der Mitglieder und leitende Funktionäre von christlichen Gewerkschaften, BAV, EVBD, RGO, SPD, KPD, Kampfbund gegen den Faschismus und Reichsbanner beteiligt waren. Mit den Stimmen dieser Funktionäre wurde folgende Resolution verabschiedet: „Sämtliche Anwesende sind bereit, alles Trennende auf die Seite zu stellen, und geloben, in Zukunft alles für die Interessen der Arbeiterschaft einzusetzen. Wir geloben die Organisierung des Abwehrkampfes gegen SA- und SS-Banden und gegenseitige Unterstützung in Versammlungen, auf der Straße, in der Wohnung sowie Beschützung aller Einrichtungen der Arbeiterschaft."[126] In diesem Geist traten am 14. Februar 1933 die Arbeiter des Duisburger Hafens und von 38 Baustellen in einen einstündigen Proteststreik anläßlich der Beerdigung der von den Nazis ermordeten Arbeiterin Wilhelmine Struth.[127]

Auf der letzten Kundgebung der KPD in der Dortmunder Westfalenhalle hatte am 12. Februar der Landtagsabgeordnete Kasper vor 20000 Teilnehmern ausgerufen: „Was mögen sich diese Herrschaften eigentlich unter ‚Vernichtung des Marxismus' vorstellen? Marxismus ist die Lehre vom proletarischen Klassenkampf. Marxismus, also Klassenkampf, wird es immer geben, solange das kapitalistische Ausbeutersystem besteht! Ihr Zehntausende, ihr rotes Dortmund, ihr seid lebendiger Marxismus! Die Vernichtung des Marxismus wird Eure Vernichtung bedeuten."[128] Die letzte legale Tagung der KPD-Bezirksleitung Ruhr rief am 15. Februar 1933 die Kommunisten auf: „Ihr müßt den SPD-Arbeitern, Reichsbannerkameraden und Gewerkschaftskollegen klarmachen, welch eine unbesiegbare Kraft die millionenstarke deutsche Arbeiterklasse ist, wenn sie einig in der Einheitsfront zusammensteht!"[129]

Dem Einheitsfrontaufruf vom 14. Februar des EVBD an die Bezirksleitungen von BAV und christlichem Gewerkverein (und ähnlich dem Einheitsangebot der kommunistischen Betriebsräte bei Krupp vom folgenden Tage) antwortete die Leitung des BAV: „Wir bestätigen den Eingang ihres Schreibens vom 14. des Monats und teilen Ihnen hierdurch mit, daß es nicht im Bereich unserer Zuständigkeit liegt, zu ihrer Anregung Stellung zu nehmen . . .".[130] Damit setzte sich die sozialdemokratische Gewerkschaftsführung in Gegensatz zu vielen ihrer Mitglieder und sogar zu ganzen Ortsorganisationen, die beispielsweise in Bottrop eine gemeinsame Mitgliederversammlung der BAV-Zahlstelle und der EVBD-Betriebsgruppe durchführten, und dabei wie auch auf der Zeche „Neumühl", auf „Stinnes 3/4" in Gladbeck, und in Altenbögge auf der Zeche „Königsborn" Erklärungen für die sofortige Herstellung der Einheitsfront verabschiedeten.[131]

Innerhalb kürzester Zeit war durch das Ausbleiben von Massenabwehraktionen das Kräfteverhältnis zwischen Arbeiterklasse und den Kräften der faschistischen Diktatur eindeutig zu Gunsten der Herrschenden verschoben worden.[132] Mit jedem Tag der Verzögerung einheitlicher Aktionen, mit jedem Terrorakt der SA-Trupps festigte sich die Macht des Dritten Reiches, wurde mehr Verwirrung und Resignation unter die Arbeiter getragen. Mit dem Terror nach dem Reichstagsbrand am 27. Februar war die KPD in die Illegalität gedrängt worden und auch SPD und Gewerkschaften sollten sich nur noch für wenige Wochen in der Illusion des verfassungsmäßigen Schutzes wiegen können, bis sie dem Verbot zum Opfer fielen. Damit hatte die sozialdemokratische Tolerierungspolitik, die Losung des „kleineren Übels", in einem tragischen Ausmaße Schiffbruch erlitten. Eine der stärksten Abteilungen der internationalen Arbeiterbewegung hatte, durch diese Haltung ermöglicht, eine schwere Niederlage erlitten. Dagegen hatte die KPD immer erneut zur gemeinsamen Antifaschistischen Aktion aufgerufen, wenn es ihr auch nicht gelang, alle sektiererischen Hemmungen bei der Verwirklichung der Einheitsfront zu überwinden. Sie gab trotz Verbot und Verfolgung ihren Kampf gegen die faschistische Diktatur nicht auf, und bemühte sich, in der Illegalität alle Hitlergegner im Widerstandskampf zu vereinen.

4. Die KPD im Kampf um die Einheitsfront gegen den Faschismus 1933 bis 1935

Der Aufbau der illegalen Parteiorganisation März bis Herbst 1933

Die KPD antwortete auf den faschistischen Terror mit dem organisierten Übergang in die Illegalität. Sie stand vor der schwierigen Aufgabe, eine Partei mit 300000 Mitgliedern ohne größere Verluste umzuorganisieren, ihre gefährdeten Kader dem Zugriff von Polizei und SA zu entziehen und trotz des Terrors politische Aktionen durchzuführen.[133] Dabei mußten alle Kräfte aufgeboten werden, um die weitere Festigung der faschistischen Staatsmacht zu verhindern und die Arbeitermassen aus der Passivität und Verwirrung zu reißen, in die sie die kampflose Kapitulation der Gewerkschaften und der SPD-Führung gestürzt hatten. Aus elementaren Abwehraktionen gegen den Raub der politischen und sozialen Rechte in den Betrieben und Arbeitersiedlungen, den Notstandsarbeiterlagern und Stempelstellen sollte sich ein neuer Aufschwung des antifaschistischen Kampfes entwickeln.[134] Diese politische Zielsetzung bestimmte auch den Charakter der illegalen Organisation. Daher mußte bei aller Absicherung der Kader mit Nachdruck auf ein Maximum an Aktivität und Wirksamkeit nach außen geachtet werden. Die erschwerten Kampfbedingungen verlangten darüber hinaus von den Grundeinheiten und den einzelnen Genossen ein hohes Maß an Selbständigkeit, Initiative und Opferbereitschaft. Die Mitglieder konnten nicht warten, bis die Leitungen, durch den Terrorapparat vielfach behindert und durch Verhaftungsaktionen geschwächt, alle Kontakte wiederherstellten und die Grundeinheiten anleiteten. Oft mußten sie völlig auf sich allein gestellt den Zusammenhalt wahren, Gelder sammeln, Informationsmaterialien herstellen und verteilen. Viele solcher Gruppen arbeiteten im Revier auch jahrelang weiter, nachdem ihr Kontakt zur Leitung abgerissen war.

Die KPD hatte sich bereits lange vor dem Machtantritt Hitlers darauf vorbereitet, ihre politischen Aufgaben auch in der Illegalität weiterzuführen. Berichte sowohl leitender Funktionäre wie auch einfacher Mitglieder schildern eine ganze Skala von Maßnahmen:[135] So wurden schon 1932 Kurse durchgeführt „Wie verhalte ich mich in der Illegalität?", in denen Grundfertigkeiten konspirativen

Verhaltens, Vorschläge zur Verkleinerung der Grundeinheiten und Hinweise auf sichere Formen der Flugblattverbreitung behandelt wurden. Im Herbst 1932 wurden an einigen Orten Gruppen gebildet, die praktische Maßnahmen der Illegalität getrennt von der übrigen Parteiarbeit vorbereiteten. Für gefährdete Funktionäre wurden Ausweichquartiere geschaffen, in denen die Mitglieder der Bezirksleitung Ruhrgebiet schon Anfang Februar untertauchten. An geschützten Orten, in Werkstätten befreundeter Arbeiter oder bei Parteilosen wurden Druckmaschinen, Schreibmaschinen, Matrizen und Papier untergebracht. Obwohl zunächst die gewählten Funktionäre auch die illegale Leitung übernahmen, wurden ihnen bereits in der Öffentlichkeit nicht so bekannte Mitglieder an die Seite gestellt. Während zunächst die Bezirksleitung und die Unterbezirksleitungen illegal weiter tagten, wie in Duisburg und Bochum, wurde bald eine große Zahl bekannter Funktionäre Opfer des Massenterrors oder mußten fliehen; denn trotz der sorgfältigen Vorbereitung auf die Illegalität waren die kommunistischen Organisationen einem solchen noch nie dagewesenen Terror zunächst nicht gewachsen. In solchen Situationen übernahmen dann neue Kader oder Kommunisten aus anderen Städten die Leitung. In Bochum wurde sie von Karl Adolphs gebildet, während Duisburg von Alfred Lemnitz angeleitet wurde, der bisher nur im kommunistischen Jugendverband gearbeitet hatte. Die komplizierte Aufgabe, die illegale Literaturverteilung in Duisburg zu organisieren, übernahm ein Kommunist, der sich bisher nur im Bund der Freunde der Sowjetunion hervorgetan hatte. Am 7. Februar 1933 wies die Bezirksleitung bereits die Grundeinheiten an, sich in kleinere Zellen zu teilen, damit man auch unter Bedingungen des Parteiverbots zusammenkommen konnte.[136]

Dennoch mußte die KPD ungeheure Opfer bringen, bis sie die nötigen Erfahrungen im illegalen Kampf gesammelt hatte. Trotz der Warnungen und Berichte über den faschistischen Terror am Beispiel etwa Mussolini-Italiens konnte sich kaum jemand eine wirkliche Vorstellung von dem unerhörten Terror machen, der auf die Partei hereinbrach. Auch die konspirativen Techniken konnten erst im Laufe der Zeit vervollkommnet werden. So berichtet Alfred Lemnitz von einer illegalen Sitzung in Duisburg, die beinahe dadurch aufgeflogen wäre, daß die Teilnehmer alle ihre Fahrräder auf einen Haufen gestellt hatten.[137]

Schon während des Februars reagierte die in die Illegalität gedrängte Partei auf den Naziterror auch durch Herausgabe von Flugblättern. Am Tage nach dem Reichstagsbrand trafen sich die Mitglieder der Bezirksleitung, berieten die neue Situation und verfaßten ein Flugblatt, das bald im ganzen Ruhrgebiet verbreitet war. Darin entlarvten sie die ungeheure Lüge der Goebbels-Propaganda, daß die Kommunisten den Reichstag angezündet hätten, und riefen die

1933

Ruhr-Echo

Organ der Kommunistischen Partei Deutschlands.

Heraus mit Ernst Thälmann!

Der tapfere und unerschrockene Führer der Kommunistischen Partei wurde von tausenden Kriminalbeamten der faschistischen Blutdiktatur verfolgt — Der Mut und die Kühnheit des Genossen Thälmann ist das Vorbild aller antifaschistischen Arbeiter — Heraus zum Massenstreik, zur Rettung des Genossen Thälmann und der eingekerkerten 30000 Kommunisten und Antifaschisten!

Ein Aufschrei der Wut der Empörung geht durch das gesamte arbeitende Deutschland und durch die ganze Welt: Ernst Thälmann verhaftet. Der Führer der Kommunistischen Partei, der unerschrockene Kämpfer, der klarste Denker der deutschen Arbeiterklasse, der Führer der Millionenmassen des deutschen Proletariats sitzt in den Kerkern der faschistischen Blutdiktatur. Die feigen faschistische Bestie will den Führer der Unterdrückten und Notleidenden peinigen und morden. Eid Racheschwur aller Antifaschisten: Wir dulden nicht die Verhaftung unseres geliebten Ernst Thälmann. Wir wollen ihn retten und mit ihm die 30000 in Gefängnissen, Zuchthäusern und Konzentrationslagern eingekerkerten kommunistischen Funktionäre und Antifaschisten!

Ernst Thälmann ist allen deutschen Arbeitern ein glänzendes Beispiel revolutionärer Pflichterfüllung. Obgleich die Schergen der faschistischen Diktatur ihn suchten, obgleich tausende Kriminalbeamte in Berlin und im ganzen Reich auf den Beinen waren, den Führer der Kommunistischen Partei zu fangen, lehnte es Genosse Thälmann ab, seinen Kampfposten zu verlassen und zu flüchten. Tag und Nacht gönnte er sich keinen Schlaf, arbeitete in revolutionärer Pflichterfüllung und schrieb noch wenige Stunden vor seiner Verhaftung einen anfeuernden und hoffnungsvollen Brief an alle Kommunisten Deutschlands. Ernst Thälmann machte es nicht wie die Ludendorff - Goering, die im Jahre 1918 mit blauen Brillen nach Schweden flohen und erst nach Deutschland zurückkehrten, nachdem die SPD.-Führer durch die Niederschlagung der Arbeiterklasse den Weg freigemacht hatten. Ernst Thälmann handelte als Führer der Kommunistischen Partei in aufopfernder Pflichterfüllung und trennte sich nicht von seinen Kampfgefährten. Er lieferte das geschichtliche Beispiel über den unerschrockenen Mut der kommunistischen Führer. Ernst Thälmann besiegelte die Treue zur deutschen Arbeiterklasse und zum internationalen Proletariat wie ein wahrer proletarischer Kämpfer, ein wirklicher Führer der Massen durch das gewaltigste Beispiel revolutionärer Hingabe.

Die deutsche Bourgeoisie, die faschistischen Henker, die feigen Soldknechte des Kapitalismus wußten, was Ernst Thälmann für die deutsche Arbeiterklasse bedeutet. Eine ganze Armee von Spitzeln, Provokateuren, Achtgroschenjungen, Kriminalbeamten war aufgeboten, den Führer der Kommunistischen Partei zu fangen. Die Art der Verfolgung des Genossen Thälmann läßt sich in Worten nicht wiedergeben. Noch nie in der Geschichte der Arbeiterbewegung ist ein revolutionärer Führer so gejagt worden wie Genosse Thälmann. Der ganze staatliche Machtapparat, Polizeifunk, die hohe Schule der Kriminalpolizei, Polizeihunde und dazu gewaltige Geldbeträge wurden ausgesetzt. Ernst Thälmann wußte davon. Es wäre ihm trotzdem möglich gewesen, gestützt auf die Liebe und das Vertrauen Millionen deutscher Arbeiter zu fliehen und zu entkommen. Aber Ernst Thälmann blieb auf Kampfesposten, bis man ihn umstellt von mehreren tausend Kriminalbeamten **mitten aus seiner Arbeit heraus abführte.**

Die Hitler-Papen und Hugenberg und mit ihnen das gesamte Gesindel der Großausbeuter der Industrieherren Börsianer, Junker und Generäle, die ihren faschistischen Blutterror gegen die deutsche Arbeiterklasse steigern in der Hoffnung, das barbarische kapitalistische Hungersystem zu retten, ihre Profite, ihr Prasserleben, ihre Millionenvermögen und ihre Riesenpensionen zu sichern, müssen auf den eisernen Widerstand der gesamten deutschen Arbeiterklasse stoßen. Die Ausbeuterbande verhaftet die kommunistischen Führer will sie morden. Mit dem Reichstagsbrand und anderen Blutprovokationen unter Anwendung der gemeinsten Lügen, der Presseverbote, der Massenverhaftungen, wollen sie die Voraussetzungen schaffen für weiteren Lohnraub, Tarifzerschlagung der Sozialgesetzgebung und die finsterste Sozialreaktion, die selbst die Notverordnungsdiktatur **der Brüning und Papen übertreffen.**

Ruhr-Echo, März 1933

Arbeiter zum antifaschistischen Kampf auf.[138] Direkt nach der Verhaftung Ernst Thälmanns forderte das illegale „Ruhr-Echo" seine Freilassung. Die Manuskripte für diese Zeitung wurden nach Saarbrücken geschmuggelt, wo dann einige tausend Exemplare gedruckt wurden. In zwei Koffern verpackt, transportierte sie dann der Essener Arbeiter Wilhelm Bick ins Ruhrgebiet.[139] In der gleichen Nummer des „Ruhr-Echo" erschien auch ein Aufruf der Bezirksleitung an die Arbeiter des Ruhrgebietes.

Die auf dem 14. Bezirksparteitag gewählte Bezirksleitung mit Max Opitz, Johann Bräuner, Alexander Abusch, Max Reimann und anderen knüpfte trotz der Massenverhaftungen im März 1933 aus ihren illegalen Quartieren neue Verbindungen zu den Unterbezirken und Parteigruppen, aber auch zum Zentralkomitee der KPD. Um auch unter illegalen Bedingungen einen festen Zusammenhalt der Organisation zu gewährleisten, beauftragte der Sekretär des ZK, Franz Dahlem, Hans Pfeiffer mit der Funktion des Oberberaters West für die drei Bezirke Ruhr, Niederrhein und Mittelrhein. Im April 1933 führte Pfeiffer illegale Beratungen mit den Führungsspitzen der Bezirke durch, so daß auch auf der Leitungsebene die Kontinuität der Parteiarbeit gesichert war.[139a]

Viele Parteigruppen stellten auf Druckmaschinen, die sie aus den Parteibüros in Sicherheit gebracht hatten, eigene Flugblätter und Zeitungen her. So erschien das „Essen-Wester Ruhr-Echo" mit der Schlagzeile „Verboten, aber nicht besiegt!"[140] Weiterhin wurden die „Essener Sturmfahne", der Dortmunder „Kämpfer" und die Duisburger „Niederrheinische Arbeiterzeitung" herausgegeben. Auch in Bochum-Linden und in manchem Großbetrieb erschienen Zeitungen und Flugblätter. In der Vorbereitung auf den Kampftag der internationalen Arbeiterklasse, den 1. Mai 1933, wurde besonders die „Rote Fahne" mit dem „Antifaschistischen Maimanifest" verteilt, das entschieden mit der Kapitulationspolitik der Gewerkschaftsführung abrechnete, die dazu aufgerufen hatte, den von den Nazis proklamierten „Tag der nationalen Arbeit" mit Demonstrationen vor den „Führern des neuen Deutschland" zu begehen. Dagegen richtete sich ein Appell der KPD an alle Mitglieder der freien Gewerkschaften, diese Klassenorganisation der Arbeiter gegen Kapitulationspolitik und Zerschlagung zu verteidigen.[141] Dem Appell der „Roten Fahne", am 1. Mai sichtbare Zeichen des proletarischen Internationalismus zu setzen, folgten viele Arbeiter des Ruhrgebiets. Sie blieben den Naziaufmärschen fern, oder formierten sich demonstrativ abweisend am Straßenrand, organisierten Ausflüge in Waldgebiete, wo sie kleine Maifeiern abhielten, verteilten Materialien der KPD, malten an einigen Plätzen Losungen und hißten an weit sichtbaren Punkten rote Fahnen.[142] So wehte die Fahne der Arbeiterbewegung am 1. Mai auch über den Bergmannssiedlungen in Essen-Altenessen, wo mutige Antifa-

schisten ihr Banner auf dem Schornstein der Zeche „Helene“ befestigt hatten.[143]
Die Ende Mai 1933 stattfindende Tagung des ZK der KPD wurde im Rhein-Ruhrgebiet sofort ausgewertet. Eine Sondernummer des Organs für die Parteiarbeiter, „Revolutionär“, erschien mit dem Text der ZK-Resolution.[144] Am 11. Juni tagte dann die Bezirksleitung und verabschiedete eine politische Erklärung, die die KPD darauf orientierte, alle Kräfte für einen neuen Aufschwung des Massenkampfes einzusetzen. Davon ausgehend, wurden, unter Berufung auf die Erklärung des ZK, pessimistische und sektiererische Stimmungen in der Partei zurückgewiesen, die mit dem ehemaligen Mitglied des Politbüros der KPD, Heinz Neumann, behaupteten, man hätte ohne Rücksicht auf die Einheitsfront im Januar 1933 einen bewaffneten Aufstand auslösen müssen. Dagegen orientierten das Zentralkomitee und in seinem Sinne auch die Bezirksleitung Ruhrgebiet auf eine breite einheitliche Entwicklung der antifaschistischen Massenkämpfe in den Betrieben, Wohngebieten und Stempelstellen.

Aus der Resolution der KPD-Bezirksleitung Ruhr vom 11. Juni 1933:

„Alle Widersprüche des kapitalistischen Systems, deren Verschärfung in Deutschland den Übergang zur offenen faschistischen Diktatur erzwang, entwickeln sich unter der faschistischen Diktatur verschärft weiter und gehen einer gewaltsamen Sprengung der bestehenden ökonomischen und politischen Verhältnisse entgegen, **wenn die Kommunistische Partei ihre Aufgabe als Agitator und Organisator des revolutionären Massenkampfes auf bolschewistische Weise erfüllt** (Hervorhebung im Original. D. P.) (. . .) Die Parteiorganisation des Ruhrgebietes wird getreu ihrer revolutionären Tradition, gestützt auf die Beschlüsse des ZK und der Komintern, mit mutigem Elan und Unerschrockenheit, sich des Sieges der proletarischen Klasse bewußt, die vor ihr stehenden Aufgaben lösen. Sie gedenkt dabei mit revolutionärer Anerkennung der Tausende von Funktionären und Mitgliedern, die der Hitler-Faschismus in den Kerker warf, in Konzentrationslager schleppte, an die tapferen Genossen, die seit der Übernahme der Macht durch Hitler das Opfer faschistischer Mordkolonnen wurden. Die Plenar BL (d. h. Bezirksleitung. D. P.) stellt aber auch mit Stolz fest, daß trotz Mord und viehischer Mißhandlungen, trotz ständiger Gefahren, Tausende von Funktionären und Mitgliedern in grenzenloser Ergebenheit ihre Arbeit fortsetzten und verstärkten, als Avantgarde des Proletariats kämpften. Wir Kommunisten des Ruhrgebietes halten die Fahne der internationalen Solidarität, der proletarischen Revolution hoch, wissen uns eins im Kampf mit dem internationalen Proletariat, mit den befreiten Arbeitern und Bauern der Sowjetunion. Die Beschlüsse unserer Plenar BL werden zum Ausgangspunkt kritischer Überprüfung unserer Arbeit an allen Fronten werden. Unter der Führung unseres ZK mit dem Genossen Thälmann an der Spitze sind im Ruhrgebiet Parteikader geschaffen, die der Faschismus nicht vernichten kann, die die Totengräber des faschistischen Regimes sein werden. Der Hitlerfaschismus kann den hungernden Massen nicht Arbeit und Brot geben. Durch Kerkerhaft, Mißhandlungen, Galgen wird die kapitalistische Krise nicht gelöst. Das deutsche Proletariat wird unter Führung der kommunistischen Partei den Weg aus der Krise des Kapitalismus finden, indem es den Faschismus stürzt und die Diktatur des Proletariats aufrichtet. Dabei wird das Proletariat des Ruhrgebietes und seine kommunistische Partei eine entscheidende Rolle spielen. Es lebe die kommunistische Internationale, es lebe die Union der Arbeiter und Bauern Rußlands, es lebe der Kampf zum Sturz des Hitlerfaschismus und für die Aufrichtung der Macht der Arbeiter und Bauern Deutschlands."[145]

In einer weiteren Resolution wurde die Tätigkeit des KJVD an der schwierigen Front des Kampfes gegen den Nazieinfluß auf die Jungarbeiter gewürdigt.[146] Gerade im ersten Jahr der Hitler-Diktatur, als sich der Faschismus noch nicht endgültig gefestigt hatte, als immer noch Millionen Arbeiter erwerbslos waren, konzentrierte sich alles Hoffen und alles Handeln der Kommunisten, aber auch vieler sozialdemokratischer Arbeiter auf eine weitere Zuspitzung der inneren Widersprüche, dem – so hoffte man – ein neuer revolutionärer Aufschwung folgen sollte. Manche äußerten zwar schon damals die Befürchtung, daß sich die braune Diktatur länger halten würde,[147] aber die meisten konnten und wollten sich mit dieser schrecklichen Aussicht noch nicht abfinden. Wer aus der Kenntnis des weiteren Ablaufs der Entwicklung heraus diese Einschätzung heute als unrealistisch kritisiert, darf dennoch nicht übersehen, daß sie der leidenschaftliche Versuch war, die Konsolidierung der Nazidiktatur zu verhindern und eine schnelle Befreiung des deutschen Volkes zu erreichen. Und er sollte bedenken, wieviel Leid dem deutschen Volk und den Völkern Europas erspart geblieben wäre, wenn der Kampf der Antifaschisten 1933/34 erfolgreich gewesen wäre.

Der Aufschwung des antifaschistischen Widerstandskampfes Herbst 1933 bis Sommer 1934

Bis in den Sommer 1933 hatten die noch auf dem 14. Bezirksparteitag der KPD gewählten Funktionäre um Max Opitz, Johann Braeuner und Max Reimann die Bezirksleitung illegal weitergeführt. Ihre Tätigkeit hatte wesentlich dazu beigetragen, daß nach den Massenverhaftungen im Februar/März 1933 schon bald wieder eine feste Parteiorganisation bestand. Je mehr aber die Gestapo ihre Verfolgungsmethoden vervollkommnete, um so mehr waren diese bekannten Funktionäre in ihrem langjährigen Wirkungskreis gefährdet. Daher wechselte das ZK der KPD im Spätsommer 1933 alle Leitungskader des Bezirks aus.[148] Die Reorganisation der Bezirksleitung – und oftmals angesichts der zahlreichen Verhaftungen auch anderer Leitungen – geschah mit Hilfe von Oberberatern des ZK der KPD für das Gebiet West. Diese Funktion übten unter anderem Franz Doll (Sommer und Herbst 1933), Paul Bertz (Winter 1933/34), Georg Handke (Frühjahr und Sommer 1934) und Fritz Apelt (Herbst 1934 bis Frühjahr 1935) aus. In der Regel wöchentlich trafen sich Oberberater und Bezirksleiter, um die Hauptprobleme der politischen und organisatorischen Arbeit zu besprechen.

Seit Oktober 1933 war der bewährte Parteifunktionär August Stötzel Politischer Leiter des Ruhrbezirks. Als Sekretär für Organisation arbeitete der Duisburger Wilhelm Schmidt, der seit November auch die Kassierung übernahm.

Der Bergmann **August Stötzel** wurde am 9. November 1898 in Eickel geboren. Nach der Novemberrevolution trat er dem BAV bei und wurde 1926 Mitglied der KPD. Er übte verschiedene Parteifunktionen in Bochum aus, und war Betriebsrat auf der Zeche „Shamrock 1/2“. Von Oktober 1930 bis September 1931 lernte er den sozialistischen Aufbau in der Sowjetunion kennen und eignete sich auf der Lenin-Schule der Kommunistischen Internationale eine umfangreiche Kenntnis der marxistisch-leninistischen Theorie an. Nach seiner Rückkehr widmete er sich mit noch mehr Intensität der politischen Arbeit als Verantwortlicher für den Literaturvertrieb der KPD, als Versammlungsredner und als Funktionär im EVBD. Seit dem Beginn der Nazidiktatur war Stötzel nach Dortmund übergesiedelt, wo er als Instrukteur nach der Ermordung Albert Funks die Partei leitete.[149] Nach seiner Verhaftung am 20. Januar 1934 wurde er zu drei Jahren Zuchthaus verurteilt und nach seiner Haftentlassung ins KZ Buchenwald überführt, wo er sich in der illegalen kommunistischen Lagerleitung betätigte und besonders den Widerstand in den Weimarer Rüstungswerken „Wilhelm Gustloff" unterstützte. August Stötzel verstarb am 17. August 1963.[150]

Im zweiten Halbjahr 1933 hate die KPD ihre illegale Organisationsstruktur relativ vollständig durchgeformt. Neben der Bezirksleitung, die gewöhnlich aus dem Politischen Leiter, dem Sekretär für Organisation, dem Sekretär für Agitation und Propaganda, dem Gewerkschaftssekretär und den Verantwortlichen für Jugendfragen bestand, gab es auf Bezirksebene einen „technischen Apparat", dem die Herstellung und der Transport antifaschistischer Literatur anvertraut war. Die „Technik" verfügte über mehrere Druckereien und Stellen mit Abzugsgeräten, in denen große Mengen Literatur hergestellt werden konnten. So ließ Otto Meyerling an einer einzigen Druckstelle in Dortmund in der zweiten Jahreshälfte 1933 in jeweils 100 bis 1000 Exemplaren Auflage den „Pressedienst", das „Ruhr-Echo", den „Pionier", Flugblätter zur Volksabstimmung vom 12. November 1933 und den „Kämpfer" herstellen und im ganzen Ruhrgebiet bis nach Essen und Duisburg verbreiten. Daneben wurden von ihm und seinen Mitarbeitern zentrale Zeitungen wie die „Rote Fahne", die „Junge Garde" und die „Internationale" verteilt.[151]
Zum Schutz vor Spitzeln, zur Sicherstellung illegaler Wohnungen und zum illegalen Verkehr über die Reichsgrenze nach den Grenzstellen der KPD in Holland gab es einen besonderen „Apparat" (über dessen für eine illegale Organisation ebenso wichtige wie selbstverständliche Arbeit manche Forscher außerordentlich viel Geheimnisvolles spekulieren, weil sie von der schon bei der Gestapo verbreiteten Ansicht nicht loskommen, daß gut organisierte Widerstandsarbeit schon halbe Spionage sei).[152] Auch die Tatsache, daß die Gestapo Informanten und Spitzel in den Reihen der Widerstandsgruppen warb, wird manchmal so interpretiert, als wäre die gesamte Widerstandsbewegung von Spitzeln durchsetzt gewesen. Tatsächlich hat es seit dem Entstehen der revolutionären Arbeiterbewegung immer wieder Versuche seitens des Staatsapparates gegeben, in die Arbeiterorganisationen einzudringen. Nur selten gelangten solche V-Leute in Positionen, in denen sie wirklich Einfluß hatten. So unvermeidlich es war, daß sich in größere Widerstandsorganisationen auch Vertrauensleute der Gestapo einzuschleichen versuchten – insgesamt ist ihre Wirksamkeit doch sehr begrenzt geblieben. Die konspirativen Techniken, besonders in der KPD, waren so weit entwickelt, daß die Organisation meistens wirkungsvoll geschützt werden konnte. Aus den Akten der meisten Massenprozesse gegen die KPD geht eindeutig hervor, daß gewöhnlich nicht durch Spitzelberichte,

sondern erst durch grausame Folter von Verhafteten einige Informationen über organisatorische Zusammenhänge erpreßt werden konnten.
Unterhalb der Bezirksebene der KPD waren sieben Instruktionsgebiete gebildet, in denen jeweils ein politischer Instrukteur und ein Kasseninstrukteur die Verbindung der Bezirksleitung mit den Unterbezirken herstellten. In jedem Instruktionsgebiet lagen etwa vier bis sechs kleinere Unterbezirke, also 1933/34 zwischen 28 und 35 im ganzen Ruhrgebiet. So gliederte sich das Instruktionsgebiet Essen in vier Unterbezirke für die Räume Mitte, Nord, Ost und West[153] und umfaßte innerhalb jedes Unterbezirkes Orts- oder Stadtteilgruppen. Zu einem solchen Stadtteil gehörten dann eine Reihe von Straßen- und Betriebszellen, in denen in der Regel jeweils zwischen fünf und neun Mitglieder organisiert waren. Wurde die Gruppe größer, mußte die Zelle aus Sicherheitsgründen geteilt werden. Dieses komplizierte System war notwendig, damit die verschiedenen Verbindungen von der Leitung bis zum Mitglied möglichst vor dem „Aufrollen" durch die Gestapo gesichert waren. Weitere Sicherungsmaßnahmen schlug die Bezirksleitung in einem Rundbrief vom 23. September 1933 vor, und empfahl, auch die verantwortlichen Funktionäre der unteren Gliederungen stadtteilweise auszutauschen, so daß sie unter ihnen persönlich unbekannten Kommunisten arbeiteten. Für die Flugblattverteiler wurden Tarnungen etwa als Briefträger oder als Verteiler von Werbebroschüren vorgeschlagen. Auch die Flugblätter selbst sollten mit Titeln wie „An alle Haushaltungen" und dem Markenzeichen stadtbekannter Firmen getarnt werden.[154]
Im Brief „An alle Betriebs- und Straßenzellenleitungen" von Oktober 1933 wurde die Empfehlung, jeweils sehr kleine Betriebs- und Straßenzellen zu bilden, noch einmal bestärkt. Ein ausgeklügelter „Post"verkehr sollte den Informationsaustausch zwischen Leitung und Mitgliedern und die innerparteiliche Diskussion ermöglichen. (Historiker wie K. Bludau und H. Duhnke beklagen sich oft über die „undemokratische" Struktur der KPD. Ihnen muß entgegengehalten werden, wie sich beispielsweise die Kommunisten im Ruhrgebiet unter dem schlimmsten Naziterror um einen „Post"verkehr zwischen unteren Organen und Leitung bemühten, um die innerparteiliche Information zu entwickeln). Der genannte Zellenbrief stellt zum Abschluß unter Hinweis auf den gerade begonnenen Reichstagsbrandprozeß fest: „Das Verhalten der Genossen Torgler und Dimitroff hat das Vertrauen der Massen zur Partei gestärkt. Wichtig ist aber, daß wir sehen, es handelt sich nicht um einen Prozeß gegen Torgler und Dimitroff, sondern gegen die KPD und Komintern. Deshalb darf es jetzt für keinen Kommunisten eine ungenutzte Stunde geben. Die Massen müssen mobilisiert werden. Überlegt, wie könnt ihr selbst Flugblätter, Handzettel herstellen. An alle Wände müssen Parolen. Kauft für 1,– RM einen Druckkasten,

macht selbst hunderte, tausende Klebezettel. Verstärkt angesichts des Prozesses die Diskussion mit SPD-Arbeitern, gewinnt sie für die Partei. Versucht, abends an belebten Ecken Sprechchöre zu organisieren. Alle Formen des Protestes und der Aufklärung gilt es anzuwenden. Berichtet, in welcher Weise ihr in eurem Wirkungskreis anläßlich des Prozesses selbständige Arbeit geleistet habt."[155]

Zur Erfüllung dieser Aufgaben galt es, alle Mitglieder der KPD in die illegalen Parteiorganisationen einzubeziehen. Gegen die offenbar weitverbreitete Praxis, aus Furcht vor Spitzeln ganze Parteigruppen „abzuhängen", wandte sich die Bezirksleitung im November 1933 mit einem „Brief an alle Mitglieder der KPD. Bezirk Ruhrgebiet", der auch in einzelnen Instruktionsgebieten auf die örtlichen Gegebenheiten bezogen, nachgedruckt wurde.[156] Darin appellierten sie an alle Genossen, die noch nicht in illegalen Gruppen erfaßt waren: „Genosse! Schluß mit der Kleingläubigkeit. Wo sollen wir Dich später registrieren? Bei denen, die in schweren Tagen, in den Tagen des faschistischen Trommelfeuers, die Stellung hielten, sie ausbauten, den Gegenangriff, die revolutionäre Offensive organisierten, täglich bereit, das Beste zu opfern, oder bei den Kleingläubigen, Ängstlichen, wenn nicht gar Feigen? Wir reichen Dir die Hand, wir wollen Dir fest in die Augen sehen. Pack mit an, hilf, den Leidensweg des werktätigen Volkes abzukürzen, sei ein ehrlicher, klassenbewußter Arbeiter. Melde Dich bei deiner Zelle, suche selbst Anschluß, zahle regelmäßig Deinen Beitrag, denn jeder Pfennig ist heute Munition. Besorge Dir die Beschlüsse der Exekutive, des ZK, der BL, studiere sie, handle danach, reihe Dich ein in die erste Reihe der kämpfenden Arbeiter.

Rot Front, Kamerad! Bezirksleitung Ruhrgebiet"[157]

Ein wichtiger Beitrag zur Widerstandsarbeit war die Beschaffung von Geldmitteln für den illegalen Kampf. Die illegal lebenden Funktionäre mußten essen, sich kleiden und weite Wege zurücklegen, die sie häufig nicht zu Fuß oder mit dem Rad, sondern per Bahn machen mußten. Auch das Material für die Widerstandsliteratur, Papier, Matrizen, Druckerschwärze mußte beschafft werden. Daher widmete die KPD der Kassierung der Mitglieder, dem Verkauf (statt des kostenlosen Verteilens) ihrer Literatur und der Sammlung von Spenden eine beträchtliche Aufmerksamkeit. Ein monatliches Beitragsaufkommen von etwa 1000,– RM im Herbst 1933, das nach den Notizen des Bezirkskassierers festgestellt wurde und daher eher zu niedrig angesetzt ist, zeugt vom Opfermut der Widerstandskämpfer, unter denen immer noch viele arbeitslos waren,[158] aber auch vom hohen Stand der Parteiorganisation, die eine solche Summe aus Beiträgen von 30, 50 und 80 Pfennigen sammelte. Bei dieser Beitragshöhe müssen mehr als 2000 Mitglieder monatlich kassiert worden sein. Die Zahl der in der Organisation erfaßten Mitglieder wird aber erheblich höher gewesen sein, da nach von mehreren Seiten bestätigten Aussagen etwa 30 Prozent der Mitglieder nur monatlich kassenmäßig erfaßt werden konnten. Zwar darf man mit all diesen Angaben keine Zahlenspielereien machen, aber sie geben doch ein ungefähres Bild vom Stand der Organisation. Es gab allerdings sogar Gruppen der KPD, die noch im Herbst 1933 die Mitgliederzahl von 1932 bewahren konnten. So wurden z. B. in Dortmund-Barop weiterhin 35 Mitglieder kassiert.[159]

Im Herbst 1933 wurden alle Ereignisse in Deutschland vom Reichstagsbrandprozeß überschattet, den die Nazis gegen Georgi Dimitroff, den Leiter des Westeuropäischen Büros der Kommunistischen Internationale, die bulgarischen Kommunisten Popoff und Taneff, den Vorsitzenden der KPD-Reichstagsfraktion Torgler und den holländischen Anarchisten van der Lubbe, den man im brennenden Reichstag verhaftet hatte, inszeniert hatten.

Im Juli 1933 war in Paris das „Braunbuch über Reichstagsbrand und Hitlerterror" zusammengestellt worden. Der verantwortliche Redakteur des Braunbuchs war Alexander Abusch, der als langjähriger Chefredakteur des „Ruhr-Echo" noch bis zu seiner Abberufung durch das ZK im Mai den illegalen Widerstandskampf im Ruhrgebiet unterstützt hatte.[160] Im „Braunbuch" wurden nicht nur die Nazis als Brandstifter angeklagt, sondern auch eine bedrükkende Dokumentation der faschistischen „Machtergreifung", ihrer Hintermänner aus dem Großkapital, der Verhaftungen und Folterungen, des Antisemitismus und der Verfolgung demokratischer Kulturschaffender gegeben. Gleichzeitig informierten Berichte und Dokumente über den antifaschistischen Widerstandskampf, der trotz des Terrors weiterging. In hoher Auflage wurde das „Braunbuch" ins Reich eingeschmuggelt. Übereinstimmend erinnern sich die kommunistischen Widerstandskämpfer im Ruhrgebiet heute noch an den bedeutenden Eindruck, den das „Braunbuch" auf sie machte. Es trug wesentlich zur Ermutigung und zur Kampfbereitschaft bei.[161]

Auch in sozialdemokratischen Kreisen fand das Braunbuch eine große Verbreitung. Beispielsweise fuhren Vertreter von SPD-Gruppen in Herne und Recklinghausen mit dem Fahrrad über die holländische Grenze und brachten das SPD-Organ „Sozialistische Aktion" und das Braunbuch mit.[162] Auch von Parteilosen und Christen wurde das Braunbuch gelesen. So erhielt der katholische Kaplan Rossaint aus Düsseldorf es von der Jungkommunistin Berta Karg.[163]

Der Plan der Nazis, in einem propagandistisch aufgemachten Prozeß die KPD und die kommunistische Internationale der Reichstagsbrandstiftung und der unmittelbaren Vorbereitung eines bewaffneten Aufstandes zu bezichtigen, wurde durch den Hauptangeklagten Georgi Dimitroff zunichte gemacht. Er führte vor Gericht eine so entschiedene Sprache, daß sich die Fronten umkehrten: aus dem Angeklagten wurde der Ankläger.[164] Unter den ruhigen Fragen des Kommunisten verlor der Drahtzieher des Prozesses, Hermann Göring, völlig die Beherrschung und konnte nur noch wilde Drohungen von sich geben, die vor aller Welt die Brutalität der Naziführer entlarvten. Die Abschlußrede Dimitroffs betonte noch einmal, worauf es ihm in seiner ganzen Verteidigung angekommen war, nämlich nicht in erster Linie sein Leben zu retten, sondern die Lügen über die KPD vor der Weltöffentlichkeit zu widerlegen und zu verdeutlichen, daß eine wirklich revolutionäre Partei nicht mit dem Aufstand spielt, sondern den Kampf um die Gewinnung der breiten Massen der Bevölkerung und besonders der Arbeiterklasse führt. Soweit dies vor einem Nazigericht möglich war, entlarvte Dimitroff darüber hinaus die Verbrechen der Nazis selbst. Hierbei ließ er durchblicken, daß alle Indizien auf Hermann Göring als Anstifter des Reichstagsbrandes wiesen.[165]

Die Nachrichten über das Auftreten Dimitroffs und über die breite internationale Solidaritätsbewegung ermutigten die illegalen Kämpfer im Ruhrgebiet zu neuen Aktivitäten. Die Oktober-Ausgabe 1933 des Dortmunder „Kämpfer" schrieb: „Vor der Weltöffentlichkeit sind die Göring, Goebbels und Konsorten die Angeklagten"[166] und die Dezember-Ausgabe 1933 des „Ruhr-Echo" rief auf der Titelseite zur Solidarität mit den Angeklagten von Leipzig.[167] Von der in Düsseldorf Anfang 1934 gedruckten Tarnschrift „Elektrowärme im Haushalt" mit der Schlußrede Dimitroffs vor dem Leipziger Gericht wurden Matern u. a. nach Essen transportiert, wo in der Druckerei Schmiedl, Hermann-Göring-Straße 43, weitere 10000 Broschüren hergestellt wurden.[168] Nach dem Freispruch Dimitroffs beschäftigte sich die Januar-Nummer 1934 des „Ruhr-Echo" ausführlich mit den Hinweisen zum antifaschistischen Kampf, die der kommunistische Angeklagte vor Gericht entwickelt hatte, und bestimmte den Kurs der KPD als den Kampf um die breiteste Einheitsfront:

„Die Organisierung der Einheitsfront mit den sozialdemokratischen Arbeitern, Verteidigung der Pressefreiheit, für wirtschaftliche Forderungen, Versammlungs- und Demonstrationsfreiheit, gegen faschistische Überfälle, gegen Kriegsgefahr und Versailler Knechtschaft ist die damalige (d. h. zur Zeit des Reichstagsbrandes. D. P.) Hauptaufgabe der KPD gewesen ...

Die wachsende Erbitterung und der wachsende Widerstand in den Betrieben, unter deren Druck die Reichstagsbrandstifterregierung steht, muß zu offenen Kampfaktionen führen ... Es geht um die Freiheit der Zehntausende gefangenen Antifaschisten in den Konzentrationslagern, Gefängnissen und Zuchthäusern Hitlerdeutschlands! Es geht um die Befreiung der Arbeiterklasse von faschistischer Unterdrückung und Kapitalismus überhaupt! Darum verstärkt den Widerstand, organisiert passive Resistenz, Teilstreiks bis zu politischen Massenstreiks!"[169]

Ruhr-Echo

Organ der KPD. Ruhrgebiet Januar 1934 Nr. 1 Preis 10 Pfg.

Ein Sieg der Kommunistischen Internationale.

» Der Riesenprozess , der dem Deutschem Volke (gemeint ist die Reichsregierung) so grosse Enttäuschunhen gebracht hat, ist zu Ende. So dokumentiert die ».Nationalzeitung« und andere Nazilügenzeitungen den Zusammenbruch der Anklagen gegen Dimitroff, Torgler, Popoff, Taneff, dh. den Zusammenbruch der Beschuldigung gegen die KPD. und damit gegen die kommunistische Internationale den Reichstag in Brand gesetzt zu haben um den bewaffneten Aufstand der Arbeiterklasse auszulöse,. Das Reichsgericht besiegelte die Blamage des Faschismus, den Zusammenbruch der von der geheimen Staatspolizei zurechtgemantschet en und gefälschten Anklage mit der Freisprechung Torglers, Dimitroffs, Popoffs und Taneffs . Der Reichstagsbrandprozess, der mehrmals von einem Zeitpunkt zum anderen verschoben und monatelang von der Hitler-Rgierung verzögert wurde, um ihn zu einem Todesstoss gegen die KPD zu machen, wurde zu einem gewaltigem Sieg der KPD, der Komintern und damit der Arbeiterklasse zu einer [illegible]chen Niederlage der Hitler-Regierung, der faschistischen Diktatur in Deutschland. Die Anklage zerschellte an den standhaften Kommunisten Dimitroff, Torgler, Popoff und Taneff, die ausgerüstete mit der Weltanschauung des Proletariats, der Waffe des revolutionären Marxismus - Leninismus, das Anklagegebäude der faschistischen Verbrechern und Arbeitermörder Hitler, Göring, und Göbbels und Co. in Stücke hieben. Der Reichstagsbrandprozess wurde zu einer Tribüne der Kommunistischen Internationale, von der ihre Vertreter, an der Spitze Dimitroff, zum Weltproletariat, zu allen Werktätigen der Welt sprachen und das kapitalistische Klassengesicht der faschistischen Justiz enthüllten.

» Ich stehe hier nicht als Angeklagter, nein, ich stehe hier als Vertreter der Kommunistischen Internationale und sehe mmeine Aufgabe darin der ganzen Welt nachzuweisen, dass die KPD., die Kommunistische Internationale nichts mit dem Reichstagsbrand zu tun haben.« Diese stolzen Worte schleuderte der grosse Revolutionär und Kommunist Dimitroff der faschistischen Anklagevertretung entgegen. Es hat keinen Prozesstag gegeben, wo nicht Dimitroff in Offensive war und die faschistische Anklagevertretung in die Enge drängte. Trotz der Unvollständigkeit und damit der Verfälschung der Berichterstattung kam dies auch in der faschistischen Presse zum Ausdruck.

Erlebte schon der Versuch mit kriminellen Verbrechen, solchen Lumpen wie Grothe und Lebermann , mit meineidigen nationalsoz. Reichstagsabgeordneten vom Schlage Karwane und Fey den sachlichen Nachweis zu erbringen, dass Torgler Dimitroff, Popoff und Taneff an der Reichstagsbrandstiftung teilgenommen haben den kläglichen Zusammenbruch, so wurde die politische Begrübdung, mit der man die »Schuld « der KPD. untermauern wollte , zu einer noch lächerlicheren jämmerlicheren Blamage.

Das Reichsgericht und vor allem Göring und Göbbels versuchten ihre Eigene Provokation den Reichtagsbrand als einen Verzweiflungsackt der KPD. hinzustellen, um sich vor dem Nationalsozialismus zu retten, um den bewaffneten Aufstnad noch auszulösen, diese Tat begangen hätte.

Ruhr-Echo, Januar 1934

Nicht nur in dieser Nummer des „Ruhr-Echo", sondern auch in zahlreichen anderen Publikationen der ersten Monate 1934 wurde die antifaschistische Konzeption weiterentwickelt. Neben dem Einfluß Dimitroffs wirkte sich besonders stark das XIII. Plenum des Exekutivkomitees der Kommunistischen Internationale vom Dezember 1933 aus, dessen Beschlüsse in der im ganzen Ruhrrevier verbreiteten Tarnbroschüre „Anleitung zum Selbstbasteln eines Faltboots"[170] und in der Februar-Nummer des „Pionier", des Organs für den Parteiarbeiter im Ruhrgebiet,[171] veröffentlicht wurden. Um den propagierten einheitlichen Kampf der Arbeiterklasse sollten sich jene Mittelschichten scharen, die zwar den faschistischen Parolen bisher gefolgt waren, unter denen sich aber Unzufriedenheit und der Ruf nach Erfüllung der Versprechungen mehrten. Ihnen galten sowohl die „Briefe ins Dorf", die als Flugblätter im Raum Hagen verteilt wurden,[172] wie auch ein Flugblatt der „Opposition im Kampfbund des gewerblichen Mittelstandes, Ortsgruppe Dortmund" schon vom August 1933, das die Streichung aller Steuerrückstände, die Verhinderung von Pfändungen und die Beseitigung der großen Warenhauskonzerne forderte.[173]
Die zweite Januar-Nummer 1934 des „Ruhr-Echo" untersuchte das faschistische Gesetz zur Ordnung der nationalen Arbeit und zeigte, daß, angefangen mit der Gleichschaltung der Gewerkschaften, der Arbeiterklasse schrittweise alle Errungenschaften jahrzehntelangen Kampfes entrissen wurden. Alles gesetzliche Beiwerk von „Volksgemeinschaft" und „sozialem Frieden" könne aber die grundlegenden Widersprüche der kapitalistischen Gesellschaft nicht hinweglügen: „Und wenn ganz Deutschland im Stechschritt marschieren gelernt hätte und ein Fest das andere ablöste: den Klassenkampf können diese Hohlköpfe vom Schlage eines Ley und Konsorten damit, aber am wenigsten mit diesem Gesetz, nicht beseitigen."[174]

Der „Pressedienst der KPD Ruhrgebiet", Nr. 1 vom Januar 1934, wandte sich besonders an den betrogenen kleinen Nazianhänger und klärte in einem „Kleinen ABC für den SA-Mann" auch solche Fragen wie: „Ist aber die Winterhilfe, die Arbeitsbeschaffungsspende nicht eine wahre sozialistische Tat?" Und: „Es gibt aber doch wahrhafte deutsche Unternehmer, z. B. Krupp?" Außerdem ging er darauf ein, daß Rüstungsbetriebe, wie der Kanonenhersteller Rheinmetall, der Panzerproduzent Krupp und die Granatenfabrik des Bochumer Vereins immer mehr Arbeiter einstellten, während gleichzeitig anhand von Artikeln der „Neuen Zürcher Zeitung" und von internen Reden des Reichsfinanzministers die sich rapide verschlechternde Finanzlage des Reiches dargestellt wurde.[175]

In den Presseorganen der KPD, besonders in der Märznummer des „Ruhr-Echo": „Ein Jahr faschistische Diktatur, ein Jahr revolutionärer Klassenkampf"[176] und im Flugblatt „Was brachte ein Jahr Hitlerdiktatur?"[177] stellten

die Kommunisten das Deutschland der Wirtschaftskrise der Sowjetunion der Fünfjahrespläne und des sozialistischen Aufbaus gegenüber. Während entgegen der NS-Propaganda das deutsche Großkapital seine Macht weiter ausgebaut hatte und sich der Lebensstandard der arbeitenden Menschen in vielem verschlechterte (denn noch hatte ja die Scheinblüte der Aufrüstungskonjunktur nicht begonnen), schritten die Arbeiter unter der Sowjetmacht zu immer neuen wirtschaftlichen Erfolgen voran. Aus der Konfrontation des krisengeschüttelten Kapitalismus und des siegreichen Sozialismus in der Sowjetunion ergab sich für die KPD die Kampflosung für die deutschen Arbeiter: Faschismus, Kapitalsdiktatur und Hungerregime können nur durch die sozialistische Gesellschaft beseitigt werden. Der Ruf, auf den sozialistischen Aufbau in der Sowjetunion zu blicken, von den russischen Arbeitern zu lernen und auch in Deutschland die Rätemacht zu errichten, war die historische Alternative, die die KPD zeigen wollte. In Erinnerung an die Novemberrevolution von 1918, in der Arbeiterräte gegen Militarismus und Reaktion gekämpft hatten, stellten sich die Kommunisten, aber auch viele linke Sozialdemokraten als Alternative zu Faschismus und Kapitalismus eine deutsche Räterepublik vor. Unter dem Gesichtspunkt der antifaschistischen Bündnispolitik engte diese Losung jedoch objektiv den Spielraum zur Einbeziehung von Hitlergegnern aus den Mittelschichten zu sehr ein. Der Hinweis Ernst Thälmanns auf der ZK-Tagung vom 7. Februar 1933, daß der Sturz Hitlers nicht unbedingt mit der Errichtung der Arbeitermacht identisch sein müsse, war 1933/34 noch nicht in seiner ganzen Tragweite aufgegriffen worden. Trotzdem aber wurden große Anstrengungen zur Gewinnung nichtproletarischer Schichten im antifaschistischen Kampf gemacht. Auch zu den verschärften Übergriffen der Nazis auf die christliche Kirche nahm die Februarnummer 1934 des „Pressedienstes der KPD Ruhrgebiet" Stellung. Die Artikel „Die Rote Fahne zum Kirchenkonflikt in Deutschland" und „Vom evangelischen Kriegsschauplatz" riefen die Christen zum gemeinsamen antifaschistischen Kampf an der Seite der Arbeiterbewegung auf. Sie garantierten ihnen volle religiöse Freiheit und Trennung von Kirche und Staat im zukünftigen sozialistischen Deutschland.[178]
Anfang 1934 hatte es die KPD des Ruhrgebietes nicht nur vermocht, in einer vielseitigen und detailliert argumentierenden Literaturpropaganda eine gewisse Ausstrahlung zu erzielen, sondern sie hatte auch eine bedeutende Festigung der inneren Organisation erreicht. Zwar war Ende Januar der bisherige Bezirksleiter August Stötzel verhaftet worden. Aber seitdem wurde der Bezirk von Wilhelm Schmidt und Oswald Rentzsch weitergeführt.

Der Duisburger Schriftsetzer **Wilhelm Schmidt** war beim Machtantritt des Faschismus gerade 22 Jahre alt. Nach einigen Jahren Mitgliedschaft in der SAJ war er 1930 der SPD beigetreten. Die Empörung über die Tolerierung der Notverordnungsdiktatur durch die SPD-Führung führte Schmidt in die Reihen des KJVD und der KPD. Im Sommer 1933 bewährte er sich als Kurier der Bezirksleitung, so daß er nach der Festnahme des bisherigen Kassierers dessen Funktion und die Aufgaben des Organisationssekretärs übernahm. Im Januar vertrat er den Politischen Leiter bis zum Eintreffen von Rentzsch.

Oswald Rentzsch, 1904 in Dresden geboren, war seit 1922 in der SPD und seit 1925 in der KPD organisiert. Bis Juni 1932 war er Betriebsrat in der Dresdener Metallfabrik Seidel und Naumann gewesen. Nach seiner Entlassung arbeitete er als verantwortlicher Referent der KPD für die Antifaschistische Aktion in Dresden. Nachdem er 1933 in die Tschechoslowakei hatte fliehen müssen, kehrte er Anfang 1934 über die Berliner Inlandsleitung der KPD ins Reich zurück und übernahm die Leitung des Ruhrbezirks. Als politische Grundlage dienten ihm die Beschlüsse des XIII. Plenums der Exekutive der Komintern, sowie die Informationen, die er im Laufe seiner Tätigkeit von der Inlandsleitung in Berlin, durch den Oberberater der Partei für das Westgebiet in Düsseldorf und durch die Grenzstelle der KPD in Amsterdam erhielt.[179]

Die umfangreiche Herstellung und Verbreitung antifaschistischer Schriften gerade in den ersten Monaten 1934 wäre wohl kaum ohne die gut organisierte „Bezirkstechnik" möglich gewesen, die von dem Essener Erich Fischer geleitet wurde.

Erich Fischer war von Beruf Architekt und hatte über den Essener Aufbruchkreis, der der KPD nahestand, bereits vor 1933 Verbindungen in bürgerliche Schichten geknüpft. Er konnte sich auch in der Illegalität daher auf solche Leute stützen wie den Assessor Schulz, Syndikus des Milchhandelsverbandes Rheinland-Westfalen, der aus Tarnungsgründen schon 1933 der NSDAP beigetreten war, den kaufmännischen Angestellten Griga und den jüdischen Kaufmann Salomon Najdorf, bei dem ein Abzugsgerät untergebracht worden war. Auch in Dortmund produzierte eine bürgerliche Druckerei im Dezember 1933 und im Januar 1934 wenigstens 20000 Flugblätter für die KPD und die Essener Druckerei Schmiedl hatte nicht nur die „Elektrowärme im Haushalt", sondern auch andere Druckmaterialien geliefert. Welchen Haß die Gestapo auf Fischer hatte, der sogar noch aus der Untersuchungshaft Mitteilungen über Polizeispitzel herausschmuggelte und, so die Gestapo, „bisher ausgezeichnet funktionierende Nachrichtenquellen der Polizei zum Versiegen" brachte, zeigt ein Protestschreiben gegen die Überführung des in der Haft an TBC erkrankten Fischer in eine Heilstätte, in dem betont wird, daß die Gestapo Fischer „selbst auf die Gefahr seines Ablebens" in Schutzhaft genommen hätte. Tatsächlich starb Fischer dann 1936 an seinem Lungenleiden im Zuchthaus.[180]

Auch der Organisationsgrad der KPD im Ruhrgebiet war in dieser Zeit beeindruckend. Nach einem internen Bericht der Bezirksleitung an die Landesleitung in Berlin vom März 1934,[181] erholte sich die Partei sehr schnell von den Verhaftungen, die besonders Essen betroffen hatten. Der Bezirksarbeitsplan für die Monate Dezember 1933 bis Februar 1934 konzentrierte sich auf folgende Aufgaben:

Werbung neuer Mitglieder, besonders unter ehemaligen Sozialdemokraten;
Bildung von Aktiven parteiloser Sympathisanten um die KPD-Zellen herum;
Bildung von vier- bis fünfköpfigen Leitungen in den Unterbezirken;
Konzentration auf die Parteizellen in den Schwerpunktbetrieben;
Ausbau der antifaschistischen Literaturpropaganda, der Entlarvung der Reichstagsbrandlüge, der Vermittlung der Erfolge im sozialistischen Aufbau der Sowjetunion und der Entwicklung eines Programmes praktischer Maßnahmen, die eine antifaschistische Regierung nach dem Sturz Hitlers als erstes durchführen würde.

Bis Ende Februar 1934 waren dann in sechs von sieben Instruktionsgebieten politische Instrukteure und in vier auch besondere Kasseninstrukteure eingesetzt. Von den insgesamt etwa 30 kleineren Unterbezirken des Ruhrgebietes hatten 21 feste, mehrköpfige Leitungen und eine funktionierende Kassierung. Insgesamt wurden ca. 2000 Mitglieder monatlich kassenmäßig abgerechnet, also eine erheblich größere Zahl in den illegalen Gruppen erfaßt. 12 große und mehrere kleine Betriebszellen hatten Verbindung zur Parteileitung.

Im Instruktionsgebiet **Duisburg** arbeiteten Unterbezirksleitungen in Duisburg selbst, in Hamborn, Moers und Oberhausen-Mülheim. Auch im Raum Dinslaken-Rees waren Unterbezirke aufgebaut. Im Februar 1934 wurden 613 Mitglieder kassiert, fünf Betriebszellen arbeiteten, sowie eine starke Gruppe des Einheitsverbandes der Bergarbeiter Deutschlands. In einer Betriebszelle war ein ehemaliger Sozialdemokrat Leiter, der erst in der Illegalität zur KPD gekommen war. Außerdem existierten Gruppen des KJVD, der RGO, der Roten Hilfe, des Arbeitersports und der Freidenker.

In **Essen** war nach den Verhaftungen von November 1933 erst eine Unterbezirksleitung vollständig wieder besetzt. Trotzdem bestanden bereits wieder zwei Betriebszellen, bei den Straßenbahnen und bei Krupp, und es wurden in diesem

Der Organisationsaufbau der KPD im Ruhrgebiet 1934

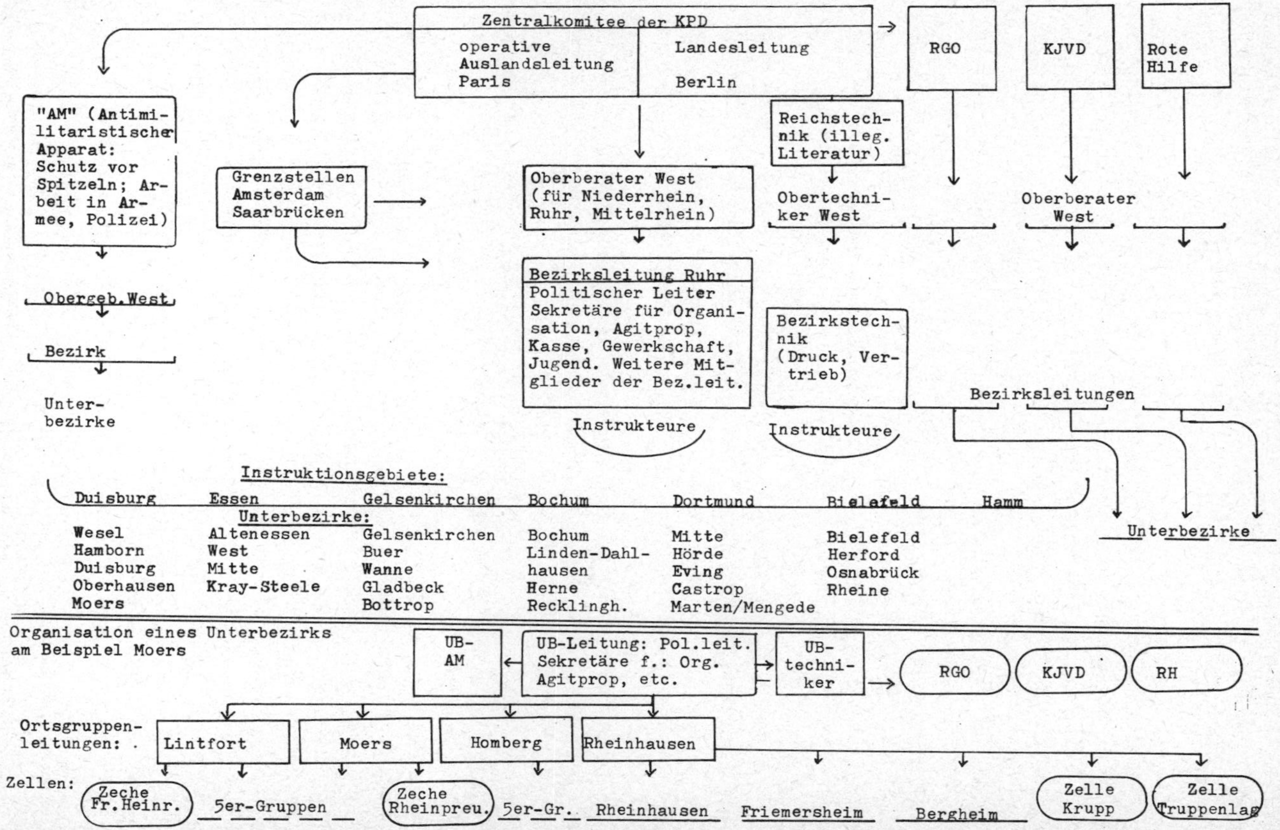

Zentralkomitee der KPD
operative Auslandsleitung Paris
Landesleitung Berlin
RGO
KJVD
Rote Hilfe
"AM" (Antimilitaristische Apparat: Schutz vor Spitzeln; Arbeit in Armee, Polizei)
Grenzstellen Amsterdam Saarbrücken
Oberberater West (für Niederrhein, Ruhr, Mittelrhein)
Reichstechnik (illeg. Literatur)
Obertechniker West
Oberberater West
Obergeb.West
Bezirk
Unterbezirke
Bezirksleitung Ruhr
Politischer Leiter Sekretäre für Organisation, Agitprop, Kasse, Gewerkschaft, Jugend. Weitere Mitglieder der Bez.leit.
Bezirkstechnik (Druck, Vertrieb)
Bezirksleitungen
Instrukteure
Instrukteure
Instruktionsgebiete:
Duisburg
Essen
Gelsenkirchen
Bochum
Dortmund
Bielefeld
Hamm
Unterbezirke:
Wesel
Hamborn
Duisburg
Oberhausen
Moers
Altenessen
West
Mitte
Kray-Steele
Gelsenkirchen
Buer
Wanne
Gladbeck
Bottrop
Bochum
Linden-Dahlhausen
Herne
Recklingh.
Mitte
Hörde
Eving
Castrop
Marten/Mengede
Bielefeld
Herford
Osnabrück
Rheine
Unterbezirke
Organisation eines Unterbezirks am Beispiel Moers
UB-AM
UB-Leitung: Pol.leit. Sekretäre f.: Org. Agitprop, etc.
UB-techniker
RGO
KJVD
RH
Ortsgruppenleitungen:
Lintfort
Moers
Homberg
Rheinhausen
Zellen:
Zeche Fr.Heinr.
5er-Gruppen
Zeche Rheinpreu.
5er-Gr.
Rheinhausen
Friemersheim
Bergheim
Zelle Krupp
Zelle Truppenlag

einzigen Unterbezirk Essen-West 183 Mitglieder kassiert. Im Aufbau befanden sich die Unterbezirke Mitte, Steele und Altenessen. Neben der KPD existierte eine Gruppe, die sich aus Mitgliedern des Arbeitersports, des Arbeiter-Radiobundes und der Freidenkerbewegung zusammensetzte. Sie blieb übrigens der Gestapo in der ganzen Zeit des Dritten Reiches verborgen und hielt bis 1937 regelmäßigen Kontakt zur KPD-Leitung. Aus Essen wurden einige interessante Widerstandsaktionen gemeldet: In einem Betrieb traten im Januar 1934 die Arbeiter in eine fünfstündige Arbeitsverweigerung wegen Akkordkürzungen ein. 85 Straßenbahner hatten den Mut, eine Protestliste gegen Lohnabbau, die sie der Direktion unterbreiteten, zu unterschreiben. Auch auf einer Essener Zeche unterschrieben 120 Bergarbeiter ein ähnliches Protestschreiben. Etwa 400 Erwerbslose demonstrierten vor der Stempelstelle in der Bottroper Straße für die Herausgabe von Bedarfsdeckungsscheinen für Winterkleidung.

Im Instruktionsgebiet **Gelsenkirchen** war der Unterbezirk Buer (mit 120 kassierten Mitgliedern) besonders gut organisiert, die übrigen vier Unterbezirke Gelsenkirchen-Stadt, Horst-Gladbeck, Wanne-Eickel und Bottrop wurden im Laufe der nächsten Monate breit aufgebaut. Im Raum Gelsenkirchen arbeiteten auch Gruppen des KJVD und der Roten Hilfe.

Das Instruktionsgebiet **Bochum** umfaßte die vier Unterbezirke Bochum-Stadt, Linden-Dahlhausen-Hattingen, Herne und Recklinghausen mit insgesamt 198 kassierten Mitgliedern, 12 Orts- bzw. Stadtteilorganisationen, mehreren Betriebsgruppen, Gruppen der RGO und der Roten Hilfe. Die Bochumer Organisation blieb sehr lange ohne Gestapoeinbrüche intakt. Erst Ende 1934 wurden in Linden-Dahlhausen, Hattingen und Witten größere Verhaftungen vorgenommen. Bochum-Stadt hingegen blieb bis in den Oktober 1936 hinein ein besonders aktives Rückgrat der Einheitsfrontpolitik.

Die KPD in **Dortmund** umfaßte in den fünf Unterbezirken Mitte, Hörde, Marten, Castrop und Eving etwa 600 kassierte Mitglieder, 2 große und mehrere kleine Betriebszellen sowie Gruppen des KJVD, der RGO, der Roten Hilfe und des Arbeitersports. Obwohl die Gestapo in einer umfangreichen Verhaftungsaktion im Frühjahr 1934 den Gebietsinstrukteur Karl Giersiepen und 592 Mitkämpfer festnahm, hatten sich schon im Juli 1934 wieder drei Unterbezirke reorganisiert, die trotz erneuter Massenverhaftungen bis Ende 1934 wieder eine breite Parteiorganisation bildeten.

Während das Instruktionsgebiet **Hamm-Ahlen** mit den Unterbezirken Hamm, Ahlen und Lippstadt noch weitgehend unorganisiert war, umfaßte das Gebiet **Bielefeld,** bis Juni 1934 von der Instrukteurin Hanna Melzer geleitet, mit den 4 Unterbezirken Bielefeld, Lage, Osnabrück und Rheine etwa 300 kassierte Mitglieder. Bedeutsame Einheitsfrontkontakte hielten Herforder Kommunisten zu

sozialdemokratischen Gruppen, die die Zeitungen und Flugblätter der KPD mitverteilten, und in Osnabrück schlossen sich 60 Mitglieder und Funktionäre der SPD und der Freien Gewerkschaften an die KPD an.
Diese bedeutende Organisation des KPD-Bezirks Ruhr konnte die Gestapo auch dann nicht zerschlagen, als es ihr im März 1934 gelang, Funktionäre aus den Instruktionsgebieten Duisburg, Essen und Dortmund, sowie Oswald Rentzsch, Wilhelm Schmidt und Erich Fischer zu verhaften. Gestützt auf den Sekretär für Agitation, (den „Schwarzen Hans") Willi Gräfe, und den bisherigen Instrukteur Anton Gebler, der bis zum 20. April 1934 die Funktion des politischen Leiters ausfüllte, wurden abgerissene Verbindungen neu geknüpft und neue Kader in die freigewordenen Funktionen eingesetzt, so daß Ende Mai, Anfang Juni 1934 wieder eine arbeitsfähige Leitung bestand. Trotz dieser schweren Schläge gab es also keine Pause im illegalen Kampf und es gelang der Gestapo immer nur einen Teil der KPD-Organisation lahmzulegen. Mit dieser Feststellung soll nicht die Schwere des illegalen Widerstandskampfes verharmlost werden; denn es darf nicht vergessen werden, daß vor jedem Mitglied der KPD, ja sogar vor jedem, der auch nur ein Flugblatt entgegen genommen hatte, die Drohung von Verhaftung, Folter und Gefängnis stand. Jeder hatte es selbst erlebt, wie in seinem engsten Bekanntenkreis die SA-Schlägertrupps und die Mord- und Folterspezialisten der Gestapo gewütet hatten, viele waren erst vor kurzem aus der „Schutzhaft" in den KZ des Emslandes wiedergekommen und hatten sich sofort wieder in den antifaschistischen Kampf eingereiht. Jede Razzia, jede Verhaftung riß schwere Lücken in die Kader des Widerstandes. Oft waren Verbindungen wochen-, ja monatelang unterbrochen. Gruppen konnten angesichts der Spitzelgefahr, und der umfangreichen polizeilichen Beschattung aller bekannten Kommunisten nur unendlich mühsam wiederaufgebaut werden. Im Laufe der Zeit rissen die Verbindungen mancher Gruppen und einzelner Kommunisten zur Leitung der Partei vollständig ab, so daß diese für Jahre, manchmal bis 1945 auf sich allein gestellt blieben, nur über den Moskauer Rundfunk und die Sender der KPD in Verbindung zur Gesamtpartei, der sie sich aber weiterhin verbunden fühlten und in deren Geiste sie sich in zahlreichen kleinen, oft wagemutigen Handlungen am antifaschistischen Kampf beteiligten. Es darf auch nicht vergessen werden, daß die Gestapo ja nicht bloß Organisationsstrukturen zerschlug, sondern die Arbeit lebendiger Menschen, in denen sich ihr Hoffen, ihr Mut und ihre Einsatzbereitschaft manifestierten. Gerade deshalb aber ist es notwendig, sich in Erforschung und Darstellung des Widerstandes nicht mit dem bloßen Nachvollzug von Polizei- und Justizmeldungen über die erneute und diesmal angeblich restlose „Zerschlagung" kommunistischer Organisationen zufriedenzugeben, weil sich daraus nur eine solche durch und durch pessimistische Einschätzung ergeben kann, wie sie der Autor der

Friedrich-Ebert-Stiftung, H. J. Steinberg formuliert.[182] Mit einer solchen Haltung den Quellen gegenüber werden sowohl jene Gruppen, Personen und Ereignisse „übersehen", die sich nicht oder nur unvollständig in den Naziakten widerspiegeln, als auch Aussagen, die die Bedeutung von illegaler Arbeit vor der Polizei herunterspielen wollten, für wahr genommen. So errechnet Steinberg nach Naziquellen für die gleiche Zeit (Anfang 1934), in der 2000 kassierte Mitglieder des KPD-Ruhrbezirks nachgewiesen sind, eine Mitgliedschaft von 600-800.[183] Bei einem der zahlreichen Prozesse gegen die Dortmunder KPD kam hingegen das Oberlandesgericht Hamm aus der Sicht der NS-Justiz zu einem bemerkenswerten Eingeständnis der Stärke und Hartnäckigkeit der illegalen kommunistischen Organisationen:
„Durch die Verhaftungen der Funktionäre im Laufe der Jahre 1933 und 1934 rissen die Verbindungen der Organisationsteile zum Teil untereinander ab, und auch die Verbindungen zur Bezirksleitung wurden gestört. Es ruhte dann für einige Zeit die Parteiarbeit. Trotzdem wurde von einigen Zellenkassierern, wenn sie auch keine Verbindungen nach oben mehr hatten, weiterkassiert und das erhaltene Geld solange aufbewahrt, bis eine neue Verbindung auf irgendeine Weise geschaffen war. Auch die übrigen Funktionäre, die von den Verhaftungen verschont geblieben waren, versuchten immer wieder von neuem, die abgerissenen Verbindungen der Organisation zu knüpfen. Neues Leben kommt jedoch immer wieder in die illegale Organisation, wenn die Verbindung zur Bezirksleitung wiederhergestellt ist und der neu eingesetzte Funktionär mit neuen Anweisungen die Parteiarbeit wieder aufnimmt. Kennzeichnend dafür ist das Auftreten des Gebietsinstrukteurs ‚Franz' (d. i. im Herbst 1934 und Anfang 1935 Paul Langer, D. P.), der von der Bezirksleitung Essen über Witten nach Dortmund geleitet wird und hier als Gebietsinstrukteur seine Tätigkeit aufnimmt."[184]
Zum 1. Mai 1934 demonstrierten die Antifaschisten des Ruhrgebietes ihren ungebrochenen Mut trotz der Massenverhaftungen und ihre Verbundenheit mit der internationalen Arbeiterbewegung. Über eine dieser Aktionen berichtet der Essener Kommunist Hermann Bick:
„Es war die dunkelste Zeit für die Arbeiterbewegung. Verfolgung und Tod gingen einher. Nun wollten die Nazis den Arbeiterfeiertag, den 1. Mai für ihre Zwecke ausnutzen. Das paßte uns garnicht. Wir trafen uns als Arbeitslose beim Stempeln am Arbeitsamt Essen-West, dem späteren Museum der Stadt am Bahnhof West. Hier sollte der (von den Nazis veranstaltete) Zug der Betriebe am Morgen des 1. Mai 1934 vorbeiziehen. Wir besprachen uns und Karlchen meinte, es muß ein leuchtendes Fanal sein, das wir errichten sollten:
‚Hast Du nicht einen guten Turner, der malen kann?' Ich sagte: ‚Ja, der Fritz.' Dieser Fritz lebt heute noch in Süddeutschland.

Wir waren sechs Genossen. Am Vorabend des 1. Mai gingen wir, jeder für sich in Abständen, durch die Kerkhoffstraße zum Friedrichsbad. Von dort über den evangelischen Kindergarten an die Bahnlinie und von hinten an das hohe Gebäude am Blitzableiter hoch, mit Bergsteigerseil und einem Eimer sehr guter Farbe. Hoch unter dem Dach war sogar SS untergebracht. Es war neun Uhr abends. Der Mond kam ab und zu durch die Wolken. Alfred und ich standen auf der Straße Posten und sahen ab und zu im Mondlicht weiße Buchstaben auftauchen. Wir standen mehr Ängste aus als die vier Genossen oben, die unseren Fritz, mit dem Seil um den Leib gesichert, an der Blitzableiterstange auf- und abließen. In drei Meter hohen Buchstaben stand dann: Es lebe der 1. Mai – Rot Front!
Am Morgen des 1. Mai war der Teufel los. Gestapo, Polizei und Feuerwehr waren auf dem Dach. Man konnte aber mit Feuerwehrleitern nicht beikommen, und das Fanal von Essen blieb für die Massen den ganzen Tag sichtbar. An diesem 1. Mai wurden an dem Wedauer See bei Duisburg etwa 80 Essener Wassersportler verhaftet, in Wuppertal auch etwa 30 Sportler aus Essen und zur Vernehmung geschleppt. Sie mußten alle wieder freigelassen werden. Auch zwei SS-Leute unter dem Dach des Museums wurden verhaftet. Was aus ihnen wurde, haben wir nicht erfahren. Wir sechs Genossen aber haben dichtgehalten, wie versprochen. Und wir waren stolz auf das, was wir getan hatten; denn unsere Tat sprach sich herum in Essen und im ganzen Ruhrgebiet."[185]
Im Mai/Juni 1934 setzte die Berliner Landesleitung der KPD als neuen politischen Leiter des Ruhrbezirkes Karl Schabrod und als Gewerkschaftsverantwortlichen Wilhelm Freund ein. Von Amsterdam kam der neue Organisationssekretär, Fritz Grabowski, so daß die Bezirksleitung zusammen mit dem Agitpropverantwortlichen Willi Gräfe und dem Jugendverantwortlichen Alfred Hausser komplett war. Sie konnte sich in ihrer Arbeit besonders auf die Duisburger Partei mit den Unterbezirken Moers und Hamborn und einem dichtgeknüpften Literaturapparat stützen, sowie auf den Unterbezirk Essen-West mit der Krupp-Betriebszelle, den Unterbezirk Linden-Dahlhausen-Hattingen und die anderen Bochumer Parteigruppen, den Gelsenkirchener Raum mit Schwerpunkten in Buer und Wanne-Eickel und die Dortmunder Parteibezirke Mitte, Marten und Hörde.[186] Die festesten Verbindungen hatte die Bezirksleitung in Duisburg, von wo aus ihre Mitglieder zu Instruktionsreisen ins ganze Ruhrgebiet fuhren.

Karl Schabrod wurde am 19. Oktober 1900 in Perleberg geboren. Nach einer Lehre und anschließender Beschäftigung als Bau- und Möbeltischler, besuchte er 1919-20 die Kunstgewerbeschule in Leipzig. In den nächsten Jahren arbeitete er in mehreren deutschen Städten als Tischler und engagierte sich im Deutschen Holzarbeiter-Verband und in der SPD. Im Mai 1924 trat er der KPD und dem KJVD bei und war seit seiner Umsiedlung nach Düsseldorf 1925 in der Bezirksleitung des KJVD tätig. Seit 1927 war Schabrod Redakteur der KPD-Zeitung „Bergische Volksstimme“. Nach einem Lehrgang an der Lenin-Schule der Kommunistischen Internationale arbeitete er 1931 als Wirtschaftsredakteur der „Freiheit“ und 1932 als Organisationssekretär der BL Niederrhein der RGO. Am Tag nach dem Reichstagsbrand in „Schutzhaft“ genommen, saß er bis zum 1. April 1934 in den KZ Brauweiler und Börgermoor und gehörte zur illegalen Parteileitung des Moorlagers. Im Mai 1934 von der Berliner Landesleitung für den Bezirk Ruhrgebiet eingesetzt, wurde Schabrod am 28. Juli 1934 verhaftet und am 23. Dezember 1934 zu lebenslänglich Zuchthaus verurteilt. Durch die alliierten Truppen aus dem Zuchthaus Werl befreit, betätigte er sich als Chefredakteur der „Freiheit“, war von 1946 bis 1954 Landtagsabgeordneter, seit 1947 Vorsitzender der KPD-Fraktion im Landtag. 1958 und 1961 wurde er auf Grund des KPD-Verbots zu Gefängnisstrafen verurteilt. Seit Oktober 1968 gehört Karl Schabrod der DKP und seit April 1969 der zentralen Revisionskommission beim DKP-Parteivorstand an.[187]

In Essen konnte Karl Schabrod bei einem Kaplan in Breilsort wohnen, der zwar nicht Schabrods Funktion kannte, aber wußte, daß er illegal tätig war. Im Juni 1934 stellte der Bezirksleiter Schabrod auch festere Beziehungen zum Leiter der Grenzstelle der KPD, August Creutzburg, her, den er in Amsterdam aufsuchte. Eine enge Zusammarbeit bestand auch mit dem Oberberater der Westbezirke, Georg Handke. Wegen der besonderen Bedeutung der Betriebszelle im Herzen der deutschen Rüstungsproduktion, der Firma Krupp in Essen, fuhr Schabrod mit deren Mitglied Franz Lösch am 25. Juli 1934 nach Berlin, wo er jedoch erst nach der Rückfahrt von Lösch ein Treffen mit dem Vertreter der Landesleitung, Adolf Rembte, wahrnehmen konnte.[188] Unter maßgeblicher Beteiligung des Hüttenarbeiters Julius Gallein, der schon 1932 zu den Landtagskandidaten der KPD gehört hatte, und Josef Neuroth, der auf das engste mit Schabrod zusammenarbeitete, wurde die Krupp-Betriebszelle seit März 1934 vorrangig ausgebaut, so daß sie 12-14 kassierte Mitglieder umfaßte. Neben der Verteilung des Aufrufes „Alle Macht den Räten“, des „Nationalen und sozialen Befreiungsprogramms der KPD“ in der Tarnschrift „Mondamin-Kochbuch“ und des „Ruhr-Echo“ erschien die Zeitung „Der Kruppianer“, die die Kriegsproduktion in der „Waffenschmiede des Reiches“ bloßstellte. Ausgehend von der Losung „Hitler treibt zum Krieg“ hieß es:
„Durch die Massenaufträge der Reichsregierung wurden 1200 Mann einge-

stellt, jetzt also 1800 Belegschaft. Die größeren Aufträge sind für die Reichswehr ... Über 90 Prozent der Aufträge sind 3 t Geländewagen, ... also direkte Kriegsfahrzeuge. Heute sind es noch einfache Lastwagen, in wenigen Stunden verwandeln sie sich durch Anbringung von Panzerblechen in modernste Kampfwagen für den imperialistischen Krieg oder den Feind im eigenen Lande, nämlich die rebellierende Arbeiterschaft."[189] Mit dieser Schilderung wurde die Aufforderung an die Krupp-Arbeiter verbunden, „Kriegsproduktion und Überstunden abzulehnen und den Kampf des illegalen Metallarbeiterverbandes zu unterstützen."[190]

Außerdem erschienen zwei Nummern des Funktionärsorgans „Pionier", sowie drei Ausgaben vom „Ruhr-Echo" im Juni/Juli 1934. Über eine Gruppe gewerkschaftlich organisierter Rheinschiffer um den Duisburger Peter Paul Scholzen erhielt die KPD außerdem von Amsterdam Exemplare der „Roten Fahne", der „Kommunistischen Internationale", der Bergarbeiterzeitung „Grubenarbeiter", der „Internationalen Pressekorrespondenz", der Zeitung „Weltfront gegen den imperialistischen Krieg" und Broschüren „Zum Schutze des Genossen Thälmann".[191]

Das beherrschende politische Ereignis des Sommers 1934 war die Ermordung der SA-Führer durch SS auf Befehl Hitlers am 30. Juni. Mit ihr fand die innere Krise des Regimes, die das ganze Frühjahr hindurch zu Gärung und Unruhe geführt hatte, ihren Höhepunkt und Abschluß. Diese Mordaktion wurde allgemein als sichtbares Zeichen für die zeitweilige Schwächung der faschistischen Massenbasis aufgefaßt, also für die Widersprüche zwischen den Hoffnungen der Nazianhänger aus Mittelstand und Proletariat und der kapitalfreundlichen Politik ihrer Führer. Bereits im Dezember 1933 hatte das Exekutivkomitee der Komintern auf die Symptome einer verschärften Krise in Deutschland hingewiesen.[192] Wenn sich die Hoffnungen auf eine revolutionäre Beseitigung des Faschismus, die an diese Analyse geknüpft wurden, auch nicht erfüllten, so beflügelten sie doch den Widerstandskampf und regten die illegalen Kämpfer zu neuen Versuchen an, Einfluß auf unzufriedene Mittelschichten zu gewinnen. Unmittelbar nach dem 30. Juni erschienen daher eine große Anzahl von Flugblättern und illegalen Zeitungen, die sich direkt an die werktätigen Hitleranhänger wandten. Willi Gräfe und Karl Schabrod formulierten noch am 1. Juli 1934 das Flugblatt „Belogene SA, betrogenes Volk", das am gleichen Tag in der Duisburger Backstube Krebs abgezogen wurde und in Duisburger Betrieben, sowie in Esssen, Oberhausen und anderen Orten vornehmlich an SA-Kneipen und -Wohnungen verteilt wurde.[193]

Während dieses Flugblatt im wesentlichen bei der Einschätzung der inneren Krise des faschistischen Systems stehenblieb, orientierte der Oberberater für die westlichen Parteibezirke, Georg Handke, während eines Treffens mit

Schabrod am 2. Juli in einem Essener Gartenlokal an der Ruhr darauf, für die oppositionellen SA-Leute bewußt Partei zu ergreifen und ihnen zu verdeutlichen, daß ihre wahren Interessen in der antifaschistischen Einheitsfront erkämpft werden:[194]
„Werft Euch der neuen Welle des Terrors und der verschärften Ausplünderung entgegen. Entfesselt den Sturm des Widerstandes gegen die faschistische Diktatur im Land. Arbeiter! Helft den betrogenen SA-Leuten. Zeigt Ihnen die Hintergründe der Aktion, den Verrat Hitlers, die erbärmliche Doppelrolle Goebbels, klärt sie auf, spornt sie zum Widerstand an, gewinnt sie in kameradschaftlicher Weise für unseren sozialistischen Freiheitskampf . . ." hieß es dann im Juli im „Ruhr-Echo".[195]
Auch andere „Ruhr-Echo"-Nummern und „Pionier"-Ausgaben sowie das unter dem Tarntitel „Mondamin-Kochbuch" verbreitete nationale und soziale Befreiungsprogramm der KPD[196] gingen auf die Widersprüche an der faschistischen Massenbasis ein. Seit dieses Programm 1930 zum ersten Mal veröffentlicht worden war, hatte es die KPD als eine der Hauptaufgaben des antifaschistischen Kampfes empfunden, jene Schichten aus der NSDAP-Anhängerschaft zu lösen, die aus Oppositionshaltung gegen den Monopolkapitalismus „National-Sozialisten" geworden waren. Die KPD ging davon aus, daß die werktätigen Mittelschichten durch die Entwicklung der monopolkapitalistischen Wirtschaft objektiv zum Bündnis mit der Arbeiterklasse gezwungen waren, wenn sie ihre wirtschaftliche Existenz gegen die zunehmende Kapitalkonzentration verteidigen wollten. Als entscheidende Schwierigkeit, diese objektive Klassenkonstellation zu einem politisch wirksamen antimonopolistischen Kampfbündnis zu entwickeln, stellte sich neben den mangelnden demokratischen Traditionen gerade in den deutschen Mittelschichten heraus, daß sie weder sozial noch ideologisch einheitlich waren.
Das Sammelsurium gegensätzlicher Interessen und Hoffnungen entsprach der höchst unterschiedlichen sozialen Lage der Zwischenschichten, denn es einte den Handwerker, den Bauern, den kleinen Händler, den Lehrer und den Beamten zwar, daß Krieg, Inflation und Weltwirtschaftskrise ihren sozialen Abstieg zunehmend beschleunigt hatten, aber sie hatten weder die organisatorische Einheit aufzuweisen, die das Fabrikproletariat prägte, noch jene Gemeinsamkeit der Arbeits- und Lebensbedingungen, die es ermöglicht hätte, als selbständige Kraft mit eigenem Aktionsprogramm aufzutreten. Der Mittelstand konnte seine Identität nur an der Seite der Arbeiterklasse gewinnen, oder aber er würde als reaktionärer Stoßtrupp von den faschistisch orientierten Kräften im Großkapital mißbraucht werden. Gerade an die Unfertigkeit und Widersprüchlichkeit der mittelständischen Ideologie konnte die Nazipropaganda anknüpfen, indem sie jedem alles und allen Nichts versprach. Die Arbeiterbewe-

gung hingegen mußte in geduldiger Überzeugungsarbeit jene Teile des Mittelstandsbewußtseins freilegen, die ein objektiv antimonopolistisches Interesse ausdrückten. Sie wollte verdeutlichen, daß der Konkurrenzdruck der Großindustriellen und Bankiers nicht durch einen quasi-mittelalterlichen „Ständestaat", sondern nur durch eine von der Arbeiterklasse geprägte Demokratie des Volkes beseitigt werden konnte. Sie stellte der faschistischen Politik der Kriegsvorbereitung gegen das „System von Versailles" den Kampf gegen das internationale Kapital und für eine Friedenspolitik mit der Sowjetunion entgegen. Und sie mußte Nationalbewußtsein von Rassenhaß und Völkerverhetzung hinweg auf die Erkenntnis richten, daß es die „eigenen" Herrschenden waren, die Deutschland in das Unglück des Weltkrieges und das Elend der Nachkriegsjahre gestürzt hatten.
Nach dem 30. Juni 1934 zirkulierten im Ruhrgebiet auch zahlreiche Enthüllungsschriften über den Reichstagsbrand, die ermordeten oder geflohenen SA-Führern zugeschrieben wurden. Sie wandten sich mit der Schlagzeile „Die wirklichen Reichstagsbrandstifter sind Hitler, Göring und Goebbels! Heraus mit allen eingekerkerten Antifaschisten!"[197] gegen die Parolen der Nazipropaganda. Ein solcher „Brief des SA-Manns Kruse" erschien auch als Sondernummer des „Ruhr-Echo".[198]
Mitten in dieser gesteigerten Aktivität konnte die Gestapo durch die Verhaftung von Schabrod, Freund und Grabowski am 27. und 28. Juli 1934 sowie durch Massenverhaftungen in Dortmund einen erheblichen Einbruch in die Reihen des Widerstandes erzielen.[199] Trotz dieser zweiten schweren Verhaftungswelle innerhalb von fünf Monaten arbeiteten die anderen Widerstandskämpfer weiter, setzten die Verteilung der Flugblätter fort und stellten die unterbrochenen Verbindungen wieder her.

Die Wende zur Einheitsfront- und Volksfrontpolitik Sommer 1934 bis Mai 1935

Unmittelbar nach dem 30. Juni 1934 hatten sowohl die Mitglieder der KPD im Ruhrgebiet wie auch die Funktionäre des Zentralkomitees alle Hoffnung auf einen verschärften Ausbruch der Widersprüche im Dritten Reich gesetzt. Genauso wie das „Ruhr-Echo" rief daher auch das zentrale Flugblatt „Alle Macht den Räten!"[200] dazu auf, unmittelbar zu offenen Widerstandsaktionen überzugehen, die sich bis zum Kampf um die politische Macht, bis zum Sturz des Faschismus und des ganzen kapitalistischen Systems steigern sollten. Ein solcher Offensivgeist entsprach damals den Stimmungen vieler, auch nichtkom-

munistischer Widerstandskämpfer und weiter Teile der sozialistischen Emigration. Trotzdem mußte bald eingesehen werden, daß die Ereignisse des 30. Juni zu einer unmittelbaren antifaschistischen Erhebung nicht hatten führen können, obwohl sich die Unzufriedenheit in der Masse der Bevölkerung sehr vergrößert hatte. Ein Vergleich der beiden – sicher noch manipulierten – Ergebnisse bei den Volksabstimmungen im November 1933 und im August 1934 mit der Verdoppelung der Nein-Stimmen von etwa zwei auf über vier Millionen zeigt den Willen eines erheblichen Teiles der Bevölkerung, trotz des Terrors ihre Ablehnung des Regimes zu dokumentieren. Zum Beispiel in Bottrop wurden nach einem internen Bericht der Gestapo am 18. August 1934 19 Prozent Nein-Stimmen gezählt.[201]
Auf einer Tagung des Zentralkomitees der KPD Ende Juli, Anfang August 1934 wurden die bisherige Entwicklung und besonders die Schwächen der Einheitsfrontpolitik kritisch eingeschätzt.[202] Eine solche kritische Überprüfung der Politik, wie sie besonders Wilhelm Pieck und Walter Ulbricht in Übereinstimmung mit dem Generalsekretär der Komintern, G. Dimitroff, in Gang setzten, mußte gegen manche Widerstände sowohl im ZK als auch unter den illegalen Kämpfern angehen. Wie auch die Zeitungen im Ruhrgebiet von Juni und Juli 1934 zeigten, förderten die schwierigen Kampfbedingungen oftmals sektiererische Haltungen.[203] Besonders die Tatsache, daß in dieser Zeit einzig die illegale Organisation der KPD einen breiten Widerstandskampf leistete, ließ, an dessen Umfang und Aktivität gemessen, die verschiedenen sozialdemokratischen Gruppen, die sich 1934 langsam festigten, als relativ unbedeutend erscheinen. Es mehrten sich daher die Stimmen, die, wie in der Juni-Nummer des „Pionier", den Einfluß der KPD auf die Masse der sozialdemokratischen Arbeiter überschätzten und daher nur auf deren Gewinnung als Parteimitglieder, nicht aber auf die Aktionseinheit orientierten.[204] Wenn man die erheblich ausgereifteren politischen Vorstellungen der Bezirksleitung Rentzsch vom Februar/März 1934 mit denen der illegalen Zeitungen an der Ruhr vom Juni/Juli 1934 vergleicht, dann wird deutlich, daß auch der durch den Gestapoterror erzwungene häufige Wechsel der Leitungskader eine Quelle für sektiererische Losungen darstellte. So wie also z. B. im Ruhrgebiet die Entwicklung der antifaschistischen Programmatik nicht ohne Rückschläge ablief, so war auch die Diskussion in den zentralen Gremien der KPD und der Komintern ein ausgesprochen komplizierter Prozeß der Selbstverständigung.[205] Erst die ganze Summe der deutschen und internationalen Erfahrungen, besonders der französischen Kommunisten bei der Entwicklung der antifaschistischen Einheit, die Niederlage der österreichischen Arbeiter im Februar 1934, Probleme der Sicherung der europäischen Staaten und besonders der Sowjetunion vor der faschistischen Aggression und nicht zuletzt die persönliche Rolle Georgi Dimi-

troffs – alle diese Elemente beeinflußten wechselseitig den Diskussionsprozeß in der kommunistischen Weltbewegung.
Im Zeichen des Kalten Krieges abstrahierten manche bundesdeutschen Historiker von diesen komplizierten Bedingungen und machten allein das Sicherheitsbedürfnis der Sowjetunion für die politische Wende in der Komintern verantwortlich.[206] Tatsächlich wird man den vielfältigen Bedingungen und Überlegungen, die zu einem solchen bedeutenden „Kurswechsel" führten, mit einer so einseitigen Erklärung kaum gerecht. Selbstverständlich hatten die Erfahrungen der KPdSU für alle anderen kommunistischen Parteien eine große Bedeutung, schon weil sie in Sowjetrußland die Verkörperung der ersten erfolgreichen sozialistischen Revolution in der Geschichte sahen, aber auch, weil die Außenpolitik der UdSSR einen wichtigen Faktor des Kampfes um eine kollektive Friedenssicherung in Europa darstellte. Die genaue Beachtung der Erfahrungen und Ratschläge der KPdSU war also für die anderen kommunistischen Parteien keine Unterwerfung unter ausländische Interessen, sondern stand durchaus in Übereinstimmung mit der Entwicklung einer eigenen nationalen und internationalen Politik.
Es wird im folgenden zu zeigen sein, wie sich in einem langwierigen Prozeß der innerparteilichen Diskussion und in Auswertung der ersten praktischen Erfahrungen mit der neuen Einheitsfrontpolitik auch die antifaschistische Gesamtstrategie der KPD vervollkommnete.
Das ZK-Plenum der KPD vom Juli/August 1934, mit dem diese Wende begann, stellte in den Mittelpunkt der Überlegungen den Kampf um die Aktionseinheit der sozialdemokratischen und kommunistischen Arbeiter und den Wiederaufbau einheitlicher Freier Gewerkschaften.[207] Daraus sollte sich ein allgemeiner Aufschwung des Widerstandskampfes entwickeln, der zunehmend auch unzufriedene Mittelschichten anziehen würde.
Schon in den ersten Augusttagen 1934 erschienen im Ruhrgebiet illegale Schriften, die sich eindringlich für die Aktionseinheit einsetzten. Besonders weite Verbreitung fand ein in Solingen gedruckter Aufruf des ZK der KPD von Anfang August: „An alle sozialdemokratischen Mitglieder, Funktionäre und Gruppen. Sozialdemokratische Genossen: Wir können den Faschismus stürzen, wenn wir nur einig sind!" Der Aufruf enthielt die Forderung nach Aktionseinheit der Arbeiterbewegung, Schaffung einer großen einheitlichen Gewerkschaftsbewegung, aber auch Kritik an der Theorie des „kleineren Übels", mit der die SPD-Führung die Arbeiter vom antifaschistischen Massenkampf zurückgehalten hatte, und den Appell, sich mit den Kommunisten zur „revolutionären Massenpartei der deutschen Arbeiterklasse" zu vereinigen. Die Gestapo registrierte dieses Flugblatt u. a. in Witten-Annen, in Duisburg und auf dem Hüttenbetrieb der „Vereinigten Stahlwerke" in Meiderich.[208]

Lesen und weitergeben! Lesen und weitergeben!

An alle sozialdemokratischen Mitglieder, Funktionäre und Gruppen!

Sozialdemokratische Genossen!

Wir koennen den Faschismus stuerzen, wenn wir nur einig sind!

Die Ereignisse des 30. Juni haben klar enthüllt, daß die Hitler-Diktatur in ihrer Massenbasis erschüttert ist und einem jähen Absturz entgegengeht.

Die fehlgeschlagene Provokation am 25. Juli, der Nazi-Putsch in Oesterreich, haben blitzartig offenbart, wie nahe die abenteuerliche imperialistische Politik Hitlers Deutschland und Europa an den Abgrund eines neuen blutigen Krieges herangeführt hat.

Der Handstreich Hitlers am Todestage Hindenburgs, seine Selbsternennung zum obersten Zaren über Deutschland haben erneut besiegelt, daß die Hitlerbande das ausführende Regierungsinstrument der wirklich Herrschenden Deutschlands darstellt: der Schwerindustrielle, Großagrarier und der Reichswehrgeneralität.

Die Perspektive, die Hitler den werktätigen Massen für den Herbst und Winter gibt, ist Hungersnot und Massenentlassungen, verstärkte Knechtung und Unterdrückung. Der Faschismus wird noch unbändiger die Krise zu bannen versuchen.

Aber ob der Faschismus niedergeworfen wird oder die werktätigen Massen in noch tieferer und barbarischer Lebenshaltung verharren müssen, wird ausschließlich entschieden durch die Herstellung der Einheit der Arbeiterklasse, durch die Aktionskraft des Proletariats.

Genossen! Unsere gemeinsamen Erfahrungen, unsere gemeinsamen Opfer unter dem blutigen Hitlerregime seit dem 30. Januar 1933, besonders aber die Entwicklung der jüngsten Zeit, haben vieles von dem liquidiert, was früher und noch bis in die jüngste Zeit trennend zwischen uns stand.

Erschüttert ist durch die Ereignisse die pessimistische Perspektive von einer langjährigen Periode der faschistischen Reaktion. Erschüttert ist die defaitistische Theorie vom Abwirtschaftenlassen, vom tatenlosen Abwarten.

Durchlöchert ist die vom Prager sozialdemokratischen Parteivorstand hartnäckig genährte verhängnisvolle Linie des „kleineren Uebels", die noch bis vor dem 30. Juni offen ein Bündnis mit der Reichswehr und den Zentrumsführern anstrebte.

Einen starken Schlag erlitten die Illusionen einer Militärdiktatur, der Vollmonarchie als dem „kleineren Uebel". Darüber, sozialdemokratische Genossen, sind wir zusammen jetzt einer Meinung, daß nicht Koalition mit den kapitalistischen Parteien, nicht Wirtschaftsfrieden mit den Unternehmern, nicht bürgerlicher Parlamentarismus und Weimarer Demokratie uns von kapitalistischer Ausbeutung und Unterdrückung befreit, sondern nur der revolutionäre Kampf, angefangen vom Tageskampf für unsere materiellen Interessen und Freiheiten über Streiks und Demonstrationen bis zum Generalstreik und zum bewaffneten Aufstand für die Diktatur des Proletariats. Eure eigenen Erfahrungen sagen Euch, daß der reformistische Weg, den die Mehrheit der deutschen Arbeiterklasse beschritt, falsch und verhängnisvoll war. Das russische Beispiel zeigte,

daß nur der bolschewistische Weg zur Eroberung und Behauptung der Arbeitermacht führt.

Genossen! Ihr seit mit uns derselben Auffassung: Die faschistische Diktatur, das ist die grausame, blutige Terrorherrschaft des deutschen Kapitalismus. Mit dem Sturz der faschistischen Diktatur muß das ganze kapitalistische System niedergerungen werden,

Wir können die Hitler-Diktatur stürzen, wenn die Arbeiterklasse einig ist und den revolutionären Weg entsprechend den Grundsätzen und der Taktik der Kommunistischen Internationale beschreitet.

"Das gemeinsam gewollte Ziel, den Sturz der faschistischen Diktatur durch die Zusammenballung aller Kräfte unserer Klasse zu erreichen, das schlagen wir Euch vor. Die Herstellung der Einheit der Arbeiterklasse im revolutionären Kampf gegen den Faschismus das ist der leidenschaftliche Wille der Kommunistischen Partei. Dafür kämpfen unsere heroischen Kaders in allen Teilen des Reiches. Dafür wird unser Führer Ernst Tählmann mißhandelt, dafür geben namenlose Helden unserer Klasse Gesundheit und Leben. Der Wille zur Sammlung aller Kräfte, zur Verwirklichung der Einheit der Arbeiterklasse geht heute durch Millionen Proletarier in Deutschland. Jetzt ist es Zeit zum Handeln. An Euch Genossen, Mitglieder und Funktionäre der Sozialdemokratie richten wir den ernsten Appell:

Vereinigt Euch mit der Kommunistischen Partei zur einzigen revolutionären Massenpartei der deutschen Arbeiterklasse.

Wir wollen Euch als Mitglieder, als Funktionäre, als gleichberechtigte Kampfgenossen in unserer Partei haben, die durch den Heroismus und die Opfer unserer todesmutigen Kaders als Massenorganisation erhalten wurde. Wir wollen Eure Vereinigung in unserer Partei, weil die Stunde erfordert, daß sich alle Kräfte zusammenschließen. Uns eint das gemeinsame Band unserer Klassentradition, des unbesiegten und unbesiegbaren Marxismus. Uns eint der gemeinsame Haß und Kampfeswille gegen den Faschismus. Der Faschismus hat die Gewerkschaften zerschlagen. Er hat uns in die faschistischen Organisationen hineingepreßt, um uns noch mehr zu zersplittern und zu knechten, aber er hat unser Zusammengehörigkeitsgefühl nicht ertöten können.

Wir wissen, daß Ihr ebenso heiß wie wir die Herstellung der Einheit der Arbeiterklasse und die Vereinigung in einer einzigen revolutionären Massenpartei wollt. Dort, wo wir zusammenarbeiten, haben wir uns immer sehr schnell verstanden. Im letzten Jahr sind über zehntausend ehemalige sozialdemokratische Genossen einzeln und in Gruppen in unsere illegale Partei eingetreten. Sie stehen heute im harten illegalen Kampfe, Schulter an Schulter und gleichberechtigt mit den alten Kaders der KPD. Viele sind führende Funktionäre in den Bezirks-, Unterbezirks-, Orts- und Zellenleitungen. Ja, es gibt bei uns zahlreiche Parteieinheiten, die in der Mehrheit aus ehemaligen sozialdemokratischen Genossen bestehen. Es gibt zahlreiche Beispiele, wo die Leiter unserer Zellen, die Instrukteure der Bezirksleitungen ehemalige Sozialdemokraten sind. Genossen, wir streben dahin, daß sich der Prozeß der Vereinigung auf der ganzen Front und im schnelleren Tempo entwickelt. Nehmen wir uns das österreichische Beispiel, wo nach den Wiener Februar-Kämpfen ganze Orts- und Bezirkseinheiten der Sozialdemokratie und der Schutzbund Organisation sich bis zu ihren Spitzen mit der Kommunistischen Partei vereinigten. Wir selbst werden in unseren eigenen Reihen alle Tendenzen bekämpfen, die der Vereinignug mit Euch entgegenstehen. Hört unseren kameradschaftlichen Appell:

Vereinigt Euch mit der KPD. zum Sturz des Faschismus, zur Erkämpfung des Sozialismus, zur Errichtung Rätedeutschlands.

Aber mögen unter Teilen von Euch auch noch unserem Programm u. Prinzipien widersprechende Meinungen bestehen: das darf und soll für uns kein Hemmnis und kein Hindernis sein für die

Herstellung der gemeinsamen Kampfes- und Aktionseinheit.

Genossen! Die verschärfte Kapitalsoffensive, die drohenden Massenentlassungen, die Durchpeitschung des Arbeits- und Göring-Gesetzes, die Verschärfung des Terrors stellen uns vor die

gemeinsame Aufgabe des Kampfes und der Organisierung des Widerstandes zur Verteidigung der Arbeiterinteressen, zum Kampf um höhere Löhne und politische Freiheiten.

Offener Brief des ZK der KPD, August 1934

Unter dem Tarntitel „Schaubeck-Briefmarken-Album 1935“ wurde ein „Offener Brief der Kommunisten an die sozialdemokratischen Klassenbrüder“ von September 1934 u. a. in Essen verteilt.[209] Auch die Resolution des Zentralkomitees „Die Schaffung der Einheitsfront der werktätigen Massen im Kampf gegen die Hitlerdiktatur“ gelangte mit der „Internationalen Pressekorrespondenz“ vom 17. August 1934 ins Ruhrgebiet.[210] Speziell an die Mitglieder der KPD wandte sich ein „Brief des ZK an alle Betriebs- und Straßenzellen“, der zu verstärkter Anstrengung im Ringen um die Aktionseinheit aufrief und offensiv gegen sektiererische Ansichten vorging.[211] Zur Vorbereitung der sogenannten „Volksabstimmung“ vom 19. August 1934 über die Bestätigung Hitlers als neues Staatsoberhaupt nach dem Tod Hindenburgs erschien das „Ruhr-Echo“ mit dem Titel „Für den Sieg der antifaschistischen Einheitsfront“, das u. a. in der Duisburger Kupferhütte gefunden wurde.[212] In Essen wurden am 10. August entlang der Huyssenallee mehrere Losungen „Hitler-Deutschlands Katastrophe. 19. 8.: Nein!“ geschrieben.[213] Im Geiste des antifaschistischen Bündnisses mit den Mittelschichten argumentierten die Flugblätter „Bauernnot in Deutschland“ im Raum Wesel,[214] „Ein Wort an unsere Bauern: Kann es so weitergehen?“ in der ländlichen Umgebung Dortmunds[215] und „Hitler und der Mittelstand“ in Bochum.[216]

Diese bemerkenswerte Aufklärungsarbeit, aus der hier einige Ausschnitte aufgeführt wurden, konnte sich auf einen gut funktionierenden „technischen Apparat“ stützen, der besonders im Raum Duisburg konzentriert war. Hier stand unter anderem in der Backstube Krebs ein Abzugsgerät, auf der das „Ruhr-Echo“ und viele Flugblätter abgezogen wurden. Andere Materialien wurden in Amsterdam nach Manuskripten gedruckt, die die Bezirksleitung Ruhr verfaßt hatte.[217] Ein großer Teil der antifaschistischen Literatur wurde allerdings nicht im Ruhrgebiet hergestellt, sondern zentral für mehrere Parteibezirke gedruckt. Im Jahre 1934 stand der KPD u. a. die Druckerei Haberer in Solingen-Ohligs zur Vefügung,[218] die neben Flugschriften auch die „Freiheit“, das Organ der KPD für den Niederrhein, die „Junge Garde“ die Zeitung des KJVD, und das Zentralorgan der KPD, „Rote Fahne“ druckte. Die „Rote Fahne“, deren Matern aus Saarbrücken geliefert wurden, erschien damals etwa dreimal im Monat und wurde von Solingen aus ins Ruhrgebiet (je 2000 Exemplare), an den Niederrhein (3000 Exemplare), den Mittelrhein (1000-2000 Exemplare) und nach Berlin (5000 Exemplare) geliefert.[219]

In Holland gedruckte Schriften wurden durch eine Gruppe kommunistischer Rheinschiffer um Peter Paul Scholzen über die Grenze gebracht und vom Duisburg-Ruhrorter Hafen aus im ganzen Ruhrgebiet verbreitet.[220] Eine einfallsreiche Tarnung ließ sich eine andere Abteilung des kommunistischen Literaturverteilungssystems einfallen: Nach dem Verbot des Arbeiter-Esperanto-Bundes hatten sich kommunistische Esperantofreunde um den Bergmann Alois Huber und den Brotfahrer Matthias Trauden in der Duisburger Gruppe der legalen Neuen Deutschen Esperanto-Bewegung organisiert. Trauden wurde sogar kommissarischer Leiter der NDEB in der Rheinprovinz. Auf der Grundlage dieser legalen Arbeitsmöglichkeit konnten mehrere Verbindungswege zu Grenzstellen der KPD in Holland ausgebaut werden. Ein Weg führte über die Rheinschiffer zu einer Gruppe kommunistischer Gewerkschafter im Rotterdamer Internationalen Seemannsklub. Trotz der Verhaftung Scholzens im Juli 1934 bauten die aus Meiderich stammenden Gebrüder Ruiter diesen Transportweg bis Februar 1935 weiter aus.[221] Eine Statistik der Stapostellen Düsseldorf und Dortmund (die den Bereich Ruhrgebiet ohne den Raum um Recklinghausen-Gelsenkirchen, sowie den Niederrhein, das Sauerland und Bergische Land umfaßten) für Juni 1934 bis April 1935 über beschlagnahmte illegale Schriften gibt einen gewissen Überblick über die Breite und Vielfalt der antifaschistischen Literaturpropaganda der KPD:[222]

Im Rheinisch-Westfälischen Industriegebiet von der Gestapo beschlagnahmte antifaschistische Schriften. Juni 1934 bis April 1935.

	Broschüren	Druckschriften	Flugblätter	Streu- und Klebezettel
Juni	6	86	319	24
Juli	8	532	111	136
August	114	556	1382	3241
September	28	1042	1101	430
Oktober	38	598	216	1264
November	107	1752	309	701
Dezember	18	61	96	3596
Januar	11	2563	58	776
Februar	2	5774	35	95
März	–	148	8	30
April	65	239	61	14

Die großen Schwankungen in den einzelnen Sparten der Statistik verdeutlichen, wie unvollkommen die Polizei nur die illegale Literatur erfassen konnte. Die Zahlen schnellen in die Höhe, wenn einmal eine ganze Sendung beschlagnahmt werden konnte. Mit den in diesen Fällen gegebenen Zahlen kann man sich dann eine Vorstellung von den wirklichen Auflagen und der Verbreitung der Materialien machen. Einige Angaben der Stapoleitstelle Düsseldorf sollen dies verdeutlichen: Von 1748 erfaßten Druckschriften im November 1934 entfallen 1000 auf eine in Oberhausen beschlagnahmte Sendung der „Sozialistischen Aktion", von 2557 Druckschriften im Januar 1935 entfallen 2000 auf die in einer Druckerei beschlagnahmte Schrift „Die Hitlerregierung ist eine Bande von Meuchelmördern und Brandstiftern", 5669 Druckschriften im Februar 1935 resultierten aus einer einzigen Beschlagnahmeaktion an der holländischen Grenze von vier Zentnern illegalen Materials, und von 3590 erfaßten Streuzetteln im Dezember 1934 gehörten 3500 Exemplare zu einem in Remscheid aufgefundenen Paket. Häufig mußte die Gestapo im internen Schriftwechsel zugeben, daß sie von Nummern des „Ruhr-Echo", die nachweislich in mindestens 1000 Exemplaren gedruckt worden waren, oder von ähnlichen Schriften nur ein oder zwei Exemplare in die Hände bekommen hatte. Wenn man also berücksichtigt, daß die Gestapozahlen nur einen kleinen Ausschnitt aus der illegalen Literaturpropaganda bieten, dann wird das Ausmaß der Widerstandstätigkeit erst richtig deutlich.

Eine charakteristische Darstellung des Alltags der illegalen Literaturverteilung gibt der Duisburger Max Mikloweit in seinem Bericht:[223]

„Ich war in der Illegalität 1933/34 für Kassierung und für die Verteilung illegaler Literatur besonders in Duisburg-Hochfeld verantwortlich. Besonders haben wir das Braunbuch über Naziterror und Reichstagsbrand in großen Mengen verteilt. Diese Materialien wurden aus Holland nach Duisburg gebracht. Ich hatte zu mehreren Stadtteilgruppen in Duisburg Anlaufstellen geschaffen. Ich selbst hatte mich durch verschiedene Kleidungsstücke getarnt wie Mütze, Hut, Gabardinemantel, und war immer sehr gut angezogen. An der Wohnung, in der ich anlief, hatte ich mit dem Genossen ausgemacht, daß zum Beispiel ein bestimmter Blumentopf im Fenster stehen mußte, dann konnte ich zu ihm raufkommen. Wir haben auch Treffs in Postämtern vereinbart. Da gab es damals diese großen Pulte. Ich hatte dann mit einem Genossen ausgemacht, daß er jeden Tag in das Postgebäude gehen mußte, und wenn in der oberen Ecke eines Pults ein Heftzweck angeheftet war, dann wußte der Genosse, daß ich ihn treffen wollte und wir haben uns dann in einer Durchgangsstraße ‚zufällig' getroffen, sprachen ein paar Worte und gingen dann weiter. Ich war arbeitslos und hatte daher genügend Zeit. ‚Rote Fahne', ‚Inprekorr' und die anderen Schriften waren aus ganz dünnem Papier, so daß man sie als kleine Päckchen in die Taschen stecken konnte. Ich selbst hatte eine Materialanlaufstelle in der kleinen Hühnerfarm meines Vaters. In diesem Schuppen wurde das Material auch aufgeteilt. Es gab noch andere Anlaufstellen, meistens bei Sympathisanten.

Wir haben auch eigene Schriften hergestellt. Zum Beispiel war in der Nähe die Schachtanlage Mevissen (Diergardt). Dafür habe ich Wachsbögen beschrieben und habe die dann in der Backstube Krebs, wo unsere Druckmaschine stand, abziehen lassen. Meine Frau hatte im Schrank eine alte Orga Privat-Schreibmaschine versteckt. Dort wurde eine kleine Lampe angebracht. Dort hat meine Frau die Wachsbogen getippt. (Unter uns wohnten Faschisten!) Deshalb haben wir den Lautsprecher, den ‚Volksempfänger' auf Hochtouren gedreht, damit die Leute das Tippen nicht hören. Und für die Wachsbogen habe ich dann versucht, einen Förderturm zu zeichnen, und die Zeitung ‚Der rote Förderturm' genannt. In großen Mengen warfen wir unsere Materialien abends und nachts in Briefkästen oder schoben sie unter den Haustüren durch. Aber wir versuchten auch, uns ganz gezielt zum Beispiel an Anhänger der Nazis zu wenden: Am Arbeitsamt standen ja auch arbeitslose SA-Leute an, an die wir uns besonders wandten, um sie aufzuklären, was eigentlich der Faschismus war. Wir haben uns dann in der Schlange hinter dem SA-Mann postiert. Vor dem Schalter zog der dann seine Karte, ich ihm über die Schulter geguckt und mir die Adresse gemerkt. Zu Hause habe ich ihm dann unsere Literatur ins Kuvert getan und sie ihm zugeschickt. Eine andere Methode war, daß wir kleine selbsthergestellte Streuzettel vor hohen kirchlichen Feiertagen auf den Friedhöfen verteilt haben, und uns dann in der Nähe versteckten und beobachteten, wie die Leute das gefunden haben. Und auf allen möglichen Wegen haben wir immer wieder versucht, die Leute wachzurufen und die Menschen sahen, daß es doch noch Leute gab, die gegen den Faschismus kämpfen wollten."

Gestützt auf den „technischen Apparat" in Duisburg konnten die Verbindungen des Parteibezirks Ruhr nach den Verhaftungen vom Juli 1934 relativ schnell wiederhergestellt werden. Ein Zeichen dieser organisatorischen Kontinuität war die Teilnahme des Leiters der Krupp-Zelle, Franz Lösch, an der Landeskonferenz West der KPD am 28.-31. August in Amsterdam, an der Delegierte aus Aachen, Köln, Bielefeld, Bremen, dem Niederrhein und dem Ruhrgebiet teilnahmen, um die elastischere Einheitsfrontpolitik und den Kurs auf die Bildung einheitlicher Gewerkschaftsorgane zu diskutieren. Die Berichte von Vertretern des rheinisch-westfälischen Industriegebietes bezeugten einerseits eine lebhafte Zustimmung zur Einheitsfront andererseits aber auch die Probleme der innerparteilichen Auseinandersetzung mit manchen sektiererischen Auffassungen.[224]
Zur gleichen Zeit wurde die neue Bezirksleitung aufgebaut. Bereits im Laufe des August 1934 kam Otto Kropp ins Ruhrgebiet, der besonders die Instruktionsgebiete Essen und Bochum anleitete.

Otto Kropp wurde am 7. Mai 1907 in Elberfeld geboren. Über die Arbeitersportbewegung und den Rotfrontkämpferbund kam er 1931 in die Reihen der KPD. Schon vor 1933 mehrmals von SA-Trupps überfallen, emigrierte er nach der Errichtung der faschistischen Diktatur in die Niederlande. Von August 1934 bis Mai 1935 leitete er die illegale Arbeit im Ruhrgebiet an. Im August 1935 reorganisierte er in Köln die Parteiorganisation des Bezirkes Mittelrhein, wo er im März 1936 verhaftet wurde. Der Volksgerichtshof verurteilte ihn im Januar 1937 zum Tode. Am 25. Mai 1937 wurde Otto Kropp in Berlin-Plötzensee hingerichtet.[225]

Seit September/Oktober 1934 führte Willi Gräfe dann den neuen Agitpropleiter, Franz Bittner, auf Treffs in Oberhausen, Duisburg, Gelsenkirchen und anderen Orten in seine Verbindungen ein, während im November/Dezember die beiden Absolventen der Leninschule, Waldemar Schmidt als Gewerkschaftsverantwortlicher und Max Grzeschik als Politischer Leiter, im Ruhrgebiet eintrafen. Im Bericht des Oberberaters der Westgebiete an das ZK der KPD vom 24. November 1934 hieß es dazu, daß die Bezirksleitung, von der nur der „3. Mann“, also der Verantwortliche für Agitation, Willi Gräfe, die Verhaftungswelle des Sommers überstanden habe, inzwischen „völlig erneuert“ worden sei.[226]
Die Darstellung von H. J. Steinberg, der zufolge es zwischen Juli und Dezember 1934 keine Bezirksleitung und -organisation im Ruhrgebiet gegeben habe,[227] entspricht nicht den Tatsachen. Sie übersieht nicht nur den schrittweisen und systematischen Neuaufbau der zerrissenen Verbindungen seit Anfang August 1934, sondern auch die Weiterexistenz umfangreicher illegaler Organisationen besonders in Moers, Duisburg, Gelsenkirchen, Dortmund und Bochum.
Selbst in **Essen,** wo im Laufe des September/Oktober Mitglieder und Funktionäre der Krupp-Zelle und des Unterbezirkes Essen-West verhaftet wurden, bildeten sich zur gleichen Zeit die Organisationen im Norden (besonders in Altenessen) und im Osten (Steele und Kray) weiter aus. Otto Kropp bezog in die illegale Arbeit auch eine Reihe ehemaliger Sozialdemokraten ein. So übernahm Franz Siebert, der von 1929-1933 Mitglied der SPD und des reformistisch geführten Bergbauindustriearbeiterverbandes gewesen war, wichtige Instrukteurfunktionen im Unterbezirk Essen.[228] Auch Fritz Hahnke, der seit 1928 Mitglied der SPD und des BAV gewesen war, wurde durch Siebert spätestens seit Herbst 1934 zur Mitarbeit gewonnen und übernahm sogar leitende Funktionen in der Ortsgruppe Altenessen.[229] Eine große Unterbezirksorganisation, die im Herbst 1934 mindestens 100 Mitglieder umfaßte, bestand im Raum Essen-Steele mit Stadtteilgruppen in Kray, Nieder-Wenigern, Kupferdreh, Steele, Altendorf, und Verbindungen nach Wattenscheid.[230] Auch in

Werden,[231] Essen-Mitte, Essen-Ost, Katernberg und Rellinghausen arbeiteten Stadtteilorganisationen, die die Materialien der Partei verbreiteten und regelmäßig Beiträge kassierten.[232]
Im Instruktionsgebiet **Gelsenkirchen** wütete zwar im Oktober eine Verhaftungswelle, in deren Gefolge über 150 Kommunisten vor Gericht gezerrt wurden, so daß besonders die Ortsgruppen in Buer, Buer-Erle, Gelsenkirchen, Resse, Gladbeck und Wanne-Eickel betroffen waren,[233] aber sowohl in Gelsenkirchen, wie auch in Buer und Wanne blieben weitere illegale Gruppen übrig, die besonders in der gewerkschaftlichen Bergarbeiterbewegung noch eine bedeutende Rolle spielen sollten.[234]
Im Instruktionsgebiet **Bochum** wurden gegen Ende des Jahres die Unterbezirke Linden-Dahlhausen-Hattingen mit dem aktiven UB-Leiter Gustav Beckereit und Herne (60 Festnahmen aus fünf Stadtteilgruppen) sowie Witten durch Verhaftungen stark geschwächt,[235] aber die eigentliche Stadtparteiorganisation in Bochum blieb bis 1936 unentdeckt und führte die Widerstandsarbeit auf einer breiten Einheitsfrontbasis fort. Schwerpunkte der illegalen Gruppen waren die Arbeiterviertel im Griesenbruch, in Hamme, Altenbochum und Langendreer. Zusammenhalt und Kampfbereitschaft demonstrierten die Bochumer Kommunisten in dieser Zeit auch anläßlich der Beerdigung eines ihrer Genossen, der an den Folgen von Haft und Folter gestorben war. Hunderte gaben Otto Stubbe, der wegen seiner Standhaftigkeit bei den Verhören den Namen „Der schweigsame Otto“ trug, das letzte Geleit und versammelten sich in der Trauerhalle des Friedhofes Freigrafendamm. Dort spielte ein Geiger den bekannten Trauermarsch der internationalen Arbeiterbewegung „Unsterbliche Opfer“ und danach wurde die Internationale angestimmt. Die Gestapo wagte es nicht, die Trauerfeier zu unterbrechen.[236]
Eine bedeutende Arbeit wurde unter der Anleitung des Instrukteuers Paul Langer in **Dortmund** geleistet, wo die bereits zweimal 1934 durch Verhaftungsaktionen geschwächte Partei im Januar/Februar 1935 einer erneuten Terrorwelle ausgesetzt war, die viele der gerade geknüpften Verbindungen zerstörte. Es war bis dahin gelungen, weit mehr als die verhafteten 80 Mitglieder in sechs Stadtteilorganisationen zusammenzufassen, die regelmäßig Beiträge kassierten, illegale Schriften lasen und verbreiteten und vielfältige mündliche Aufklärungsarbeit leisteten. Besonders wichtig war die Betriebszelle im Rüstungsbetrieb Hoesch, der etwa 20 Mitglieder angehörten.[237]
Auch in **Bottrop** waren bis ins Jahr 1935 hinein, wo in zwei Massenprozessen 79 Kommunisten abgeurteilt wurden, fest organisierte Parteigruppen tätig, von denen auch nachher einige besonders auf den Zechen Prosper und Rheinbaben illegal arbeiteten.[238]
Bis Oktober 1934 waren im Unterbezirk **Oberhausen-Mülheim** über 100 Mit-

glieder organisiert. Besonders umfangreich war die illegale Arbeit in Mülheim, wo es drei Stadtteilgruppen in Mülheim-Mitte, sowie weitere Gruppen in Heissen, Broich, Speldorf, Mellinghofen und Styrum gab. Die große Styrumer Organisation war allein in drei Untergruppen aufgeteilt. Außerdem wirkte noch eine Betriebszelle auf der Friedrich-Wilhelm-Hütte.[239]

Trotz Massenverhaftungen im Herbst 1934 existierte bis Mai 1935 ein durchorganisierter Unterbezirk in **Duisburg-Hamborn** unter Leitung des Bergmanns Kurt Spindler mit Ortsgruppen in Obermarxloh, Hamborn, Walsum, Wehhofen, Dinslaken und Wesel,[240] in dem es auch eine Reihe illegaler Gewerkschaftsgruppen gab.[241] Betriebszellen existierten u. a. auf den Zechen Deutscher Kaiser, Thyssen II/IV und Neumühl. Weitere Verbindungen bestanden zu den Schachtanlagen Beeckerwerth und Westende und zu Zeche Diergardt (Mevissen).[242] Als Beispiel für das Ausmaß der illegalen Tätigkeit in Hamborn mag die Tatsache dienen, daß ein Literaturobmann bei einem einzigen Treff im April 1935 auf dem Hamborner Bahnhof ein Paket mit 5000 illegalen Schriften erhielt.

Ähnlich bedeutend gestaltete sich die seit 1933 ununterbrochene Organisationstätigkeit im Unterbezirk **Moers** unter der Leitung der Kommunisten Ferdinand Jahny und Adam Erbach.[243] Ortsgruppen bestanden in Moers, Meerbeck, Kamp-Lintfort, Rheinhausen u. a.; Betriebsgruppen gab es auf den Schachtanlagen Friedrich-Heinrich in Kamp-Lintfort, Rheinpreußen IV in Moers, Rheinpreußen V in Meerbeck, Rheinpreußen VI in Utford, Diergardt in Rheinhausen, Diergardt-Mevissen und der Niederrheinischen Bergwerks AG in Neukirchen, sowie der Kruppschen Friedrich-Alfred-Hütte in Rheinhausen. Insgesamt waren etwa 220 Mitglieder bis 1935 in illegalen Gruppen der KPD, Unterbezirk Moers, erfaßt.[244] Der langjährige Betriebsrat auf der Zeche Friedrich-Heinrich, Anton Andrejczack, hatte auch eine Organisation der Roten Hilfe wiederaufgebaut. Aus den Lebensläufen jener 82 Mitglieder des illegalen KPD-Unterbezirks Moers, die das Kriegsende überlebten, lassen sich einige interessante Aussagen zur inneren Struktur der Organisation ableiten:[245] 29 von ihnen gaben ein Eintrittsdatum in die KPD an (manche werden erst in der Illegalität beigetreten sein, manche werden die Datums-Angabe in ihrem Lebenslauf einfach vergessen haben und ein nicht unerheblicher Teil war nicht Mitglied, hatte sich aber der Widerstandsorganisation angeschlossen). Davon traten der KPD vor 1921 bei: 10; von 1922 bis 1926: 6; 1927 bis 1929: 8 und 1930 bis 1933: 5. Diese Zahlen zeigen deutlich, daß der Kern der Widerstandsgruppe auf eine relativ lange Parteizugehörigkeit zurückblicken konnte. 23 Mitglieder der Widerstandsgruppe, und damit jeder Vierte, hatte 1933 bereits in „Schutzhaft“ gesessen. Damit ist ein Phänomen angesprochen, das in den Kriegsjahren noch deutlicher hervortritt, nämlich die Tatsache, daß sich ein

bedeutender Teil der Widerstandsbewegung aus Männern rekrutierte, die wegen ihrer unbeugsamen antifaschistischen Gesinnung schon im KZ und oft auch für mehrere Jahre im Zuchthaus gesessen hatten und sich dennoch nach ihrer Entlassung sofort wieder im Widerstand einsetzten.
Diese bedeutende Parteiorganisation im Ruhrgebiet wurde mit großen Mengen illegaler Literatur beliefert, deren Zahlen ein Bild von der Leistungsfähigkeit der Widerstandsgruppen vermitteln können. Auch nach der zeitweisen Ausschaltung der Rheinschiffertransporte durch Verhaftungen gegen die „Esperanto-Leute" im Februar 1935 kamen über die holländische Grenze zahlreiche Transporte mit antifaschistischer Literatur zu der neu eingerichteten Anlaufstelle im Essener Zigarrengeschäft von Wally Meiners, von wo aus das Material in die Unterbezirke des Ruhrgebiets und in den Parteibezirk Hagen-Lüdenscheid weitergeleitet wurde. Insgesamt gingen von Februar bis Anfang Mai 1935 etwa 50 000 Schriften über diese Anlaufstelle.[246] Allein die Ortsgruppe Altenessen erhielt mehrmals im Monat von jeder neuen Sendung je 100 Exemplare „Rote Fahne", 30 „Inprekorr" und 30 „Gewerkschaftszeitungen", von denen ein großer Teil nicht einfach verteilt, sondern verkauft wurde.[247] In zwei Essener Wohnungen standen Schreibmaschine und Abzugsgerät bereit. Dort wurden ein „Aufruf zu den Vertrauensrätewahlen", ein Aufruf „An die christlichen Werktätigen", die Flugblätter „Gegen den faschistischen Terror" und „Kampfmai 1935", sowie die Gewerkschaftszeitung „Bergarbeiter" hergestellt.
Der neue politische Leiter des KPD-Bezirkes Ruhr, Max Grzeschik, orientierte die Partei besonders auf die Einheitsfront aller Arbeiter.

Max Grzeschik wurde am 17. Februar 1902 in Rybnik, Oberschlesien geboren. Nach der Teilung Oberschlesiens ging er nach Hannover, wo er kurzzeitig der SPD angehörte. Nachdem er einige Zeit lang wieder in seinem Heimatort als Musiklehrer gearbeitet hatte, trieb ihn die materielle Not ins Ruhrgebiet, wo er 1927 bis 1929 auf der Zeche Zollverein in Essen arbeitete. Im Ruhrgebiet trat er dann 1927 der KPD bei und übte schon bald die Funktion eines Unterkassierers aus. Nachdem er eine Stelle als Werkmeister in einer Hannoveraner Flaggenfabrik angenommen hatte, wurde er Stadtteilleiter der KPD in Hannover. 1932 ging Grzeschik in die Sowjetunion, um als Lehrmeister beim Aufbau von Farbendruckereien zu helfen. Nach dem Machtantritt des deutschen Faschismus wollte er am antifaschistischen Widerstandskampf in seiner Heimat teilnehmen. Eine gründliche Vorbereitung für seine gefahrvolle Tätigkeit erhielt er auf der internationalen Leninschule der Komintern. Im November/Dezember 1934 reist er dann über Prag zur Inlandsleitung der KPD nach Berlin, die ihn nach Düsseldorf schickte. Dort setzte ihn der Oberberater der westlichen Bezirke, Fritz Apelt, als Politischen Leiter des Ruhrbezirks ein. Nach Grzeschiks Verhaftung Mitte Mai 1935 erkrankte er unter den schweren Bedingungen von Haft und Folter an TBC. Mehrmals verhandlungsunfähig geschrieben, hörte er auf einer Tragbahre liegend seine Verurteilung zu sieben Jahren Zuchthaus am 30. Januar 1936. Obwohl er absolut transportunfähig war, ließ ihn die Gestapo bald darauf nach Düsseldorf-Derendorf bringen, wo er den Strapazen der Fahrt vier Wochen später am 21. April 1936 erlag.[248]

Auf mehreren Beratungen mit örtlichen Funktionären setzte sich Grzeschik besonders für den Wiederaufbau der freien Gewerkschaften ein, die einheitlich kommunistische, sozialdemokratische, christliche und parteilose Arbeiter umfassen sollten. Auch die Ergänzung der Einheitsfrontpolitik durch die Losung des Volksfrontbündnisses mit christlichen und bürgerlichen Hitlergegnern fand Eingang in die Aufklärungsarbeit der Bezirksleitung. So wurde, wie erwähnt, der November-Aufruf des ZK „An die christlichen Werktätigen" auch in Essen gedruckt und verbreitet. Und die Januar-Resolution 1935 des ZK „Proletarische Einheitsfront und antifaschistische Volksfront zum Sturz der faschistischen Diktatur" gelangte mit Tausenden Exemplaren der „Roten Fahne" und der „Inprekorr" ins Ruhrrevier.
Schon seit Herbst 1934 mehrten sich in verschiedenen Orten des Ruhrgebietes die Beispiele für einen gemeinsamen Kampf von Sozialdemokraten und Kommunisten. So kam es zu gemeinsamen Besprechungen von SPD- und KPD-Mitgliedern in Dortmund-Hörde und zu einer engen Zusammenarbeit von Kommunisten und Sozialdemokraten im Konsumverein Dortmund-Hamm.[249] Auch aus Oberhausen und Essen wurden Gespräche zwischen führenden Vertretern der beiden Arbeiterparteien gemeldet.[250] In Oberhausen bildeten sich seit Sommer 1934 Keime einer antifaschistischen Einheitsfront heraus, der Sozialdemokraten um den Bergarbeiter-Gewerkschaftsfunktionär Heinrich Jochem und Kommunisten um den Metallarbeiter Georg Saur angehörten. Die Kommunisten gaben ihre Zeitungen an die Sozialdemokraten weiter, während sie selbst von Heinrich Jochem die SPD-Zeitung „Sozialistische Aktion" erhielten. Über diese Erfolge in der Einheitsfrontpolitik unterrichtete die Oberhausener Unterbezirksleitung auch die KPD-Bezirksleitung Ruhrgebiet in einem Brief, der in Abschrift erhalten ist:
„Oberhausen, den 14. Oktober 1934
Seit einiger Zeit standen wir mit einigen Funktionären der SPD am Orte in Verhandlungen. Der Zweck war Gründung der proletarischen Einheitsfront. Von einigen Ausnahmen (abgesehen) waren alle SPD-Funktionäre dafür, die

Einheitsfront mit uns zu schließen. Der Verhandlungsleiter, ein früherer tüchtiger Gewerkschaftler, sprach ganz in unserem Sinne. Er betonte, daß es wichtig ist, der verschärften Diktatur der Kapitalisten die proletarische Einheitsfront aller Klassen entgegenzustellen. Nachdem wir uns in der U. B. L. (d. h. Unterbezirksleitung) über die Bildung der Einheitsfront und die einzuschlagende Taktik schlüssig geworden waren, konnten wir heute die Verhandlungen endgültig zum Abschluß bringen. Genosse Pol-Leiter war verhindert, an der Sitzung teilzunehmen und ich konnte meine Zustimmung zur getätigten Leitungswahl nur unter Vorbehalt geben. Über unsere Arbeit werden wir berichten, wenn wir unseren Arbeitsplan aufgestellt haben.
Mit revolutionärem Gruß *Die U. B. L. 2"*

Schon Ende Oktober 1934 unterbrachen aber Massenverhaftungen diese Ansätze zur Einheitsfront.[251] Ein anderer Oberhausener unterhielt gleichzeitig eine Literaturanlaufstelle für die SPD und für die KPD.[252] In Haßlinghausen und Osnabrück hatten sich viele Sozialdemokraten den Widerstandsgruppen der KPD angeschlossen. Der Duisburger Schiffsheizer Andreas Capello, der für Widerstandsgruppen der KPD Materialien aus Holland transportierte, verteilte gleichzeitig die Januar-Ausgabe 1935 der „Sozialistischen Aktion" und die SPD-Flugschrift „Reichstagsbrand aufgeklärt" im Hafengelände.[253]
Im „Politischen Bericht aus dem Westen für September bis November 1934" des Oberberaters Fritz Apelt an die Parteiführung der KPD sind die umfassenden Einheitsfrontbemühungen der Kommunisten im Rhein-Ruhrgebiet dokumentiert. In mehreren Aussprachen in den Unterbezirken hatten die Parteimitglieder die Beschlüsse der August-Konferenz 1934 des ZK der KPD begrüßt und waren die Bedenken einiger Genossen, die noch in alten Schemata dachten, beseitigt worden. Im Ruhrgebiet knüpfte man Verbindungen zu einem „leitenden SPD-Mitglied", das über den Wiederaufbau der sozialdemokratischen Organisaton berichtete. Er schilderte die Beschränkung auf einen lockeren, fast familiären Zusammenhalt, die Aufrechterhaltung der überörtlichen Verbindungen durch Sozialdemokraten, die Vertreter- oder Hausiererfunktionen ausübten[254] und dabei Schriften der SOPADE verteilten. Auf die Erklärung, viele Sozialdemokraten wollten zur KPD übertreten, betonte der Vertreter der KPD in dem Gespräch, daß nicht die Gewinnung individueller Mitglieder für die KPD, sondern die Aktionseinheit mit der ganzen Sozialdemokratie das Ziel der Partei sei. Der Bericht geht weiterhin auf den Aufbau von Gruppen des Bergbauindustriearbeiter-Verbandes im Raum Moers durch Kommunisten und Sozialdemokraten, auf die Einheitsfrontverhandlungen und den gemeinsamen Aufruf in Wuppertal, auf Kontakte zu einer Gruppe von Eisenbahngewerkschaftern im Raum Köln und auf Einheitsfrontverhandlungen mit

Kölner Sozialdemokraten ein. Weitere Einheitsfrontverhandlungen wurden aus Solingen, Duisburg, Bochum und Gelsenkirchen gemeldet, in denen sich überall der Einfluß des Prager Emigrationsvorstandes der SOPADE deutlich machte; denn trotz anfänglicher Begrüßung der Einheitsfront, lehnten die Sozialdemokraten bei der nächsten Begegnung mit dem KPD-Vertreter die Einheitsfront ab, nachdem sie sich inzwischen mit den Abgesandten der SOPADE beraten hatten. Der Bericht belegte, daß die KPD nicht bei der Proklamation der August-Beschlüsse stehen blieb, sondern in den Bezirken und Unterbezirken sofort zu Einheitsfrontverhandlungen überging. Die präzisen Details dieses und ähnlicher Berichte aus dem Lande an das ZK bewiesen, wie eng die Parteiführung mit der Mitgliedschaft verbunden war, und wie sehr sie in ihren Beratungen von genauen und realistischen Informationen über die Politik an der Parteibasis ausgehen konnte.[255]
Den bedeutendsten Erfolg in der Aktionseinheitspolitik erzielte der Instrukteur Paul Langer in Dortmund, als er feste Beziehungen zu einem Widerstandskreis um den Sozialdemokraten Max Heitland, den ehemaligen Funktionär des Deutschen Metallarbeiterverbandes, Hermann Härtel, den ehemaligen Vorsitzenden des proletarischen Freidenkerverbandes Johann Kalt und den Kommunisten Gustav Bendrat herstellte.[256] Nach einer Unterredung von Max Grzeschik und Waldemar Schmidt mit Heitland und Härtel im Februar 1935 verfaßten Heitland und Härtel in Übereinstimmung mit der Bezirksleitung der KPD einen Aufruf zum Wiederaufbau der freien Gewerkschaften, der ein Kampfprogramm konkreter Aktionen mit grundsätzlichen Ausführungen zum Charakter der neuen Gewerkschaftsbewegung verbindet.

Aufruf des Einheitskomitees von Dortmund zur gemeinsamen Arbeit bei den Vertrauensrätewahlen, zum gemeinsamen Wiederaufbau der freien Gewerkschaften.

An alle sozialdemokratischen und kommunistischen Arbeiter und ehemaligen Gewerkschafter.
Arbeitskameraden! Der Faschismus als die brutale terroristische Regierung des Finanzkapitals ruft in den Betrieben zu den Wahlen der Vertrauensräte auf.
Welche Bedeutung hat diese Wahl? Keine andere als die, den faschistischen Kurs der Lohnkürzung und der Entrechtung der Arbeiter in den Betrieben besser durchführen zu können, den Schwindel der Volksgemeinschaft anstelle der tatsächlich existierenden Klassengegensätze und des Klassenkampfes im

Betrieb zu setzen und den Eindruck zu erwecken, als seien die Vertrauensräte eine bessere Vollendung des freigewerkschaftlichen Betriebsrates. Der Faschismus, der die Reste des alten Betriebsrätegesetzes zur Vertretung der Arbeiterinteressen vollkommen ausschaltete, glaubt durch die formale Aufrechterhaltung des Wahlrechts die Arbeiterschaft einlullen zu können. Er glaubt, das Wählen sei uns zur zweiten Natur geworden, die es möglich macht, daß man uns an der Wahlurne für seine arbeiterverräterischen Zwecke mißbrauchen kann.

Das Reden von der „Wiederherstellung der sozialen Ehre", von „Volksgemeinschaft" und anderen Phrasen ist das einzige, was den faschistischen Vertrauensräten erlaubt ist. Nicht einmal das können sie. Ihr habt sie in ihren Funktionen kennengelernt, beseht sie Euch eindringlichst. In fast allen Betrieben sind diese „Ritter der sozialen Ehre" Unternehmerknechte geworden. Sie haben ohne Widerstand den kalten Lohnraub geduldet. Sie haben tatenlos der wirtschaftlichen Ausplünderung und politischen Entrechtung der Arbeiterschaft im Betriebe zugesehen.

Mit ihrer „sozialen Ehre" vertrug sich wunderbar die Zerschlagung der sozialen Gesetzgebung, die sich die Arbeiterschaft in jahrzehntelangem Kampf errungen hat.

Arbeitskameraden! Was soll und muß aber der Vertrauensrat sein, den wir gemeinsam wählen können? Was soll und muß er im Auftrage der Belegschaft tun?

Er muß als Sprecher der Belegschaft gegen jeden Lohnraub kämpfen, gegen jede Verschlechterung der Arbeitsbedingungen im Auftrage der Belegschaft protestieren, vorwärtsgetragen und gestützt durch die einheitliche Kraft der Belegschaft, die geschlossen hinter ihm steht und willens ist, ihre einheitliche Kraft im Kampf um ihre Forderungen einzusetzen. Für unsere gerechten Forderungen muß der Vertrauensrat mit uns kämpfen, wenn er unser Vertrauen besitzen will, wenn wir ihn wählen sollen. Wenn wir die Frage so stellen, dann besitzen die meisten bisherigen Vertrauensräte, die vom Unternehmer und der NSBO aufgestellt wurden, das Vertrauen ihrer Belegschaften nicht. Wir kämpfen also gegen die unternehmertreuen faschistischen Vertrauensräte, für Vertrauensräte, die tatsächlich das Vertrauen der Belegschaft besitzen.

Darum fort mit den unternehmertreuen faschistischen Vertrauensräten! Her mit unseren, in DAF-Versammlungen der Belegschaft durch die Arbeiter selbst aufgestellten, und in freier und geheimer Wahl gewählten Vertrauensräten der Belegschaft! Erzwingen wir ihre Kandidatur und wählen wir nur diese!

SPD- und KPD-Arbeiter! Wir treten in den Betrieben zusammen, wir einigen uns über unser Vorgehen in den einzelnen Betrieben, verlangen Belegschaftsversammlungen mit Rechenschaftsberichten des alten Betriebsrates (gemeint:

Vertrauensrates, D.P.). Wir fragen ihn, was er gegen die Verschlechterungen der Lohn- und Arbeitsbedingungen getan hat. Durch diese Anfragen und Zwischenrufe entlarven wir ihn als Unternehmerknecht, entlarven damit zugleich den Schwindel von der Volksgemeinschaft zwischen Faschisten, Kapitalisten und Arbeitern. Wo unsere Kraft ausreicht, stürzen wir die Unternehmerliste, stellen wir unsere eigenen Kandidaten auf. Auf jeden Fall aber wählen wir nur die Arbeiter, die uns die Gewähr geben, daß sie unsere Interessen vertreten. Die Unternehmerknechte streichen wir.

Arbeitskameraden! Die Vertrauensräte der Belegschaft sind aber nichts, wenn die Belegschaft nicht einig im Kampf um die Verbesserung ihrer Lage ist. Eine noch so kampffrohe Belegschaft ist ebenso nichts, wenn sie nicht in ihrem Kampf geleitet wird durch eine vom faschistischen Unternehmereinfluß freie Arbeiterorganisation. Darum rufen wir Euch angesichts der kommenden Vertrauensrätewahlen, angesichts des nahen ersten Maitages, angesichts der für die Arbeiterschaft drohenden Unternehmeroffensive zu:

Errichtet in den Betrieben die von den Faschisten zerschlagenen freien Gewerkschaften wieder auf!

Verwertet bei der Wiederaufbauarbeit die guten und wertvollen, alten Traditionen der freien Gewerkschaften, die in der Vorkriegszeit jahrzehntelang ein starkes Kampf- und Machtmittel in der Hand der Arbeiterschaft waren.

Macht Schluß mit der Passivität! Geht aus der Einstellung des Abwartens heraus, befreit Euch von der Haltung, die zur schmählichen Kapitulation am 2. Mai 1933 geführt hat. Denkt an die Worte von Karl Marx: „Die Befreiung der Arbeiterklasse kann nur das Werk der Arbeiterklasse selbst sein".

Nicht Hitler, nicht Goebbels, nicht Ley und nicht Thyssen, nicht Schacht und nicht Krupp und wie die Raubhyänen des faschistischen Kapitalismus alle heißen, befreien uns aus Not und Elend, politischer Knechtschaft und drohendem Untergang. Sondern nur die Kraft der Arbeiterklasse, verkörpert in der Aktionseinheitsfront des Proletariats, ist in der Lage, siegreich den Kampf zu führen für die unmittelbaren, täglichen Forderungen der Arbeiterklasse, im Betrieb, für die offene Existenz der Arbeiterorganisationen, für Presse- und Streikfreiheit, für den Sturz der faschistischen Diktatur. Darum rufen wir die sozialdemokratischen, kommunistischen, alle oppositionellen und antifaschistischen Arbeiter in den Betrieben und faschistischen Massenorganisationen auf, sich zu verständigen und gemeinsam den Kampf zu führen im Betrieb und in der Arbeitsfront, überall, wo die Sammlung und Mobilisierung der Massen zum Kampf für ihre konkreten Forderungen nur möglich ist. Wir rufen auf zur gemeinsamen Bildung von Gruppen der freien Gewerkschaften, in den Betrieben, als die Vertreterin und Führerin des gewerkschaftlichen Kampfes der Arbeiterklasse.

Wir als Einheitsfront-Komitee zum Wiederaufbau der freien Gewerkschaften erklären, daß diese freien Gewerkschaften kein Anhängsel der kommunistischen oder sozialdemokratischen Partei sind, noch werden dürfen, daß sie aber auf dem Boden der proletarischen Demokratie die Kräfte der Arbeiterklasse in breitestem Maße organisieren zum Kampf gegen die wirtschaftliche und politische Versklavung der Arbeiter durch den Faschismus in Betrieb und Arbeitsfront, für die Herstellung der Einheit der Arbeiterklasse auf revolutionärer Grundlage. Diese freien Gewerkschaften werden wir aus den Erfahrungen des illegalen Kampfes als Kampforganisationen aufbauen, nicht beschwert mit Einrichtungen aus der legalen Zeit, wie Mitgliedsbücher und Listen, Beitragsmarken, Statuten usw. Ihre Funktionäre sind die von den Arbeitern ausgewählten Kameraden, die im Betrieb in unmittelbarer Verbindung mit den Klassengenossen stehen.
Kampf gegen jede weitere Verschlechterung unserer Lebenshaltung!
Kampf für einen auskömmlichen, den gestiegenen Preisen angepaßten Lohn!
Kampf gegen die vermehrte Sklaverei durch das faschistische Wehrgesetz!
Kampf gegen den imperialistischen Krieg und keinen Pfennig für Rüstungszwecke!
Schulter an Schulter wollen wir sozialdemokratischen, kommunistischen und parteilosen Arbeiter die kämpfende, freie Gewerkschaft, diese alte und dennoch neue, freie Gewerkschaft aufbauen, auf deren Fahne wir schreiben:
Kampf für die wirtschaftlichen und politischen Lebensrechte.
Kampf für die Herstellung der Aktionseinheit der Arbeiterklasse zum Sturze des Faschismus,
für die Errichtung der sozialistischen Gesellschaftsordnung![257]

*

Von der Essener Druckerei der KPD, aber auch auf einem Abzugsapparat eines katholichen Jungmännervereins in Dortmund-Aplerbeck in insgesamt etwa 1000 Exemplaren Auflage gedruckt, wurde der Aufruf des „Einheitskomitees der sozialdemokratischen und kommunistischen Arbeiter zum Wiederaufbau der freien Gewerkschaften in Groß-Dortmund“ noch vor den Vertrauensrätewahlen u. a. auf den Dortmunder Zechen Minister Stein, Gneisenau, Hardenberg und Hansa, den großen Stahlwerken von Hoesch-Westfalenhütte, Union und Phönix verteilt.[258] Funde des Aufrufes in Bochum[259] und Essen-Kray[260] belegen seine überörtliche Verbreitung.
Der Wiederhall des Dortmunder Einheitsappells reichte weit über das Ruhrgebiet hinaus. Er spielte eine große Rolle in den Referaten Wilhelm Piecks und Walter Ulbrichts sowie weiteren Diskussionsreden auf der Brüsseler Parteikonferenz der KPD im Oktober 1935.[261] In seinem Geiste wurden an vielen Orten

des Ruhrgebiets Versuche zur Bildung einheitlicher antifaschistischer Gewerkschaftsgruppen gemacht.[262] Ein Beispiel antifaschistischer Einheit und Solidarität waren auch die machtvollen Demonstrationen anläßlich der Ermordnung des sozialdemokratischen Gewerkschaftsfunktionärs Fritz Husemann aus Bochum und des Essener Kommunisten Karl Hoffmann.

Am 26. April 1935 hatten sich über 1000 Personen auf dem Hauptfriedhof in Altenbochum zum letzten Geleit für Fritz Husemann eingefunden, unter ihnen bekannte Funktionäre von SPD, ADGB und Reichsbanner. Gegen die Träger eines Kranzes mit roten Blumen und der Aufschrift auf roter Schleife „Gewidmet von seinen Freunden" schritt die Gestapo ein und nahm sechs Personen fest.[263] In Essen folgten am 18. März 1935 über 1000 Menschen (ein Gestapobericht spricht von 8000) der Urne des in der Haft verstorbenen Karl Hoffmann, Kränze mit roten Blumen und Aufschriften wie „Gewidmet von Deinen Freunden" gaben dem „Leichenkondukt den Charakter eines kommunistischen Demonstrationszuges", wie die Gestapo feststellte.[264]

Zu Ostern 1935 besprachen die Funktionäre der Ruhrbezirksleitung mit dem Mitglied des Politbüros Franz Dahlem die weitere Arbeit der Partei für die Einheitsfront und Volksfront.[265] Dabei wurden auch Beschlüsse zur Umstrukturierung der Parteiorganisation gefaßt. Statt der großen Bezirksleitung, die bisher das ganze innere Ruhrgebiet anleitete,[266] sollten vier bis sechs kleinere Gebiete geschaffen werden, die von Instrukteuren angeleitet würden.[267] Mit dieser Dezentralisierung sollte die Partei vor zu tiefen Einbrüchen durch die Gestapo geschützt werden. Eine solche Organisationsform war dann für die Jahre 1936 bis 1939 wirksam. Für Max Grzeschik und seine Kampfgefährten kam die Ablösung zu spät; sie wurden Mitte Mai bei einer Großfahndungsaktion zusammen mit hunderten von Widerstandskämpfern aus Moers, Duisburg und Essen verhaftet.

Im Laufe des Jahres 1935 wurden nach Angaben der Gestapo allein im Bereich des Regierungsbezirks Düsseldorf (der den linken Niederrhein, Düsseldorf, Wuppertal, Essen, Oberhausen und Duisburg umfaßte) 3700 Kommunisten verhaftet und 10.000 RM, 4 Kraftwagen, sowie Motorräder, 30 Schreibmaschinen, Abzugsapparate und 2 Rotaprintdruckmaschinen beschlagnahmt.[268] Aber selbst diese Verhaftungsaktionen, die viele hoffnungsvolle Ansätze zerschlugen, konnten die Widerstandstätigkeit nicht beenden.

Zu Pfingsten 1935 hatte die Parteiführung der KPD eine Beratung mit Funktionären und Betriebsdelegierten aus dem Rhein-Ruhrgebiet in Amsterdam durchgeführt. An ihr nahmen Vertreter von Betriebszellen bei Mannesmann, Bayer-Leverkusen, dem Preß- und Walzwerk Reisholz in Düsseldorf, Solinger und Wuppertaler Betrieben, aus Lüdenscheid, Moers und dem Ruhrgebiet teil, sowie Partei- und Gewerkschaftsfunktionäre wie Elli Schmidt und Waldemar

Schmidt. Walter Ulbricht leitete die Beratung, hörte sich die Berichte aus den Betrieben aufmerksam an und orientierte seine Genossen auf die Aktionseinheit mit den Sozialdemokraten und auf die Ausnutzung der legalen Möglichkeiten in der Deutschen Arbeitsfront, in Sport-, in Gesang- und Gartenbauvereine, aber auch in kirchlichen Jugendgruppen und in der Hitlerjugend. Diese Beratung, der sich eine Konferenz mit Vertretern des KJVD aus dem Rhein-Ruhrgebiet anschloß, sollte auch den VII. Weltkongreß der Kommunistischen Internationale mit vorbereiten. Außerdem stattete sie die Betriebsdelegierten bereits mit den wichtigsten Erkenntnissen der neuen Einheitsfrontpolitik aus.[269] Noch 1935 wurde die Umstellung auf kleinere Instruktionsgebiete durchgeführt und viele Gruppen bewiesen durch Verteilung von Flugschriften und das Anmalen von antifaschistischen Losungen, daß ihr Widerstandsgeist ungebrochen war. So mußte die Stapoleitstelle Düsseldorf im August 1935 zugeben, daß die kommunistische Flugblattätigkeit im westlichen Ruhrgebiet wieder erheblich zugenommen habe. Besonders würde der Raum Oberhausen-Mülheim-Duisburg und das Hagener Gebiet von Holland aus beliefert.[270] Die Parteigruppen im Bochumer und Gelsenkirchener Raum sowie der Unterbezirk Essen-Kray-Steele waren ohnehin nicht von den Verhaftungen betroffen worden.

In Duisburg-Hamborn etwa wurde ein Aufruf des ZK der KPD zum Zusammenschluß aller Antifaschisten im Juli 1935 verteilt,[271] und in Oberhausen warb im August u. a. die Tarnschrift „Warum Persil" für Einheitsfront und Volksfront. Ebenfalls aus Oberhausen wurden Anfang September Briefe verschickt, die Materialien der KPD wie die „Kommunistische Internationale" und „Inprekorr" zusammen mit SPD-Schriften („Sozialistische Aktion" und „Neuer Vorwärts") enthielten.[272] Auch die Verbindungen der Parteiorganisationen zur Leitung in Amsterdam waren nicht zerrissen. So fuhr Alfred Richter aus Essen regelmäßig als Kurier der KPD von Nijmegen aus ins Ruhrgebiet und als Nachfolger Otto Kropps für den Instruktionsraum Essen-Bochum arbeitete neben anderen Heinrich Wind, genannt Schramm („Kurt"), ein Bremer Hafenarbeiter. In Essen hielt er auch Kontakt zu den Kommunisten Peter Hoffmann und Otto Selbach.[273]

Die Brüsseler Konferenz der KPD und der Widerstand im Ruhrgebiet

Im Sommer und Herbst 1935 bildeten der VII. Weltkongreß der Komintern und die anschließende Brüsseler Konferenz der KPD einen Höhepunkt der Bewegungen für Arbeitereinheitsfront und Volksfront gegen den Faschismus.

Über Instrukteurberichte, Grenzberatungen und die regelmäßige Berichterstattung im Lande hatte die Parteiführung der KPD die vielfältigen Aktivitäten für die Arbeitereinheit auch im Ruhrgebiet verfolgen können. Durch die Erfahrungen des illegalen Kampfes, die Instruktionen der Führung der KPD und mit Hilfe der umfangreichen Literaturpropaganda hatte sich der Gedanke der antifaschistischen Einheit im Lande weiter verbreitet. Es ist aus dem Frankfurter Raum ein internes Material der KPD bekannt, das zur Vorbereitung des VII. Weltkongresses der Komintern diente und in dieser Form auch in anderen Bezirken verteilt wurde. Es kann daher Auskünfte über den Charakter der innerparteilichen Diskussion im Ruhrgebiet geben.

Als „Diskussionsprobleme zum 7. Kongreß" werden Fragen der Einschätzung des Faschismus und seiner Herrschaftsperspektive (Frage des sogenannten „Abwirtschaften-Lassens"), der Einschätzung der Sozialdemokratie (Ist die SPD auch angesichts der faschistischen Diktatur noch die „soziale Hauptstütze der Bourgeoisie?") und des Kampfes um den Frieden gegen die faschistische Aggression genannt, sowie die Problematik der Einheitsfront „Von unten und von oben", das Problem einer etwaigen „Blockbildung" mit der SPD und die Frage, ob Gewerkschaften im Faschismus als illegale Massenorganisationen aufgebaut werden könnten. Dieser unvollständige Katalog der angesprochenen Fragen zeigt deutlich, daß alle bewegenden Probleme der Strategie und Taktik der KPD hier zur umfassenden und kritischen Diskussion gestellt wurden. Wie ernst es den Kommunisten mit dem Ringen um eine richtige antifaschistische Politik bestellt war, zeigt auch das anschließende Dokument (das wahrscheinlich vom Herbst 1934 stammt): „Zur organisatorischen Durchführung des Beschlusses über die Einleitung der Diskussion zum VII. Weltkongreß legt das Politbüro fest", in dem beschlossen wird, die Gedanken der Einheitsfront in den Großbetrieben und unter den Mittelschichten zu popularisieren, eine lebhafte Diskussion in den Gruppen der Partei und in ihren Zeitungen zu führen, Zirkel zur Diskussion unter Einschluß sozialdemokratischer und christlicher Werktätiger einzurichten, Sonderbesprechungen mit der Landesleitung und in den Grenzgebieten durchzuführen, sowie eine Fülle von Sonderpublikationen der Presseorgane zur Kongreßvorbereitung herauszugeben.[274]

Die Brüsseler Konferenz konnte nicht nur auf der intensiven innerparteilichen Diskussion und auf den praktischen Erfahrungen mit der Einheitsfront z. B. in Dortmund aufbauen, sondern wertete auch die unmittelbaren Diskussionsbeiträge von Delegierten aus dem Rhein- und Ruhrgebiet aus. Neben anderen nahmen an der Brüsseler Konferenz, die vom 3. bis 15. Oktober in der Nähe von Moskau stattfand, teil: Elli Schmidt (genannt „Irene Gärtner"), verantwortlich für Gewerkschaftsarbeit am Niederrhein und im Ruhrgebiet. Sie sprach sowohl auf dem VII. Weltkongreß, als auch auf der Brüsseler Konfe-

renz;[275] Ulrich Osche („Lewald"), Leiter des KJVD im westlichen Ruhrgebiet;[276] Karl Mewis („Arndt"), politischer Leiter des Bezirks Mittelrhein;[278] Max Langusch („Werner"), Bergmann aus Moers;[279] Werner Kowalski („Dobler") aus Lüdenscheid[280] und Heinrich Wiatrek („Stephan"), politischer Leiter des Bezirks Niederrhein. Der Kominternkongreß wertete gerade auch die deutschen Erfahrungen aus, was u. a. darin zum Ausdruck kam, daß Wilhelm Pieck den Rechenschaftsbericht des Exekutivkomitees gab.[281] Umgekehrt wurden die Analysen der internationalen Erfahrungen und besonders die Rede G. Dimitroffs zur festen Grundlage für die Beratungen der Brüsseler Konferenz der KPD. Den Rechenschaftsbericht des Zentralkomitees gaben Wilhelm Pieck „Der neue Weg zum gemeinsamen Kampf für den Sturz der Hitlerdiktatur"[282] und Wilhelm Florin „Wie stürzen wir Hitler? Der Weg zur Einheitsfront und zur antifaschistischen Volksfront in Deutschland".[283] Als Tarnschrift „Laufen und Gehen" gelangte diese Rede des langjährigen Bezirksvositzenden der KPD-Ruhr auch an seine alten Wirkungsstätten.[284]
Diskussionen und Referate dieser beiden großen Konferenzen lassen in ihrer Gesamtheit ein umfassendes Bild der antifaschistischen Strategie und Taktik der KPD entstehen, von der einige für den Widerstandskampf im Ruhrgebiet wichtige Aspekte hier angesprochen werden sollen.
Die Brüsseler Konferenz[285] gab in der Nachfolge des VII. Weltkongresses der Komintern eine ausführliche Einschätzung des internationalen und nationalen Kräfteverhältnisses, das sich inzwischen herausgebildet hatte. Auf der Seite der Aktivposten dieser kritischen Bilanz der Kommunisten standen dabei die endgültige Durchsetzung des Sozialismus in der Sowjetunion als Ergebnis der Fünfjahrespläne und der Kollektivierung der Landwirtschaft, der Aufschwung der antifaschistischen Bewegung in Frankreich und einigen anderen westeuropäischen Ländern, der wachsende Einfluß der kommunistischen Parteien und der Linksruck in großen Teilen der traditionell sozialdemokratisch orientierten Arbeiterschaft. Auf der Passivseite aber standen unübersehbar der Sieg des Faschismus und die schwere Niederlage der Arbeiterklasse in Deutschland und die wachsende Kriegsgefahr, die von den faschistischen Staaten ausging.
Mit der Konsolidierung der faschistischen Diktatur in Deutschland hatte sich ein neues, höchst kompliziertes Verhältnis der Klassenkräfte herausgebildet. Teile der Arbeiterklasse hielten sich zwar immer noch in kritischer Distanz zum Regime, aber diese Oppositionshaltung schlug angesichts des Terrors nur in sehr wenigen Fällen in offene Kämpfe und Widerstandsaktionen um. Obwohl von der Sympathie vieler Arbeiter begleitet, blieben die Widerstandskämpfer selbst doch eine Minderheit, die zudem immer stärker durch Verfolgungen reduziert wurde. Zwar steigerten sich die objektiven Widersprüche zwischen der Kriegspolitik der Hitlerregierung und der hinter ihr stehenden Kreise des

Großkapitals einerseits und der Arbeiterklasse, dem Kleinbürgertum, den Bauern, ja sogar gewissen Gruppen der Bourgeoisie andererseits und äußerten sich oftmals in Unmut und einzelner Kritik, besonders der kirchlich orientierten Kreise. Aber diese Differenzen schlugen noch nicht in Konflikte um, die die faschistische Massenbasis wirklich geschmälert hätten. Daher kam alles darauf an, daß die antifaschistischen Kräfte eine solche Politik entwickelten, die das kritische Potential in eine einige Oppositionsbewegung überführte. Diese Problematik wurde von Wilhelm Pieck klar ausgesprochen:
„Wir müssen selbstverständlich auch die großen Schwierigkeiten beachten, die unseren Versuchen der Mobilisierung der Massen gegen die faschistische Diktatur entgegenstehen. Wir müssen sehr ernst die Quellen studieren, aus denen der Faschismus seine Kraft schöpft, seine teilweisen außenpolitischen Erfolge, die Großmachtideologie, den Nationalismus, womit er die großen Massen des Kleinbürgertums immer wieder an sich heranzieht. Dazu kommt, daß er alle ihm entgegenstehenden Organisationen im Lande aufgelöst oder gleichgeschaltet hat, daß er seine fast vollständige Totalität aufgerichtet und sich einen ungeheuren Staatsapparat, verbunden mit der Organisation der SA und SS geschaffen hat. Auch die verminderte Erwerbslosigkeit wird von der faschistischen Diktatur zur Täuschung der Arbeitermassen ausgenutzt. Wenn auch die Opposition gegen das faschistische Regime bereits breitere Ausmaße angenommen hat, so fehlt doch bisher ihre Zusammenfassung und Organisierung. Dadurch wird es dem Faschismus erleichtert, mit den Mitteln des Terrors gegen jeden einzeln auftretenden Widerstand vorzugehen. Es entsteht also die Aufgabe, mit verstärkter Kraft zu versuchen, die Einheitsfront und die Volksfront zu organisieren und Widerstandsaktionen gegen das faschistische Regime auszulösen.“[286]
Im Zentrum der Politik der antifaschistischen Einigung stand die Einheitsfront mit den Sozialdemokraten. Der 30. Januar 1933 hatte auch die Stellung der SPD erheblich verändert. Die Organisationen von SPD und ADGB waren zerschlagen, die enge Verflechtung mit dem Staatsapparat zerrissen, die Möglichkeiten von Koalitionen mit rechten bürgerlichen Parteien weitgehend beendet. Ernst Thälmann hatte schon im Juni 1932 darauf hingewiesen, daß die SPD ihre Funktion als „soziale Hauptstütze der Bourgeoisie“ verlieren würde, wenn die faschistische Diktatur die reformistischen Organisationen zerschlüge und breite Arbeitermassen an sich fesseln würde.[287] Diese objektiv neue Situation der SPD wurde noch dadurch verschärft, daß sich immer weitere Kreise in der Mitgliedschaft von der Politik des kleineren Übels abwandten und zu einheitlichen antifaschistischen Kampfaktionen bereit waren. Obwohl sich die Prager Emigrationsführung der SPD in immer neuen Koalitionsangeboten an Reichswehr und Konservative in Deutschland wandte, mußte sie doch in gewis-

sem Ausmaß auf die Stimmungen der Mitgliedschaft eingehen, um nicht allen Einfluß auf die Gruppen in Deutschland zu verlieren.[288]
Daher bestanden neue Aussichten für die Herstellung der Einheitsfront nicht nur mit sozialdemokratischen Gruppen, sondern auch mit dem Exilvorstand, für die Wilhelm Florin einen Katalog konkreter Kampfaufgaben vorlegte:
„Genossen, welche positiven Forderungen können wir dem Prager Parteivorstand für den gemeinsamen Kampf vorschlagen?

1. Gegen den blutigen faschistischen Terror, für die proletarische Solidarität.
2. Für demokratische Freiheiten, für Koalitionsrecht und Streikfreiheit, für Versammlungs- und Pressefreiheit usw.
3. Für die Verteidigung von Lohn und Brot, gegen die neuen Kapitalsangriffe.
4. Gegen die Kriegsgefahr, für den Frieden."

Außerdem sollten Gespräche über die Auffassungen zur Regierung der Einheitsfront oder Volksfront stattfinden, ein gemeinsames Auftreten von Kommunisten und Sozialdemokraten auf der internationalen Parlamentarierkonferenz abgesprochen werden, sowie eine Kampagne zur Befreiung von Ernst Thälmann und dem Sozialdemokraten Carlo Mierendorff durchgeführt werden. Auch die Vorbereitung einheitlicher freier Gewerkschaften stand zur Diskussion.[289]
Mit diesem konkreten Kampfprogramm trat die KPD nach der Brüsseler Konferenz immer wieder an den Exilvorstand in Prag und an die sozialdemokratischen Gruppen heran, ohne allerdings die ablehnende Haltung der SPD-Führung wirklich ändern zu können, die noch unter den Bedingungen der Hitlerdiktatur nicht auf ihre antikommunistische Grundhaltung verzichtete. Viele Gruppen im Lande und viele Mitglieder und Funktionäre aber empfanden das Programm der Brüsseler Konferenz als eine gute Grundlage für die kameradschaftliche Zusammenarbeit. Im Interesse der Zusammenfassung aller Hitlergegner in der Volksfrontbewegung überprüfte die KPD auch ihre bisherige Haltung zum Verhältnis von bürgerlicher Demokratie und Sozialismus. Es mußte möglich sein, zum Sturz Hitlers auch jene Kräfte zu mobilisieren, die an der Wiederherstellung demokratischer Rechte interessiert waren, ohne deshalb schon den Weg zum Sozialismus mitgehen zu wollen. Zwar hatte die KPD sich schon immer auch für demokratische Teil- und Tagesforderungen ausgesprochen, aber sie ordnete diese Losungen der strategischen Orientierung auf die unmittelbar anzustrebende sozialistische Revolution unter. Auf der Brüsseler Konferenz entwickelte die KPD für Deutschland die Theorie einer eigenständigen antifaschistisch-demokratischen Kampfetappe. Sie verdeutlichte dabei, daß die Beseitigung der Hitlerdiktatur nicht die Rückkehr zu Weimarer Zuständen bringen dürfe, und daß die Kommunisten nach dem Sturz des Faschismus und der Bildung einer Regierung der Einheitsfront oder der Volksfront alles daran

setzen würden, die demokratische Volksbewegung davon zu überzeugen und ihnen als Kampferfahrung in den demokratischen Aktionen zu vermitteln, daß nur ein weiteres Voranschreiten zu sozialistischen Umgestaltungen die Gefahr von Reaktion und Faschismus endgültig beseitige. Wie schon Pieck und Dimitroff rief auch Florin zum „Zusammenschluß der ganzen Opposition in Deutschland . . . für Freiheit, Frieden, Brot und Volksherrschaft" auf.[290] Die Beschlüsse der kommunistischen Weltbewegung zur Einheitsfront und Volksfront sowie zum Verhältnis von antiimperialistisch-demokratischer zu sozialistischer Revolution hatten prinzipielle Bedeutung für die Entwicklung der marxistisch-leninistischen Theorie. Sie knüpften an schon von Lenin entwickelte Gedanken und an die Erfahrungen mit der Aktionseinheit und den Arbeiterregierungen der zwanziger Jahre an und gehören seit 1935 zum zentralen strategischen Gedankengut aller kommunistischen Parteien.

Die Agressionsdrohungen des Faschismus rückten den Kampf um den Frieden in den Mittelpunkt des Interesses. Eine verstärkte antifaschistische Bewegung und das Bündnis aller am Frieden interessierten Staaten mit der Sowjetunion müßte – davon waren die Kommunisten überzeugt – den Ausbruch eines neuen Weltkrieges verhindern können. Wilhelm Florin stellte daher für die deutsche Widerstandsbewegung fest: „Die erste Aufgabe der proletarischen Einheitsfront im Kampf für den Frieden ist neben der Enthüllung der verbrecherischen Kriegspläne der Bourgeoisie eine ständige ideologische Offensive gegen die chauvinistische Verhetzung der Massen." Daher „ist es notwendig, neben der Vertiefung unseres Internationalismus innerhalb der Arbeiterklasse an die nationalen Empfindungen der Werktätigen und Mittelschichten anzuknüpfen."[291]

Aus den Berichten der Delegierten aus den illegalen Parteiorganisationen konnte die Parteikonferenz praktische Lehren für den antifaschistischen Kampf in den Betrieben ziehen. Auf diese Weise trugen auch die Erfahrungen des Ruhrgebiets zur Entwicklung der neuen Kampflosungen bei, wie besonders die Rede des Bergmanns Max Langusch („Werner") aus Moers verdeutlicht:[292]

„Genosse Werner, Ruhrgebiet

Genossen! Ich möchte mich mit den Bergarbeiterfragen beschäftigen. In seinen Ausführungen hat der Genosse Pieck uns klar und deutlich den Weg gewiesen, auf welche Art und Weise wir die Beschlüsse des VII. Weltkongresses bei unserer Arbeit in die Tat umsetzen können, ebenso der Genosse Walter [Ulbricht], der in seinen Ausführungen ja schon die Fragen des Ruhrbergbaus gestreift hat.

Ich will versuchen, ein Bild zu entwerfen, wie der Funktionär unten die Arbeiterschaft für den Kampf gegen den Faschismus und die maßlose Ausbeutung gewinnen kann. Zunächst will ich einen kurzen Überblick über den Stand in unserem Gebiet, einem reinen Bergarbeitergebiet, geben. Nach den Vertrauensrätewahlen hatten auch wir unter dem Terror der Faschisten sehr zu leiden. Der Bestand unserer Organisation sank auf 80 Mitglieder. Im Laufe der Zeit gelang es uns, ihn wieder auf 220 Mitglieder zu heben. Wir hatten eine verhältnismäßig gute organisatorische Grundlage. Zum größten Teil bestanden unsere Gruppen aus drei Genossen; dort, wo es nicht anders ging, aus drei bis fünf Genossen. Auf allen Schachtanlagen – dort gibt es eine der größten Schachtanlagen Deutschlands und außerdem vier andere – hatten wir Zellen; auf der größten eine Zelle von 17 Genossen, auf den vier anderen zählten die Zellen 8 bis 14 Mitglieder. Die Erwerbslosen in unserem Gebiet sind vorwiegend Bergarbeiter. Ich möchte mit dieser Schilderung unserer Organisationsverhältnisse sagen, daß es uns möglich gewesen wäre, eine bessere Arbeit zu leisten, als wir sie in der Tat geleistet haben, wenn wir eine wirklich klare Anleitung bekommen hätten, so wie es notwendig gewesen wäre. Dazu kommt noch, daß die Stimmung unter den Bergarbeitern wirklich gut war. Wir konnten feststellen, daß wir bei den Märzwahlen nicht an Stimmen verloren, sondern trotz der Verhaftungen unser Stimmenverhältnis verbessern konnten. Das Ergebnis der Vertrauensrätewahlen zeigte, daß wir unsere Stimmenzahl auf allen Schachtanlagen halten konnten. Als die Faschisten dazu übergingen, unsere gewählten Vertrauensräte auf allen Schachtanlagen zu verhaften, entstand eine große Bewegung unter den Arbeitern. Auf einer Schachtanlage mußten die Faschisten unseren Vertrauensrat auf den Druck der Arbeiter hin wieder freilassen, und die Belegschaft setzte durch, daß er wieder eingestellt wurde...

Ein anderes Beispiel beweist, daß unsere Genossen wirklich aktiv gewesen sind. Auf dieser Schachtanlage wurde Obmann des Vertrauensrats ein Steiger, der wirklich ehrlich an die Versprechungen der Naziführer glaubte, sich auch schon in der legalen Zeit für die Interessen der Arbeiter einsetzte und sich durch sein kollegiales Verhalten gegenüber der Arbeiterschaft auszeichnete. Alles, was ihm an Mißständen zu Ohren kam, brachte er bei der Verwaltung vor. Er setzte auch wirkliche Verbesserungen durch. Dies nutzten unsere Genossen. Sie schickten die Arbeiter mit ihren Wünschen zu ihm.

Es kommt im Ruhrbergbau öfter vor – ich weiß nicht, ob das auch woanders so ist –, daß Kohlenwagen herausgebracht werden, die auf dem Wege zum Schacht die Nummer verloren haben, so daß man nicht feststellen kann, auf welche Nummer diese Wagen zu schreiben sind. Das Geld für diese Wagen wird dann der Unterstützungskasse der Schachtanlage zugeführt. Das war schon in der legalen Zeit so. Die Verwaltung hatte ein gefügiges Subjekt an diese Stelle gesetzt, das weniger Wagen ohne Nummern aufschrieb, als in Wirklichkeit herauskamen. Hier hakten unsere Genossen ein und erklärten: Wir sind der Meinung, daß jeder Wagen, der ohne Nummer herauskommt, wirklich registriert wird. Der Obmann des Vertrauensrates stellte sich während einer ganzen Schicht oben am Schacht hin und registrierte diese Wagen. Da stellte sich heraus, daß gegenüber den anderen Tagen, an denen angeblich nur zehn bis zwölf Wagen herauskamen, an diesem Tage 200 Wagen ohne Nummern gefördert wurden. Es kam zu einem großen Krach bei der Verwaltung, und daraufhin versuchte man, diesem Obmann bei der geringsten Kleinigkeit eins auszuwischen. Man beschuldigte ihn zum Beispiel, er habe ohne richtige Quittung Geld aus der Sterbekasse genommen. Die Sache war aber vollkommen klar: Er hatte die Einwilligung des Vorstandes der Sterbekasse. Der Steiger wurde zwangsbeurlaubt und seines Postens als Vertrauensratsvorsitzender enthoben.

Unsere Genossen verteilten nun Flugblätter mit der Losung: Wir stehen hinter diesem Vertrauensrat, er hat unsere Interessen vertreten. Wir fordern, eine Belegschaftsversammlung, auf der der Vertrauensrat sprechen soll usw. Auf den Druck der Belegschaft mußte nun tatsächlich der neu eingesetzte Vertrauensrat eine Belegschaftsversammlung einberufen. Eine derartige Versammlung hat die Belegschaft noch nicht erlebt, selbst nicht in der legalen Zeit. Man hatte einen Bonzen aus Essen geholt, der der Belegschaft einhämmern sollte, wie verwerflich das Verhalten dieses Mannes gewesen sei. Nun konnte man feststellen, daß sogar Kameraden, die sonst kein Wort sagten, so empört über diese Gemeinheit der Faschisten über das Verhalten der Verwaltung und das Zusammenarbeiten mit den Faschisten waren, daß sie sich in ihrer einfachen Bergmannssprache Luft machten und forderten, dieser Bonze habe aus der Versammlung zu verschwinden. Der war gezwungen, die SS und SA aufzufordern, den Saal zu räumen. Aber auch sie standen hinter der Belegschaft und rührten keine Hand, ihm zu Hilfe zu eilen. Man mußte die Polizei holen, die den Saal räumte.

Auf derselben Schachtanlage hatte man in der jüngsten Zeit versucht, eine ganze Kameradschaft auf Grund des schlechten Gedingeabschlusses mit dem Mindestlohn nach Hause zu schicken, daß heißt mit einer Mark unter dem Durchschnitt. 140 Mann waren an diesem Betriebspunkt beschäftigt, davon zwei Genossen. Diese verstanden es, die Sache so zu organisieren, daß die 140 Mann geschlossen zur Direktion marschierten und erst vier Stunden später einfuhren, erst dann, als sie von der Direktion die Zusicherung erhalten hatten, daß ihr voller Lohn ausgezahlt werde. Diese Beispiele zeigen: Wenn unsere Genossen tatsächlich an die tagtäglichen Ereignisse anknüpfen, ist es möglich, die Arbeiter in den Kampf zu führen.

Genossen! Wie war das Verhältnis zur SPD in unserem Gebiet! Wir hatten schon in der legalen Zeit ein ziemlich gutes Verhältnis. Das wirkte sich bei der letzten Reichstagswahl vor Hitlers Machtantritt aus. Da haben wir auf Grund dessen, daß oft von den Faschisten versucht wurde, unsere Büros zu demolieren und zu zerschlagen, mit den Sozialdemokraten eine Abmachung getroffen, uns gegenseitig zu helfen. In der Wahlnacht haben wir zu Ohren bekommen, daß die Faschisten versuchen wollten, das Büro zu stürmen. Alles, was wir zusammentrommeln konnten, haben wir zusammengetrommelt und gemeinsam mit den sozialdemokratischen und Reichsbannerarbeitern die Faschisten verprügelt.

Nach der Machtergreifung Hitlers konnte man feststellen, daß in den Köpfen der sozialdemokratischen Arbeiter die Illusionen über Demokratie usw. im Schwinden begriffen waren. Vor allen Dingen zeigte sich das nach der schmählichen Kapitulation der Reichstagsfraktion der SPD im Reichstag. Aber es war eben so, daß unsere Genossen nicht den richtigen Ton gegenüber den sozialdemokratischen Arbeitern fanden, und das Hauptgewicht darauf legten, einen Übertritt zur KPD zu erreichen. Wir haben es im Laufe der Zeit verstanden, auch ohne die Leitung der SPD, die nun einmal noch nicht dazu zu bewegen war, mit den sozialdemokratischen Arbeitern am Stempelamt, in der Grube usw. eine einfache Form der Einheitsfront zu schaffen. Wir haben mit ihnen Vereinbarungen getroffen. Es war vielfach so, daß noch gewisse frühere Sozialdemokraten in der Gemeinde, bei der Polizei arbeiteten. Wir vereinbarten, daß wir uns, wenn irgendwie Verhaftungen bevorstanden, gegenseitig warnen wollten. Ebenso trafen wir Vereinbarungen zur Unterstützung der Gefangenen. Jede Woche, beim Empfang des Stempelgeldes, traten die Genossen der SPD von allein an uns heran und gaben uns ihren Beitrag für die verhafteten Genossen.

Als dort ein führender Funktionär der SPD starb, besprachen wir uns mit den Genossen, und alles, was nur mitgehen konnte, ging zu dieser Beerdigung. Das hat einen großen Eindruck auf die sozialdemokratischen Arbeiter gemacht. Sie sahen den Willen unserer Genossen, mit ihnen in einer Front zu marschieren. Wir konnten nachher, als unser Stadtverordneter starb, feststellen, daß auch Beerdigungen Demonstrationen werden können. Weit über 600 Mann beteiligten sich daran, darunter ein sehr großer Teil sozialdemokratischer, wie auch Zentrums- und christlicher Arbeiter."

Der Bericht von Max Langusch kann übrigens bis in die Einzelheiten hinein von noch lebenden Widerstandskämpfern des Kreises Moers bezeugt werden. Auch die stürmische Belegschaftsversammlung zugunsten des nationalsozialistischen Vertrauensmannes wurde z. B. im Auftrag der kommunistischen Parteileitung von dem Bergmann Walter Kuchta beobachtet.[293]

Eines der wichtigsten Kampfmittel zur Mobilisierung der Arbeiterklasse sollte die Wiederherstellung der freien Gewerkschaften sein, deren illegale Gruppen im Rahmen der faschistischen Deutschen Arbeitsfront den Kampf für die elementaren sozialen Rechte führen sollten. Schon auf dem VII. Weltkongreß hatte die Gewerkschaftsinstrukteurin des Niederrheins und des Ruhrgebiets, Elli Schmidt, von ihren Erfahrungen berichtet:

„Die Methoden mit denen sich der Gewerkschaftsaufbau innerhalb der Arbeitsfront vollzieht, will ich an Hand eines Beispiels zeigen. Es stand die Frage der Vertrauensrätewahlen und unseres Kampfes um Arbeiterkandidaten. Die Lage in Deutschland in diesem Jahr ermöglichte noch nicht die Aufstellung eigener Listen. Es blieb nur der Weg, vertrauenswürdige Arbeiter auf die vom Unternehmer und Naziobmann aufgestellten Listen zu bringen. Die Mitglieder unserer Unterbezirksleitung und der sozialdemokratischen Kreisleitung wurden sich darüber einig, daß es unfruchtbar wäre, die diktierte Liste in Bausch und Bogen abzulehnen, sondern, daß man versuchen müsse, auf allen möglichen Wegen: durch die Organisierung der Stimmungen und des Drucks in den Abteilungen, durch Beeinflussung der Meister, die die Vorschläge der Abteilung für die Listen einreichen und selbst durch Schiebungen zuverlässige Arbeiter auf die Liste zu bringen.

Je mehr Genossen unter den Massen in der Arbeitsfront verankert sind, je mehr Funktionen als Vertrauensräte, als Kassierer, als Amtswalter der Arbeitsfront usw. sie innehaben, desto besser können sie auch die schwere illegale Arbeit der Partei und der freien Gewerkschaften tarnen. (...)

Mit unserer illegalen Massenarbeit aufs engste verbunden ist die Änderung unserer Sprache und Argumentation. Da wir heute noch nicht eine offene kommunistische Sprache reden dürfen, sogar das Sprechen ‚durch die Blume' dem Gegner den Kommunisten verrät, müssen wir anknüpfen an die demagogische und sozialradikale Phraseologie der Faschisten.“[294]

In Erinnerung an eine Bemerkung von Georgi Dimitroff rief Wilhelm Florin dazu auf, die „Taktik des trojanischen Pferdes“ in den Mittelpunkt der antifaschistischen Arbeit zu stellen:

„Die Taktik des trojanischen Pferdes, d. h. den Faschismus von innen heraus angreifen und schlagen. Indem wir durch alle Tore in seine Massenorganisationen einschleichen und dort arbeiten, legal und illegal, in Funktionen, um die Massen zum Kampf für ihre Interessen zu gewinnen, zerstören wir die Massenbasis des Faschismus, schaffen wir die Voraussetzungen für die Massenaktionen des Proletariats und der Werktätigen gegen den Faschismus.

Die Taktik des trojanischen Pferdes ist die Politik des Zusammenschlusses aller Gegner des Faschismus innerhalb aller Zwangsorganisationen des Faschismus, in der Deutschen Arbeitsfront, in den Handwerkerorganisationen, in den Bauernschaften usw.

Die Taktik des trojanischen Pferdes bedeutet vor allen Dingen Herstellung der Einheitsfront in diesen Organisationen zwischen Kommunisten und Sozialde-

mokraten, Heranziehung der katholischen Arbeiter an die Einheitsfront . . . Diese Taktik bedeutet auch die Einbeziehung der nationalsozialistischen Arbeiter in die täglichen Kämpfe gegen die ungeheure Ausbeutung und Entrechtung bis zu ihrer Einbeziehung in die antifaschistische Front."[295]
Die verschiedenen Diskussionsredner, besonders aber Wilhelm Florin, gaben neben den großen strategischen Überlegungen eine Fülle praktischer Untersuchungen und Hinweise zu den verschiedensten Gebieten der antifaschistischen Arbeit, zur Arbeit unter den Wehrmachtsrekruten, den Formationen von SA und SS, den Bauern, den Frauen, den Jugendlichen und den Sportlern usw. und viele wichtige Vorschläge zur Sprache und Argumentation in der Widerstandsliteratur, sowie zur Verteidigung der nationalen Traditionen gegen die Okkupation durch die Naziideologie.
Die Summe der kollektiven Erfahrungen der KPD verkörperten sich in der Arbeit der Brüsseler Parteikonferenz. Ihre Ergebnisse sollten die weitere Widerstandstätigkeit der Kommunisten in Deutschland entscheidend prägen.

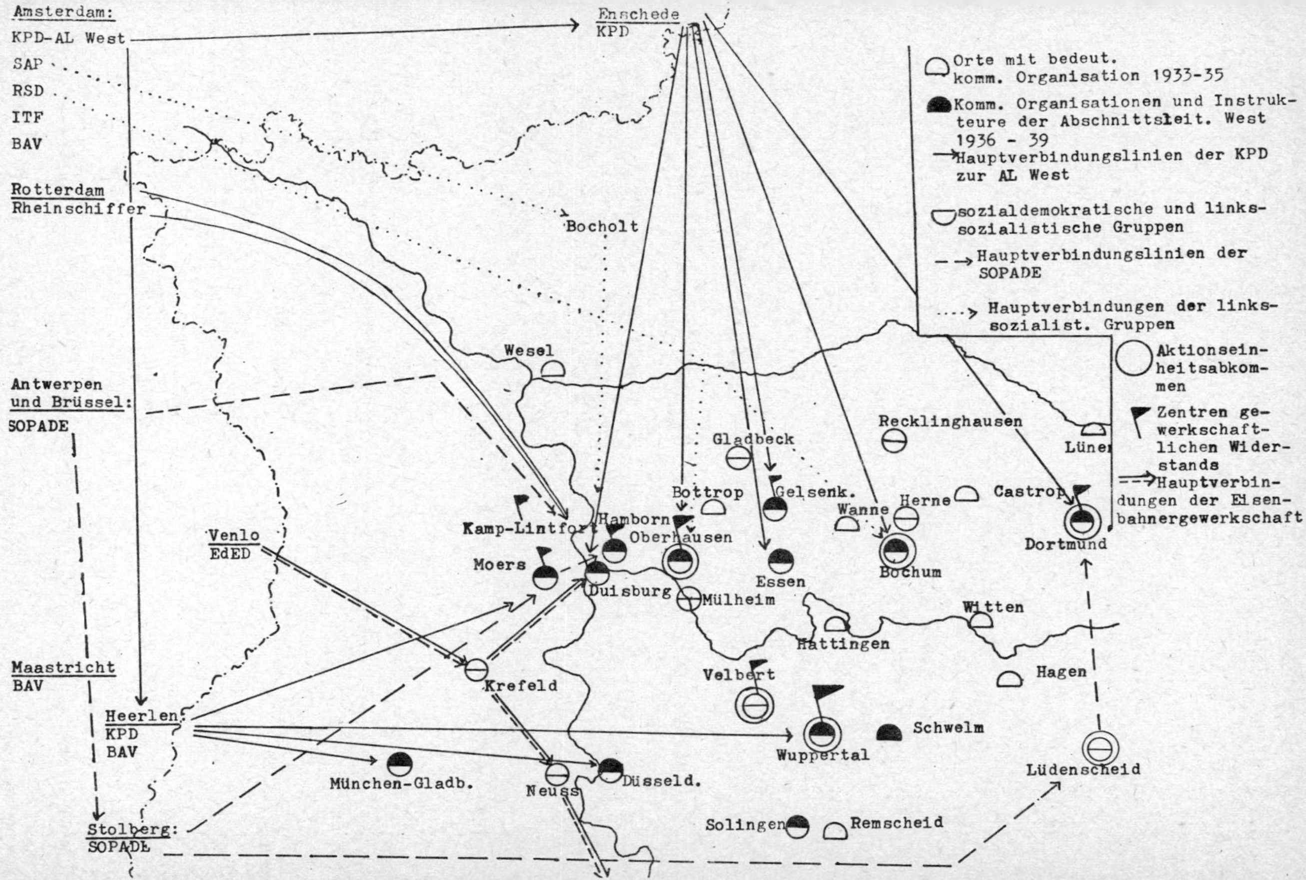

Amsterdam:
KPD-AL West
SAP
RSD
ITF
BAV
Rotterdam
Rheinschiffer
Antwerpen
und Brüssel:
SOPADE
Maastricht
BAV
Heerlen:
KPD
BAV
Stolberg:
SOPADE
Venlo
EdED
Enschede
KPD
Bocholt
Wesel
Kamp-Lintfort
Moers
Krefeld
München-Gladb.
Neuss
Düsseld.
Hamborn
Oberhausen
Duisburg
Mülheim
Bottrop
Gladbeck
Gelsenk.
Essen
Velbert
Wuppertal
Solingen
Remscheid
Hattingen
Wanne
Herne
Bochum
Recklinghausen
Castrop
Dortmund
Lünen
Witten
Hagen
Schwelm
Lüdenscheid
Orte mit bedeut. komm. Organisation 1933-35
Komm. Organisationen und Instrukteure der Abschnittsleit. West 1936 - 39
Hauptverbindungslinien der KPD zur AL West
sozialdemokratische und linkssozialistische Gruppen
Hauptverbindungslinien der SOPADE
Hauptverbindungen der linkssozialist. Gruppen
Aktionseinheitsabkommen
Zentren gewerkschaftlichen Widerstands
Hauptverbindungen der Eisenbahnergewerkschaft

Widerstand im Ruhrgebiet 1933–1939

5. Der Widerstandskampf sozialdemokratischer Gruppen

Sozialdemokratische Gruppen und die SOPADE-Organisation 1934/1935

Nach dem 30. Januar 1933 hatte die SPD-Führung ihre Partei darauf orientiert, erst dann gegen die Hitlerregierung vorzugehen, wenn diese die verfassungsmäßige Legalität bräche. Damit war der entscheidende Moment für Widerstand verpaßt. Wenn auch noch tagelang zum Kampf bereite Reichsbannermitglieder in ihren Versammlungslokalen zusammenkamen und auf den Einsatzbefehl warteten, wie es u. a. aus Dortmund bezeugt ist,[296] so fühlte sich die Parteimitgliedschaft doch mehrheitlich der fatalen Kombination von „legalen" Verboten sozialdemokratischer Versammlungen und Zeitungen und „illegalem" Terror der SA-Trupps hilflos ausgeliefert. Spätestens die Verhaftungen sozialdemokratischer Funktionäre nach dem Reichstagsbrand mit der völlig haltlosen Begründung, die SPD wäre in die Brandstiftung verwickelt, entlarvten die Hitlerregierung als Machtapparat, der sich von allen verfassungsmäßigen Fesseln zu befreien suchte.
In den folgenden Wochen schwankte die Parteiführung zwischen Anpassung und Protest. Der Reichstagsrede Otto Wels' gegen das Ermächtigungsgesetz folgte der Austritt aus der sozialistischen Internationale und die Zustimmung der sozialdemokratischen Reichstagsfraktion zum außenpolitischen Programm Hitlers am 17. Mai 1933. Gegen diesen Kurs, der für die formale Weiterexistenz der sozialdemokratischen Parlamentsmandate völlige Preisgabe sozialdemokratischen Gedankenguts in Kauf nahm, wandte sich jener Teil des im April 1933 neugewählten Parteivorstandes, der über Saarbrücken nach Prag emigriert war, um ein Auslandszentrum der SPD aufzubauen. Diese Gruppe um den Parteivorsitzenden Otto Wels, seinen Stellvertreter Hans Vogel und den Chefredakteur des „Vorwärts", Friedrich Stampfer, unterschied sich nicht in ihrer politischen Grundhaltung, die durchaus gemäßigt war, sondern in ihrer taktischen Einschätzung der entstandenen Lage von der Berliner Gruppe um Paul Löbe. Während Löbe im Juni 1933 noch einen neuen Parteivorstand ohne Juden und Emigranten bilden ließ, ohne damit das Parteiverbot vom 22. Juni 1933 auch nur hinauszögern zu können, hatten die Prager Emigranten erkannt,

daß es bis zum Sturz Hitlers keine legale Parteiarbeit geben konnte. Dieser Emigrationsvorstand, der sich im Kontrast zur Berliner Parteileitung „SO PA DE" nannte, orientierte auf die illegale Fortführung der Partei, ohne zunächst politisch-ideologische Konsequenzen aus dem Scheitern der jahrelangen Anpassungsstrategie zu ziehen. Mit der Spaltung des Parteivorstands, dem Zerfall und schließlichen Verbot aller Gruppen im Inland, war die SPD als einheitliche Partei auseinandergebrochen. Bis zu ihrer Neubildung 1945 sollte eine Vielzahl von miteinander konkurrierenden Gruppen in der Emigration (und in den ersten Jahren auch noch im Inland), den Raum ausfüllen, den einst die SPD besetzt hatte. Zu keiner Zeit gelang es der SOPADE, auch nur die verschiedenen Emigrationsgruppen zu einen, und zu keiner Zeit wurde die SOPADE von den sozialdemokratischen Gruppen im Reich als Führung aller anerkannt. Daher ist die Geschichte des sozialdemokratischen Widerstands die Geschichte einzelner mehr oder minder isolierter Gruppen und Einzelner, die sich bemühten, den Geist ihrer Bewegung über die braune Diktatur hinwegzubringen. Nur ihr bewußtester Teil aber beteiligte sich an Widerstandsaktionen oder bemühte sich um eine festere Organisation.

Im Frühjahr 1933 blieben die Mitglieder der Partei über den weiteren Weg, den die Führung einschlagen wollte, zunächst im Unklaren. In den ersten Maitagen 1933 wurden die Parteibüros besetzt, Geld und Materialien beschlagnahmt und viele Funktionäre in „Schutzhaft" genommen. Wer sich noch in Freiheit befand, und auf die Beibehaltung einer gewissen Legalität setzte, erfuhr durch die Verhaftungen nach dem Parteiverbot am eigenen Leibe, daß man den Anfängen hätte entschieden wehren sollen. Da die legalen Organe der SPD verboten waren, ein illegales Informationssystem aber zunächst abgelehnt wurde, mußten sich die Sozialdemokraten völlig auf sich gestellt in den Ereignissen zurechtfinden. An einigen Orten hatte man sich zwar auf die Illegalität vorbereitet, wie in Essen, wo der Parteisekretär Ernst Gnoss ein illegales Büro angemietet hatte,[297] aber diese Ansätze gingen in der Welle von Terror und Resignation schon im Juli 1933 unter.

Sozialdemokratische Arbeiter allerdings, die der Tradition ihrer Bewegung treu geblieben waren, widersetzten sich schon am 1. Mai 1933 dem Anpassungskurs und der Aufforderung der sozialdemokratischen Gewerkschaftsführung, an den faschistischen Veranstaltungen zum „Tag der nationalen Arbeit" teilzunehmen. Sie organisierten in Essen auf dem Gelände der Zeche Pauline eine illegale Maifeier, zu der viele Mitglieder, darunter fast der ganze Werdener Volkschor gekommen waren, um eine Ansprache von Franz Voutta zu hören.[298] Aus den Teilnehmern dieser Kundgebung rekrutierte sich auch der bedeutendste Essener Widerstandskreis von Sozialdemokraten im Dritten Reich.

Viele Mitglieder und Funktionäre aber verfielen in Resignation, besonders nachdem mit dem SA-Sturm auf die Gewerkschaftshäuser am 2. Mai 1933 ihre Hoffnungen auf eine gewisse legale Weiterbetätigung zerstoben. So berichtet der damalige SAJ-Funktionär Max Heitland, wie Dortmunder Gewerkschaftssekretäre, die vorher alle Warnungen in den Wind geschlagen hatten, am 2. Mai verzweifelt und resigniert mitansehen mußten, wie die Hakenkreuzfahne auf dem Volkshaus aufgezogen wurde.[299] Trotzdem blieben spontane illegale Organisationsbestrebungen keine Einzelfälle. Schrittweise, und ohne auf Anweisungen von „oben" zu warten, schlossen sich lockere illegale Gruppen zusammen. In Essen bildete sich um Franz Voutta und Otto Meister ein solcher Kreis, der sich regelmäßig in der Wohnung eines Widerstandskämpfers traf.[300] Im Raum Moers gruppierten sich ehemalige Reichsbannerkameraden um Hermann Runge, der an der letzten SPD-Reichskonferenz im April 1933 teilgenommen hatte. Ähnliche Kontakte nahmen Bochumer Sozialdemokraten um den Reichsbannerfunktionär Wilhelm Zimmermann auf.[301] Andere nutzten das Weiterbestehen von Konsumgenossenschaften und Vereinen, auch unter nationalsozialistischer Gleichschaltung, aus. So mußte die Gestapo von einem ganz legalen Treffen der Bochumer Verbrauchergenossenschaft „Wohlfahrt" am 18. Oktober 1934 in Hattingen berichten, an dem etwa 500 Personen beteiligt waren, auf der einer der Genossenschaftsleiter, der ehemalige SPD-Funktionär Kirchhoff die Hauptrede hielt. In ihr wurde – wie die Gestapo beklagte – weder „mit einem Wort des Führers und des Vaterlandes gedacht", noch zum Schluß ein „Sieg Heil" ausgebracht.[302] Erst 1936 sollte die Gestapo dahinter kommen, daß in dieser Konsumgenossenschaft eine breite Einheitsfrontbewegung von Sozialdemokraten und Kommunisten entstanden war.[303]
Auch in scheinbar unpolitischen Vereinen fanden sich aufrechte Sozialdemokraten zusammen. Beispielsweise wurde im Juni 1934 der Damenchor „Frohsinn" in Dortmund-Scharnhorst polizeilich aufgelöst, weil er unter der Leiterin Wilhelmine Hölscher zum „Sammelbecken ehemaliger Sozialdemokraten" geworden war.[304] Ähnliche Gruppen gab es in einem Gartenbauverein in Dortmund-Scharnhorst und im Damengesangverein „Rote Erde",[305] sowie in vielen bürgerlichen Sportvereinen. Wenn auch die Freidenkerverbände selbst verboten waren, bestanden doch verschiedene Bestattungskassen weiter, deren Tätigkeit zu illegalem Zusammenhalt ausgenutzt wurde. Besonders in der Neuen Deutschen Bestattungskasse wurden so viele ehemalige sozialdemokratische Mandatsträger als Angestellte geführt, daß die Gestapo zu Recht Formen illegaler Organisationsarbeit vermutete.[306] Der Essener Fritz Runge war zum Beispiel Kassierer des Vereins für Feuerbestattung und traf in dieser Eigenschaft relativ geschützt mit vielen seiner Genossen zusammen.
Auf diese Weise organisierte man auch größere Treffen bei Beerdigungen und

die Unterstützung der Familien Verhafteter.[307] Geburtstage, Skatrunden, harmlose Feiern und Ausflüge dienten ebenfalls dem Zusammenhalt. So fuhren Hattinger Sozialdemokraten mit dem LKW nach Meinerzhagen zum „Beerensammeln“ und konnten dabei ungestört politisch diskutieren. Das Geld, das man durch den Verkauf der Beeren verdiente, kam den Familien politischer Gefangener zugute.[308] Auf die große Bedeutung von demonstrativ begangenen Beerdigungen ermordeter Antifaschisten, bei denen die politische Herkunft der Teilnehmer hinter der gemeinsamen Empörung zurückstand, wurde schon im Bericht über Fritz Husemann und Karl Hoffmann hingewiesen.[309] Manchmal schlugen solche scheinbar unpolitischen Formen in direkte Widerstandsaktionen um, die die antifaschistische Gesinnung vieler Menschen schlagartig ans Licht treten ließ. In der kleinen niederrheinischen Gemeinde Nieukerk zum Beispiel begrüßten am 27. Oktober 1934 viele Einwohner am Bahnhof zwei bekannte Sozialdemokraten, die soeben vom Nazi-Gericht mangels Beweises freigesprochen worden waren, demonstrativ. Die Häuser der Zurückgekehrten waren von sozialdemokratischen und christlichen Nachbarn mit Girlanden und frischem Grün geschmückt worden. Als Repressalie für eine so offene Auflehnung ließ die Gestapo 20 Sozialdemokraten in „Schutzhaft“ nehmen.[310]

Eine Anzahl von Sozialdemokraten fand unter dem Eindruck der Kapitulation ihrer Führung den Anschluß an kommunistische Widerstandsgruppen, wobei ihre Tätigkeit von gelegentlichen Kontakten und Entgegennahme kommunistischer Literatur über regelrechte Aktionseinheitsvereinbarungen bis zur gleichberechtigten Mitarbeit in kommunistischen Widerstandsgruppen reichte.

Aber auch manche rein sozialdemokratischen Gruppen hatten inzwischen mehr oder weniger konsequent mit der alten Politik des Parteivorstandes gebrochen. In der Emigration machten mehrere Gruppierungen, unter anderem „Neu beginnen“ und Revolutionäre Sozialisten Deutschlands (RSD) der alten Führung das Recht streitig, weiterhin die Partei zu repräsentieren.[311] Eine linke Emigrantengruppe in Amsterdam, die die „Freie Presse“ herausgab, hatte feste Kontakte ins Ruhrgebiet, u. a. nach Dortmund, Gelsenkirchen und Duisburg geknüpft. Der ehemalige Bielefelder SAJ-Sekretär Emil Groß festigte auch in der Illegalität seine Kontakte zur Dortmunder SAJ über Maria Schmidt, die ihn mehrmals in Holland besuchte. Während sich in Dortmund junge Sozialdemokraten wie Max Heitland und Karl Kehler oder der ehemalige Reichsbannerfunktionär Paul Höbener zu einem locker gefügten illegalen Kreis sammelten, traf ein Vertreter der Amsterdamer Gruppe im März 1934 in Dortmund ein und nahm auch Kontakt zu dem ehemaligen Vorsitzenden des Stadtparlaments, Fritz Henßler, auf, der sich in sehr vorsichtiger und abgewogener Weise zwischen den verschiedenen Widerstandsgruppen bewegte, von

allen ins Vertrauen gezogen wurde, ohne daß er sich irgendwo fest gebunden hätte. Auch der Vorsitzende des SAJ-Bezirks Westliches Westfalen, Willi Renner aus Gelsenkirchen, entwickelte verschiedene Verbindungen nach Amsterdam, und stand darüber hinaus mit mehreren Gruppen des Ruhrgebiets, namentlich mit Essen, Dortmund und Lüdenscheid in gutem Kontakt. Über alle diese Kanäle kamen die „Freie Presse" der Amsterdamer Emigranten aber auch der „Neue Vorwärts" der SOPADE ins Reich.[312]
Die Hauptätigkeiten der Widerstandsgruppen bestanden in der Aufrechterhaltung des Zusammenhalts durch Treffs, gemeinsame Gespräche und Ausflüge, sowie in der Lektüre der eingeschmuggelten sozialdemokratischen Zeitungen, die ihnen die Verbindung zur vertrauten Parteiideologie, und Nachrichten und Kommentare über die Lage in Deutschland und den internationalen antifaschistischen Kampf gaben. Nur vereinzelt wurden dagegen die illegalen Materialien an Außenstehende weitergegeben oder so ausgelegt, daß Fremde sie finden und lesen konnten. Herman Runge berichtet z. B., daß er einzelne Exemplare der „Sozialistischen Aktion" in Telefonzellen und auf Postämtern absichtlich liegengelassen hat.[313] Auch so große Ansammlungen von Parteigenossen wie auf den Essener Maiversammlungen, die auch 1934 und 1935 unter Leitung Franz Vouttas auf der „Alten Burg" in Werden stattfanden, und an der 20 bis 30 Menschen teilnahmen, waren die Ausnahme.[314] Dieser Konzeption, die mehr auf den inneren Zusammenhalt als auf Wirkung nach außen bedacht war, entsprach auch, daß – ganz anders als bei den Kommunisten – nur selten Flugblätter herausgegeben und verteilt wurden. Ein im Ausland auf dünnem Papier gedrucktes Flugblatt „Reichstagsbrand aufgeklärt" erschien nach dem 30. Juni 1934.[315] Im Oktober 1934 zirkulierte in Dortmund ein mit „Sozialistische Aktion" unterschriebenes hektographiertes Flugblatt. Unter der Überschrift „Vorsichtig weitergeben! Vorsichtig lesen!" wurden die Zustände im Dritten Reich kritisiert und die Leser aufgefordert: „Urteilt selbst. Denkt mehr! . . . Was können wir tun? werdet Ihr fragen. Folgendes: Vorsichtig Fühlung nehmen, mit immer mehr Freunden über Preise diskutieren und wirtschaftliche Fragen aufwerfen. Wir berichten. Sozialistische Aktion."[316]
Charakteristischerweise kamen die meisten aktiven Mitglieder der illegalen sozialdemokratischen Gruppen nicht aus den altern Kadern in Parlament und Verwaltung, die die SPD bis 1933 geführt und repräsentiert hatten. In Essen etwa beteiligten sich nur zwei der 29 SPD-Kandidaten für die letzte Stadtverordnetenwahl an der illegalen Arbeit.[317] Auch in Dortmund hielten sich die bekannteren Führer wie Fritz Henßler bewußt von den aktiven Gruppen junger Mitglieder fern. In seiner vorsichtigen Art und berücksichtigend, daß er als prominenter Sozialdemokrat unter Gestapo-Überwachung stand, führte Hensßler jedoch mit allen sozialdemokratischen Gruppen, sowie mit Vertretern

der SAP und Anhängern von Ernst Niekisch gelegentliche Gespräche. Ohne daß es zu festeren Organisationsformen kam, hielt Henssler somit eine gewisse Einheit der Sozialdemokratie in Dortmund bis zu seiner Verhaftung 1936 aufrecht.[318] Ohne zu Widerstandsaktionen überzugehen, hielten lockere Freundeskreise den Zusammenhalt der Sozialdemokraten aufrecht, wie etwa die Gruppe um den ehemaligen Reichsbannerführer Franz Klupsch, die sich im wesentlichen auf Diskussionen beschränkte, aber noch bis 1944 lockere persönliche Kontakte zu Berliner Sozialdemokraten um Leuschner und Leber unterhielt.[319]

Der Prager Exilvorstand hatte inzwischen erkennen müssen, daß er trotz seiner in Worten nicht wenig radikalen Aufrufe zur „Revolution gegen Hitler“[320] nur geringen Einfluß im Lande besaß. Als Reaktion auf die breite Linksströmung der Mitgliedschaft, bzw. die Tatsache, daß sich die meisten illegalen Gruppen aus jüngeren „linken“ Kräften zusammensetzten, entwarf der Exilvorstand das Prager Manifest „Kampf und Ziel des revolutionären Sozialismus“ vom 28. Januar 1934.[321] Es enthielt eine in vielen Punkten selbstkritische Analyse der Politik seit 1918 und ein Programm des antifaschistischen Kampfes, das sich in weiten Teilen auf die Einschätzungen der marxistischen Linken zubewegte.

Das Manifest kritisierte als Hauptfehler der SPD in der Novemberrevolution 1918, daß diese den alten Staats- und Militärapparat unangetastet gelassen hatte. Folgerichtig forderte sie für die Zeit nach dem Sturze Hitlers eine Regierung, die rücksichtslos gegen die reaktionären Kräfte vorging, eine umfassende Säuberung des Staatsapparats, ein Revolutionstribunal und die Verstaatlichung der entscheidenden Wirtschaftsunternehmen. Das Manifest gab die bisher in der SPD übliche formale Gegenüberstellung von Diktatur und Demokratie auf und näherte sich der kommunistischen Auffassung, indem es die Sicherung der demokratischen Rechte der arbeitenden Menschen zugleich mit durchgreifenden diktatorischen Maßnahmen gegen die Konterrevolution forderte.

Die Denkschrift betonte, daß die Arbeiterklasse die Hauptkraft des Kampfes gegen den Faschismus ist. Daher blieb sie auch in der Zielsetzung des antifaschistischen Kampfes nicht bei der alten Mitte-Rechts-Koalitionspolitik stekken, sondern verband den Kampf um die Wiederherstellung der demokratischen Rechte mit dem Anspruch auf die sozialistische Revolution. Diese Zielsetzung verknüpfte sich mit einem prinzipiellen Bekenntnis zur Arbeitereinheit auf der Grundlage des Klassenkampfes, da der Sieg des Faschismus die alten Frontstellungen in der Arbeiterbewegung endgültig beseitigt habe. Diesem grundlegenden selbstkritischen Dokument hafteten jedoch zwei Schwächen an, die für die weitere Entwicklung von Bedeutung sein würden.

Zum einen gab das Manifest keine zusammenhängende Charakterisierung der demokratischen Etappe des antifaschistischen Kampfes. In der Praxis führte das dazu, daß sich auch schon für die erste Phase des Kampfes der Begriff „Sozialismus" einschlich, obwohl ihre Aufgaben durchaus allgemeindemokratischer Natur waren. Mit dieser Verwässerung des Sozialismus-Begriffs blieb ein Hintertürchen offen für die Ablehnung der wirklichen sozialistischen Revolution.

Zum zweiten verband der Prager PV das Bekenntnis zur Aktionseinheit nicht mit einem konkreten Programm, wie denn diese Einheit herzustellen sei. Damit wurde eine tiefe Kluft zwischen Wort und Tat aufgerissen; denn als die KPD auf ihrer Brüsseler Konferenz (und vorher immer wieder schon seit Sommer 1934) das Prager Manifest beim Wort nahm, zur Aktionseinheit konkrete Schritte vorschlug und Wilhelm Florin sogar erklären ließ, daß sich mit den Aussagen des Manifestes die Möglichkeit eines gemeinsamen Regierungsprogramms von SPD und KPD abzeichnete,[322] da fielen die SOPADE-Führer schnell wieder auf ihre alte einheitsfeindliche und antikommunistische Position zurück.

Trotzdem darf der zeitweilige Einfluß des Prager Manifestes auf die Mitgliedschaft nicht unterschätzt werden. Es wird kein Zufall sein, daß das relativ weit durchorganisierte Verbindungssystem der SOPADE in Westdeutschland erst seit Anfang 1934 geknüpft werden konnte. So wurde neben der „Sozialistischen Aktion" vom 28. 1. 1934 auch die Tarnschrift „Die Kunst des Selbstrasierens" mit dem Text des Manifests im ganzen Ruhrgebiet verbreitet. Auf dieser ideologischen Grundlage, die die Integration auch linker sozialdemokratischer Gruppen ermöglichte, verstärkte die SOPADE ihre Anstrengungen, die Kontakte ins Rhein-Ruhr-Gebiet auszubauen.[323]

In Antwerpen und Brüssel hatten der ehemalige Düsseldorfer SPD-Bezirkssekretär Ernst Schumacher und der zweite Vorsitzende des Reichsbanners, Gustav Ferl, Grenzsekretariate der SOPADE eingerichtet, von denen aus auf verschiedenen Wegen erste Transporte des „Neuen Vorwärts" und der „Sozialistischen Aktion" organisiert wurden. Dabei unterstützte sie die Internationale Transportarbeiter-Föderation (ITF) mit dem entschiedenen Antifaschisten Edo Fimmen an der Spitze. Schon im Herbst 1933 erhielt die ehemalige Sekretärin Ernst Schumachers in Düsseldorf regelmäßig die „Sozialistische Aktion" von Rheinschiffern und gab sie u. a. an Hermann Runge in Moers weiter. Mehrmals reisten führende Sozialdemokraten ins Rheinland, um an Ort und Stelle illegale Kontakte zu knüpfen. Solche Besprechungen fanden u. a. in Essen und Düsseldorf statt.

Seit Anfang 1934 organisierte der ehemalige Aachener Gewerkschaftssekretär Nikolaus Haas einen systematischen Literaturtransport über die traditionellen Schmugglerwege im deutsch-belgisch-holländischen Grenzdreieck bei Stolberg. Im Mai 1934 luden die Grenzsekretäre dann Vertreter illegaler Gruppen aus Köln, Aachen, Solingen und dem westlichen Ruhrgebiet zu einer mehrtägigen Konferenz im Ausland ein. Zunächst unterrichtete sie im Maastrichter Gewerkschaftshaus der Grenzsekretär Ferl über das geplante Vertriebssystem der „Sozialistischen Aktion". Von Maastricht aus fuhr man zu einer größeren Konferenz im Brüsseler Volkshaus, wo sie der Wirtschaftstheoretiker der SPD und Mitverfasser des Prager Manifests, Rudolf Hilferding, der ehemalige Sekretär der Reichstagsfraktion, Paul Hertz, der Hauptkassierer Sigmund Crummenerl und Ernst Schumacher empfingen. Nach einem mehrstündigen Referat Hilferdings über die wirtschaftliche Lage, informierte Crummenerl über den geplanten Zeitungsvertrieb, der im wesentlichen auf kleinen Lesezirkeln aufgebaut werden sollte, um das Zusammenhaltsgefühl zu bewahren. Außerdem kündigte er die Herausgabe von Broschüren an, die sich u. a. mit den Kommunisten auseinandersetzen sollten.

Im Ergebnis dieser Bemühungen bildete sich folgende Organisationsstruktur heraus: Das Brüsseler Grenzsekretariat schickte seine Zeitungen und Informationen zu Nikolaus Haas, der sie mit Hilfe professioneller Schmuggler über die Grenze brachte. In Stolberg wurde dann die „Sozialistische Aktion" für Köln und teilweise auch für Lüdenscheid abgeholt. Der Hauptteil der Schriften aber ging zu Hermann Runge, der sie in den Verteilerkreis Niederrhein-Ruhr einbrachte. In dessen Zentrum stand die Brotfabrik Germania in Duisburg-Hamborn, die der Sozialdemokrat August Kordass im Sommer 1933 gekauft hatte. Als Brotfahrer stellte Kordass alte SPD-Genossen ein, die mit dem Brot gleichzeitig die neuesten Nummern der „Sozialistischen Aktion" an die Lesezirkel auslieferten. Neben anderen betätigten sich als Brotfahrer und gleichzeitige illegale Organisatoren Hermann Runge aus Moers, der den linken Niederrhein belieferte, Sebastian Dani, der Duisburg, Mülheim, Düsseldorf und Solingen versorgte, Otto König für Oberhausen, Peter Bailly aus Dinslaken. Hermann Rotthäuser belieferte Essen und Gelsenkirchen. Der Gelsenkirchener Willi Renner wiederum verschickte die „Sozialistische Aktion" nach Lüdenscheid und über eine dortige Anlaufstelle auch nach Dortmund.

Die Abonnentenzahlen der Zeitung, für die jeweils 10 Pfennig kassiert wurden, blieben gemäß der Konzeption der SOPADE relativ klein und schwankten von Ort zu Ort zwischen vier und 28. Die erfaßten Lesegruppen stellten aber nur einen Ausschnitt aus der sozialdemokratischen Widerstandsbewegung dar. Viele Gruppen wurden nicht erfaßt. Außerdem beschafften sich einige, wie in Herne und Bochum, ihre Literatur auf eigene Faust aus Holland. Auf das Konto solcher separater Transporte werden wohl auch solche umfangreichen Sendungen wie die 1000 Exemplare „Sozialistische Aktion" gehen, die in Oberhausen einmal beschlagnahmt wurden. In Dortmund hielten sich sowohl Fritz Henßler und der Kreis um Klupsch wie auch die Gruppen Schmidt-Höbe-

Nr. 143 SONNTAG, 8. März 1936

Neuer Vorwärts

Sozialdemokratisches Wochenblatt

Verlag: Karlsbad, Haus „Graphia" — Preise und Bezugsbedingungen siehe Beiblatt letzte Seite

Aus dem Inhalt:

Unruhe im westdeutschen Industriegebiet

Wachsende Unsicherheit bei den Behörden. — Brutaler Gestapoterror. — Die Stimmung der Bevölkerung im Rüstungszentrum

Einem Bericht der illegalen Sozialdemokraten und Gewerkschafter des Bezirkes Ruhrgebiet-Westfalen vom 26. Februar entnehmen wir:

... Je lauter und aufdringlicher die Nazipropaganda durch Presse, Radio und Reden die sozialen und moralischen Erfolge Hitlerdeutschlands preisen, desto erbärmlicher ist der wirkliche Zustand.

Der starke Mangel an wichtigen Lebensmitteln im November und Dezember blieb bis weit in die Reihen des wirtschaftlich »besseren« Bürgertums nicht ohne Wirkung. In den Wirtschaftskreisen machte sich eine Unruhe bemerkbar, die abgesehen von rein politischen Ueberlegungen, die Oeffentlichkeit außerhalb der politischen Arbeiterschaft erregte. Die Geschäftswelt entschuldigte sich entweder bei der unbefriedigten Käuferschaft mit mehr und weniger vorsichtigen Hinweisen auf die vernichtende Wirtschaftspolitik der Naziregierung oder erklärte grob, man solle sich doch an verantwortlicher Stelle über die unhaltbaren Zustände beschweren.

Ganz ernsthafte Menschen im intellektuellen Bürgertum gaben in laufenden Diskussionen ihre große Sorge um die wirtschaftliche Zukunft Deutschlands kund.

Dennoch kann sich der Staat auch die drückendsten Maßnahmen noch immer erlauben, da er einmal die volle Macht hat und das politisch ungebildete Bürgertum noch immer in Furcht vor dem »Bolschewismus« lebt. Es gibt auch Stimmen im Bürgertum, die sagen: »Hitler hat ja auch eine furchtbare Erbschaft übernommen. Trotzdem hat er die Arbeitslosigkeit beseitigt und die Armee wieder aufgebaut. Ohne Hitler wären wir alle im Bolschewismus untergegangen.« Diese Teile im Bürgertum sind parteipolitisch völlig indifferent.

Das intelligentere Bürgertum, man darf es trotz seiner bunten Gruppierungen nicht unterschätzen, ist antinationalsozialistisch. Sehr stark herrscht in diesen Kreisen auch eine antihitlerische Stimmung. Hier wächst bemerkbar eine politische Haltung.

In diesen Kreisen besteht auch beste Sympathie für Sozialdemokraten und Gewerkschaftler. Es handelt sich um Handwerksmeister, Gewerbetreibende, Werkmeister, Beamte und Angestellte in Verwaltung und Industrie, Lehrer, Aerzte, Rechtsanwälte, Wissenschaftler und Künstler. Früher haben viele Personen aus diesen Schichten in den Komunen und in amtlichen und halbamtlichen Einrichtungen sozialer und kultureller Art Funktionen ausgeübt. Sie waren in der ersten Zeit des Dritten Reichs erst einmal froh, daß sie keine Verantwortung mehr tragen und keine »lästige« ehrenamtliche Tätigkeit mehr ausüben brauchten oder sie hatten sich aus Existenzgründen gleichgeschaltet und müssen bis jetzt die verheerende Tätigkeit der neuen Herren mitansehen. Aus ihrer früheren Tätigkeit haben aber auch diese Menschen ein gewisses Urteil über öffentliche Tätigkeit und sind über die nationalsozialistische Praxis verbittert.

Außerdem gehörten diese Bürgerlichen den verschiedensten kulturellen, wissenschaftlichen, sozialen und Berufsvereinigungen an, die entweder völlig beseitigt sind oder so gleichgeschaltet wurden, daß sie ihrem Zweck nicht mehr gerecht werden können. Selbst die rein gesellschaftlichen Vereinigungen sind den Bedürfnissen des Dritten Reiches unterworfen.

Dazu kommen Kirchenkampf und Judenverfolgungen. Es gibt wieder ein »gebildetes« Bürgertum, das den Religions- und Rassenkampf aus moralischen, humanen und liberalen »Prinzipien« ablehnt. Im katholischen und protestantischen Westfalen ist im Bürgertum die Ablehnung der Kirchen- und Judenpolitik der Nazis gleich stark. Sie äußert sich bei den Katholiken durch die härtere Verfolgung mehr.

Die Nazis gewinnen diesen Kampf auch nicht. Das geistige Band und die große Tradition sind so stark, daß der Staat vor diesen Leuten nur Ruhe bekommt, wenn er große Konzessionen macht. Dabei hoffen diese Kreise immer noch, daß die wachsende militärische Macht künftig ihr Bundesgenosse wird. Die mutige Rede des Bischofs von Münster in Xanten hat über all große Genugtuung ausgelöst.

Durch die Massenverhaftungen von Katholiken, die zum Teil durch Sonderkommandos aus Berlin durchgeführt werden, entsteht wohl im ersten Augenblick lähmender Schrecken, aber die Reaktion zeigt sich ebenso gleich darnach in noch festerem Zusammenschluß der Katholiken und durch Massenbesuch der kirchlichen Dienste.

Verbittert sind die Katholiken, daß man ihnen gemeinsame Sache mit den Kommunisten vorwirft. Es werden einfach frühere Kommunisten und in den Gemeinden von früher bekannte Sozialdemokraten mitverhaftet und als »Bolschewisten« bezeichnet. Tatsächlich gibt es keine katholische Organisation, auch keine illegale, die mit Kommunisten gemeinsame Sache macht. Zu Sozialdemokraten besteht hier und da ein freundschaftliches Verhältnis, und bei den katholischen Arbeitern die feste Meinung, daß es in Zukunft keine Spaltung zwischen christlichen und freien Gewerkschaften geben darf. Außerdem verbietet das Wesen illegaler Arbeit eine gemeinsame organisatorische Aktion. Das wissen Regierung und Gestapo sehr gut, behaupten aber das Gegenteil allein aus dem Grunde, weiter mit der Bolschewistengefahr operieren zu können.

Mit der Zunahme der Arbeitslosigkeit und Kurzarbeit, selbst in verschiedenen Rüstungsbetrieben, mit der fortschreitenden Isolierung Deutschlands in der Welt, mit der hastigen Militarisierung im Westen, auch in der entmilitarisierten Zone, wächst im gleichen Tempo die allgemeine Opposition der westdeutschen Bevölkerung, besonders im Ruhrgebiet und im industriellen Westfalen bis weit in das Münsterland.

Die Staats- und Parteiinstanzen greifen zu den brutalsten und verzweifeltsten Mitteln, den allgemeinen Abbruch der Stimmung aufzuhalten.

Es ist für das System natürlich eine besonders peinliche Angelegenheit, daß in ihrem Rüstungszentrum, in der politisch und militärisch so außerordentlich wichtigen Industriezone Deutschlands alle Opponenten aufeinandertreffen. Hier war die Festung des Zentrums, dessen Parteivolk heute fester denn je durch die Kirche zusammengehalten wird; hier sind die Millionenwähler der Kommunisten gewesen, die zu großen Teilen erst den Nazis zuliefen und jetzt wieder in Massen Opponenten des Nazismus sind; hier ist das eigensinnige westfälische Bürgertum, das den Parlamentarismus verwünscht hat voller Wut gegen die Despotie der Nazienporkömmlinge hier stehen aber auch die freien Gewerkschaftler und Sozialdemokraten unerschüttert zu ihrer Ueberzeugung.

Alle fühlen, daß das System nicht nur wirtschaftlich, sondern auch außenpolitisch in die gefährlichsten Konflikte kommen muß und dieses Gebiet und seine Bevölkerung dann der Amboß sein wird, auf dem alle Schläge niedersaußen. Hier gibt es keine Stimmung für einen Krieg, für Kolonien und großspurige Reden aufgeblasener Halbstarker gegen das Ausland. In unserem Gebiet weiß man, daß jetzt schon Knappheit an allen ausländischen und wichtigen Rohstoffen besteht. Wir fühlen den Mangel täglich in der Textilindustrie, selbst in der Rüstungsindustrie. Handel und Gewerbe fristen ein klägliches Dasein und ironisieren statistische Angaben der Herren von oben, daß sich die Umsätze in wichtigen Bedarfsartikeln erhöht hätten. Dazu sind die Abgaben aller Art unerhört hoch.

Die Arbeiterschaft lebt schon seit 1934 und erst recht ab 1935 wie in den schlechtesten Kriegsjahren. Ihr imponieren die Phrasen von »Ehre« und »nationaler Freiheit«, »Schönheit der Arbeit« und »Kraft durch Freude« nicht im Geringsten. Mit den Bürgerlichen haben auch die Arbeiterkreise eine große Furcht vor einem neuen Kriege, der die Bevölkerung unseres ganzen Gebiets geopfert werden müßte. Darum glaubt noch jeder, daß sich die Mächte in der Welt aufraffen werden, daß sie es nicht erst zu dem großen Kladderadatsch kommen lassen, der in größerem Umfang vernichten müßte, was überall nach 1918 aufgebaut wurde. Gibt die Welt dem deutschen Volke keine Chance, sich von dem verbrecherischen System befreien zu können, hilft die Welt nicht, das System vor dem großen Unwetter in die Knie zu zwingen, dann werden in ganz Europa die Folgen furchtbar werden.

Das deutsche Volk hat seine Art, seinen Kampf gegen die Barbarei des Hitlerfaschismus zu führen. Es liebt nicht, in so harter Not vom illegalen Kampf Reklame zu machen. Die Opposition sammelt sich vorsichtig aber entschlossen in vielen Lagern. Trotz aller Vorsicht sind die Opfer unermeßlich, wären sie der Welt in ihrem Umfang und in ihrem heroischen Katakombengeist bekannt, die Welt würde vor Achtung weinen.

Schon seit Wochen greifen die Menschenfänger in allen Orten des Westens in die Reihen der Aufrechten und auch im Hitlerfaschismus Freien. Unerhörte Folterungen sind an der Tagesordnung. Frauen und Männer werden sadistisch mißhandelt. Wir können nicht einmal die Einzelfälle nennen, weil wir fürchten müssen, daß dann neue Totgeschlagene sich in ihrer Zelle erhängt haben.

Die wahllosen Verhaftungen erfolgen vielfach aus dem Grunde, weil die Leiter der Aktionen Beute melden wollen. Uns liegen Mitteilungen vor, die Verhaftungen seit Jahren völlig gleichgeschalteter Personen melden.

Auch aus den geschilderten Gründen wird das System die Militarisierung der entmilitarisierten Zone durchführen, damit auch hier bei Unruhen die Vollzugsgewalt auf das Militär übergehen kann. Die Bevölkerung fürchtet das Militär nicht, weil man glaubt, daß es so grausam wie die Gestapo und SS nicht sein könne. Die Nazis fürchten aber auch eine innerpolitische harte Abrechnung und glauben unter Militärbedekkung besser durchkommen zu können. In verschiedenen Orten sind jetzt schon Eltern von wüsten Naziächlägern gekommen und haben Sozialdemokraten ihre Dienste angeboten, wenn sie später dafür sorgen wollen, daß ihr Sohn, der ja auch nur Befehlen nachkommen mußte, nicht zu leiden brauche.«

Die ausgestreckte Freundeshand

Hitler streckt den Franzosen wieder einmal die Friedenshand entgegen. Er hat nicht die übrigen Kanäle benutzt, sondern spricht durch die Zeitung eines bekannten deutschfreundlichen Franzosen gleich zum französischen Volke so wie er und Göbbels durch die gleichgeschaltete Presse zum deutschen Volke reden. Wir halten uns bei den Einzelheiten nicht lange auf. Die Lüge, daß das Buch »Mein Kampf« zur Zeit der Ruhrbesetzung entstanden sei, ist oft genug aufgedeckt worden, und die Deklamation, daß er die Korrektur seines Buches in das große Buch der Geschichte eintragen werde, ist mehr als auslegungsfähig. Läuft die Geschichte nach seinen geheimen Plänen, dann wird diese Korrektur ganz anders aussehen, als seine Worte heute zu meinen scheinen.

Man hat im Ausland auch namentlich in England, die außergewöhnliche Herzlichkeit und Wärme seiner Worte zu bedenken gegeben. Die Friedenshoffnungen finden immer noch einen letzten Strohhalm, um sich daran zu klammern. Was von Hitlers Friedensbeteuerungen im allgemeinen zu halten ist, hat man in der Welt allmählich begriffen. Aber vielleicht so hofft man sagt er wunderbarer Weise diesmal doch die Wahrheit? Er hat so warm geredet, daß es ihm in diesem speziellen Falle vielleicht doch von Herzen kommt? Das gute Herz und die unbestreitbare Friedensliebe dieser Hoffenden ist immerhin anerkennenswert, aber wehe der Welt, wenn der Friede auf das Wort, die Aufrichtigkeit, oder gar den Tonfall von Hitler gegründet werden sollte.

Der Ton allein machts nicht. Auch Flandin hat in der französischen Kammer sehr warme Töne gesprochen:

»Unser glühender Wunsch ist es, eine große Nation, die der Kultur unbestreitbare und unbestrittene Dienste geleistet hat, ihren Platz in Genf wieder einnehmen zu sehen, auf dem Grund einer absoluten Gleichberechtigung, um mitzuarbeiten an der Wiederherstellung einer Welt, aus der die Arbeitslosigkeit, das Elend und der Krieg durch die Eintracht aller Nationen verbannt ist.«

Darin liegt der ganze Unterschied. Flandin spricht von der Rückkehr Deutschlands zum System der kollektiven Sicherheit, für Hitler ist die deutsch-französische Verständigung eine Kriegslist im Kampfe gegen den Völkerbund für die europäische Anarchie, in der der Stärkste und Gewissenloseste Herr ist. Das wichtigste an jenem Hitlerinterview über die deutsch-französische Verständigung ist das, worüber er nicht gesprochen hat. Wenn er stürmisch Frankreich seine Freundschaft anträgt, denkt er an den Osten und Südosten Europas, von dem er Frankreich isolieren will, an sein Programm der »Lokalisierung europäischer Konflikte, das heißt an die Isolierung des Angegriffenen. Diese Politik ist überschrieben: teile und herrsche!

Der französisch-sowjetrussische Pakt, gegen den diese ausgestreckte Freundes-

Neuer Vorwärts, 8. März 1936

ner und Bendrat-Heitland vom „Sozialistische-Aktion"-Lesezirkel um Fritz Stöcker, den ehemaligen Funktionär des Deutschen Freidenkerverbandes, fern. Der „Widerstands"-Kreis um Heinz Baumeister erhielt den „Neuen Vorwärts" auf anderen Wegen. Weitere sozialdemokratische Gruppen bestanden in Castrop-Rauxel, Buer, Gladbeck und Recklinghausen.[324] Der Gegensatz der SOPADE-Zirkel zu den aktiven Gruppen junger antifaschistischer Sozialdemokraten tritt selbst noch in der Urteilsbegründung des Nazi-Gerichts gegen Runge u. a. deutlich hervor:

„Was die Strafzubemessung anbelangt, so war zunächst zu berücksichtigen, daß es sich ... nicht um fanatisch und kämpferisch eingestellte Staatsfeinde handelt, sondern daß die Angeklagten durchweg typische ehemalige SPD- und Gewerkschaftsfunktionäre sind, die mehr in Theorien und Debatten wirken, als im aktiven Kampf."[325]

Daher verwundert es nicht, daß sich die Teilnehmer einer erneuten Konferenz in Lüttich Anfang August 1934 gegen die Einheitsfront aussprachen. Otto Wels, ehemaliger SPD-Vorsitzender, wandte sich in seiner Rede, unterstützt von Haas, Ferl, Schumacher und Erich Ollenhauer, ausdrücklich gegen die Einheitsfrontvorschläge, die soeben von der ZK-Tagung der KPD gemacht worden waren. Auf seine Frage nach der Meinung der zur Konferenz ausgewählten illegalen Funktionäre erklärte mit anderen auch Hermann Runge, daß er wegen der ideologischen Unterschiede von KPD und SPD gegen die Einheitsfront sei. Dabei verschwieg er, daß es selbst im Kreise seiner ausgesuchten Abonnenten angesehene SPD- und Gewerkschaftsfunktionäre wie den Oberhausener Heinrich Jochem gab, die sich aktiv um die Einheitsfront bemühten. Zur gleichen Zeit setzte die SOPADE-Führung alles daran, die bereits begonnenen Einheitsfrontverhandlungen in Duisburg, Bochum, Gelsenkirchen, Köln, Solingen, Moers, Dortmund, Wuppertal, Velbert, Bielefeld und Osnabrück zu sabotieren.[326]

Auf der Antwerpener Konferenz vom November 1934, an der auch Sebastian Dani und Ernst Gnoss teilnahmen, polemisierte Wels erneut vor ca. 35 Delegierten aus dem Reich gegen die Einheitsfrontangebote der Kommunistischen Internationale, die gerade in den Brüsseler Verhandlungen mit der Sozialistischen Internationale erneuert worden waren. Im folgenden Referat Crummenerls stand daher nicht der einheitliche illegale Kampf aller Antifaschisten, sondern die Verbesserung der SOPADE-Organisation im Vordergrund. Um die Verbindung von PV und illegalen Gruppen noch enger zu knüpfen, schlug er den Aufbau eines Nachrichtensystems vor, über das Meldungen über Wirtschaftslage, Stimmungen in Bevölkerung und Nazipartei sowie über den Widerstand nach Brüssel geschickt werden sollten. Hermann Runge zum Beispiel berichtete unter anderem über die Zustände auf Zeche Mevissen, die Festnahme zweier Bauern in Baerl und die Ergebnisse der Vertrauensratswahlen. Die Konferenz in Eupen Mitte Januar 1935 sah die Polemik gegen die antifaschistische Einheit wieder im Mittelpunkt. Ferl machte in seinem Referat sogar die Aktionseinheit im Saargebiet ausdrücklich für das schlechte Abstimmungsergebnis verantwortlich.

Auf diesen Konferenzen, aber auch in den Artikeln der „Sozialistischen Aktion" nahmen die SPD-Führer die Erkenntnis des Prager Manifests, daß nur der Kampf der Volksmassen und besonders der Arbeiterklasse Hitler stürzen könne, zurück und erklärten, ein Sieg der Arbeiter wäre unrealistisch und man müsse alle Hoffnung auf eine Aktion der Reichswehr und der konservativen Kräfte in Deutschland setzen. Im Laufe der nächsten Jahre sollte diese Geringschätzung der Kraft der Arbeiter und die Hoffnung auf einen Reichswehrputsch oder eine kriegerische Intervention in Deutschland dazu führen, daß sich die SOPADE entschieden von allen Einheitsfront- und Volksfrontbewegungen zurückhielt, aber auch Widerstandsaktionen in Deutschland nicht unterstützte.

Zu dieser Isolierung trug in nicht geringem Maße bei, daß die SOPADE-Organisation im Rhein-Ruhrgebiet (und ähnlich in anderen Teilen Deutschlands) im Laufe des Jahres 1935 fast völlig zerschlagen wurde. An mehreren Stellen riß das Organisationsnetz nahezu gleichzeitig, nachdem die Gestapo durch Verhaftungen an der Stolberger Grenze und durch eine Denunziation der Deutschen Arbeitsfront gegen die verdächtige Ansammlung von Sozialdemokraten in der Brotfabrik „Germania" auf die richtige Spur gebracht worden war.

Am 1. Mai 1935 waren auch die meisten aktiven Essener Sozialdemokraten nach der Maifeier auf der „Alten Burg" verhaftet worden. Der Initiator dieser traditionellen Treffen, Franz Voutta, erlag einige Zeit nach seiner Verhaftung den Folterungen der Gestapo. Seine Genossen wurden zusammen mit weit über 100 Sozialdemokraten aus dem Rhein-Ruhrgebiet in mehreren Massenprozessen abgeurteilt. Die letzten Verbindungsglieder dieser bedeutenden sozialdemokratischen Regionalorganisation wurden 1936 zerschlagen. Danach bestanden bis 1945 nur noch wenige Gruppen weiter, die sich teilweise den Widerstandskreisen der illegalen KPD anschlossen, teilweise in Form ganz lokker organisierter Freundeskreise existierten.

Einen gewissen Einfluß auf sozialdemokratische Kreise im Ruhrgebiet erlangten zwischen 1934 und 1939 einige linksorientierte SPD-Emigranten in Holland, die sich den Bestrebungen der **Revolutionären Sozialisten** anschlossen. Die Revolutionären Sozialisten scharten sich um die Mitglieder des SPD-Parteivorstandes, Siegfried Aufhäuser und Karl Böchel, die sich für einen entschiedenen Bruch mit der alten reformistischen Politik und für die Aktionseinheit mit den Kommunisten ausgesprochen hatten. Der Amsterdamer Gruppe sollen unter anderem Franz Vogt, Gewerkschaftssekretär aus Bochum, Erich Kuttner und Erich Kern angehört haben. Ende 1935 besaß sie über 23 Verbindungen ins Reich, vornehmlich wohl ins Rhein-Ruhr-Gebiet. Seit 1936 arbeitete besonders Franz Vogt, in enger Verbindung mit der Internationalen Transportarbeiter-Föderation und dem Internationalen Gewerkschaftsbund, zusammen mit dem Kommunisten Wilhelm Knöchel am Wiederaufbau der freien Bergarbeitergewerkschaft. Noch bis 1939 gelangten die Schriften der Revolutionären Sozialisten u. a. nach Bochum und Düsseldorf.[327]

Obwohl im weiteren die organisierten Formen für den sozialdemokratischen Widerstand fast völlig fehlen, haben ein nicht unbedeutender Teil der ehemaligen SPD-Mitglieder ihre Gesinnung und ihre Ablehnung des Regimes bis 1945 beibehalten und ihnen individuell, in Form von Verweigerung einer Winterhilfsspende, dem Abhören ausländischer Sender oder der kritischen Diskussion im Kreis der engsten Freunde Ausdruck gegeben.

Linkssozialistische Gruppen

Neben der Spaltung der Arbeiterbewegung in die beiden großen Organisationen SPD und KPD entstanden schon in der Weimarer Zeit zusätzlich verschiedene Splittergruppen. Obwohl sie gewöhnlich nur kleine Mitgliederzahlen und einen geringen Einfluß aufzuweisen hatten, können sie bei der Darstellung des Widerstandes nicht außer Acht gelassen werden; denn aus ihren Reihen kamen – wie aus den großen Arbeiterparteien – mutige Antifaschisten, die Gesundheit und Leben im Widerstandskampf einsetzten und die mit den vielfältigen Versuchen, ihre Gruppen illegal weiterzuführen, einen Beitrag zur antifaschistischen Opposition leisteten. Von den im Ruhrgebiet operierenden Gruppen gehören drei, nämlich SAP, Rote Kämpfer und ISK, im engeren Sinne zur sozialdemokratischen Strömung in der Arbeiterbewegung, während sich drei weitere Gruppen, mehr aus unabhängigen ideologischen Quellen gespeist, ebenfalls im Feld zwischen Sozialdemokratie und Kommunismus ansiedelten: Die Anarchosyndikalisten, der „Widerstands"-Kreis und die KP(Opposition).

Unter ihnen bildet die **Sozialistische Arbeiterpartei Deutschlands (SAP)** die zahlenmäßig bedeutendste Gruppe. Sie hatte sich 1931 aus Protest gegen die Anpassungspolitik des Parteivorstandes von der SPD abgespalten.[328] Ihre Führer verbanden die Kritik an Teilaspekten des Reformismus der SPD mit einer scharfen Distanzierung von der KPD. Ohne dabei allzu realistisch die begrenzte eigene Mitgliederbasis in Betracht zu ziehen, hielt sich die SAP für berufen, eine neue Plattform der Arbeiterbewegung jenseits von Kommunismus und Reformismus zu schaffen. In gewissem Kontrast dazu stand die Tatsache, daß sich der SAP hauptsächlich solche Sozialdemokraten angeschlossen hatten, die wirklich mit der bisherigen SPD-Politik brechen wollten, und denen die Einheit der Arbeiterbewegung am Herzen lag. Die Widersprüche zwischen den verschiedenen Gruppen in der SAP spiegelten sich auch in ihrer Ideologie, die zwischen Antikommunismus und Einheitsaufrufen schwankte. In der Emigration bewegte sich die SAP zwischen Beteiligung an Volksfrontgesprächen, Plänen zur Bildung einer „neuen revolutionären" Internationale mit den Trotzkisten und Versuchen zur Blockbildung aller sozialdemokratischen Gruppen hin und her.

Die Geschichte der verschiedenen Kontaktaufnahmen und Gespräche, die die illegalen SAP-Gruppen im Rhein-Ruhr-Gebiet durchführten, spiegelt dieses Schwanken getreulich wieder.[329] Im Kontakt mit der Amsterdamer Auslandsleitung und der Berliner Inlandsleitung entstanden im Herbst 1933 die drei Bezirke Köln-Mittelrhein, Duisburg-Niederrhein, und Dortmund-Westfalen. Ihre etwa 100 aktiven Mitglieder im Ruhrgebiet rekrutierten sich überwiegend aus Jugendlichen, die vor 1933 dem SJVD, der Jugendorganisation der SAP, angehört hatten. Auch die Bezirksleiter in Dortmund und Duisburg, Hans Möller und Eberhard Brünen, stammten aus dem SJVD. Obwohl Brünen, der zu dieser Zeit bereits illegal lebte, und der arbeitslose Möller sehr viel im Ruhrgebiet herum reisten, beschränkten sich die Gruppen faktisch auf die Städte Duisburg und Dortmund und einige kleinere Kontakte in der Umgebung.

Über Holland illegal eingeführt, informierte die SAP-Zeitung „Das Banner der revolutionären Einheit" die Gruppen regelmäßig über die politische Haltung der Auslandsleitung, die daneben auch eine Tarnbroschüre „Die Aufgaben der deutschen Arbeitsfront" herausgab. Etwa 100 Exemplare des „Banner", das über Bocholt zum Duisburger SAP-Bezirksleiter Brünen gelangte, der es dann weiter transportierte, wurden allein in Dortmund monatlich verteilt und erreichten nicht nur die Parteimitglieder, sondern auch befreundete Linke, ja Mitglieder von SPD und KPD. Besonders die Dortmunder Gruppe bemühte sich um Kontakte zu den Sozialdemokraten um Fritz Henßler, mit dem Möller im Juni 1934 zusammentraf. Möller schrieb danach, wohl als Diskussionsgrundlage für weitere Gespräche, die wegen seiner Verhaftung nicht mehr zustande kamen, eine Abhandlung „Der neue Kurs" mit einer Rundumkritik an allen existenten Arbeiterparteien, die hektographiert und an mehrere Gruppen verteilt wurde. Trotz ihrer kritischen Distanz zur KPD „importierten" die SAP-Leute aus Holland auch das Braunbuch und das Komintern-Organ „Inprekorr". In Duisburg hatte man in die illegale Arbeit offenbar auch KP (Opposition) -Mitglieder um Oskar Triebel und einen Kreis von Trotzkisten einbezogen.

Die Arbeit der westdeutschen SAP, die durch regelmäßige Berichte nach Amsterdam auch zur Information der Auslandsleitung über die Lage im Dritten Reich beigetragen hatte, wurde durch eine Verhaftungsaktion im Herbst 1934 beendet. Danach existierten noch einzelne Gruppen wie in Gelsenkirchen, die bis Oktober 1935 das „Banner" und die trotzkistische Zeitung „Unser Wort" aus Holland einführten,[330] oder im Raum Düsseldorf-Neuss.[331] Aber ansonsten war bis auf die Teilnahme einzelner SAP-Mitglieder an der Tätigkeit anderer Gruppen die illegale Organisation nach knapp einjähriger Tätigkeit zerschlagen.

In Essen und Wattenscheid arbeitete eine zweite sozialdemokratische Splittergruppe, die **Roten Kämpfer.**[332] Ein Kreis linker Sozialdemokraten, die Anfang der zwanziger Jahre von der KPD bzw. der KAPD zur SPD übergewechselt waren, hatte sich zunächst um die Berliner Sozialwissenschaftliche Vereinigung und seit 1930 um die im Rheinland erscheinende Zeitschrift „Der Rote Kämpfer" gesammelt. Auch sie wollten eine neue Arbeiterbewegung nach völlig neuem Rezept jenseits aller bestehenden Organisationen. Für diesen Zweck hielten sich die Roten Kämpfer als neue intellektuelle Führer bereit.

Der etwas hochtrabend sogenannte „Bezirk West" der Roten Kämpfer umfaßte etwas über zwanzig Mitglieder in fünf Gruppen, davon einer in Wattenscheid unter Leitung von Fritz Riwotzki und einer in Essen, mit dem Obmann Erwin Lange, die sich Anfang 1935 auch noch spaltete. Neben regelmäßigen „Reichskonferenzen" und vierteljährlichen „Bezirkstreffen" in Kettwig fanden vornehmlich „Stubenversammlungen" statt, in denen illegales Informationsmaterial gelesen und diskutiert wurde. Im Herbst 1936, nach dem sich schon vorher ein Teil der Mitglieder zurückgezogen hatte, beendete eine Verhaftungsaktion die Tätigkeit der Roten Kämpfer.

Auch der **Internationale Sozialistische Kampfbund (ISK)** vereinte nur wenige Mitglieder. Trotzdem ist seine Rolle nicht ohne Bedeutung; denn aus seinen Zirkeln gingen einige Funktionäre hervor, die in der Emigration und besonders nach 1945 bedeutenden Einfluß auf die SPD ausübten.

Der ISK besaß in Ideologie und Organisation eine ganz eigene Ausprügung.[333] Die Philosophie seines Gründers Leonard Nelson ging von neukantianischen Rechtsauffassungen aus und wollte einen „liberalen Sozialismus" in offener Frontstellung gegen den Marxismus und besonders die kommunistische Bewegung schaffen. Nelson stellte der Vergesellschaftung der Produktionsmittel die Losung einer sozialen Güterverteilung im Rechtsstaat gegenüber. (In seinem Geiste hat übrigens der Nachfolger Nelsons in der Leitung des ISK, Willi Eichler, maßgeblichen Einfluß auf das Godesberger Programm der SPD von 1959 genommen.) Aus seinem erkenntnistheoretischen Idealismus leitete Nelson die Forderung ab, daß der angestrebte Staat (und bis dahin auch der ISK) nicht demokratisch, sondern durch die diktatorische Herrschaft der intellektuell qualifizierten Führer strukturiert sein müsse. Trotz des Bekenntnisses zu Führer-Partei und -Staat orientierte sich der ISK auf die Arbeiterklasse und zeitweise auf die antifaschistische Einheitsfront.

Nach der Machtergreifung 1933 bestanden die ISK-Kader illegal weiter, so in Köln um Wilhelm Heidorn (d. i. Werner Hansen, später langjähriger DGB-Vorsitzender in Nordrhein-Westfalen), in Essen um Jupp Kappius und Bochum um Ernst Volkmann, wobei sie sich auf ihre Verbindungen als Auslieferer der Seifen-Firma „Dreiturm" und auf ein zu Schulungszwecken angemietetes Wochenendhaus im Sauerland stützten. Durch Materialien, die aus dem Ausland zeitweise mit Hilfe des ITF-Generalsekretäre Edo Fimmen eingeführt wurden, wie den regelmäßigen „Rheinhardt-Briefen", der theoretischen Broschüre „Sozialistische Wiedergeburt" und Flugblättern („Willst Du gesund bleiben?") wurden die Mitglieder und Sympathisanten dazu aufgerufen, neben der Kaderorganisation sogenannte Unabhängige Sozialistische Gewerkschaften mithilfe eines Vertrauensleutekörpers zu schaffen und die Arbeiter mithilfe der Gewerkschaftsorganisation und durch Flugblätter zu Vertrauensrätewahlen, Mai-Feiern, Volksabstimmungen usw. im antifaschistischen Sinne zu mobilisieren.

1937 konnte die Gestapo durch die Verhaftung eines ISK-Literaturtransporteurs die westdeutsche Organisation (und dabei auch die über den Literaturtransport verbundene Eisenbahnergewerkschaft) zerschlagen. Nur die Bochumer Gruppe bestand bis in den Krieg hinein fort und sollte 1944 noch eine Rolle bei dem Versuch Londoner Sozialdemokraten spielen, Kontakte ins Ruhrgebiet aufzunehmen.

Weiter entfernt von der Ideologie der Sozialdemokratie, aber immer noch im Umfeld des Linkssozialismus, operierten KP(O), FAUD und „Widerstands"-Kreis.

Die **Kommunistische Partei Deutschlands (Opposition) KP(O)** hatte sich 1928/29 von der KPD abgespalten, nachdem es den ehemaligen Parteiführern Brandler und Thalheimer nicht gelungen war, Ernst Thälmann und die marxistisch-leninistischen Kräfte im Zentralkomitee zu stürzen.[334] Die Ideologie der KP(O) vereinte die Tendenz, eine rechtsopportunistische Strömung in der KPD an die Macht zu bringen, mit ausgiebigen Polemiken gegen die Politik der „Einheitsfront von unten", die tatsächlich die Orientierung der KPD auf die Arbeitereinheit einengte. Dadurch wurden manche Mitglieder der KPD von der KP(O) angezogen, obwohl die Linie ihrer Führer immer offener in scharfen Antisowjetismus und Antikommunismus überging. Wie unernst der Brandler-Thalheimer-Gruppe die Kritik an Schwächen der kommunistischen Einheitsfrontpolitik war, zeigte sich besonders deutlich 1935, als sie die Wende der Komintern zur Einheits- und Volksfront nicht etwa begrüßten, sondern als „ultrarechts“ angriffen. Schon 1933, besonders aber im Verlauf des Widerstandskampfes fanden viele KP(O)-Mitglieder in die Reihen der KPD zurück. Ein Flugblatt, das Johann Eckardt am 5. Februar 1933 in Essen verbreitete, stellte das Gemeinsame vor das Trennende: „Auf zum einheitlichen Kampf gegen die faschistische Diktatur! Arbeiter Deutschlands, jetzt geht's ums Ganze!“. Zusammen mit Eckardt koordinierte der Bergmann Johann Wünnenberg die verschiedenen KP(O)-Gruppen im Ruhrgebiet und gab die Zeitung „Der Klassenkampf“ heraus, die mit mehreren Nummern auch vor Betrieben in Essen, Bochum und Mülheim verteilt wurde. Gruppen der KP(O) gab es auch in Dortmund, Duisburg und Lünen, die aber genauso wie die in Essen, Mülheim und Bochum im März 1934 zerschlagen wurden.

Bis Ende 1936 versammelte sich um den Düsseldorfer KP(O)-Funktionär Dagobert Lubinski noch ein lockerer Widerstandskreis aus verschiedenen linken Gruppen in Düsseldorf, Solingen, Wuppertal, Mönchen-Gladbach und dem Ennepe-Ruhr-Kreis, der Verbindung zu SAP-Leuten, Trotzkisten, Syndikalisten und ehemaligen ultralinken Kommunisten der Fischer-Maslow-Gruppe aufnahm. Diese Gruppe stimmte den Aufrufen zur antifaschistischen Einheits- und Volksfront zu, die von der KPD und vom Pariser Volksfrontausschuß ausgingen. So stand sie über Schwelmer Mitglieder auch in Kontakt zu dem Instrukteur der KPD-Abschnittsleitung West, Alfred Richter, der einen Brief Dagobert Lubinskis an die KPD nach Amsterdam mitnahm, wo er als Beispiel für die Volksfrontdiskussion zusammen mit einer Antwort von Paul Bertz in den „Westdeutschen Kampfblättern“ der KPD abgedruckt wurde.[335]

Im niederrheinischen Teil des Ruhrgebiets hatten sich einige Gruppen der Anfang der zwanziger Jahre bedeutenden **Freien Arbeiter Union Deutschlands (FAUD)** gehalten, die anarchosyndikalistisches Gedankengut vertrat. Im Herbst 1933 stellte der Duisburger Anarchist Julius Nolden Verbindungen zur FAUD-Auslandsleitung in Amsterdam her,[336] von der er in Zukunft folgende Zeitschriften erhielt: „Internationale Revue“, „Die Internationale. Organ der deutschen Anarchosyndikalisten“ und „Fanal“ (mit einem Nachruf auf den von den Nazis ermordeten langjährigen Herausgeber Erich Mühsam), sowie die Tarnschrift „Esset deutsche Früchte“ mit einem programmatischen Text der sich besonders gegen den faschistischen Zwangsstaat und den Militarismus wandte. Aber auch das „Pariser Tageblatt“, die „Neue Weltbühne“ und die „Sozialistische Aktion“ gelangten in die Lesezirkel, die Nolden in Duisburg, am linken Niederrhein, in Mönchengladbach, Düsseldorf, Aachen, Köln, Wuppertal, Mülheim und Bochum ins Leben rief. Nachdem 1935 die Verbindung nach Holland abgerissen war, blieben noch einige Zirkel bis zur Verhaftung von insgesamt 88 Mitgliedern der rheinisch-westfälischen FAUD im Januar 1937 bestehen. Einige Anarchisten wie der Duisburger Winkelmann und der

Essener Mambrey[337] machten noch im spanischen Bürgerkrieg durch ihren militanten Antikommunismus von sich reden und sabotierten in den Reihen der katalanischen Anarchisten den Verteidigungskampf der legalen Volksfrontregierung.

Ganz anders wiederum war der **„Widerstands"-Kreis** beschaffen, der sich zu den Zielen von Ernst Niekisch bekannte.[338] Niekisch hatte in den zwanziger Jahren eine Art „nationalbolschewistischer" Ideologie entwickelt, in der sich Begeisterung für die Kampfkraft der proletarischen Revolutionäre und die Sowjetunion mit nationalsozialistischen Forderungen und einer verworrenen Geistes- und Kulturkreistheorie verknüpfte. In der deutschen Sozialdemokratie, der auch Niekisch für einige Jahre angehörte, hatte sich in den zwanziger Jahren der Hofgeismar-Kreis der Jungsozialisten herausgebildet, der eine nationalistische, in manchem mit der bürgerlichen Jugendbewegung verbundene Position vertrat. Die drei ideologischen Bestandteile Antifaschismus, Nationalismus und sozialistische Bestrebungen flossen auch im Dortmunder „Widerstands"-Kreis zusammen, der sich um Werner Jacobi und dem Reichsbannerführer Heinz Baumeister bildete.[339]

In seinem Umkreis entstanden lockere Diskussionszirkel von Jungsozialisten, ehemaligen SA-Leuten, die von Hitler enttäuscht waren, Mitgliedern des Bundes „Oberland", der KP(O) und des Reichsbanners. Auch junge Kommunisten beteiligten sich gelegentlich an den Diskussionen. Ähnliche Gruppen entstanden im Münsterland, in Iserlohn, Unna, Herne und Essen. Auch der Essener Gruppe waren Sozialdemokraten, Kommunisten, Bündische Jugendliche und Angehörige der Wehrverbände angeschlossen, die Niekisch's Buch „Hitler – ein deutsches Verhängnis", sowie seine Zeitung „Widerstand" lasen und diskutierten. Nach dem Verbot der Zeitung im Dezember 1934 verschickte Niekisch von Nürnberg aus informative Rundbriefe an seine Kameraden. Außerdem erhielt der Dortmunder Kreis bis etwa 1937 über Franz Osterroth vom Hofgeismarkreis den „Neuen Vorwärts" und verschiedene SOPADE-Informationen. Aber auch Schriften der KPD, der Gruppe „Neu Beginnen", die antifaschistische Hitler-Biographie von Konrad Heiden, John Reeds Buch über die Oktoberrevolution und Predigten von Pastor Niemöller wurden gelesen und diskutiert. Werner Jacobi sprach sich außerdem dafür aus, alle vorhandenen Kontakte zu einer antifaschistischen Einheitsfrontgruppe zusammenzufassen.[340]

In manchen Darstellungen über die linkssozialistischen Splittergruppen findet sich die Behauptung, diese kleinen, abgeschlossenen Zirkel wären eine besonders effektive Form des antifaschistischen Kampfes. Dagegen spricht zunächst die Tatsache, daß einige Gruppen schon nach knapp einjährigem Bestehen, fast alle aber bis 1936/37 zerschlagen wurden, während die KPD als relativ geschlossene Organisation die ganzen 12 Jahre des Faschismus überstanden hat. Die Mitgliederzahl, ihre sektiererische Abkapselung im Ideologischen und der weitgehende Verzicht auf Außenkontakte überhaupt ließ diese Gruppen der Gestapo nicht so bedrohlich erscheinen, so daß sie zunächst alle Kraft auf den Kampf gegen die KPD konzentrierte. Darüberhinaus vertieften diese Gruppen trotz des ehrlichen Widerstandswillens ihrer Mitglieder objektiv einfach durch ihre Existenz die Zersplitterung der antifaschistischen Front. Befruchtend wirkten sie allerdings dort, wo sie sich an offenen Diskussionen mit Jungkommunisten, Christen und bürgerlichen Hitlergegnern beteiligten. Insgesamt gesehen aber stellte deren Tätigkeit nur ein Nebengleis des Widerstandes dar, das nicht immer zur antifaschistischen Einigung führte.

6. Gewerkschafter im Widerstand 1933-1935

Die Ereignisse des 1. und des 2. Mai 1933, die Kapitulation der Führungen von ADGB und christlichen Gewerkschaften vor dem nationalsozialistischen Druck und die Besetzung der Gewerkschaftshäuser durch SA trotz der gewerkschaftlichen Anpassungsbereitschaft[341] hatten die deutschen Arbeiter mit einem Male ihrer zahlenmäßig größten Organisation beraubt. Als sich in der folgenden Zeit ein Teil der Gewerkschaftsangestellten mit komplettem Büromaterial, mit Mitgliederkartei und Organisationskasse für den Aufbau der faschistischen Zwangsorganisationen in der sogenannten Deutschen Arbeitsfront zur Verfügung stellte, während viele einfache Mitglieder in Resignation verfielen, versuchten zunächst nur wenige Funktionäre des ADGB, vorsichtig Verbindungen mit gleichgesinnten Kollegen herzustellen, um eine antifaschistische gewerkschaftliche Arbeit aufzubauen.

Im Frühjahr 1933 stellten daher nur die Gruppen der Revolutionären Gewerkschaftsopposition (RGO) und die ihr nahestehenden Roten (Gewerkschafts-) Verbände trotz des Gestapoterrors einen organisierten antifaschistischen Widerstand von Gewerkschaften dar. Zwar waren ihre Mitgliederzahlen in der Weimarer Republik selbst in den Ruhrzechen erheblich geringer als die der reformistischen Gewerkschaften, aber ihre Kader hatten immer wieder vor den Gefahren des Anpassungskurses gewarnt und alle Kräfte auf antifaschistische Abkommen orientiert. Trotz ihrer geringen Zahl und trotz mancher sektiererischer Fehler trugen RGO und Rote Verbände 1933 die Traditionen der deutschen Gewerkschaftsbewegung durch Chaos und Resignation nach der Zerschlagung der legalen Klassenorganisationen des Proletariats weiter.

So hatten sich die Kollegen des Essener Einheitsverbandes Gemeinde-Verkehr, in dem besonders die Straßenbahner organisiert waren, schon Anfang Januar 1933 auf die Illegalität vorbereitet und Mitgliederlisten und wichtige Organisationsmaterialien sichergestellt. Nachdem Ende Februar das Bezirksbüro des EVGV in der Essener Lindenallee von Nazitrupps verwüstet wurde, erschien weiter die Zeitung „Der Rote Straßenbahner“, wurden Flugblätter verteilt und illegale Versammlungen durchgeführt. Nicht zuletzt auf diese frühzeitigen Widerstandsaktionen ging es zurück, daß die Nazis bei den Betriebsratswahlen der Essener Straßenbahnen Anfang April nur zwei von elf Sitzen eroberten. Am 1. Mai 1933 hielten die Straßenbahner den Gedanken des proletarischen Internationalismus höher als die Unterordnung unter die Naziparolen zum „Tag der

nationalen Arbeit“. Sie hißten die rote Fahne auf dem Straßenbahndepot und zogen gemeinsam statt zur Nazikundgebung in den Schellenberger Wald. Auch nachdem in der Nacht zum 2. Mai 1933 fortschrittliche Straßenbahner des Bahnhofs Kruppstraße während des Dienstes aus ihren Wagen gezerrt und in den SA-Keller in der Rüttenscheider Straße geschleppt worden waren, setzten die kommunistischen Kollegen ihre Widerstandstätigkeit in der 12köpfigen Zelle Straßenbahn bis ins Jahr 1934 fort.[342]
Schon auf einer illegalen Tagung im März 1933 hatten Max Reimann und andere Funktionäre konkrete Beschlüsse über die illegale Weiterführung der Gewerkschaftsorganisationen der RGO und der Roten Verbände gefaßt, so daß im Mai-Juli 1933 auch die Organe des Einheitsverbandes der Bergarbeiter (EVBD) „Der Grubenarbeiter“, des Einheitsverbandes für das Baugewerbe (EVfdB) „Der Bauarbeiter“ und die Metallarbeiterzeitung „Der Metallblock“ wieder erschienen. Die Plenartagung des RGO-Bezirkskomitees von Ende Juni 1933 beschloß darüberhinaus die Herausgabe der „Gewerkschaftszeitung“ als zentrales Organ der RGO Ruhr, von der die erste Nummer schon im Juli unter anderem in Dortmund verteilt wurde.[343]
Die Tagung gab eine kritische Analyse der Situation und entwickelte daraus ein Kampfprogramm für die gewerkschaftliche Aktion im Ruhrgebiet. Wegen seiner großen Bedeutung sei das bisher unveröffentlichte Dokument in längeren Auszügen zitiert.

Aus der Entschließung des RGO-Bezirkskomitees Ruhrgebiet von Juni 1933

(. . .) „Mit der Aufrichtung dieser faschistischen Diktatur, die Ausdruck der tiefsten Fäulnis des deutschen Kapitalismus ist, ist der blutige Terror als Regierungsmethode an die erste Stelle getreten, wobei jedoch gleichzeitig mit den Mitteln der modernen Technik und Propaganda der Massenbetrug erweitert und ausgebaut wird. (. . .) Der faschistische Gewaltstreich gegen die Gewerkschaften, die Unterstellung aller Gewerkschaftseinheiten unter die NSBO-Kommissare soll durch den Raub des Koalitions- und Streikrechts, durch die Beseitigung der Tarifverträge in der früheren Form und Schaffung von vielen Bezirkstarifverträgen für eine Industriegruppe die Voraussetzung für einen neuen unerhörten Angriff auf die Lebenshaltung der Arbeiter einleiten. Unter den Bedingungen der Verschärfung der Krise geht der Kapitalismus nicht nur dazu über, die faschistische Zentralisierung der Staatsgewalt durchzuführen und alle Sozialdemokraten aus den Staatsämtern zu entfernen, sondern gliedert

Hakenkreuz ist Hungerkreuz!

„Ausbeutung u. Elend der Bergarbeiter im ‚dritten Reich'"

8 Monate regiert Hitler im Auftrage der Bank-, Börsen- u. Industriefürsten. Diese 8 Monate sind die schlimmsten für die deutsche Arbeiterklasse und insonderheit der Bergarbeiter. Ausbeutung u. Antreiberei wie nie zuvor; bei weiter ungeheurer Förderleistungssteigerung und gleichbleibenden Kohlenpreisen zugleich ein beispielloser Lohnraub. Lebensmittelwucher, Steuerdiktatur gegen die Arbeiter bei gleichzeitiger Steuerschenkung den Reichen, völlige Entrechtung der Arbeiterklasse u. Erteilung der Generalvollmacht zur Arbeiterausbeutung an die rücksichtslosen Scharfmacher und Zechenkapitalisten – und noch tiefer ins Elend und die Barbarei – das ist die Bilanz u. das Programm des Hitlerfaschismus. Niemand wird es zu leugnen wagen:

Faschistische Diktatur ist die Wuchererherrschaft des Finanzkapitals!

Bedarf es noch weiter Beweise dafür? Hier einige amtliche Zahlen:

Untenstehendes Bild zeigt am deutlichsten die Entwicklung der Förderleistung, der Löhne und des Lohnanteils an der Tonne verkaufter Kohlen.

Die Leistung stieg seit 1925 um 78,1%, nämlich von 946 kg auf 1685 kg pro Kopf.

Die Lohnkosten pro Tonne fielen von 7,30 Mk im Jahre 1925 auf 4,18 Mk im März 1933, also von 50% auf nur noch 29% des Verkaufspreises.

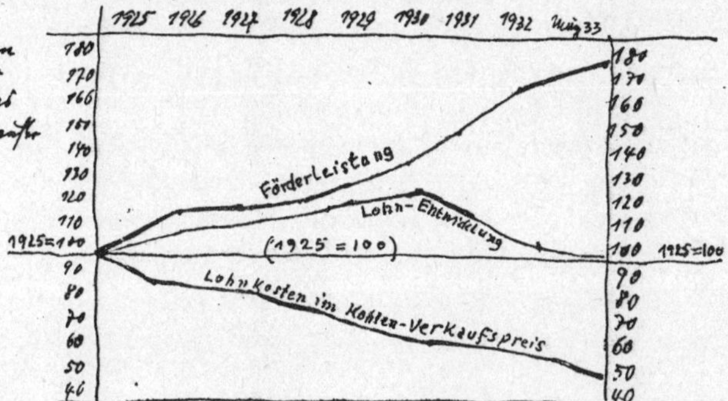

Der Verkaufspreis selbst fiel nur um ein ganz Geringes bei so ungeheurer Leistungssteigerung! Hier liegt der Riesenprofit der Unternehmer offen zutage. Der Durchschnittslohn stand im Nominalwert kaum 3% höher als 1925. Das war im März. Heute sieht es noch weit schlechter aus!

Nach diesen Zahlen des Statistischen Reichsamts u. der faschistischen „Deutschen Bergwerkszeitung" sank der Bergarbeiterdurchschnittslohn, berechnet pro Schicht einschließlich der Überarbeitsschichtzuschläge u. sonstiger Zulagen u. Kindergeld, von 8,90 Mk im Jahre 1929 auf 7,05 Mk Ende 1932, oder um 22%.

In Wirklichkeit ist der Lohnraub weit höher!

Es wäre bewußt falsch, wollte man als Maßstab allein den durchschnittlichen Schichtlohn

Manuskript für eine RGO-Zeitung, Essen, Oktober 1933

die Gewerkschaften direkt in die faschistische Staatsgewalt ein, um die Kapitaloffensive schneller durchführen zu können. (...)
Die Schaffung der Einheitsfront der Arbeiter unter unserer Führung, die Organisierung und Führung von Kämpfen gegen die Kapitalsoffensive ist die Voraussetzung zur Organisierung des politischen Massenstreiks zum Sturz der faschistischen Hitler-Diktatur. In dem Maße, wie wir als RGO und Rote Verbände diese unsere Hauptaufgabe lösen, wie es uns gelingt, SPD-Arbeiter, gewerkschaftlich organisierte Arbeiter, christliche Arbeiter in aktive Kampfhandlungen in den Betrieben, bei den Erwerbslosen und Jungarbeitern unter unserer Führung einzubeziehen unter Anwendung der größten Selbstinitiative jeder unteren Einheit, wird es uns gelingen, auch die irregeführten Naziproleten, Angestellten und Mittelschichten aus der faschistischen Front herauszureißen. (...)
Zweifellos wäre das Wachsen der Widerstandskraft der Arbeiter in den Betrieben, der Kampf gegen die Kommissare in den Gewerkschaften größer und stärker, wenn wir als RGO im Bezirk Ruhrgebiet es verstanden hätten, diese wachsende Opposition (...) zusammenzufassen und zu organisieren und vor allem die restlose Orientierung der RGO auf die Betriebe und auf die Gewerkschaften durchzuführen. Unsere Einheitsfrontarbeit war oft zu unkonkret und schematisch. Die Einheitsfrontangebote der unteren Einheiten an die Zahlstellen der christlichen und freien Gewerkschaften waren oft entblößt von konkreten Forderungen, wie sie für den Betrieb oder für diese Zahlstelle in Frage kommen. (...)
Die gesteigerte Tätigkeit in den Rüstungsbetrieben, die Einleitung der faschistischen Geldsammlung für Arbeitsbeschaffung (Bau von Autostraßen usw.) haben den Zweck, die Kriegsvorbereitungen zu steigern. Auf diese Rüstungsbetriebe müssen die RGO-Ortskomitees ihr Schwergewicht in der Mobilisierung der Arbeiter legen. Die RGO-Gruppen in diesen Betrieben müssen durch die Sammlung von Tatsachen und Materialien helfen, die gesamte Arbeiterschaft auf die Kriegsvorbereitungen des Hitlerregimes aufmerksam zu machen. In diesen Betrieben müssen alle Kräfte konzentriert werden, den Widerstand zu organisieren und den Streik vorzubereiten. Die RGO-Gruppen müssen die Auffassung, daß der Streik ein wichtiges Kampfmittel gegen den imperialistischen Krieg, zur Verteidigung der Sowjetunion ist, zum Allgemeingut der Arbeiter in diesen Betrieben machen.
Zur gleichen Zeit steht vor der Gesamt-RGO die Aufgabe mehr wie bisher das Augenmerk auf die militärische Arbeitsdienstpflicht zu richten. Das Zusammenfassen der Jugendlichen in diesen Arbeitsdienstpflichtlagern zu RGO-Gruppen und diesen Gruppen die Aufgabe zu stellen, diese Jugendlichen aufzuklären über den Charakter der Arbeitsdienstpflicht, und sie darüberhinaus zu

mobilisieren gegen die Mißstände in den einzelnen Lagern für die Bezahlung der Arbeit zum Tariflohn, ist eine wichtige Aufgabe und wir müssen weit mehr als bisher den arbeitenden Massen die Friedenspolitik der Sowjetunion vordemonstrieren. (...)
Wir dürfen nicht übersehen, daß große Teile von christlich gewerkschaftlich organisierten Arbeitern absolut antifaschistisch sind (...) Wenn in den christlichen Gewerkschaften noch nicht eine organisierte Oppositionsbewegung durch uns geführt vorhanden ist, so daß die christlichen Kollegen die verderbliche Politik von Stegerwald und Imbusch noch nicht klarer sehen, dann ist das im wesentlichen unsere Schuld. Das Ruhrgebiet ist der Hort der christlichen Gewerkschaftsorganisation (...) (Daher) lenkt das Bezirkskomitee die Aufmerksamkeit (...) auf die Arbeit unter den christlichen Kameraden und die Gewinnung derselben.
Wir haben einige Beispiele im Bergbau, wo christliche Gewerkschaftsfunktionäre mit unseren Kameraden zusammenarbeiten, selbst Flugblätter finanzieren und diese verteilen (...) Das Bezirkskomitee wird zur Unterstützung dieser Arbeit, die für das Ruhrgebiet von größter Bedeutung ist, eine besondere Zeitung regelmäßig herausbringen, die unter den christlichen Arbeitern vertrieben werden soll.
Die faschistische Hitler-Diktatur führt zur Zeit einen großangelegten Massenbetrug mit ihrem Arbeitsbeschaffungsprogramm durch (...) Das Arbeitsbeschaffungsprogramm ist als ein noch nie dagewesener Schwindel bei den Arbeitern zu entlarven. Das Beispiel der Zeche Sachsen, wo die Kumpels (angeblich für die Arbeitsbeschaffung. D.P.) auf 9% Lohn, auf Urlaubsgeld und auf die Bezahlung der Stunde Seilfahrt verzichten mußten, ist stärkstens in den Vordergrund zu heben. Alle Kampfforderungen der Erwerbslosen sind gemeinsam mit den betrieblichen Forderungen in den Gewerkschaftsversammlungen zu stellen um hiermit eine stärkere Verbundenheit der Betriebsarbeiter mit den Erwerbslosen zu erhalten. (...) Unsere Aufgabe besteht darin, bestimmte Forderungen der Jugendlichen, wie sie für jeden einzelnen Betrieb vorliegen, zusammenzufassen, die Jugendlichen unter Anwendung der breitesten Einheitsfrontarbeit unter SAJ und christlichen Jungarbeitern gegen die Verschlechterungen, Antreibereien und Schikanen in Kampfstellung zu bringen. (...)
Ausgangspunkte der Mobilisierung:
Auf der Schachtanlage Ickern (in Castrop-Rauxel, D. P.) teilte der NSBO-Betriebsrat und die Verwaltung der Belegschaft mit, daß für das Arbeitsbeschaffungsprogramm jedes Belegschaftsmitglied etwas hergeben müsse. Der Betriebsrat habe beschlossen, daß die Arbeiter, die im Monat Mk. 100,– verdienen, 1 1/2 Prozent, die mit Mk 130,– 2 1/2 Prozent, Mk. 150,– 3 1/2 Pro-

zent abgezogen bekommen. Daraufhin setzte, durch uns geführt, eine große Diskussion in der Belegschaft ein. An der Organisierung der Diskussion beteiligten sich BAV- und christliche Kumpels. Beim nächsten Schichtwechsel standen 50 Kumpels im Betriebsratszimmer und verlangten, daß dieser Anschlag zurückgenommen würde. Der NSBO-Betriebsrat sagte zu ihnen, sie werden in der nächsten Zeit noch ganz anderes erleben. Die Kumpels gingen mit diesem Bescheid in die Belegschaft. Die Diskussion wurde weiter geführt, Flugblätter wurden hergestellt, die in den Kamin geworfen wurden. Durch den starken Luftzug flogen die Flugblätter auf den Betrieb und in die Kolonie. Einige Tage später, als die Empörung immer stärkere Formen annahm, wurde von der Verwaltung und dem NSBO-Betriebsrat ein Anschlag herausgebracht, in dem sie mitteilten, daß überall einen halben Prozent nachgelassen wird. Wer etwas dagegen hat, erklärt sich als Staatsfeind und wird entsprechend behandelt. Die Belegschaft ist nicht gewillt, auch nur einen einzigen Pfennig sich abziehen zu lassen. Für den EVBD wurden auf diesem Betrieb sieben Neuaufnahmen gemacht.

Ein anderes Beispiel zeigt, welche Möglichkeiten vorhanden sind, die Arbeiter in den Betrieben erfolgreich gegen die Angriffe der Unternehmer zu mobilisieren, und daß dadurch auch unsere Organisation gestärkt wird. Auf der Schachtanlage Scharnhorst (in Dortmund, D.P.) wollte die Werksverwaltung einen 3%igen Lohnraub durchführen. Unsere Kameraden brachten in Verbindung mit den gewerkschaftlich organisierten Kollegen ein Flugblatt heraus, in dem sie diesen unerhörten Lohnraub aufzeigten, und diesem die Teuerung gegenüberstellten. Eine große Diskussion setzte in der Belegschaft ein. Die Kumpels wurden bei der Verwaltung vorstellig und erklärten, daß, wenn dieser Lohnraub in die Tat umgesetzt würde, die Belegschaft mit Streik antworten würde. Dieser Lohnraub wurde aufgrund dessen, daß die Belegschaft zum Streik entschlossen war, zunächst zurückgestellt. Acht Kameraden wurden in den EVBD aufgenommen, die Oppositionsgruppe in der Zahlstelle wurde verstärkt.

Die Belegschaft der Firma Flottmann in Herne, die vom NSBO-Betriebsrat in Verbindung mit der Verwaltung gezwungen werden sollte, für das Arbeitsbeschaffungsprogramm Mk. 2,– von ihrem Lohn abzugeben, verlangte eine Belegschaftsversammlung. Hier sprachen sich NSBO, RGO-Mitglieder, sowie gewerkschaftlich unorganisierte gegen diese ungeheure Lohnraubmaßnahme der Verwaltung aus und nahmen in scharfen Erklärungen Stellung gegen den NSBO-Betriebsrat. Die Belegschaft erzwang gegen den NSBO-Betriebsrat die Abstimmung. Das Ergebnis war, daß über 90% der anwesenden Belegschaftsmitglieder gegen die zwangsweise Abführung von Mk. 2,– stimmten, und erklärten: die Verwaltung soll was erleben, wenn diese 2 Mk. abgezogen werden.

Auf der Schachtanlage Neumühl (in Duisburg-Hamborn, D.P.) ging die Ver-

waltung dazu über, den Kumpels bei der letzten Abschlagszahlung 5,– Mk. abzuziehen mit der Begründung, es sei kein Geld mehr da. Es entwickelte sich in der Lohnhalle eine ungeheure Diskussion. Die Erregung der Kumpels wurde immer größer, einige Steiger wurden geschlagen. Daraufhin alarmierte die Werksverwaltung die Werkspolizei. Diese wurde mit Johlen empfangen. Als die Werkspolizei die Kumpels aus der Lohnhalle entfernen wollte, wurde sie selbst von den Kumpels hinausgeworfen. Die Verwaltung sah sich gezwungen, jedem Kumpel die abgezogenen 5,– Mk. auszuzahlen. Wir müssen jedoch selbstkritisch sagen, daß die Leitung dieser Aktion nicht in den Händen der Schachtgruppe des EVBD lag, obwohl sich unsere Kameraden daran beteiligten. (...)
Wir könnten diese Beispiele noch erweitern, aber diese wenigen von uns angeführten zeigen, daß alles Gerede der Faschisten, daß der Klassenkampf beseitigt ist, daß es keinen Streik mehr geben wird, weil alle Arbeiter genügend zu essen haben, nur leere Phrasen sind.
Die Gewerkschaften wurden als Klassenkampforganisation gegründet. Sie hatten die Aufgabe, in den Betrieben die Arbeiter zum gemeinsamen Kampf gegen den immer stärker sich entwickelnden Kapitalismus und die damit im Zusammenhang stehenden Angriffe auf die Arbeiter zu organisieren. Sie sollten die Vertreter, Verteidiger der Lebensinteressen der Arbeiter gegen den Kapitalismus sein. Darüber hinaus erhielten die Gewerkschaften die Aufgabe, die Arbeitermassen im Sinne des Sozialismus zu schulen und dieselben für die Machtübernahme durch die Arbeiter reif zu machen.
Durch die revisionistische und reformistische Politik der Gewerkschaftsbürokratie wurden die Gewerkschaften nach und nach des klassenkämpferischen Charakters entkleidet und wurden in der Vorkriegszeit, während der Kriegszeit und nach 1918 noch stärker in den Dienst des kapitalistischen Staates gestellt. (...)
Der Raub der Gewerkschaften durch die Faschisten am 2. Mai, das Vorhaben, diese Gewerkschaften in den faschistischen Staat fest einzubauen wurde erst möglich durch die arbeiterfeindliche Politik der Gewerkschaftsbürokratie (...)
Die Faschisten wollen im Auftrage von Krupp, Thyssen, Klöckner und Vögler dieses wichtige Klassenkampfinstrument, das es unter revolutionärer Führung ist, aus den Händen der Arbeiter nehmen. Die Gewerkschaften sollen soziale Unterstützungs- und faschistische Bildungsvereine werden. (...)
Die Arbeiter sollen jetzt völlig schutzlos den Angriffen der Unternehmer und der faschistischen Regierung ausgesetzt werden. Es steht jetzt vor der RGO und den Roten Verbänden im Ruhrgebiet konkret die Frage des Kampfes gegen die Kommissare in den Gewerkschaften gegen den Raub des Arbeitereigentums, für die Erhaltung der Gewerkschaften als Klassenkampforganisatio-

nen. Die Erhaltung der Gewerkschaften als Klassenkampforganisation werden wir erfolgreich durchführen, wenn wir diesen Kampf unmittelbar verbinden mit der Mobilisierung der Arbeiter zum Kampf gegen jeden Angriff der Unternehmer unter Anwendung der breitesten Einheitsfront in den Betrieben und an den Stempelstellen. (...)
Keinen Pfennig Lohnraub, Lohnerhöhung als Teuerungsausgleich, Kampf den Feierschichten, gegen die NSBO-Kommissare, für die Wiedereinstellung aller gemaßregelten Arbeiterfunktionäre, für die Wählbarkeit der Betriebsräte durch die Belegschaft. Das sind einige zentrale Losungen, die mit betrieblichen verbunden werden müssen. Flugblätter und Betriebszeitungen müssen das Gesicht der Kampagne Hunger an der Ruhr tragen.
Hunger an der Ruhr – das ist der Ausgangspunkt einer aufwühlenden Agitation und Propaganda unter den Arbeiterinnen und Arbeitern an der Ruhr zum Kampf gegen dieses faschistische Mordsystem. (...)“[344]

Ohne daß sich die kommunistischen Gewerkschafter bereits von allen polemischen Überspitzungen und sektiererischen Ansichten befreien konnten, entwickelten sie doch eine Politik der Vereinigung aller antifaschistischen Gewerkschafter und der Mobilisierung der Belegschaften zur Verteidigung ihrer elementaren Rechte. Dabei wurde allerdings im Sommer 1933 die Losung des Kampfes um die Erhaltung der Gewerkschaften mit der unrealistischen Aufforderung verbunden, sogenannte „Unabhängige Klassengewerkschaften“ zu bilden. Zwar wollten die Kommunisten damit die schwierige Aufgabe lösen, gleichzeitig den faschistischen Zwangsgewerkschaften entgegenzutreten und Organisationen aufzubauen, die über den bisher von RGO und Roten Verbänden beeinflußten Kreis hinausgreifen sollten, aber in der Praxis erwies sich diese Orientierung als zu eng und führte nur zur Umbenennung bestehender RGO-Gruppen. Auch in einem Rundschreiben zur Gewerkschaftsfrage von Anfang Juli 1933 kritisierte die Bezirksleitung zwar sehr scharf das Sektierertum der bisherigen RGO-Politik, aber sie lehnte die Bildung von Gewerkschaftsgruppen in den in der faschistischen Deutschen Arbeitsfront zusammengeschlossenen Verbänden noch ab und orientierte auf eigene Klassengewerkschaften, neben denen nur kleinere Arbeitsgruppen ausgesuchter Genossen in der DAF Oppositionsarbeit leisten sollten.[345] In der Oktober-Nummer 1933 der „Klassengewerkschaft. Kampforgan der revolutionären Gewerkschaftsbewegung Ruhrgebiet“ appellierten der Hauptvorstand und die Bezirksleitung Ruhrgebiet des Einheitsverbandes der Bergarbeiter Deutschlands „An alle Bergarbeiter des Ruhrgebiets!“: „Hakenkreuz ist Hungerkreuz! Faschismus ist Willkürherrschaft des Finanzkapitals!“ und riefen dazu auf:

Ende Okt./Anf.Nov.

Klassen-Gewerkschaft

Kampforgan der Revolutionären Gewerkschaftsbewegung Ruhrgebiet

Hunger- u. Kriegspolitik des Hitlerfaschismus! Zerschlagt den faschistischen Massenbetrug!

Die faschistischen Machthaber in Deutschland führen ein neues freches Betrugsmanöver durch. Jn den 8 Monaten ihrer Herrschaft haben sie bewiesen, dass sie nichts anderes sind, als alle übrigen kapitalistischen Regierungen, nämlich Organe zur Verteidigung und Schutz des Monopolkapitalismus und zur brutalsten Unterdrückung der Arbeiterschaft. Das Programm des Faschismus ist das des Kapitalismus, des Jndustrie-, Agrar- und Finanzkapitals, geschmackvoll garniert mit radikalen Phrasen und Lügen über "Sozialismus, Freiheit und Ehre". Diese frechen Schwindler und Betrüger, denen das Blut von tausenden von Arbeitern und revolutionären Freiheitskämpfern an den Händen klebt, die unsägliches Elend, Hunger und Leid über die Arbeiterschaft und das werktätige Volk gebracht haben, während sie dem Grosskapital neue Millionen Mark Steuergelder - von den Aermsten der Armen erpresst - in den Rachen werfen. Sie, die gehasst werden, wie nie eine Regierung und Machthaber jemals in Deutschland, sie besitzen die Frechheit, erneut vor das Volk zu treten und von ihm die Vollmacht zu erbitten zur Ausübung ihres schändlichen und blutigen Handwerks.

Wie hysterische, verrückte Weiber kreischen und brüllen sie wiederum tagein und aus, rufen den Herrgott an, biedern sich in hündischer, dreckiger Weise an die internationale Hochfinanz an, reden von "Frieden und Ehre" und rüsten fiberhaft zum heiligen Krieg, zum Krieg, der den Pg. Krupp, den Thyssen und Konsorten neue Riesenprofite bringen soll.

Warum macht Hitler Reichstagswahlen und Volksabstimmung?

Sicherlich nicht aus Uebermut oder verrückter Laune! Jm März ds. Js. noch schrien die Faschisten, dass nun der Parlamentarismus tot sei und vor 4 Jahren keine Wahl mehr stattfinden würde. Die Gründe liegen tiefer. Es ist kein Beweis der Stärke des Faschismus, wenn er gezwungen ist, wenn jetzt ein Hitler, wie er wörtlich sagt, das erste Mal in seinem Leben das Volk bittet, ihm die Stimme zu geben. Vielmehr liegen die Dinge so, dass gerade die 8 monatige Herrschaft des Hitler-Faschismus zu einer katastrophalen, ja verzweifelten Lage Deutschlands geführt hat. Die Errichtung der offenen faschistischen Diktatur hat die kapitalistische Krise nicht gemildert, sondern ungeheuer verschärft und zur Verschärfung und Vertiefung der Widersprüche und Gegensätze im kap. System geführt.

Das faschistische Deutschland ist vom Ausland wirtschaftlich und politisch isoliert. Die Kapitalisten können kaum noch Geschäfte mit dem Ausland abschliessen. Die Ausfuhr ging enorm zurück. Damit ist die wirtschaftliche und finanzielle Lage Deutschlands katastrophal geworden. Der Bankrott Hitler Deutschlands ist offenbar. Bestrebt, die hungernden und frierenden enttäuschten Massen von der Unfähigkeit des Faschismus, den Massen Arbeit, Brot und Existenz zu geben, abzulenken, die Massenempörung und Rebellio-

Klassen-Gewerkschaft, Ende Oktober Anfang November 1933

„Schafft auf allen Zechen und in allen Orten eine unabhängige und starke revolutionäre Klassengewerkschaft der Bergarbeiter Deutschlands!
Kameraden und Funktionäre des früheren Bergbauindustriearbeiterverbandes und des Christlichen Gewerkvereins! In ernster und entscheidender Stunde appellieren wir an Euch: Vereinigt Euch zum gemeinsamen Kampf mit uns, mit allen Kameraden! Helft den faschistischen Verband von innen zu sprengen und führt überall die besten, klassenbewußten, antifaschistischen Kameraden zusammen zu betrieblichen und lokalen Gruppen und Zahlstellen des so neu zu schaffenden antifaschistischen, unabhängigen und einheitlichen Verbandes der Bergbauindustriearbeiterschaft.“ (. . .)[346]

Davon, daß es faktisch noch nicht gelang, wirklich umfassend ehemalige sozialdemokratische und christliche Kollegen für eine neue Einheitsgewerkschaft zu gewinnen, zeugt auch der Organisationsbericht des Einheitsverbandes für das Baugewerbe vom Oktober 1933: Zwar gelang es, von Dortmund aus im Mai 1933 eine neue Bezirksleitung zu bilden, die auch Kontakte zur RGO-Leitung in Essen und im Herbst zur Reichsleitung des Verbandes nach Berlin herstellen konnte, sich aber nur auf Gruppen in Dortmund (etwa 110 Mitglieder), Essen (80), Oberhausen (60), Duisburg (160) und Gelsenkirchen stützen konnte, während die Verbindungen zu vielen kleineren Orten und nach Bochum, Rheine, Bielefeld und Osnabrück abgerissen waren. Auf dem wichtigen Feld der Arbeit mit den Kollegen der ehemaligen reformistischen und christlichen Gewerkschaften meldete der Bericht eine gewisse Stagnation.[347] Wenn auch das Ziel, breite Klassengewerkschaften zu bilden, nicht erreicht wurde, bleibt die Zahl von mehr als 400 organisierten Bauarbeitern im Ruhrgebiet doch recht imposant. Auch die Tatsache, daß bei der Verhaftung eines Essener Funktionärs der RGO-Bezirksleitung im November 1933 von der Gestapo ein Abziehapparat, 1000 Flugblätter, 12.000 Blatt Saugpostpapier und 11 verschiedene Flugschriften und interne Materialien beschlagnahmt werden konnten, gibt einen gewissen Eindruck der Breitenwirkung der RGO-Gruppen, die sich neben gewerkschaftlicher Tätigkeit zunehmend auch mit anderen Aufgaben der Widerstandsbewegung beschäftigten.[348] So gab die Bochumer RGO ein Flugblatt heraus „Katholiken Augen auf!“ in dem es heißt: „Laßt Euch nicht von der Regierung um Eure Glaubensideale bringen, und zeigt Hitler, daß Ihr keine Handbreit von Eurem Glauben abzuweichen gewillt seid!“[349]

Die Gruppe kommunistischer Rheinschiffer in Duisburg um Peter Paul Scholzen sah neben der gewerkschaftlichen Organisation ihre Hauptaufgabe darin, Widerstandsliteratur über die Grenze ins Reich einzuschmuggeln.[350] Bis 1933 gehörten sie dem „Schifferklub“ in Duisburg-Hamborn an und setzten nach dessen Verbot die Werbung für die RGO und den organisierten antifaschistischen Kampf besonders im „Internationalen Seemannsklub“ in Rotterdam

fort. Von hier aus verbreiteten sie nicht nur ihre Gewerkschaftszeitung „Rhein- und Nordsee-Binnenschiffer", sondern auch die Zeitung „Gegenangriff: Hitler treibt zum Krieg", die „Internationale Pressekorrespondenz" der Komintern, die Tarnschrift „Hören Sie unsere neuesten Platten" und andere Schriften unter ihren Seemannskollegen.
Im Frühjahr 1934 zeigten die „Wahlen", die die Nazis zu sogenannten „Vertrauensräten" in den Betrieben veranstalteten, daß die Mehrheit der Arbeiter das Regime weiter ablehnte. Im ganzen Reich beteiligten sich nur etwa 40 Prozent der Belegschaften überhaupt an der Wahl und von diesen stimmte nur knapp die Hälfte mit „Ja" für die von NSBO und Unternehmer aufgestellten Kandidaten.[351] Die antifaschistische illegale Presse meldete vernichtende Niederlagen der Faschisten in den Industriebetrieben des Ruhrgebiets: Auf der Essener Schachtanlage Wolfsbank stimmten von 1357 Wahlberechtigten nur 241 mit „Ja".[352] Im Hagen-Hasper Stahl- und Eisenwerk stimmten von 1800 Mann Belegschaft 400 für die faschistische Liste, 889 strichen die Liste durch und der Rest blieb der „Wahl" gleich fern. Im Rüstungsbetrieb Bochumer Verein erhielt der Spitzenkandidat der NSBO 36 Stimmen bei 10.000 Mann Belegschaft. Einzelne Abteilungen waren geschlossen der Abstimmung ferngeblieben und abgegebene Stimmzettel waren mit „Rot Front", „Wir wählen Thälmann" und ähnlichem beschrieben. Auf den Zechen des Ruhrgebietes war häufig nur eine Wahlbeteiligung von 23–25 Prozent zu verzeichnen.[353]
Im August 1934 zog das ZK der KPD die Konsequenz aus der bisherigen Entwicklung der antifaschistischen Gewerkschaftsbewegung und überwand die enge Orientierung auf die Bildung „Unabhängiger Klassengewerkschaften" zugunsten des Aufrufs, die alten freien Gewerkschaften neu aufzubauen.[354] Damit stellten die Kommunisten die Einheit der Gewerkschaftsbewegung, in der Kommunisten, Sozialdemokraten und Christen gemeinsam die Klasseninteressen des Proletariats verfechten sollen, in den Mittelpunkt ihrer Politik. Bei den nachfolgenden Organisationsbemühungen konnten sich die Gewerkschafter nicht nur auf die Gruppen der RGO stützen, sondern auch auf lockere Kreise ehemaliger freier Gewerkschafter, die das Traditionsgut der Arbeiterbewegung und ihre antifaschistische Gesinnung ebenfalls in ihren Zirkeln weiterbewahrten.
Besonders markant waren die Erfolge in der Herstellung der antifaschistischen Gewerkschaftseinheit im Wuppertaler Raum. Schon seit Frühjahr 1934 arbeiteten Betriebszellen bei den Firmen Bemberg, Vorwerk, Huppertsberg und Storkwerk, der Straßenbahn in Wuppertal sowie der Firma Engel in Velbert.[355] Nach der Augusttagung 1934 des ZK der KPD widmete sich ein qualifizierter Kreis illegaler Funktionäre ganz besonders dem Wiederaufbau freier Gewerkschaften. Als Oberberater der Westgebiete für Gewerkschafts-

fragen arbeitete der langjährige Leuna-Betriebsrat Heinrich Schmitt („Fred"), der im November 1934 einen ausführlichen Bericht an das ZK der KPD zum Stand der Gewerkschaftsarbeit gab, Instrukteurin für den Niederrhein und 1935 für das ganze Rhein-Ruhrgebiet wurde Elli Schmidt („Irmgard"), die über diese Tätigkeit auch dem VII. Weltkongreß der Komintern und der Brüsseler KPD-Konferenz 1935 Bericht erstattete. In Wuppertal selbst arbeitete Paul Claassen aus Solingen als Gewerkschaftsinstrukteur, sowie Ludwig Vorberg in Velbert.[356] Im Textilbetrieb Bemberg wurde schon Mitte August 1934 durch ein Flugblatt die Gründung einer Gewerkschaftsorganisation bekanntgegeben.[357]

In Velbert trat Ludwig Vorberg an den ehemaligen Ortsgruppenkassierer der SPD, Hubert Ortmann, und an den SPD-Stadtverordneten Alois Diefenbach heran und gewann sie für den Wiederaufbau der freien Gewerkschaften. In der Folgezeit nahmen beide nicht nur an den Sitzungen der kommunistischen Unterbezirksleitung teil, wo es auch zu Aussprachen mit Elli Schmidt kam, sondern sie organisierten auch im November 1934 eine illegale Zusammenkunft im ehemaligen Gewerkschaftshaus Tönisheide, an der etwa 20 SPD-Funktionäre teilnahmen. Hier hielt Vorberg nach einleitenden Worten Ortmanns ein Referat über die Notwendigkeit einheitlicher freier Gewerkschaften, das in der Diskussion einhellig begrüßt wurde. Gleichzeitig knüpfte Ortmann Kontakte zu führenden Wuppertaler Sozialdemokraten, mit denen es wegen der Verhaftungswelle Januar 1935 aber zu keinen festen Absprachen mehr kam. Im Ergebnis dieser Aktionseinheitsbemühungen konnte das illegale Organ der KPD-Niederrhein, „Freiheit", im Oktober 1934 einen Aufruf Elberfelder Sozialdemokraten zur Aktions- und Gewerkschaftseinheit abdrucken:

Die Einheitsfront marschiert!

Angesichts der neuerlichen Maßnahmen der faschistischen Regierung zum 1. Oktober, Maßnahmen, die das wankende Gebäude des deutschen Kapitalismus festigen und seinen Nutznießern ungeheure Gewinne durch völlige Entrechtung und brutalste Ausbeutung der deutschen Arbeiterklasse bringen sollen, beschließen die sozialdemokratischen Arbeiter Elberfelds nunmehr mit der Kommunistischen Partei Elberfelds die Aktions- und Gewerkschaftseinheit zum Kampf gegen die faschistische Diktatur. (Unterstreichung im Orig. D. P.)
Die ungeheure Brutalität des Faschismus, der die Herrschaft des rücksichtslosesten und reaktionärsten Teils des Finanzkapitals ist, hat in allen Teilen der deutschen Arbeiterschaft die Unversönlichkeit der Klassengegensätze, der Gegensätze zwischen Ausbeutern und Ausgebeuteten, zwischen Unterdrük-

kern und Unterdrückten gezeigt und die Überzeugung in allen Arbeiterköpfen reifen lassen, daß (die Zeit reif, im Orig. unleserlich, D. P.) zur Vernichtung aller Unterdrücker und Ausbeuter ist.
Der bevorstehende finanzielle Bankrott, der schwindsüchtige Export, die ständige Abnahme der Kaufkraft der breiten Massen als Folge der Preissteigerung und des Lohnraubs, die gewaltigen Rüstungsausgaben in Vorbereitung neuer Kriegsabenteuer der deutschen Bourgeoisie verlangen Verschärfung der Ausbeutung, vor allem aber hemmungslosen Lohnraub.
Die praktische Durchführung ihrer Pläne ist der Bourgeoisie nur möglich, wenn die Zerrissenheit der Arbeiterklasse weiterhin ihren Kampf erschwert.
Darum nehmen wir sozialdemokratischen Arbeiter Elberfelds den Einheitsfrontvorschlag der kommunistischen Partei Elberfelds zu gemeinsamer Aktions- und Gewerkschaftseinheit an.
Wir werden sofort die Bildung von Einheitskomitees in den Ortsgruppen, Straßenblocks und Betrieben mit den entsprechenden Einheiten der kommunistischen Partei durchführen und unmittelbar den zähen, andauernden revolutionären Kampf an der Seite unserer kommunistischen Genossen aufnehmen.
Gleichzeitig gründen wir zusammen mit den kommunistischen Genossen und den Mitgliedern der RGO die alten Gewerkschaftsverbände neu, in die wir alle unsere Gewerkschafts- und Vertrauensleute und die RGO ihre Mitglieder überführt zur Bildung einer mächtigen einheitlichen Gewerkschaft.
Vorwärts! Allein der gemeinsame revolutionäre Kampf Schulter an Schulter kann zum Sturz der faschistischen Diktatur führen, kann die Arbeiterklasse von aller Ausbeutung und Unterdrückung befreien.
Vorwärts!
Kampf gegen jeden Lohn- und Unterstützungsraub!
Kampf gegen Hetztempo und Zwangsarbeit!
Kampf gegen die Abschaffung der Tarife, gegen die faschistischen Betriebsordnungen!
Kampf gegen die Entlassung der Jugendlichen, ihre Militarisierung und Zwangsverschickung!
Kampf gegen den imperialistischen Krieg!
Kampf gegen Terror und Spitzelsystem!
Kampf für die Freilassung Ernst Thälmanns und aller gefangenen Antifaschisten!
Kampf für die Verteidigung der Sowjetunion, der Heimat der Werktätigen der ganzen Welt!
Es lebe die Einheit aller Werktätigen zum Kampf gegen die faschistische Diktatur!

Einheitskomitee der sozialdemokratischen Arbeiter und der Kommunistischen Partei, Elberfeld.[358]

*

Die schnell wachsende Gewerkschaftsbewegung konnte sich dabei auf eine feste kommunistische Parteiorganisation stützen, die neben den genannten Betriebszellen über sieben Stadtteilorganisationen im Unterbezirk Barmen und über vier im Unterbezirk Elberfeld verfügte, eigene Druckereien besaß, sowie aus ausländischen Druckstellen und aus den illegalen Druckereien in Solingen-Ohligs und Köln-Dellbrück eine Fülle von Literatur bekam, darunter auch einen Schulungsbrief mit dem Thema „Einige aktuelle Fragen unserer Gewerkschaftspolitik“. In kurzer Zeit hatten sich daher in Wuppertal etwa 61 Gruppen des Metallarbeiterverbandes und der Textilarbeitergewerkschaft gebildet, die in allen Großbetrieben fest verankert waren.

Bei der gewerkschaftlichen Organisation wurden ganz unterschiedliche Formen angewandt. So trafen sich 12–15 Mann einer Gruppe des Textilbetriebs Bemberg mit ihrem Instrukteur häufig auf Waldspaziergängen. Auf verschiedenen Wegen wurde Geld gesammelt, wobei nicht nur über 350 Gewerkschafter in Wuppertal regelmäßig ihren Monatsbeitrag von 1,– RM entrichteten, sondern auch Sammlungen für den Widerstandskampf und die Familien der Verfolgten eine große Rolle spielten.[359] Bei der Firma Tiefenthal in Velbert erhielt der gewerkschaftliche Betriebsobmann Josef Wirtz von der Werksleitung die Genehmigung, eine Sammelbüchse beim Pförtner aufzustellen, die ausdrücklich für die Kinder politischer Gefangener aus Wülfrath bestimmt war. Sammelergebnis: 70,– RM. Auch nach Beendigung der offiziellen Sammlung blieb die Büchse beim Pförtner stehen. Selbst nachdem die Gestapo dagegen eingeschritten war, wurde mit einer Zigarettenschachtel, die an einem allen Arbeitern bekannten Ort versteckt war, weiter für die politischen Gefangenen gesammelt. Im gleichen Betrieb, der ungefähr 140 Mann Belegschaft hatte, wurden ca. 90 Mann gewerkschaftlich organisiert und mit 10 Pfennig Wochenbeiträgen kassiert.[360]

Insgesamt arbeiteten in Velbert Gewerkschaftsorganisationen in 11 Betrieben. Für diesen relativ kleinen Ort lassen sich einige Aussagen über die politische Herkunft der Gewerkschafter machen; denn bei 34 der 80 Angeklagten im Gewerkschaftsprozeß von 1935 sind die Mitgliedschaften in Organisationen der Arbeiterbewegung vor 1933 in den Prozeßakten angegeben.[361] Nach diesen Angaben, die natürlich wegen ihrer Unvollständigkeit und der Tatsache, daß längst nicht alle Gewerkschafter verhaftet worden waren, nur Annäherungswerte darstellen, kamen zehn aus dem Arbeitersport, fünf aus dem Kampfbund gegen den Faschismus, drei aus dem Deutschen Metallarbeiterverband, zehn aus der RGO, fünf aus der SPD und 14 aus der KPD. Dabei müssen sowohl

Der Deutsche Textilarbeiter

Organ des Beziks Wuppertal

Mitte Dez.

Preis 10 Pfg.

Wohin führt der Kurs des HITLERFASCHISMUS?

Preis 10 Pfg.

Arbeit, Freiheit und Brot, so schrien die Hitlerdemagogen vor der faschistischen Machtübernahme. 'Abbau der hohen Beamtengehälter.' In den faschistischen Pressen stand wörtlich, wer mehr als I2000 Mk. jährlich bekommt ist ein Lump, also Arbeiter, sind alle die, die heute Deutschland regieren, Lumpen. Wer kennt nicht die vielen Versprechungen der Volksverräter. Lug und Trug sind ihre Agitationen und Wahlmachen gewesen. Unter Arbeit versteht Hitler eine 40 Stunden Woche für den Unterstützungssatz. Sane Zwangsverschikkung der Jugend zur Landhilfe, Arbeitsdienst ohne Lohnausgleich. Millionen Erwerbslose sind durch Versicherungsgesetze ausserhalb des Unterstützungsansprüche gestellt worden. Durch diese Massnahmen sank die Kaufkraft der Masse derart, dass ganze Industriezweige Mangels Umsatz verödeten und die Erwerbslosigkeit immer grösser wurde. Durch die wöchentlich steigende Lebensmittelteuerung ist selbst der schaffendevArbeiter nicht mehr in der Lage, sein Hungerdasein zu fristen. Durch gewaltigen Rohstoffeinkauf für die Kriegsindustrie sank der Goldstandard unserer Mark von 32% im Anfang 33 bis auf I% August 34. Diese Wirtschaftspolitik führte zu einem ständigen Devisenschwund, mithin zu einer vollständigen Verschrumpfung der Wareneinfuhr. Bei der Abhängigkeit der Deutschen Industrie und Agrarproduktion zum Ausland in Bezug auf Rohstpffe ist die Ernährungswise des deutschen Volkes eine immer schwierigere. Kunstlebensmittel und Ersatzstoffe für Bekleidung ist die unabänderliche Folge dieser katastophalen Wirtschaftspolitik. Verbittert, durch chemische Nahrungsmittel heruntergekommen, geht der Arbeiter seinen Sklavengang zur Arbeitsstätte. Sie wissen, dass von selbst keine Besserung ihres Daseins eintritt. Die Frage des Handelns wird deshalb immer dringender. Wie und wo muss die Arbeiterschaft seine Macht konzentrieren. Die Arbeitsstätte ist das Herz der Unterdrücker das Leben der herrschenden Klasse. Wenn der Herzschlag der Ausbeuter durch die nicht zu überwindende Waffe des Streiks stockt, so flieht das Leben aus dem Rumpf des Monopolkapitalismus. Der Widerstand bricht. Der Kapitalismus ist gezwungen, die Forderung der Arbeitermasse zu erfüllen. Deshalb muss sich jeder Arbeiter darüber im klaren sein, dass eine wirtschaftliche Kampforganisation die Arbeiterschaft zum Kampf führen muss. Darum die Parole, "Aufbau der alten Gewerkschaften." Sie sind wirksame Pole gegen Übergriffe und Wilkürherrschaft des Kapitals. Arbeiter, Arbeierinnen, ihr habt erkannt, dass nur gemeinsames Handeln zum Erfolg führt. Es kommt nichts von selbst. Herein in den Textilarbeiterverband. Hinweg mit dem Parteihader. Nur rücksichtsloser hasserfüllter Kampf gegen Lohnabbau, Verelendung und Terror, für ein menschenwürdiges Dasein.

Der deutsche Textilarbeiter, Wuppertal, Dezember 1934

Doppelmitgliedschaften wie auch Auslassungen von Seiten der Ankläger berücksichtigt werden. Trotzdem entsteht ein Bild, das die ganze Breite der Arbeiterbewegung, einschließlich ihrer Massenorganisationen wie den Arbeitersportvereinen umfaßt. Wie auch schon eine ähnliche statistische Untersuchung für die illegale Sozialdemokratie Nordrhein-Westfalens der dreißiger Jahre gezeigt hat,[362] und wie aus den Herkunftsangaben bei Prozessen gegen kommunistische Widerstandsgruppen immer wieder hervorgeht, stammten die meisten Widerstandskämpfer nicht nur aus den Arbeiterparteien im engeren Sinne, sondern rekrutierten sich aus dem ganzen gesellschaftlichen Umfeld der Arbeiterbewegung einschließlich ihrer Vereine, Verbände und Massenorganisationen.

Die Arbeit der gewerkschaftlichen Betriebsgruppen wurde durch die monatliche Herausgabe der Zeitungen „Der Deutsche Metallarbeiter" und „Der Deutsche Textilarbeiter" unterstützt, die in 300–500 Exemplaren Auflage hektographiert wurden. Zusätzlich erschienen einige Betriebszeitungen, u. a. bei Bemberg, den Wuppertaler Straßenbahnen und bei Cosman Villbrand & Zehnder. In den Artikeln dieser Zeitungen stand die Entwicklung der Aktions- und Gewerkschaftseinheit im Mittelpunkt. Daneben fanden sich Berichte über die Entwicklung der Einheitsfront an der Saar und über die internationale Gewerkschaftssolidarität. Unter den ständigen Rubriken „Unsere Kumpels berichten" und „Echo aus den Betrieben" wurden die Zustände in den Fabriken des Wuppertales aufgedeckt und Beispiele erfolgreicher Abwehraktionen verallgemeinert. In der Januar-Nummer 1935 des „Deutschen Textilarbeiters" berichtete eine Moskauer Textilarbeiterin ihren deutschen Kolleginnen von den Arbeits- und Lebensbedingungen im Sozialismus.

Welche Rolle diese Zeitungen damals gespielt haben, und in welchen Formen sich die gewerkschaftliche Interessenvertretung vollzog, berichtete die Wuppertaler Gewerkschafterin Cläre Muth:

„Bei Cosman, Villbrand & Zehnder wurden eines Tages die Akkordsätze gekürzt. Sofort erschienen kleine Handzettel im Betrieb, die den Arbeiterinnen sagten, wie sie sich dagegen wehren sollten. In der Dunkelheit hatte ich mit einigen Genossen die Zettel an den Bäumen befestigt, die vor der Fabrik standen. Einige zuverlässige und mutige Frauen nahmen Zettel mit in den Betrieb. Überall wurde diskutiert. Die Frauen arbeiteten langsamer und erreichten, daß sich der DAF-Vertrauensmann für die alten Akkordsätze einsetzte. Den erfolgreichen Kampf werteten wir in der ‚Roten Spule' aus, die auch in anderen Textilbetrieben verteilt wurde."[363]

Ähnliche Kampfaktionen fanden in anderen Betrieben statt. Sie dienten dazu, die Depression zu überwinden, die viele Arbeiter nach der faschistischen Machtübernahme befallen hatte, und das Vertrauen in die eigene Kraft zu stärken. Gleichzeitig sollten die Gewerkschaftsorganisationen in den Betrieben und die einzelnen Kampfaktionen die Arbeiter auf größere antifaschistische Aktionen vorbereiten, sollten der massenhaften Unzufriedenheit zum offenen, kämpferischen Ausbruch verhelfen.

Eine der bedeutendsten Widerstandsaktionen war die Arbeitsniederlegung im Textilgroßbetrieb Bemberg im Herbst 1934. Hier hatte die gute gewerkschaftliche Arbeit dazu geführt, daß eine Verordnung der Firmenleitung über erneute Lohnkürzungen nicht mehr von der Belegschaft hingenommen wurde. Die Arbeiter streikten, versammelten sich auf dem Werkshof und begannen eine erregte Diskussion, ob man mit den Kampfaktionen weiter gehen und als geschlossener Demonstrationszug in die Stadt marschieren sollte. Obwohl sich die engagiertesten Gewerkschafter und besonders der illegale Instrukteur bei Bemberg, Paul Claassen, dafür einsetzten, ein weithin sichtbares Zeichen zu setzen, zögerte die Mehrheit der Belegschaft vor diesem Schritt zurück. Kurze Zeit später wurde nach Teilzugeständnissen der Werksleitung und angesichts der inzwischen zusammengezogenen Polizeikräfte die Arbeit wiederaufgenommen.[364]

Nur mithilfe eines Gestapo-Sonderkommandos, das aus Berlin herangezogen werden mußte, gelang es, gegen die Wuppertaler Gewerkschaftsbewegung vorzugehen. Seit Januar 1935 wurden über 1200 Menschen verhaftet, in die Gefängnisse geworfen und gefoltert. 11 Widerstandskämpfer ließen bereits in der Voruntersuchung ihr Leben.[365]

Dennoch konnte die Solidarität der Illegalen nicht gebrochen werden. Schon im Herbst 1935 bestanden erneut Gewerkschaftsgruppen bei den Elberfelder Firmen Huppertsberg, Cosman, Villbrand & Zehnder, den drei IG-Farben-Werken, Reimann & Meier, Gbr. Rübel, Elberfelder Textilwerke, sowie bei Otto Budde & Co. in Barmen und der Firma Reinshagen in Ronsdorf. Wieder wurden 142 Menschen verhaftet.[366] Im Sommer 1936 mußte die Gestapo ihre Behauptung, KPD und Gewerkschaften in diesem Raum zerschlagen zu haben, erneut Lügen strafen und die Verhaftung von 150 Widerstandskämpfern aus Wuppertaler und Schwelmer Betrieben zugeben.[367]

Vor Gericht versuchten sich die Antifaschisten weitgehend gegenseitig zu entlasten. So konnte in Velbert der große Anteil der Sozialdemokraten stark vertuscht werden. Insgesamt resümierte das Gericht in diesem Fall:

„Da die Angeklagten (. . .) nach Möglichkeit alles bestreiten, konnten ihre Tätigkeit und der Verbleib der Zeitungen nicht restlos aufgeklärt werden. Aber auch über ihre Organisation hat die Verhandlung Klarheit nicht gebracht. Ja, es konnte nicht einmal festgestellt werden, in welchem Umfang es bereits zur Bildung fester Zellen gekommen ist.“[368]

Eine bedeutende Unterstützung für die Angeklagten der Wuppertaler Prozesse

00185
151 / 102

Privatkanzlei Adolf Hitler
Nr. 03248 Eing. 26. MRZ. 36

26.

Adolf Hitler
Reichskanzler d Deutsches Reiches

Kanzlei des Führers der N.S.D.A.P.
Nr. 012781 Eing. 27. MRZ. 1936
Abtlg.:

Berlin
Wilhelmstrasse.

Untengezeichnete Bauarbeiter in Turčiansky
Sväty Martin haben sich auf ihre versamlung 21 III 1936.
haben sich entschlosen protestieren gegen die urteile
sämtliche antifaschistischen und politische ~~verhafteten~~
und zwar.

1) Richardstrasse proces.

2) Wupertaler proces.

Und wier protestieren und fordern den
amnestierung sämtliche politische und antifaschistische
verhaftete und amnestierung Ernst Thälmans
das fordern 150. bauarbeiter die beteiligt waren
auf diese versamlung.

Protestschreiben tschechoslowakischer Arbeiter

leistete die internationale Solidaritätsbewegung. In Holland gründeten deutsche und niederländische Antifaschisten ein „Initiativkomitee zur Unterstützung der Opfer der Wuppertaler Prozesse“, das ein regelmäßiges Bulletin herausgab, in dem die Weltöffentlichkeit über die barbarischen Verfolgungen, die Folterungen und die Rechtswidrigkeiten der Prozeßführung informiert wurden.[369] Mehrmals reisten holländische und französische Delegationen nach Wuppertal, um durch ihre Anwesenheit bei den Prozessen gegen die Justizwillkür zu protestieren. Im Ergebnis einer dieser Informationsreisen entstand eine gefälschte Nummer des „General-Anzeiger der Stadt Wuppertal“, die unter dieser Tarnung in Wuppertal selbst, aber auch auf Ausflugsdampfern in Rheinhäfen, u. a. auch in Duisburg verteilt wurde.[370] Außerdem erschienen die Zeitungen „Der Ruf der Welt: Hilfe und Solidarität“,[371] eine Nummer der Roten Hilfe-Zeitung „Informationen aus Deutschland“ mit der Schlagzeile „Massenprozesse gegen 364 Gewerkschaftler in Wuppertal!“,[372] sowie zahlreiche Berichte in der internationalen antifaschistischen Presse, besonders dem „Pariser Tageblatt“ und der „AIZ“ in Prag.
Diese umfangreiche Informationskampagne führte besonders in Holland, Skandinavien und der Tschechoslowakei zu zahlreichen Protesten und Solidaritätserklärungen, die die dortigen deutschen Botschaften überfluteten, bzw. direkt an den Volksgerichtshof oder an die Reichskanzlei gerichtet waren.[373] In Deutschland selbst wurden die Nachrichten über die Gewerkschaftsprozesse nicht nur durch die eingeschmuggelten Schriften der Solidaritätskomitees und durch ausländische Rundfunksendungen, sondern auch durch eigene Materialien der illegalen Widerstandskämpfer verbreitet. So schrieb der Instrukteur der KPD in Bochum, Gerhard Jurr, in seinem Aufruf „Formiert die Volksfront gegen den Faschismus!“ Anfang 1936:
„Im Mittelpunkt des Weltinteresses steht augenblicklich der Monsterprozeß gegen 628 Angeklagte in Wuppertal, der in Etappen, etwa in 10 Teile gegliedert ist. Über 600 Menschen, Männer und Frauen, Greise und Jugendliche, Sozialdemokraten und Kommunisten, Christen, Parteilose, Gewerkschafter und Mitglieder der ‚Arbeitsfront‘ stehen hier vor den Schranken des Blutgerichts. Nur deshalb, weil sie nicht freiwillig verhungern wollten und für die elementarsten Menschenrechte eintraten.
Bei der Vorbereitung dieses großen Prozesses wurden von der Gestapo 13 Arbeiter bestialisch ermordet. Die Gestapo verlangte von ihnen, ihre Arbeitsbrüder dem Faschismus preiszugeben. Die Verhafteten lehnten das ab. Darauf wurden sie tagelang in der barbarischsten Weise gefoltert und mißhandelt, bis sie tot zusammenbrachen. Einige der Ermordeten trugen Brandwunden am ganzen Körper, ihre Hände und Füße waren von glühenden Eisen durchbohrt. Aber nichts vermochte sie zum Verrat ihrer Mitkämpfer zu bewegen. Die

24. Juni 1932: 40 000 Menschen geben dem von den Nazis ermordeten Arbeiter Josef Bischoff das letzte Geleit.

Hattingen: Flugblatt anläßlich der Ermordung von Hubert Lubberich am 30. Juni 1932

Nazi-Mord in Hattingen

Unter dem mörderischen Kugelregen starb als Opfer des braunen Mordterrors der Proletarier Lubberich. Arbeiterblut floß in Strömen, viele Schwerverwundete liegen stöhnend vor Schmerzen im Krankenhaus — und die Schutzpolizei verhaftet revolutionäre Arbeiter.

Arbeiter, Angestellte, Beamte, Werktätige aller Schichten, erscheint am Dienstag, dem 5. Juli 1932, abends 8 Uhr, im Lokal Vieth, Hattingen Sprockhöveler Straße 3, zur

Massenversammlung

der Roten Hilfe

Dort wird ein

Rotes Tribunal

zum Hattinger Mordüberfall der Notverordnung-Gardisten Stellung nehmen und durch

öffentliche Zeugenvernehmung

die Hintergründe des feigen Überfalls aufklären. Es werden dort sprechen

der Rote-Hilfe-Rechtsanwalt Dr. Obuch und der Sekretär der Roten Hilfe, Oskar Behrendt

Nieder mit dem Nazi-Mordterror. Schafft die Einheitsfront und Massenselbstschutz gegen den Faschismus.

Übt Solidarität! Erscheint in Massen!

Einheitskomitee der Antifaschistischen Aktion **Rote Hilfe Ortsgr. Hattingen**

Herausg. u. f. d. Inh. verantw.: Osk. Behrendt, Essen. Druck Westd. Buchdruckwerkst. Essen

12. Juli 1932: Sozialdemokraten und Kommunisten in den Uniformen ihrer Wehrorganisationen an der Bahre Lubberichs

1. Mai 1933. Die rote Fahne weht auf dem Schornstein der Zeche Helene in Essen-Altenessen

lbert Funk (15. 10. 1894–27. 4. 1933), Kommunist, orsitzender des Einheitsverbandes der Bergarbeiter eutschlands

Max Grzeschick (17. 2. 1902–21. 4. 1936), politischer Leiter des KPD-Bezirks Ruhrgebiet 1935

einrich Hirtsiefer, Zentrum, preußischer Minister bis 932, wird von den Nazis verhöhnt, durch die Straßen ssens geschleppt und ins KZ Börgermoor übergeihrt

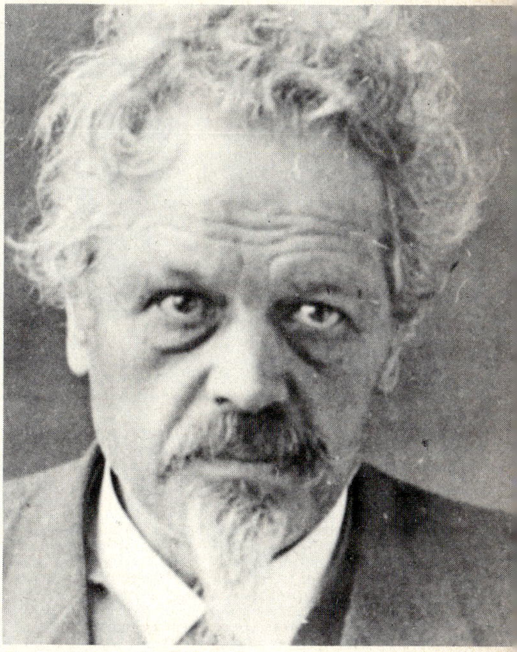

Franz Voutta, Sozialdemokrat aus Essen, starb 1936 an den Folgen von Gestapomißhandlungen

DER RUF DER WELT
HILFE UND AMNESTIE

«Politische Gesinnung hin, politische Gesinnung her; sie alle haben als Kämpfer für die Menschenwürde, gegen den Uebermut einer Diktatur, die sich jede Willkür herausnimmt, Anspruch auf unsere Bewunderung. Die wahre europäische Gefahr, die Lebensgefahr Nr. 1 ist und bleibt das Regiment, dem sich das deutsche Volk unterwerfen musste.»

Baseler National-Zeitung

Das sind die Worte der grössten und angesehensten bürgerlichen Tageszeitung der Schweiz über den Wuppertaler-Prozess gegen die 628 angeklagten Gewerkschaftler. Inzwischen ist das Urteil gegen die 80 angeklagten Velberter Gewerkschaftler vom Schwurgericht Hamm gefällt worden.

155 Jahre und 10 Monate Zuchthaus; 45 Jahre und 11 Monate Ge-
Die 14 Hauptangeklagten wurden zu Zuchthausstrafen von 4 bis 8 Jahren; 28, unter ihnen 2 Frauen, Gefängnisstrafen bis zu 3 Jahren.

Neuer Mord der Gestapo

Nachdem bereits die «Voruntersuchung» im Wuppertaler-Prozess elf Todesopfer gekostet hat, erreicht uns die erschütternde Mitteilung, dass

der Antifaschist GESSIER

durch die Gestapo so «vernommen» wurde, dass er jetzt an den Folgen der schrecklichen Misshandlungen in Untersuchungshaft, gestorben ist.

fängnis; sowie 34 Jahre Ehrverlust wurden gegen die Angeklagten verhängt. Lediglich 3 wurden freigesprochen.

Es wurden verurteilt u. a. Siegfried Eickelmann zu 8 J. Zuchthaus, Hubert Göbels zu 6 J. Zuchthaus, Josef Rath zu 7 J. Zuchthaus, Elfriede Osterkamp zu 3 J. Gefängnis, Emilie Gleti zu 1 u. ein viertel J. Gefängnis, Anna Klingenhagen zu 2 u. einviertel J. Gefängnis.

NEUER TEILPROZESS GEGEN 104 Angeklagte

Die Riesenmaschinerie des Prozesses läuft weiter. Anfang Februar wurde die Verhandlung gegen 104 weitere Angeklagte aufgenommen. Wiederum drohen neue schwere Strafen.

AUFMARSCH DER SOLIDARITÄT

Grandemange, Krankenkasse.

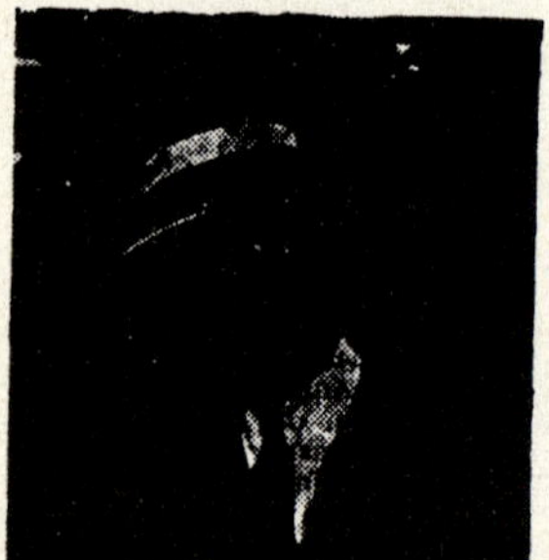

Hassenferder, Metall-Gewerkschaft

Seaume, Docker.

Der Prozess hat nicht nur in Wuppertal und, soweit er in Deutschland trotz der Unterdrükkungsversuche des braunen Propagandaministeriums bekannt geworden ist, sondern auch vor allem unter den Gewerkschaftsmassen der Deutschland umgebenden Länder eine grosse Sympathiebewegung ausgelöst.

«Wir waren tief erschüttert, beim Vernehmen von näheren Einzelheiten über das Los dieser Menschen. Wir dürfen darum nicht schweigen. Mehr denn jemals muss das Weltgewissen wachgerüttelt werden, damit alle einsehen, dass nicht länger gewartet werden darf, den Opfern des Wuppertaler Prozesses muss unmittelbar geholfen werden, sowohl moralisch als auch materiell.»

So heisst es in einem Aufruf eines Komitees zu Unterstützung der Opfer des Wuppertaler Prozesses, das sich in Amsterdam gebildet hat. Diesem Komitee gehören hervorragende Vertreter der Wissenschaft und Kunst, sowie des politischen Lebens an.

Der Appel blieb nicht ungehört. Aus Frankreich und Holland fuhren Delegationen. Was sie erlebten, was sie bei uns hörten, hier ist es aus ihrem Munde:

Eine Delegation, bestehend aus einem Vertreter der Einheitsgewerkschaft der Docker von Rouen, dem Vorstandsmitglied der Gewerkschaft der Krankenhausangestellten von Paris und einem Vertreter der Pariser Metallarbeiter, erzählt von ihren Erlebnissen unter anderem:

„Wir wollten uns davon überzeugen, wie es den Arbeitern im 3. Reich geht. Wir fuhren also zum Textilbetrieb Grossmann, Willbrandt und Zehntner, in dem besonders viel Verhaftungen vorgenommen worden waren und verlangten, man solle uns den Betrieb zeigen. Der verlegene Direktor machte Ausflüchte und forderte uns auf, eine Ermächtigung bei der zuständigen Behörde einzuholen. Dann gingen wir zu dem grossen Betrieb Bemberg. Hier wurde uns gesagt, der Direktor sei nicht da, also verlangten

Solidaritätszeitschrift des Wuppertalkomitees 1936

Tarnschrift mit der Rede Wilhelm Florins auf der Brüsseler Konferenz der KPD, Oktober 1935

ilhelm Florin: *Wie stürzen wir Hitler?* Der Weg zur Einheitsfront zur antifaschistischen Volksfront in Deutschland. Rede und usswort auf der Brüsseler Konferenz der Kommunistischen Partei schlands (Oktober 1935).

e historische Bedeutung des VII. Weltkongresses der Komintern

Genossen! Noch niemals hat ein Kongreß der Kommunistischen Internale einen *so mächtigen Widerhall* unter den Werktätigen der en Welt gefunden wie der VII. Weltkongreß. Die programmatische Rede Genossen *Dimitroff* über den Kampf der Arbeiter und Werktätigen gegen Faschismus war an Millionen in der ganzen Welt gerichtet, und Millionen n gehört, welchen Weg der Genosse Dimitroff, welchen Weg die Komistische Internationale aus der Barbarei des Faschismus und der droen Kriegsgefahr zeigt.

Die internationale Lage ist ernst und kompliziert. Noch niemals war die gsgefahr in der ganzen Welt so drohend wie jetzt. Noch niemals waren 1914 die imperialistischen Gegensätze so zugespitzt wie jetzt. Der itasche Faschismus hat den Krieg gegen den letzten selbständigen afrikaen Staat, Abessinien, begonnen. Wie wir aus den neuesten Meldungen n, hat der Faschismus schon seine Brutalität in der Kriegsführung ge- indem er offene Städte mit seinen Bombenflugzeugen angegriffen und ner Stadt gleich 1700 Menschen gemordet hat. Die Gegensätze zwischen n und England stehen auf des Messers Schneide. Noch niemals waren Kriegsdrohungen der Faschisten, die Kriegsdrohungen der Imperialisten n die Sowjetunion so offen wie heute.

Es ist der Bourgeoisie trotz aller Teilerfolge auf wirtschaftlichem Gebiet gelungen, die Krise zu überwinden und aus der Depression herauszumen. Der Mussolini-Faschismus hat die Illusion, mit dem Krieg aus der herauszukommen. Auf der anderen Seite sehen wir, daß die *Sozialie Sowjetunion* immer stärker und mächtiger wird durch den endgül- Sieg des Sozialismus und durch die Radikalisierung der Massen, die immer enger mit dem Land des Sozialismus, der Freiheit und des Frieverbunden fühlen.

Aber selbst in den sechs Jahren der Krise hat die *Arbeiterbewegung*, sie gespalten und dadurch geschwächt war, nicht vermocht, dem Kapimus entscheidende Schläge zu versetzen. Wir sehen, daß in einer Reihe Ländern, in erster Reihe in Deutschland, aber auch in Oesterreich und ien, wo Teile der Arbeiterklasse im offenen Bürgerkrieg tapfer kämpf*das Proletariat eine Niederlage erlitten* hat. Die Gefahr des Faschismus sich aber auch in allen anderen kapitalistischen Ländern vergrößert. Der talismus hat in der Depression den Werktätigen noch neue Lasten aufgebürdet. Und dennoch sind die Faschisten nicht in der Lage gewesen, aus der Depression zu einer wirklichen Konjunktur zu kommen.

Die Bourgeoisie sieht sich daher gezwungen, zu noch schärferen Formen der Offensive gegen das Proletariat und die werktätigen Massen überzugehen. In dem *Verhalten der internationalen Bourgeoisie gegenüber den Beratungen unseres Kongresses* sehen wir die Bestätigung für die Analyse, die der Kongreß über die Weltlage und die Zuspitzung der inneren und äußeren Gegensätze gegeben hat und für die Richtigkeit der festgelegten Taktik. Wir sehen, wie eine tolle Hetze der internationalen faschistischen Bourgeoispresse gegen die Sowjetunion und gegen die Kommunistische Internationale entfesselt wird. Die Hetze geht von den Blättern des Finanzkapitals bis zu ihren Helfern, den Blättchen der konterrevolutionären Renegaten und Feinden des Kommunismus vom Schlage Trotzkis und Doriots. Es zeigt sich mit jedem Tage deutlicher, daß die imperialistischen Gegensätze, die Gegensätze im Lager der Bourgeoisie und des Faschismus nicht geringer, sondern schärfer werden.

Insbesondere bestätigt die Hetze der *deutschen* faschistischen Presse, der Ton der Reden von Nürnberg, die Drohungen nach außen und nach innen, gegen Arbeiter, Bauern, städtische Werktätige und sogar Teile der Bourgeoisie die Einschätzung unseres Kongresses, daß *der Faschismus zwar eine blutige und terroristische, aber keine feste und dauerhafte Herrschaftsform ist.*

Was bedeutet angesichts dieser Tatsache die taktische Neuorientierung, die der VII. Weltkongreß beschlossen und eingeleitet hat?

Die taktische Neuorientierung, die der Kongreß den Parteien und der internationalen Arbeiterklasse als Aufgabe gestellt hat, muß durch die Arbeit der Kommunisten zu einer entscheidenden Wendung im Kampf zwischen Sozialismus und Faschismus, zwischen Bourgeoisie und Proletariat werden. Die kühne Behandlung der Fragen der Einheitsfront und Volksfront hat deshalb in den breitesten Massen einen so tiefen und starken Widerhall gefunden, weil wir den unter dem Faschismus und unter der drohenden Kriegsgefahr leidenden Massen in den Beratungen und Beschlüssen des Kongresses eine Antwort auf ihre eigenen Fragen gaben.

Die Arbeiterklasse ist nicht nur unbesiegbar, sie kann auch gewaltige Siege erringen, wenn sie die Waffen anwendet, die der VII. Weltkongreß gibt. Immer breitere Massen beginnen einzusehen, daß der Sieg des Faschismus in einem Land wie Deutschland verhindert werden konnte. Auch die Niederlage in Oesterreich und Spanien war nicht unvermeidlich. Die Massen erkennen, daß der Sieg des Faschismus verhindert werden kann in Ländern wie Frankreich, und daß der Faschismus gestürzt werden kann in allen faschistischen Ländern, vor allem in Deutschland.

Die Rede Dimitroffs über den Kampf der Arbeiterklasse gegen den Faschismus brachte den Kommunisten und den breiten Massen die heutige Lage und die Aufgaben, die sich daraus ergeben, zum Bewußtsein. Genosse Dimitroff zeigte ganz konkret den Weg zum Sturz des Faschismus. Der Kongreß erfüllte die Kommunisten und die revolutionäre Vorhut des Proletariats

Die Rote Fahne

Zentralorgan der Kommunistischen Partei Deutschlands (Sektion der Kommunistischen Internationale)

Genosse! Leser! Wirb in deinem Freundes- und Bekanntenkreis Abonnenten für die „Rote Fahne"! Schafft Lesezirkel der „Roten Fahne"

Sondernummer. - März 1935

Reichsausgabe
Begründet von Karl Liebknecht u. Rosa Luxemburg
Lesen – Weitergeben!

Genosse! Du sollst diese Zeitung nicht nur mit deinen Arbeitskollegen lesen, du sollst auch für sie schreiben. Gib deine Berichte an den dir bekannten Funktionär weiter!

Preis 15 Pfennig

Proletarische Einheitsfront und antifaschistische Volksfront gegen Faschismus und Krieg!

Das Zentralkomitee der KPD hat an den Vorstand der SPD ein Angebot zum gemeinsamen Vorgehen der Mitglieder und Organisationen beider Parteien bei den bevorstehenden Vertrauensrätewahlen gerichtet. Die KPD erklärt dabei ihre Bereitschaft, über die aufgeworfenen Fragen in Besprechungen einzutreten.

Der Parteivorstand der SPD in Prag hat dieses Angebot abgelehnt. Er hat es abgelehnt, seine Gründe dafür bekanntzugeben und in Besprechungen mit der KPD einzutreten.

Damit ist zunächst der Versuch zur Herstellung der Einheitsfront in einer wichtigen, alle Arbeiter berührenden Frage auf dem Wege der Verständigung beider Parteileitungen gescheitert. Damit kann die Sache aber nicht als abgeschlossen betrachtet werden. Die Fragen, die in dem Angebot der KPD und durch die Haltung des Prager Parteivorstandes aufgeworfen werden, stehen jetzt vor allen sozialdemokratischen Gruppen, Organisationen und Leitungen im Lande. Sie stehen vor der gesamten deutschen Arbeiterschaft. Wir sind überzeugt, daß die Entscheidung im Lande nur für ein gemeinsames Vorgehen, entsprechend dem Vorschlag der KPD, ausfallen wird. An dieser Entscheidung im Lande wird der Prager Parteivorstand nicht vorübergehen können. Die deutsche Arbeiterschaft wird von ihm eine klare Stellungnahme verlangen.

*

Was hat die KPD zu ihrem Angebot veranlaßt? Warum hat sie gerade die Vertrauensrätewahlen zum Anlaß dazu genommen?

Das Ergebnis der Saarabstimmung hat den imperialistischen Appetit des deutschen Finanzkapitals nach neuen profitbringenden Gebieten ungeheuer angeregt. Es streckt seine gierigen Hände nach dem Memelgebiet, nach Österreich, nach Nordschleswig, ja selbst nach Elsaß-Lothringen und Sudetendeutschland aus. Mit besonders gesteigerter Energie werden jedoch die alten Pläne der Ausdehnung nach dem Osten, des räuberischen Überfalls auf die Sowjetunion, verfolgt.

Die faschistische Außenpolitik arbeitet mit verstärkter Aktivität an der Herausbildung der Kriegsfronten und der Auslösung des Krieges, vor allem gegen die S.-U.

Das zeigt die Behandlung des Londoner Abkommens, das zwischen Frankreich und England zur „Sicherung des Friedens" abgeschlossen und Deutschland zur Annahme vorgelegt wurde. Hitler lehnt den sogenannten Donaupakt ab, weil er seine österreichischen Pläne stört. Er lehnt mit besonderem Nachdruck den der Sowjetregierung und Fra reich vorgeschlagenen Ostpa ab, weil er ihm in seinem Vorgel gegen die S.-U. Fesseln anlegt.

Das faschistische Deutschlan will alle Hemmungen beseit gen, die seinen imperialist schen Kriegsplänen entgeger stehen.

Der Faschismus setzt alles dar das werktätige Volk für seine v

„Wir müssen Thälmann wie eine Schlac gewinnen!"

(Henri Barbusse

Zum zweiten Jahrestag der Verhaftung Ernst Thälmanns

Die Rote Fahne, März 1935

Erschlagenen und zu Tode Gefolterten werden unvergeßlich als Vorbilder proletarischen Heldenmuts im Herzen der Arbeiterklasse fortleben (. . .)“[374]
In Wuppertal selbst setzten mutige antifaschistische Gewerkschafter den Widerstandskampf fort. Noch in den letzten Kriegsjahren arbeiteten Mitglieder der Zelle Straßenbahn mit sowjetischen Kriegsgefangenen und Zwangsarbeitern zusammen.[375] Der Instrukteur für die Velberter Gewerkschaftsbewegung 1934/35 L. Vorberg, berichtete über ein anderes Beispiel:
„Im Sommer 1934 nahm ich Kontakte zum Kesselbetrieb Siller und Jannert (Metall) auf. Es entstand eine fünf Mann starke Gruppe. Bei der ersten Zusammenkunft nach 1945 meldete der damalige Leiter dieser Gruppe: ‚Die Gruppe ist intakt geblieben; hier ist sie.“[376]
Nicht nur in Wuppertal, sondern auch am Niederrhein, in Düsseldorf, Köln, Solingen, Leverkusen und Hagen und im engeren Ruhrgebiet formierten sich seit Sommer 1934 Gruppen, die den Wiederaufbau der freien Gewerkschaften betrieben. Für dieses Ziel setzten sich ganz besonders der Organisationssekretär der KPD-Bezirksleitung Ruhr, Otto Kropp, der Leiter des Gewerkschaftsressorts in der Bezirksleitung, Waldemar Schmidt, und der Instrukteur für Duisburg, Paul Claassen, ein.

Waldemar Schmidt wurde am 7. Februar 1909 in Berlin geboren. Während seiner Ausbildung zum Maschinenschlosser trat er dem KJVD und kurze Zeit später der RGO und der KPD bei. Seit dem Ausbruch der Weltwirtschaftskrise arbeitslos, übte er verschiedene Parteifunktionen aus, darunter die des Organisationssekretärs der KPD in Berlin-Friedrichshain. Im Oktober 1932 schickte ihn die KPD auf die Internationale Lenin-Schule bei Moskau, wo er sich zusammen mit Max Grzeschik und Elli Schmidt auf die schwere Aufgabe der illegalen Tätigkeit im faschistischen Deutschland vorbereitete. Im Mai 1934 gelangte Waldemar Schmidt über Prag nach Berlin, wo ihn die Reichsleitung der RGO als Gewerkschaftsleiter in Leipzig einsetzte. Nach einem zweimonatigen Aufenthalt in Hamburg wurde er im November 1934 zum Gewerkschaftsleiter des Ruhrgebiets bestimmt, wo er bis März 1935 tätig war. Drei Monate später wurde er während seiner neuen Tätigkeit als politischer Leiter des Bezirks Niederrhein verhaftet und zu 12 Jahren Zuchthaus verurteilt.[377]

Die Orientierung auf den Wiederaufbau der freien Gewerkschaften schlug sich nicht nur in dem bekannten Dortmunder Einheitsfrontappell nieder, an dessen Zustandekommen Schmidt beteiligt gewesen war,[378] sondern auch darin, daß die Zeitung „Der Bergarbeiter“ als Organ des alten Bergbauindustriearbeiterverbandes (BAV) wieder herausgegeben wurde, dessen Nr. 2 vom Februar

1935 unter anderem in Witten und Moers gefunden wurde.[379]
Besonders in den Unterbezirken Moers und Hamborn hatten sich Gewerkschaftsgruppen auf acht Schachtanlagen gebildet. Dabei war im Raum Moers der Anteil sozialdemokratischer Kollegen an der über 90köpfigen Organisation besonders hoch.[380]
Auf der Schachtanlage Diergardt in Rheinhausen-Hochemmerich, sowie auf den beiden Rheinpreußen-Schächten IV und V gaben die Gewerkschafter eigene Zeitungen und Flugblätter heraus, und im Krupp-Werk Rheinhausen arbeitete eine Gewerkschaftsgruppe von etwa 15 Metallarbeitern.[381] Über die Widerstandsaktionen in diesem Raum berichtete auch der Bergmann Max Langusch aus Moers auf der Brüsseler Konferenz der KPD 1935.[382]
Nach den Wuppertaler Massenverhaftungen wurde Paul Claassen, der seinen Verfolgern entkommen war, als Instrukteur in Hamborn und Umgebung eingesetzt, wo es ihm gelang, Verbindungen zu den Schachtanlagen Thyssen 2/5, Thyssen 4/8, Deutscher Kaiser, Neumühl, Westende, Beeckerwerth und Walsum zu bekommen.[383] Schon Ende November 1934 hatten in der Waschkaue der Zeche Neumühl Flugblätter „Kumpel erwache" mit Kritik an den Arbeitsbedingungen und der Unfähigkeit des Vertrauensrats Aufsehen erregt.[384] Dann erschienen im Februar 1935 auf der 7. Sohle des Thyssen-Schachts 2/5 in Marxloh Flugblätter mit der Überschrift „Erneuter Lohnraub auf Schacht 2/5. Volksgenosse Thyssen wird frech!",[385] nach deren Verbreitern die Gestapo so fieberhaft wie ergebnislos suchte. Wie Paul Claasen berichtete, hatten die Widerstandskämpfer die Flugblätter in das Lüftungssystem der Zeche geworfen und dadurch für ihren sicheren Transport bis in den letzten Winkel gesorgt.[386]
In Essen gewann Waldemar Schmidt einen Verbindungsmann zu kleineren Gewerkschaftsgruppen in den Metallbetrieben,[387] sowie zur Gewerkschaftszelle „Post", deren zehn Mitglieder bis zu ihrer Verhaftung im Juni 1936 ihre Widerstandsarbeit fortsetzten.[388]
Otto Kropp knüpfte in Bochum eine Reihe von Verbindungen, die er ebenfalls für den Aufbau von Gewerkschaftsgruppen einsetzte. Diese verteilten u. a. an der Zecheneinfahrt in Linden-Dahlhausen Klebezettel „Gegen Lohnraub und Feierschicht. Für Ausgleich von Löhnen und Preisen. Schafft Eure Gewerkschaften. Her mit der Einheitsfront aller Werktätigen. Hinein in den Bergarbeiterverband!"[389]
Im Raum Gelsenkirchen sollte die Orientierung der KPD auf die Wiederherstellung des alten Bergbauindustriearbeiterverbandes besonders nachhaltig wirken. Die 1934 gebildeten illegalen Gruppen aus Sozialdemokraten, Kommunisten, Christen und Parteilosen um Walter Jarreck und Hans Schiwon setzten ihre Tätigkeit bis 1945 fort und stellten dann Kader für den breiten gewerkschaftlichen Wiederaufbau auf den Ruhrzechen. Die Gelsenkirchener begrüß-

ten in einem Instruktionsgespräch mit dem Oberberater der KPD für Gewerkschaftsfragen, Heinrich Schmitt, im Herbst 1934 besonders, daß die KPD jetzt alle sektiererischen Hemmnisse im Kampf um die Gewerkschaftseinheit habe fallen lassen.[390]

In Dortmund konnte man sich nicht nur auf das „Einheitskomitee zum Wiederaufbau der Freien Gewerkschaften", sondern auch auf eine Reihe von Betriebsverbindungen stützen, darunter eine 20köpfige Betriebszelle in dem Rüstungsbetrieb Hoesch – Westfalenhütte –.[391]

Das herausragendste gewerkschaftspolitische Ereignis im Frühjahr 1935 waren die Vertrauensrätewahlen. Hierzu gaben der Dortmunder Einheitsappell und ein Aufruf der KPD die Losung aus, mit den verschiedensten Mitteln, durch Fernbleiben von der Abstimmung, Durchstreichen des Wahlzettels oder besonders reaktionärer Kandidaten, usw. die antifaschistische Haltung der Arbeiter zu demonstrieren. Daraufhin fanden sich in den Wahlumschlägen auf dem Hagen-Hasper Werk der Klöckner AG Zettel mit folgenden Texten:

„Abtreten Hitler und Ley,
Ihr seid mit dem Geldsack ein Ei,
Ihr habt nicht unser Vertrauen,
Auf Thälmann können wir bauen!"

„Abbau der großen Gehälter damit noch mehr Kameraden eingestellt werden können!"

sowie durchgestrichene Listen und Hammer & Sichel-Zeichnungen.[392]

Trotz des großen Drucks der Nazis in den Betrieben und obwohl häufig das Wahlgeheimnis gebrochen wurde, um mit „Nein" stimmende Arbeiter zu entlarven, tat ein bedeutender Teil der Ruhrarbeiter seine Ablehnung offen kund. So mußte ein interner Bericht des Düsseldorfer Regierungspräsidenten zugeben, daß auf der Hamborner August-Thyssen-Hütte von 11.190 Stimmberechtigten 2722 durch „Nein"-Stimmen, ungültige Zettel oder Fernbleiben ihre Unzufriedenheit demonstriert hatten, während im dortigen Gas- und Wasserwerk 346 von 658 Stimmberechtigten nicht mit „Ja" stimmten.[393] Auf der Schachtanlage Westende blieben nach einem Bericht des dortigen Gewerkschaftsinstrukteurs mehr als 300 Kumpel der Wahl fern.[394]

Anders als im Wuppertaler Raum blieben die Gewerkschaftsgruppen der Ruhr relativ isoliert und viele von ihnen bestanden auch nur für kurze Zeit. Obwohl es also nicht gelang, eine gewisse Unstetigkeit zu verhindern, kam es dennoch auch im Ruhrgebiet 1935 zu Kampfaktionen von Belegschaften einzelner Firmen:

Auf den Zechen Hagenbeck, Bismarck, Prosper II, Diergardt und Thyssen 4/6 wehrten sich die Kumpel gegen Lohnkürzungen, die durch häufige Feierschichten entstanden. Über den Lohnkampf im Revier 6 von Zeche Prosper II in

Bottrop wurde berichtet, daß sich seit Wochen Unzufriedenheit ausgebreitet hatte, weil den Kumpels zu wenig Abschlag gezahlt worden war. Auf Beschluß der Gewerkschaftszelle verbreiteten die Genossen im Betrieb systematisch die Losung: „Wir wollen den Hauerdurchschnittslohn als Abschlag haben." Eines Tages, als die Stimmung wieder besonders erregt war, verbreiteten die Antifaschisten schon bei der Seilfahrt die Parole: „Wir bleiben alle am Stapel sitzen, bis wir höheren Abschlag bekommen!" Tatsächlich ruhte die Arbeit für 1 1/2 Stunden und die Kumpel gingen erst zur Arbeit, als ihnen der Reviersteiger die Erfüllung ihrer Forderung versprach.[395]

Am 1. August 1935 brach ein Streik bei der Duisburger Demag aus und Anfang Oktober 1935 hatten die Arbeiter der Kruppschen Autofabrik (Rüstungsproduktion!) die Arbeit kurzfristig niedergelegt, nachdem schon am 28. September zwei ihrer Kollegen verhaftet worden waren, weil sie während des Besuches Adolf Hitlers im Werk antifaschistische Bemerkungen gemacht und sich geweigert hatten, die Hand zum Hitlergruß zu heben: Dabei hatte der Dreher Bernhard Bartuseck erklärt: „Eher verrecke ich, ehe ich die Hand hoch hebe!".[396] Auch die Tatsache, daß im Oktober und November 1935 116 Essener Arbeiter, besonders von Krupp, aus der Deutschen Arbeitsfront, vornehmlich unter Berufung auf politische Vergehen, ausgeschlossen wurden, belegt eine weit verbreitete Unruhe und Unzufriedenheit unter den Ruhrarbeitern.

Von Mai 1936 bis Mai 1940 sollten aus den verstreuten Gewerkschaftszellen im Ruhrgebiet breiter organisierte Gruppen des Bergarbeiterverbandes hervorgehen, die in engem Kontakt zum Arbeitsausschuß der freigewerkschaftlichen Bergarbeiter Deutschlands in Amsterdam standen. Der Amsterdamer Leitung waren auch die Bergarbeiterausschüsse für das Saargebiet, für Sachsen und Schlesien unterstellt.

Unabhängig von den bisher geschilderten Versuchen, gewerkschaftliche Betriebsgruppen als Kerne von Widerstandsaktionen aufzubauen, versuchten die ehemaligen Funktionäre der sozialdemokratisch geführten Eisenbahnergewerkschaft, ein Netz von Vertrauensleuten im Rhein-Ruhrgebiet wieder aufzubauen.

Dabei wirkte der ehemalige Organisationsleiter des Einheitsverbandes der Eisenbahner Deutschlands, Hans Jahn, als treibende Kraft im Reich.[397] Es gelang ihm, in den Jahren 1934/35 in Berlin, Hamburg, Mitteldeutschland und Süddeutschland Verbindungsleute aus den Transportarbeiter- und Eisenbahnergewerkschaften zu gewinnen. Im Rhein-Ruhrgebiet konnte er sich dabei auf lockere Kontakte und Verbindungen stützen, die von engagierten Gewerkschaftern bereits seit Mai/Juni 1933 entwickelt worden waren. Zu dieser Zeit hatte sich der Mülheimer Eisenbahner Willi Molitor an Kollegen aus dem Kölner Raum gewandt und auch dabei eine erste feste Verbindung zu Max

Pester in Köln hergestellt. Nach der Kontaktaufnahme Jahns mit Molitor Anfang 1934 konnte die Arbeit auf eine etwas breitere Basis gestellt werden, weil sie jetzt die Unterstützung der Internationalen Transportarbeiterföderation (ITF) genoß. Der Generalsekretär der ITF, Edo Fimmen, förderte seit den zwanziger Jahren von Amsterdam aus auf jede erdenkliche Weise die antifaschistischen Bestrebungen. Ausländische und deutsche Rheinschiffer, Seeschiffer, Lastwagenfahrer und Eisenbahner halfen seit 1933 den deutschen Widerstandskämpfern dabei, Verbindungen herzustellen und illegale Literatur einzuführen. Besonders die hektographierte Zeitung der ITF „Faschismus" trug zur Information und zur Hebung des Widerstandswillens der Illegalen bei.

Nach einem Besuch Molitors bei Fimmen in Amsterdam richtete die ITF eine Literaturanlaufstelle bei dem holländischen Eisenbahner Korteweg in Venlo ein, von der bis 1937 Schriften abgeholt wurden. Am 8. März 1935 kam dann der Organisator des Eisenbahnerverbandes Hans Jahn mit den wichtigsten Vertrauensleuten in der Duisburger Wohnung von Hugo Bachmann zusammen. Außer ihm waren W. Molitor aus Mülheim, M. Pester und W. Komorowski aus Köln, H. Malina und P. Emmen aus Krefeld sowie Leo Radtke aus Hamm zugegen. Darüber hinaus waren inzwischen auch noch im Ruhrgebiet A. Trocha aus Duisburg und J. Schlott aus Essen gewonnen worden. Jahn legte den Versammelten die Aufgaben und Organisationsformen der Gewerkschaft dar, wobei der Schwerpunkt der Arbeit nach den Worten Paul Emmens in dem Grundsatz lag, „daß es notwendig sei, ein gewisses Netz von Funktionären über ganz Deutschland auszubreiten. Diese Gruppe sollte dann imstande sein, wenn irgendwelche Ereignisse eintraten, sich an die Spitze der Eisenbahner zu stellen, um den Neuaufbau der Gewerkschaft durchzuführen."[398] Die zahlenmäßig kleinen Vertrauensleutekader sollten sich im wesentlichen auf Aufklärungsarbeit unter den „sicheren" ehemaligen Gewerkschaftskollegen, Beschaffung von Nachrichten für die antifaschistische Auslandspresse, insbesondere das ITF-Organ „Faschismus" und auf die Entwicklung eines lockeren Verbindungsnetzes konzentrieren, während der Aufbau breiter illegaler Gewerkschaftsgruppen in den Betrieben ausdrücklich abgelehnt wurde. Daher warnte Jahn auch eindringlich vor Kontakten zu anderen antifaschistischen Widerstandsgruppen.

Seit Herbst 1934 waren die Kommunisten darüber informiert, daß sich im Kölner Raum und am Niederrhein eine illegale Gewerkschaftsorganisation bildete. Der KPD-Oberberater für Gewerkschaftsfragen, Heinrich Schmitt, hatte Kontakte zu dem Eisenbahner „Hans" (Funger?) und zur Kölner Gruppe der Eisenbahner geknüpft. Der führende Kölner Gewerkschafter Willi Komorowski erhielt in dieser Zeit mehrmals illegale Schriften der KPD.[399]

Emmen, Komorowski und Molitor waren von Jahn als Delegierte für eine

Konferenz deutscher Transportarbeiter mit der Leitung der Internationalen Transportarbeiter-Föderation (ITF) unter Edo Fimmen ausgewählt worden, die zu Ostern 1935 in Roskilde, Dänemark, stattfinden sollte, an der sie aber wegen einer Reihe technischer Pannen nicht teilnehmen konnten. Trotzdem und auch trotz der Verhaftung Molitors im Juni 1935 im Rahmen der Gestapoaktion gegen das Literaturvertriebsnetz der Brotfabrik Germania hatte sich Mitte 1935 ein Vertrauensleutenetz herausgebildet, das mit großer Unterstützung der ITF auch in den nächsten eineinhalb Jahren antifaschistische Aufklärungsarbeit unter den Eisenbahnern leisten sollte.

7. Jugend im antifaschistischen Kampf

Gerade in der Arbeiterjugend nahm die Auseinandersetzung der Kräfte der Demokratie und des Sozialismus mit der faschistischen Reaktion eine besondere Schärfe an; denn der Kampf um die Jugend war der Kampf um die Soldaten des zukünftigen Krieges. Daher stand die totale Erfassung der Jugendlichen in der Hitlerjugend (HJ) und ihren angeschlossenen Verbänden im Mittelpunkt der NS-Jugendpolitik. Außerdem wurden tausende junger Arbeitsloser in Lagern des Arbeitsdienstes zusammengefaßt, in denen sie unter paramilitärischer „Zucht" für wenig Lohn zum Bau von Autobahnen, Kasernen, Brükken, Bahnlinien usw. eingesetzt wurden. Jahrelange Arbeitslosigkeit und materielle Not zwangen viele Jugendliche, sich „freiwillig" zum Arbeitsdienst zu melden, um überhaupt etwas zu essen und Kleidung zu erhalten. Später wurde von den Nazis immer mehr Druck ausgeübt, daß möglichst viele Jugendliche zum Arbeitsdienst einrückten. Noch vor Einführung der allgemeinen Wehrpflicht standen somit die Jugendlichen im Dienst der Aufrüstung. HJ und Schule, Jugendlager und Sportvereine setzten viele äußerliche Formen und Traditionen der bürgerlichen, selbst der sozialistischen Jugendbewegung der Weimarer Zeit für die Verbreitung der faschistischen Ideologie ein. Die Bereitstellung von Arbeitsplätzen im Zuge der Rüstungskonjunktur an junge Arbeiter, die seit vier, fünf Jahren weder Beschäftigung noch Lohn erhalten hatten, schuf ein zunehmend günstigeres Klima für das Eindringen des Faschismus in die Jugend, ja selbst in die Arbeiterjugend, während der Einfluß der bewußt antifaschistichen, demokratischen und sozialistischen Kräfte immer mehr eingeengt wurde.[400]

Die Arbeiterjugendbewegung stand vor der schwierigen Aufgabe, im Ringen gegen den übermächtigen faschistischen Gegner standzuhalten und eine Ausdehnung ihres Einflusses auf bürgerliche und christliche Jugendliche vorzubereiten. Allerdings bestanden gerade in der Jugend auch einige Faktoren, die diese Tätigkeit erleichterten; denn ein gewisses Klima der Offenheit und Diskussionsbereitschaft zwischen Gruppen unterschiedlicher politischer Prägung hatte sich in der Weimarer Zeit erhalten, was in mannigfachen Gesprächen und Verbindungen zum Ausdruck kam. So hatte zum Beispiel der katholische Kaplan Rossaint aus Oberhausen bereits vor 1933 Gesprächskontakte mit Vertretern des Kommunistischen Jugendverbandes (KJVD), aber auch der SAJ, an deren Zeltlager er einmal teilgenommen hatte.[401] Junge Kommunisten in

Duisburg standen auch in mancher ernsthaften Diskussion mit Angehörigen verschiedener nationalistischer Gruppen, wie dem Werwolf, ja selbst der SS, wobei sich der junge Leiter des Aufbruchkreises, Reinhold Mewes, besonders hervortat.[402] Bei gemeinsamen Fahrten in den Sportvereinen usw. waren Gesprächsbereitschaft und Solidarität auch in der schärfsten politischen Debatte nie verstummt. Daher fanden sich auch nach 1933 unter den Teilen der Jugend, die noch Kontakte zu ihren traditionellen Gruppen wahrten, seien sie nun Kommunisten, Sozialdemokraten, Christen oder Bündische, Formen von gemeinsamer Protesthaltung, die sich zwar kaum exakt dokumentieren lassen, deren Basis aber die gemeinsame Ablehnung des faschistischen Totalitätsanspruchs bildete. Ablehnung der faschistischen Totalität, das konnte heißen: Protest gegen das schlechte Essen im Arbeitsdienstlager, lose Fortführung eines aufgelösten oder gleichgeschalteten Sportklubs, indem man sich weiter zum Fußball, Schwimmen oder Laufen traf, bzw. weiter gemeinsam zelten, wandern oder „auf Fahrt" ging. Der Protest konnte reichen von der Schlägerei mit der HJ bis zur Aufrechterhaltung einer kirchlichen, völlig unpolitischen Jugendgruppe, die einfach durch die Verteidigung ihres Glaubens oder ihrer organisatorischen Sonderrolle in Gegensatz zum Formierungsanspruch der HJ geriet.[403]

Politisch bewußter und organisierter Widerstand ging seit Anbeginn der faschistischen Diktatur von jenen Jugendlichen aus, die in den Verbänden der Arbeiterbewegung organisiert gewesen waren. Bei der Darstellung des kommunistischen wie des sozialistischen Widerstandes 1933 bis 1935 war bereits des öfteren vom Anteil Jugendlicher an der illegalen Tätigkeit die Rede. Neben lockeren Gruppen und Diskussionszirkeln bestanden von 1933 bis 1936 im Ruhrgebiet auch noch festgefügte Organisationen des **Kommunistischen Jugendverbands Deutschlands (KJVD)**, deren Bezirksleitung über Instrukteure und Kuriere die Verbindung zwischen den einzelnen Orten und die Koordination der Aktivitäten sicherte.

In den Februar- und Märztagen 1933 hatten auch die Jungkommunisten unter dem beispiellosen Terror zu leiden. Viele wurden in SA-Keller geschleppt und zusammengeschlagen, viele für Monate in die neuerrichteten Konzentrationslager gebracht. Trotzdem gelang es dem KJVD, seine Organisation in die Illegalität zu überführen. Exponierte Funktionäre, wie der Bezirksleiter Ewald Kaiser, wurden durch weniger bekannte Jugendgenossen ausgewechselt, andere entzogen sich der Verfolgung dadurch, daß sie ihr Arbeitsgebiet in benachbarte Orte verlegten. So kam der Bochumer Jungkommunist Fritz Rische beispielsweise bei der Familie seines Oberhausener Jugendgenossen Hans Rentmeister unter, der selbst wiederum in Bochum eingesetzt wurde.

Im April 1933 wurde der bisherige Politische Leiter des KJVD Ruhrgebiet,

Ewald Kaiser, durch Franz Spanier abgelöst, weil er zu sehr gefährdet war. Als Organisationssekretär der Bezirksleitung wurde Willi Rattai aus Essen eingesetzt. Bis zum Juni 1933 arbeitete als Instrukteur des ZK des KJVD Richard Horn im Ruhrgebiet und widmete sich besonders der Betriebszelle bei Krupp mit etwa 15 Mitgliedern. Dann löste ihn Michael Reithmeier ab, der auch die Schulungsarbeit betreute. Zweimal hielt Reithmeier auch Vorträge vor katholischen Jugendführern in einem Zeltlager bei Altenhundem (Sauerland). Die Verbindungen zu den katholischen Antifaschisten hatte Franz Spanier geknüpft, der auch mit Joseph Rossaint zusammentraf.

Auch in den Unterbezirken ging die illegale Organisation voran. Neben den Stadtteilgruppen gab es, wie bei Krupp und der Essener Folkwangschule, Betriebsgruppen. Schon im April/Mai 1933 verteilten die Jungkommunisten die ersten illegalen Zeitungen, darunter die 1. Mai-Nummer der „Roten Fahne", die „Junge Garde" mit dem Aufruf „Gegen Faschismus und Krieg", sowie verschiedene Flugzettel, zum Beispiel in Bochum mit der Aufschrift: „Nicht halbmast, Rote Fahne hoch im Kampf gegen Versailles und Faschismus. Rot Front!"[404]

Es kennzeichnet den Mut der Jugendlichen, wenn sie sich trotz des Terrorregimes zu offenen antifaschistischen Demonstrationen zusammenfanden. Über Aktionen zum traditionellen Reichsjugendtag, Ostern 1933 und zum 1. Mai 1933 berichten die damaligen Essener Jungkommunisten Fritz Szegelat und Richard Titze:

„Im Februar 1933 hatten wir eine Karnevalfeier in Essen-West organisiert, wo wir uns relativ gut getarnt treffen konnten, da hier nicht nur Genossen, sondern eine gute Zahl sympathisierender Jugendlicher, im wesentlichen der Krupp-Zelle, anwesend war.

Dort hatten wir beschlossen, zu Ostern einen Marsch zunächst in die Natur, hinter Werden, Richtung Hespertal mit verschiedenen Gruppen zunächst dezentralisiert durchzuführen, uns alsdann gegen Abend konzentrisch auf Essen-West, Kaulbachhöhe (einer Arbeitersiedlung) zuzubewegen, um mit einer kurzen Kundgebung den Osterjugendmarsch abzuschließen.

Gegen Spätnachmittag bewegten wir uns durch Werden mit lustigen Wander- und Fahrtenliedern in Richtung Bredeney–Essen-West, Kaulbachhöhe. Meine Gruppe hatte zunächst etwa 40 Genossinnen und Genossen. Sie schwoll in der weiteren Folge, je näher wir dem vereinbarten Punkt kamen, auf ca. 200 bis 250 Teilnehmer an. Während wir zunächst recht harmlose Gesänge vom Stapel ließen, wurden die Lieder immer kämpferischer und erreichten auf dem Berge das gerade noch mögliche ‚Wann wir schreiten Seit an Seit . . .' Die Gesänge erreichten dann in der Arbeitersiedlung Kaulbachhöhe mit dem Lied ‚Wir sind die junge Garde des Proletariats . . .' ihren Höhepunkt und Abschluß. In einem

Häuserviertel wurden Sprechchöre an die Bevölkerung gerichtet, wie: ‚Wir lassen uns niemals verbieten! Trotz Hitler, Göring, Goebbels sein Verbot – Essen bleibt rot! Nieder mit dem KPD-Verbot! Rot Front!‘
Sodann lösten wir uns auf und verkrümelten uns schnellstens in verschiedene Richtungen. Während dieser kurzen Kundgebung traten eine Reihe Arbeiter an uns heran und gaben uns Tips, wie wir am besten sicher verschwinden könnten. Einige SA-Leute, die ich bemerkt hatte, hatten nicht den Mut, einzugreifen. Sie verzogen sich alsbald, wahrscheinlich, um telefonisch Polizei und SA herbeizuholen. Mit gehobenem Gefühl ob unseres Erfolges dampfte ich nach Hause.“
„Am Morgen des 1. Mai wanderten wir in kleinen Gruppen in Richtung Kupferdreh. Die beiden Ausfallbrücken über die Bahnlinie in Rüttenscheid waren von SA-Leuten besetzt. Diese trieben jeden, der die Stadt verlassen wollte, zurück mit dem Befehl, sich an der Nazi-Maifeier zu beteiligen. Über den Bahnkörper hinweg umgingen wir die Sperre und trafen uns am verabredeten Treffpunkt vor Kupferdreh. Die mitgenommenen Flugblätter verteilten wir dort an die verdutzten Einwohner.
Da stürzte ein Nazipolizist auf uns zu, packte einen Genossen am Arm und rief, indem er seine Kriminalmarke herauszog: ‚Ihr seid alle verhaftet!‘ Ein Genosse schlug dem Nazi die Kriminalmarke so kräftig aus der Hand, daß sie in weitem Bogen wegflog. Verdutzt, daß wir seiner Macht nicht Achtung zollten, war er zuerst bestrebt, seine Marke wiederzuerlangen. Wir flohen und gingen in kleinen Trupps auf den Höhen der Ruhrberge wieder in Richtung Essen. Wobei wir sahen, daß SA und SS auf den Straßen Sperren errichteten, um nach uns zu fahnden. Aber sie haben keinen von uns erwischt.“[405]
Auch unter den schwierigsten Bedingungen suchten die Jungkommunisten den Kontakt zu jungen Sozialdemokraten, um die antifaschistische Einheit voranzutreiben. Angesichts des gerade erlebten Terrors waren dazu auch viele Mitglieder der SPD-Jugendorganisation (SAJ) bereit. Als im Mai 1933 über 30 Jugendliche zur illegalen Unterbezirkskonferenz der SAJ auf den Bochumer Ruhrwiesen bei der Kemnader Brücke zusammenkamen, waren Vertreter des KJVD, darunter Fritz Rische, als Gäste zugegen und entwickelten ihr Programm der Aktionseinheit. Zwar regten sich unter den SAJ-Delegierten auch Stimmen, die unter Bezug auf undifferenzierte Kritik an der Sozialdemokratie in der gerade erschienenen „Jungen Garde“ die Jungkommunisten von der Konferenz ausschließen wollten, aber die Mehrheit der Delegierten stimmte für ihre weitere Teilnahme und sprach sich für gemeinsame Aktionen und feste Kontakte aus. Der Terror der Nazis und das Auseinanderbrechen der SAJ-Organisation verhinderten allerdings die Weiterführung dieser hoffnungsvollen Ansätze.[406]

JUNGE GARDE

Zentralorgan des Kommunistischen Jugendverbandes Deutschlands

Jahrgang 1933 | Nr. 18 | Preis 10 Pf.

Gegen Faschismus und Krieg!

Am 1. Mai hat Hitler in seiner Rede auf dem Tempelhofer Feld über ein Programm der Arbeitsbeschaffung gesprochen. An wesentlicher Stelle stand dabei: Straßenbau. Und in der letzten Nummer des Stahlhelm werden die Arbeitsbeschaffungspläne Seldtes veröffentlicht, die ebenfalls enthalten: Arbeitsbeschaffung auf dem Gebiete des Verkehrswesens, bei der Reichsbahn und im Straßenbau. Weißt Du, Jungprolet, was das heißt? Alle Verkehrsmittel und Straßen sollen ausgebaut und neu instand gesetzt werden, um Transporte im bevorstehenden Kriege schneller und besser durchführen zu können. Du zweifelst daran, daß Hitler den Krieg will? Er hat doch immer vom Frieden gesprochen!

Je lauter die Kapitalisten und ihre Regierungen vom Frieden sprechen, umso näher ist der Krieg. Schau nach dem Osten. Der japanische Imperialismus konzentriert alle entbehrlichen Truppen an der Grenze der sozialistischen Sowjet-Union. Durch unerhörte Provokation fordert er die SU. tagtäglich — gestützt auf den englischen Boykott gegen sowjetrussische Waren, die schamlose Hetze der Hitler-Regierung gegen die Sowjet-Union — zum Kriege heraus.

Die Spannung zwischen Deutschland und Polen wächst von Tag zu Tag. Der Krieg Polen—Deutschland wird in beiden Ländern vorbereitet. Hier wie dort wird eine Kriegs-Verhetzung [illegible] SA., SS. und Stahlhelm, alles wird bewaffnet und systematisch militärisch ausgebildet. Auf der Abrüstungskonferenz in Genf sind die deutschen Wehrverbände als Verbände militärischen Charakters erklärt worden, die auf die Heeresstärke angerechnet werden sollen. Von all den vertretenen Staaten ging nur Ungarn mit Deutschland zusammen. Die „Deutsche Allgemeine Zeitung" vom 12. Mai spricht vom „Höhepunkt der Genfer Krise".

Sollen wir noch mehr Beweise der aktiven Kriegsvorbereitungen bringen? Vor wenigen Wochen hatte Hitler mit Krupp, dem Vorsitzenden des Reichsverbandes der deutschen Industrie, eine Unterredung, in der die Einheitlichkeit der Industrie besprochen wurde, um im Falle des Krieges schlagkräftig zu sein.

Nun, was glaubst Du Jungprolet, warum Hitler am 1. Mai in den Mittelpunkt seiner Rede die

Arbeitsdienstpflicht

stellte? „Zur Ertüchtigung der deutschen Jugend gehört, daß sie gehorchen lernt" sagte Hindenburg in der Lustgartenkundgebung am 1. Mai. 120 000 SA. und SS.-Leute, die vor dem 30. Januar in der SA. bzw. SS. waren, bilden die Stamm-Mannschaft zur „Ertüchtigung" der Jungproletarier. Kasernendrill, militärische Uebungen durch faschistische Offiziere, Uniformierung .... ist das nicht Kriegsvorbereitung? Arbeitsdienstpflicht ist nicht Arbeitsbeschaffung, sie ist eine neue, den jetzigen Verhältnissen entsprechende Form der allgemeinen Wehrpflicht, ist eine große und massenmäßige Kriegsvorbereitung. Bei elendem Hungergeld, unter faschistischem Drill sollst Du hier, Jungprolet, zu Kanonenfutter herangebildet werden.

Die Hitlerregierung ist nicht nur die Regierung der brutalen Gewalt, sie ist die Regierung des imperialistischen Krieges.

„Was können wir aber dagegen tun?" wirst Du, junger Gewerkschaftler, Du SAJler, Du christlicher Jungarbeiter, Du junger Antifaschist fragen. Können wir den Faschismus abwirtschaften lassen? Herr Braun kann aus seiner Schweizer Villa von Abwirtschaften reden. Wir spüren den Terror am eigenen Körper, wir werden gedrillt, wir sollen Kanonenfutter werden. Unser Abwarten wird Tausenden Hunger, Kerker, Tod bedeuten.

Wir werden den Faschismus „abwirtschaften".

Jungproleten aus Thüringen haben uns gezeigt, was wir tun können. Sie schlossen sich zusammen, forderten besseres Essen, höhere Entlohnung und regelmäßigen Urlaub. Als die Erfüllung verweigert wurde, rebellierten sie und traten in den Streik. In den meisten Fällen wurden ihre Forderungen erfüllt oder die Lage aufgelöst. Wir dürfen nicht abwarten, bis wir zu Tausenden niedergeschlagen werden. Wir stehen doch nicht allein. Mit unseren älteren Klassengenossen bilden wir doch eine ungeheure Kraft. Wir sind Millionen, wir, das Proletariat, sind eine so gewaltige Kraft, daß kein faschistischer Terror uns niederschlagen kann, wenn wir kämpfen. Wir haben eine gute Führung. Die **Kommunistische Partei und der Kommunistische Jugendverband sind auf dem Posten.** Sie verkriechen sich nicht ins Ausland, wie die Führer der SPD. und SAJ. **Trotz des großen Terrors, trotzdem hunderte ermordet sind und tausende Funktionäre in den Kekern und Konzentrationslagern Hitlers schmachten, bleibt der Kommunistische Jugendverband der Arbeiterjugend treu.** Er steht auf Kampfposten, rüttelt die Jungproletarier auf, ist der Führer und Helfer der Jungproletarier im Kampf gegen die faschistische Diktatur.

.... Und wir deutschen Jungarbeiter stehen in unserem Kampfe nicht allein, nicht isoliert. **Die Antifaschisten der ganzen Welt sind mit uns verbunden.** Am 15. April fand in Kopenhagen eine antifaschistische Jugendkonferenz statt, beschickt von kommunistischen, sozialdemokratischen, christlichen und parteilosen Delegierten, die einen Aufruf an die deutschen Jungarbeiter richtet, [illegible]

„Die Hitler-Banditen haben Eure Organisatione verboten, Euch politisch rechtlos gemacht, Hunderte Eurer Besten erschlagen, Tausende in Gefängnisse und Konzentrationslager geschleppt. Sie wollen Euch in die Ketten der militärischen Arbeitsdienstpflicht zwingen.

Wir Jungarbeiter aus den skandinavischen Ländern geloben Euch, daß wir mit aller Energie die breite Masse der Arbeiter und werktätigen Jugend zum Kampf gegen den Faschismus mobilisieren werden. Vergeßt nicht, daß Ihr in Eurem heldenhaften Kampf von Millionen schaffenden Jugendlichen auf der ganzen Welt unterstützt werdet."

Die Konferenz beschloß einstimmig eine

Europäische antifaschistische Jugendkonferenz zu Pfingsten 1933 in Kopenhagen

einzuberufen und beauftragte eine von ihr gewählte Jugendkommission mit der Vorbereitung. Diese wendet sich mit einem Aufruf an alle Verbände und Lokalorganisationen der werktätigen Jugend, in dem es heißt:

Werte Genossen!

Die Antifaschistische Jugendkonferenz Skandinaviens hat uns Mitglieder der sozialdemokratischen und kommunistischen Jugendorganisationen und Parteilose, mit der Vorbereitung der Europäischen Antifaschistischen Jugendkonferenz beauftragt.

Wir wenden uns an Euch mit dem Vorschlag: Nehmt in Eurer nächsten Versammlung zu unseren Beschlüssen Stellung, schließt Euch unserer Bewegung kollektiv an und nehmt mit uns die Verbindung auf. Wählt rechtzeitig Eure Delegierten. Veranlaßt die mit Euch befreundeten Orgaisationen zu den gleichen Maßnahmen. Setzt Euch über die Bedenken mancher Eurer leitenden Mitglieder hinweg. Schlagt ein in die Bruderhand, junge Antifaschisten! Vorwärts! Organisiert den antifaschistischen Kampf an Ort und Stelle.

Jugendkommission beim Organisationsbüro zur Vorbereitung der Europäischen Antifaschistischen Jugendkonferenz, Ad. Axel Larsen, Kopenhagen, Yorkspassage 17 A.

Junge Antifaschisten!

In allen Organisationen, in allen Betrieben, in allen Arbeitsdienstlagern und Berufsschulen nehmt Stellung zu dieser Konferenz, wählt vorbereitende Kommissionen, wählt Delegierte.

Die Junge Garde, Nr. 18, Frühjahr 1933

Zu Pfingsten 1933 trafen die Jungkommunisten des Ruhrgebiets zu einer als Zeltlager getarnten Konferenz im Rothbachtal (im nordwestlichen Ruhrgebiet) zusammen, wo über 50 Jugendliche nach Referaten des Duisburgers Alfred Lemnitz und eines Vertreters des ZK des KJVD über die Perspektiven des antifaschistischen Kampfes diskutierten. Interessanterweise ging Lemnitz in seiner Rede bereits davon aus, daß man mit einer längeren Dauer der faschistischen Gewaltherrschaft zu rechnen habe und polemisierte von daher gegen die „revolutionäre Ungeduld" mancher Jungkommunisten.[407]
Im Mittelpunkt der Politik des KJVD stand die Aktionseinheit gegen die Zwangsintegration der Jugend in die faschistischen Kriegsvorbereitungen. So heißt es in der Nr. 18 der „Jungen Garde" vom Mai 1933 unter dem Titel „Gegen Faschismus und Krieg":
„Arbeitsbeschaffung auf dem Gebiete des Verkehrswesens, bei der Reichsbahn und im Straßenbau: Weißt Du, Jungprolet, was das heißt? Alle Verkehrsmittel und Straßen sollen ausgebaut und neu instand gesetzt werden, um Transporte im bevorstehenden Krieg schneller und besser durchführen zu können (...)
Kasernendrill, militärische Übungen durch faschistische Offiziere, Uniformierung – ist das nicht Kriegsvorbereitung? Arbeitsdienstpflicht ist nicht Arbeitsbeschaffung, sie ist eine neue, den jetzigen Verhältnissen entsprechende Form der allgemeinen Wehrpflicht, ist eine große und massenmäßige Kriegsvorbereitung. Bei elendem Hungergeld, unter faschistischem Drill, sollst Du hier, Jungprolet, zu Kanonenfutter herangebildet werden.
Die Hitlerregierung ist nicht nur die Regierung der brutalen Gewalt, sie ist die Regierung des imperialistischen Krieges.
Was können wir aber dagegen tun? Wirst Du, junger Gewerkschaftler, Du SAJler, Du christlicher Jungarbeiter, Du junger Antifaschist fragen. Können wir den Faschismus abwirtschaften lassen? (...)
Wir spüren den Terror am eigenen Körper, wir werden gedrillt, wir sollen Kanonenfutter werden. Unser Abwarten wird Tausenden Hunger, Kerker und Tod bedeuten.
WIR werden den Faschismus ‚abwirtschaften'!"[408]
Ebenfalls im Mai/Juni 1933 wurde ein „Arbeitsplan zur Aktion der Jungkommunisten an der Ruhr" entworfen, der für 1933 besondere politische Kampagnen zum Antikriegstag, zum Internationalen Jugendtag und zum 16. Jahrestag der Oktoberrevolution vorsah. Dabei zeugten die geplanten illegalen Schriften von dem Willen, ein breites antifaschistisches Bündnis herzustellen: „Schutz- und Trutzbündnis an die christliche Jugend", „Brief an die Jugendgewerkschafter", „Brief an die Jugendmitglieder der NSBO". Ausdrücklich wurden die KJVD-Mitglieder ermahnt, in allen Organisationen Widerstandsarbeit zu leisten, in denen Jungarbeiter waren, so in den ehemaligen reformistischen und

christlichen Gewerkschaftsgruppen, der Christlichen Werkjugend, der NSBO, der SAJ, den evangelischen und katholischen Jugendgruppen. Auch in einem „Merkblatt für Instrukteure" der KJVD-Bezirksleitung vom 10. Mai 1933 standen im Mittelpunkt der politischen Fragen die „Bildung der kämpfenden Einheitsfront, Gewerkschaftsfragen, Arbeitsdienst, Betrieb, Literatur, Materialien, die vor allem den Genossen Mut zur weiteren Arbeit geben".[409] In 28 im Arbeitsplan namentlich aufgeführten Großbetrieben sollten Gruppen, beziehungsweise Verbindungsleute des KJVD arbeiten, während in den wichtigsten eigene Instrukteure eingesetzt wurden: August-Thyssen-Hütte (ATH), Thyssen-Mülheim, Krupp-Essen, Gelsenkirchener Bergwerks-AG (GBAG), Bochumer Verein, Hoesch (Dortmund), Zeche De Wendel (bei Hamm).[410] Nach einer Quelle umfaßte die illegale Organisation des KJVD im Ruhrgebiet im Sommer 1933 etwa 500 Mitglieder, die wirkliche Zahl aber muß erheblich höher gelegen haben, wenn schon in einer einzigen Stadtteilgruppe Dortmund-Hombruch 48 Mitglieder kassiert wurden.[411] Die Widerstandsgruppen der Jungkommunisten gingen aus den Betriebszellen, Stadtteilorganisationen und Sportgruppen hervor, die schon vor 1933 bestanden hatten. Dabei wurden für die illegale Arbeit durchaus unterschiedliche Organisationsformen gewählt, um sich den jeweiligen Gegebenheiten möglichst flexibel anzupassen.

So charakterisierte der ehemalige Duisburger Jungkommunist Willi Heinzkill die Tätigkeit seiner Gruppe als Verbindung legaler und illegaler Formen. Die KJVler pflegten weiterhin ihre Kontakte zu den ehemaligen „Freien Schwimmern", sowie den Hamborner Wassersportlern. Zeltlager, gemeinsame Fahrten und so weiter gaben den durchaus gewünschten harmlosen Rahmen für politische Diskussionen und die Planung und Durchführung von Widerstandsaktionen. Zu ihrem Zusammenhalt trugen sicherlich neben der gemeinsamen politischen Grundhaltung die Kameradschaft und enge persönliche Freundschaft bei, die die Gruppe schon vor 1933 charakterisiert hatte. Bei allen Aktivitäten verwischten sich zusehends auch die Grenzen zwischen KJVD, SAJ oder SJVD (der Jugendorganisation der linkssozialistischen SAP). Auch Angehörige der katholischen Jugendgruppe Sturmscharen schlossen sich in Oberhausen und Duisburg unter dem Einfluß Kaplan Rossaints an die antifaschistischen Zirkel an. Ohne daß alle politischen Differenzen beseitigt gewesen wären, hatte das Erleben des NS-Terrors doch das Trennende, vor 1933 oft der Hauptgesprächsstoff, in den Hintergrund geschoben, und man diskutierte vor allem, wie man die Nazidiktatur und die Kriegsvorbereitungen einschätzte und wie man gemeinsam dagegen kämpfen konnte.[412]

Auch in den Betrieben wurde eine vielfältige Widerstandsarbeit geleistet. So erschien in Essen im August 1933 wieder die Betriebszeitung des KJV „Kruppscher Jungprolet“, in dem am Beispiel des eigenen Werkes Aufrüstung und Kriegsvorbereitung entlarvt wurde:

„**Arbeitsbeschaffung durch die Reichsregierung.** Alle jungen Kruppianer kennen M.B.9, den Betrieb, in dessen Hallen Tag und Nacht die Maschinen surren, in dem die Drehbänke nie stille stehen, während in allen anderen Betrieben es an verschiedenen tagen aussieht wie auf einem Friedhof.

Was ist denn los im M.B.9? M.B.9 hat große Aufträge der Regierung. In kurzer Frist sollen

9 leichte fahrbare Feldgeschütze
9 Küstengeschütze
Panzertürme für Panzerkreuzer und
Maschinengewehre in großer Zahl

fertig gestellt sein. Kriegsmaterial. Das schafft guten Profit für die Firma Krupp. Und Du, Jungprolet? Weißt Du jetzt, warum man Dir am Lohntag von Deinen paar Kröten noch für den ‚Arbeitsbeschaffungsfond‘ abzieht? Du bezahlst die Kanonen und Granaten, die dich in nicht ferner Zeit an der Front zerreißen werden, wenn Du nicht zusammen mit Deinen Arbeitsbrüdern der Herrschaft des Kapitals ein Ende machst.“[413]

Die KJV-Betriebszelle auf der Schachtanlage Rheinpreußen am linken Niederrhein, die von Willi Müller geleitet wurde, berichtete im Juni 1933 über ihre Tätigkeit:

„In den Zellensitzungen sprechen wir über die Zustände in unserem Betrieb. Verschiedene Genossen bringen Berichte aus den Abteilungen des Betriebs (Verladung, Grube, Schlosserei). Es sind Berichte über Antreiber, über arbeiterfeindliche Maßnahmen der Zechenverwaltung, der Steiger und Meister und über betriebliche Mißstände. Die Berichte werden ausgearbeitet, mit politischen Tagesfragen verbunden und für unsere Betriebszeitung verwendet. Die Verteilung unserer Zeitung ist die interessanteste Arbeit. Die technischen Einrichtungen des Betriebs kommen uns bei unserer Arbeit oft vorteilhaft zugute.

Hier einige Beispiele: Die zutage geförderte Kohle wird auf der Verladung gereinigt und in Waggons verladen. Es geschieht folgendermaßen: Die mit Kohle beladenen Eisenbahnwagen fahren in sogenannte Kipper, die über laufenden Bändern angebracht sind. Durch Luftdruck werden die Wagen gekippt. Die Kohle fällt auf das laufende Band, an dem die Jungarbeiter stehen und Steine aus den Kohlen suchen. Die Genossen oder Vertrauensleute, die an den Kippern beschäftigt sind, werfen die Flugblätter auf das laufende Band. Die erste Zeit war das verdammt brenzlich. Jedesmal, wenn die Blätter erschienen, wurden die Genossen sofort von den Aufsehern revidiert. Es war aber immer vergeblich. Nie wurde etwas gefunden und die Genossen waren immer unschuldig.

Die Zechenverwaltung, die Steiger und Meister toben wie die Wahnsinnigen, wenn unser Roter Jungkumpel erscheint. Denn wenn sie sich nicht anständig benehmen, werden ihre Namen mit Beschreibung ihrer Person in unserer Zeitung veröffentlicht. Die Faschisten suchen und spitzeln nach uns, aber sie finden uns nicht. Unsere Zeitung erscheint überall: auf der Verladung, auf den Lesebändern, in der Grube, an den Wagen, die durch das Revier fahren. In der Schlosserei ‚fallen' sie sogar von der Decke. Unsere Antreiber mäßigen sich und das Vertrauen zu uns wächst unter den Jungarbeitern.“[414]
Auch der nachträgliche Bericht des jungen Oberhausener Antifaschisten Hans Müller gibt einen guten Einblick in die Entwicklung einer Betriebszelle von Jungarbeitern unter Führung des KJVD:

Widerstand bei den Babcock-Werken

„Die Erfahrungen der durch die faschistische Herrschaft in Italien zerschlagenen Arbeiterbewegung ließ uns schon vor der endgültigen Machtergreifung durch die Nazis aufhorchen. Wir wußten also um das Schicksal der deutschen Arbeiterbewegung, wenn die Nazis die Macht übernehmen würden. Auf eine eventuelle Illegalität war daher schon in Schulungen hingewiesen worden. Im Monat Januar 1933 lief deren Verwirklichung auf Hochtouren. Noch am 30. Januar, nachts, befand ich mich mit dem Motorrad auf dem Weg nach Emmerich, um – auch unterwegs in verschiedenen Landgemeinden – politisches Schriftmaterial und einen Vervielfältigungsapparat bei nach außen nicht bekannten Mitgliedern unterzubringen.
Die bei den Babcock-Werken erst jüngst – noch während der Legalität – ins Leben gerufene KJVD-Gruppe hatte es insofern leicht, illegal zu arbeiten, als ihre Mitglieder kaum bekannt waren. Sie hatte sich gleich auf das sogenannte Dreier-System umgestellt, wonach jeweils sich nur drei Mitglieder persönlich kannten.
Die Gruppe bestand zunächst aus etwa 20 Mitgliedern. Ihre erste illegale Probe bestand sie am Tage nach dem Reichstagsbrand. Als die Belegschaft morgens an ihren Arbeitsplatz kam, fand sie das erste illegale Flugblatt, das Aufklärung über die tatsächlichen Brandstifter gab. Weitere folgten.
Zu dieser Zeit war es noch verhältnismäßig leicht, ein Flugblatt anzubringen, da es noch keine geschlossenen NS-Formationen im Werk gab. Das änderte sich erst mit der Gründung der NSBO im Betrieb, mit der auch der erste Versuch einer Gleichschaltung aller Werksangehörigen verbunden war. In einer im April 1933 stattgefundenen Besprechung der Leiter aller Dreier-Gruppen beschlossen wir, daß bestimmte Mitglieder der NSBO-Jugendgruppe

beitreten sollten, und somit auch eine NSBO-Uniform erwarben. Außerhalb der Betriebsgruppe stehende junge Mitglieder leisteten in der Form Hilfe, daß gelegentlich gegen 5.00 Uhr morgens die letzten 300 Meter vor dem Werkseingang die Wege mit Flugblättern übersäht waren. Auf einem Bahngelände des Werkes schrieben sie an einer etwa 200 m langen Betonwand antifaschistische Losungen mit Karbidkalk, der vorher von einem Mitglied der Betriebsgruppe unter einem Strauch versteckt worden war. (Karbidkalk ist bekanntlich sehr dauerhaft.) Als einige Tage später ein Arbeiter beauftragt wurde, die Parolen – ebenfalls mit Karbidkalk – zu überstreichen, wurde so manipuliert, daß es einer aus unserer Gruppe war. Anstatt Karbidkalk hatte er einfachen Löschkalk im Eimer, so daß die Parolen nach dem ersten Regen wieder sichtbar wurden.

Am Vorabend des 1. Mai 1933 erschien unsere erste illegale Betriebszeitung ‚Der Junge Babcock-Arbeiter', die am Kopf ein Relief des Werks trug. Aus Sicherheitsgründen gehörte nur ich der Redaktion an. Die übrigen Redaktionsmitglieder standen außerhalb des Betriebes. Die Zeitung wurde im einfachen Vervielfältigungsverfahren im St.-Josefs-Hospital, Oberhausen, hergestellt, wo einer unserer Mitarbeiter als Hausmeister und Kraftfahrer tätig war. Sie enthielt einen Aufruf an alle Belegschaftsmitglieder, sich der befohlenen, geschlossenen Teilnahme an der im Stadion Niederrhein stattfindenden NSBO-Kundgebung zu entziehen. Das hatte Erfolg. Die Belegschaft erschien pünktlich auf dem Werksgelände und empfing dort 3 RM Maigeld. Als der mit Blasmusik marschierende Zug am Stadion ankam, war die etwa aus 1000 Mann bestehende Belegschaft auf etwa 200 zusammengeschmolzen.

Auch weiterhin erschien unsere Zeitung, aus Sicherheitsgründen jedoch in ungleichen Zeitabständen. Dabei wurde stets versucht, die beste und sicherste Verteilungsmethode in Erfahrung zu bringen: In den Toilettenanlagen, Einschieben in Umkleidespinde; wo Vertrauen war, auch von Hand zu Hand. Für jeden Betrieb wurde die entsprechende Anzahl Zeitungen vorher aus einem Paddelboot unter Steinen des Ruhrufers versteckt, wo sie von den Dreier-Gruppen-Leitern abgeholt wurden. Die mehr und mehr sich steigernden Gefahren stellten zeitweilig das Erscheinen unserer Zeitung in Frage, weil Wachsbögen und Abzugspapier fehlten. Da ein Einkauf in Geschäften zu riskant war, halfen wir uns zeitweilig mit Ölpapier aus dem Werk, welches zum Verpacken von Maschinenteilen diente, und – wenn auch mit viel Mühe – als Ersatz für richtige Wachsbögen Verwendung fand.

Bis gegen Ende 1934 hatten die Babcock-Werke noch umfangreiche Aufträge für die UdSSR abzuwickeln. Es wurden ganze Fabrikanlagen nach Sibirien geliefert. Von der russischen Handelsmission war ständig ein Ingenieur im Werk, der die Erzeugnisse auf ihre Qualität hin abzunehmen hatte. Es wider-

sprach unserem gesunden Empfinden, wenn werksangehörige Nazis mit der Bemerkung ‚das ist gut genug für die Bolschewisten' minderwertige Arbeit vertuschten. Ein Aufruf in unserer Zeitung genügte, daß ganze Serien solcher Vertuschungen an uns herangetragen wurden. Dies wurde dem Abnahmeingenieur hinterbracht und hatte einmal zur Folge, daß ein ganzer Güterzug wieder entladen werden mußte.
Gelegentliche Verhaftungen außerhalb der betrieblichen Widerstandsgruppe zwangen uns später, alle Handlungen neu zu überdenken, zumal seitens der Werksleitung und der NSBO Bekanntmachungen erschienen, die jedem eine Belohnung versprachen, der die ‚untergründigen Schmutzfinken', die ständig Schriften im Werk verteilen, ausfindig mache. Teils zogen sich daraufhin einige Mitarbeiter aus Furcht zurück, teils aber auch trennte sich die Gruppe von einigen. Überraschenderweise war dann aber festzustellen, daß junge Leute, die dem katholischen Kreis um den Kaplan Rossaint angehörten, bereit waren, mitzumachen.
Forthin verzichteten wir auf eine strenge Organisationsform mit Kassierung und legten es vielmehr auch mit Erfolg darauf an, mündliche Diskussionen in der Belegschaft herbeizuführen. So gelang es, in jedem Einzelfertigungsbetrieb einen Vertrauensmann zu haben, der wiederum seine Vertrauensleute hatte, wodurch alle Nachrichten zuguterletzt bei mir persönlich landeten.
Die Widerstandsgruppe hatte somit ein fast neues Gesicht erhalten. Von Holland her kam neues, rotationsmäßig gedrucktes Schriftmaterial, das von Hand zu Hand ging. Auch erschien nach kurzer Zeit wieder der ‚Junge Babcock-Arbeiter'. Unsere besten Hilfen für die Verteilung waren vier Kauenwärter, die immer ‚ganz zufällig' ein Paket im Koksraum fanden. Die Schriften wurden dann von den neugierigen Kollegen förmlich aus der Hand gerissen. Eine andere Methode war, daß die Schriften am Güterbahnhof Oberhausen von außenstehenden Mitarbeitern auf dem für Babcock bestimmten Güterzug versteckt wurden. (...)
Am 2. November 1934 begann in Oberhausen eine größere Verhaftungswelle. Festgesetzt wurde dabei auch ein Teil der jugendlichen Widerstandskämpfer, die den Widerstand bei den Babcock-Werken unterstützt hatten."[415]

Die Jungkommunisten hatten auch beschlossen, sich besonders aktiv um die Jugendlichen zu kümmern, die in den faschistischen Arbeitsdienstlagern leben mußten. Über die Formen der Widerstandstätigkeit in einem solchen Lager berichtet ein Essener Jungkommunist:
„Als bei einer Verhaftungsaktion im Sommer 1933 eine illegale Gruppe hochging, hieß es für uns, die wir mit an der Spitze der illegalen KJV-Organisation in Essen-West standen, unterzutauchen. Deshalb gingen wir zum ‚freiwilligen'

Arbeitsdienst nach Hinterpommern. Als im Herbst der Reichstagsbrandprozeß stattfand, gelang es uns, durch die Prozeßberichte bei der Mehrheit der Kameraden Ziel und Wesen der Nazis klarzulegen und verschüttetes Klassenbewußtsein auszugraben.
Dies wurde durch folgendes bewiesen: Von der SS wurde unter dem Arbeitsdienst eine intensive Werbung betrieben. Trotzdem trat von den 60 Kameraden nur einer der SS bei, der dann den Eintritt bedauerte, weil er von den Kameraden praktisch geschnitten wurde. Auch bei den sogenannten Schulungsabenden wurde durch gezieltes Fragen die Phrasendrescherei der Nazis entlarvt. Außerdem gelang es ihnen nicht, bei uns den gewollten militärischen Drill durchzuführen.
Zu Weihnachten 1933 fuhren wir in Urlaub, mit der Auflage, zurückzukommen und das Jahr abzudienen. Mit den Kameraden organisierten wir aber in Essen eine Versammlung, wo wir diskutierten, ob wir zurückgehen sollen oder nicht. Danach stimmten von 60 Mann 54 gegen eine Rückkehr und tatsächlich fuhren auch nur sechs Mann zurück.“[416]
Die Aufklärungsarbeit in den Arbeitsdienstlagern konnte durchaus zu größeren Protestaktionen führen. Über eine der in der ersten Zeit nicht seltenen Arbeitsverweigerungen in einem solchen Lager berichtet der Bergmann Walter Kuchta aus Moers:
„Um den Massenverhaftungen 1933 zu entgehen und die illegale Arbeit besser zu tarnen, meldeten sich einige Mitglieder des KJVD aus Moers, Kamp-Lintfort und Homberg-Hochheide zum (damals noch freiwilligen) Arbeitsdienst in das vom deutschnationalen Stahlhelm geführte Lager Homberg-Hochheide. Hier gab es schon Mitglieder des Kyffhäuser-Bundes, Jungstahlhelmer, Kittelbach-Piraten, Arbeiter-Sportler und Mitglieder bürgerlicher Sportvereine. Nur wenige waren für die Nazis.
Das schlechte Essen und die ständige Durchnässung beim Straßenbau führte zu großer Unzufriedenheit. Die illegale Gruppe des KJVD übergab persönlich an eine Reihe von Lagerinsassen, selbst an Jungstahlhelmer, die ‚Rote Fahne‘ und antifaschistische Flugblätter. Es gab gute kameradschaftliche Kontakte über die Parteigrenzen hinweg. In der Freizeit saßen oft 10–15 Mann auf einer Bude und diskutierten die Zustände im Lager und wie man sie ändern könnte.
Im April 1933 gab es dann die erste Meuterei. Das ganze Lager weigerte sich, trotz dreimaliger Aufforderung zum Morgenappell anzutreten. Nach dem Frühstück wurde auch der Abmarsch zur Arbeitsstelle verweigert. Tatsächlich wurden die Forderungen der Jungarbeiter nach besserer Verpflegung, besseren Arbeitsbedingungen und dem Ersetzen des militärischen Exerzierens durch Sport zunächst erfüllt.

Eine zweite Arbeitsniederlegung im Mai allerdings wurde von der SS brutal niedergeschlagen.
Auch in anderen Lagern am linken Niederrhein, sogar im NS-Musterlager Xanten fanden noch im Frühjahr 1934 Arbeitsniederlegungen statt."[417]
Auch der damalige Dortmunder Jungkommunist Heinz Junge erinnert sich an verschiedene Widerstandsaktionen:
„Als Pol-Leiter des KJVD des Stadtteils Hombruch hatte ich die Aktionen zum 1. August 1933, dem ‚Antikriegstag' geleitet. In der Nacht zum 1. August waren fast zwanzig Jungkommunisten und junge Sozialdemokraten tätig gewesen. An mehreren Gebäuden flatterten am frühen Morgen rote Fahnen mit Hammer und Sichel. Losungen wie ‚Nieder mit dem Blutkanzler Hitler' und ‚Hitler, das ist der Krieg' konnten viele Arbeiter schon um 5 Uhr früh auf dem Weg zu Arbeitsstelle lesen. Am wirksamsten war die Arbeit einer Gruppe in Kruckel am Arbeitsdienstlager gewesen. Über den alten Zechengebäuden und in der Nähe an einem Hochspannungsmast waren rote Fahnen so angebracht, daß sie nur unter größter Gefahr heruntergeholt werden konnten. Von der Eisenbahn aus konnte man die Losung ‚Nieder mit Hitler' lesen. Bis zum Abend hatten SA-Leute zu tun, um alle Losungen zu überpinseln und die vielen Klebezettel zu finden."[418]
Als das ZK des KJVD in den ersten Augusttagen 1933 zu einer Plenartagung in Amsterdam zusammenkam, waren auch Delegierte aus dem Ruhrgebiet, darunter der Essener Ankerwickler Willi Rattai, anwesend.[419] Wilhelm Florin vom Politbüro der KPD und der Vorsitzende des KJVD, Fritz Grosse, orientierten in ihren Referaten auf die illegale Arbeit in den Betrieben, den Arbeitsdienstlagern, sowie den legalen Massenorganisationen.[420] Die Berichte der aus Amsterdam zurückgekehrten Delegierten und verschiedene illegale Schriften trugen die Beschlüsse des ZK-Plenums, das aus Tarnungsgründen als „Bayreuther Konferenz" bezeichnet wurde, ins Ruhrgebiet und setzten im KJVD noch mehr die Konzentration aller Kräfte auf die Herstellung der Einheitsfront durch. So wurden in hektographierten Schriften die „KJVD-Plenum-Materialien" verbreitet, in denen nicht nur die politische Linie, sondern auch ihre organisatorische und praktische Umsetzung erläutert wurde. Einen ausführlichen Bericht über die Konferenz mitsamt der Abschlußresolution gab die im Ruhrgebiet weit verbreitete Nr. 21 der „Jungen Garde".[421]
Auch der antifaschistischen Arbeit in bürgerlichen Sportorganisationen widmete der KJVD große Aufmerksamkeit. So schrieb ein Pressedienst für die Zeitung „Jungsportler":
„Meuterei, Unzufriedenheit, Enttäuschung sind Tageserscheinungen in den Reihen der nationalsozialistischen Anhänger. Wenn diese Rebellion noch nicht immer den Charakter einer organisierten, aus dem Klassenbewußtsein heraus-

gewachsenen Aktion haben, die eine prinzipielle Ablehnung der faschistischen Gewaltherrschaft kundtun, so sind sie aber doch Anknüpfungspunkte für unsere antifaschistische Einheitsfrontarbeit."[422]
In der gleichen Zeit erschwerte allerdings eine Verhaftungswelle, die sich zwischen August und Oktober 1933 durch das Ruhrgebiet zog, den weiteren Kampf der Jungkommunisten. Aber schon im Spätherbst 1933 knüpften Instrukteure wie Berta Karg am Niederrhein und Fritz Sperling im Raum Essen-Oberhausen-Hamborn neue Verbindungen mit den Jugendgruppen. Dabei gelang es, Kontakte zu den Jugendlichen der katholischen Sturmscharen um Kaplan Rossaint, sowie zu verschiedenen SAJ-Mitgliedern herzustellen.[423] Zur Jahreswende 1933/34 erschien wieder die Zeitung „Die junge Ruhrgarde", die unter anderem in Essen, Duisburg-Hamborn und Oberhausen verteilt wurde. Auf den Rheinpreußen-Schächten im Raum Moers gab die KJVD-Betriebszelle darüberhinaus die Zeitung „Roter Rebell" heraus.[424]
Anfang 1934 wurde Berta Karg zusammen mit vielen ihrer Genossen aus dem Niederrhein und dem westlichen Ruhrgebiet verhaftet. Eine weitere Verhaftungswelle erfolgte im Sommer 1934 im Raum Moers. Trotz dieser Verfolgungen blieben viele Jungkommunisten standhaft und konnten dabei der Achtung und Solidarität ihrer Klassengenossen sicher sein. Ein Bericht aus Moers schildert dieses „Hohe-Lied der Solidarität":
„Anfang Februar 1935 wurden 11 Jugendliche aus Moers zur Aburteilung wegen Hochverrats nach Hamm transportiert. Die Häftlinge wurden von bewaffneten Polizeikräften zu Fuß durch die ganze Hauptstraße der Stadt bis zum Bahnhof geführt. Die erste und letzte Reihe waren zu drei Mann aneinander gekettet.
Wie erstaunt waren die jungen Häftlinge, als zum Zeichen der Verbundenheit und Solidarität zu beiden Seiten der Straße auf den Bürgersteigen etwa 200 noch tätige Widerstandskämpfer, Freunde und sogar Nachbarn, ihnen entgegenspaziert kamen. Beim Passieren des Gefangenentransportes nahmen alle zu einem kurzen Gruß die Mützen oder Hüte ab. Manch einer zeigte unauffällig zum Gruß die geballte Faust. Am Bahnhof hatten sich über 60 Angehörige der Häftlinge versammelt. Sie versuchten, Päckchen mit Eß- und Rauchwaren zu übergeben, was durch die Polizei brutal unterdrückt wurde.
Diese gezeigte Verbundenheit und Solidarität gab den Häftlingen so starken Auftrieb, daß sie im Eisenbahnwagen nach Hamm gemeinsam die Internationale sangen."[425]
Aber trotz der Verhaftungen bauten die Instrukteure des KJVD, Alfred Hausser, Erich Honecker und andere die Bezirksorganisation Ruhrgebiet seit März 1934 erneut wieder auf und stellten sich dabei als politische Hauptaufgaben:
„1. Kampf gegen den zunehmenden Druck der Nazis auf die nicht in der HJ

und im BDM organisierte Jugend. Um diese Gleichschaltung abzuwehren, sollten mit den ehemaligen SAJlern und der katholischen Jugend Verbindungen aufgenommen werden mit dem Ziel der Durchführung gemeinsamer Aktionen. 2. Herstellung von Verbindungen zur Arbeiterjugend in den Betrieben, insbesondere bei Krupp in Essen."[426]
Der Bezirk Ruhrgebiet des KJVD umfaßte zu dieser Zeit noch mehr als 200 Mitglieder, die besonders in den Unterbezirken Essen, Hamborn und Oberhausen organisiert waren. Als politischer Leiter des Bezirks und als Verbindungsmann zur Bezirksleitung der KPD arbeitete Alfred Hausser. Ihm stand als Verantwortlicher für Organisation Max Stoye zur Seite, der auch den Unterbezirk Hamborn bis nach Duisburg und ins linksrheinische Moers betreute.

Max Stoye wurde am 28. Februar 1913 in Berlin geboren. Schon seit seinem 11. Lebensjahr mußte er mit Gelegenheitsarbeiten zur Linderung der Not seiner Familie beitragen. 1927 aus der Schule entlassen, fand er für gerade drei Jahre Arbeit und war dann seit 1930 erwerbslos. Seit 1929 war er Mitglied im KJVD, in dem er Ende 1932 die Funktion des Verantwortlichen für Agitation in der Berliner Bezirksleitung ausübte. Im Jahre 1933 absolvierte er einen Lehrgang an der Lenin-Schule der Kommunistischen Internationale und wurde Anfang 1934 von Holland aus durch den Jugendberater Willi Giersch im Ruhrgebiet eingesetzt. Im November 1934 wurde er nach Amsterdam zurückberufen und leitete dann in Antwerpen eine Jugendgruppe antifaschistischer Emigranten. Sie stand in engem Kontakt zur Organisation der Freien Deutschen Jugend in Brüssel. Außerdem gehörte Max Stoye der KPD-Abschnittsleitung Südwest an. Beim Überfall der deutschen Truppen auf Belgien internierte ihn die dortige Polizei und schob ihn in das Lager St. Cyprien in Südfrankreich ab, wo Stoye mit Hilfe der KPD-Organisation im Lager um Otto Niebergall nach Toulouse fliehen konnte. Illegal gelangte er nach Brüssel, wo er zusammen mit dem Leiter der FDJ-Gruppe, Neubeck, den Kampf gegen die deutsche Besatzungsmacht fortsetzte. Anfang 1942 wurde er verhaftet, vor den faschistischen Volksgerichtshof gestellt und zum Tode verurteilt. Am 20. Mai 1943 wurde er dann in Plötzensee hingerichtet.

Stoye leitete mehr als 70 Jugendliche in seinem Unterbezirk an, erhielt regelmäßig die Beiträge ihrer Zellenkassierer, gab Flugblätter und die Zeitschrift „Junge Ruhrgarde" weiter und orientierte die Jungkommunisten hauptsächlich auf die Arbeit in den Betrieben, über die er regelmäßig dem Bezirksleiter Hausser berichtete. Daneben sollte die illegale Arbeit mit der „legalen" Tätig-

keit im Arbeitsdienst und in der Hitlerjugend verbunden werden, damit sich die Antifaschisten nicht von der Masse der Jugendlichen isolierten.[427]
In Oberhausen, wo der Instrukteur Adolf Frank aus Essen arbeitete, konnte man sich nicht nur auf eine Reihe aktiver KJVD-Gruppen stützen, sondern es bestanden auch gute Beziehungen zu Antifaschisten im katholischen St.-Josefs-Hospital.
Bis Ende 1934 wurden hier insgesamt vier Ausgaben der „Jungen Ruhrgarde" in etwa 1500 Exemplaren gedruckt. Zu diesem Zweck waren die Schreibmaschine und der Vervielfältigungsapparat hinter einem Altar des Hospitals versteckt worden, wo Kuriere aus Holland auch häufiger Koffer mit weiterer Widerstandsliteratur unterstellten. (Im Zusammenhang mit der späteren Aufdeckung dieser Verbindungen spürte die Gestapo übrigens ein Lager an der holländischen Grenze auf, wo 10 Zentner illegaler Literatur zum Weitertransport ins Rhein-Ruhrgebiet bereit lagen!)[428]
Die Jungkommunisten entwickelten neue, sicherere Methoden der Flugblattverteilung:
„In einer Ziegelei, die auf einer Anhöhe stand, legten Oberhausener Jugendgenossen einen Packen Flugblätter, mit einem Stein beschwert, so günstig an den Rand der Esse (Schornstein), daß der Sog der heißen Luft, die Flugblätter mit der Zeit freizerrte und hoch in den Himmel wirbelte. Als die Genossen sich schon weit entfernt und in Sicherheit gebracht hatten, flatterten die Flugblätter über Oberhausen und Duisburg nieder. Ich las selber in der Zeitung, daß feindliche Flugzeuge die Zettel abgeworfen haben sollten."[429]
Delegierte aus Meiderich, Essen, Oberhausen und anderen Orten trafen Ende Mai 1934 zu einer 10tägigen Schulung unter Leitung Alfred Haussers in Amsterdam zusammen, um die weitere Tätigkeit des KJVD zu besprechen. Nicht nur die Durchführung dieser Schulung und der Transport von Widerstandsliteratur konnte sich auf die internationale Solidarität stützen, die sich für das Ruhrgebiet in der besonders engen Kampfgemeinschaft mit den holländischen Nachbarn ausdrückte. Darüber hinaus übernahmen ausländische Kollegen auch direkte Patenschaften über antifaschistische Jugendgruppen im Ruhrgebiet. So konnte die Mai-Ausgabe 1934 der „Jungen Ruhrgarde" ein Begrüßungsschreiben von Jungarbeitern bei Krupp-Essen an die Kollegen in den Amsterdamer Gemeindebetrieben abdrucken, die die Patenschaft über die Krupp-Zelle übernommen hatten.[430]
Im Juli 1934 löste Herbert Pomp aus Chemnitz den Bezirksinstrukteur Alfred Hausser ab, der vorher noch Kontakte zur KPD-Bezirksleitung unter Karl Schabrod hatte herstellen können. Pomp konzentrierte sich besonders auf die antifaschistische Jugendzelle bei Krupp, die ja im Mittelpunkt der Aufrüstung arbeitete.[431]

Durch das Erlebnis der krisenhaften Entwicklung um den 30. Juni 1934 herum verstärkte sich noch mehr das Bestreben, breite Schichten der Jugend zum antifaschistischen Kampf zu vereinen, was sich auch in der Widerstandsliteratur deutlich niederschlug. So griff die „Junge Garde" mit dem „Lied der oppositionellen Hitlerjugend" den Widerspruch zwischen sozialistischen Phrasen der Nazipropaganda und kapitalistischer Wirklichkeit des Dritten Reiches auf[432] und der „Westdeutsche Arbeiter-Sport" wandte sich gegen „Hitlers Jugendversklavungspläne" und setzte sich besonders mit dem beginnenden Olympiarummel und den Formen von Sport- und Jugendarbeit auseinander, mit denen die HJ viele junge Leute demagogisch für sich gewinnen wollte.[433] Dabei galt es, die schwierige Aufgabe zu lösen, die Verhetzung und heimliche Kriegsvorbereitung aufzuzeigen, die sich hinter scheinbar höchst sozialen und unpolitischen Einrichtungen verbarg wie den Jugendzeltlagern, Lagerfeuerromantik, Wanderfahrten, Teilnahme selbst an kostspieligen Sportarten.

Bei diesen Versuchen, in der HJ Fuß zu fassen, errangen die Jungkommunisten einige Erfolge. In Moers-Meerbeck zum Beispiel hatten im Frühjahr 1934 mehrere HJ-Mitglieder auf Initiative des ebenfalls der HJ beigetretenen Jungkommunisten Josef Leis eine Widerstandsgruppe gebildet, die die „Rote Fahne" und die „Junge Garde" erhielt, eigene Klebezettel herstellte, Beiträge kassierte und über einen Instrukteur aus Hamborn Kontakt zur Bezirksleitung hielt. Daß es sich hier nicht um einen Einzelfall handelte, belegte ein Rundschreiben der Leitung „Liebe Freunde, wie müssen wir in der HJ arbeiten?", in dem solche Erfahrungen verallgemeinert wurden.[434]

In Flugblättern zur „Volksabstimmung" am 19. August 1934 erklärte die Bezirksleitung Ruhr des KJVD „Hitler führt Deutschland der Katastrophe entgegen" und forderte „Alle Arbeiter und Jungarbeiter, Alle Antifaschisten" auf, mit „Nein" zu stimmen.[435]

Die verschiedenen Gruppen stellten aber auch in eigener Verantwortung Flugblätter und Klebezettel her, die im August/September 1934 unter anderem in Duisburg-Hamborn, Duisburg-Meiderich, Moers, Essen und Oberhausen mit folgenden Aufschriften gefunden wurden:

„Der KJVD kämpft gegen Hunger und Not, für Arbeit und Brot!"

„1. September 1934: 20. internationaler Jugendkampftag für Aktionseinheit, gegen imperialistischen Krieg und Faschismus. Sozialdemokraten, Katholiken: schließen wir uns zusammen gegen Mord und Verhaftung. Freiheit für Ernst Thälmann und für alle anderen Antifaschisten. KJVD"

„Jungarbeiter, kämpft mit dem KJVD für die Befreiung Ernst Thälmanns!"[436]

Mit dem Eintreffen des neuen Bezirksinstrukteurs Ulrich Osche im Spätsommer 1934 erhielt der KJVD einen noch stärkeren Akzent in Richtung auf die umfassende antifaschistische Einheitsfront, wozu eine illegale Gebietskonferenz in Essen vom September 1934 erklärte:

Aufruf der KJVD-Bezirke Rheinland und Westfalen an die katholische Jugend und ihre Verbände

„(. . .) Glaubt uns, Kameraden, der Mord an (dem katholischen Jugendführer, D. P.) Adalbert Probst hat uns nicht weniger als Euch in Herz und Seele getroffen. Wir senken unsere Kampffahnen. Wir rechnen Eure ermordeten Kameraden zur großen Zahl derer, die nicht ungesühnt bleiben werden. Wir Lebenden haben die große Pflicht, den antifaschistischen Kampf zu führen bis zum Sieg. Katholische Freunde, erkennt mit uns und pflanzt die Erkenntnis fort in die Hirne und Herzen der jungen Menschen:
Der Faschismus – das ist die Barbarei!
Der Faschismus – das ist unser Feind!
Der Faschismus muß gestürzt werden, wenn das werktätige Volk, wenn wir, die Jugend, leben wollen! Hitler und sein Regime leben von dem Willen und von dem Gelde der ungekrönten Könige von Stahl, Kohlen und Land. Aber ihm hilft auch unsere Zerrissenheit.
Darum wollen wir Jungkommunisten mit Euch, katholischen Jungkameraden und mit den Jungsozialisten und jungen Gewerkschaftlern uns zum großen gemeinsamen Kampf gegen den Faschismus vereinen. In aufrichtiger Kameradschaft strecken wir Euch und unseren Freunden unsere Bruderhand entgegen. Wir wuchsen gemeinsam auf in schmutzigen Mietskasernen, in den verstaubten Hinterhöfen der Großstädte. Auf uns lastet gleichermaßen der würgende Druck des Kapitalismus und der faschistischen Knechtschaft. Legen wir brüderlich unsere Hände ineinander und schaffen wir eine große einheitliche Kampffront (. . .)
Wir schlagen Euch vor, die Aktionseinheit der werktätigen Jugend zu schmieden für unsere gemeinsamen Forderungen:

- Gegen die Verjagung der Jungen und Mädels aus Betrieb und Stadt in die Sklavenfront der Landhilfe.
- Gegen das Arbeitsgesetz und alle seine Auswirkungen, sowie gegen jede
- Gegen Krieg und Kriegshetzer, gegen Militärdrill und Arbeitsdienstpflicht.
- Für den Frieden, für den Sturz der faschistischen Kapitalsdiktatur!
- In allen Betrieben, Arbeitslagern und der Landhilfe, in Städten und Dörfern, gemeinsame antifaschistische Kampfkomitees, Jugendkampfausschüsse, Landhelferkameradschaften und Jugendvertrauensleute zu schaffen.

- Gemeinsam mit Euch, den SAJ-Kameraden und Junggewerkschaftlern einheitliche Jugendsektionen breiter Einheitsgewerkschaften in den Betrieben zu schaffen (...)
- So können wir jung und alt für die Freilassung aller Antifaschisten, für die Freilassung Ernst Thälmanns, des Bruders und Kameraden der werktätigen Jugend gewinnen.
- Wir wollen zusammen Schulungszirkel der Arbeiterjugend bilden, um uns im Kampf gegen den Faschismus zu stählen.
- Gemeinsam wollen wir den Kampf für die Gewinnung der in die Hitlerjugend gepressten jungen Menschen und den Kampf gegen die Zwangsgleichschaltung Eurer Jugendverbände für volle Vereinigungsfreiheit führen (...)

Euch Jung-Katholiken wiederholen wir die Erklärung, die ein Vertreter des ZK der KPD den Katholiken des Saargebietes in aller Öffentlichkeit gab:
‚Wir Kommunisten werden nie und niemals Euren religiösen Glauben verhöhnen oder verspotten. Wir sichern Euch die vollste Glaubens-, Gewissens- und Religionsfreiheit zu. Wir wollen mit unseren katholischen Volksgenossen keinen Kulturkampf, keinen Kulturkrieg. Wir werden keinerlei Einrichtungen, die Eurer Religion dienen, antasten. Im kommenden sozialistischen Deutschland ist für den Platz, der aufrichtig am Aufbau des Sozialismus hilft. Jeder Antifaschist, der heute bereit ist, in unseren Reihen zu kämpfen, kann – auch wenn er Mitglied der Kirche ist – gleichberechtigtes Mitglied der KP und des KJV werden‘. (...)
Wir machen die Aktionseinheit für unsere täglichen Forderungen und zur Niederringung der faschistischen Diktatur nicht abhängig von der einheitlichen Auffassung über unser Endziel. Wir schlagen vor: Sprecht Euch über alle diese Fragen und Forderungen aus. Sagt uns, was Euch nicht gefällt! Ergänzt unsere Vorschläge! Nichts darf uns hindern, gemeinsam zu kämpfen. Es gibt nur eine Bedingung: Gegen Hitler, gegen den Faschismus!
Ihr alle kennt uns. Ihr kennt in den Betrieben und Wohnvierteln der Proletarier unsere Jung-Kommunisten. Sie werden zu Euch kommen und Ihr solltet zu ihnen gehen.“[437]

Obwohl Massenverhaftungen im Herbst 1934 erneut viele Gruppen in Oberhausen, Essen und anderen Orten zerschlagen hatten, konnte der Instrukteur Osche die verbliebenen Gruppen wieder zusammenfassen und sogar über die Gewinnung neuer Mitkämpfer berichten. Sowohl die Materialien der KJVD-Reichskonferenz von Dezember 1934, zu der auch der Essener Jungarbeiter Adolf Frank delegiert worden war, wie die Pfingstkonferenz 1935 in Amsterdam, an der Osche zusammen mit anderen Jugenddelegierten teilnahm, trugen die Losung der Volksfront ins Ruhrgebiet.[438] Seit Herbst 1935 nahm dann die illegale Arbeit unter dem Eindruck des VII. Weltkongresses der Komintern, des anschließenden VI. Weltkongresses der Kommunistischen Jugendinternationale und der Brüsseler KPD-Konferenz (auf der Osche über seine Erfahrungen mit der antifaschistischen Jugendarbeit im Rhein-Ruhrgebiet sprach), einen erneuten Aufschwung. Instrukteure wie Hans Jennes und Ernst Lörcher übermittelten beispielsweise die Kongreßbeschlüsse an die Duisburger KJV-Gruppen,[439] aber auch die breitere Öffentlichkeit sollte durch verteilte Flugblätter und Broschüren über den „Neuen Weg zum Sturz der Hitlerdiktatur" aufgeklärt werden.

In Essen kursierte schon im August 1935 die Schrift des KJVD „Friedensbotschaft an die deutsche Jugend",[440] und in Duisburg-Hamborn wurden am 22. November 1935 die Flugschriften „Resolution der Reichskonferenz des KJVD", „Kampf gegen Krieg und Faschismus", „Schaffende Jugend in Stadt und Land" verbreitet.[441]

Im Oktober 1935 verteilten Kommunisten in Bochum, Recklinghausen, Westerholt und anderen Orten eine Flugschrift, die sich an die katholische Jugend und die Verbände der protestantischen Bekenntniskirche richtete:

„Durch die verschiedene Weltanschauung sind wir jungen Kommunisten von der Jugend der katholischen Kirche und der protestantischen Anti-Nazi-Kirche getrennt. In einem Punkt aber müssen wir in einer Front stehen. Der Terror des Nazismus verlangt von uns die Einheitsfront im Widerstand gegen den gemeinsamen Feind Hitler!

Schafft nach vorsichtiger Fühlungsnahme von Einzelnem zu Einzelnem getarnte Selbstschutzformationen zum Schutz der politisch und religiös antifaschistischen Bevölkerung. Organisiert planmäßig den Kampf für die Gewissensfreiheit! Erhebt die Forderung: Heraus mit den politischen Gefangenen! Heraus mit den eingekerkerten Pfarrern, Ordensschwestern und den Pastören der Bekenntniskirche aus Zuchthäusern, Gefängnissen und Konzentrationslagern! Beunruhigt durch religiöse Propaganda die Massen gegen die Unterdrückung! Erzwingt Toleranz für die Juden, die Menschenantlitz tragen, wie wir alle! Demonstriert gegen die Provokationen der Polizei und SA! Laßt den Nazistaat nicht zur Ruhe kommen! Bereitet die Stunde der Rache vor!

Schafft die antifaschistische Solidarität!"[442]

Erst 1936 ging die selbständige Organisation des KJVD endgültig in den illegalen Gruppen der KPD auf, nachdem sie durch erneute Massenverhaftungen weiter geschwächt worden war. Tendenzen zur Verschmelzung der Organisationen hatte es allerdings schon vorher gegeben. Beispielsweise hatten sich führende Jungkommunisten, die von Herbst 1933 bis 1935 in Haft gewesen waren, im Oktober 1935 in Bochum zusammengefunden und beschlossen, den Neuaufbau der Parteiorganisation der KPD im Ruhrgebiet zu unterstützen und

zu diesem Zweck auch Verbindung mit den Parteistellen in Holland aufzunehmen. Über diese Kontakte gelangten dann die Materialien der Brüsseler Konferenz auch in den Dortmunder und Bochumer Raum.
Zu Weihnachten 1935 fand in Amsterdam eine Beratung mit Jungkommunisten aus dem Ruhrgebiet statt, auf der die Beschlüsse der Brüsseler Konferenz erläutert wurden. An ihr nahmen u. a. Walter Kuchta aus Moers, Rudi Schmauch aus Rheinhausen, ein Delegierter aus Oberhausen-Sterkrade, sowie die Jugendinstrukteure Hans Jennes und Ernst Lörcher teil. Erich Jungmann, der seit etwa dieser Zeit der Verantwortliche für Jugendfragen bei der Abschnittsleitung West der KPD war, leitete die Beratung. Ende 1935/Anfang 1936 reisten die beiden Jugendinstrukteure Jennes und Lörcher noch ins Ruhrgebiet, um auch den anderen Jugendgruppen die Beschlüsse der Brüsseler Konferenz zu übermitteln.[443]
Neben dem KJVD setzten auch **junge Sozialdemokraten** ihren Kampf 1933 fort. In lockeren Gruppen, oftmals durch persönliche Freundschaften verbunden, wahrten sie Zusammenhalt und Gesinnung. Oft unterstützten sie aktiv die illegalen Gruppen von SPD und SAP. So kamen die Leiter der Dortmunder und Duisburger SAP aus deren Jugendverband, dem SJVD (Sozialistischer Jugendverband Deutschlands). Auf die Verbindungen Dortmunder SAJler nach Amsterdam, die Aktivitäten des SAJ-Bezirksvorsitzenden Willi Renner im SOPADE-Literaturvertrieb der Brotfabrik Germania und ähnliche Aktivitäten wurde bereits eingegangen.
Eigenständige SAJ-Gruppen hielten sich z. B. bis 1937 um Willi Beuster in Dortmund. Deren Diskussionszirkel, Freizeitgruppen und Sportvereine umfaßten dabei etwa 50 Jugendliche, die auch lockere Kontakte zum „Widerstands"-Kreis um Heinz Baumeister, zu bündischen Jugendlichen und zur Gruppe Winzen pflegte.[444]
Eine interessante Rolle im Spektrum des sozialistischen Jugendwiderstandes spielte die ideologisch sehr eigenständige Gruppe „Neuer Sozialismus" um den Dortmunder Paul Winzen.[445] Um ihn scharte sich schon vor 1933 eine Gruppe Jugendlicher, die zunächst in der Freidenkerjugend und dann in einem sogenannten „Freien Wanderbund" organisiert waren. Neben Diskussionen, die aus der Kritik an SPD und KPD heraus eine „neue" sozialistische Bewegung anstrebten, beteiligten sich Angehörige der Gruppe schon frühzeitig mit Flugblättern und Losungen am antifaschistischen Kampf. Vom leitenden Kern der Winzengruppe bis zu lockeren Wander- und Interessenzirkeln wurden etwa 100 Jugendliche erfaßt. Die Dortmunder KPD-Organisation hatte mit Wissen der Abschnittsleitung West einen lockeren Kontakt zur Gruppe: die letzte längere Aussprache führten im Dezember 1939 die Kommunisten Mardas und Kriegeskorte mit den Anhängern des „Neuen Sozialismus", um ihnen die

Die Parole des Tages : Der Friede ist der grösste Feind Hitlers !

Genosse! Was tust du, damit die „Rote Fahne" unter den Mitgliedern der Massenorganisationen von Hand zu Hand geht?

Die Rote Fahne

Zentralorgan der Kommunistischen Partei Deutschlands (Sektion der Kommunistischen Internationale)

Genosse! Leser! Wirb in deinem Freundes- und Bekanntenkreis ständige Leser für die „Rote Fahne"! Mache keine Aussagen, von wem du diese Zeitung erhalten hast.

Reichsausgabe
Begründet von
Karl Liebknecht u. Rosa Luxemburg

Genosse! Du sollst diese Zeitung nicht nur mit deinen Arbeitskollegen lesen, du sollst auch für sie schreiben. Gib deine Berichte an den dir bekannten Funktionär weiter!

Seid einig, einig gegen Hitler!

Für Volksfront zur Rettung Deutschlands vor der Katastrophe des Krieges

Die Bedrohung des Weltfriedens durch die imperialistische Kriegspolitik Hitlers hat führende Kräfte der Kommunistischen Partei, der Sozialdemokratischen Partei, der SAP, frühere Reichsbannerfunktionäre, freie Gewerkschaftler, Männer der freiheitlichen Intelligenz und des freiheitlichen Bürgertums zusammengeführt zur Verständigung über den gemeinsamen Kampf für Frieden und Freiheit, für die Befreiung Deutschlands von der Hitler-Knechtschaft.

Dieser gemeinsame Aufruf entspricht dem Willen aller illegalen Kämpfer, ebenso der Kommunisten und Sozialdemokraten wie der Katholiken, der geknebelten Intelligenz, der bedrückten Mittelständler und Bauern. Dieser Ruf zur Einigkeit gegen die faschistischen Zerstörer des Friedens geht alle, alle an: Du, Hitlergegner, welcher politischen Richtung oder Religion Du angehörst, verbinde Dich mit jedem Dir bekannten Freund des Friedens und der Freiheit zum brüderlichen gemeinsamen Kampf!

Wie die französische Volksfront für die Erhaltung des Friedens kämpft, so vereinigt Euch zur deutschen Volksfront für den Sturz der faschistischen Kriegsbrandstifter, für die Versöhnung der Völker, für ein freies, starkes und glückliches Deutschland!

Der gemeinsame Aufruf

hat folgenden Wortlaut:

„Am 2. Februar 1936 haben 118 Mitglieder aller Arbeiterparteien Deutschlands und Vertreter seines freiheitlichen Bürgertums in einer Kundgebung an das deutsche Volk eindringlich darauf hingewiesen, daß der von Hitler vorbereitete Vernichtungs- und Eroberungskrieg täglich näher rückt.

Am 7. März 1936 hat Hitler den Locarno-Vertrag gebrochen. Dieser war von Deutschland freiwillig unterzeichnet und von Hitler wiederholt anerkannt. Hitler redet von Gleichberechtigung Deutschlands, aber in Wirklichkeit organisiert er den Krieg zur Unterdrückung anderer Völker. Die Kriegstreiber von 1914, dieselben Krupp, Thyssen, Vögler, denen Deutschland seine Niederlage von 1918 verdankt, sie stehen auch jetzt wieder hinter den Ereignissen. Innere Schwierigkeiten sind mit der großkapitalistischen Hitlerdiktatur unzertrennlich. Hitlers Kriegspolitik führt das deutsche Volk in die Katastrophe. Einzig und allein das deutsche Volk selbst kann den Verbrechern in die Arme fallen, aber die entschlossenen Friedensfreunde aller Nationen können ihm helfen, das Unheil aufzuhalten.

Die Befestigung des Rheinlandes geschieht nicht zum Schutze des deutschen Volkes — kein Volk denkt daran, Deutschland anzugreifen — sondern soll der Hitlerdiktatur den Ueberfall auf Frankreich, Belgien, Oesterreich, die Tschechoslowakei und die Sowjetunion erleichtern. Der ungesühnte Angriff Mussolinis auf Abessinien und Japans auf chinesische Gebiete ermuntern Hitler zu seinen Kriegsprovokationen. Die Hitler gewährten Konzessionen haben nur seine Kriegspolitik gefördert.

Um das wahre Ziel seiner Kriegsprovokationen zu verschleiern, organisierte Hitler das verlogene Schauspiel seiner sogenannten Volksabstimmung.

Dem setzen wir die offenkundige Wahrheit entgegen. Eine deutsche Regierung, die als unabänderliches Lehrbuch „Mein Kampf" und seine Nachkriegspolitik als Bekenntnis hat, eine deutsche Regierung, die an einem Sicherheitspakt im Osten nicht teilnehmen will, die gegen die kollektive Sicherheit und nur für Einzelverträge ist, sofern sie für die Isolierung des Angegriffenen ermöglichen, diese Regierung beweist, daß sie den Frieden nur als Maske trägt.

Die Unterzeichneten, Angehörige sämtlicher deutscher Arbeiterparteien und Organisationen, die in Deutschland einen Heldenkampf gegen das Hitlerregime führen, erklären gemeinsam mit Vertretern des freiheitlichen deutschen Bürgertums:

Die deutschen Volksmassen wollen nicht Krieg, sondern Frieden. Die Kriegspolitik Hitlers widerspricht dem Willen der überwältigenden Mehrheit des deutschen Volkes. Es ist unwahr, daß hinter Hitler 99 Prozent des deutschen Volkes stehen. Die Zahlen der Wahlen sind teils durch einen unerhörten Terror erpreßt, teils sind sie erreicht vermittels nachgewiesener beispielloser Fälschungen.

Die große Masse des deutschen Volkes, besonders die Werktätigen Deutschlands haben im Zusammenleben mit anderen Nationen nur ein Ziel: in einem freiheitlichen, vom Naziterror erlösten Deutschland mit allen Völkern in Frieden zu leben und alle strittigen Fragen durch friedliche Verständigung zu lösen.

Die Kundgebung vom 2. Februar 1936 erklärte, daß „der Ausbruch oder Nichtausbruch des Verderbens vielleicht davon abhängt, ob und in welchem Grade sich die Widerstände im deutschen Volke verbreitern und zusammenschließen.

Angesichts der gesteigerten Kriegsgefahr und drohenden Katastrophe ist dieser Zusammenschluß notwendiger denn je, um die Machenschaften Hitlers bloßzustellen, um die chauvinistische Demagogie, die ideologische Vorbereitung des Krieges zunichte zu machen.

Unser Ruf ergeht an alle deutschen Arbeiter, an alle Frauen und Männer, die Deutschland und die Welt vor einem neuen Krieg bewahren wollen. Vereinigt Euch! Kämpft gemeinsam für den Sturz der Hitlerdiktatur! Sie ist das Unglück unseres Volkes und wird zum Unglück für die ganze Welt, wenn wir es nicht verhindern.

Unser Ruf ergeht gleichzeitig an die Arbeiter und ihre Organisationen in der ganzen Welt, an die Männer und Frauen in allen Ländern, durch einheitliches Handeln, durch Verhinderung jeder finanziellen Unterstützung Hitlerdeutschlands, durch Kampf für die Amnestierung der eingekerkerten Gegner des Naziregimes, die freiheitlichen und friedliebenden Kräfte des deutschen Volkes in ihrem heroischen Ringen zu unterstützen.

Es ist nicht zu spät, das drohende Unheil eines neuen entsetzlichen Krieges zu verhindern, wenn sich alle Friedenskräfte zur Erreichung dieses Zieles vereinen.

Unterschriften:

Sozialdemokraten:

Rudolf Breitscheid, ehem. Mitgl. d. R. und Völkerbunddelegierter.
Max Braun, ehem. Mitglied des Landtags Saar.
Prof. Georg Decker.
Emil Kirschmann, ehem. M. d. R.
Max Hofmann, ehem. 2. Bundesführer des Reichsbanners.
Siegfried Aufhäuser, ehem. M. d. R.
Ernst Roth, ehem. M. d. R.
Wagner, ehem. M. d. R.
Heinrich Becker, ehem. M. d. R.
Karl Boechel, ehem. Mitgl. des Landtages.
Hermann Tesry, ehem. Mitgl. des Landtages.
Dr. Hans Hirschfeld, Ministerialrat.
Alexander Schifrin.

Kommunisten:

Walter Ulbricht, ehem. M. d. R.
Franz Dahlem, ehem. M. d. R.
Willi Münzenberg, ehem. M. d. R.
Philipp Dengel, ehem. M. d. R.
Wilhelm Koenen, ehem. M. d. R.
Hans Beimler, ehem. M. d. R.
A. André, ehem. M. d. R.
Erich Belfort, Redakteur.

Funktionäre der SAP:

Jakob Walcher.
Dr. Walter Fabian.
W. Brandt.

Vertreter der freiheitlichen Intelligenz und des freiheitlichen Bürgertums:

Heinrich Mann.
Georg Bernhard.
Leopold Schwarzschild.
Lion Feuchtwanger.
Ernst Toller.
Otto Lehmann-Rußbüldt.
Prof. E. J. Gumbel.
Prof. Fritz Lieb.
Prof. S. Marck.
Walter Schönstedt.
Alfred Kantorowicz.
Schutzverband deutscher Schriftsteller (Vorstand Rudolf Leonhard und E. E. Kisch).
Deutsche Liga für Menschenrechte, Verein sozialistischer Aerzte, Freie deutsche Volkshochschule, Kollektiv deutscher Künstler in Paris, Freie deutsche Jugend Paris.

Die Rote Fahne, Ende Mai 1936

Gründe für den deutsch-sowjetischen Nichtangriffspakt zu erläutern.
In Winzens 1939 entstandenen Schulungsschriften verknüpften sich Elemente trotzkistischer Ideologie mit einem engagierten Antifaschismus zu einem widersprüchlichen System, das sich nicht zuletzt durch die große Isolierung erklären läßt, in der die Gruppe zu arbeiten gezwungen war. Angesichts des drohenden Krieges stellte Winzen dem „kapitalistischen Ausweg aus der Krise", dem Weltkrieg, den „proletarischen Ausweg" gegenüber: „Beseitigung der Kapitalherrschaft, Abschaffung aller Eigentumsvorrechte und Leitung und Kontrolle der Wirtschaft durch die bewaffnete Macht der Arbeiter".[446] Damit setzte Winzen den Sturz Hitlers mit der proletarischen Revolution gleich, einer Revolution allerdings, die sich in ausdrücklicher Distanz von dem „Bürokratismus" der KPD und der Sowjetunion, den er in seinen Schriften immer wieder ansprach, entwickeln sollte. Trotz dieser angesichts des Kräfteverhältnisses in Deutschland 1939 irrealen Perspektive, waren die Gespräche und Diskussionen, die die Mitglieder der Gruppe auch unter Vertrauten in Wehrmachtseinheiten führten, denen sie auch ihre Schriften gaben, nicht unbedeutend.
Im Juni 1940 wurden die Mitglieder der Gruppe verhaftet. Der „Volksgerichtshof" verurteilte Paul Winzen und seinen Kampfgefährten Josef Kasel wegen ihrer antifaschistischen Propaganda in der Wehrmacht zum Tode. Beide wurden am 12. Juni 1942 im Zuchthaus Plötzensee hingerichtet. Wie bei vielen linkssozialistischen Gruppen schlossen sich auch die Überlebenden von „Neuer Sozialismus" nach 1945 großenteils der SPD an, in der einige bedeutende Funktionen ausübten.
Das Bild des Widerstandes aus der Arbeiterjugend wäre erst vollständig durch die Erforschung und Darstellung der zahllosen Einzelschicksale jener, die in lockeren Gruppen, in den Parteien, in der Emigration, im spanischen Bürgerkrieg, in bündischen und kirchlichen Gruppen, in der Wehrmacht usw. ihre antifaschistische Gesinnung bewährten und sich nach Kräften bemühten, Sand im Getriebe des faschistischen Krieges zu sein. Ihr und ihre Arbeit, so unscheinbar die einzelnen Taten gewesen sein mögen, machen in ihrer Gesamtheit einen bedeutenden Aktivposten im historischen Bild des Deutschland jener Jahre aus.

8. Um die Einheit aller Hitlergegner 1936 bis 1939

Kriegsschauplatz Innerdeutschland

Die Friedensjahre des Dritten Reiches waren Jahre der unmittelbaren Kriegsvorbereitung. „Wer Hitler wählt, wählt den Krieg!“ hatten Antifaschisten bereits 1932 gewarnt. Als die reaktionärsten Kräfte der deutschen Industrie im November 1932 die Kanzlerschaft Hitlers forderten, betonten sie ausdrücklich, daß nur der Nationalsozialismus die nötigen „inneren Voraussetzungen“ für den „Wiederaufstieg Deutschlands“ schaffen könnte. Diesem Programm getreu, ließ die Hitlerregierung keinen Zweifel daran, daß die Aufrüstung der Kern ihrer Politik war, Deutschland kriegsbereit zu machen, was in Hitlers Denkschrift zum Vierjahresplan 1936, die auf Studien der IG Farben zurückging, den klassischen Ausdruck fand:
„Erstens: Die deutsche Armee muß in vier Jahren einsatzfähig sein.
Zweitens: Die deutsche Wirtschaft muß in vier Jahren kriegsfähig sein.“[447]
Außerdem sollte die staatlich finanzierte Aufrüstung die deutschen Monopole aus der Weltwirtschaftskrise reißen: sie gewährte ihnen risikofreie Profite und einen Markt, der in enger Zusammenarbeit von Staat und führenden Konzernen perfekt durchorganisiert wurde. So erhielt etwa Krupp im Januar 1935 ein zinsloses Aufrüstungsdarlehen von 16 Millionen Mark, das wiederum aus den staatlichen Zahlungen für gelieferte Rüstungsprodukte getilgt werden sollte. Im Reichsmaßstab stieg der Anteil der Rüstung an der Gesamtproduktion 1932 bis 1938 von 2 Prozent auf 24 Prozent.[448]
Da aber auch die faschistische Variante des staatsmonopolistischen Kapitalismus ihre ökonomischen Grundlagen nicht beliebig manipulieren konnte, mußte die Rüstungsexpansion mit einer inflationistischen Finanzpolitik bezahlt werden. Neben den im Kapitalismus üblichen Inflationsmaßnahmen griff die Reichsbank zu Schwindelmanövern. So wurden Gelder auf Grundlage von Wechseln einer „Metallforschungsgesellschaft“ (Mefo) ausgegeben, die nur auf einer „Deckung“ durch zukünftig erhoffte Bodenschätze beruhten, Bodenschätze, die wohl kaum im Inland, sondern eher bei Kiruna, in Lothringen, im Donbass und in Baku zu suchen waren. Die Finanzierungsbasis der Aufrüstung bestand also zu einem gut Teil aus der erwarteten Kriegsbeute. Manche Wirtschaftshistoriker führten eine ganze Palette von Einzelbeispielen dafür an, daß die Industrie zwar aktiv an der Aufrüstung teilgenommen, aber den Krieg nicht

gewollt habe. Auch diese Defensivposition wird durch die ökonomische Struktur und besonders die Finanzierung der Aufrüstung widerlegt. Nicht nur der Krieg als Ziel, sondern selbst der Zeitpunkt des Kriegsausbruchs hing weitgehend von der Aufrüstungspolitik der großen Monopole ab. Ihre gewagten Finanzierungen machten den kriegerischen Ausweg aus dem drohenden Staatsbankrott um 1939 unabdingbar notwendig.[449]
Zwar hatte die Rüstung die Arbeitslosen von der Straße geholt, aber der Lebensstandard der Arbeiter stagnierte und die Höhe vor der Weltwirtschaftskrise wurde nicht wieder erreicht. Das deutsche Kapital dagegen konnte schon in Friedenszeiten Extraprofite weit über das übliche Maß hinaus machen: ein untrügliches Zeichen für den „Wiederaufstieg Deutschlands"! Von 1933 bis 1938 stieg daher das steuerpflichtige Einkommen der großen Gesellschaften (mit über 2 Millionen RM Kapital) von 406 Mill. RM auf 3 439 Mill. RM, um dann bis 1942 auf 6 360 Mill. anzuwachsen.[450]
Aufrüstung und Wiedereinführung der Wehrpflicht gingen einher mit gesteigerter nationalistischer Propaganda und weiterem Terror gegen die Arbeiterbewegung und die ganze Opposition. Bei Kriegsausbruch befanden sich zehntausende politische Häftlinge in den Konzentrationslagern; weitere Widerstandskämpfer standen unter Anklage oder saßen bereits – aus politischen Gründen verurteilt – in den Gefängnissen und Zuchthäusern. Bis zu diesem Zeitpunkt waren insgesamt etwa eine Million Deutsche mehr oder weniger lange in Konzentrationslagern gewesen.[451]
Mit der ökonomischen und innenpolitischen Kriegsvorbereitung lief die außenpolitische parallel. Schrittweise vergrößerte Hitlerdeutschland seine Aggressionsspielraum: Wiedereinführung der allgemeinen Wehrpflicht und Besetzung der entmilitarisierten Zone im Rheinland brachen offen den Versailler Vertrag. Es folgten die Intervention in Spanien, die Annektion Österreichs, des Sudetengebietes, des Memellandes und die Eroberung der „restlichen" Tschechei. Faktisch mündete die friedliche Expansion längst vor dem 1. September 1939 in den neuen Weltkrieg ein.
Diese Entwicklung blieb nicht ohne Konsequenzen für die Chancen der Widerstandsbewegung. Insgesamt kann man sagen, daß sich das Kräfteverhältnis in Deutschland seit 1936 rapide zugunsten der Faschisten veränderte, deren Arbeitsbeschaffung durch Aufrüstung und deren außenpolitische Erfolge zunehmend auch bisher oppositionelle Schichten, ja sogar Teile der Arbeiterschaft an das Regime banden.[452] Damit verringerte sich nicht nur der Widerhall der Widerstandskämpfer im Volk, sondern auch ihr Bewegungsspielraum schlechthin: der gesteigerte faschistische Masseneinfluß drückte sich auch in einem Heer von Spitzeln und Denunzianten aus, die den hauptamtlichen Terrorapparat der Gestapo unterstützten. Ein Netz faschistischer Organisationen von HJ,

SA und SS bis hin zur „Kraft durch Freude", zum NS-Kraftfahrerkorps und zur NS-Frauenschaft, von Spitzeln und Vertrauensleuten vom Blockwart über den Amtswalter bis zum Gruppenleiter versuchte, die Bevölkerung einzuschüchtern und in das NS-System einzugliedern. Darüber hinaus hatten die Massenverhaftungen und Prozesse der Jahre bis 1935 die traditionellen Widerstandskader stark dezimiert und die Bereitschaft vieler anderer, Risiken an Leib und Leben einzugehen, gemindert. Somit erschwerten sich die Kampfbedingungen des deutschen Widerstandes gerade zu dem Zeitpunkt, wo seine Verantwortung anwuchs.

Das Eintreten der KPD für Einheits- und Volksfront gegen Faschismus und Kriegsgefahr 1936–1939

Die Vereinigung aller oppositionellen Kreise in einer Volksfrontbewegung gegen den drohenden faschistischen Eroberungskrieg rückte immer mehr in den Mittelpunkt des Widerstandskampfes. Beeinflußt durch die Erfolge der spanischen und französischen Volksfront fanden sich daher 1936 in Paris viele Kräfte der deutschen antifaschistischen Emigration im Ausschuß zur Vorbereitung der deutschen Volksfront unter dem Vorsitz Heinrich Manns zusammen.[453]
Seine Appelle an die Deutschen im Reich, Nachrichten über die internationale antifaschistische Einheitsbewegung und Informationen über die großen Kongresse von 1935 machten den Inhalt der meisten Schriften aus, die ab 1936 ins Ruhrgebiet eingeführt wurden. Ihre Verbreitung nahmen die Illegalen mit einer Energie in Angriff, die angesichts der zunehmenden Schwierigkeiten geradezu unglaublich war. So mußte die gleiche Gestapoleitstelle in Düsseldorf, die in ihrer Jahresbilanz für 1935 prahlerisch die Zerschlagung der KPD verkündet hatte, in ihrem Januarbericht 1936 zugeben, daß allein in diesem Monat weitere 200 Widerstandskämpfer verhaftet wurden: „Hierbei machten sich bereits die Beschlüsse des VII. Weltkongresses der Komintern, welche ihren Ausklang in der im Oktober 1935 in Brüssel stattgefundenen Parteikonferenz der KPD fanden, mehr und mehr bemerkbar (. . .) Die vielen Festgenommenen von Angehörigen der DAF (Deutsche Arbeitsfront, D. P.) sprechen dafür, daß die Propagandamethoden der KPD trotz der Bemühungen der DAF bei einem großen Teil der früher marxistisch eingestellten Arbeiterschaft auf fruchtbaren Boden fallen."[454]
Im Ergebnis der Brüsseler Konferenz dezentralisierte die KPD ihre Parteiorganisation im Lande. Große Wohngebiets- und Stadtteilorganisationen wurden

zugunsten der Arbeit in den Betrieben und legalen Massenorganisationen aufgelöst. Auch die übergeordneten Leitungen wurden dem Zugriff der Gestapo dadurch entzogen, daß sie über die Grenzen in die Nachbarländer verlegt wurden. Die Kontakte zwischen den Leitungen und den Widerstandsgruppen hielten dabei regelmäßig einreisende Instrukteure aufrecht.

Die KPD-Abschnittsleitung West

Für das Rhein-Ruhrgebiet war die Abschnittsleitung West in Amsterdam zuständig, die nach der Ablösung des bisherigen Grenzstellenleiters Phillip Daub („Christian") zunächst von Paul Bertz („Johann") und von Ende 1936 bis 1939 von Erich Gentzsch („Alwin"), Wilhelm Beuttel („Robert") und Wilhelm Knöchel („Alfred Schröder und „Erasmus") gebildet wurde.[455] Zur Information der Widerstandsbewegung im Lande gab die Abschnittsleitung eine periodische Zeitschrift von jeweils 80 bis 100 Seiten im Heftformat heraus: die „Westdeutschen Kampfblätter" (seit 1938: „Freiheit"), in der allgemeinpolitische Berichte, Artikel zur marxistischen Theorie, Nachrichten und Analysen aus dem rheinisch-westfälischen Industriegebiet, besonders über die Entwicklung der Profite und die gesteigerte Ausbeutung in den Großkonzernen, sowie Berichte und Beispiele aus dem Widerstandskampf abgedruckt wurden. Alle diese Berichte beruhten auf den Schreiben, Nachrichten und Einschätzungen, die die Instrukteure der KPD bei ihren Fahrten zu den Widerstandsgruppen gesammelt hatten, waren also von hoher Authentizität und stellen daher auch dann, wenn sie sich heute nicht mehr alle überprüfen lassen, eine bedeutende und glaubwürdige Quelle für die Geschichte des Widerstands in der Ruhrregion dar. Die Instrukteurberichte wurden in der Abschnittsleitung gesammelt und dann dem Redakteur der „Westdeutschen Kampfblätter", Ismar Heilborn, zur Auswertung übergeben, der sie, um seine Informanten zu schützen, durch Weglassung von Namen, Ortsangaben und verräterischen Details und durch ihre Einordnung und Kommentierung im Sinne der allgemeinen Fragen des Widerstandskampfes bearbeitete.

Die Verbreitung der Berichte über die „Westdeutschen Kampfblätter" im Lande selbst, hatte große Bedeutung für die Widerstandsgruppen. Sie fanden sich selbst in ihrer Zeitung wieder, sahen ihre Aktionen und Erfahrungen ausgewertet und verallgemeinert, erfuhren aber auch von ähnlichen Aktionen anderer Gruppen, nahmen an der Diskussion ihrer Probleme teil. Dadurch stellten die „Kampfblätter" mit ihren bescheidenen Mitteln so etwas wie eine antifaschistische Öffentlichkeit und eine Plattform der demokratischen innerparteilichen Diskussion her.[456] Neben den „Westdeutschen Kampfblättern" erschienen weiterhin die zentralen Organe der KPD, die „Rote Fahne", die schon von Karl Liebknecht und Rosa Luxemburg gegründete „Internationale",

Westdeutsche Kampfblätter

RHEIN-RUHR I NORDWEST

2. Jahrgang. Nummer 2 Abgeschlossen am 31. Juli 1937

Was wird die Deutsche Volksfront nach dem Sturze Hitlers tun?

Was nach Hitler kommen *muß*, ist nicht zu trennen von dem, was die Hitler-Diktatur stürzen, was Deutschland von der faschistischen Bestie befreien wird: die Volksfront. Sie wird mehr sein als eine Kommission mit dem Sitz in Paris oder in Prag oder sonstwo im Ausland und zusammengesetzt aus bevollmächtigten Vertretern von deutschen Arbeiterparteien, Gewerkschaftsinstanzen, Kulturorganisationen und aus bürgerlich-demokratischen Politikern und Intellektuellen in der Emigration, so dringend nötig auch die Schaffung einer breiten Führung der Volksfront ist. Denn das Entscheidende ist, daß heute schon — jedoch viel mehr als bisher, und immer weiter um sich greifend, muß und wird es in Zukunft geschehen — im Lande kommunistische, sozialdemokratische und katholische Arbeiter gemeinsame Wege gehen, so die Einheit der Arbeiter schaffen und dadurch die Mittelschichten — also auch die Bauern — für die Volksfront gewinnen. Gemeinsame Wege gehen das heißt gemeinsam für die Durchsetzung der *elementarsten Forderungen aller* Arbeiter kämpfen durch Anwendung der Taktik, die unter den Bedingungen der faschistischen Diktatur allein möglich ist, der Taktik des Trojanischen Pferdes. Die Mittelschichten für die Volksfront gewinnen, heißt ihnen helfen, den Kampf für ihre *besonderen* unmittelbaren Interessen *gegen Hitler* zu führen, heißt zusammen mit ihnen für die *allgemeinen Tagesforderungen* des *ganzen werktätigen deutschen Volkes* kämpfen. . .

Die *allgemeinste* Tagesforderung des werktätigen deutschen Volkes ist die Errettung und Erhaltung des Friedens. Schon führt Hitler seit einem Jahre Krieg gegen das spanische Volk, schon ließ er — *ungetarnt* durch das Firmenschild Franco — die Stadt Almeria bombardieren, Tod und Vernichtung über sie ausstreuen durch Geschütze von Kriegsschiffen des 3. Reichs. Und die braune Presse und die braunen Redner klatschten Beifall, jubelten, versuchten im

Herausgegeben von der KPD. Gebietsleitung Westen.

Westdeutsche Kampfblätter, 31. Juli 1937

die auch unter den schwierigen Bedingungen der faschistischen Diktatur die marxistische Theorie weiterverbreitete, Tarnbroschüren und Flugblätter zu speziellen Themen und die „Kommunistische Internationale" als das Forum der kommunistischen Weltbewegung.
Auch unter den Bedingungen des Terrors und der Verfolgung versuchten die Kommunisten, die Einheit ihrer Partei, die Verbindung und den Informationsfluß zwischen den illegalen Gruppen und den Leitungsorganen aufrechtzuerhalten. Zu diesem Zweck verfügte die Abschnittsleitung West über einen nicht unbedeutenden Apparat. In Enschede leitete der „Parteivertreter" Ludwig Becker aus Essen („Hermann") die Instrukteure und Kuriere für das Ruhrgebiet an, die ihren Übergang über die Grenze und das Einschleusen antifaschistischer Literatur über spezielle „Grenzstellen" bei Gronau, in der Nähe Bocholts und in Heerlen durchführten. Außerdem standen dem Parteivertreter ein Mann mit der speziellen Aufgabe der Abwehr von Gestapospitzeln und ein „Techniker" für den Literaturtransport zur Seite.[457] In allen diesen Funktionen arbeiteten auch erfahrene Kader aus dem Ruhrgebiet. So wirkten als Grenztechniker in Heerlen zunächst 1935/36 Willi Gusek aus Wanne-Eickel und dann bis zur Besetzung Hollands 1940 Paul Assmann aus Bottrop.
In einem Bericht des Politbüros der KPD vom 7. März 1936 über den Stand der Parteiarbeit wurde die „Lage im Ruhrgebiet aufgrund des Terrors besonders schwierig" genannt. Dennoch arbeiteten dem Bericht zufolge vier Instrukteure: in den Gebieten Essen, Moers, Duisburg und Bochum. Die erfaßten Parteigruppen in Bochum und Duisburg besaßen etwa je 100 Mitglieder. In Essen waren 50 Mitglieder organisiert. Zu einer Angestelltengruppe bei Krupp, zur Zeche Rheinpreußen, sowie zum Hafen Duisburg-Ruhrort und zu Dortmunder Hafenbetrieben bestanden weitere Verbindungen.[458]
Nur die selbstlose Unterstützung holländischer Antifaschisten und der praktische Internationalismus der kommunistischen Weltbewegung ermöglichten die umfangreiche Organisation der Grenzarbeit. Holländische Freunde spendeten Geld, besorgten Lebensmittel und illegale Quartiere für die Parteifunktionäre und jene Emigranten, die keine Aufenthaltserlaubnis hatten. Sie leisteten Kurierdienste, richteten Transport- und Lagermöglichkeiten für Widerstandsliteratur ein, stellten ihre Wohnungen und Geschäfte als Anlaufstellen zur Verfügung, ja übernahmen sogar selbst manchen gefährlichen Auftrag bei Fahrten nach Deutschland. Eine große Hilfe leisteten die Kommunistische Partei der Niederlande und der Chef des Pegasus-Verlags, Daan Goulooze, der über das Büro der Komintern Organisation mitteleuropäischer Staaten (OMS) den Kampf seiner deutschen Genossen in jeder Weise unterstützte und ihnen bei der Aufrechterhaltung ihrer Beziehungen zu den leitenden Parteivertretern in Paris und Moskau half.[459]

Die meisten kommunistischen Emigranten in Holland erhielten keine Aufenthaltsgenehmigung und waren daher gezwungen, illegal zu leben. Dennoch unterstützten sie mit regelmäßigen Geldsammlungen die deutsche Widerstandsbewegung, organisierten sich in festen Gruppen, um den politischen Zusammenhalt auch unter den erschwerten Bedingungen des Exils zu wahren und knüpften vielfältige Kontakte zu aufgeschlossenen, antifaschistisch gesinnten Holländern. Die solidarische Unterstützung durch die holländische „Rude Help" und seit 1937 durch ein überparteiliches Flüchtlingskomitee bedeutete für viele mittellose Emigranten eine echte Hilfe beim nackten Überleben. Bis in die Jahre des Krieges hinein bewährte sich die Solidarität der holländischen Antifaschisten mit den deutschen Emigranten. Auch nach der Besetzung Hollands durch deutsche Truppen verdankten viele Emigranten dem selbstlosen Einsatz holländischer Freunde ihr Leben.
Auf vielfältige Weise gelangte die antifaschistische Literatur ins Ruhrgebiet. So transportierte der Schiffer Jupp Koke mehrmals Flugblätter und Zeitungen, im Kohlenbunker versteckt, von Straßburg aus über den Rhein und den Rhein-Herne-Kanal nach Wanne-Eickel, von wo aus sie in Herne, Gelsenkirchen, Wanne und dem ganzen mittleren Ruhrgebiet verteilt wurden.[460] Die Grenztechniker der KPD in Heerlen, aber auch kommunistische Rheinschiffergruppen aus den Antwerpener und Rotterdamer Seemannsklubs schleusten Widerstandsliteratur ins Ruhrgebiet. Einen interessanten Überblick über den Charakter der Schriften gibt eine Sammlung von Broschüren im Besitz der VVN Nordrhein-Westfalen, die diese aus Mülheim/Ruhr erhalten hat. Dort hatten die Organisatoren einer Anlaufstelle „Belegstücke" der eingeführten Literatur in einer Blechkiste vergraben und so der Nachwelt erhalten. Nicht zuletzt dieser Fund beweist, daß die genannten Zeitschriften bis ins Jahr 1939 hinein kontinuierlich ins Ruhrgebiet gelangt sind.[461] Zusätzlich schickten deutsche und holländische Antifaschisten Flugblätter und Schriften per Brief an Adressen im Ruhrgebiet und überschwemmten die Städte des Reviers mit Postkarten für die Freilassung Ernst Thälmanns, Etkar Andrés und Lilo Herrmanns, ja sogar mit von prominenten Antifaschisten besprochenen Schallplatten.[462]

Illegale Gruppen

Dezentralisiert und auf die verschiedenste Weise getarnt, arbeiteten die kommunistischen Parteigruppen im Ruhrgebiet weiter. Tarnung und lockere Organisationsform führten in den folgenden Jahren zu einem erheblichen Rückgang der Verhaftungen, weil es der Gestapo nicht mehr möglich war, große regionale Organisationen über die verschiedenen Leitungsverbindungen „aufzurollen". Einige Beispiele aus dem Ruhrgebiet sollen diese Art der getarnten Widerstandsarbeit illustrieren. Weil durch die Verbesserung der konspirativen Arbeit weniger Verhaftungen und Prozesse und damit weniger Dokumente der Verfolgerseite anfielen, während es nach mehr als 30 Jahren auch nicht mehr viele lebende Zeugen gibt, sind unsere Kenntnisse über die Widerstandstätigkeit nach 1936 sehr begrenzt. Man kann aber mit gutem Recht die geschilderten Beispiele für den Kampf jener Jahre verallgemeinern.

In Gelsenkirchen bildete der kommunistische Bergmann Jupp Hermes eine Gruppe von Widerstandskämpfern, die sich regelmäßig legal in einem Paddelverein trafen, dem ein eingefleischter Nazi vorstand. Unter dessen unfreiwilliger Deckung konnten der organisatorische Zusammenhalt gewahrt, auf Fahrten politisch diskutiert und Widerstandsaktionen vorbereitet werden. Dabei gingen die Mitglieder in den Gelsenkirchener Gruppen davon aus, daß jeder einen Kreis von 4 bis 7 Sympathisanten um sich scharen sollte. Aus diesem Paddelverein kamen im Laufe der Zeit Kräfte für eine Gruppe der Bergarbeitergewerkschaft auf Zeche Scholven.[463]

In Essen tarnten sich Karl Lomberg und seine Freunde aus dem Arbeitersport im „Schachklub Asbeck", der sich wöchentlich in einer Arbeiterkneipe traf. Aus diesem scheinbar unpolitischen Kontakt gingen Widerstandskämpfer der Zielasko-Gruppe (1943) hervor.[463a] In Oberhausen-Sterkrade trafen sich Kommunisten und Sozialdemokraten zu regelmäßigen Skatabenden, um „über den Aufbau einer antifaschistischen Abwehrfront zu beraten".[464]

Um den ehemaligen Unterbezirksleiter der KPD in Oberhausen, Fritz Kamleiter, bildeten sich Parteizellen besonders auf der Schachtanlage Concordia heraus. Sie besaßen über den Instrukteur „Fritz" eine feste Verbindung zur Abschnittsleitung der KPD, erhielten regelmäßig die „Westdeutschen Kampfblätter" und berichteten der Parteileitung detailliert über alle Ereignisse im Betrieb. Nach der Gründung des Arbeitsausschusses freigewerkschaftlicher Bergarbeiter Deutschlands wurden die illegalen Betriebszellen auch mit dieser gewerkschaftlichen Organisation verbunden.[464a]

Ebenfalls in Oberhausen traf sich bis 1937 eine Gruppe von vier Parteilosen (unter ihnen ehemalige Mitglieder des reformistischen Bergbauindustriearbeiterverbandes [BAV] und der christlichen Bergarbeitergewerkschaft) in der Wohnung eines Kommunisten, um den Moskauer Sender gemeinsam abzuhören und dessen Nachrichten zu diskutieren. Außerdem erhielten sie über den Kommunisten, der diese Arbeit im Auftrage der Oberhausener Parteiorganisation leistete, illegale Schriften und Tarnbroschüren aus Holland. Solche Hörergemeinschaften mit vier bis sieben Mitgliedern sind auch aus anderen Orten, so aus Duisburg und Essen, belegt.[465]

Die soziale und politische Zusammensetzung mancher dieser Hörergemeinschaften und Diskussionszirkel machte sie zu Keimformen dessen, was den Aufrufen zur Bildung örtlicher Volksfrontkomitees vorschwebte. In der

Werkstatt des katholischen Schumachers Schäfer zu Dortmund, Rheinische Straße, trafen sich Katholiken, Liberale, Parteilose und Kommunisten zum gemeinsamen Abhören und Diskutieren ausländischer Sendungen. An diesen Gesprächen nahmen auch der jüdische Metzger Eisenstein teil, sowie das kommunistische Ehepaar Busse, das von den Mitgliedern des Kreises während der KZ-Haft von Richard Busse materiell unterstützt wurde, und ein junger Parteiloser, Arthur Dellbrügge, der seine antifaschistische Gesinnung in diesen Gesprächen entwickelte und später im Krieg wegen „Wehrkraftzersetzung“ erschossen wurde. Von 1933 bis 1944, bis die Schuhmacherei ausgebombt wurde, bestand dieser so unterschiedlich zusammengesetzte und doch durch den gleichen Haß auf den Faschismus geeinte Kreis ununterbrochen.[465a]

Auch Kommunisten, die wegen ihrer Überwachung durch die Gestapo nach ihrer Haftentlassung nur sehr vorsichtig Kontakte knüpfen durften, fanden wieder Anschluß an ihre Partei. So hatte der Bochumer Jungkommunist Fritz Rische bis Herbst 1936 Kontakte zum Leiter der örtlichen Parteiorganisation, Karl Springer, auch wenn er nicht in dessen illegale Gruppen einbezogen wurde, und zu Dortmunder Jungkommunisten, mit denen er öfter zusammenkam. Bis 1939 erhielt er die Parteiliteratur, darunter auch das theoretische Organ „Internationale“ sowie Materialien über die Brüsseler Konferenz anfangs vom Dortmunder Gärtnergehilfen Heinz Junge, sonst aber auf direktem Kurierweg.[466]

In einigen Orten des Rhein-Ruhrgebiets bestanden noch die illegalen Unterbezirksorganisationen trotz vier Jahren Gestapoterror weiter. Der Unterbezirk Schwelm etwa arbeitete mit über 60 Mitgliedern von 1933 bis 1937 ohne größere Unterbrechung, hielt Kontakte zunächst zur Bezirksleitung Niederrhein, dann zu dem Instrukteur Alfred Richter der Abschnittsleitung West, kassierte seine Mitglieder und erhielt und verbreitete die „Freiheit“, die „Rote Fahne“, „Inprekorr“, „Westdeutsche Kampfblätter“, Gewerkschaftszeitungen und Tarnbroschüren.[467]

Einheitsfront in Bochum 1935/36

Der Unterbezirk Bochum-Stadt war seit Mitte 1933 intakt geblieben. Verhaftungen erfolgten hauptsächlich im südlich anschließenden Unterbezirk Hattingen-Linden-Dahlhausen und in Witten, sowie im Raum Herne. Die Parteiorganisation mit den Schwerpunkten im Arbeiterviertel Hamme, im Griesenbruch, der Siedlung für die Belegschaft des Bochumer Vereins, und in Altenbochum bestand aus Fünfergruppen, die regelmäßig kassiert und mit illegalen Schriften beliefert wurden. Eine herausragende Rolle im Bochumer Widerstand spielten Karl Springer und Alfred Jurke.

Karl Springer, geboren am 30. März 1895, hatte vor 1933 als Redakteur des „Ruhr-Echo" gearbeitet. Zeitweise war er Chefredakteur des „Kämpfer", der Dortmunder Nebenausgabe des „Ruhr-Echo". In dieser Eigenschaft trat er häufig als Versammlungsredner der KPD auf und warnte auf mancher Massenkundgebung 1932 vor der faschistischen Gefahr. Nach den ersten Verhaftungen 1933 übernahm Springer in so vorsichtiger Weise die Leitung der Bochumer Partei, daß er bis zu den Massenverhaftungen im Oktober 1936 unentdeckt blieb. Wenige Tage nach seiner Verhaftung am 9. Oktober 1936 wurde er von der Gestapo zu Tode gefoltert.[468]

Alfred Jurke wurde am 7. August 1899 in Dresden geboren. Seit 1920 arbeitete er als Bäcker in der Konsumgenossenschaft Wohlfahrt in Bochum. Seit 1921 gehörte er der Gewerkschaft der Nahrungs- und Genußmittelarbeiter an, deren Ortsvorsitzender er von 1928 an war. Seit 1923 hatte er sich auch der KPD angeschlossen und in ihrem Auftrag besonders für die Herstellung einer kämpferischen Gewerkschaftseinheit gewirkt. Auch Jurke sollte vom Antikommunismus der damaligen Gewerkschaftsführung nicht verschont bleiben, die ihn zusammen mit dem ganzen Ortsvorstand im November 1932 wegen seiner entschlossenen Vertretung der Arbeiterinteressen ausschloß.[469] Trotzdem behielt er bei den Kollegen der Konsumgenossenschaft, die ihn bis 1933 immer in den Betriebsrat wählten, großen Einfluß.
Im Mai 1936 entzog sich Jurke der drohenden Verhaftung durch die Emigration nach Holland, wo er die Aktionen der Roten Hilfe und des Wuppertal-Komitees unterstützte. Nach dem Einmarsch der deutschen Truppen wurde er verhaftet und vom „Volksgerichtshof" zum Tode verurteilt. Am 3. Oktober 1942 wurde er in Plötzensee hingerichtet.[470]

Jurkes Eintreten für die Gewerkschaftseinheit und seine entschiedene Haltung gegen jedes Zurückweichen vor dem Faschismus verschafften ihm auch nach 1933 unter den sozialdemokratischen Kollegen seines Betriebes großen Einfluß. Hier vertrat er den Gedanken der Einheitsfront und des Wiederaufbaus der freien Gewerkschaften, worauf auch Karl Springer in wiederholten Zusammenkünften orientierte. Jurke überzeugte das langjährige SPD-Mitglied August Kloh, bei sich eine Anlaufstelle für illegale Literatur zu schaffen, von der aus die „Rote Fahne", „Inprekorr", die Zeitung der Roten Hilfe „Tribunal" mit einem Artikel über den Wuppertalprozeß und verschiedene getarnte Broschüren im Konsumverein und außerhalb dessen verkauft, gelesen und diskutiert wurden.

Wie in vielen von den Faschisten gleichgeschalteten Massenorganisationen der Arbeiterbewegung hatten sich alte Gesinnung und der Haß gegen die Nazis auch im Konsumverein Wohlfahrt gehalten, so daß die Gestapo, ohne Anlaß zum Eingreifen zu finden, empört über eine Generalversammlung der Genossenschaft 1934 berichten mußte, auf der demonstrativ auf jede faschistische Redewendung oder Treubekundung zu „Staat und Führer" verzichtet wurde.[471] Daher konnte Jurke im Betrieb erfolgreiche Sammlungen für die politischen Gefangenen durchführen und bei vielen Sympathisanten für die antifaschistische Einheit werben. Diese Bemühungen wurden noch dadurch erleichtert, daß sich der Leiter einer illegalen Gruppe aus Sozialdemokraten und Reichsbannerleuten, Wilhelm Zimmermann, schon Anfang 1934 zur Zusammenarbeit mit den Kommunisten bereit erklärt und auch den damaligen Gebietsinstrukteur Heinrich Schmitz aus Duisburg bei sich beherbergt hatte.[472] Im Januar 1936 löste Gerhard Jurr („Bernhard") den bisherigen Gebietsinstrukteur Heinz Schramm („Kurt") ab und bemühte sich um eine Intensivierung der illegalen Arbeit im Geiste der Einheitsfront- und Volksfrontbeschlüsse der Brüsseler Konferenz.

Gerhard Jurr wurde am 1. Juli 1905 in Berlin geboren. Der gelernte Installateur trat 1920 der Jugendorganisation der USPD, 1925 dem KJVD und 1929 der KPD bei. Er war Mitglied der RGO und auch im freigewerkschaftlichen Gesamtverband der Arbeitnehmer der öffentlichen Betriebe, Abteilung Post und Telegraphie organisiert. Von März 1933 bis Januar 1934 arbeitete Jurr als politischer Instrukteur im KPD-Unterbezirk Berlin-Schöneberg und studierte dann bis August 1935 an der Leninschule der Komintern. Dann wurde er nach Amsterdam geschickt, wo er mit dem damaligen Leiter der Abschnittsleitung West, Phillip Daub, sowie mit dem Mitglied des ZK der KPD und Gewerkschaftsspezialisten, Wilhelm Knöchel, zusammenkam. Ausgerüstet mit den Materialien der Brüsseler Konferenz wurde Jurr dann im Januar 1936 in Bochum eingesetzt.[473]

Jurr knüpfte Verbindungen zu einer Reihe von Betrieben, darunter dem Bochumer Verein, den Eisen- und Hüttenwerken Bochum und den Zechen Präsident, Hannibal und Constantin 6/7, sowie über Jurke zum Konsumverein Wohlfahrt. Außerdem hielt er Kontakt mit Kommunisten in Hattingen, Blankenstein, Witten und Lünen. Über einen Arbeiter des Eisen- und Hüttenwerks Bochum kam Jurr mit einem Vertreter des katholischen Jungmännervereins in Bochum zusammen, dem er den Gedanken der antifaschistischen Volksfront entwickelte.

Ein leidenschaftlicher Appell für die Einheit ist seine Schrift „Formiert die Volksfront gegen den Faschismus; denn der Nationalsozialismus ist Krieg gegen das eigene Volk!“ in der es u. a. heißt:
„Massenverhaftungen, Massenprozesse gegen frühere freie Gewerkschafter und heutige Mitglieder der Arbeitsfront, gegen verarmte Mittelständler und Gewerbetreibende jagen wie eine Flut durch das Dritte Reich; Verhaftungen und Terror, Folterungen und Morde finden ihren Niederschlag besonders im westdeutschen Industriegebiet. Und damit werden gekennzeichnet die grausamen Wühler des deutschen Faschismus. (...)
Deutsche Arbeiter: Reicht Euch die Hände zum einheitlichen und entschlossenen Abwehrkampf!
Handwerker, Gewerbetreibende und Bauern: Ihr alle wißt, daß Ihr durch die Herrschaft des Faschismus zum Untergang geweiht seid, reiht auch Ihr Euch ein, erhebt Eure Stimme zum Protest gegen die Terrorurteile und kämpft mit uns für die Befreiung aller eingekerkerten Antifaschisten.
Unterstützt weitgehend die Familien der Angehörigen der von den Faschisten ermordeten und in den Kerkern schmachtenden Arbeiter! Findet Euch zusammen und besprecht die sofortige Hilfe!“[474]
Im Gespräch mit Jurr erklärte sich der Leiter der sozialdemokratischen Gruppe, Wilhelm Zimmermann, zum Abschluß eines formellen Einheitsfrontabkommens bereit. Darüber hinaus wollte er mit dem Kurier der KPD nach Holland fahren, um persönlich vor den Vertretern von SPD und KPD den Einheitswillen der illegalen Sozialdemokraten zu bezeugen. Zu diesem Zweck gab er über Alfred Jurke einen Brief an den Parteivorstand der SPD weiter, der auf dem Kurierwege über Amsterdam nach Prag geleitet werden sollte:
„An den Vorstand der SPD.
Warum werden keine eigentlichen Richtlinien und Einheitsfrontabkommen von dem Vorstand aus mit der KPD getroffen, wo doch von unten gemeinsame Aktionen bereits beschlossen und ausgeführt werden und als voller Erfolg gewertet werden. (Gewerkschaftsfragen; materielle Unterstützung)?
Weil wir aktiven Reichsbannerkameraden und Gewerkschafter in der legalen Zeit unsere Pflicht bis zum äußersten erfüllt haben und heute die wirkliche Einstellung der klassenbwußten Arbeiter kennen, haben wir das Recht, einen Zusammenschluß aller Kräfte gegen den Faschismus zu fordern. Sollte man aber glauben, es seien nur Teilaktionen zu erwarten – nein, es werden Massenaktionen sein! Wir sind es unseren inhaftierten und emigrierten Genossen schuldig, die Einheitsfront zu schaffen!
Die hier geschriebenen Zeilen sind keine unter irgendwelchem Druck geschehene Handlung, sondern entsprechen dem Herzensbedürfnis aller klassenbewußten Arbeiter. Wilhelm Zimmermann.“[475]

Über die Kurierin „Else" hielt Jurr regelmäßig Kontakt mit der Abschnittsleitung, der er auf einer Beratung zu Ostern 1936 ausführlich Bericht erstattete. Auf dieser Konferenz in Amsterdam, auf der Walter Ulbricht das politische Referat hielt, gab der neue Abschnittsleiter Paul Bertz Hinweise für die organisatorische Dezentralisierung. Die Parteiarbeit sollte in lockeren Gruppen ohne Beitragskassierung geleistet werden. Außerdem sollte der Literaturtransport völlig von den politischen Instrukteuren getrennt werden, und die Verbreitung der Schriften sollte zur Vermeidung von Risiken nur an zuverlässige Personen erfolgen.
Nach der Verhaftung Jurrs im Mai 1936 übernahm Paul Eisenschneider die Funktion des Gebietsinstrukteurs.

Paul Eisenschneider wurde als Sohn eines Lehrers am 5. Mai 1901 in Fischbach an der Nahe geboren. Er nahm bereits 1918 am Kieler Matrosenaufstand und 1920 am Kampf der Roten Ruhrarmee gegen den Kapp-Putsch teil. 1922 trat er der KPD bei. Der gelernte Edelsteinschleifer wurde wegen seines politischen Engagements schon bald nicht mehr in seinem Beruf eingestellt, so daß er sich als Hilfsarbeiter auf dem Bau, im Steinbruch und auf der Zeche durchschlagen mußte. Nach einem Besuch der Reichsparteischule „Rosa Luxemburg" in Fichtenau wurde Eisenschneider Mitglied der Bezirksleitung Rhein-Saar der KPD. 1933/34 organisierte er den Transport antifaschistischer Literatur in seine Heimatgegend. Von August 1934 bis Januar 1936 konnte er sich auf der Leninschule der Kommunistischen Internationale auf seinen Einsatz im antifaschistischen Kampf vorbereiten. Seit März 1936 unterstützte er als Gebietsinstrukteur der Abschnittsleitung die illegale Arbeit im Raum Essen-Gelsenkirchen. Im Oktober 1936 wurde er bei einem Treff in Bochum verhaftet und im Mai 1937 zu lebenslänglich Zuchthaus verurteilt. Am 19. April 1944 ermordeten ihn die Faschisten im KZ Mauthausen.[476]

Seit März 1936 entfaltete Eisenschneider eine intensive Tätigkeit im mittleren Ruhrgebiet. Er hielt Kontakt zu den Parteigruppen um Hans Schiwon und Walter Jarreck in Gelsenkirchen, die auf den Zechen Nordstern, Hugo, Ewald I/II, Scholven u. a. Gewerkschaftsgruppen um sich gebildet hatten,[477] traf mit Gerhard Jurr und der Kurierin „Else" zusammen[478] und errichtete eine Literaturanlaufstelle bei Luise Meurs in Duisburg.[479] Besonderes Schwergewicht legte er auf die Widerstandstätigkeit in Essen, wo er nach einem Besuch in Amsterdam zu Pfingsten eine Verbindung über den Essener Alfred Göge erhielt, der ihn auch sicher wieder über die Grenze brachte. Bei Treffs an der Hobeisenbrücke, am Kettwiger Kattenturm und anderen Orten diskutierte er mit Camillo Scariot, Heinrich Rabbich, Erich Mohr u. a. die Politik der antifaschistischen Einheitsfront. Dabei ging es ihm besonders um die Bildung von Einheitsgewerkschaften aus kommunistischen, sozialdemokratischen und christlichen Arbeitern und um die Losung der demokratischen Republik als dem gemeinsamen Ziel aller Antifaschisten.[480]

Auch zu der großen Widerstandsgruppe, die von Essen-Steele aus Kommunisten in Kray, Kupferdreh, Altendorf und Wattenscheid erfaßte, hatte Eisenschneider Kontakte.[481] Von Heinrich Rabbich sollten außerdem Verbindungen zu den Kruppbetrieben hergestellt werden, und Scariot brachte Eisenschneider mit einem ehemaligen Redakteur des Bielefelder „Kämpfer" zusammen, der zu mehreren Betrieben Ostwestfalens und zu einer an die SOPADE angeschlossenen Gruppe Kontakt hatte.

Nach der Verhaftung Jurrs übernahm Eisenschneider auch noch die Verbindung zur Bochumer Parteiorganisation um Karl Springer und den angeschlossenen Sozialdemokraten. Im August 1936 erstattete er der Abschnittsleitung in Amsterdam erneut Bericht und kehrte mit neuen Instruktionen ins Ruhrgebiet zurück, wo er in die Verhaftungswelle geriet, die seit dem 9. Oktober 1936, von Gelsenkirchen ausgehend, die Gruppen in Bochum und Essen zerschlug und insgesamt 150 Widerstandskämpfer betraf. Die Standhaftigkeit vieler Verhafteter verhinderte aber, daß die Gestapo das ganze Ausmaß der illegalen Arbeit entdeckte. In Altenbochum etwa rettete das Schweigen von Theo Sevin eine Gruppe von vierzig Widerstandskämpfern und auch die Betriebsgruppen im Gelsenkirchener Raum konnten weiterarbeiten, weil sich ihr Leiter Walter Jarreck keine Informationen abringen ließ.[482]

Dortmund 1936-1939

Auch die Dortmunder Organisation der KPD hatte sich nach den Massenverhaftungen von Anfang 1935 bald wieder gefestigt. Über die Jungkommunisten Rudi Steffens und Hans Grüning gelangten schon Ende 1935 die Direktiven der Abschnittsleitung und die Materialien der Brüsseler Konferenz in die Stadt.[483] Schon bald machte sich die organisatorische Umstellung auf die Betriebe positiv bemerkbar; denn im Laufe des Jahres 1936 entstanden Gruppen auf allen wichtigen Zechen, besonders auf Hansa in Huckarde, Oespel in Kley und Minister Stein aber auch in vielen Metallbetrieben. Bereits in diesen von Verhaftungen verschonten Vorkriegsjahren bildeten sich die Keime jener breiten Widerstandsorganisation heraus, die bis Februar 1945 bestehen sollte. Nachdem der KPD-Parteivertreter in Enschede, Ludwig Becker, den ersten Kontakt zwischen einem Verbindungsmann zur Dortmunder Parteiorganisation, Heinz Junge, und dem neuen Instrukteur Melchior Krämer hergestellt hatte, hielt Krämer, mit einer Unterbrechung von Mitte 1937 bis Mitte 1938, wo ihn Willi Seng ablöste, die Verbindung zu den Dortmunder Kommunisten aufrecht.

Melchior Krämer wurde am 10. Dezember 1900 in Mittelsinn, Unterfranken, als Sohn eines Waldarbeiters geboren. Von 1922 bis 1930 arbeitete er als Bergmann auf der Essener Zeche Zollverein, wo er zunächst für kurze Zeit der christlichen Bergarbeitergewerkschaft, dann der linksorientierten Union der Hand- und Kopfarbeiter und seit 1925 dem Bergbauindustriearbeiterverband (BAV) angehörte. 1923 war er auch der KPD beigetreten, in der er bald die Funktion eines Unterkassierers ausübte. Seit 1930 unterstützte er mit seinen bergbaulichen Fachkenntnissen die sozialistische Industrialisierung auf Zechen der Sowjetunion. Später ermöglichten ihm die sowjetischen Behörden ein Studium. Am VII. Weltkongreß der Komintern konnte Krämer als Gast teilnehmen und wurde bald darauf von Wilhelm Florin für die illegale antifaschistische Arbeit in Deutschland vorgeschlagen. 1940 wurde er von den holländischen Behörden interniert und anschließend der Gestapo ausgeliefert. 1941 verurteilte ihn dann der „Volksgerichtshof" zu 15 Jahren Zuchthaus.[485]

Bei seinen Reisen nach Dortmund, die in etwa dreiwöchigen Abständen stattfanden, besuchte Krämer nicht nur die kommunistischen Gruppen, sondern auch eine sozialdemokratische Gruppe um Kurt Dielitzsch. Dielitzsch leitete eine Betriebsgruppe bei der Harpener Bergbau AG, wo er als Konstrukteur arbeitete, setzte sich im Rahmen der durch das faschistische Arbeitsrecht gezogenen Grenzen für die materiellen Forderungen der Arbeiter ein und verteilte Flugblätter, die sich besonders gegen die gesteigerte Arbeitshetze und die Aufrüstung richteten. Auch die Sozialdemokraten August Braun und Max Zimmermann schlossen sich der Gruppe um Dielitzsch an.

Max Zimmermann wurde am 11. Mai 1888 in Leipzig geboren. Er arbeitete als Buchbinder bis 1940 in einer kleineren Dortmunder Firma. Bis 1933 leitete er die Dortmunder Arbeitersportbewegung und gehörte seit 1929 als Abgeordneter der SPD der Stadtverordnetenversammlung an. Nach seiner Festnahme am 24. September 1940 wurde er zu vier Jahren Zuchthaus verurteilt und noch 1945 ins KZ Dachau verschleppt, wo er an den Folgen der Haft wenige Tage nach seiner Befreiung am 13. Mai 1945 starb.[486]

In den Diskussionen mit den Sozialdemokraten ging es vor allem um die Frage der Einheit der Arbeiterbewegung. Max Zimmermann und seit 1938 auch Dielitzsch vertraten die Ansicht, daß am Ende der Einigungsbewegung die sozialistische Einheitspartei stehen müsse. In diesem Sinne begrüßten sie 1939 besonders die entsprechenden Beschlüsse der Berner Konferenz der KPD.[487]
Neben den Instrukteurbesuchen sorgte der „technische Apparat" für die Belieferung mit den Schriften der KPD, die auch in Dortmund weiter verbreitet wurden. So sprachen die Monatsberichte der Dortmunder Stapostelle für Januar und Februar 1938 nicht nur von einer Intensivierung der illegalen kommunistischen Arbeit in Dortmund, Bochum und Hagen, sondern auch von der Verbreitung von Schriften zur Solidarität mit Ernst Thälmann und Lilo Herrmann, von weiteren Tarnbroschüren und von der Erklärung des ZK der KPD zur Ablösung der Reichswehrgenerale am 4. April 1938. Auch die Mitglieder der Dielitzsch-Gruppe verteilten diese Materialien. So gab ihnen der Kommunist Franz Mardas Klebezettel mit der Aufschrift „Hitler ist der Krieg".[488]
Während Willi Seng als Instrukteur für Dortmund arbeitete, versuchte er auch Verbindungen zu den ehemaligen Kollegen und Genossen Willi Knöchels aufzunehmen, der von 1920 bis 1930 in Dortmund-Brüninghausen gelebt und als Bergmann auf verschiedenen Zechen gearbeitet hatte.[489]

Essen 1936/37

Trotz der Verhaftung Eisenschneiders und eines Teils seiner Essener Mitkämpfer war die Widerstandsbewegung in dieser Stadt nicht zerschlagen. Obwohl einige der Verhafteten engen Kontakt zu ihr gehalten hatten, geriet die Widerstandsgruppe Stadtwald nicht ins Netz der Gestapo. Diese Gruppe war schon 1933 entstanden, als die etwa 50 Mitglieder der Abstinenten Sportgruppe des Arbeiterturnvereins, auch Proletarische Guttempler genannt, geschlossen in den legalen Ballspielklub 1905 übergetreten waren. Geleitet von dem Kommunisten Ernst von Asselt arbeiteten sie unter dieser legalen Deckung im Widerstand und standen bereits zu Otto Kropp 1934/35 in Kontakt. Zu dieser Gruppe nahm der Instrukteur der Abschnittsleitung, Alfred Richter, erneut Kontakt auf, den er bis zu seiner Ablösung im Sommer 1937 aufrecht erhielt. Kontaktmann für Essen war Heinrich Wolf, der Richter auch eine Briefaktion vorschlug, bei der gezielte Briefe zu bestimmten Anlässen an ausgewählte Leute geschickt wurden. In Amsterdam gedruckt, brachte Richter etwa 50 Stück nach Essen, wo sie frankiert und versandt wurden. Nicht ohne sie mit der für den Empfänger beruhigenden Unterschrift zu versehen, daß man die Anschrift aus dem Telefonbuch habe und daß man empfehle, die Briefe bei der Polizei abzuliefern, nachdem man sie vorher möglichst vielen Bekannten gezeigt habe. Ein Beispiel für diese auch in Duisburg,

Mönchengladbach, Schwelm und Bremen geübte Taktik wird im folgenden noch am Falle der Krupparbeiter geschildert. Insgesamt fuhr der Instrukteur Alfred Richter von Mai 1936 bis Sommer 1937 mehr als 20mal für jeweils etwa 10 Tage ins Rhein-Ruhrgebiet und hielt den Kontakt nach Essen, Schwelm und Mönchengladbach.[490]

Auch die anderen Instrukteure der Abschnittsleitung West bemühten sich um möglichst viele selbständige Verbindungen zu illegalen Gruppen in den Betrieben und den legalen Massenorganisationen. Der Instrukteur Melchior Krämer beispielsweise kannte noch aus seiner Zeit auf der Essener Zeche Zollverein seinen Arbeitskollegen Max Mehnert aus Essen-Katernberg, den er auch 1931 bei einem Urlaub aus der Sowjetunion aufgesucht hatte. Im Frühjahr 1938 erneuerte er diese Bekanntschaft. Mehnert und Wilhelm Dorra, beide bereits im Rote-Hilfe-Prozeß 1934 verurteilt, hatten auf der Zeche Zollverein und in Katernberg illegale Gruppen gebildet und über Kollegen aus dem früheren Einheitsverband der Bergarbeiter Deutschlands Kontakt nach Gelsenkirchen geknüpft. Krämer orientierte sie nun auf die Bildung lockerer Gruppen ohne Kassierung, die den Rundfunk abhören, gemeinsam diskutieren und die Verbindung zur Parteiorganisation halten sollten. Sicher gewann er diese erfahrenen Bergarbeiter auch für die Arbeit der neukonstituierten Einheitsgewerkschaft, die von dem Amsterdamer Arbeitsausschuß freigewerkschaftlicher Bergarbeiter Deutschlands geleitet wurde. Er erwähnte auch, daß in Essen selbst bereits eine solche Organisation bestünde und sprach von Ansätzen zu Volksfrontkomitees in Dortmund, Castrop-Rauxel, Herne und Wanne.

Von September 1938 bis Juni 1939 hielten Mehnert und seine Genossen dann Verbindung zu dem Instrukteur Karl Asbach, der hauptsächlich mit den Bergarbeitergruppen des Gelsenkirchener Raums zusammenarbeitete. Alle sechs Wochen erhielt die Gruppe auch von der Literaturkurierin „Else" ein Paket illegaler Schriften. Kurz vor Kriegsausbruch allerdings wurde die Gruppe verhaftet.

Im Raum **Duisburg**[491] leistete von 1936 bis Frühjahr 1939 der KPD-Instrukteur Johann Dombrowski eine umfangreiche Arbeit. Seine zahlreichen Verbindungen zu Rüstungsbetrieben wie Thyssen in Duisburg, Krupp in Essen, Mannesmann-Röhrenwerke in Huckingen, der Ruhrchemie Holten usw. nutzte er auch, um Nachrichten über die Aufrüstungspolitik der Nazis ins Ausland zu bringen. Über den Duisburg-Ruhrorter Hafen erhielt Dombrowski die „Rote Fahne", die „Deutsche Volkszeitung", das „Gewerkschaftsbulletin" u. a. Zeitungen, die er an seine Verbindungsleute in den Betrieben weitergab.[492]

Aktionsformen des Widerstands

Unter Anleitung dieser und anderer Instrukteure, aber oft auch ohne direkte Kontakte zur Leitung und mit der KPD, nur durch die Sendungen des Moskauer Rundfunks verbunden, in jedem Fall aber weitgehend auf eigene Initiative gestellt, trugen die Kommunisten des Ruhrgebiets mit ihren Widerstandsaktionen zum antifaschistischen Kampf bei. Dabei lag der Schwerpunkt ihrer Tätigkeit auf der Auslösung betrieblicher Kämpfe für die elementaren Interessen der Arbeiter. Daneben wurden aber auch weiterhin Flugblätter und Zeitschriften verbreitet. Für beide Aktionsformen des Widerstandes sollen hier einige Beispiele gegeben werden, die den Charakter dieser gefahrvollen Tätigkeit beleuchten.

Die Formen betrieblicher Widerstandsaktionen mußten natürlich den extrem begrenzten Aktionsmöglichkeiten angepaßt werden, so daß die Gestapo keine Gelegenheit zum Eingriff erhielt. Daher knüpfte die „Taktik des trojanischen Pferdes" an die soziale Demagogie der Faschisten vom „gerechten Lohn" und der „Würde der Arbeit" an. Der soziale Inhalt der Aktionen aber war von dem in der Produktionsweise angelegten Klassengegensatz zwischen Produzenten und Besitzern der Produktionsmittel geprägt: es galt, die elementaren Interessen der Kollegen trotz der faschistischen Volksgemeinschaftsideologie im Kampf gegen die Unternehmer und den Terror- und Integrationsapparat der Nazis durchzusetzen. Passive Resistenz, geschickt vorgetragene Lohnforderungen, Diskussionsbeiträge in Naziversammlungen, die von der Losung des „gerechten Lohns" oder irgendeiner Verordnung der Arbeitsfront ausgehend Mißstände im Betrieb anprangerten und Abhilfe forderten: alle diese kleinen und unscheinbaren Kampfformen stärkten die Solidarität der Arbeiter, ihren Oppositionsgeist und das Vertrauen in die eigene Kraft. Sie schufen das Bewußtsein, daß man „trotz alledem" etwas tun könne.

In der Abteilung Radsatz der Dortmunder Union etwa, wurde 1937 eine gut eingefädelte Kampagne für Lohnerhöhungen entwickelt. Ein Angehöriger der kommunistischen Widerstandsgruppe erhielt nach ausführlicher Diskussion mit dem Instrukteur Melchior Krämer und dem Dortmunder Gewerkschaftsverantwortlichen den Auftrag, zur Betriebsleitung zu gehen und für sich 6 Pfg. Lohnerhöhung zu verlangen. Da zu diesem Zeitpunkt Facharbeiter im Aufrüstungsboom bereits knapp wurden, gab die Betriebsleitung angesichts der Drohung, sonst in einem anderen Betrieb besser bezahlte Arbeit zu suchen, nach und gewährte die Lohnzulage mit der Bedingung, daß niemand davon erfahren dürfe. In den nächsten Tagen gingen immer wieder einzelne Arbeiter, denen die erfolgreiche Methode mitgeteilt worden war, „unabhängig" und „aus freien Stücken" zur Betriebsleitung und forderten – und erhielten – ihre Zulage bis alle 90 Mann in der Abteilung ihre 6 Pfennig mehr in der Lohntüte hatten. Auf diese Weise hatten die Arbeiter trotz des strengen Verbots kollektiver Lohnforderungen solidarisch ihre Interessen durchgesetzt. Nach erfolgreichem Abschluß der Aktion wertete die Parteileitung dieses Beispiel auch in ihrer Presse aus und ermutigte damit andere Betriebsgruppen zu ähnlichen Kampfformen.[493]

Über eine erfolgreiche Streikaktion beim Bau der Autobahn im Raum Bottrop – Gladbeck 1937 berichtete der Essener Kommunist Albert Demmel: 600 Arbeiter sollten durch den Übergang von Stundenlohn auf Akkordlohn zu noch größerer Arbeitshetze angetrieben werden. Geschlossen weigerten sich die Kollegen und unterstrichen die eigenen Forderungen auf besseren Lohn durch betont langsames Arbeiten. Trotz Verhöre durch die Gestapo blieben alle, selbst die nationalsozialistischen Arbeiter, standhaft. Weder die beteiligten Kommunisten auf der Baustelle noch ihre Genossen in Bottrop und Gladbeck, die nachts antifaschistische Losungen malten, konnten gefaßt werden. Endlich mußte die Baufirma unter dem Druck der Fertigstellungstermine den Forderungen der Arbeiter in allen wesentlichen Punkten nach fünf Wochen „Arbeitskampf" nachgeben.[494]

Eine spontane Form passiver Resistenz schildert der Bochumer Kommunist Bernhard Schnarr, der als Maurer bei der Firma Osthus längere Zeit auf einer recht entlegenen Baustelle eingesetzt worden war. Daher forderte er – und war sich darin der Sympathie seiner Kollegen bewußt – von seinem Chef eine Lohnzulage, die wenigstens die extrem langen Anfahrtszeiten vergütete. Nach der Ablehnung dieser Forderung ging seine Arbeitsleistung sichtbar zurück, was angesichts der gleichgelagerten Interessen auch ohne viele Worte bei den Kollegen Schule machte. Angesichts dieser ebenso demonstrativen wie nicht nachweisbaren Resistenz mußte die Lohnzulage gewährt werden.[495]

Auch Losungen und Flugblätter erschienen in den Betrieben. Dabei blieb es nicht bei vereinzelten Aktionen wie in der Zeche Heinrich in Essen-Überruhr, wo 1936 auf der 5. Sohle die Losung „Moskau. 1. Mai" geschrieben wurde,[496] sondern z. B. in den Krupp-Betrieben lief in den ersten Monaten 1937 eine ganze Kampagne ab:[497] Schon Anfang Januar hatten antifaschistische Losungen mit der Unterschrift „KPD" an Bretterzäunen, Häusern und Mauern der Kruppschen Fabriken in der Hügelstraße, der Frohnhauser Straße, der Schwanenkampstraße und am Kronenberg gestanden. Gleichzeitig erhielt der Vertrauensrat der Firma – offenbar auf Veranlassung deutscher Antifaschisten – ein Protestschreiben aus Holland:

„Im Namen von 200 Personen, die an einem Christnachmittag teilnahmen, wird um Mitwirkung an einer Amnestie für alle politischen Flüchtlinge und in Konzentrationslagern untergebrachten Häftlinge ersucht."[498]

Im März 1937 kursierten dann in Essen zwei verschiedene Flugblätter, von

ZÁVODNÍ VÝBOR DĚLNICKÝ
ŽELEZÁREN PŽS. V KRÁLOVĚ DVOŘE
U BEROUNA.

KRALŮV DVŮR, 15. dubna 1937.

Präsidialkanzlei Berlin, den 21.IV.37.

Dem [illegible] Amt 83-65 15/4
mit dem [illegible] in eigner
Zuständigkeit [illegible]
abgabebezjund m — nicht — erteilt.

Präsidialkanzlei [illegible] -1937

Číslo: 544.

Předmět: Protest.

P.T.

Německému vyslanectvý v Praze !
Vládě Německé říše - Berlín !

Závodní výbor dělnický ve své poslední schůzi usnesl se jednomyslně protestovati jménem všeho dělnictva železáren v Králově Dvoře, proti pronásledování dělnictva Krupových závodů, domáhajícího se zvýšení mezd, aby rodiny jejich netrpěly hlad a bídu .

Nespokojenost lze odstraniti jedině tím, když požadavky dělníků budou splněny - nikoliv zavíráním , trýzněním a vražděním !

Za :

Steiner Bohumil v.r.
zapisovatel.

Závodní výbor dělnický železáren Pražské železářské společnosti v Králově Dvoře u Berouna.

Emil Stihavý v.r.
předseda.

Ja 23382 Inhaltsangabe.

Der Arbeiterwerkausschuß der Eisenwerke in Kralove Dvor,
Tschechoslovakei ,

"beschloß in seiner letzten Versammlung einstimmig, im Namen aller Eisenarbeiter in Kralove Dvor gegen die Verfolgung der Arbeiter der Kruppwerke zu protestieren, die eine Lohnerhöhung fordern, damit ihre Familien keinen Hunger und keine Not leiden.

Die Unzufriedenheit kann man nur damit beseitigen, daß die Wünsche der Arbeiter erfüllt werden, keineswegs aber mit Einsperren, Quälen und Morden."

Unterschrift und Stempel.

Protestschreiben tschechoslowakischer Arbeiter 1937

denen eines die Lohnverhältnisse bei Krupp anprangerte, während das andere zur Solidarität mit Spanien aufrief. Anfang April wurden dann Flugblätter an Krupparbeiter geschickt, in denen die Diskrepanz zwischen Krupps Reingewinnen und den niedrigen Löhnen dargestellt wurde. Die Krupparbeiter wurden aufgefordert, deshalb für höhere Löhne zu kämpfen. Wenige Tage später erhielten Kruppianer ein Flugblatt, das die nationalsozialistische Wirtschaftspolitik anprangerte und zur antifaschistischen Volksfront aufrief. Zur gleichen Zeit protestierte der Arbeiterwerksausschuß der Eisenwerke in Kralove Dvor, Tschechoslowakei, gegen die Verfolgung antifaschistischer Krupparbeiter, von der er durch deutsche Antifaschisten informiert worden war.
Am Beispiel dieser Kampagne bei Krupp wird deutlich, wie die verschiedenen Ebenen des antifaschistischen Kampfes ineinandergriffen. Da ist der Krupparbeiter, der Lohndaten, Werksinterna und Adressen von Kollegen an die Essener Widerstandskämpfer von der Stadtwald-Gruppe weitergibt. Diese wiederum formulieren ein Flugblatt, lassen es in Holland drucken und verschicken es zusammen mit anderem Material, das sie ebenfalls über den Instrukteur Alfred Richter von der Abschnittsleitung West bekommen haben. Gleichzeitig verwenden sich ausländische Antifaschisten mit Solidaritätsadressen für ihre deutschen Kollegen. Die deutschen Widerstandskämpfer, so schwer ihre Kampfbedingungen auch waren und so sehr sie unter der Verfolgung und Isolierung in ihrer Heimat zu leiden hatten, wußten sich eins mit der internationalen Bewegung gegen Faschismus und Krieg.
Auch in Dortmunder Betrieben machte sich der Widerstand mit Losungen und Flugblättern bemerkbar. So stand im Oktober 1936 an der Einfriedungsmauer der Zeche Tremonia die Losung: „Nieder mit der faschistischen Diktatur“ und in der Waschkaue von Hoesch wurden zur gleichen Zeit Streuzettel mit der Aufschrift „Kanonen werden gebaut und das Volk hat nichts zu fressen“ gefunden.[499]
Im Januar 1938 schließlich mußte die Düsseldorfer Stapoleitstelle für das Rhein-Ruhrgebiet nicht nur die Zunahme der „Mundpropaganda“ in den Betrieben, sondern auch eine Flut antifaschistischer Postkarten und Briefe mit Flugblättern, Thälmann-Bildern usw. melden.[500] Ein gewisses Bild davon, daß in der Arbeiterklasse immer noch eine erhebliche Ablehnung des Regimes herrschte, ist schon der Stimmungsbericht der Düsseldorfer Stapo vom Februar 1936, in dem es hieß „daß die augenblickliche Stimmung in Anbetracht der bevorstehenden Betriebs- und Vertrauensratswahl besorgniserregend ist“[501]
Ein Grund mehr, diese Wahlen kurzfristig abzusetzen und bis zum Ende des „Tausendjährigen Reiches“ nicht mehr durchzuführen.
Neben diesen nach außen sichtbaren Aktionen des Widerstands darf auf keinen Fall das alltägliche Ringen gegen die faschistische Totalität vergessen werden,

in das die Familien verhafteter Widerstandskämpfer, aber auch jene, die aus den Gefängnissen und KZs entlassen worden waren, gestellt wurden. Sammlungen für Winterhilfe, NS-Frauenschaft, Kraft-durch-Freude usw.; die Eintopfsonntage, der Druck, zu Festtagen und Paraden die Wohnungsfenster mit der Nazifahne zu beflaggen; der Zwang, die Kinder in die Hitlerjugend zu stecken; der Hitlergruß im Amt und die kleinlichen Sticheleien des Blockwarts: jedes Ereignis verlangte eine Entscheidung zwischen notwendiger Anpassung und Unterwerfung, forderte immer neue Einfälle und Tricks im täglichen Kleinkrieg der Arbeiterfamilien gegen die Übergriffe des Systems.

Diese kaum dokumentierbaren Aktivitäten, die für den oberflächlichen Betrachter völlig ohne Einfluß auf die Entwicklung blieben, waren es aber gerade, die in breiten Arbeiterschichten und bei manchem einfachen Kleinbürger die moralische Substanz, ihre Tradition, Gesinnung, kurz: ihre Identität erhalten halfen. Aus diesem Reservoir konnten immer wieder die Aktiven des Widerstandes schöpfen. Hier wuchsen auch die Menschen, die in der „ersten Stunde" nach der Befreiung 1945 mit anpackten und beim demokratischen Neuaufbau ihren Mann standen.

Gegen den Antisemitismus

Mit den Pogromen der sogenannten Reichskristallnacht am 9. November 1938 erreichte der Terror des NS-Regimes gegen die jüdischen Mitbürger einen ersten erschreckenden Höhepunkt. Seit Jahren hatte Rassenhaß und Antisemitismus der ideologischen Kriegsvorbereitung gedient. Nun versuchte man in einer Art Generalprobe, wie weit die Deutschen inzwischen bereit waren, zur entmenschten „Herrenrasse" aufzusteigen.

Die Verfolgung und physische Vernichtung der Juden war der brutalste Ausdruck dessen, was die faschistische Barbarei allen „minderwertigen" Völkern Europas zugedacht hatte. Aber im System des deutschen Nationalsozialismus stellte der Antisemitismus nur ein – wenn auch wichtiges – Element jener Kombination von Terror und Demagogie dar, mit der die Diktatur nicht nur aufrechterhalten, sondern im Weltmaßstab ausgeweitet werden sollte. Anknüpfend an die Rassenideologien, wie sie der bürgerliche Nationalismus um so mehr hervorgebracht hatte, je reaktionärer er politisch wurde, spielte der Judenhaß bereits eine wichtige Rolle in den Rechtsparteien der Weimarer Republik. Die Nazipropaganda nun wollte die im Mittelstand verbreitete Kritik an der Auspressungspolitik der Großindustrie, der Handelskonzerne und Banken auf die spezifische Gruppe jüdischer Händler und Bankiers ablenken. Zu diesem Zweck unterschied sie zwischen dem – erhaltenswerten – „schaffenden" und dem zu bekämpfenden „raffenden" Kapital.

Darüber hinaus war dem Antisemitismus in der propagandistischen Vorbereitung des Krieges die Funktion zugedacht, das deutsche Volk davon zu überzeugen, daß es als „rassisch hochwertig“ über die anderen europäischen Völker herrschen müsse. So abenteuerlich diese Parolen klangen, so drückten sie doch reale Eroberungspläne aus, wie sie im Alldeutschen Verband, bei der Schwerindustrie des Ruhrgebiets und in der Militär- und Staatsführung schon während des Ersten Weltkrieges bestanden hatten.
Im Bewußtsein der Völker ist das Bild des deutschen Faschismus für immer ganz besonders durch die Barbarei der Judenverfolgungen und die Schreckensbilder der Massenvernichtungslager geprägt. Dennoch wäre es falsch, den Antisemitismus für das entscheidende Merkmal des Faschismus zu erklären; denn Faschismus hat es zwar auch ohne antisemitische Ideologie, niemals aber ohne die gemeinsamen bestimmenden Merkmale wie z. B. schrankenloser Terror gegen die Arbeiterklasse und ihre Organisationen, Festigung der Macht der reaktionärsten und agressivsten Gruppen von Großkapital, Großgrundbesitz, gegeben. Diese Feststellung verharmlost nicht die Ungeheuerlichkeit der Judenmorde, sondern legt erst die ganze Unmenschlichkeit der Weltherrschaftspläne der Herren von Stahl und Eisen, Chemie und Bankwesen in Deutschland dar.
Der „alltägliche“ Terror gegen die jüdische Bevölkerung, der bereits am 1. April 1933 im gewaltsamen Boykott jüdischer Geschäfte seinen Ausdruck gefunden hatte, schuf im Dritten Reich einen zusätzlichen Nährboden für jenes Klima von Denunziation, Schikane und Boshaftigkeit, das zunehmend auch nachbarschaftliche Beziehungen vergiftete und die Reste elementarer menschlicher Solidarität kriminalisierte.
Ein bezeichnendes Licht auf den Charakter des deutschen Staatsapparats wirft die Tatsache, daß sich die Nazis bei der schrittweisen Isolierung, Kriminalisierung, Enteignung, Deportation und schließlich Massenvernichtung der Juden ohne größere Widerstände der städtischen Behörden, der Verwaltungsorgane, der Polizei und Justiz bedienten. Die Richter und Staatsanwälte, die schon in der Weimarer Republik gegen entschiedene Demokraten „Recht“ gesprochen hatten, führten die Nürnberger Rassengesetze ebenso durch, wie die Essener Stadtverwaltung z. B. den Boykott jüdischer Geschäfte und jüdischer Ärzte durch ihre Bediensteten schon 1933 durchsetzte. Auch als die Deportationslisten in die KZs zusammengestellt wurden und die ersten 750 Essener Juden nach Litzmannstadt verschleppt wurden, regte sich kein Widerstand in der Verwaltung.[502]
Die jüdische Bevölkerung schwankte angesichts der faschistischen Repressionen zwischen Anpassungsversuchen, Resignation, Verzweiflung und aufflakkernder Opposition. „Die Klassendifferenzierung innerhalb der jüdischen

Gruppe ist der Hauptgrund dafür, daß es zu einem organisierten Widerstand der Gruppe in ihrer Gesamtheit nicht gekommen ist".[503] Unter den Bedingungen des Dritten Reichs mußte daher der Hauptaspekt der jüdischen Interessenvertretung notgedrungen die Organisation einer geregelten Auswanderung sein. Die 1933 in Essen gegründete Reichsvereinigung der deutschen Juden bemühte sich daher darum, den jüdischen Emigranten wenigstens gewisse soziale Sicherungen und den noch in Deutschland Verbliebenen eine halbwegs erträgliche Lage zu garantieren. Trotz der außerordentlichen Schwierigkeiten reihten sich mutige jüdische Antifaschisten in die Organisationen der Arbeiterbewegung ein und verbanden so den Kampf um ihre eigene Befreiung mit der allgemeinen Bewegung für eine antifaschistische demokratische Umwälzung. So fanden kommunistische und sozialdemokratische Emigranten in Holland bei jüdischen Familien Unterkunft, unterstützten politisch unorganisierte Juden in Dortmund die Familien verfolgter Hitlergegner materiell. Ohnehin kämpften in den Reihen der KPD und SPD eine Anzahl jüdischer Genossen.

In Dortmund trat eine jüdische Jugendgruppe unter Leitung des Sohnes eines früheren Rabbiners aktiv für die antifaschistische Volksfront ein und stand in Kontakt zur örtlichen KPD-Organisation. Sie übernahm auch die technische Herstellung der illegalen Zeitschrift „Volkswille", die sich für die Volksfront einsetzte. Die vierte Nummer der Zeitschrift erschien in Dortmund nach dem Pogrom vom 9. November 1938 und befaßte sich mit den empörten Reaktionen aus der Dortmunder Bevölkerung.[504]

Die Arbeiterbewegung hatte traditionell einen erbitterten Kampf gegen den Chauvinismus und die Rassenideologie geführt. Nach dem großen Pogrom vom 9. November 1938 veröffentlichte die „Rote Fahne" die Erklärung des ZK der KPD „Gegen die Schmach der Judenpogrome", worin sie hervorhob, daß die Naziführung mit antisemitischen Aktionen von den wachsenden inneren Schwierigkeiten ablenken wollte und auf eine Verschärfung des Ausländerhasses und der Kriegshetze zusteuerte. Die KPD rief dazu auf, den Kampf gegen das faschistische Regime im allgemeinen mit einer verstärkten Solidarität gegenüber den verfolgten Juden zu verbinden. Diese Nummer der Roten Fahne wurde auch im Ruhrgebiet, nachweislich in Essen, verteilt.[505]

Im gleichen Sinne äußerte sich auch die Abschnittsleitung West der KPD mit einem Aufruf vom 15. November 1938:

Gegen die Judenpogrome! Für den Frieden! Für den Sturz Hitlers!

An die Bevölkerung von Rheinland-Westfalen.

In Paris hat ein junger polnischer Jude in der Absicht, gegen die willkürliche Ausweisung zehntausender polnischer Juden, darunter auch seiner Eltern aus Deutschland zu protestieren, den Botschaftssekretär vom Rath in der Pariser Deutschen Botschaft erschossen.

Wir verurteilen diese Tat. Solche Handlungen sind nicht geeignet, den braunen, zum Kriege treibenden und die jüdischen, katholischen, alle andersdenken Menschen wie Vieh behandelnden, nationalsozialistischen Hitlerbanden einen Schlag zu versetzen.

Aber die Nationalsozialisten sind die Letzten, die das Recht haben, sich über solche Taten zu entrüsten.

Die Nationalsozialisten hatten den van der Lubbe dazu gekauft und abgerichtet, die Rolle des Brandstifters beim Reichstagsbrand im März 1933 zu spielen. Die wirklichen Brandstifter aber waren der Generalfeldmarschall Göring, der Berliner Polizeipräsident Graf Helldorf und der Reichspropagandaminister Goebbels.

Das ist heute vor der ganzen Welt erwiesen!

Ebenso erwiesen ist, daß die Nazis diesem jungen polnischen Juden durch die grausamen Verfolgungen der Juden im Dritten Reich die Waffe indirekt in die Hand gedrückt haben.

Erwiesen ist auch, daß den Nationalsozialisten der Anschlag in ihrer Pariser Botschaft gerade recht kam, um den schon lange vorbereiteten vernichtenden Schlag gegen die Juden in Deutschland zu führen.

Wäre nicht der Anschlag von Paris gekommen, dann hätten die Reichstagsbrandstifter, heute alle in hohen Ehren, einen anderen Anlaß gesucht und gefunden, um den Schlag gegen die Juden zu führen ,als demagogisches Mittel, von den Folgen und Wirkungen ihrer verbrecherischen, zum Kriege treibenden, den Wohlstand vernichtenden, die Arbeiter, Bauern und Mittelschichten ausbeutenden Politik abzulenken.

Denn keinen anderen Zweck verfolgten die von den nationalsozialistischen Behörden und den braunen Parteistellen bis in alle Einzelheiten in ganz Deutschland durchgeführten Pogrome gegen die Juden.

Kein Mensch in Deutschland und noch viel weniger ein Mensch im Ausland glaubt daran, daß die Verbrennung der Synagogen, der Häuser der Juden, die Zertrümmerung, Ausraubung und Verbrennung jüdischer Geschäftslokale, Läden und Fabriken, die viehische Mißhandlung, Tötung und massenhafte

Konzentrierung der Juden eine Folge des „Volkszornes des deutschen Volkes" sei.
In dem versklavten Deutschland der Gestapo, der motorisierten Kriminal- und Ordnungspolizei, der militarisierten Feuerwehr, sind solche, an einem Tag, zu einer bestimmten Stunde einsetzenden „Ausbrüche des Volkszornes", wie der klumpfüßige Goebbels das behauptet, nicht möglich. „In Deutschland geschieht nichts ohne meinen Willen", hat Hitler gesagt.
Wir haben Augenzeugenberichte aus vielen Städten des Rhein-Ruhrgebiets und aus Nordwestdeutschland, mit welcher Planmäßigkeit die SA- und SS-Stürme z. b. V. (zur besonderen Verwendung) mit Sprengstoffen, Handgranaten, Flammenwerfern, gefüllten Bezinkanistern vorgingen und Synagogen und Wohnhäuser der Juden zerstörten und in Brand steckten. Wie sie die Geschäftsräume, Läden und Wohnungen ausräuberten, zerstörten und verbrannten. Wie sie die Grabsteine zertrümmerten und die Leichen in den Leichenhallen ins Freie warfen, wie sie die Juden, alt und jung, Mann und Frau, viehisch mißhandelten, in die Wälder trieben und in die Konzentrationslager überführten. Wie sich der Abschaum der Menschheit, vertierte, verkommene SA- und SS-Banditen und verführte Hitlerjungen persönlich bereicherten. Wie die Feuerwehr durch die Befehle der SA- und SS-Leute zurückgeschickt und höchstens zugelassen wurde, gefährdeten „Arier"-Besitz zu schützen.
Fürwahr, die Taten der zaristischen Schwarzen Hundert aus den Anfängen dieses Jahrhunderts wurden durch die grausamen, bestialischen Schandtaten der Regierung Hitlers und seiner Beauftragten weit in den Schatten gestellt.
Die Empörung und der Abscheu der überwältigenden Masse der Bevölkerung ist allgemein.
Die Katholiken denken mit Schrecken daran, daß die Verbrennung der Synagogen eine fürchterliche Ähnlichkeit mit dem Stürmen der Hitlerbanden auf die Bischofspaläste in Rottenburg, in Wien und jetzt erst in diesen Tagen in München hat.
Die Arbeiterfrauen, die nur mit Mühe und Entbehrung ein Stück für den Haushalt erwerben können, sahen mit Empörung die Vernichtung so vieler Werte.
Die Wohnungsuchenden – Legion an Zahl – sahen mit Ingrimm, wie die Nazis Häuser, Villen und Synagogen verbrannten.
Die kleinen Unternehmer, die das blöde Gebrüll des fetten Göring täglich in den Ohren haben: Exportiert! – dachten mit Schrecken daran, wieviel Millionen weniger an Aufträgen sie durch dieses blinde Wüten hereinbekommen würden.
Die Arbeiter errechneten, wieviel Überstunden sie machen müssen, um all diesen Schaden am deutschen Volksvermögen wieder gut zu machen.

Die Sammler für das WHW, Sammler der Tuben und des Altmetalls dachten mit Schrecken an die Antworten, die sie ob dieser Schandtaten der Nazis beim nächsten Sammeltag erhalten werden.
Und alle sie, besonders viele von denen, die das wahre teuflische Gesicht des braunen Teufels, die Hitlerfratze, die das zerstörerische Wüten der braunen Kriegsbestie bisher noch nicht erkannt hatten, die nach München etwas aufgeatmet hatten, die bekamen in diesen Tagen des Judenpogroms eine fühlbare Lehre und Aufklärung. Alle ehrbaren Deutschen, die von wahrer Liebe zu Deutschland durchdrungen sind, wenden sich voll Ekel und Abscheu von diesen Verbrechen der Pogromtage.
Die werktätigen Massen in Deutschland, Arbeiter, Handwerker, Geschäftsleute, Beamte und Angestellte, die Intellektuellen, die Bauern, Protestanten und Katholiken, alle, die in den Tagen vor München um den Frieden gebangt und vor dem Kriege gezittert hatten, die Hitler als den Kriegstreiber erkannt hatten, die nach München aufgeatmet hatten, haben nach den Reden Hitlers in Saarbrücken und Weimar, den Reden Heß in Reichenberg, Goebbels in Berlin und Hamburg erkannt, daß die braunen Blutsäufer weder mit Österreich, noch mit den Sudeten zufrieden sind, sondern daß sie jetzt weiter rüsten, um gegen Frankreich und gegen die Sowjetunion ins Feld zu ziehen.
Viele erkannten, daß die Milliardensendungen Hitlers an Franco-Spanien, die zehntausenden Soldaten, die mit Mussolinis „Freiwilligen" gegen die Freiheitsheere des republikanischen Spaniens kämpfen, nichts mehr zu tun haben, mit der „Erlösung deutscher Brüder in fremden Lande".
Viele befürchten neue kriegerische Verwicklungen durch die Kolonialforderungen Hitlers.
Millionen erkannten den Schwindel der braunen Bonzen, die Annexion Österreichs und der Sudeten werde eine fühlbare Erleichterung der großen wirtschaftlichen Not mit sich bringen, als Gauleiter und Preiskommissar Wagner in Dortmund erklärte: „An eine Erleichterung der Lage und an eine Besserung der wirtschaftlichen Lage des Einzelnen ist nach dem Anschluß der Sudeten nicht zu denken. Die Fortsetzung der Politik des Führers erfordert Opfer und noch einmal Opfer!"
„Deutschland wird größer, aber wir werden ärmer!" riefen die Massen aus, als die „Sonderspenden für die armen Sudetendeutschen" gefordert wurden.
Die Stimmung der Massen gegen die Blut- und Opferpolitik der Nazis in den Tagen um München, die noch nie so offen in Rede und Diskussion zum Ausdruck gekommene Ablehnung der imperialistischen Kriegspläne Hitlers, der Schrei nach Freiheit, Mitbestimmung, kurz nach wahrer, nicht Goebbelscher Demokratie, nach der Beseitigung der braunen Sklavenvögte, liegt den Hitler und Konsorten schwer in den Knochen.

Sie hatten erkannt, daß man mit einem solchen Volke im Rücken keinen Krieg führen kann. Sie erkannten insbesondere an der in den Münchener Tagen bei den Arbeitermassen zum Ausdruck gekommenen großen Liebe zur Sowjetunion, dem Land der wahren Demokratie und des sozialistischen Aufbaus, daß ein Krieg unter solchen Umständen ihren Untergang bedeutet.
Aber die von den Großkapitalisten gepeitschten wahnsinnigen Hitler-Göring-Goebbels können nur zurückgehalten und Deutschland der Friede erhalten und der Untergang der braunen Zwangsherrschaft nur herbeigeführt werden, wenn sich sozialdemokratische und kommunistische Arbeiter in der Einheitsfront zusammenschließen, wenn sie mit den katholischen werktätigen Massen, mit Bauern und Mittelschichten die Volksfront schaffen und wenn sie so zusammengeschlossen die passive Abwehr aus den Münchener Tagen zur aktiven Gegenwehr gegen alle faschistischen Pläne ins Werk setzen.
Um das zu verhindern, um den Blick der Massen von der Kriegspolitik, von der Isolierung Deutschlands in der Welt abzulenken, aber auch um die Enteignung der Juden, später der katholischen Kirche in die Wege zu leiten, um die Rüstungen noch weiter zu finanzieren, deshalb haben sie den Judenpogrom organisiert, deshalb werden sie morgen Pogrome gegen die Katholiken organisieren, deshalb werden sie übermorgen neuen verbrecherischen Schwindel in die Welt setzen, um den Widerstand gegen ihre teuflischen Pläne zu zersetzen.
Aber je länger, je weniger wird es den Nazis gelingen, den Blick der werktätigen Massen, der wahrhaft anständigen Deutschen zu täuschen.
Der Krug geht so lange zum Brunnen, bis er bricht!
Die Stunde der braunen Mordbrenner wird schlagen! Sie wird umso eher schlagen und sie werden den Platz räumen müssen einem freien, einem glücklichen, mit seinen Nachbarn in Frieden lebenden, demokratischen Deutschland, je entschlossener die Feinde Hitlers aus allen Schichten des deutschen Volkes sich zusammenschließen im Betrieb, der Hütte, der Grube, dem Kontor, auf dem Lande, in den Städten, sich zusammenschließen unter der Parole:
Erhaltung des Friedens! – Sturz Hitlers!
Den 15. November 1938 Kommunistische Partei Deutschlands
Abschnittsleitung Rhein-Ruhr

*

Schon im Mai 1938 hatten sich Dortmunder Antifaschisten gegen die zunehmende antisemitische Hetze mit Wandlosungen am Westfriedhof und in Dorstfeld gewandt: „Kollegen nehmt die Juden in Schutz!“.[507] Jetzt, nach dem Pogrom standen an Dortmunder Häuserwänden Parolen wie:
„Nieder mit dem Pferdefuß in Berlin!
8 000 Juden abgeschlachtet!
Mit den Verbrechern in Deutschland ein Ende gemacht!

Nieder die Gauner in Berlin!
Schlagt Goebbels tot! – KPD –
Zentrumspartei lebe hoch – Naziverbrecher!"[508]
Und in einer Dortmunder Plakettengießerei, die Hitler- und Hermann-Göring-Köpfe am laufenden Band herstellte, wurden am 14. November mehrere Gußformen durch Abschlagen der Nasen unbrauchbar gemacht. Insgesamt mußte die Dortmunder Gestapo zugeben: „Der Zuwachs der Mundpropaganda in den letzten Wochen kann mit der Haltung eines Teils der Bevölkerung in Zusammenhang gebracht werden, der die Aktionen gegen die Juden nicht gutgeheißen hat."[509]
Auch die Düsseldorfer Stapoleitstelle muß von verstärkter Flugblattverteilung der KPD in Dortmund, Duisburg, Essen, Oberhausen, Wuppertal, Münster und Osnabrück berichten und kommentiert die Stimmung der Bevölkerung: „Es ist klar zu erkennen, daß man den Juden von Seiten der Kommunisten eine besondere Sympathie entgegenbringt, die auch von bürgerlichen, vor allem klerikalen Kreisen lebhaft unterstützt wird. Wie nie zuvor sind sich diese Kreise in der Verurteilung der Geschehnisse des 10. November einig. Es besteht kein Zweifel darüber, daß es den Kommunisten im Verein mit den übrigen staatsablehnend eingestellten Kreisen gelungen ist, die öffentliche Meinung wesentlich zu beeinflussen . . ."[510]

Die Berner Konferenz der KPD und der Widerstand im Ruhrgebiet bis zum Kriegsausbruch

„Jeder erkämpfte Pfennig Lohnerhöhung, jede abgelehnte Rationalisierungsmaßnahme, jede Verlangsamung des Arbeitstempos, jede durchgesetzte Forderung auf bessere Lebensmittelversorgung erleichtert nicht nur die Lage der Arbeiter, sondern bedeutet zugleich auch weniger Rohstoffe für die Kriegsrüstung, größere Hemmnisse der Kriegsvorbereitung und wachsende Schwierigkeiten für das Hitlerregime."[511]
So hieß es über die Formen des antifaschistischen Kampfes in der Resolution der Berner Konferenz der KPD vom 31. Januar 1939. In einem kleinen Ort bei Paris hatten die Mitglieder des ZK der KPD und Vertreter der Abschnittsleitungen die Bilanz von vier Jahren Widerstandskampf gezogen. Hierbei wurden auch die Erfahrungen des Rhein-Ruhrgebietes ausgewertet, die den Konferenzteilnehmern von Erich Gentzsch, Wilhelm Knöchel und Willi Seng vermittelt wurden.

Wilhelm Pieck stellte in den Mittelpunkt des Hauptreferates der Konferenz die drohende Kriegsgefahr, die von der Arbeiterklasse neue Anstrengungen verlangte. Der Sturz Hitlers durch das Bündnis aller Kräfte, die gegen einen neuen Weltkrieg waren, wurde nunmehr zur Überlebensfrage. Diese Orientierung galt auch für den Fall, daß der Kriegsausbruch nicht verhindert werden konnte. Dann mußten die deutschen Antifaschisten nach Auffassung Piecks alles in ihrer Kraft stehende zum Schutze der sozialistischen Sowjetunion, zur Niederlage der Wehrmacht und zur Beseitigung des Faschismus tun, um eine nationale Katastrophe zu vermeiden.
Das Aufbrechen spontaner Antikriegsstimmung in den Septembertagen 1938, als das Münchener Abkommen über die Annexion der Sudetengebiete noch nicht abgeschlossen war, zeigte, daß die Antifaschisten auf plötzliche Wendungen in der Entwicklung gefaßt sein mußten und daß auch die politische und organisatorische Tätigkeit der KPD den erhöhten Anforderungen angepaßt werden mußte. Angesichts der Gefahr, daß bei Kriegsausbruch alle Grenzen hermetisch abgeriegelt werden würden, sollten nunmehr im Lande selbst erneut örtliche und regionale Parteileitungen aufgebaut werden, die die bisherigen Abschnittsleitungen ablösen würden.
Während die Verhandlungen mit dem Prager Parteivorstand der SOPADE und mit anderen sozialdemokratischen Gruppen über die Einheitsfront und Volksfront gescheitert waren, stellte die Berner Konferenz unter den Sozialdemokraten, die noch im illegalen Kampf standen, einen wachsenden Einheitswillen fest. Diesen Gruppen wurde eine Diskussion über die Bildung einer einheitlichen sozialistischen Arbeiterpartei vorgeschlagen.
In der Resolution der Konferenz faßte die KPD die bisherigen programmatischen Diskussionen über die von der Volksfrontbewegung angestrebte antifaschistisch-demokratische Republik zusammen. Zu den bestimmenden Elementen der neuen Demokratie sollten die Gewährung aller Grundrechte und -freiheiten, die nationale Selbstbestimmung in den annektierten Gebieten, die „Enteignung der faschistischen Trustkapitalisten", eine demokratische Bodenreform, eine Außenpolitik der Völkerverständigung und des Friedens und eine gründliche Demokratisierung des Staatsapparates, „die eine Wiederkehr der faschistischen Tyrannei ein für alle mal unmöglich" macht, gehören.
Wilhelm Pieck präzisierte auch den Klassencharakter der Volksfront, indem er hervorhob, daß in der Frage „Krieg oder Frieden?" alle Klassen und Schichten des „werktätigen Volkes" gegen den Faschismus und das Trustkapital vereint seien, und daß die demokratische Republik nach dem Sturz Hitlers nicht auf einer „Weimarer" Koalition mit der Großbourgeoisie, sondern auf dem Bündnis der geeinten Arbeiterklasse mit den Bauern, den

Handwerkern und Gewerbetreibenden sowie den anderen werktätigen Mittelschichten ruhen sollte.
Daher betonte die Konferenz auch, daß sich die Widerstandsbewegung noch offensiver mit der nationalistischen Propaganda der NS-Führung auseinandersetzen müsse. Die KPD erklärte, daß die Interessen der großen Mehrheit der Nation der Kriegspolitik des Trustkapitals genau entgegengesetzt seien, daß die Faschisten also den nationalen Stolz der Deutschen zu einer Politik mißbrauchten, die die Nation in ihrer Existenz gefährdete.
Die Beschlüsse der Berner Konferenz bildeten die Grundlage des Widerstandes im Rhein-Ruhr-Gebiet nicht nur bis zum Kriegsausbruch im September 1939, sondern auch in der Tätigkeit der illegalen Gebietsleitung von 1941 bis 1943, der auch Willi Seng und Wilhelm Knöchel angehörten.
Direkt nach Beendigung der Konferenz brachten die Instrukteure der KPD ihre Materialien zu den Widerstandsgruppen und schon in der Nr. 1/1939 der „Freiheit", die unter dem Tarntitel „Clausewitz. Gedanken über Krieg und Kriegführung" unter anderem nach Mülheim/Ruhr gelangte, wurden nicht nur Kommentare und Analysen im Lichte der Berner Konferenz, sowie Teile ihrer Resolution zur demokratischen Republik, zur Aktionseinheit, Volksfront und zum Gedanken der sozialistischen Einheitspartei abgedruckt, sondern es fanden sich auch bereits die ersten Reaktionen aus dem Ruhrrevier auf die Instrukteurberichte. So schrieb „eine sozialdemokratische Gruppe aus einer Kohlenstadt im Ruhrgebiet" (d. i. die Dortmunder Gruppe Zimmermann-Dielitzsch) Mitte Februar:
„Wir sind für die Einheit und handeln danach! Wir, sozialdemokratische Berg- und Metallarbeiter in einer Stadt des Ruhrgebiets haben schon seit langem den Wunsch und den Willen zur Einigung der Arbeiterklasse gehabt. Bei uns bestehen weder Bedenken noch Hemmungen, mit den Kommunisten und den anderen klassenbewußten Arbeitern die Einheitspartei der deutschen Arbeiterklasse zu verwirklichen.
Diese Erkenntnis ist nicht erst von heute. Sie ist nach dem Machtantritt Hitlers bei vielen unserer Freunde entstanden. In vielen Beispielen in Vergangenheit und Gegenwart haben wir bewiesen, daß es zwischen uns und unseren kommunistischen Kameraden nichts Trennendes mehr gibt. Wir haben in den Jahren 1933 und 1934 kommunistische Flugblätter gelesen und sie weiterverbreitet, weil wir mit ihnen einverstanden waren. Wir stimmten überein nach der Annektion Österreichs und den damaligen Wahlen und in den Septembertagen. Wir arbeiten gemeinsam gegen Leistungssteigerung, Rationalisierung und den Fassadensozialismus der Braunen. Wir haben gemeinsam im KZ und Gefängnis gesessen und unsere Frauen haben untereinander Solidarität und Kameradschaft hergestellt und erhalten. Wir haben erkannt, daß eine Befreiung von

außen nicht kommen kann, sondern daß wir selber die notwendigen Anstrengungen zum Sturze Hitlers machen müssen. Erst dann sind wir berechtigt, an die Arbeiterschaft der Welt zu appellieren.
Wir verstehen nicht, daß es in der Emigration noch nicht zu einer Einigung gekommen ist. Warum kommen unsere führenden Genossen in der Emigration nicht zu der Einsicht, daß nur die Einheit der Arbeiter verschiedener Richtungen die Kraft schafft, die den braunen Faschismus stürzen kann?
Weshalb von unseren sozialdemokratischen Freunden im Ausland die Einheitsfrontangebote der KPD abgelehnt wurden, ist für uns unverständlich. Wir haben weder Bedenken, noch ein Mißtrauen zu den Kommunisten. Ihr Kampfziel: eine demokratische Republik ist auch unser Ziel. Etwas anderes kann es jetzt gar nicht geben.
Wir wissen sehr gut, den Unterschied zwischen heute und der Weimarer Republik einzuschätzen. Und doch wollen wir kein zweites Weimar. Wir wollen eine Republik, in der eine in einer Partei geeinte Arbeiterklasse im Bunde mit den werktätigen Bauern und Mittelschichten die Interessen des Volkes vertritt, ohne jede Konzession an faschistische, kapitalistische und großagrarische Elemente. Wir wollen die Möglichkeit, für den Sozialismus kämpfen zu können. Um dahin zu kommen, ist es notwendig, unter Verhinderung eines Krieges Hitler zu stürzen. Das ist unser heißer Wunsch. Danach handeln wir. Der Name der Einheitspartei ist nicht entscheidend; er muß zum Ausdruck bringen, daß Sozialdemokraten und Kommunisten, bereit, den Hitlerfaschismus zu stürzen und eine neue demokratische Republik ohne die Schwäche von Weimar aufzurichten, sich zusammengeschlossen haben zu einer Partei. Sie gibt die Gewähr unseres endgültigen Sieges."[512]
In einem Aufruf „Bergmänner an Rhein und Ruhr" entlarvte die Abschnittsleitung West die NS-Demagogie vom „Volk ohne Raum" an den konkreten Erfahrungen mit der Annexion Österreichs und der Tschechoslowakei und rief dazu auf, mit den österreichischen und tschechischen Arbeitern, die als Bergleute ins Ruhrgebiet zwangsverpflichtet worden waren, aktive Solidarität zu üben.[513]
In den acht Monaten bis zum Kriegsausbruch traten auch die Antifaschisten des Ruhrgebiets aktiv für die Erhaltung des Friedens ein. So mußte die Stapostelle Dortmund in ihrem Lagebricht für das erste Vierteljahr 1939 zugeben, daß die „gegnerische Propaganda äußerst rege" sei. „Insbesondere häuft sich der Eingang von Karten und Briefen hetzerischen Inhalts", so daß allein im Berzik Dortmund acht verschiedene illegale Schriften mit 110 Exemplaren „erfaßt" werden konnten,[514] was natürlich nur ein sehr geringer Ausschnitt aus der wirklichen Flugblattverteilung war. Noch in den letzten Tagen vor Kriegsausbruch wurden auch in Essen Flugblätter der KPD in den Wohnsiedlungen der Krupparbeiter verteilt.[515]

Insgesamt hinterläßt die Widerstandsbewegung unmittelbar vor Kriegsausbruch ein zwiespältiges Bild. Im Volke wie nie zuvor isoliert, von der Gestapo gehetzt, die besten Kader ermordet oder eingekerkert, wehrten sich die Widerstandskämpfer mit den ungleichen Waffen des geflüsterten Worts, des Flugblatts oder der bescheidenen betrieblichen Aktion gegen eine beinahe erdrükkende Flut von Hetze, Demagogie und Verfolgung. Schwer lastete auf ihnen ihre internationalistische Verantwortung angesichts des nahenden Krieges. Zentralkomitee und Parteiorganisationen der KPD sowie die mit ihnen kämpfenden Hitlergegner erhoben immer wieder ihre Stimme, riefen zur Einheit aller Arbeiter, zur antifaschistischen Volksfront und zur Rettung des Friedens durch den Sturz Hitlers.
War alles dies vergebens?
Zwar gelang es nicht, eine Massenbewegung zur Verhinderung des Krieges zu entfalten. Aber die Aktionen, ja allein schon die Präsenz des Widerstandes hatten die Faschisten zu manchem Manöver gezwungen, für die Bevölkerung Teilzugeständnisse errungen, trotz aller Nazipropaganda manchem die Augen geöffnet und vor der Weltöffentlichkeit die Existenz eines anderen Deutschlands immer von neuem bewiesen. Darüberhinaus gelang es den Kommunisten in den Jahren nach den großen Massenverhaftungen, erneut ihre Mitglieder in bedeutenden Widerstandsgruppen zusammenzufassen. Insofern ist es kein Zufall, daß die Wurzeln der meisten großen Widerstandsorganisationen im Krieg auf die Jahre vor 1939 zurückgehen. Diese Entwicklung reichte auch über den Tag der Befreiung 1945 hinaus, sie gab damals den Deutschen eine, wenn auch nur in einem Teil Deutschlands genutzte, Chance zum antifaschistisch-demokratischen Neuaufbau.

9. Die antifaschistische Gewerkschaftsbewegung 1936 bis 1939

Die Internationale Transportarbeiterföderation (ITF) und die Eisenbahngewerkschafter in Westdeutschland 1936–1937

Bis 1935 hatten sich die Funktionäre des Einheitsverbandes der Eisenbahner Deutschlands mit Hilfe der Internationalen Transportarbeiterföderation (ITF) ein zuverlässiges Verbindungsnetz in Westdeutschland geschaffen.[516]
Trotz der Verhaftung des bisherigen Bezirksleiters Willi Molitor aus Mülheim/Ruhr ging die illegale Arbeit weiter. Die Vertrauensleute organisierten sich jetzt in fünf westdeutschen Bezirken mit jeweils einem verantwortlichen Leiter. Den Bezirk Westfalen leitete Leo Radtke aus Hamm, der über Verbindungsleute in Essen, Wanne, Recklinghausen, Dortmund, Soest, Gelsenkirchen, Witten, Münster, Bielefeld, Lingen und Osnabrück verfügte. Bezirksleiter für die Westliche Ruhr war Paul Emmen aus Krefeld. Hier gab es Stützpunkte in Düsseldorf, Hagen, Duisburg, Mülheim, Kleve, Oppum und Uerdingen. Dem Bezirk Bahnlinie Köln-Aachen-Rhein-holländische Grenze stand Hans Funger aus Neuss vor, der Verbindungen nach Jülich, Rheydt, Mönchengladbach, Aachen und Düren besaß. Willi Komorowski leitete von Opladen aus den Bezirk Südliche Ruhr und Max Pester von Köln aus die Bahnlinie Köln-Koblenz-Trier.
Am 19. Februar 1936 trafen in Venlo als Vertreter der illegalen Gruppen Malina und Emmen aus Krefeld und Funger aus Neuss mit dem Reichsleiter der Eisenbahnergewerkschaft Hans Jahn und dem ITF-Generalsekretär Edo Fimmen zusammen und diskutierten die geschilderte Bezirksorganisation und die weiteren Tätigkeiten. In Zukunft sollten sich jeweils zwei Bezirksleiter zur monatlichen Besprechung in Venlo einfinden, um so die Arbeit besser mit der Leitung zu koordinieren. Besonders Hans Funger, der zum erstenmal an einem solchen Treffen teilgenommen hatte, setzte sich in der Folgezeit dafür ein, die Verteilung antifaschistischer Schriften zu intensivieren.
Auf der Grundlage eines „Gewerkschaftlichen Sofortprogramms", das 1935 herausgegeben worden war, verstärkte man eine Form der Propaganda, die

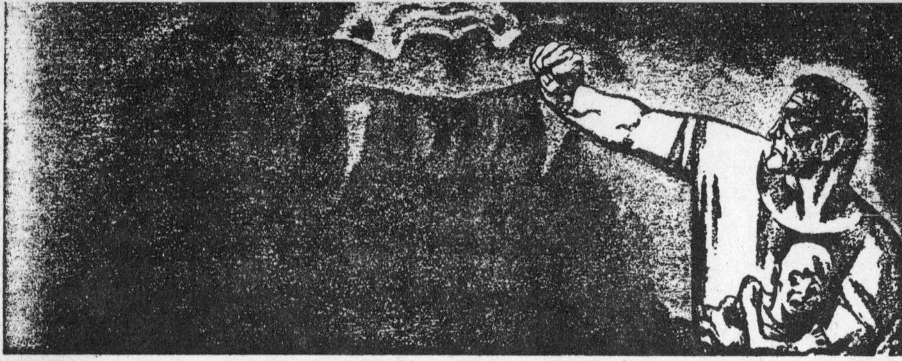

FASCHISMUS

ORGAN DER INTERNATIONALEN TRANSPORTARBEITER-FÖDERATION

ERSCHEINT ALLE 14 TAGE IN DEUTSCH, FRANZÖSISCH, ENGLISCH, SCHWEDISCH, SPANISCH, HOLLÄNDISCH UND AUSZUGSWEISE AUCH IN ESPERANTO. DER BEZUGSPREIS BETRÄGT HFL. 4.- JÄHRLICH (FÜR MITGLIEDER DER DER I.T.F. ANGESCHLOSSENEN VERBÄNDE UND FÜR ARBEITERORGANISATIONEN HFL. 2.–). BESTELLUNGEN WERDEN ENTGEGENGENOMMEN: VONDELSTRAAT 61, AMSTERDAM, WEST.

ITF

4. Jahrgang
No. 20

Amsterdam, den 3. Oktober 1936.

Beilage zur deutschen Ausgabe.

Richtlinien der Aktivgruppen.--

(ITF) Im Interesse des einheitlichen Wiederaufbaus der freien Gewerkschaften der deutschen Seeleute, Eisenbahner und Transportarbeiter und der grösstmöglichen Sicherung ihrer Arbeit gegen den Terror der Gestapo haben sich die freigewerkschaftlichen Aktivgruppen der deutschen Seeleute, Eisenbahner und Transportarbeiter vor geraumer Zeit u. a. auf folgenden Richtlinien geeinigt:

Jeder Kollege, der sich am Wiederaufbau der freien Gewerkschaft der deutschen Seeleute, Eisenbahner und Transportarbeiter beteiligt, verpflichtet sich, ganz gleich, welcher Partei oder politischen Gruppierung er angehört, für die Dauer der Zugehörigkeit zu einer freigewerkschaftlichen Aktivgruppe von jeder Arbeit für seine Partei oder Gruppierung Abstand zu nehmen.

Er verpflichtet sich, sich jeder Fraktionsarbeit in den Aktivgruppen zu enthalten und keiner parteipolitischen Zelle, die Einfluss auf diese Gewerkschaftsarbeit nimmt oder nehmen will, anzugehören.

Er verpflichtet sich, kein anderes Material unter den Kollegen des Organisationsbereiches zu verbreiten, als Literatur, die von der freigewerkschaftlichen Leitung herausgegeben oder gutgeheissen wird.

Innerhalb der Aktivgruppen besteht, im Rahmen der durch die konspirative Sicherung gezogenen Grenzen, proletarische Demokratie. Beschlüsse der Mehrheit gelten auch für die Minderheit.

Faschismus, Organ der ITF, 3. Oktober 1936

ökonomische Tagesforderungen der Kollegen mit der Kritik an offenkundigen Mißständen im Nazistaat so verband, daß eine zusammenhängende wirtschaftlich-politische Alternativkonzeption deutlich wurde. Zu diesem Zweck erschien das Verbandsorgan „Fahrt Frei" seit Anfang 1936 monatlich in einer Auflage von mehreren hundert Exemplaren. Die Zeitung „Fahrt Frei" diente vornehmlich der Information der gewerkschaftlichen Vertrauensleute. Daneben wurden zunehmend die ITF-Zeitung „Faschismus" und andere antifaschistische Presseorgane aus Holland eingeführt, die auch einem weiteren Kreis zugänglich gemacht werden sollten. Heinrich Tillier aus Neuss fuhr auf Veranlassung Fungers schließlich wöchentlich über die Grenze und brachte den „Deutschen Weg", die „Deutsche Volkszeitung", den „Neuen Vorwärts" und den „Manchester Guardian" mit. Schon vorher hatte sich Emmen in Venlo Wolfgang Langhoffs Bericht über die KZs im Emsland, „Die Moorsoldaten", und die antifaschistische Hitler-Biographie von Konrad Heiden besorgt und die Bücher an mehrere vertrauenswürdige Eisenbahner weitergegeben.
Die inhaltlichen Schwerpunkte der Organisation, die sich bewußt auf ein Netz von Vertrauensleuten beschränkte, gingen aus dem „gewerkschaftlichen Sofortprogramm" und den Zeitungen „Fahrt frei" und „Faschismus" hervor. Als eine wichtige gewerkschaftliche Aufgabe galt die „Auslösung von betrieblichen und überbetrieblichen Bewegungen" für höhere Löhne, Mieterschutz, Urlaub, Kündigungsschutz, bessere Renten usw. Darüberhinaus wurde die Wiederherstellung des Kollektivvertrages als Grundlage des solidarischen Handelns der Arbeiter verlangt, die durch weitere Forderungen für einen legalen gewerkschaftlichen Aktionsraum ergänzt wurde: Wiederherstellung der Rechte der Betriebsräte, Ausschaltung der Unternehmer aus der Deutschen Arbeitsfront und Anerkennung des Streikrechts. Das Organ der ITF, „Faschismus", ging in seinen Artikeln weit über die rein gewerkschaftlichen Themen hinaus: es prangerte die Bedrohung des Friedens durch den Faschismus, die Terrorakte und Morde, unter anderem an dem Bergarbeiterführer Fritz Husemann, und die Korruption der braunen Machthaber an. Außerdem erschienen detaillierte und kenntnisreiche Analysen wie „Die deutsche Arbeiterschaft. Drei Jahre unter dem Faschismus.", Artikel zu den Vertrauensrätewahlen und zur Solidarität mit den angeklagten Wuppertaler Gewerkschaftern.[517]
Transport und Verbreitung der illegalen Schriften erfolgte auf vielfältige Weise. Außer durch Tilliers regelmäßige Autofahrten nach Venlo erhielten die gewerkschaftlichen Vertrauensleute ihre Literatur oftmals in bestimmten Eisenbahnwagen versteckt, wovon sie mit chiffrierten Angaben auf einer unverfänglichen Postkarte informiert wurden. Nicht nur verschiedene Erinnerungsberichte erzählen von dieser Methode, sondern es finden sich auch Gestapoberichte mit Angaben über einzelne zufällig beschlagnahmte Transporte.

So wurden im September 1936 in Eisenbahnwagen auf dem Werksgelände der Zechen Friedrich-Heinrich (in Kamp-Lintfort) und Rheinpreußen (Moers) Nummern des „Faschismus", der „ITF-Presseberichte", der „Schiffahrt" sowie die Broschüren „Der Freiheitskampf des spanischen Volkes" und „Proletarier aller Länder vereinigt Euch!" gefunden.[518] Weitere Schriften fanden sich zur gleichen Zeit in einem Eisenbahnwaggon in Dortmund, sowie im Dezember 1936 auf der Zeche Minister Stein und im Januar und Juli 1937 zusammen mit der Eisenbahnerzeitung „Fahrt Frei" ebenfalls in Dortmund und Schwerte.[519]
Auch über Rheinschiffer und Seeleute konnte die ITF gewerkschaftliche Kontakte herstellen und illegale Literatur einschleusen. Im Juli 1936 trafen sich deutsche Seeleute und Rheinschiffer, unter ihnen aktive kommunistische Gewerkschafter, zu einer Konferenz mit Edo Fimmen in Antwerpen und beschlossen, ebenfalls gewerkschaftliche Aktivgruppen auf den Schiffen und in den Häfen aufzubauen.[520]
Seit Mitte März 1936 gingen die Eisenbahner entgegen ihrer bisher bekundeten Distanz zu politischen Gruppen engere Beziehungen zu Vertretern des „Internationalen Sozialistischen Kampfbunds" (ISK) ein. Fimmens langjähriger Kontakt zu linkssozialistischen Gruppen bereitete diese Zusammenarbeit mit der Begründung vor, die organisatorische und politische Linie des ISK sei der der ITF verwandt. Während es etwa gleichzeitig zu einigen Reibungen zwischen Fimmen und den kommunistischen Gewerkschaftern um Wilhelm Knöchel kam, die allerdings die gemeinsame antifaschistische Grundhaltung und auch die technische Unterstützung durch die ITF in Amsterdam nicht in Frage stellen konnten,[521] wurden die führenden ISK-Vertreter Dohrenbusch, Heidorn und Rauschenplat mit den Eisenbahnern Komorowski und Funger zusammengebracht. Aber schon der erste Transport von „Reinhardt-Briefen" des ISK fiel der Gestapo am 14. Februar 1937 in die Hände, die dann innerhalb weniger Tage die gewerkschaftlichen Verbindungen der westdeutschen Eisenbahner zerschlug.
Auch nach dieser Verhaftungsaktion gelangten ITF-Schriften ins Ruhrgebiet. Im Sommer 1938 versuchte Hans Jahn erneut, über Kontakte mit dem inzwischen haftentlassenen Willi Molitor aus Mülheim eine neue Organisation aufzubauen, was aber bis Kriegsausbruch nicht mehr gelang.

Die freigewerkschaftliche Bergarbeiterbewegung im Ruhrgebiet

Erfolge beim Wiederaufbau der freien Gewerkschaften im Ruhrgebiet erzielten auch die Bergleute, deren auf Solidarität und Kameradschaft besonders

angewiesene Arbeit unter Tage die illegale Weiterführung gewerkschaftlicher Kampfformen geradezu erzwang.
Schon 1934/35 hatte es eine Anzahl von Initiativen gegeben, Schachtgewerkschaftsgruppen zu bilden. Dabei hatten sich die Mitglieder der RGO bzw. des Einheitsverbandes der Bergarbeiter Deutschlands (EVBD), der den Kommunisten nahestand, besonders hervorgetan. Seit Sommer 1934 verfochten sie hartnäckig den Wiederaufbau des freigewerkschaftlichen Bergbauindustriearbeiter-Verbandes (BAV) als Einheitsorganisation aller kommunistischen, sozialdemokratischen, christlichen und parteilosen Kollegen. Aber auch reformistische Führer des BAV, des „alten Verbands", wie ihn die Kumpel traditionell nannten, fanden unter dem Eindruck der faschistischen Gewaltherrschaft zur Aktionseinheit.[522]
In einem Gespräch mit Franz Dahlem vom ZK der KPD erklärte auch der Sekretär der christlichen Bergarbeitergewerkschaft Franz Imbusch seine „Bereitwilligkeit, zusammen mit Kommunisten und Sozialdemokraten im westlichen Industriegebiet eine einheitliche Gewerkschaftsbewegung aufzubauen".[523]
Am nachhaltigsten bekannte sich der frühere Sekretär des BAV, der Sozialdemokrat Franz Vogt zur antifaschistischen Gewerkschaftseinheit.

Franz Vogt wurde am 16. 9. 1899 in Karschin geboren. Nach Kriegsdienst und Abschluß eines Lehrerseminars trat er 1920 der SPD bei. Einige Jahre als Angestellter tätig, gelangte er durch die Vermittlung jungsozialistischer Bergarbeiter auf die Zeche König Ludwig in Recklinghausen. Wegen seiner aktiven Jugendarbeit wurde Vogt 1926 nach einem Studium an der Düsseldorfer Fachschule für Wirtschaft und Verwaltung Sekretär der wirtschaftspolitischen Abteilung in der BAV-Hauptverwaltung in Bochum. Hier trat er entschieden für die politischen und sozialen Rechte der Bergarbeiter und für die Überführung des Bergbaus in Gemeineigentum ein. 1932 wurde er Mitglied der SPD-Fraktion im preußischen Landtag und mobilisierte als Leiter des Bochumer Reichsbanners am 20. Juli 1932 die Arbeiter zum Schutz der legalen Preußenregierung. Auf der Revierfunktionärskonferenz des BAV am 3. Januar 1932 in Essen wandte sich Vogt in seinem Referat gegen die weitere Duldung der Notverordnungspolitik durch die Gewerkschaften und sprach sich für die antifaschistische Einheitsfront aus.[524] Am 10. März 1933 mußte er den SA-Überfall auf das Bochumer Gewerkschaftshaus miterleben. Als dennoch die BAV-Führung zur Teilnahme an der faschistischen 1. Mai-Demonstration aufrief, legte Vogt aus Protest alle Ämter nieder und versuchte, halb illegal lebend, seine Kameraden in

SPD und BAV zum Widerstand zu mobilisieren. Am 21. Juni 1933 konnte er sich der drohenden Verhaftung gerade noch durch die Emigration ins Saargebiet entziehen. Seit September 1933 arbeitete er als Wirtschaftsredakteur an der linkssozialistischen „Freien Presse" in Amsterdam und begann, seine politischen Freunde in Holland und im Ruhrgebiet in der Gruppe „Revolutionäre Marxisten Westdeutschlands" zu sammeln, die für eine sozialistische Erneuerung der SPD und die Aktionseinheit mit den Kommunisten eintrat. Seit 1935 unterstützte Vogt die Volksfrontbestrebungen in Paris, das Wuppertalkomitee in Holland und die Bemühungen um den Wiederaufbau des BAV. Sein leidenschaftliches Engagement für die antifaschistische Einheit fand erst ein Ende, als er sich bei der Besetzung Hollands am 14. Mai 1940 der drohenden Verhaftung durch den Freitod entzog.[525]

Eine wichtige Rolle in der Werbung für den Wiederaufbau der freien Gewerkschaften spielte der vom ehemaligen Gewerkschaftsredakteur der „Roten Fahne", Erich Gentzsch, herausgegebene „Informationsdienst der Freien Gewerkschaften Deutschlands" der auch im Ruhrgebiet seine Verbreitung fand. Eine hier aufgefundene Nummer von Januar/Februar 1936 bereitete mit der Losung „Für den Arbeitervertrauensrat- gegen den Unternehmerknecht" die nächsten Vertrauensrätewahlen vor und riet zur Aufstellung bewährter antifaschistischer Gewerkschafter als Kandidaten, wertete die Lohnkämpfe der Siemensarbeiter als beispielhafte gewerkschaftliche Aktion aus und brachte eine Fülle kommunistischer, sozialdemokratischer und parteiloser Stimmen aus der Illegalität wie der Emigration zum Wiederaufbau der freien Gewerkschaften.[526]
Seit Beendigung der Brüsseler Konferenz der KPD hielt sich Wilhelm Knöchel in Amsterdam auf, der eine Schlüsselrolle bei der Neubildung des BAV spielen sollte.

Wilhelm Knöchel wurde am 8. November 1899 in Offenbach als Sohn eines angesehenen sozialdemokratischen Funktionärs geboren. Schon während seiner Ausbildung als Dreher trat er dem sozialdemokratischen Jugendbildungsverein bei. Im Ersten Weltkrieg erlitt er eine Gasvergiftung. Vom Militär im März 1919 entlassen, trat er zunächst der Offenbacher SPD bei, aus der er sich aber schon bald enttäuscht zurückzog. 1920 siedelte Knöchel nach Dortmund über, wo er zunächst auf dem Phönixwerk der Dortmund-Hörder-Hüttenunion, dann aber als Grubenschlosser auf verschiedenen Schachtanlagen arbeitete. Hier war er gewerkschaftlich zunächst in der Union der Hand- und Kopfarbeiter und seit

1925 im BAV organisiert. In Dortmund-Brüninghausen arbeitete er auch in der Ortsgruppe der KPD mit, nahm an einer Unterbezirksparteischule teil und betätigte sich zeitweise im Erwerbslosenausschuß.[527]
Mit Ausbruch der Wirtschaftskrise erneut arbeitslos, soll Knöchel wieder nach Offenbach übersiedelt sein und in der Leitung der Ortsgruppe der KPD gearbeitet haben. Im Herbst 1932 nahm er an einem Kurs der RGO in Berlin teil, von wo aus er zur internationalen Leninschule der Komintern nach Moskau delegiert wurde. Nach Abschluß der Schulung arbeitete Knöchel seit 1934 im deutschen Sektor der Roten Gewerkschafts-Internationale. In dieser Zeit lernte er auch den sozialistischen Aufbau in den Ländern der Sowjetunion kennen, indem er Reisen nach Leningrad, in die Ukraine, den Kaukasus, den Ural und auf die Krim unternahm.
Nachdem er im Februar 1935 als Vertreter der Komintern an der Tagung des ZK der KP Österreichs teilgenommen und sich dort für die Gewerkschaftseinheit eingesetzt hatte, reiste Knöchel über Prag nach Hamburg, wo er im April 1935 die Funktion eines Oberberaters für das Gebiet Wasserkante ausübte. Über diese Tätigkeit und besonders über Erfahrungen mit der Arbeit in den legalen Massenorganisationen berichtete er auch der Brüsseler Konferenz der KPD, die ihn zum Kandidaten des ZK wählte. Danach wurde er mit der Umbildung der bisherigen Parteistelle in Amsterdam zur neuen Abschnittsleitung West betraut, in der er die Funktion des Gewerkschaftsverantwortlichen ausübte.
Seit dieser Zeit trat er auch in der internationalen Bergarbeiterbewegung unter dem Namen „Alfred Schröder“ auf. Nachdem er sich bis 1940 mit großem Erfolg dem Wiederaufbau des BAV gewidmet hatte und 1936 ins Exekutivkomitee der Bergarbeiterinternationale gewählt worden war,[528] wählte ihn die Berner Konferenz der KPD Anfang 1939, auf der er ausführlich über den Widerstand der Ruhrkumpel berichtet hatte, ins ZK. Er wurde damit beauftragt, die Abschnittsleitung West aufzulösen und ihre Mitglieder und Instrukteure zum Aufbau einer illegalen Gebietsleitung Rhein-Ruhr ins Reich zu überführen. Unter den erschwerten Bedingungen des Krieges wurde dies 1940/41 verwirklicht.
Vom 9. Januar 1942 bis zu seiner Verhaftung am 30. Januar 1943 war Knöchel führend in der operativen Leitung der KPD für das Reichsgebiet von Berlin aus tätig und unterstützte besonders die Tätigkeit der Partei im Rhein-Ruhrgebiet. In dieser Zeit der erschwerten Illegalität erkrankte Knöchel an Tuberkulose. Der Schwerkranke wurde von der Gestapo unmenschlich gefoltert und am 12. Juni 1944 vor den „Volksgerichtshof“ gestellt, der ihn unter dem Vorsitz Freislers zum Tode ver-

urteilte. Knöchel wurde am 24. Juli 1944 im Zuchthaus Brandenburg hingerichtet.[529]

Die verschiedenen Aktivitäten des gewerkschaftlichen Neuaufbaus fanden ihren ersten Höhepunkt in der Tagung des Exekutivkomitees der Bergarbeiterinternationale am 10. Mai 1936 in Paris, an der nach einer vorbereitenden Besprechung Knöchels mit dem Vorsitzenden der französischen Bergarbeiter Pierre Vigne auch Knöchel und Vogt als offizielle Vertreter der deutschen Kumpel teilnehmen konnten. Knöchel berichtete auf der Tagung über die Lage und den Kampf der deutschen Kollegen[530] und erreichte eine Entschließung der Exekutive zur deutschen Lage, die diese Aktionen besonders würdigte:
„Die Sicherung des Friedens ist eine der Hauptaufgaben der internationalen Arbeiterklasse. Der vom Faschismus vorbereitete imperialistische Krieg bedroht nicht nur Millionen Arbeiter an Leib und Leben, sondern belastet schon vor seinem Ausbruch die gesamte werktätige Menschheit mit Milliardenlasten an unproduktiven Kriegsausgaben. Der Klassenkampf gegen den Faschismus ist das hervorragendste Mittel zur Verhinderung des vorbereiteten Weltgemetzels.
Die Exekutive der Bergarbeiter-Internationale begrüßt darum aufs wärmste den heroischen Kampf der deutschen Kameraden gegen ihre, durch die faschistische Diktatur ins Ungeheuerliche gesteigerte Ausbeutung. Sie ist mit den im ‚Dritten Reich‘ kämpfenden deutschen Kameraden der Auffassung, daß dieser Kampf, der ein ausschlaggebender Bestandteil der Erhaltung des Friedens ist, umso wirksamer sein wird, je mehr es gelingt, entsprechend den illegalen Bedingungen den Wiederaufbau der Gruppen des Bergbauindustriearbeiter-Verbandes unter Heranziehung und Zusammenfassung aller antifaschistischen Gewerkschafter einheitlich zu gestalten.
Die Exekutive versichert die deutschen Kameraden bei diesem Werk ihrer uneingeschränkten Solidarität und Unterstützung mit allen ihr zu Gebote stehenden Mitteln, wobei sie sich für berechtigt hält, vor aller Welt auf den großen Erfolg der Schaffung der Gewerkschaftseinheit der Bergarbeiter Frankreichs als beispielgebend hinzuweisen. Die Exekutive ersucht alle angeschlossenen Organisationen, aber auch die nicht angeschlossenen Bergarbeiterverbände in der Welt, die Berufsinternationale in ihrem Kampf für den Frieden, gegen die faschistischen Kriegsprovokateure zu stützen und mit ihr das Solidaritätswerk an den deutschen Kameraden zu fördern.“[531]
Im Anschluß an diese Tagung trafen sich 12 deutsche Bergarbeiterkollegen am 23. und 24. Mai 1936 in Paris, die alle wichtigen Kohlenreviere des Reiches repräsentierten. Unter Vorsitz von Franz Vogt wurden die Lage der Bergarbeiter, Formen und Chancen des Widerstandes und Fragen der illegalen Organisa-

tion diskutiert. Dabei konnten auch erste Aktionen von Ruhrkumpels ausgewertet werden. Wilhelm Knöchel stellte in seiner Rede die konkreten Erfahrungen von Gewerkschaftsgruppen im Ruhrgebiet, in Wuppertal und Hamburg, ihre Forderungen und Aktionen für elementare soziale Rechte und die Verteidigung ihrer Löhne in Verbindung mit den grundlegenden Aufgaben des Kampfes für Demokratie und Frieden. Dabei legte er auch die Positionen der Brüsseler Konferenz der KPD dar und wandte sich gegen sektiererische Losungen, die den Kampfbedingungen nicht entsprachen und die antifaschistische Einheit gefährdeten. Ausgehend von den bisherigen Erfahrungen der illegalen Gewerkschaftsarbeit schlug Knöchel eine dezentralisierte Organisation vor, in der die einzelnen Gruppen und Vertrauensleute – beim Verbot von Querverbindungen untereinander – von sicheren Grenzstellen in den Nachbarländern aus angeleitet werden sollten.
Im Beisein des Vorsitzenden des französischen Gewerkschaftsbundes CGT, Leon Jouhaux, und von Pierre Vigne, die beide von der endlich verwirklichten Gewerkschaftseinheit in ihrem Lande berichteten, beschlossen die Delegierten, zur Leitung der illegalen Gruppen des BAV den Arbeitsausschuß freigewerkschaftlicher Bergarbeiter Deutschlands aus den Sozialdemokraten Richard Kirn, Hans Mugrauer und Franz Vogt und dem Kommunisten Wilhelm Knöchel zu bilden. Während Kirn und Mugrauer die Grenzstellen für die Saar bzw. für Sachsen und Schlesien übernahmen, waren Vogt und Knöchel für das Ruhrgebiet und das Aachener Revier verantwortlich.[532]
Zum Abschluß erließ die Konferenz einen Aufruf:

„An die deutschen Bergarbeiter:
Kameraden!
Die nationalsozialistischen Gewaltherrscher haben unsere einst unabhängigen Gewerkschaften zerschlagen, ihre Führer ermordet oder ins Exil gejagt, hunderten treuen Verbandsfunktionären das gleiche Schicksal bereitet und unser Gewerkschaftsvermögen gestohlen. So raubte uns die faschistische Diktatur unsere Waffe im Kampf um unsere wirtschaftliche und soziale Befreiung.
Deutsche Bergleute aber wollen keine Sklaven sein! Kaum waren ihnen die alten Waffen der Gewerkschaften aus den Händen geschlagen, und schon gingen sie daran, sich neue zu schmieden, um sie im Kampfe um Freiheit und Lebensrechte einzusetzen. Überall, wo Bergleute wohnen, in den dumpfen Zechenkolonien des rheinisch-westfälischen Industriegebiets, in den oberschlesischen Elendsrevieren, den mitteldeutschen Braunkohlendistrikten, im ‚befreiten' Saarland, in Sachsen, Aachen, kurz: überall dort, wo Kohle gehauen, Erz gefördert oder Kali geschürft wird, bildeten sich Gruppen freiheitliebender Bergarbeiter, die sich fest entschlossen zeigten, das faschistische

Joch abzuschütteln, um dadurch den Weg freizubekommen, der allein aus immer größer werdender Verelendung zu Freiheit, Glück und Wohlstand führt.
Diese im Dunkeln der Illegalität arbeitenden Knappen sprechen zu Euch, deutsche Bergarbeiter-Kameraden. Pfingsten 1936 trafen sich Abgesandte aller dieser den Freiheitskampf führenden Bergarbeitergruppen unter der Leitung des Präsidenten der Bergarbeiter-Internationale zu gemeinsamer Aussprache und Beratung. Hört das Ergebnis des Kongresses Eurer illegal wirkenden Kameraden:
In der Erkenntnis der Tatsache, daß der Hitlerfaschismus nur von der geeinten Arbeiterklasse siegreich überwunden werden kann, sind die in der Konferenz anwesenden Kameraden dahin übereingekommen, daß die früher vorhandene weltanschauliche und politische Zerrissenheit von nun an als überwunden gelten kann. In absolutem Vertrauen zueinander geloben wir, in brüderlicher Solidarität in einer einheitlichen Bergarbeiterbewegung gegen den blutbefleckten und arbeiterfeindlichen Hitlerfaschismus bis zu seiner endgültigen Vernichtung zu kämpfen.
Gestützt auf die Solidarität der Bergarbeiter aller freiheitlichen Länder der Welt wird der Kampf um ein freies Deutschland mit allen Mitteln und in verschärfter Form von uns weitergeführt werden. Jedem Angriff der nationalsozialistisch-kapitalistischen Grubenbarone auf Lohn und Arbeitszeit der Bergarbeiter werden wir mit den zweckmäßigsten Methoden des Widerstandes begegnen.
Dem Willen der nationalsozialistischen Führerclique und ihrer großkapitalistischen Hintermänner zum Krieg setzen wir den Kampf um die Erhaltung des Friedens entgegen.
Kameraden! Wir kämpfen still und unerkannt in Eurer Mitte. Helft und stützt uns, wo Ihr unser Wirken erkennt und ahnt! Schafft alle mit an Eurem Platz für unsere Kampfziele! Dann werden wir bald mit offenem Visier und von Euch allen offen gestützt unsern Kampf fortsetzen können und der Freiheitssieg wird unser sein!“[533]

Sofort nach der Konferenz nahm der zentrale Ausschuß in Amsterdam seine Arbeit auf. Zur Information der emigrierten Bergarbeiter, der internationalen Berufsverbände und der illegalen Funktionäre des BAV gab er jeden Monat die „Bergarbeitermitteilungen“ heraus, deren politische Leitartikel meistens Wilhelm Knöchel nach eingehender Diskussion mit Franz Vogt verfaßte. Die einzelnen Nummern der „Bergarbeitermitteilungen“ umfaßten gewöhnlich mehr als zehn Seiten und wurden im Büro der ITF in der Amsterdamer Vondelstraat getippt und abgezogen, wie überhaupt die ITF ihr Büro den Bergarbeitern zur Verfügung stellte.

Bergarbeiter-Zeitung

Zeitung der deutschen Bergleute ◆ Gegr. 1890

44. Jahrgang | Oktober 1937 | Nummer 2

Nur einig, einig müssen wir sein!

Am 15. September 1905 fand in Essen ein Prozeß des Geschäftsführers des Zechenbesitzervereins, Bergmeister Engel, gegen den Redakteur des sozialdemokratischen „Allgemeinen Beobachter" statt. Bergmeister Engel hatte nach dem Bergarbeiterstreik von 1905 eine Broschüre geschrieben, in der er die Streikführer durch allgemeine Lügereien beschimpfte, worauf ihn der Redakteur des Essener Arbeiterblattes in einer Leitartikelüberschrift als „Engel der Lüge" bezeichnete. Und eben dagegen klagte der Geschäftsführer des Ruhrzechenbesitzervereins. Da es damals noch Richter in Deutschland gab, fiel Engel glatt herein. Aber das interessiert uns hier nicht so sehr. Wir nehmen hier auf den Prozeß Bezug, weil der Anwalt der Grubenbesitzer im Prozeßverlauf eine Aussage machte, die gerade für die Arbeiterschaft, man möchte sagen, Ewigkeitswert besitzt. Engel antwortete auf die ihm gestellte Frage, warum der Zechenbesitzerverein 1900 auf die Lohnforderung der Gewerkschaften so höflich, 1905 hingegen so ablehnend schroff geantwortet habe, wörtlich: 1900 hat der Zechenbesitzerverein einen Streik gefürchtet!

Man beachte: 1900 war man höflich, weil man sich fürchtete. 1905 frech und schroff, weil das Grubenkapital nicht mit einem Streik der Bergarbeiter rechnete. Fragen wir weiter, warum rechnete man 1900 mit der Gegenwehr der Bergleute und 1905 nicht, so ergibt sich, daß 1900 die beiden größten Bergarbeitergewerkschaften, der alte Verband und der christliche Gewerkverein ein Abkommen über gemeinsames Vorgehen abgeschlossen hatten. 1905 jedoch wurden sich die Gewerkschaften der Bergarbeiter nicht eins. Und eben darum war der gemeinsame Gegner, das rheinisch-westfälische Grubenkapital, nicht eingeschüchtert, sondern schroff und brutal.

Die Lehre aus diesem Vorfall liegt auf der Hand. Will die Arbeiterschaft in ihrem Kampfe Erfolge erringen, dann muß sie einig sein. Was sich hier in den Jahren 1900 und 1905 so sonnenklar zeigte, galt immer, galt während der ganzen gewerkschaftlichen Vergangenheit und gilt heute ebenso, wie es immer gelten wird.

Die geschätztesten Führer der deutschen Bergarbeiter, allen voran der unvergeßliche Otto Hue, haben das von jeher erkannt. Wer Hues gewerkschaftliches Wirken noch persönlich miterlebt hat oder auch nur sein Buch „Die Bergarbeiter" kennt, wird wissen, daß das ganze Leben dieses größten deutschen Bergarbeiterführers ausgefüllt war von dem Bestreben, die deutsche Bergarbeiterschaft auf gewerkschaftlichem Boden zu einer Einheit zusammenzuschweißen.

Aber dieses große Werk gelang weder ihm noch seinen Nachfolgern. Bis zum Zusammenbruch der deutschen Arbeiterbewegung im Jahre 1933 marschierte die deutsche Bergarbeiterschaft gewerkschaftlich getrennt. Konfessionelle, nationale und parteipolitische Gesichtspunkte wurden zum Leitmotiv verschiedener Bergarbeitergewerkschaften. Das Grubenkapital hingegen konzentrierte sich immer fester und wandte stetig schärfere Waffen im sozialen Kampfe an. Den Höhepunkt erreichte es damit 1933, als es sich ein Millionenheer brauner Banden mietete und dessen Bewaffnung finanzierte.

Als dann das Großkapital zum rücksichtslosen Einsatz dieser braunen Terrorarmee gegen die Arbeiterschaft überging, stand ihm eine in eine Vielzahl gewerkschaftlicher Organisationen gespaltene Arbeiterschaft gegenüber. Und nicht zuletzt deshalb wurde sie geschlagen.

Der braune Terror wütete in gleichem Maße gegen alle Bergarbeitergewerkschaften, ob sie sich nun freie, christliche, Hirsch-Dunkersche Verbände oder polnische Berufsvereinigung nannten. Es genügte Gewerkschaft zu sein, um zerstört zu werden. Die braunen Landsknechte besetzten die Gewerkschaftshäuser, ganz gleich, welcher gewerkschaftlichen Richtung sie gehörten, stahlen das Geld, setzten die Führer gefangen, erschlugen Husemann und Funk, jagten Imbusch ins Exil und raubten ihm und seiner Familie die deutsche Staatszugehörigkeit. Seitdem wüten Terror und Knechtschaft gegen alle deutschen Bergarbeiter ohne Unterschied ihrer früheren Organisationszugehörigkeit.

Der deutsche Faschismus lügt jedoch sich selber und der Umwelt etwas vor, wenn er vorgibt, die Gewerkschaften und damit den Klassenkampf vernichtet zu haben. Er hat die gewerkschaftlichen Organisationen der Arbeiter zerstört. Das ist leider

Bergarbeiterzeitung, Oktober 1937

Außerdem erschien in unregelmäßigen Abständen die „Bergarbeiterzeitung", das traditionelle Organ des „alten Verbands" seit 1890, im Kleinformat auf dünnem Papier, damit sie auch illegal in den deutschen Bergbaurevieren verteilt werden konnte. Schon in der Nummer 2 vom Oktober 1937 klang das Leitmotiv der antifaschistischen Kumpel an: „Nur einig, einig müssen wir sein!"[534]
Die illegale Organisation beruhte zunächst auf den Gruppen und Vertrauensleuten auf den einzelnen Zechen. Sie hatten Kontakt zu regelmäßig einreisenden Instrukteuren, darunter auch Mitarbeitern der Abschnittsleitung West der KPD, die bei ihren Fahrten neben den Parteiverbindungen auch die gewerkschaftlichen Kontakte ausweiteten.[535] Außerdem hatte der sozialdemokratische Kollege Mertens in Maastricht eine Verbindungsstelle des BAV im dortigen Gewerkschaftshaus eingerichtet, die von den Vertrauensleuten aus dem Ruhrgebiet bei harmlosen Ausflügen über die holländische Grenze aufgesucht wurde. Hier lieferten sie ihre Berichte ab, erhielten Informationen und Ratschläge, empfingen die neuesten „Bergarbeitermitteilungen", Flugblätter oder die „Bergarbeiterzeitung" und konnten mit den Vertretern des Arbeitsausschusses alle Probleme des illegalen Kampfes diskutieren.[536]
Diese Organisationsform sicherte die Bergarbeitergewerkschaft so gut ab, daß sie niemals von der Gestapo „aufgerollt" wurde. Auch die spezifischen Traditionen des Bergbaus, seine lebensnotwendige Kameradschaft und Solidarität unter Tage und die kollektive Arbeitsform in der „Kameradschaft" mögen zur Sicherung der Gruppen besonders beigetragen haben. Die erfolgreiche Arbeit stellt allerdings die historische Darstellung vor große Probleme, da es nur noch wenige lebende Zeugen gibt, während sich im Aktenmaterial der Nazis nur verstreute Hinweise finden. Einige Historiker haben daher bisher behauptet, der Arbeitsausschuß habe über keine nennenswerten Kontakte verfügt oder sind auf die Gewerkschaftsbewegung in den Ruhrstädten überhaupt nicht eingegangen.[537] Durch Sammlung und Analyse der verstreuten Quellenhinweise ist es jedoch möglich, Verbindungen des Arbeitsausschusses zu mindestens 26 Zechen im Ruhrgebiet nachzuweisen, so daß angesichts dieser großen Zahl die Feststellung der ehemaligen Sekretärin Knöchels im Ausschuß, Cilli Hansmann, daß fast alle Zechen des Reviers erfaßt wurden, durchaus glaubwürdig, wenn auch aufgrund der Quellenlage nicht vollständig beweisbar erscheint.
Die Zeche Friedrich-Heinrich in Kamp-Lintfort war bis 1933/34 eine Hochburg des Einheitsverbandes der Bergarbeiter Deutschlands. Die Kollegen setzten diese kämpferische Tradition auch im wiederaufgebauten BAV fort.[538] Auf den Rheinpreußen-Schächten bei Moers hatten illegale Gruppen des EVBD und des KJVD gearbeitet. Hier kam es bereits 1936 zu kollektiven

Kampfaktionen gegen unbezahlte Überstunden.[539] In Rheinhausen arbeiteten Gewerkschaftskollegen illegal auf der Zeche Diergard-Mevissen.[540] Zu Thyssen 4/8 in Hamborn bestand ebenfalls Verbindung.[541]
In Oberhausen-Sterkrade besaß der sozialdemokratische Bergmann Thomas Tabaschowski, der bereits 1935 in Zusammenhang mit der Brotfabrik Germania in Haft gewesen war, schon 1936 Kontakte zu Vogt, den er aus der Weimarer Zeit kannte, und zum Gewerkschaftshaus in Maastricht. Dort arbeitete neben dem Beauftragten des Ausschusses auch der ehemalige Gewerkschaftsfunktionär Fritz Delker als Kantinenwirt. 1938/39 erhielt Tabaschowski regelmäßige Besuche von Instrukteuren. Über ihn liefen Kontakte zu vielen ehemaligen Gewerkschaftskollegen auf Oberhausener Schachtanlagen sowie zu einer Gruppe auf der Ruhr-Chemie in Holten.[542]
Auf der Zeche Concordia in Oberhausen arbeitete Fritz Kamleiter, der 1937/38 regelmäßig Besuch von Instrukteuren der Abschnittsleitung West der KPD erhielt. Diese übergaben ihm für seine illegale Gruppe nicht nur die „Westdeutschen Kampfblätter" beziehungsweise die „Freiheit", sondern auch Informationen und Instruktionen des Bergarbeiterausschusses, auf deren Anregung er eine Widerstandsgruppe aus Kommunisten, Sozialdemokraten und Parteilosen auf seiner Schachtanlage bildete. Kamleiter berichtete den Instrukteuren regelmäßig über Stimmung und Vorgänge im Betrieb, so daß die Oberhausener Kameraden oftmals detaillierte Berichte über ihre eigenen Widerstandsaktionen einige Zeit danach in den illegalen Schriften wiederfinden konnten. Besonders setzte sich Kamleiter für die „Arbeite-Langsam"-Bewegung in den Zechen ein, die angesichts des drohenden Krieges zu einer immer wichtigeren Widerstandsform wurde. In Belegschaftsversammlungen und in Diskussionen mit den Kollegen nutzten die Kameraden aus den Betriebsgruppen die demagogischen Sprüche der Nazis von „gerechten Lohn" und „Gemeinnutz geht vor Eigennutz" für die Agitation aus. Es gelang ihnen, bei vielen, selbst bei kleinen Geschäftsleuten, Spenden für die Familien politischer Gefangener zu sammeln.[543]
In Bottrop bestanden Verbindungen zu den Prosper-Schächten und zu Rheinbaben, wo die Kameraden Michael Mast und Franz Kwasigroch arbeiteten, die 1944 hingerichtet wurden,[544] und in Essen sind Verbindungen zur Krupp-Zeche Amalie,[545] zur Zeche Ernestine[546] und zur Zeche Zollverein[547] bezeugt. Außerdem bestand Verbindung zu dem sozialdemokratischen Bergarbeiterfunktionär Heinrich Imig. Detaillierte Berichte, die nur von örtlichen Vertrauensleuten stammen konnten, lagen der Amsterdamer Leitung noch im April 1939 von DAF-Versammlungen der Essener Zechen Amalie, Helene, Bonifatius, Katharina, Königin Elisabeth, Wolfsbank und Lewin vor.[538]
Eine bereits erwähnte bedeutende Gewerkschaftsorganisation bestand im

Raum Gelsenkirchen unter der Leitung von Walter Jarreck und Hans Schiwon. Sie initiierten 1934 einheitliche Gewerkschaftsgruppen aus Kommunisten, Sozialdemokraten, Christen und Parteilosen. Während Jarreck den organisatorischen Zusammenhalt und die Kontakte zur Abschnittsleitung der KPD aufrechterhielt, führten Schiwon eine Gruppe auf der Zeche Nordstern, Josef Hermes auf Scholven und der christliche Gewerkschafter Hubert Stein auf der Zeche Hugo. Weitere Gruppen bestanden auf der Zeche Auguste-Victoria in Marl-Hüls und Ewald in Resse.[549]

Weitere Zechen im mittleren Ruhrgebiet mit Kontakt zum Amsterdamer Arbeitsausschuß waren Brassert in Marl-Hüls,[550] Emscher-Lippe in Erkenschwick,[551] General Blumenthal in Recklinghausen,[552] Pluto in Wanne-Eickel und Shamrock in Herne,[553] sowie Hannibal in Bochum.[554] In Dortmund gab es eine starke Gewerkschaftsgruppe auf Hansa,[555] sowie Gruppen auf Germania,[556] Oespel,[557] Minister Stein und Minister Achenbach.[558]

Alle diese, sowie die vielen heute nicht mehr belegbaren illegalen Gruppen des BAV führten einen erbitterten gewerkschaftlichen Kleinkrieg gegen die Ausbreitung der faschistischen Totalität in den Betrieben, gegen die erhöhte Ausbeutung und Arbeitshetze und gegen die gesteigerte Kriegsproduktion. Ihre Kampfaktionen für die einfachsten, alltäglichen Forderungen der Kumpel trugen zur Weiterführung großer Traditionen von Solidarität und Kameradschaft bei. Dabei galt es, nicht nur das gewerkschaftliche Bewußtsein bei den ehemaligen Mitgliedern wachzuhalten, sondern auch auf die zahlreichen vor 1933 nicht organisierten Jungarbeiter einzuwirken, da „jedes Jahr neue Arbeiterschichten in die Betriebe kommen. Jungens, die vom Wesen und Wirken der Gewerkschaften nur noch im Flüsterton hören. Junge Arbeiter, denen die nationalsozialistische Wirtschaftslüge nur in geschickt getarnter Form und meistens sogar nur in der faschistischen Sklavensprache als Lüge enthüllt werden kann. Ja, es ist das eine der allerwichtigsten Aufgaben, die die gewerkschaftliche Aufklärung zu erfüllen hat. Sie ist nicht einmal so leicht zu lösen, wie es dem überzeugten Gewerkschafter auf den ersten Blick erscheinen mag, da der deutsche Faschismus ausgezeichnet versteht, mit einer Scheinlogik zu arbeiten und sich einer Sprache zu bedienen, deren Gefährlichkeit nicht unterschätzt werden darf," wie die „Bergarbeitermitteilungen" erklärten.[559]

Mit der bekannten „Taktik des trojanischen Pferdes" versuchte man auch die legalen Arbeitsmöglichkeiten in der Deutschen Arbeitsfront (DAF) auszunutzen. So gab der Amsterdamer Arbeitsausschuß ein gefälschtes Rundschreiben der DAF heraus, das an den schwarzen Brettern vieler Zechen, unter anderem auf Hannibal in Bochum und Friedrich-Heinrich in Kamp-Lintfort, geheftet wurde. Unter Berufung auf dieses „echte" Schreiben konnten die illegalen Gewerkschafter in den Zechen dann eine offene Diskussion über bessere Ar-

beitsbedingungen und höhere Löhne anfachen.[560] Selbst im oberschlesischen Revier wurde dieses DAF-Rundschreiben über eine bessere Gedingeregelung mit der Unterschrift „DAF. Reichsbetriebsgemeinschaft Bergbau. gez. Padberg" verbreitet.[561] Auch das Statut der DAF wurde in Amsterdam mit Veränderungen in einigen Paragraphen „original" nachgedruckt. Da die wirklichen Statuten äußerlich nicht von den gefälschten zu unterscheiden waren, konnten sich die Bergleute in ihren Forderungen legal auf das angebliche DAF-Dokument berufen. Selbst wenn die Faschisten die entsprechenden Exemplare als Fälschungen erklärten, standen sie immer noch vor dem Problem, erläutern zu müssen, warum solche vernünftigen, gerechten Formulierungen keinen Platz im wirklichen DAF-Statut hatten.[562]
Ein anderes Mal schrieb Knöchel unter dem Absender eines tatsächlich existierenden nationalsozialistischen Arbeiters einen Leserbrief an den „Völkischen Beobachter". Darüber berichtet seine Sekretärin Cilli Hansmann:
„Bei der Formulierung des Briefes wurde genau abgewogen, wie weit man mit den Problemen, die hineingearbeitet werden sollten, gehen konnte. An diesem Leserbrief habe ich persönlich mitgearbeitet und kann daher ungefähr sagen, um was es dabei ging. Die Frage des Lesers war, wie kann die durch die lange Arbeitszeit und das Tempo hervorgerufene Müdigkeit und Erschöpfung der Bergarbeiter behoben werden? Die Unfälle häufen sich immer mehr und der Schaden an Leib und Leben der Bergarbeiter wird immer schlimmer. Wir können auf die Dauer gar nicht anders als wie langsamer arbeiten und uns des öfteren ‚auf die Kiste setzen', um auszuruhen. Wir sind leider dadurch selbst die Betroffenen; denn wir merken es an unserer Lohntüte . . . usw. So ungefähr war der Text in dem Leserbrief, der auch tatsächlich in der Leserecke des ‚Völkischen Beobachters' erschien. Unter den Bergarbeitern entwickelten wir eine Diskussion über die Parolen ‚langsam arbeiten' und: ‚setz Dich öfter auf die Kiste'. Dabei war die Gefahr der Verfolgung unserer Verbindungsleute viel geringer, denn man konnte sich ja auf den ‚Völkischen Beobachter' berufen."[563]
Im Sommer 1936 hatte sich die Belegschaft der Zeche Rheinpreußen bei Moers bereits erfolgreich gegen unbezahlte Überstunden für den Neubau eines Hydrierwerks gewehrt, so daß der entsprechende Erlaß nach Intervention des Vertrauensrats von der Zechenleitung zurückgenommen werden mußte.[564] Im Herbst 1936 steigerte sich die Bewegung der Bergleute auf vielen Zechen für eine Neuregelung des Gedinges so sehr, daß die DAF-Führer auf einer ganzen Serie von Belegschaftsversammlungen demagogisch darauf eingehen mußten. Auf deren Reden bezogen sich die Gewerkschafter in eigenen Flugblättern. Im Sinne der „Arbeite-langsam"-Losung schrieb der Arbeitsausschuß:
„Der Kampf gegen den schwarzen Tod, für Sicherheit und Wohlergehen des deutschen Bergmanns geht weiter. Führen wir ihn so, wie Dr. Ley (der Chef der

DAF, D.P.) es uns in der Bergmanns-Großkundgebung in Dortmund am 7. November 1936 geraten hat. Dr. Ley sagte: ‚Wir sind nicht zufrieden, wenn technisch alles in Ordnung ist, aber wo durch Antreiberei der Arbeiter so ermüdet wird, daß Unfälle eintreten können, da ist der Unternehmer für uns haftbar.' Das stimmt: die Unternehmer sind schuld. Sie treiben uns Bergarbeiter an wie gehetztes Wild. Die wahnsinnige Schufterei trägt die Hauptschuld an den vielen Unglücksfällen. Darum: Schluß mit der Antreiberei!"[565]
Auch an eine Rede des Leiters der Betriebsgemeinschaft Bergbau in der DAF, Padberg, knüpfte der Arbeitsausschuß an und verlangte ebenfalls eine bessere Gedingeregelung.[566] Diese Kampagne erzwang zur Jahreswende echte materielle Zugeständnisse an die Kumpel, indem der Treuhänder der Arbeit in Westfalen für den 1. Januar 1937 neue Richtlinien für die Gedingeregelung im Ruhrbergbau festsetzen mußte. In Zukunft konnte die Kameradschaft (d. h. das Arbeitskollektiv der Kumpel vor Ort) Vertreter zur Gedingeregelung delegieren. Auch bei Änderung der Gesteinsverhältnisse konnte die Kameradschaft sofort eine Neuregelung des Gedinges beantragen.[567] Damit erreichten die Bergarbeiter entgegen der faschistischen Taktik der Zersplitterung der Belegschaften einheitliche Richtlinien für alle Schachtanlagen sowie eine Stärkung der Mitspracherechte und der Stellung des Arbeitskollektivs.
Jeden auch noch so geringen Spielraum zur Verteidigung der Arbeiterrechte, den die Nazidemagogie zulassen mußte, nutzte der Arbeitsausschuß aus. So schrieb der Jugendinstrukteur Hans Jennes auf Anregung Wilhelm Knöchels einen geschickt formulierten Artikel, den man in die Dezemberausgabe 1938 der faschistischen Zeitung „Ruhrarbeiter" einschmuggeln konnte. In ihm kamen die „Sorgen eines Vaters" darüber zum Ausdruck, daß die jungen Ruhrkumpel nur noch Lehrlingslöhne anstatt der traditionell höheren Schlepperlöhne erhielten. Unter Berufung auf diesen „offiziösen" Artikel konnten die Gewerkschafter in den Zechen legal gegen diesen Sozialabbau auftreten.[568]
Auch von kollektiven Arbeitsverweigerungen auf einzelnen Zechen wegen zu schlechter Gedingeregelung berichten die „Bergarbeitermitteilungen", wobei es immer um konkrete Anlässe und oft um innerbetriebliche Mißstände ging. So weigerte sich beispielsweise die Belegschaft einer Kruppzeche 1938, an Heiligabend und Sylvester ihre Schicht zu verfahren.[569]
Vereinzelt erhielten die Aktionen der Ruhrkumpel eine offene politische Dimension. Zum 1. Mai 1937 fuhren Kohlenwagen mit der Losung „Es lebe der rote 1. Mai!" aus, während viele Arbeiter aus Protest gegen den faschistisch okkupierten „Tag der nationalen Arbeit" ihren 1. Mai am 30. April oder 2. Mai feierten, indem sie demonstrativ an diesen Tagen Busse, die sie zur Arbeitsstelle brachten, mit Maiengrün schmückten und in großen Gruppen die Parks und Wälder des Reviers zum traditionellen Maispaziergang aufsuch-

ten.[570] Auch den weitverbreiteten Abscheu der Bevölkerung gegen die Judenpogrome vom November 1938 nutzten die Bergleute zur Verstärkung der antifaschistischen Stimmung.[571]
Am Beispiel eines Berichtes eines Vertrauensmannes auf einer Ruhrzeche an den Arbeitsausschuß von September 1938 läßt sich verdeutlichen, wie sich die ökonomischen Forderungen mit der beginnenden Antikriegsstimmung und der politischen Regimekritik verknüpften. Darüber hinaus gibt er eine recht gute Vorstellung von Inhalt und Arbeitsform der illegalen Gewerkschaftsgruppen:

Aus einem Bericht des Vertrauensmannes einer Ruhrzeche.
„Infolge der schon seit drei Monaten dauernden Zusammenballung von Pflichtarbeitern und Militär, sind die Arbeiter aber auch die andern Schichten, sehr nervös. Die Kriegspsychose hat ziemlich alle Menschen erfaßt. Man fürchtet bei uns in diesem so dicht bevölkerten Industriegebiet den Krieg mehr als anderswo. Denn es ist jedem klar, daß heute gerade das Ruhrgebiet mit seinen wichtigen industriellen Anlagen das Ziel der feindlichen Flugzeuge sein wird. Der in so heftigem Tempo vorgenommene Ausbau der Befestigungen trägt dazu bei, diese Stimmung noch zu verstärken. Denn jeder weiß, daß diese Befestigungen zwar Schutz sein können gegen etwaige feindliche Truppen, nicht aber gegen Flugzeugangriffe, die man hier besonders fürchtet.
Die Nazipropaganda bemüht sich der Kriegsangst entgegenzuwirken, indem sie zunächst immer wieder auf die militärische Macht des Dritten Reiches hinweist und andererseits den Friedenswillen des Führers betont. Aber da man die Propagandamethoden der Nazis nur zu gut kennt, sind die Menschen geneigt, immer das Gegenteil von dem zu glauben, was offiziell propagiert wird. Das Rätselraten für das etwaige Verhalten der Nachbarn Deutschlands ist groß und die Meinungen gehen da sehr weit auseinander. Die Uninformiertheit eines großen Teiles der Belegschaft ist darauf zurückzuführen, daß ein großer Teil seit der Herrschaft der Nationalsozialisten an den politischen Vorgängen interessenlos vorbeisieht. Es gibt Viele unter ihnen, die seit vier bis fünf Jahren keine Tagespresse abonniert haben und auch nicht verfolgen. Der kleine, politisch aktiv gebliebene Teil, der es versteht, sich aus allen möglichen Quellen die politischen Informationen zu holen, verhält sich in der Diskussion sehr reserviert.
Nichts hat so sehr dazu beigetragen, die ganze Belegschaft dem Nationalsozialismus zu entfremden, wie die unmenschliche Antreiberei der Bergarbeiter. Das Arbeitstempo hat wohl den Höhepunkt erreicht und läßt sich schlecht noch mehr steigern. Dabei wird die Antreiberei mit nationalsozialistischen Phrasen verbrämt: Die Höchstleistung ist Dienst an der Volksgemeinschaft! oder: Deutschland muß sich emporarbeiten! oder: Der Führer erwartet, daß jeder

sein letztes hergibt! oder: Hohe Leistung bedeutet hohen Lohn! usw. In der Ablehnung dieser Antreiberei sind sich alle Belegschaftsmitglieder einig. Auch diejenigen Arbeiter, die irgend einer Naziorganisation (außer der DAF, der jeder Arbeiter angehören muß) angehören, machen da mit, wenn es irgendwelche Auseinandersetzungen mit der Betriebsleitung gibt.
Das Hetztempo vermehrt die Unfälle. Besonders die leichteren Unfälle haben einen großen Umfang erreicht, aber auch die einzelnen tötlichen Unfälle mehren sich in hohem Maße. Die Bergbehörde sieht im großen und ganzen ziemlich untätig zu. Eine Ausnahme macht sie: Sie legt großen Wert auf einwandfreie Luftzufuhr, um Gasansammlungen zu verhindern und so den Grubenexplosionen vorzubeugen, die ja in der Regel Massenunglücke zur Folge haben. Die Bergleute sind davon überzeugt, daß die veröffentlichten Statistiken über die Unfälle im Bergbau nicht den wahren Stand der Grubenunfälle angeben, ja, man vermutet, daß die Grubenverwaltungen selbst leichtere Unfälle einfach nicht melden. Da die in der Republik vorhandenen Arbeitergrubenkontrolleure von Hitler sofort beseitigt wurden, hat die Arbeiterschaft auf das Grubensicherheitswesen nicht den geringsten Einfluß mehr.
Was die Löhne anbetrifft, so hat das Ruhrgebiet seit Jahrzehnten den höchsten Stand von allen deutschen Bergbaugebieten. Tariflich sind sie im Dritten Reiche noch nicht geändert worden. Bei den Gedingelöhnen verfolgt man die Taktik, sie sehr stark zu differenzieren. So schwankt auf unserer Grube der Lohn der Kohlenhauer zwischen etwa 7,30 Mark und 8 Mark. Allerdings verdienen diesen Lohn nur wenige und kleine Kameradschaften z. B. vor Stein. Er hat ja auch nur den Zweck, die andern Kohlenhauer, die nicht so viel verdienen, zu immer größerer Leistungssteigerung anzureizen. Zu dieser an sich schon stark differenzierten Lohnpolitik kommt noch, daß so ziemlich auf beiden Schächten das Kameradschaftsgedinge beseitigt ist und das Einmanngedinge vorherrscht. Dadurch will das Regime die unter den Bergleuten stark ausgeprägte Kameradschaft und Solidarität vernichten, oder wenigstens vermindern.
Das Prinzip der achtstündigen Arbeitszeit ist schon seit langem durchbrochen, und wer Überstunden oder Überschichten machen will, kann sich tot arbeiten. Mit wenigen Ausnahmen machen die Bergarbeiter aber so wenig wie nur möglich Überstunden. Hier wirkt immer noch die alte gewerkschaftliche Schulung nach, die den Grundsatz vertreten hat, daß der Arbeiter bei normaler Schichtzeit so viel verdienen muß, daß er leben kann. Aber auch die Überanstrengung hält die Bergarbeiter davor zurück, mehr Schichten zu verfahren als ihnen aufgezwungen werden. Und nicht zuletzt die Tatsache, daß sie nicht leben können, wie sie auf Grund ihrer schweren Arbeit beanspruchen könnten. Die meisten sagen sich: Was hilft uns die ganze Schufterei, wir haben ja doch davon nur einen Dreck!

Aktiver, nach außen hin sichtbarer Widerstand ist auch bei uns noch eine Einzelerscheinung. Freilich gibt es auch den schon, aber selten. Und wenn, dann sind es immer nur einzelne Kameradschaften, die sich gegen eine allzu grobe Ungerechtigkeit wehren. Bei uns wurde zwei Monate hintereinander einer Kameradschaft das Gedinge empfindlich gekürzt. Man wollte sie zu einer Mehrleistung zwingen, weil der Fahrsteiger der Meinung war, daß zu wenig Kohle kommt. Im Juli reagierte diese Belegschaft auf diese zweite Kürzung mit recht wirksamer passiver Resistenz. Die Hauer arbeiteten ganze Schichten, aber sie arbeiteten so, daß nicht die Hälfte der Kohle fiel, die sonst gefördert wurde. Trotzdem in der dritten Schicht schon zwei Steiger ununterbrochen an dem Betriebspunkt anwesend waren, kam nicht mehr Kohle. Dem Aufsichtspersonal gab jeder die einzige Antwort: ‚Was wollen Sie denn, ich arbeite doch.' Am vierten Tag ließ der Fahrsteiger durch den Ortsältesten sagen, daß der Gedingeabzug des Vormonats rückgängig gemacht sei. Das geschah, ohne daß einer der Arbeiter dem Aufsichtspersonal gesagt hätte, das Arbeitstempo sei deshalb so langsam, weil das Gedinge gekürzt wurde. Solche und ähnliche Widerstandshandlungen sind keine Seltenheit, aber sie greifen nicht auf die ganze Belegschaft der Grube, noch weniger auf mehrere Schächte über. Dagegen ist mündliche Kritik, sowohl über die Arbeitsverhältnisse als auch über das Regime, wobei immer wieder an die einst gemachten Versprechungen erinnnert wird, so offen und deutlich, daß man noch vor einem Jahr dafür in ein Konzentrationslager gebracht worden wäre. Heute sind die Denunzianten weniger geworden und das Regime erlaubt auch scheinbar stillschweigend als Ventil etwas mehr Kritik.
Was man nicht für möglich gehalten hätte, ist das andauernde Ansehen der früheren Gewerkschaftsfunktionäre. Das Ansehen der früheren Betriebsräte steht heute höher in Kurs als zur Zeit ihrer Funktion. Selbst die früheren Angestellten der Gewerkschaften, die als Bonzen verschrien waren, werden allgemein geachtet. Die Schadenfreude über ihren Verlust ihrer Stellen ist längst dahin, und es herrscht eher ein solidarisches Mitgefühl vor, weil es den meisten sehr schlecht geht. Das alles ist auf das völlige Versagen der DAF zurückzuführen, deren Angestellte sich in der Mehrzahl wirklich als Bonzen benehmen, und die Arbeiter sagen, daß sie jetzt erst wissen, was ein Bonze ist."[572]

Je mehr die Aufrüstung voranschritt, desto spürbarer wirkte sich jede Arbeitsverweigerung, jede Verlangsamung des Arbeitstempos und jede Lohnverbesserung auf Geschwindigkeit und Potenz der Kriegsvorbereitung aus. Wenn Göring die Formel „Kanonen statt Butter" zum Kern seiner Rüstungspolitik machte, dann mußte jedes erkämpfte Gramm Butter der Aufrüstung schaden.

BERGARBEITER-MITTEILUNGEN

HERAUSGEGEBEN VOM
ARBEITSAUSSCHUSS FREIGEWERKSCHAFTLICHER BERGARBEITER DEUTSCHLANDS
(ANGESCHLOSSEN DER BERGARBEITER-INTERNATIONALE: – SITZ LONDON)

Dritter Jahrgang : No. 11. November 1938.

Vom Judenpogrom in einer Zechenstadt.

Folgende auf das Judenpogrom in einer Stadt des Ruhrreviers Bezug nehmenden Stellen entnehmen wir wörtlich dem Bericht eines Vertrauensmannes:

Die grässlichen Judenverfolgungen haben bei uns durch den Tod des deutschen Diplomaten in Paris wohl ihren Höhepunkt erreicht, sie sind jedoch schon seit Mitte Oktober im Gange. Die ersten Opfer der neuen Verfolgungswelle der Juden waren bei uns mehrere Magistratsbeamte. Sie wurden ganz plötzlich fristlos entlassen. Als Grund wurde ihnen angegeben, sie haben noch bis vor kurzem bei Juden gekauft. Man hatte ihre Namen in den Kundenbüchern einiger grösserer jüdischer Geschäfte gefunden, die im Oktober arisiert worden waren. Es ist das unseres Wissens das erste Mal, dass Beamte fristlos entlassen wurden, weil sie in jüdischen Geschäften gekauft haben. Über diese Massnahme wurde überall, selbst im Betrieb, viel gesprochen. Man rechnete damit, dass auch Beamte anderer Behörden und schliesslich auch Privatangestellte deshalb ihre Entlassung bekommen würden.

Dann hatten unsere Lokalzeitungen hie und da Andeutungen des Inhalts gemacht, dass wir zuviel Einzelhandelsgeschäfte haben. In Verbindung mit dem Mangel an Arbeitskräften setzte eine Art Kampagne gegen die Einzelhandelsbetriebe ein. Es wurde auch schon die Zahl der " Opfer " angegeben. Es hiess da, künftig solle auf 1ooo Einwohner nur noch ein Einzelhandelsgeschäft kommen. Für Mülheim an der Ruhr hätte diese Regelung bedeutet, dass von den 1719 Einzelhandelsgeschäften 774 hätten geschlossen werden müssen. Da es sich gerade bei dieser Schicht um sehr viele alte Nazis handelt, kann man sich vorstellen, welchen Eindruck diese Kampagne auf diese Schichten gemacht hat. Früher waren sie durch die Nazipropaganda gegen die angeblich jüdischen Warenhäuser zu Gefolgsleuten Hitlers geworden. Ihr aus Konkurrenzneid geborener Antisemitismus hatte sie dem Nationalsozialismus zugeführt. Jetzt versuchte dieser sie damit bei der Stange zu halten. Ein Versuch, der allerdings sogar in diesen Schichten vollkommen fehlgeschlagen , wie ganz unverkennbar festzustellen ist.

Man muss bedenken, dass der " Sieg " über die Tschecho-Slowakei in der Erinnerung des an ständigen Trubel gewöhnten deutschen Volkes schon Jahre, die Eroberung Österreichs gewissermassen schon Jahrzehnte zurück liegt. Nur war schon direkt während dieser Ereignisse die Stimmung der Bevölkerung sehr schlecht. Ein oder zwei Tage gab es eine Freude, weil kein Krieg ausgebrochen war. Aber dann trat ein Misstrauen dem Nazisystem gegenüber ein, wie es bisher wirklich noch nie, selbst nicht während der Tage der Kriegsangst , vorhanden gewesen ist. Deshalb setzte schon Mitte Oktober die neue Hetze gegen die Juden ein, die für die schlechte Stimmung während der kritischen Tage und auch dafür, dass es seit den " Eroberungen " nicht besser geworden ist, verantwortlich gemacht werden sollen. Das Nazisystem brauchte ein Manöver, um das Volk von seinen Sorgen abzulenken.

In unserer Stadt spielte es sich so ab: Am Abend war eine grosse öffentliche Naziversammlung, auf der ein Reichsredner der Nazis sprach. Die Versammlung ging so vor sich, dass in dem grossen Saal, wo die Rede gehalten wurde, nur uniformierte Nazis, vor allem SA und SS Leute waren. In den andern Sälen desselben Lokals konnte man die Rede ebenfalls hören. Sie wurde durch Lautsprecher dahin übertragen. Dort sass das Zivilvolk. Alle drei Nebensäle waren zu etwa dreiviertel besetzt. Der Reichsredner hetzte zwar schlimm gegen die Juden, aber eigenartigerweise gegen die Katholiken und Protestanten, die während der kritischen Tage für den Frieden gebetet hatten, noch mehr. Gegen halb zwölf Uhr waren die Versammlungssäle geräumt, bis auf den grossen Saal, wo die uniformierten Nazis waren. Diese hielten danach noch einen Sonderappell ab.

Als wir am nächsten Morgen zur Zeche gingen, konnten wir flüchtig sehen, was sie nach Schluss ihres Apells in der Stadt angestellt hatten. Ich kam bei dem Geschäft (folgt Name des Geschäftes) vorbei. Die riesigen Schaufensterscheiben waren nicht nur zertrümmert, sondern das Glas wie zermalen. Im Laden selbst konnte ich nicht

Bergarbeitermitteilungen, November 1938

Insofern spiegeln Zahlen über die Arbeitsleistung im Ruhrbergbau nicht nur eine wachsende Mißstimmung unter den Kumpels wieder, sondern auch die Richtigkeit und Wirksamkeit der Losungen der Bergarbeitergewerkschaft; denn seit 1937 ging die Förderleistung pro Mann und Schicht merklich zurück, während die monatlichen durch Krankheit ausgefallenen Schichten bzw. die direkten unentschuldigten „Feierschichten" pro Arbeiter sichtbar zunahmen.[573]

Angesichts des Arbeitskräftemangels versuchten die Kumpel auch, ihre Lage durch Kündigungen und Überwechseln zu einer anderen Zeche mit anderen Lohn- und Arbeitsbedingungen zu verbessern. Besonders diese Bewegung, die natürlich den reibungslosen Ablauf des Betriebes sehr beeinträchtigte, wuchs sich zu einer Massenerscheinung aus. Nach Angaben des Arbeitsamtes Recklinghausen vom Oktober 1937, die die Bergarbeitermitteilungen zitierten, wechselten allein in diesem Bezirk 4200 Bergleute die Schachtanlage.[574] Der BAV propagierte diese wirkungsvolle Kampfform, die auf einzelnen Zechen sogar Formen kollektiver Bewegung annahm. So verlangten auf Zeche Emscher-Lippe bei Erkenschwick im November 1937 170 Bergleute ihre Entlassungspapiere wegen der skandalösen Zustände im Betrieb, besonders weil hier nicht alle Überstunden bezahlt wurden und der Betriebsobmann völlig unfähig – oder unwillig – war, selbst die einfachsten Interessen der Kumpel zu vertreten.[575]

Die erfolgreiche gewerkschaftliche Tätigkeit des Arbeitsausschusses des BAV wurde auch international gewürdigt. Franz Vogt und Wilhelm Knöchel erstatteten dem 32. Kongreß der Bergarbeiterinternationale in Prag im August 1936 einen ersten Bericht über ihre Tätigkeit. Die beiden deutschen Gäste übermittelten dem Kongreß eine Botschaft der antifaschistischen Bergarbeiter aus den Revieren an Ruhr, Wurm und Saar:

„Liebe Kameraden!

Wir bitten Euch, auf diesem Wege die kameradschaftlichen Grüße der deutschen Bergarbeiter entgegenzunehmen, die wir im Namen der gesamten freiheitsliebenden deutschen Bergarbeiterschaft an den internationalen Bergarbeiterkongreß richten.

Neben den Grüßen haben wir auch Dank zu übermitteln. Dank den Kameraden aller Länder für die Sympathie und die Hilfe, die sie unserem unvergleichlich schweren Kampf bisher entgegengebracht haben. Dank unserer Berufsinternationale für die uns gegenüber eingenommene kameradschaftliche Haltung, Dank den einzelnen Landessekretariaten unserer Internationale, die sowohl den Pfingstkongreß deutscher Bergarbeiter-Vertreter, als auch die Delegierung zu diesem Kongreß ermöglicht haben. (...)

Der deutsche faschistische Staat betrachtet jede von uns gegen das ausbeuterische Grubenkapital gerichtete Abwehrhaltung als gegen sich selbst gerichtet. Das macht unsere Arbeit so schwer und im wahrsten Sinne des Wortes lebensgefährlich. So entlarvt sich der nationalsozialistische Staat am sichtbarsten als das, was er in Wirklichkeit ist, als Kettenhund des ausbeuterischen Großkapitals. Ihn immer wieder zu attackieren, bis dieses Ungeheuer einmal besiegt zu unseren Füßen liegt – diesem Zweck dient alle unsere gewerkschaftliche Arbeit, die wir in unserem vom Faschismus geknechteten Vaterlande allen Widerständen zum Trotz, durch nichts mehr gespalten, in fest organisierter einheitlicher Front verrichten.

Es ist ein schwerer Kampf, den wir kämpfen. Aber wir werden ihn bestehen, zumal gerade dieser Kongreß und alle ihm vorrangegangenen Beratungen uns wiederum deutlich gezeigt haben:

Wir stehen nicht allein. Unsere Berufskameraden aller Länder stehen neben uns. So vereint, kämpfen wir gemeinsam für Freiheit und Frieden."[576]

Der Kongreß erkannte den Ausschuß als die legitime Vertretung der deutschen Kollegen an und wählte Knöchel und Vogt in das Exekutivkomitee der Bergarbeiterinternationale.

Nachdem bereits mehrere Sondernummern der „Bergarbeitermitteilungen" der Gewerkschaftsinternationale über die deutsche Situation berichtet hatten,[577] konnten Knöchel und Vogt dem 33. Kongreß in Luxemburg im Mai 1938 nicht nur eine „Kurze Chronik der illegalen deutschen Bergarbeiterbewegung" vorlegen, sondern auch mehrere Grußschreiben von Bergarbeitergruppen aus dem Ruhrgebiet verlesen.[578] In einem Schreiben wandten sich die Ruhrkumpel an die von der faschistischen Aggression bedrohten tschechischen Kollegen und erklärten:

„Bedenkt, daß wir Eure Kampfverbündete sind, wenn der deutsche Faschismus Euer Land angreift!"[579]

Auch die spanischen Arbeiter, die sich mit der Waffe gegen die Invasion der deutschen und italienischen Faschisten zur Wehr setzen mußten, wurden der Solidarität der deutschen Bergarbeiter versichert. Sie erklärten in der Antwort ihrer Kongreßdelegation:

„Wir aber wissen, daß es zwei Deutschland gibt, daß ihr über die faschistischen Schandtaten Scham empfindet und einmal die Welle des Zorns hervorbrechen wird. Ein brüderlicher Gruß, deutsche Bergarbeiter, von denen, die immer Eure Brüder sind, den spanischen Bergarbeitern."[580]

Als die Kriegsgefahr immer drohender wurde, wandte sich der Arbeitsauschuß im Frühjahr 1939 mit einem Aufruf an die Ruhrkumpel, entlarvte die Nazilügen über das „Volk ohne Raum", rief zur Solidarität mit den überfallenen Völkern und stellte die Verweigerung der Kohleproduktion für den Krieg in den Mittelpunkt der Widerstandsaufgaben:

„Deutsche Bergleute, Kameraden!
Unser Volk sieht und weiß, daß wir deutschen Bergknappen die Hand an der Gurgel der deutschen Kriegswirtschaft haben.
Es fühlt und spürt die ungeheure Kraft und Macht, die wir besitzen, wenn wir einig und geschlossen gegen die Hitlersche Tyrannen- und Kriegspolitik kämpfen. Darum, Kameraden, wir sind es, auf die heute Millionen den Krieg fürchtender, den Faschismus hassender deutscher Menschen mit Spannung sehen. ‚Werden die deutschen Bergleute es sich gefallen lassen?' So fragt man in banger Sorge in Stadt und Land des ganzen Reiches. Gebt dem Volk und seinem erbittertsten Feinde im eigenen Land die Antwort: Nie und niemals!
Einig und geschlossen verteidigt den Achtstundentag! – Bleibt keine Minute länger als acht Stunden in der Grube.
Wo man Euch an der Ausfahrt hindert, schickt keine Schaufel Kohle mehr zu Tage als ehedem.
Verlangsamt überall und auf jeder Grube das Arbeitstempo. Ihr hemmt und hindert damit die Hitlersche Kanonenproduktion. Schließt kein Gedinge ab, das nicht auf einer normalen Arbeitsleistung der achtstündigen Schicht basiert! – Verweigert in jedem Fall den Abschluß eines Generalgedinges!
Bergarbeiter. – Kameraden! –
Deutschland hat heute nur einen einzigen Feind auf der Welt. Er steht im eigenen Land und heißt: Hitler. Das Hitlerregime muß sterben, wenn Deutschland leben will. Unser Kampf gegen die Göringverordnung, für die Erhöhung der Löhne ist ein Bestandteil des Kampfes gegen die kriegstreiberische Hitlerdiktatur.
Es lebe darum der einheitliche Kampf der deutschen Bergleute, es lebe der Kampf des deutschen Volkes gegen den Faschismus, für Freiheit und Frieden, für Recht und Demokratie!"[581]

Mit Kriegsausbruch wurde es immer schwieriger, von Holland aus die Verbindungen ins Reich aufrechtzuerhalten. Außerdem zerriß die Einberufung von Kumpels zur Wehrmacht viele Kontakte, so daß die Arbeit des BAV zunächst zum Erliegen kam. In dieser schwierigen Situation setzte der treueste Verfechter der Arbeitereinheit unter den sozialdemokratischen Mitgliedern des Ausschusses, Franz Vogt, am 10. Mai 1940, beim Einmarsch der deutschen Truppen in Holland, seinem Leben ein Ende.[582]
Sein Werk und die Hoffnungen und Kämpfe vieler antifaschistischer Bergleute wurden seit 1941 durch Wilhelm Knöchel, Willi Seng, Albert Kamradt und andere ins Rhein-Ruhrgebiet übergesiedelte Instrukteure fortgesetzt. Sie knüpften an viele alte Verbindungen des Arbeitsausschusses an und formierten daraus Gruppen der antifaschistischen Widerstandsbewegung. Zahlreiche Artikel

des „Ruhr-Echo“ und des „Friedenskämpfer“ appellierten 1942 besonders an die Bergleute, ihren Beitrag zur Störung der Kriegsproduktion und zum Sturz Hitlers zu leisten. Wenn auch nach der Verhaftungswelle 1943 einige der hervorragendsten Vertreter der Bergarbeitergewerkschaft wie Fritz Kamleiter, Michael Mast, Franz Kwasigroch, August Zilian und andere von den Nazis ermordet wurden, so trugen doch die Überlebenden mit ihren intakt gebliebenen Gruppen den Gedanken der Einheitsgewerkschaft weiter bis zur Stunde der Befreiung. Mit Walter Jarreck, Hans Schiwon und anderen waren es gerade Vertreter der 1934/36 gebildeten illegalen Gruppen des BAV, die schon am 15. April 1945 die erste Delegiertenkonferenz im nördlichen Ruhrgebiet durchführten und damit den Anstoß zur Bildung der Industriegewerkschaft Bergbau gaben.[583]

10. Solidarität mit dem spanischen Volk

In der Teilnahme deutscher Hitlergegner an den Widerstandskämpfen anderer Völker drückte sich am unmittelbarsten die Verflechtung nationaler und internationaler Aspekte des Antifaschismus aus. Als sich das spanische Volk gegen den faschistischen Putsch im Sommer 1936 und die damit verbundene Intervention Deutschlands und Italiens wehren mußte, beteiligten sich neben Angehörigen vieler anderer Nationen etwa 5000 Deutsche an den Abwehrkämpfen der spanischen Volksfront. 3000 von ihnen gaben ihr Leben. Unter ihnen befanden sich auch viele Kommunisten, Sozialdemokraten und Parteilose aus dem Rhein-Ruhrgebiet. Ihre Aktivitäten stellten einen integralen Bestandteil des Widerstandskampfs der Ruhrarbeiter dar und wurden auch als Beitrag zum Sieg über den deutschen Faschismus empfunden. Allerdings würde eine ausführliche Darstellung der Kämpfe in Spanien den Rahmen dieses Buches sprengen und ist auch insofern unnötig, da ausführliche Dokumentationen über die deutschen Interbrigadisten in Spanien vorliegen. Hier seien nur die umfangreiche Sammlung von Dokumenten, Fotos und Berichten „Pasaremos“ und das Erinnerungsbuch „Brigada Internacional“ erwähnt.[584]
Die Erinnerungen des kommunistischen Bergmanns Emil Sander aus Bochum-Langendreer sollen in diesem Buch stellvertretend für die zahlreichen Erinnerungen und Erlebnisse stehen, die den Widerstand in dieser Region aufs engste mit dem Kampf der spanischen Arbeiter verknüpft haben.[585]

Emil Sander:
Als Interbrigadist im spanischen Bürgerkrieg

Unser Weg war einfach. Wir waren zu der Zeit in Belgien – in Gent, ungefähr 20 Antifaschisten und Verfolgte. Wir hatten Verbindungen zu den damaligen politischen Parteien (der sozialistischen und der kommunistischen), die Abgeordnete und Delegierte nach Spanien schickten, um die Lage an Ort und Stelle zu erkunden. Wir bekamen also Informationen über die Verhältnisse. Das veranlaßte uns nun, im August, konkrete Maßnahmen zu treffen, um nach Spanien hinzukommen. Wir suchten einen Weg zum republikanischen Spanien und fanden ihn: Über Paris, über die Pyrenäen, nach Barcelona und von da aus nach Albacete.

Aber in diesem Zusammenhang möchte ich doch noch erzählen, was auf alle einen sehr starken Eindruck gemacht hat, nämlich der Empfang. An jedem Bahnhof standen die Bauern, die Bäuerinnen, die Bevölkerung mit Körben voll Obst und Wein, Säcken mit Brot, und riefen: „Ihr wollt uns helfen!" Wir waren in ihren Augen ja Fremde. Unsere Kleidung war für sie fremd, unsere Art war für sie fremd. Und doch hatten sie sofort ein Zutrauen zu uns, und sie freuten sich und sagten: „Bis heute waren alle diejenigen, die fremd zu uns kamen, in der überwiegenden Mehrheit keine guten Menschen gewesen. Wir haben viele von ihnen fürchten gelernt. Aber wir sehen, ihr wollt uns helfen, darum bringen wir euch unsere Früchte, das Brot und den Wein, denn ihr wollt, daß diese unser Eigentum werden."

Wir waren nur zu einer kurzen militärischen Grundausbildung in Albacete gewesen. In der Zwischenzeit ereignete sich folgendes: Franco marschierte mit 4 Heersäulen auf Madrid zu. Dieses war möglich, weil er über hochausgebildete Soldaten verfügte, Legionen im Rücken hatte, über Waffen verfügte und die italienischen Truppen einsetzen konnte. Sie zogen sengend und brennend durchs Land, und es war schon sehr schwer, ihnen einen Widerstand entgegenzubringen, denn auch die Milizionäre auf unserer Seite waren ja einfache Bauern, die sich ein Gewehr genommen hatten und kaum ausgebildet waren! In den ersten Novembertagen erreichten diese Marschsäulen Madrid. Die kommunistische Partei und auch die Volksfront riefen nun auf, Madrid zu einer Festung zu machen und unter allen Umständen Madrid zu verteidigen.

Anfang November kam unser Bataillon in Madrid an. Ich erinnere mich noch sehr genau, wir sind dort 'reinmarschiert, und es wurde bombardiert. Es war Krieg, es war kein Parademarsch! Aber wir marschierten exakt und mit aufgepflanzten Bajonetten durch die Straßen der Hauptstadt. Die Bevölkerung hatte zunächst ein wenig Angst. „Was sind das für Leute?" Solche Leute hatten sie noch nicht gesehen. Nun wurde vorn kommandiert – ich glaub', das war Hans Kahle, der das Bataillon führte – die Internationale zu singen. Wir sangen in deutsch, italienisch, französisch, in allen Sprachen. Da wußten die Menschen in den Straßen Bescheid. Die Fenster gingen wieder auf, die Leute kamen heraus und stürmten auf uns zu, umarmten uns, und unser Marsch wurde so durch freudige Zustimmung aufgehalten. Die Leute riefen: „Das sind unsere! Das sind unsere!" Dann kam ein größeres Geschwader faschistischer Bomber. Die Straße wurde wieder frei, und wir marschierten weiter.

Wir kamen dann in das Universitätsviertel – ciudad universitaria –. Das lag am Rande von Madrid. Dort war auch der Westpark. Hier fanden unsere ersten Kämpfe statt. Anschließend kamen wir in das Gebiet, das Casa del Campo

heißt. Das Bataillon „Edgar André“ bekam am 8. und 9. November „Feuertaufe“:
Nun, wie ich es noch in Erinnerung habe: Wir kamen in ein parkähnliches Gelände, das aber seinen Charakter als Park immer mehr verloren hatte und waldähnlich wurde. Wir hatten uns auf Befehl hin eingegraben. Unser Kampf wurde immer heftiger, die feindliche Artillerie beschoß uns – irgendwie hatte sie von diesem Aufmarsch und unseren Vorbereitungen Kenntnis bekommen durch ihre Flugzeuge usw. – Aber trotz alledem blieben wir in unseren Schützengräben, bis zu dem Zeitpunkt, wo ein anderes Kommando gegeben werden sollte. Nun könnt ihr euch vorstellen, daß das alles für uns sehr aufregend war. Jetzt kamen wir unmittelbar an den Feind heran! Die spanischen Milizionäre, die den ganzen furchtbaren Druck der Faschisten jetzt auf sich zukommen sahen und bis dahin standgehalten hatten, kamen zurück, an uns vorbei . . . eine große Anzahl faßte sich aber wieder, als sie uns sahen, und gruben sich mit ein. Es waren wenige Soldaten, wir sahen es sofort. Sie waren in Overalls gekleidet, waren also Arbeiter und Bauern. Einige fielen noch in dem Moment, wo sie bei uns ankamen. Und dann hieß es nun: „Die Moros (Marokkaner) kommen!“ Wir sahen sie und erkannten sie auch an ihren roten und grünen Kopfbedekkungen.
Unser Kompanieführer war Wilhelm Vöckel. Als wir in Albacete waren, – das will ich nochmal eben einschalten – hatten wir auch den Besuch des berühmten General Kleber. Er unterhielt sich mit uns. Er wußte natürlich noch nicht viel mit uns anzufangen. Worauf konnte man zurückgreifen in der damaligen Zeit, um überhaupt einem Bataillon ein bißchen militärische Form zu geben? Natürlich auf diejenigen, die schon einen Krieg mitgemacht hatten. So wurde dann aufgerufen: „Wer hat im letzten Krieg gedient?“ Es traten einige vor. „Und wer ist Unteroffizier gewesen?“ usw. Je höher der Rang war, desto weniger traten vor. Und zuletzt war dann der Wilhelm Vöckel noch da. Er war damals etwa . . . 50 Jahre, schätz’ ich. Er war ein hagerer, mittelgroßer Mann mit einem sehr mageren energischen Gesicht. Er wurde von uns als Kompanieführer hoch geschätzt. Und wie wir jetzt dort in dem Park sind, und die Moros kommen auf uns zu, da wurden wir unruhig und wollten schon losballern. Der Wilhelm Vöckel rief nun: „Nicht schießen!“ Ich seh’s noch so wie heute. „Sie sollen nah herankommen. Wir müssen jede Chance ausnutzen!“ Die Moros kamen immer näher. Dann kam das Kommando: „Bajonett aufgepflanzt!“
Die Marokkaner waren nun vollständig aus dem Wald herausgekommen, aber immer noch unter dem Feuerschutz der Artillerie. Auch wir hatten einen gewissen Feuerschutz. Und nun begann die große Probe. Wilhelm Vöckel gab das Kommando: „Zum Angriff ’raus!“ Dann sind wir vor . . . wir gingen aufrecht durch den Wald – aufrecht! – das Bajonett aufgepflanzt, Gewehr im Anschlag.

Das war für die Marokkaner ein ganz seltsames Bild, daß da plötzlich eine ganz neue Truppe stand! Einige von unseren Kameraden begannen zu singen. Und das war auch gut. Mit einem Lied sind wir dann los. Die Kugeln pfiffen um uns herum. Es fiel auch der eine oder andere Kamerad. Aber dann verschärften wir unsere Gangart. Es kam zu Nahkämpfen. Die Moros wurden zurückgeworfen. Sie hatten geglaubt, es ginge, wie es der Franco gesagt hatte, „am 10. werde ich auf einem weißem Schimmel in Madrid einzeihen". Jetzt auf einmal war die Geschichte doch wesentlich anders.
Mit dieser Schlacht – sie ging ja noch mehrere Tage weiter – war die Zeit der relativ leichten Siege Francos zuende. Damit wurde Madrid zuversichtlicher. Die Bevölkerung atmete auf. Wir hatten den Feind geschlagen, Gefangene gemacht, Material erbeutet. Dadurch wurde das 5. Regiment (Quinto Regimiento), das diesen Sieg errungen hatte, eins der populärsten Regimenter, und es meldeten sich viele Freiwillige für das Regiment.
Wir, die Interbrigadisten, haben durch diese Schlacht, bei der wir sehr hohe Verluste hatten, dazu beigetragen, Franco den Weg nach Madrid zu versperren. Ich möchte ausdrücklich sagen „beigetragen"! Das haben wir nicht alleine gemacht, sondern mit uns haben viele tausende Spanier gekämpft. Aber wir waren nun – wie „La Pasionaria" sagt – das Symbol für die „Schlagbarkeit des Faschismus."

*

Auch andere Antifaschisten aus dem Ruhrgebiet haben über ihre Erlebnisse in Spanien berichtet. So zum Beispiel der Bochumer Robert Schreiber, der auch noch über ein Tagebuch aus dieser Zeit verfügt, in dem Sammelband „Der rote Großvater erzählt"[586] und der Krupparbeiter Gustav Szinda aus Essen, der zur Führung der Thälmann-Brigade gehörte.[587] Auch das „Heldenbuch der XI. Brigade" verzeichnet viele Namen von Gefallenen aus dem Rhein-Ruhrgebiet.[588]
Obwohl das Hauptkontingent der Interbrigadisten von Arbeitern gestellt wurde, zeichnete sich gerade der Kampf des spanischen Volkes durch eine große Teilnahme von Vertretern der fortschrittlichen Intelligenz aus. Stellvertretend für viele andere sei hier der Graphiker Heinz Kiwitz aus Duisburg genannt.

Heinz Kiwitz wurde am 4. September 1910 als Sohn eines Buchdruckers in Duisburg geboren. An der Essener Folkwangschule konnte er die Fachklasse für Buchkunst besuchen. In dieser Zeit wurde er Mitglied der KPD. Nachdem er 1933 bereits monatelang im Wuppertaler KZ Kemna gefangen gehalten worden war, verließ er im Januar 1937 Deutschland und gelangte über Dänemark und Frankreich nach Spanien, um mit der Waffe gegen den Faschismus zu kämpfen. Seine Linol-

Heinz Kiwitz, Graphik über den spanischen Bürgerkrieg

schnitte über Terror und Widerstand in Deutschland wurden damals in einer Dokumentation des Thälmann-Komitees „Cinq ans de dictature hitlerienne“ herausgegeben. Auch zum nationalrevolutionären Krieg des spanischen Volkes und dem Kampf der Interbrigaden schuf er einen Bilderzyklus, bevor er selbst – 28jährig – in der Ebroschlacht fiel.[589]

Im Ruhrgebiet riefen illegale Zeitungen und Flugschriften zur Solidarität mit Volksfront-Spanien. Hier wurde die „Rote Fahne“ mit dem Titel: „Butter für die deutschen Werktätigen statt Kanonen für die spanischen Faschisten!“ verteilt.[590] Hier befaßten sich immer wieder die Zeitungen der Abschnittsleitung West der KPD „Westdeutsche Kampfblätter“ und „Freiheit“ mit dem Kampf in Spanien.[591] Aber es erschienen auch illegale Schriften, die speziell dem „Freiheitskampf des spanischen Volkes“ (so der Titel eines Flugblatt des Internationalen Transportarbeiterföderation, das Eisenbahner im Ruhrgebiet verteilten[592] gewidmet waren. Darunter waren eine Rede Walter Ulbrichts „Wofür kämpft das spanische Volk?“, die im Februar 1937 als Flugblatt u. a. in Essen verbreitet wurde,[593] ein Flugblatt „Francos Befehl: Gebär oder stirb!“, das zur gleichen Zeit bei Essener Krupparbeitern auftauchte,[594] Aufrufe der Internationalen Vereinigung der Seeleute und Hafenarbeiter zur Solidarität und zur Verhinderung von Munitionstransporten nach Spanien, die im Dezember 1936 im Dortmunder Hafen auf Weinfässern aus Spanien aufgeklebt waren[595] sowie die Tarnschrift „Erlebnisse in Spanien“, in der die Abschnittsleitung West der KPD Berichte und erschütternde Fotodokumente vom Bombenterror deutscher Flieger der Legion Condor in Spanien verbreitete,[596] aber auch Klebezettel in spanischen Apfelsinenkisten, die schon am 23. Mai 1936, also nach dem Wahlsieg der Volksfront, aber noch vor dem Putsch Francos, im Essener Bahnhof Segeroth ausgeladen wurden. Spanische Arbeiter hatten so offenbar den antifaschistischen Kampf in Deutschland unterstützen wollen; denn sie erklärten auf den Klebezetteln: „Schließt Euch zusammen zum einheitlichen Kampf in aktiven illegalen Gruppen der Freien Gewerkschaft! – Schafft die proletarische Einheitsfront gegen den chauvinistischen Völkerhaß – für proletarischen Internationalismus, für den Sozialismus, der endgültig den Frieden sichert!“[597]
Was kann besser als dieses Beispiel den Internationalismus der Antifaschisten demonstrieren? Spanier unterstützen den Kampf im Ruhrgebiet gegen Hitler – Ruhrkumpel kämpften in den Interbrigaden gegen Franco und den internationalen Faschismus.

11. Christliche und bürgerliche Opposition

Die Hauptkraft der antifaschistischen Widerstandsbewegung stellten die Arbeiterklasse und ihre Organisationen, aber daneben – und teilweise mit ihr zusammen – wirkten Kräfte aus allen Schichten gegen Faschismus und Krieg. Allerdings läßt sich der Anteil der bäuerlichen und kleinbürgerlichen, der intellektuellen und militärischen Widerstandskämpfer weitaus schwerer darstellen als der Kampf der Arbeiterbewegung. Außer dem etwas pauschalen Oberbegriff der „bürgerlichen Opposition" einte alle diese Kräfte zwar, daß sie objektiv, von ihrer sozialen Lage her, in Gegensatz zu den Großkonzernen und der faschistischen Staatsmacht standen. Aber ihre Widerstandsäußerungen blieben in vielen Fällen nur auf Einzelfragen beschränkt. Trotzdem kam diesen Ansätzen von Opposition aus gerade denjenigen Kreisen, die schon vor 1933 die Massenbasis der faschistischen Bewegung gestellt hatten, eine große Bedeutung für die ganze antifaschistische Widerstandsbewegung bei. Denn nicht zuletzt auf diesem Feld entschied sich, ob es gelingen würde, die Mittelschichten dem Nazieinfluß zu entreißen und in eine breite Volksfrontbewegung einzubeziehen. In den insgesamt spärlichen Zeugnissen bürgerlicher Oppositionshaltung sahen die Antifaschisten nicht so sehr die geringe Zahl als vielmehr die Chancen zu einer breiten Einheit und das soziale Potential, das sie verkörperten.[598]

Eine besondere Form des Widerstands außerhalb der Arbeiterbewegung war der Widerstand aus christlichem Geiste. Obwohl zumindest die katholische Kirche in bestimmten Teilen des Ruhrgebiets und des Rheinlands über einen gewissen Einfluß in Arbeiterkreisen verfügte, kann man die Mehrzahl der Träger des christlichen Widerstandes den kleinbürgerlichen bzw. bürgerlichen Schichten zuordnen, ohne damit ihre Besonderheiten zu überdecken.

Auch die Organisationsformen des bürgerlichen Widerstands unterschieden sich von denen der Arbeiterbewegung. Feste illegale Organisationen bzw. Fortsetzungen der bürgerlichen Parteien nach 1933 gab es kaum. Ein großer Teil der Opposition konzentrierte sich in Organisationen, die zwar nicht nazistisch waren, aber dennoch mehr oder minder lange unbehelligt bleiben, besonders in den verschiedenen kirchlichen Gliederungen. Ansonsten bestanden lockere Bekanntenkreise und Gesprächszirkel auf halb privater Basis. Nur die bündischen Jugendgruppen wahrten den illegalen Zusammenhalt noch lange Zeit.

Den zahlenmäßig größten Anteil am nichtproletarischen Widerstand hatten die

Oppositionsbestrebungen aus christlichem Geist; denn der Machtantritt des Faschismus bedeutete für Menschen, die in der christlichen Religion erzogen worden waren und aus dem Christentum ihre moralischen Wertbegriffe gewannen, eine ungeheuerliche Provokation. Eine Ideologie der Stärke und der Mitleidlosigkeit sagte den Geboten der Bergpredigt den Kampf an; die Gleichheit aller Menschen vor Gott sollte vom angeborenen Rassenvorrecht der arischen Herrenmenschen verdrängt werden. „Du sollst nicht töten“: diesem Gebot sprach der faschistische Terror schon Hohn, als SA-Trupps 1932 blutige Straßenschlachten provozierten, es sollte in den Vernichtungslagern und auf den kriegerischen Raubzügen millionenfach gebrochen werden. Jene Ideologie der Menschenverachtung im Dienste des Profits, des „Wiederaufstiegs“ der deutschen Industrie zur Weltmacht, gipfelte im Chaos des Krieges und in einer unermeßlichen Reihe von Menschenopfern.

Dem nationalsozialistischen Generalangriff auf die Grundlagen der christlichen Humanität stand jedoch nur eine von Widersprüchen zerrissene Front entgegen; denn die christliche Bewegung in Deutschland vermochte in ihrer Gesamtheit nicht, den Ballast von Obrigkeitsgläubigkeit, Mißtrauen gegen die Arbeiterbewegung und Beschränkung auf den innerkirchlichen Bereich abzuwerfen. Daher richtete sich die kirchliche Opposition primär nur dann gegen das Naziregime, wenn der organisatorische und religiöse Sonderraum berührt war, den die Kirche traditionell für sich beanspruchte. Die katholische Kirche etwa fand fast nur dort den Weg von verhaltener Zustimmung zum Protest, wo die Garantien des Reichskonkordats durch die Nazis verletzt worden waren.

Darüber hinaus erfüllte eine autoritäre Diktatur, wie sie das Dritte Reich zunächst darstellte, die Ordnungsvorstellungen der streng konservativen Mehrheiten in den Kirchen weitaus besser als etwa die Weimarer parlamentarische Demokratie. Autoritärer Staat, Nationalismus und rigoroser Antikommunismus wurden nicht etwa nur durch die Kirchenführungen geduldet, sondern offen bejaht.

Die gleiche religiös-konservative Moral, die die Mehrheit der Christen den autoritären Staat bejahen ließ, trieb sie allerdings zur Opposition, als essentielle moralische Werte und Glaubenssätze gefährdet waren. Sowohl die Bewegung der Bekennenden Kirche, die sich gegen Versuche zur „Arisierung“ des Evangeliums richteten, wie die Kanzelbotschaften etwa des Bischofs von Münster, Kardinal von Galen, gegen die Euthanasie waren Ausdrücke eines mutigen Protestes auch dann, wenn sie sich von jeder politischen Weiterung so demonstrativ abgrenzten wie die Dortmunder Bekennende Kirche am 15. Juli 1933: „Klares Ja zum Staat. Aber Freiheit der Verkündigung und Entpolitisierung der Kirche.“[599]

Trotzdem stieß die Bekennende Kirche immer wieder mit dem totalen Macht-

anspruch des faschistischen Staates zusammen. Manche gewannen aus dieser Konfrontation Erkenntnisse, die das jahrhundertealte Selbstverständnis der Protestanten als staatstragender Kirche in Frage stellten. So wandte sich der Repräsentant der Bekennenden Kirche im Rheinland, Pfarrer Held aus Essen, schon auf der örtlichen Kreissynode im September 1934 gegen alle Tendenzen, die Deutsche Evangelische Kirche zur Staatskirche zu formieren und kam in diesem Zusammenhang zu kritischen Einsichten über die Allianz von Thron und Altar in der Vergangenheit, die er als „Abfall von der Reformation" kritisierte.[600]
Da über die kirchliche Opposition umfangreiche Veröffentlichungen vorliegen,[601] seien hier nur einige der wichtigsten Linien nachgezogen.

Die Bekennende Kirche in Rheinland und Westfalen

Nach den ersten Erfolgen der faschistisch orientierten Deutschen Christen bei den Gemeindewahlen im Juli 1933 formierten sich die Anhänger der Bekennenden Kirche sehr schnell zu einer organisierten Gegenbewegung. Besonders aber nach der hetzerischen Sportpalastveranstaltung der Deutschen Christen von September 1933 war die Entscheidung zwischen der protestantischen Glaubensbotschaft und einem faschistischen Ideologiengemisch mit Jesus als heldischem nordischen Menschen und Vorläufer der Bewegung Adolf Hitlers für jedermann offen dargelegt. Auch an Sätzen wie den folgenden schieden sich die Geister: „Aus dieser Glaubensverbundenheit ermahnen und bitten wir die evangelischen Gemeinden, in Fürbitte, Treue und Gehorsam zu Volk, Reich und Führer zu stehen. Wir bejahen die nationalsozialistische Volkswerdung auf der Grundlage von Rasse, Blut und Boden. Wir bejahen den Willen zu Freiheit, nationaler Würde und sozialistischer Opferbereitschaft bis zur Lebenshingabe für die Volksgemeinschaft. Wir erkennen darin die uns von Gott gegebene Wirklichkeit unseres deutschen Volkes."[602]
Der Versuch des sogenannten Reichsbischofs Müller, auf dem Verordnungswege die traditionelle Gemeindeverfassung durch das Führerprinzip zu ersetzen, versteifte noch den Widerstandswillen.
So konstituierten sich die bekenntnistreuen Teilnehmer der westfälischen Provinzialsynode in Dortmund am 16. März 1934 als Bekenntnissynode und trennten sich damit organisatorisch von den Deutschen Christen. Ähnliche Bewegungen in fast allen Gemeinden Westfalens und des Rheinlands ließen eine eigene Struktur entstehen, die auf der Barmer Bekenntnissynode im Mai 1934 ihr geistiges Fundament in den „Sechs Theologischen Leitsätzen der Deutschen

Evangelischen Kirche“ und ihre organisatorische Form in einem Notkirchenregiment erhielt. In den Gemeinden schlossen sich entweder die ganzen Presbyterien der Bekennenden Kirche an oder es bildeten sich bekenntnistreue Bruderräte als Vertretungskörperschaften, während die oppositionellen Pfarrer in dem von Pastor Niemöller gebildeten Pfarrernotbund zusammenkamen.
Über Jahre hinweg führten die Angehörigen der Bekennenden Kirche einen erbitterten Kleinkrieg für ihre angestammte Ordnung und ihre Glaubensüberzeugung, in dem sie sich immer mehr nicht nur mit den Deutschen Christen, sondern auch mit den staatlichen Stellen, bzw. Reichskirchenminister Kerrl auseinandersetzen mußten. Doch der Druck des Staatsapparats konnte den Widerstandsgeist aus dem Glauben heraus nicht brechen. So feierten 1934 rund 20 000 Menschen den Reformationstag im Geist des evangelischen Bekenntnisses in der Dortmunder Westfalenhalle.
In den einzelnen Gemeinden wandten sich Pfarrer, Presbyter und Gemeindemitglieder gegen den faschistischen Ungeist. Pfarrnachrichten, hektographierte Blätter und z. B. im Rheinland die regelmäßig erscheinenden „Grünen Briefe“ des Essener Pfarrers Held hielten die geistige Widerstandskraft wach. Diese Mitteilungsblätter wurden zeitweise im Keller der Wohnung Gustav Heinemanns, des späteren Bundespräsidenten, in Essen, Schinkelstr. 34 gedruckt. Auch bei der Expedition dieser Blätter half der in der Bekenntnisbewegung engagierte Heinemann.[603] Zur christlichen Opposition gehörten auch die Sicherung der bekenntnistreuen Ausbildung des Pfarrernachwuchses, die Besetzung freier Stellen durch Mitglieder der Bekennenden Kirche, die Unterstützung von sogenannten „illegalen“ Pfarrern, die von Deutschen Christen aus dem Amt getrieben worden waren, die Verweigerung der Gotteshäuser für Vertreter der Deutschen Christen bzw. die Errichtung provisorischer Kirchenräume in den von Deutschen Christen beherrschten Gemeinden, die Verweigerung des kirchlichen Treueids auf Adolf Hitler, die Fortführung der evangelischen Arbeit in den Jugend-, Männer und Frauengruppen und Kanzelabkündigungen, Fürbitten und Kollekten für verfolgte Glaubensgenossen und verhaftete Pfarrer. Im September 1938 wurde sogar trotz der wütenden Reaktion der Faschisten der Text eines Gebetsgottesdienstes gegen die drohende Kriegsgefahr von der Leitung der Bekennenden Kirche herausgegeben.
Auch wenn die kirchliche Opposition auf den religiösen Bereich beschränkt blieb, engagierten sich doch immer wieder Christen für ihre verfolgten Mitbürger. Beispielsweise versteckte der Essener Pfarrer Johannes Büscher verfolgte Juden und versorgte sie mit Lebensmitteln.[604]
Auch ausländische Zwangsarbeiter und Kriegsgefangene wurden oftmals im Geiste christlicher Nächstenliebe mit Kleidung, Lebensmitteln und seelsorgerlichem Trost unterstützt.

Je mehr der faschistische Staat seinen Totalitätsanspruch ausdehnte, um so stärker gerieten die Mitglieder und Pfarrer der Bekennenden Kirche mit der Gestapo in Konflikt, so daß bereits das Wort umging, nur der sei ein guter christlicher Pastor, der wenigstens einmal in Haft gewesen sei. Besonders in der unmittelbaren Vorkriegszeit wurden dann immer mehr Pfarrer mit Redeverbot belegt, in entlegene Landstriche verbannt oder ins Gefängnis oder KZ geworfen.

Katholiken im Widerstand

In der katholischen Kirche[605] regte sich erst etwas später als bei den Protestanten eine breitere Oppositionsbewegung. Das begründete sich nicht zuletzt in dem Konkordat, das der Vatikan 1933 mit Hitler abgeschlossen hatte. Aber schon bald sollten die Übergriffe gegen die kirchlichen Sonderorganisationen besonders der Jugend und die gesteigerte Rassenhetze auch den Protest der Katholiken anfachen. Die Morde an den Katholikenführern Erich Klausener und Adalbert Probst am 30. Juni 1934 erregten allerorts Abscheu und Empörung, die auch offen durch viele Trauergottesdienste bekundet wurde.

Im Bereich der katholisch beeinflußten Arbeiter formierte sich die Katholische Aktion, die u. a. von ehemaligen christlichen Gewerkschaftsführern unterstützt wurde. Allein im Monat April 1935 sollen etwa 1000 neue Mitglieder in Duisburg aufgenommen worden sein.[606]

In vielen Städten kam es zu Reibereien und Schlägereien zwischen katholischen Jugendgruppen und der HJ, die sich manchmal zu demonstrativen Widerstandsaktionen ausweiteten, wie etwa in Duisburg, wo Jungkatholiken im Juli 1935 mitten auf dem Dellplatz mit Sprechchören gegen das Redeverbot für den katholischen Eugenik-Professor Hermann Muckermann protestierten.[607] Zu den bedeutendsten Äußerungen katholischer Opposition, die über die reine Bewahrung des Kirchenbestandes hinausgingen, gehörten die Predigten des Münsteraner Bischofs von Galen gegen Euthanasie, Rassenhetze und andere Elemente der faschistischen Ideologie und Praxis. In diesen Stellungnahmen während des Krieges manifestierte sich deutlich der Anspruch christlicher Moral und ihr Protest gegen den staatgewordenen Antihumanismus.

In diese Reihe mutiger Äußerungen gliederte sich auch das Rundschreiben des Kaplans Heinrich Oenning aus Duisburg-Wanheimerort vom Mai 1941 ein, in dem er kaum verhüllt den faschistischen Krieg angreift und das Selbstbestimmungsrecht der Völker verteidigt:

„(. . .) Unser Beten und Kämpfen geht um Frieden. Denn der moderne Krieg ist schrecklich. Wenn wir auch von Gefallenen nichts hören, so werden es doch

nicht wenige sein. Eine Frage legt sich uns immer wieder vor. Der Papst hat sie in seiner Weihnachtsansprache dahin beantwortet: 'Die kleinen Völker haben ein Recht auf staatliche Selbständigkeit wie die großen.' (. . .) Wenn aber der Stärkere das Recht des Schwächeren beiseite setzt, dann entsteht schreiendes Unrecht und auch der Erfolg hebt das Unrecht nicht auf (. . .)“[608]
Kaplan Oenning wurde für diese mutige Äußerung ins KZ Dachau geworfen.
Die Antifaschisten aus der Arbeiterbewegung waren bemüht, den Kampf der Christen gegen den faschistischen Totalitätsanspruch zu unterstützen und ihn darin zu bestärken, bis zur Kritik der gesellschaftlichen Ursachen von Faschismus und Terror vorzustoßen.
In zahlreichen Erklärungen, Zeitungen und Flugblättern wandten sie sich an die gläubigen Katholiken und Protestanten, um sie für die antifaschistische Volksfront zu gewinnen,[609] ja, sie riefen die Arbeiter sogar zur demonstrativen Teilnahme an den katholischen Fronleichnamsumzügen von 1937 in den rheinischen Städten, u. a. in Essen, Köln und Solingen auf.[610] Auch anläßlich der Echternacher Springprozession überquerten nach Holland emigierte Kommunisten u. a. aus Essen illegal die Grenze und verteilten Flugblätter an die katholischen Wallfahrer.[611] Als sich die faschistischen Agressionsmaßnahmen weiter verstärkten, gab die Abschnittsleitung der KPD für Westdeutschland ein Flugblatt heraus:

„An die Katholiken Westdeutschlands!
Ein ernstes Wort in ernster Stunde. Am 14. März 1937 hat Papst Pius XI. seine Enzyklika ‚Mit brennender Sorge‘ verkündet. Am darauffolgenden Palmsonntag wurde sie, trotz aller Hinderungsversuche durch die Gestapo, von allen Kanzeln Deutschlands verlesen. (. . .) Zur gleichen Zeit, als der Papst seine Enzyklika bekanntgab, wurde der junge und mutige Kaplan Rossaint für elf Jahre ins Zuchthaus geschickt, nur weil er ein sozialer Priester und ein konsequenter Prediger der christlichen Friedenslehre war, nur weil er denen die Hand reichte, die wie er vom Nationalsozialismus verfolgt und unterdrückt werden.
Mit brennender Sorge muß uns das Schicksal des ganzen deutschen Volkes erfüllen. Hitler hat unser Volk in den Augen der zivilisierten Welt nicht nur erniedrigt und entehrt, indem er ihm seine Freiheit des Denkens und Glaubens und seine persönliche Freiheit genommen hat, Hitler hat auch unsere Existenz vernichtet, indem er in fünfjähriger Herrschaft die deutsche Wirtschaft ruiniert und unser Volk an den Abgrund des Elends und des Krieges gebracht hat. Er hat Deutschland in ein einziges Kriegsarsenal, in eine alle Völker bedrohende Waffenschmiede und Giftgasküche verwandelt. (. . .)
Eine tiefe Kriegsangst hat unser Volk erfaßt. Es weiß, daß das grauenhafte

Unglück, das über das spanische und chinesische Volk hereingebrochen ist, morgen sein eigenes Schicksal werden kann. Die furchtbaren Folgen der Bombardierung der Zivilbevölkerung dieser geplagten Länder läßt uns nur entfernt ahnen, was aus uns, die wir unmittelbar im Schatten der Waffenschmieden und Giftgasfabriken wohnen, werden wird. Hitler hat in seiner Reichstagsrede vom 20. Februar die Bilanz seiner fünfjährigen Herrschaft gezogen. Es war eine Bilanz der Vorbereitung des Krieges.
Es ist an der Zeit, daß auch wir, das deutsche Volk, ganz gleich, wo wir politisch weltanschaulich und konfessionell stehen mögen, unsere Bilanz für diese Jahre ziehen. Nur wenn sie als Resultat die Verständigung aller Hitlergegner zeigt, können wir auf eine bessere Zukunft hoffen. Gestehen wir offen ein, sie zeigt dieses Ergebnis nicht. Sonst hätten wir unserem österreichischen Brudervolk ersparen können, den Golgathaweg des deutschen Volkes zu gehen. Sonst hätten wir uns von diesem Alpdruck selbst befreit.
Ein Feind – Eine Front! (. . .)
Es ist ein Feind, der uns alle bedroht und bedrückt. Es ist derselbe, der die sozialistischen und katholischen Arbeiterorganisationen und Gewerkschaften zerschlagen hat. Es ist derselbe, der den Kaplan Rossaint, den Pastor Niemöller und den Arbeiterführer Thälmann in seine grausamen Gestapokeller vergraben hat. Es ist derselbe, der die katholischen Führer Klausener und Probst, den österreichischen Bundeskanzler Dollfuß und die vielen kommunistischen und sozialistischen Führer und Funktionäre verfolgen und ermorden ließ.
Alles das gemahnt uns, gegen diesen gemeinsamen Feind die gemeinsame Front des Volkes zu bilden. (. . .)“[612]

Antifaschistische Jungkatholiken um Kaplan Rossaint

Die im Flugblatt der KPD Westdeutschlands vom März 1938 erwähnte Zusammenarbeit junger Kommunisten mit einem Kreis antifaschistischer Katholiken um den Düsseldorfer Kaplan Joseph Rossaint war tatsächlich das bedeutendste Beispiel dafür, welche großen Chancen die Einheit aller antifaschistischen Kräfte gegen Hitler ungeachtet ihrer weitergehenden Auffassungen bot.
Die Wurzeln der konsequent antifaschistischen Haltung im Kreis um Kaplan Rossaint reichten bereits in die Weimarer Zeit zurück. Rossaint selbst nennt vier Traditionsströme, die in diesem und seinem Engagement zusammenflossen:[613]
1. war seine Generation stark von den Erlebnissen des Ersten Weltkrieges geprägt. Aus der Erkenntnis „Nie wieder Krieg!“ heraus beteiligte er sich am

Friedensbund Deutscher Katholiken, deren Oberhausener und später Düsseldorfer Ortsgruppe er mit begründete. Artikel in der Bundeszeitschrift „Friedenskämpfer" und ein enger Kontakt zu dessen Generalsekretär Paulus Lenz kennzeichnet das Eintreten Rossaints für den Weltfrieden ebenso, wie einige Massenkundgebungen und kleinere Zusammenkünfte; gleichfalls die Tatsache, daß er auch nach 1933 weiter mit Klebezetteln des Bundes mit aufgedruckten Antikriegslosungen arbeitete und sie verteilte. Nach dem Verbot trafen sich die Mitglieder des Bundes weiterhin in einem Zirkel mit religiösen Gesprächsthemen, eine Möglichkeit des Weiterbestehens, die sich aus dem christlichen Hintergrund des Friedensbundes deutscher Katholiken leicht ergab. Es wurde auch, etwa ein Jahr lang, noch Geld zur Unterstützung des emigrierten Generalsekretärs gesammelt.

2. beteiligte sich Rossaint auch an einigen Versuchen zur inneren Erneuerung der Zentrumspartei, d. h. zur stärkeren Inangriffnahme der Überwindung der besonders in den Krisenjahren sichtbar gewordenen politischen Unterlassungen. Hier bemühten sich jüngere Mitglieder, junge Kandidaten mit fortschrittlichen Ideen aufzustellen, was aber von der Parteihierarchie weitgehend abgeblockt wurde.

3. Bedeutender war daher jener lockere, reichsweite Kreis von ca. 400 fortschrittlich gesinnten Katholiken, die vorwiegend aus der Jugendbewegung kamen und sich um eine grundsätzliche Erneuerung des Katholizismus bemühten, da sie in der Politik der Zentrumspartei jene Zielsetzungen und Entscheidungen vermißten, die dieser Partei allein Zukunft bieten könnten. Seine Mitglieder, von Außenstehenden zuweilen als Werkkreis, als Altenberger Kreis, als „Revolutionäres Zentrum" benannt, scharten sich in lockerer Weise um Paulus Lenz, Joseph Rossaint und um andere. Publizisten, wie Walter Dirks von der Rhein-Mainischen Zeitung; Personen, wie Friedrich Dessauer, Ernst Michel, Brobeil, Knappstein, Mertens, Maaßen, Kaes, Preysing, Steber, Droste und andere fühlten sich verpflichtet, Zukunftsaufgaben zu formulieren und sich dazu vorzubereiten. Mehr oder weniger beginnend mit einem Treffen im Rahmen des Essener Katholikentages, traf man sich gewöhnlich etwa vierteljährlich an verschiedenen Orten, meist in Altenberg, auch noch einige Male nach der faschistischen Machtergreifung.

4. Schon in seiner Zeit als Kaplan in Oberhausen hatte sich Rossaint ganz besonders in der Jugendarbeit eingesetzt. Seit 1929 war er Bezirkspräses des Katholischen Jung-Männer Vereins (KJMV) und bemühte sich um die angesichts der Wirtschaftskrise wachsende Zahl junger Erwerbsloser. Bei dieser Arbeit blieben Einflüsse aus der organisierten proletarischen Bewegung auch auf die katholischen Jugendgruppen gar nicht aus. So wurde das Klima der „Aufgeschlossenheit", das gerade die Jugendbewegung auszeichnete, erweitert

und praktiziert. Es kam zu Diskussionsveranstaltungen mit Vertretern des Zentrums, der SPD, KPD, ja sogar mit eher nationalistisch ausgerichteten Gruppen. Rossaint nahm auch an einem Zeltlager der Sozialistischen Arbeiterjugend teil und trat in Amtstracht in Versammlungen des Kommunistischen Jugendverbandes auf. Mit dem Oberhausener KJV-Vertreter Max Schäfer führte Rossaint seit 1930 zahlreiche Gespräche, die von dem Willen getragen waren, auch gegenüber Atheisten die Botschaft und das soziale Engagement der Kirche glaubhaft zu machen, indem er sich mit den Bewegungen für Frieden, Demokratie und soziale Sicherheit solidarisierte.

Im Sommer 1932 wurde Rossaint nach Düsseldorf versetzt, nachdem er vorher in Oberhausen noch eine „Willenskundgebung der katholischen Jugend" versandt hatte, in der es hieß: „Sie lehnen den Faschismus aller Schattierungen ab. Sie kämpfen im Verein mit aller katholischen Jugend Deutschlands um die Freiheit des Volkes nach innen und außen."[614]

In der Nachbarschaft der Reichszentrale des Katholischen Jungmännerverbandes widmete sich Rossaint besonders der Jugendarbeit, zusammen mit dem antifaschistischen, wenn auch nicht so stark engagierten Generalsekretär des Katholischen Jungmännerverbandes, Clemens, und dem eindeutigen Hitlergegner Franz Steber, der der Reichsführer der Sturmscharen war, trat er für die Ablehnung des damals sehr diskutierten Wehrsportes durch die Katholische Jugend ein. Von dieser Basis aus half Rossaint mit, in den aktivsten Teilen der katholischen Jugendbewegung ein Klima der grundsätzlichen Ablehnung des Faschismus und der Kriegsrüstung aufrecht zu erhalten und teilweise zu aktivieren. Die Sturmscharen waren der aktivste Teil des Katholischen Jungmännerverbandes; Ende der 20er Jahre aus der Wanderbewegung des KJMV entstanden, vertraten sie Ideale der damaligen Jugendbewegung. Sie bestanden in fast allen Orten der deutschen Bistümer, aber auch sonst in Teilen des Reiches, rekrutierten sich vornehmlich aus der katholischen Arbeiterschaft und dem Mittelstand. Politische Aufgeschlossenheit, soziales Interesse und entsprechender Einsatz wie Antimilitarismus schufen in den Sturmscharen in Verbindung mit ihrer katholischen Herkunft eine feste antinazistische Substanz.

Schon im Frühjahr 1933 wandte sich der KJVD-Instrukteur Franz Spanier aus Essen an Rossaint und bat ihn, seinen Genossen Max Schäfer im Essener Polizeigefängnis Haumannshof zu besuchen. Nach diesem ersten Kontakt kam Spanier häufiger zu Besuch und sprach im Juni 1933 vor einem Kreis von ca. 40 Jungkatholiken gegen die faschistischen Versammlungsverbote, gegen Militarismus und Wideraufrüstung und für eine Zusammenarbeit von Christen und Kommunisten zur Opposition gegen Hitler. In der Folgezeit erschien auch Heinz Lohkamp von der Bezirksleitung Ruhr des KJVD mehrfach bei Rossaint, wo er relativ ungefährdet übernachten konnte. Im Juli 1933 nahm er an einer Versammlung der Sturmscharen im Düsseldorfer Annakloster teil und traf auf Vermittlung Rossaints im September 1933 auch mit Steber und anderen katholischen Jugendführern zusammen, um sie für ein einheitliches Handeln gegen den Faschismus zu gewinnen.

Als im Oktober 1933 die Jungkommunistin Berta Karg, die kurz zuvor noch an der Lenin-Schule der Kommunistischen Internationale in Moskau studiert hatte, in Düsseldorf eintraf, wurde sie vom Organisationssekretär in der KPD-Bezirksleitung Niederrhein, Johann Braeuner, mit Rossaint zusammengebracht. Steber und er nutzten jetzt die Gelegenheit, Berichte „aus erster Hand“ über die Sowjetunion einem größeren Kreis zugänglich zu machen. Anläßlich einer Reichskonferenz von Sturmscharführern suchte Steber etwa ein Dutzend zuverlässige Leute aus, die am 1. November 1933 in der Wohnung Rossaints mit Berta Karg zusammenkamen. Nach einer ausführlichen Diskussion über die Sowjetunion und besonders die dortige Kirchenpolitik ging das Gespräch auf Fragen des gemeinsamen antifaschistischen Kampfes über, für den Berta Karg wirkungsvoll eintrat.

Diese Zusammenkunft vermittelte viele fruchtbare Impulse für konkrete örtliche Aktivitäten der Sturmscharen im Rhein-Ruhrgebiet. Außer in Düsseldorf bahnten sich Kontakte u. a. in Mönchengladbach, Köln, Gelsenkirchen, Oberhausen, Wanne-Eickel, Neuenhaspe, Grevenbrück an.[615] Auch in Krefeld hatte Kaplan Spülbeck über die Sturmscharenbewegung Kontakte zu Kommunisten bekommen, von denen er u. a. den sogenannten „SA-Mann-Kruse-Brief“ erhielt.[616] Duisburger und Oberhausener Jungkommunisten erinnern sich noch an die Aktionsgemeinschaft mit jungen Katholiken, die in Oberhausen sogar zur Einrichtung einer kommunistischen Druckerei im St. Josefs Hospital führte.[617]

Der damalige Wuppertaler KJVD-Funktionär Otto Funke erinnert sich daran, wie eine Sturmscharen-Gruppe aus Düsseldorf den Wuppertaler Widerstand unterstützte: Als der KJVD Anfang 1934 zum Gedenken an von den Nazis ermordete Antifaschisten Kränze an mehreren belebten Stellen der Stadt niederlegen wollte, übernahmen die katholischen Freunde aus Düsseldorf auf ihren Fahrrädern diese gefahrvolle Aufgabe, weil ihre Gesichter in Wuppertal nicht bekannt waren. Während der KJVD die Polizei abzulenken versuchte, legten die Sturmscharen an mehreren Orten gleichzeitig die Kränze nieder, verteilten aufklärende Flugblätter und waren mit ihren Rädern verschwunden, ehe Polizei auftauchte.[618]

Insgesamt gehörten etwa 50 bis 60 Sturmscharführer aus den verschiedensten Orten zum engeren Kreis, der in die gemeinsame Widerstandsarbeit eingeweiht war. Wenn auch Rossaint und Steber die Hauptverantwortlichen waren, illegale Literatur („Rote Fahne“, „Junge Garde“, Braunbuch) erhielten und weitergaben, so wußte doch auch der Generalsekretär des KJMV, Clemens, Bescheid und erhielt selbst einigemale illegale Schriften, während der Generalpräses Wolker dem Unternehmen ablehnend gegenüberstand, ohne es deswegen zu denunzieren.

Bis Ende Januar 1934 fanden mehrere weitere Treffen zwischen Berta Karg und Rossaint statt, der auch weiterhin KJVD-Funktionäre bei sich „anlaufen“ und unterkommen ließ. Am 29. Januar 1934 trafen sich Berta Karg und Rossaint mit Ewald Kaiser, Mitglied des ZK des KJVD und letzter legaler Bezirksvorsitzender im Ruhrgebiet, am Kölner Dom, wo Kaiser die Herausgabe eines gemeinsamen Einheitsappells vorschlug. Durch Vermittlung Stebers konnte Kaiser in Köln vor einer Sturmscharengruppe sprechen.

Auch nach der Verhaftung Berta Kargs blieb die Verbindung zum KJVD gewahrt, so daß 1934/35 Rossaints Wohnung weiterhin als Anlaufstelle und gelegentliche Poststelle für Briefkontakte mit der holländischen Emigration diente. Rossaint kam 1935 in Eupen noch mit einem Vertreter der KPD, von dem er Schreiben und illegale Literatur erhalten hatte, zusammen. Außerdem unterstützte er Familien verfolgter und emigrierter Kommunisten. Nach dem 30. Juni 1934 hatte die KPD-Bezirksleitung Niederrhein auch ein Flugblatt über die Ermordung von Adalbert Probst vervielfältigt, dessen Text von Franz Steber stammte.

Über die Antriebe zum gemeinsamen Widerstand sagte Rossaint rückblickend: „Im Vordergrund stand zunächst bei uns die allgemeine Aversion gegen den heraufkommenden Faschismus. Er stand so sehr in Gegensatz zu unseren Erwartungen auf eine demokratische Änderung der Zustände, den Motiven unserer kirchlichen und sozialen Arbeit, aber auch gegenüber den Ideen der Jugendbewegung. Dazu kam noch unsere pazifistische Linie. Für uns war der Antimilitarismus das Resultat der Erfahrungen des Ersten Weltkriegs. Die mehr soziale Seite unseres Engagements, die Frage der Änderung der Gesellschaft, wie sie ja auch die Sozialdemokraten und Kommunisten wollten, hat uns ebenfalls dazu gebracht, zusammen mit den Mitgliedern des KJVD gegen den Faschismus zu kämpfen. Hinzu kam unser Protest gegen den faschistischen Terror, die Verfolgungen, also eine Haltung, die man als Freiheitsmoment bezeichnen kann.“[619]

Nachdem im Januar 1936 mehr als 60 katholische Jugendfunktionäre verhaftet worden waren, wurden die Hauptangeklagten mit Rossaint und Steber an der Spitze im April 1937 vor den sogenannten „Volksgerichtshof“ gestellt. Hier setzten sich besonders die als Zeugen aus dem Gefängnis vorgeführten Jungkommunisten solidarisch für ihre katholischen Kameraden ein. Ewald Kaiser etwa erklärte:

„Obwohl uns Kommunisten von der katholischen Jugend große weltanschauli-

che und politische Gegensätze trennen, strebte ich eine Zusammenarbeit an, ausgehend von dem Gedanken, daß es bei allen Meinungsverschiedenheiten viele gemeinsame Interessen sozialer und kultureller Art gibt, so vor allem auch im Kampf um die Erhaltung des Friedens.“[620]
Und Berta Karg sagte aus:
„Rossaints Haltung war bestimmt von reiner Menschlichkeit und Nächstenliebe. Gegen die Ziele der Kommunisten hatte er starke religiöse Einwände. Aber als Funktionärin des Kommunistischen Jugendverbandes, der die Einheit der deutschen Jugend für den Frieden und die Freiheit Deutschlands anstrebt, war es meine Pflicht, auch zur katholischen Jugend Verbindung aufzunehmen.“[621]
Am 28. April 1937 verurteilte der Volksgerichtshof Rossaint zu elf und Steber zu fünf Jahren Zuchthaus, während ein Teil der anderen Angeklagten mangels Beweises freigesprochen werden mußte.
Während des Prozesses, aber auch danach propagierte die illegale Presse die Erfahrungen aus der antifaschistischen Gemeinsamkeit zwischen Katholiken und Kommunisten im Rhein-Ruhrgebiet. So schrieben die „Westdeutschen Kampfblätter“ am 15. Februar 1937 von der „Katholikenverfolgung, um die werdende Volksfront zu treffen. Die Volksfront als die der Hitler-Herrschaft todbringende Waffe durch die Gestapo und Hitlerjustiz bestätigt. (...)
Dieser große sogenannte Volksfront-Prozeß soll die Bestrebungen der Hitlergegner, sich zum Kampf gegen den barbarischen Faschismus zusammenzuschließen, treffen. (. . .) Katholiken, Kommunisten und Sozialdemokraten, verständigt Euch darüber, wie Ihr am besten im Lande den Protest gegen die Folterungen und den Justizterror organisieren könnt. Insbesondere: sorgt gemeinsam für die Frauen und Kinder aller politischen Gefangenen!“[622]
In der „Freiheit“ von Mitte Januar 1938 hieß es dann:
„Was hat der katholische Priester Rossaint verbrochen? Er hat die Hand ergriffen, die Jungkommunisten in Westdeutschland jungen westdeutschen Katholiken gereicht haben. Er hat sie ergriffen als seiner Kirche treu ergebener Sohn. (. . .) In der Tat, auch und vor allem, weil er als Katholik ein Freund des Friedens und ein Feind des Kriegsbrandstifters Hitler war und ist, wurde Rossaint verurteilt.“[623]

Bündische Bewegung

Ebenfalls in den Traditionen der Jugendbewegung wurzelte der Jungnationale Bund, der unter der Leitung von Dr. Hans Ebeling und Hans Böckling christliche und bündische Traditionen vereinte.[624] Schon vor 1933 hatten die Jungnationalen die Nazibewegung scharf angegriffen.

Nachdem ihre Organisation verboten war, traf sich ein großer Teil der Mitglieder weiter heimlich und hielt regelmäßig Kontakte zu Hans Ebeling und den anderen ebenfalls nach Holland emigrierten Leitungsmitgliedern. Der Schwerpunkt ihrer Tätigkeit lag am linken Niederrhein im Raum Krefeld-Mönchengladbach, aber auch ein Essener gehörte zu jenem leitenden Kern, der nach einer Verhaftungsaktion im September 1935 vor den Volksgerichtshof gestellt und am 26. Juni 1937 in Essen abgeurteilt wurde. Vor Gericht wandte sich neben Hans Böckling besonders Dr. Karl Wegerhoff mutig gegen das faschistische System. Als Wegerhoff, den man wegen seiner Auslandskontakte des „Landesverrats" bezichtigte, seinen ehemaligen Mitschüler Josef Goebbels als Zeugen seiner nationalen Gesinnung anforderte, brachte man ihn durch angeblichen Selbstmord in seiner Zelle zum Schweigen.
Auch nach diesen Verhaftungen setzte Ebeling von Holland aus seine Widerstandstätigkeit fort, wobei er eng mit Theo Hespers zusammenarbeitete.

Theodor Hespers wurde am 12. Dezember 1903 in Mönchengladbach geboren. Er trat schon als Gymnasiast der katholischen Wanderbewegung bei und schloß sich später der linkskatholischen Christlich-Sozialen Reichspartei an. 1927 trat er auch der Internationalen Arbeiterhilfe bei. 1932 wandte sich der junge Katholik noch enger der sozialistischen Arbeiterbewegung zu. Er besuchte eine Versammlung Beppo Römers zum Thema „Ehemals kaiserlicher Offizier, heute Mitglied der KPD", trat der RGO bei und nahm an einer Jugenddelegation in die Sowjetunion teil. Schon im April 1933 zwang ihn der Naziterror zur Emigration nach Holland, wo er zunächst in Roermond und dann von Mai 1936 bis 1940 in Eindhoven lebte.

Hespers setzte sich von Holland aus für die Fortsetzung der Jugendarbeit aus christlichem und bündischem Geiste ein, aber er hielt auch zur ITF Edo Fimmens und zu Kommunisten und Sozialdemokraten engen Kontakt. So hatte der KJVD Mönchengladbachs seit 1933 Verbindung zu Hespers in Holland. In Eindhoven richtete Hespers eine Anlaufstelle für illegale Schriften der KPD bei dem Sozialdemokraten Max Behretz ein, traf sich oftmals mit dem führenden Jungkommunisten Erich Jungmann, den er bei einer Streikation 1932 kennengelernt hatte, und unterstützte das katholische Flüchtlingskomitee in Utrecht. Zusammen mit Dr. Ebeling beteiligte er sich an einem lockeren Bündischen Arbeitskreis, mit dem auch Vertreter anderer Gruppen verbunden waren, so Karl Otto Paetel von den Sozialrevolutionären Nationalisten in Paris, der Sozialdemokrat Walter Hoesterey in Kopenhagen und Eberhard Roebel von der Deutschen Jungenschaft des 1. November in London.

Am 17. und 18. Juli 1937 trat Hespers auf einer Konferenz in Brüssel für eine „einheitliche antinazistische Jugendfront“ ein und erklärte: „Wir haben eine große gemeinsame Aufgabe: Sturz des Hitlerregimes, Aufbau eines neuen Deutschland.“ Er unterstützte die Bestrebungen zur Bildung von Gruppen einer einheitlichen Freien Deutschen Jugend. Seit Herbst 1937 gab Hespers gemeinsam mit Dr. Ebeling die Zeitschrift „Kameradschaft“ heraus, die auch illegal im Rhein-Ruhrgebiet verbreitet wurde. Hier rief er gerade auch die bündische Jugend auf, in Verantwortung für die nationale und soziale Befreiung Deutschlands gemeinsam mit allen Hitlergegnern zu kämpfen.
Etwa zwei Jahre nach der Besetzung Hollands wurde Hespers von der Gestapo in der Illegalität aufgespürt und vor den Volksgerichtshof geschleppt, der ihn am 23. Juni 1943 zum Tode verurteilte. Theo Hespers wurde dann am 9. September 1943 in Berlin -Plötzensee hingerichtet.[625]

Bürgerliche Kreise

Angesichts des kämpferischen Elans vieler christlicher und bündischer Jugendlicher verblaßt die geringe Tätigkeit der ehemaligen Funktionäre und Honoratioren der bürgerlichen Parteien und anderer Bürgerlicher, die sich gesinnungsmäßig nicht dem Nationalsozialismus unterworfen hatten.
Nur wenige Zeugnisse aus dem Ruhrgebiet berichten etwa über den Volkshochschulkreis „Bund“ in Essen, der auch im Dritten Reich einen losen Zusammenhalt bewahrte, verfolgten Juden half und im Krieg Zwangsarbeiter mit Lebensmitteln versorgte,[626] sowie von einem lockeren Kreis um den ehemaligen Essener Zentrumsabgeordneten Dr. Heinrich Steffensmeier und den Verleger Werner Bacmeister.[627]
Insgesamt aber macht sich, wenn man einmal von dem religiös motivierten bürgerlichen Widerstand absieht, allzu deutlich die jahrzehntelange Untertanentradition bemerkbar, die bereits seit der Niederlage der Revolution von 1848 und der folgenden Reichseinigung von oben das deutsche Bürgertum geprägt hatte. Liberale, demokratische Gesinnung hatte eben in Deutschland außerhalb bestimmter Intellektuellenkreise keine Basis im deutschen Mittelstand, und selbst die sozialliberal ausgerichtete Deutsche Demokratische Partei (DDP), die die Weimarer Verfassung mitgetragen hatte, paßte sich schon vor 1933 so sehr einer autoritären Staatsauffassung an, daß ihre Parlamentarier das Ermächtigungsgesetz mittrugen.[628]

12. Widerstandskämpfer in Zuchthäusern und Konzentrationslagern

Das Bild des NS-Regimes ist unlösbar mit den Konzentrationslagern verbunden. In ihnen fand der alltägliche Terror seinen konzentriertesten Ausdruck. Zur Aufrechterhaltung der Diktatur reichten die normalen Polizei- und Justizorgane des bürgerlichen Staates nicht aus. Nicht etwa, daß von den beamteten Vertretern von „Recht und Gesetz" Widerstand gegen die Verfolgung der Arbeiterbewegung zu erwarten gewesen wäre; jedoch zur Vorbereitung des großen Krieges mußten selbst jene Ansätze von Widerstand zerbrochen werden, für die das engmaschige Netz der Gesetze noch zu grob war. Aber auch für die spezifischen Organe des faschistischen Terrors (SA, SS, Gestapo, KZ) galt, daß sie in die zwar pervertierten, aber weiterexistierenden bürgerlichen Rechtsinstitutionen eingewoben worden waren. Zutreiber für die Justizorgane, „Verhörspezialisten", „Haftvollstrecker": in diesen Aufgabenbereichen hatte der neue Terrorapparat eine Ergänzungsfunktion zur Justiz.
Als ein Beispiel unter vielen mag das Schicksal des jungen Essener Arbeiters Nikolaus Franz gelten: Nachdem er wegen Beteiligung an Widerstandsaktionen des KJVD am 2. Februar 1937 eine zweijährige Zuchthausstrafe abgesessen hatte, befürwortete selbst die Essener Gestapostelle auf Drängen der Eltern seine Entlassung nach Hause, da er sich ja nur geringfügig und dazu noch erstmalig „vergangen" habe. Der Direktor der Strafanstalt Herford, Dr. Wüllner, belehrte die Gestapo aber eines Besseren: „Franz hat sich zwar hausordnungsmäßig geführt, ist aber derart in seiner kommunistischen und staatsfeindlichen Ideenwelt befangen", daß Schutzhaft erforderlich sei. Darauf wurde Nikolaus Franz ins KZ Buchenwald überwiesen, wo ihn der verhängnisvolle Satz des Zuchthausdirektors über drei Jahre lang in seiner Akte begleitete und jedes Entlassungsgesuch zunichte machte, bis das KZ in lapidaren Worten seinen Tod am 17. Juni 1940 mitteilte.[629]
Trotz solcher Fakten betonen manche Historiker immer noch die alleinige Verantwortung der terroristischen Sonderformationen und versuchen, den Justizapparat reinzuwaschen, während in Wirklichkeit jeder noch so „ordentliche" Prozeß auf Vernehmungen und Aussagen beruhte, die in den Folterkellern unter Qualen erpreßt worden waren. Nur wenige Richter wagten es, auf

Der Strafanstaltsdirektor.

Herford, den [illegible]. Januar 1937.
Fernsprech-Nr. 2041/42.

Aktenz.: 5.O.Js.3e/35.
G.St.A.Hamm.

An die
Staatspolizeistelle
in
Essen.

Der Zuchthausgefangene Nikolaus Franz, geboren am 20.5.1912 in Essen, hat am 2.2.37 seine Zuchthausstrafe von 2 Jahren wegen Vorbereitung zum Hochverrat verbüsst und wird nach Essen, Nordhofstrasse 118 entlassen.

Franz hat sich zwar hausordnungsmässig geführt, ist aber derart in seiner kommunistischen und staatsfeindlichen Ideenwelt befangen, dass von einer inneren Umstellung bei ihm nichts zu spüren ist. Es besteht durchaus die Gefahr, dass sich Franz auch erneut nach seiner Entlassung in staatsfeindlichem Sinne betätigt. Schutzhaft, für kurze Zeit halte ich für erforderlich.

gez. Dr. Wüllner.

Beglaubigt:
Strafanstaltssekretär.

Geheime Staatspolizei — Staatspolizeileitstelle Düsseldorf

Aufgenommen: 17.6.40 von Kl. Buchenwald, Tgf., Nr. 1902

Telegramm — Funkspruch — Fernschreiben — Fernspruch

++ KL BUCHENWALD NR. 3412 17.6.40 18.05 HE.-
-- AN STAPO DUESSELDORF, AUSSENDIENSTSTELLE ESSEN.-
-- BETR. : POLIT.-HAEFTLING NIKOLAUS FRANZ, GEB. AM 20.5.12. IN ESSEN, LETZTER WOHNORT ESSEN, NORDHOFSTR.118.---
F. IST AM 17.6.40 UM 0.35 UHR AN HERZSCHWAECHE NACH BLINDDARMOPERATION VERSTORBEN EINAESCHERUNG AM 19.6.40. AUF AUF EINEN AN DAS KREMATORIUM IN WEIMAR -BUCHENWALD ZU RICHTENDEN ANTRA G KOENNEN DIE ANGEHOERIGEN DIE ASCHE(AUF EIGENE KOSTEN) AN DIE VERWALTUNG DES HEIMATFRIEDHFES UEBERSENDEN LASSEN. DIE STERBEURKUNDE IST BEIM STANDESAMT IN WEIMAR-BUCHENWALD ZU BEANTRAGEN. ICH BITTE DIE ANGEHOERIGEN BESTIMMUNGSGEMAESS VON VORSTEHENDEM ZU BENACHRICTIGEN. DAS GESTAPA HAT NACHRICHT ERHALTEN.

DER LAGEROMMANDANT I.V. GEZ. R O E D L SS-OBERSTUBAF. --

Schreiben aus der Haftakte Nikolaus Franz, Essen

die häufigen Widerrufe von Angeklagten einzugehen und dem Vorwurf der Folterung nachzuforschen.[630]
Tausende Mitglieder der Arbeiterparteien und entschiedene bürgerliche Demokraten wurden gleich zu Beginn der faschistischen Diktatur verhaftet und zur „Schutzhaft“ in die schnell errichteten Konzentrationslager gebracht, die anfangs in leerstehenden Gebäuden oder als Barackenlager aufgebaut wurden. Eines der berüchtigsten KZ im Rhein-Ruhrgebiet war die „Kemna“, von der Wuppertaler SA in einem leerstehenden Fabrikgebäude errichtet. Die SA-Schläger, die zur Bewachung eingesetzt waren, zeichneten sich durch ihre Brutalität aus. Oft rächten sie sich an ihnen persönlich bekannten Antifaschisten, die ihrem Straßenterror mutig entgegen getreten waren.[631] Ein ähnliches Terrorregiment herrschte im SA-Lager auf dem Gelände der Essener Zeche Herkules.[632] Außer in andere örtliche Lager wie der Bochumer Zeche Gibraltar wurden die Antifaschisten aus dem Ruhrgebiet nach Brauweiler oder Kleve verschleppt.
Über die Zustände im KZ Kleve berichtete Heinrich Rabbich aus Essen:
„Ich wurde am 1. April 1933 mit fünfzig weiteren Leidensgefährten per LKW unter starker Bewachung nach Kleve gebracht. Hier war das Frauengefängnis geräumt und für die sogenannten Schutzhäftlinge reserviert worden. Außer den Essener Häftlingen waren hier Hitlergegner aller politischen Richtungen und Bekenntnisse aus dem Niederrhein zusammengebracht worden. Das Gefängnis, welches normalerweise mit 80 bis 90 Gefangenen belegt war, mußte jetzt zeitweilig für 400 bis 500 Mann Platz bieten. Fünf bis sieben Mann in einer Zelle waren keine Seltenheit.
Schon der Empfang in Kleve ließ keinen Zweifel daran, daß die Häftlinge nunmehr in dem Vorraum der Hölle angelangt und einer sadistischen Meute von Bewachern ausgeliefert waren.
Die Empfangsrede des SA-Sturmführers Meier wimmelte nur von Sätzen wie: Ihr roten Hunde! Wer aufmuckt, wird erschossen! Ihr lernt noch aus der Hand fressen und unsere Schuhe küssen!
Nun, sie hatten nicht zuviel versprochen. Geprügelt und gequält wurde jeden Tag. Den ganzen Tag lang hallte das Haus wider von den Schmerzensschreien der Gefolterten. Ihren Höhepunkt erreichten die sadistischen Quälereien durch den Mord an dem kommunistischen Abgeordneten, Genossen Schneider aus Goch am Niederrhein: Auf dem Rundweg des Gefängnishofes hatten sich alle Wachmannschaften des Hauses aufgestellt, Bewaffnet mit Karabinern, Seitengewehren, Koppeln und Gummiknüppeln schlugen sie ihr zunächst noch laufendes, bald nur noch taumelndes und immer wieder stürzendes Opfer buchstäblich zu Tode. Mit den Worten: ‚So nun verreck, Du rotes Aas’ wurde der Gefolterte in seine Zelle geworfen.

Den lauten Protest der Mithäftlinge, die von ihren Zellenfenstern dem Treiben ohnmächtig zusehen mußten, verscheuchte man mit Karabinerschüssen. Dem pro forma untersuchenden Staatsanwalt erklärte man, Schneider sei aus der zweiten Etage heruntergesprungen. Unzählige Augenzeugen wissen, daß das eine Lüge ist. Unter den Wachmannschaften befanden sich fünf Stahlhelmleute. Selbst diesen gingen die blutigen Grausamkeiten zu weit. Sie weigerten sich, an der Ermordung des Genossen Schneider teilzunehmen, schnallten ihre Koppel ab, warfen sie den Henkersknechten vor die Füße und verließen den Dienst für immer.
Im Herbst 1933 wurden die Häftlinge nach und nach entlassen bis auf einige, die nach Brauweiler überführt wurden, darunter auch ich. Brauweiler war damals mit ca. 1 000 ‚Schutzhäftlingen' belegt.
Während dieser ganzen Zeit wurde meine Frau Luise von Gestapo, Partei und Winterhilfe durch Schikanen und Drohungen schlimmster Art behandelt, um sie zu Aussagen gegen mich zu zwingen. Wohl widerstand sie, aber in ihrer Verzweiflung stürzte sie sich aus dem Fenster. Nur einem glücklichen Zufall war es zu verdanken, daß sie ohne größeren körperlichen Schaden davonkam. Aber seelisch war sie völlig zerbrochen. Nach diesem tragischen Unfall wurde die ganze Nachbarschaft rebellisch. Pastor Dollendorf von der katholischen St. Elisabeth Kirche und viele„ meist katholische Bürger von Breilsort schrieben ein Gnadengesuch für mich, nach dem ich dann auch am 28. Februar 1934 entlassen wurde."[633]
Heinrich Rabbich wurde erneut vom 16. Juni 1934 bis 1. April 1935 in Haft gehalten, 1935 und Anfang 1936 wieder vernommen und gefoltert, dann wegen seiner Widerstandstätigkeit am 22. September 1936 verhaftet und zu vier Jahren Zuchthaus verurteilt. Nach seiner Freilassung 1940 blieb er bis zur erneuten Verhaftung am 22. September 1944 in Freiheit. In dieser Zeit wurde seine schwermütig gewordene Frau im Zuge der Euthanasie-Aktion ermordet. Im Oktober 1944 konnte Rabbich aus dem Gefängnis fliehen, verbarg sich bis März 1945 bei seiner Tochter im Westerwald, kehrte illegal nach Essen zurück und baute in den letzten Kriegswochen zusammen mit dem russischen Kriegsgefangenen Dr. Paul Timor und deutschen Widerstandskämpfern eine antifaschistische Organisation auf.
Im Frühjahr 1933 gingen die ersten Züge mit „Schutzhäftlingen" aus dem Rhein-Ruhrgebiet in die Moorlager bei Papenburg. Hierüber hat der ehemalige Redakteur des „Ruhr-Echo" und langjährige Moorhäftling Willi Perk in seinem Buch „Die Hölle im Moor" berichtet.[634]
Auch im Moor gaben die Antifaschisten nicht auf, sondern bemühten sich, in Kameradschaft und gegenseitiger Hilfe dem Terror durch die Kraft der Solidarität zu begegnen. Darüber hinaus hatten sich die politisch bewußtesten Häft-

linge zu illegalen Widerstandsorganisationen zusammengeschlossen, die nicht nur die sogenannte Lagerselbstverwaltung beeinflußten, das Leben der Gefangenen nach Möglichkeit zu schützen und zu erleichtern suchten, sondern auch die politische Diskussion und Schulung organisierten. Bester Ausdruck des organisierten Widerstandes war im Emsland das „Moorsoldatenlied", das der Düsseldorfer Schauspieler Wolfgang Langhoff nach einem Entwurf des Bergmanns Johann Esser aus Moers verfaßte. Die illegale Lagerleitung besorgte Rudi Goguel, Funktionär der Angestelltengewerkschaft aus Düsseldorf, einen Platz im Krankenrevier, damit er dort die passende Melodie schreiben konnte. Arbeitskommandos und entlassene Häftlinge brachten das Lied aus dem Lager, zum Beispiel schmuggelte der Mülheimer Otto Gaudig ein Exemplar des Liedes, in seinem Schuh sicher eingenäht, aus dem Lager.[635]
Ein junger Häftling in Börgermoor, der Dortmunder Heinz Junge, berichtete, wie er 1933 die Solidarität der Widerstandskämpfer hinter dem Stacheldraht erlebte:
„Einige Tage nach meiner Ankunft wurde ich vom Tischältesten Paul an einen anderen Tisch gebracht und mit einem Jugendgenossen Hermann aus Köln-Kalk bekannt gemacht. Er schlug mir vor, an einem Zirkel für politische Ökonomie teilzunehmen. Als ich einwilligte, arbeitete er zunächst mit mir allein den von diesem Zirkel bereits behandelten Stoff durch. Zweimal in der Woche fanden sich bei Hermann mit mir sieben, meist jüngere Genossen ein, sprachen über Ware, Mehrwert und Akkumulation des Kapitals.
Oft wurden Ausschnitte aus dem Wirtschaftsteil der Tageszeitung hinzugezogen, um deutlicher zu machen, wie sich das gegenwärtig unter dem Faschismus auswirkte. Dieser Zirkel war natürlich geheim. Wenn wir dort saßen, waren die umliegenden Plätze von anderen Genossen besetzt, wodurch unser Zirkel abgeschirmt wurde. (...)

Die SS wird agitiert.

(...) Ein älterer Mitgefangener erklärte, warum die Kommunisten das Gespräch mit der Wachmannschaft suchten: 'Wir versprechen uns davon, daß durch jede Unterhaltung mit einem SS-Wachmann er besser erkennt, daß wir Proleten sind wie er, und daß dieses Erkennen bei dem Einzelnen die SS als Terrortruppe gegen uns zersetzt. Beweis: Warum können wir jetzt hier im Graben sitzen und eine Zigarette rauchen, obwohl der Posten dort den Rauch aufsteigen sieht?'
Auch mit meinem Tischältesten sprach ich diese Fragen oft durch. Er klärte mich darüber auf, daß die SS in der ersten Zeit wild geschlagen hatte. Sie war der Meinung, daß die Gefangenen alle 'Bonzen' wären. Erst als sich herausstellte, anfänglich mittels einer kurzen Bemerkung und heimlicher Einzelgespräche,

später auch über den Stacheldraht hinweg mit Gruppen von SS-Leuten, daß es sich bei den Gefangenen um lauter Arbeiter handelte, bezog ein Teil der SS eine andere, nicht mehr so feindliche und ablehnende Stellung. Die Parteileitung im Lager hatte einzelne Genossen beauftragt, mit bestimmten SS-Leuten in engere Beziehungen zu treten. So schnitzte unser Atzel für die SS-Leute aus 'tausendjähriger' Mooreiche und anderem Holz Zigarettenetuis und andere Kleinigkeiten. Er ging sogar in die SS-Unterkünfte, wie dies auch andere Kameraden taten."[636]

Wichtige Ergebnisse dieser Überzeugungsarbeit an den Nazianhängern unter der Wachmannschaft waren eine Kulturveranstaltung, die unter Leitung Wolfgang Langhoffs von Häftlingen für ein Publikum aus Mitgefangenen und SS durchgeführt und mit der „Premiere" des Moorsoldatenliedes beendet wurde, sowie der Ausbruch einer offenen Meuterei unter der SS im Herbst 1933. Die unzufriedenen Bewacher boten den Häftlingen an, gemeinsam über die nahe holländische Grenze ins Exil zu gehen. Trotzdem lehnte die illegale Lagerleitung der KPD jede Beteiligung an der Meuterei ab, weil sie es für wichtiger hielt, daß sich die „Schutzhäftlinge" nach ihrer erwarteten Entlassung zu Weihnachten oder im Frühjahr wieder dem antifaschistischen Kampf in ihrer Heimat anschlossen. Kurz darauf wurde die SS von Polizeieinheiten entwaffnet und selbst als Gefangene abtransportiert. Unter der neuen Wachmannschaft setzten die Häftlinge ihre illegale Arbeit fort. Ihre ungebrochene revolutionäre Gesinnung und ihre Verbundenheit mit der sozialistischen Sowjetunion bewiesen sie unter anderem mit einer Revolutionsfeier im KZ, über die Heinz Junge berichtet:

„Am 7. November hatten wir – entgegen der Gewohnheit – mitten in der Woche Unterhaltungsabend. Fritz mit der Gitarre, ein rothaariger Jugendgenosse aus dem Bergischen, spielte zu einem leisen Summen, in dem unschwer das Lied ‚Feindliche Stürme' zu erkennen war. Beim Refrain: ‚Auf die Barrikaden, auf die Barrikaden, Erstürme die Welt, Du Arbeitervolk!' sprang ein Wolgadeutscher, der auf seine Ausreisegenehmigung in die Sowjetunion wartete, auf die Bank und tanzte nach der Melodie. Der Barackenälteste hatte zwar das Mitsingen durch Zeichen untersagt, aber alle sprangen von den Bänken auf und klatschten im Rhythmus des Tanzes. Neben gewöhnlicher Unterhaltung wurden kurze Gedichte und Erzählungen vorgetragen. Atzel zeigte seine ganze Kunst im Vorlesen der Zeitung: er las aus verschiedenen Ausgaben Teile von Berichten, auch aus dem Wirtschaftsteil und trug es insgesamt so vor, daß ein Referat über den sozialistischen Aufbau in der UdSSR daraus wurde."[637]

Auch in den Gefängnissen und Zuchthäusern bewahrten die Antifaschisten ihre aufrechte Gesinnung und versuchten, alle Möglichkeiten für den weiteren Widerstandskampf auszunutzen. Im Zuchthaus Lüttringhausen waren besonders viele politische Gefangene konzentriert, die die wichtigsten Kalfaktorenposten besetzt hatten. Mit stillschweigender Duldung des Direktors Dr. Engelhardt, der aus seiner Ablehnung des Naziregimes heraus Sympathien für die politischen Gefangenen empfand, erhielten Häftlinge auch Funktionen, die sie relativ unbewacht aus dem Zuchthaus herausführten. Der Düsseldorfer Antifaschist Heinrich Weinand wurde zum Beispiel als Fahrer eingestellt und konnte somit Nachrichten, unzensierte Briefe und Lebensmittel schmuggeln. Mit seiner Hilfe konnten sich die Häftlinge auch einen Radioapparat in der Zelle bauen, für den er die Materialien besorgt hatte. 1942 wurde ein solcher Radioapparat von einem holländischen Arbeiter und einem Rundfunktechniker zu einem sehr leistungsfähigen Gerät umgebaut und war monatelang unter dem Fußboden des Lazaretts versteckt. Hier hörten die Häftlinge regelmäßig ausländische Sender ab und gaben die Nachrichten an die anderen politischen Häftlinge weiter.[638]

Während die erdrückende Mehrheit des Justizapparates ohne Probleme in das faschistische Terrorsystem integriert werden konnte, stellten sich somit wenigstens einzelne Beamte dem Terror entgegen und bemühten sich, soweit möglich, um einigermaßen menschliche Behandlung der Häftlinge.

Selbst in dem berüchtigten Dortmunder Polizeigefängnis Steinwache gab es Beamte, die die politischen Gefangenen unterstützten. Der Sozialdemokrat Hermann Runge etwa wurde nach seiner Verhaftung nach Dortmund gebracht und sollte dadurch „mürbe“ gemacht werden, daß man ihn gefesselt in den „Bunker“ warf. Jede Nacht aber kam ein Gefängnisbeamter, um ihm heimlich die Fesseln aufzuschließen. Auch im Duisburger Polizeigefängnis erfuhr er die solidarische Hilfe von Wachbeamten.[639]

1938 wurde ein Polizeiwachtmeister der Steinwache verhaftet, weil er mindestens seit 1935 Kassiber für die politischen Häftlinge weitergegeben hatte,[640] und in Duisburg ging die Gestapo gegen Beamte des Polizeigefängnisses vor, weil sie kommunistische Gefangene unterstützt hatten.[641]

Es gibt ungezählte Beispiele für das aufrechte Verhalten von Antifaschisten hinter Kerkermauern. Hier seien stellvertretend zwei erzählt.

Paul Claasen, bis zu seiner Verhaftung im Mai 1935 Gewerkschaftsinstrukteur in Duisburg-Hamborn, versuchte, seine Mitgefangenen im antifaschistischen Sinne aufzuklären. Allerdings wurde er denunziert, daß er u. a. hohe SA-Führer „beleidigt“ habe. Ein Mitgefangener sagte unter Gestapodruck aus: „Claasen versuchte, mich für die Sache des Kommunismus zugänglich zu machen . . . Wenn ich entlassen wäre, sollte ich mich der Sache ganz zur Verfügung stellen.“ Der die Untersuchung führende Kriminalsekretär mußte bekennen: „Bei Claasen handelt es sich um einen verbissenen Kommunisten, der jede Gelegenheit zur kommunistischen Propaganda ausnützt.“[642]

Die Bochumer Kommunistin Christine Schröder erlebte den 1. Mai 1937 im Hammer Gefängnis: „Morgens um neun Uhr wird plötzlich ein Fenster zum Hof aufgerissen und jemand hielt eine Ansprache: 'Genossinnen und Genossen! Heute feiern wir den Tag der Arbeiter . . .' Uns lief eine Gänsehaut über den Rücken, so ergriffen waren wir. Dann gingen alle Fenster auf und einer fing an, die Internationale zu singen und alles stimmte ein. Erst als wir zu Ende gesungen hatten, geboten die Wächter Ruhe.“[643]
Auch mit den Familien der politischen Gefangenen übten die Antifaschisten, die noch in Freiheit waren, eine beeindruckende Solidarität; denn wenn der Ernährer in Haft war, standen Frau und Kinder ohne Arbeit, ohne Lohn, ohne jede Unterstützung da. Besonders die Rote Hilfe hatte sich schon in der Weimarer Zeit für die politischen Gefangenen eingesetzt und führte ihre Arbeit 1933 trotz Verbot fort. Zunächst hielt sie noch eine Bezirksorganisation im Ruhrgebiet aufrecht, die im Sommer 1933 vom Mitglied des ZK der KPD, Helene Overlach, geführt wurde. Daneben gab es einige Gruppen der Internationalen Arbeiterhilfe (IAH).[644]
Die Rote Hilfe stellte sich vornehmlich fünf Aufgaben:
1. „Kampf gegen die Klassenjustiz“.
2. „Kampf gegen den Terror“.
3. „Solidarität mit den politischen Gefangenen, den politischen Emigranten und deren Angehörigen.“
4. „Kampf gegen den Hunger an der Ruhr“.
5. „Klara Zetkin-Aufgebot“, in dem anläßlich des Todes der großen Internationalistin neue Mitkämpfer für die Solidaritätsbewegung gewonnen werden sollten.[645]

Angesichts des rücksichtslosen faschistischen Terrors beschränkte sich die Rote Hilfe nicht etwa auf eine reine Wohlfahrtstätigkeit, sondern verstand sich als wichtiges Instrument zur Mobilisierung aller Reserven gegen Hitler: „Indem wir breitere Schichten der Arbeiter, Angestellten, des Kleinbauerntums, des Mittelstandes, vor allem aber auch sozialdemokratisch und christlich eingestellter, für die Sammlung von Geldern, Lebensmitteln usw., für die Betreuung der politischen Gefangenen heranziehen, erziehen wir sie allmählich zu Klassenkämpfern und gewinnen sie als Mitglieder der Roten Hilfe.“[646]
Die monatlichen Einnahmen, die die RH zentral für den ganzen Ruhrbezirk erhielt, schwankten im Sommer 1933 zwischen 150,– und 390,– Mark, während gleichzeitig in den Orten viele Einzelsammlungen für bekannte Häftlinge durchgeführt wurden. Die Angehörigen der meisten Häftlinge berichten darüber, daß sie mit Spenden vor der schlimmsten Not bewahrt worden sind. Diese Hilfsaktionen hielten auch noch lange nach der Verhaftung der Bezirksleitung der Roten Hilfe an. So wurde noch im Herbst 1936 die Frau des verhafteten

Graphik aus der 1. Maizeitung der KPD, Düsseldorf 1935

Bochumer Reichstagsabgeordneten Walter Frank durch Spenden der Roten Hilfe unterstützt. Auch außerhalb dieses organisierten Rahmens nutzten die Arbeiterfamilien jede Gelegenheit, den Opfern des Naziterrors solidarische Hilfe zu erweisen.[647]

Einige Beispiele sollen den vielfältigen Widerstand in den Konzentrationslagern und Zuchthäusern nach Kriegsausbruch schildern; denn eine annähernd vollständige Darstellung wäre das Thema eines anderen Buches.

In allen großen Konzentrationslagern Deutschlands waren auch Widerstandskämpfer aus dem Ruhrgebiet interniert, die sich aktiv an den illegalen Lagerorganisationen beteiligten. So gehörten zur illegalen Leitung der KPD im KZ Sachsenhausen u. a. der letzte legale Bezirksleiter der KPD im Ruhrgebiet, Max Opitz, der Duisburger Reichstagsabgeordnete Matthias Thesen, Max Reimann aus Ahlen, der Leiter der RGO Ruhr 1933 und andere. In einer militärischen Spezialgruppe, die sich auf den bewaffneten Schutz der Häftlinge vorbereitete, arbeitete der Essener Erich Mohr mit. Ludger Zollikofer aus Essen war Blockältester im sogenannten Russenlager und von der illegalen KPD im Verbindungsstab mit dem sowjetischen militärischen geheimen Kommando eingesetzt. Er hatte die Aufgabe, auf allen nur möglichen Wegen Lebensmittel herbeizuschaffen, um der Absicht der SS, die sowjetischen Kriegsgefangenen verhungern zu lassen, entgegenzuwirken. Dafür sammelte er zum Beispiel bei den norwegischen Häftlingen, die manchmal vom Internationalen Roten Kreuz unterstützt wurden, Lebensmittel ein. Als die SS mit einer groß angelegten Verhaftungsaktion versuchte, die illegale Leitung der KPD zu zerschlagen, wurden am 11. November 1944 Ernst Schneller, Matthias Thesen, Erich Mohr, Ludger Zollikofer und andere erschossen.[648]

Im KZ Buchenwald gehörte der Nachfolger von Max Opitz in der Ruhr-Bezirksleitung der KPD, August Stötzel aus Wanne-Eickel, zur Widerstandsgruppe, die im Rüstungswerk Wilhelm Gustloff die Kriegsproduktion sabotierte. Auch an der Selbstbefreiung der KZs Buchenwald und Mauthausen 1945 beteiligten sich Häftlinge aus dem Ruhrgebiet.[649]

Aus Häftlingen des Zuchthauses Lüttringhausen wurde 1943 ein Bombenräumkommando zusammengestellt, das im Lager Kalkum nördlich von Düsseldorf stationiert war. Hier hielten sie mannigfache Außenkontakte, diskutierten bei ihren Einsätzen mit der Bevölkerung und bildeten im Lager selbst einen illegalen leitenden „Dreierkopf", dem auch der Mülheimer Jan Jürgens und Hermann Düllgen aus Neuß angehörten. Diese illegale Gruppe versuchte das Los der ebenfalls im Kommando eingesetzten KZ-Häftlinge, vornehmlich Sowjetbürgern, Polen, Tschechen und Franzosen zu erleichtern. Jan Jürgens berichtete:

„Wir konnten auch manchen von den Häftlingen, die morgens zur Einteilung in unser Lager geführt wurden, vor den Schikanen der SS-Bewacher schützen. Wir hatten durch Beschwerde bei unserer Lagerleitung erreicht, daß morgens bei der Einteilung die SS zurückgezogen wurde. Hierdurch war es möglich, einige von den Häftlingen für Arbeiten in unserem Lager zurückzuhalten. Wir konnten dann Aussprachen durchführen, wie wir die Lage des Kriegsgeschehens sahen. Wir konnten besprechen, was wir tun konnten, um das Kriegsgeschehen zu verkürzen. Auch besprachen wir Maßnahmen, die Lage der KZ-Häftlinge zu erleichtern. Wir hatten manche Möglichkeit, an Dinge heranzukommen, die für sie seit Jahren nicht mehr existierten. Zum Beispiel: Kleidungsstücke, Strümpfe, Unterwäsche, Schuhe, aber auch Literatur, Bücher, Schreibzeug. Am wichtigsten war natürlich Essen."[650]

Aber auch bestimmte materielle Verbesserungen für die deutschen Gefangenen, Sicherungen beim Bombenräumen und regelrechte Schulungsabende konnte die Widerstandsorganisation durchsetzen, nicht zuletzt wegen ihres guten Kontakts zum Kommandeur, Hauptmann Schweitzer, einem Antinazi aus konservativer Gesinnung heraus. Als die Gestapo bei einer überraschenden Lagerkontrolle bei dem Mitglied der illegalen Lagerleitung Hermann Düllgen aus Neuss das von ihm verfaßte Flugblattmanuskript „Von Stalingrad bis Kiew" entdeckte, wurde Düllgen vor den „Volksgerichtshof" geschleppt und wegen dieses Deliktes zum Tode verurteilt. Er wurde am 27. Oktober 1944 hingerichtet.[651]

Manchem Hitlergegner gelang die Flucht aus der Gefangenschaft und er konnte sich so dem rücksichtslosen Morden entziehen, das gerade in den letzten Kriegstagen von SS und Gestapo durchgeführt wurde. Der Sozialdemokrat Hermann Runge arbeitete zum Beispiel im Außenkommando des Zuchthauses Lüttringhausen für einen Wuppertaler Rüstungsbetrieb. Als er auf Verlangen der Gestapo ins Zuchthaus zurückbestellt werden sollte, konnte er sich mit Hilfe von Arbeitskollegen bei einem sozialdemokratischen Genossen versteckt halten, während ihn der Zuchthausdirektor bei der Gestapo als Bombenopfer meldete.[652]

Die Beispiele standhaften Widerstands selbst unter den extremsten Bedingungen, bei KZ-Haft, Folter, Hunger und Mord stellen den deutschen Antifaschisten ein hohes moralisches Zeugnis aus. Ihr Wille, niemals und unter keinen Umständen aufzugeben, machte den 8. Mai 1945 nicht nur zum Tag ihrer persönlichen Befreiung. Hier traten politisch und charakterlich integre Menschen an, um Deutschland eine Chance zum demokratischen Neubeginn zu geben.

13. Die Formierung des Widerstands gegen den Krieg September 1939 bis Sommer 1941

Am 1. September 1939 ging von Deutschland zum zweiten Mal innerhalb eines Vierteljahrhunderts ein Weltkrieg aus. Seit 1933 hatten Aufrüstung und expansive Außenpolitik diesen Tag vorbereitet. Dieser Krieg war weder ein Betriebsunfall noch das Produkt eines größenwahnsinnigen Einzelnen, sondern das notwendige und längst nüchtern einkalkulierte Mittel, mit dem die deutschen Expansionspläne verwirklicht werden sollten.
Westliche Historiker haben diese These immer wieder entschieden bestritten, ohne damit die erdrückende Fülle von Beweisdokumenten aus der Welt schaffen zu können.[653] Aus dem Blickwinkel der Niederlage von 1945 heraus erschienen Weltkrieg und Weltmachtpläne allerdings abenteuerlich. Man konnte schwer daran glauben, daß Großunternehmer um eines zweifelhaften Erfolges willen alles auf eine Karte gesetzt hatten. Aber schon 1914 hatte der gleiche deutsche Imperialismus bewiesen, daß er zum einkalkulierten Risiko bereit war, wenn es um den „Platz an der Sonne" ging.[654] Hatte nicht das Dritte Reich bereits fast sieben Jahre Zeit gehabt, der Welt vorzuexerzieren, wozu es fähig war? 1938/39 war die Chance, der Nazi-Agression Einhalt zu gebieten, vertan worden, als die britische und französische Regierung, beherrscht von dem Gedanken an einen Kreuzzug gegen die Sowjetunion, die Bemühungen der UdSSR um einen kollektiven Sicherheitspakt scheitern ließen und statt dessen versucht hatten, den faschistischen Ausdehnungsdrang nach Osten abzulenken.[655] In die Erbfolge dieser Konzeption treten jene Historiker, die die Geschichte des Zweiten Weltkrieges primär unter dem Gesichtspunkt angehen: Wie hätte man die Niederlage verhindern können, wie hätte man eine risikofreiere Expansionspolitik durchführen können?[656] Sie „vergessen" dabei, daß es dem Dritten Reich nicht darum gelegen war, als Juniorpartner in eine antisowjetische Koalition einzutreten, sondern sich selbst zum Herren Europas aufzuschwingen. Ein deutsches „Kolonialreich" in Südost- und Osteuropa war so sehr das zentrale Kriegsziel des deutschen Kapitals wie der faschistischen Regierung, daß einer „maßvollen", schrittweisen Politik prinzipielle Grenzen

gesetzt waren.[657] Nazideutschland stand unter sichtlichem Termindruck; denn mit jedem Tag, an dem die Sowjetunion erstarkte, schwanden die Chancen für die Kolonialisierung Osteuropas.[658]

Bei aller grundsätzlichen Übereinstimmung in der Feindschaft gegen die UdSSR prallten 1939 zwei verschiedene imperialistische Konzepte aufeinander.[659] Die Westmächte wollten zwar Deutschland gen Osten marschieren lassen, konnten ihm aber niemals die Hegemonie über die Hälfte Europas zugestehen. Hitlerdeutschland hingegen mußte zunächst seine westlichen Konkurrenten ausschalten und sich deren Industrie- und Rohstoffpotential unterwerfen, bevor es den Hauptgegner Sowjetunion angreifen konnte. Die Moskauer Verhandlungen zwischen britischen, französischen und sowjetischen Militärdelegationen im Sommer 1939 offenbarten, daß weder England noch Frankreich, noch das zuerst bedrohte Polen bereit waren, die Sowjetunion in einem möglichen Konflikt mit Hitlerdeutschland wirkungsvoll zu unterstützten.[660] Da die Briten gleichzeitig geheime Fühler nach Berlin ausgestreckt hatten und eine Verständigung auf antisowjetischer Grundlage zu befürchten war, sah sich die UdSSR gezwungen, das Angebot der deutschen Regierung, auf zehn Jahre einen Nichtangriffspakt zu schließen, anzunehmen. Sie verhinderte damit zunächst, daß sie mit unzureichendem Verteidigungspotential und ohne zuverlässige Verbündete in den Krieg hineingezogen wurde. Selbst die vergleichsweise kurze Zeit bis zum Überfall der Hitlertruppen am 22. Juni 1941 gab der Sowjetunion eine dringend benötigte Atempause für die Verstärkung ihrer Rüstungsindustrie und Streitkräfte.

Mit dem Überfall auf Polen und danach wandte sich der deutsche Faschismus zunächst gegen jene Länder, die in Fehleinschätzung des Kräfteverhältnisses das sowjetische Angebot zur kollektiven Abwehr der Aggression ausgeschlagen hatten. In Polen, danach in Norwegen, Dänemark, Belgien, Niederlande, Luxemburg, Frankreich, Jugoslawien und Griechenland demonstrierte der deutsche Faschismus, wie die „Neuordnung Europas" aussehen sollte. Neben den systematischen Terror und die Ausrottungskampagne, besonders gegen das polnische Volk, trat die wohlorganisierte Ausplünderungspolitik durch die deutschen Großunternehmen.[661] Besonders die Schwerindustriellen des Ruhrgebietes, der Flick-Konzern und die IG Farben begannen die Beute, darunter Fabriken und Gruben in Oberschlesien, Belgien und Lothringen, sofort nach den ersten militärischen Erfolgen unter ihre „Treuhandschaft" zu nehmen.

Auch der Krupp-Konzern stand beim Beutemachen nicht zurück. Erschütternd ist zum Beispiel das Schicksal Robert de Rothschilds, der sich standhaft geweigert hatte, sein Traktorenwerk (wichtig für die Panzerproduktion!) in Liancourt an Krupp abzutreten. Zunächst wurde er bei den Verhandlungen wegen seiner jüdischen Herkunft unter Druck gesetzt, um dann, als immer noch kein

„freiwilliger" Vertrag zustandegekommen war, nach Auschwitz abtransportiert zu werden. Der Krupp-Biograph Manchester resümiert die eindeutigen Beweise im Kriegsverbrecherprozeß gegen Krupp: „Rothschild mußte in die Gaskammer, damit Krupp sich bereichern konnte."[662]
Die veröffentlichten Dokumente über die Initiative und selbsttätige Rolle der großen Monopole bei der Ausplünderung der unterworfenen Völker Europas verweisen jene Behauptungen ins Reich der Legende, die in der Person Hitlers oder im Rassenwahn des Nationalsozialismus die Hauptursache für die Barbarei der deutschen Kriegführung suchen. Sie widerlegen auch die „Totalitarismus"-Theoretiker, die in den großen Konzernen nur abhängige Ausführungsorgane des totalitären Staates sehen wollen. In Wirklichkeit haben die Großbanken, die führenden Konzerne der Schwerindustrie, der Chemie- und Elektrobranche, nicht nur die Beseitigung der Weimarer Republik sowie die Aufrüstung betrieben, die den Krieg unvermeidbar machte; sie haben nicht nur im Krieg ungeheure Gewinne erziehlt, sondern haben auch die Ausplünderung Europas entscheidend mitgeplant und mitorganisiert.[663]
Während das nationalsozialistische Regime von Sieg zu Sieg stürmte und seinen Traum von der politischen und ökonomischen Herrschaft in Europa beinahe schon verwirklicht sah, formierten sich die ersten Widerstandsbewegungen in den besiegten Staaten.[664]
Auch in Deutschland selbst waren die Stimmen der Warner zwar leiser geworden, aber nicht verstummt. Der Kriegsbeginn erschwerte den antifaschistischen Widerstand außerordentlich. Es begann die drückendste und komplizierteste Etappe seiner Geschichte. Dafür war neben dem gesteigerten Terror auch das geänderte Verhalten großer Teile der Bevölkerung maßgebend.[665] Viele berauschten sich an den Blitzkriegserfolgen der Wehrmacht. Selbst manche Antifaschisten wurden von der Machtentfaltung Hitlerdeutschlands entmutigt und stellten zeitweilig ihre Tätigkeit ein. Auch die Verfolgungen, Folter, KZ und Gefängnishaft, sowie die strenge Überwachung und Bespitzelung nach der Haftentlassung hatten manchen Antifaschisten zermürbt und ließen ihn von neuer illegaler Tätigkeit zeitweilig Abstand nehmen.
Schon in den ersten Kriegstagen rissen Verhaftungen und Einberufungen zur Wehrmacht neue Lücken in die ohnehin geschwächten Widerstandskader und die Schließung der Grenzen erschwerte die Verbindung zu den Abschnittsleitungen der KPD und den Auslandszentralen der anderen Parteien außerordentlich. Die politisch-ideologische Unsicherheit in der Widerstandsbewegung, auch in den Reihen der Kommunisten, nahm zu. Schon die Berner Konferenz der KPD hatte auf die Schwierigkeiten für eine marxistische Schulung im Lande hingewiesen.[666] Unter Kriegsbedingungen aber stockten Einfuhr und Produktion antifaschistischer Literatur, und viele Widerstandsgruppen waren al-

lein auf das Abhören ausländischer Sender angewiesen. In der komplizierten Lage bei Kriegsbeginn fanden sich daher auch Kommunisten nicht sofort zurecht, unter anderem, weil sie nur verstümmelte Informationen über die Hintergründe des Nichtangriffsvertrags mit der Sowjetunion erhalten konnten. Ganz im Gegenteil zu den Behauptungen von Historikern wie Horst Duhnke oder K. D. Bracher, die KPD habe 1939 bis 1941 den Widerstandskampf aus Rücksicht auf den deutsch-sowjetischen Nichtangriffsvertrag eingestellt, bemühten sich das ZK, die Abschnittsleitungen, die Parteiorganisationen im Lande, aber auch kleine Gruppen und einzelne Mitglieder, den Widerstandskampf unter den denkbar kompliziertesten Bedingungen dennoch zu entwickeln. Angesichts einer noch nie dagewesenen Verhetzung der Bevölkerung mußte der Schwerpunkt der illegalen Arbeit auf der Verbreiterung und Verbesserung der Organisation und der schrittweisen Vorbereitung größerer Antikriegsaktionen liegen. Im Gegensatz dazu stellten allerdings die wenigen noch existierenden nichtkommunistischen Gruppen unter dem Eindruck der militärischen Erfolge und dem Verlust der letzten Auslandsverbindungen fast ausnahmslos ihre Tätigkeit ein.[667]

Obwohl die allgemeine antifaschistische Aktivität in den ersten Kriegsjahren recht beschränkt blieb, hatten weder der Gestapoterror noch die andauernde Siegespropaganda die objektiven Gegensätze zwischen NS-Staat und Monopolkapital einerseits und der arbeitenden Bevölkerung andererseits beseitigen können. Die Widerstandskämpfer konnten daher auf relativ verbreitete Formen der Resistenz in den Betrieben aufbauen, wie sie sich in Verletzung der Arbeitsdisziplin, kritischen Bemerkungen oder sogar Sabotage äußerten. Dazu ein interner Bericht vom 1. November 1941:

„Zusammenstellung der in der Zeit von Januar bis September 1941 durch den Reichstreuhänder der Arbeit für das Wirtschaftsgebiet Westfalen-Niederrhein gegen disziplinlose Bergmänner angeordnete Maßnahmen. (Die Zahlen in Klammern beziehen sich auf alle Gewerbegruppen für das Wirtschaftsgebiet):

1. Im Bergbau wurden Verwarnungen ausgesprochen:	2105	(18689)
2. Schutzhaftanträge wurden gestellt:	252	(1438)
3. Anträge auf Unterbringung im Arbeitserziehungslager wurden gestellt:	423	(1193)
4. Anträge auf Unterbringung in einem Konzentrationslager wurden gestellt:	13	(38)
5. Strafanträge bei der Staatsanwaltschaft wurden gestellt:	116	(1193) . . .“[668]

Neben diesen immer wieder aufflackernden Äußerungen des Klassenkonflikts, die den Angaben über Disziplinierungsmaßnahmen zugrunde lagen, kam es

A C H T U N G ! B E R G A R B E I T E R !

Achtstunden genug geschunden! ist die Losung des Tages und "Nieder mit der "Verbrecherstunde"!" wie die von Göring verfügte Überarbeit mit Recht genannt wird.

meraden! Nach den Phrasen der braunen Volksbetrüger sollt Ihr die Schicht achzig Pfennig mehr verdienen, aber von diesen achtzig Pfg. nehmen Euch die braunen Kriegstreiber wieder sechzig Pfg. zurück durch Erhöhung der Abzüge und Ihr sollt für zwanzig Pfg. eine dreiviertel Stunde länger im Loch bleiben. Wo bleibt da der "gerechte Lohn"?

Bergarbeiter! Unsere Losung sei und bleibe: Kein Pfund Kohle mehr als wie in acht Stunden. Wir haben genug geopfert an Kraft und Gesundheit, jetzt sollen die einmal opfern, die die riesigen Gewinne machen.

Kumpels! Langsamer arbeiten! - so muss es von Mund zu Mund gehen, denn Niemand kann uns zwingen, schneller zu arbeiten, wenn wir sagen, wir können nicht mehr. Macht es wie die Kameraden von "Julia", kommt früher zum Schacht, damit verkürzt Ihr Euren Aufenthalt in den Revieren und habt bessere Luft!

Bergarbeiter! Wir haben die Macht in Händen, denn ohne uns dreht sich kein Rad. Deshalb: benutzen wir unsere Macht und rufen wir es seren Ausbeutern und den braunen Bonzen in die Ohren: Achtstunden genug geschunden! und - Kein Pfund Kohle mehr! und der Sieg über die Volksbetrüger wird unser sein!

Antifaschistische Bergarbeiter.

Flugblatt Dortmunder Bergarbeiter, September 1939

auch im Rhein-Ruhrgebiet bereits mit Kriegsausbruch zu einzelnen weitergehenden Widerstandsaktionen.
So wandten sich Dortmunder Bergarbeiter im September 1939 mit einem Flugblatt gegen Überstunden für den Krieg und riefen auf: „Kumpels! Langsamer arbeiten!".[669] Damit stellten sie schon zu Kriegsbeginn eine der wichtigsten Losungen zur Behinderung der Kriegsproduktion in den Mittelpunkt ihrer politischen Arbeit.
Auf der Zeche Bonifatius in Essen-Kray und auf der Schachtanlage Emscher in Essen wurden anläßlich des Kriegsausbruchs mehrere Sabotageakte verübt, Transportbänder durch Einschieben von Eisenstangen blockiert, Stromkabel angeschnitten und eine Grubenlokomotive beschädigt.[670]
In Bochum klebten Antifaschisten selbstgefertigte Zettel sogar an einen Aushängekasten der NSDAP: „Ihr deutschen Arbeiter, haltet die Augen auf, Staat und Zechenbarone nutzen Euch aus!"[671]
Ebenfalls im November 1939 erschienen in Hagen Losungen an Plakatsäulen: „Fluch dem Massenmörder Hitler!" und am Fenster eines Personenzuges wurde ein Totenkopf gemalt mit der Unterschrift: „Nieder mit Adolf Hitler!".
Zur gleichen Zeit kursierten in Dortmund häufiger Flugzettel mit folgenden Losungen: „Nieder mit dem Krieg, mit Hitler und seinen Mordgesellen!"
„Krieg, Hunger und Elend, das verdanken wir unserem Führer! Hinweg mit diesem Verbrecher!"[672]
Seit Kriegsausbruch bemühten sich die Mitglieder der Abschnittsleitung West der KPD, von Amsterdam aus die Kontakte zu den Parteigruppen und den Bergarbeiterzellen im Rhein-Ruhrgebiet aufrechtzuerhalten und die illegale Organisation auf die erschwerten Kriegsbedingungen umzustellen. Hauptaufgabe der Reorganisation sollte sein, im Lande selbst Orts- und Gebietsleitungen der Partei aufzubauen und in Berlin eine operative Leitung der KPD für das ganze Reich zu bilden. Das erforderte, schrittweise den Apparat der Abschnittsleitung in Amsterdam aufzulösen und seine Mitarbeiter als Instrukteure ins Rhein-Ruhrgebiet und andere Teile des Reiches zu überführen.
Obwohl die Kommunisten sofort mit der Vorbereitungsarbeit für dieses Unternehmen begannen, dauerte es doch bis August 1940, daß als erster Instrukteur Willi Seng nach Wuppertal gehen konnte; denn nach der Besetzung Hollands durch deutsche Truppen mußte man unter noch schärferen Bedingungen der Illegalität und dazu noch der unmittelbaren Verfolgung durch die Gestapo arbeiten.
Im September 1939 gab die Abschnittsleitung die Erklärung „Der Krieg und die Aufgaben der Partei" heraus, in der ausgehend von der Beurteilung des Klassencharakters des Krieges der Sturz Hitlers und die Erkämpfung des Frie-

dens durch das deutsche Volk auf der Grundlage der Einheitsfront und Volksfront gefordert wurde. In ihr heißt es:
„Die Söhne Deutschlands sollen fallen, damit die Krupp, Thyssen, Göring und Konsorten ihre imperialistischen Weltherrschaftspläne verwirklichen können. (...)
Die KPD hat alles versucht, um das deutsche Volk vor dieser Katastrophe zu bewahren (...) Sie hat hundertmal erklärt, daß der Friede im höchsten nationalen Interesse des deutschen Volkes liegt, und daß die Befreiung vom Hitlerfaschismus nur durch die geeinte Kraft des deutschen Volkes selbst erreicht werden kann. Sie hat trotz dauernder Ablehnung durch den sozialdemokratischen Parteivorstand und die Führungen anderer sozialdemokratischer Gruppen für die Herstellung der Einheit der deutschen Arbeiterklasse gekämpft. (...)
In der Erkenntnis, daß jede erkämpfte Lohnerhöhung, jede Verlangsamung des Arbeitstempos, jede durchgesetzte Forderung der Arbeiter, Bauern und Mittelständler ein Kampf zur Erhaltung des Friedens ist, haben sich unter Führung der Partei zahlreiche Widerstandsaktionen und Streiks entwickelt, die die Kriegsvorbereitungen des Hitlerregimes ernsthaft erschwerten.
Der Krieg konnte trotz dieser Anstrengungen nicht verhindert werden. Die deutsche Arbeiterklasse und die werktätigen Volksmassen stehen jetzt vor der Aufgabe, im nationalen Interesse des deutschen Volkes diesen Krieg schnellstens und mit allen Mitteln durch den revolutionären Sturz des Hitlerregimes und seiner monopolkapitalistischen Auftraggeber zu beenden. (...)
(Chamberlain und Daladier) versuchten eine Politik der Beschwichtigung und der Ablenkung der Aggression nach Osten. Sie versuchten, die Sowjetunion in den Krieg zu verwickeln, sie zu vernichten und so die internationale Arbeiterklasse zu schwächen. Durch die Politik der Sowjetunion unter Führung des Genossen Stalin wurde dieser Versuch zunichte gemacht (...) Mit der Ablehnung des von der Sowjetunion angestrebten Friedenspaktes mit den ‚demokratischen' Ländern gegen die Aggression hatte sich die Situation grundlegend geändert. Die Kriegsziele der Bourgeoisien aller kriegführender Länder sind rein imperialistische. (...)
Die Arbeiterklasse und die werktätigen Massen aller Länder müssen sich jetzt mit aller Kraft auf die Seite der Sowjetunion stellen, die einzige Macht, die einen wirklichen Kampf für den Frieden und gegen den imperialistischen Krieg führt (...)
Der Kampf gegen Hitler ist in eine neue und entscheidende Phase getreten. War bis jetzt die zentrale Aufgabe die Erhaltung des Friedens, so besteht sie jetzt darin, den Krieg schnellstens und mit allen Mitteln zu beenden und den Frieden wiederherzustellen. Die zentrale Losung muß deshalb sein:

Revolutionärer Sturz des Hitlerregimes und seiner monopolkapitalistischen Auftraggeber. Schaffung einer demokratischen Republik neuen Typs, die dem deutschen Volk Frieden, Freiheit und Wohlstand sichert und den Weg frei macht zu einer sozialistischen Gesellschaft, durch die allein imperialistische Kriege verhindert werden können. Die Grundbedingung zur Erreichung dieses Ziels bleibt dieselbe: Herstellung der Einheit der Arbeiterklasse und eines festen Kampfbündnisses mit den werktätigen Mittelschichten in einer starken deutschen Volksfront (...)"[673]
Mitte November 1939 verbreitete die Gebietsleitung der KPD im Rhein-Ruhrgebiet das Flugblatt „Volk von Rhein und Ruhr", in dem sie die Grundgedanken ihrer programmatischen Erklärung noch einmal zusammenfaßte:
„Wir kämpfen unermüdlich für die Herstellung der Einheitsfront der Arbeiterklasse und die Einigung des ganzen werktätigen Volkes (...)
Genossen! Männer und Frauen!
Was ist das Ergebnis des seit über zwei Monaten tobenden Krieges! Unsere Jugend, unsere Männer verbluten auf dem Schlachtfeld (...)
Arbeiter und Arbeiterinnen! Görings Kriegswirtschaftsverordnungen zwingen Euch Arbeiter zu unbegrenzter Leistung von Überstunden (...)"
Die Kommunisten legten dar, wie der Krieg auf allen Volksschichten lastete, und warnten vor einer drohenden Ausweitung des Krieges. Obwohl die Politik der Sowjetunion dem sozialistischen Staat durch den Nichtangriffsvertrag eine Atempause und die Chance zu weiterem angestrengtem friedlichem Aufbau gegeben habe, drohe die Gefahr, daß der deutsche Faschismus den gerade erst unterschriebenen Vertrag zerreiße und über die UdSSR herfalle:
„Hitler, der Diktator ratifiziert den Vertrag ganz allein (ohne demokratisches Parlament, D. P.), um ihn bei Gelegenheit genauso zu zerreißen, wie er andere Verträge auch zerrissen hat. Das zu verhindern, ist eine der wesentlichen Aufgaben des deutschen Volkes (...)
Deutsche Soldaten! Ihr, die ihr wieder einmal eure Knochen für Krupp und Thyssen zu Markte tragt, kämpft für den Frieden und verbrüdert euch mit den Soldaten, die euch gegenüber stehen (...)
Nieder mit dem Krieg, wir wollen Frieden! Nieder mit Hitler, wir wollen Freiheit! Es lebe der Friedens- und Freiheitskampf des deutschen Volkes!"[674]

Bis zum Überfall der Wehrmacht auf Holland im Frühjahr 1940 hielt die Abschnittsleitung mit Hilfe niederländischer Antifaschisten Verbindungen unter anderem nach Aachen, Dortmund, Eschweiler, Essen, Sterkrade, Kohlscheid, Wanne-Eickel, Witten (dort auch zu den Vereinigten Glanzstoffwerken).[675] Nach der Besetzung Hollands wurde die Übersiedlung der Instrukteure ins Reich noch dringender, wenn man eine feste operative Anleitung der

Parteigruppen garantieren wollte. Dazu war es nötig, die Verbindung mit dem ZK zu festigen, materielle Mittel für die illegale Arbeit, falsche Papiere, Druckmöglichkeiten und so weiter zu schaffen, sowie den Grenzübertritt und den ständigen Kontakt zwischen dem Ruhrgebiet und Amsterdam zu organisieren.[676] Erich Gentzsch, Wilhelm Beutel, Wilhelm Knöchel von der Abschnittsleitung West und der Leiter der KPD-Emigrantenorganisation in Holland, Eugen Schwebinghaus, übernahmen die Verwirklichung dieses umfangreichen Aufgabenkatalogs.

Nach der Unterbrechung der Verbindungen zur Pariser Auslandsleitung des ZK der KPD konnte der Holländer Daan Goulooze Ende 1940 wieder über holländische und schwedische Seeleute den Kontakt zur neuen Auslandsleitung in Stockholm herstellen. Goulooze verfügte als Vertreter des Apparats der Komintern in Westeuropa über eine Reihe von Funkstationen und Kurierverbindungen. Im Frühjahr 1941 stellte er eine direkte Funkverbindung zu Wilhelm Pieck in Moskau her, die bis 1943 bestehen blieb. Auf diesem Wege waren sowohl die Instrukteure um Wilhelm Knöchel als auch die illegale Organisation der KPD für Frankreich um Otto Niebergall mit dem Zentralkomitee verbunden.[677]

Sowohl der illegale Aufenthalt in Holland wie erst recht die Arbeit in Deutschland erforderte eine Fülle gefälschter Papiere. Über ihre Herstellung berichtet Cilli Hansmann, die Mitarbeiterin der Abschnittsleitung:

„Alle Papiere, die wir für den illegalen Kampf benötigten, wurden von unserem Genossen Gustav Gerber aus Nürnberg, den wir nur den ‚Alten' nannten, mit einer außergewöhnlichen Präzision ausgeführt. Alle Zeichnungen, die zur Herstellung einer deutschen Kennkarte notwendig waren, wurden von ihm gemacht. Die dazu benötigte polizeiliche Beglaubigungsmarke, die Polizeistempel, die Mitropakarte, Freistellungspapiere mit den notwendigen Stempeln und Unterschriften, wurden von ihm vollständig allein hergestellt. Es waren Meisterwerke der Lithographie. (...)

Unser Genosse Martin Löwenberg hatte mit seinem Bruder eine Druckerei in Amsterdam. Der Bruder hatte nichts mit uns zu tun und wußte nichts von der Arbeit unseres Genossen. Martin Löwenberg aber druckte fast alle unsere illegalen Materialien in der Druckerei.

Als Knöchel nach Deutschland reiste, hinterließ er mir den Auftrag, die Herstellung der deutschen Kennkarte zu übernehmen. Der Genosse Löwenberg ist dafür volle vier Monate von einem Papierlager zum anderen gegangen, um das spezielle graue Leinenpapier für die Kennkarte zu beschaffen. Endlich war es ihm gelungen. Die Vorarbeiten für die Fertigstellung der Karte waren vom Genossen Gerber schon abgeschlossen worden. Der holländische Genosse Daan Goulooze hatte mir geholfen, den Pleitegeier (Reichsadler) für die Vorderseite von einem Fachmann als Metallschablone herstellen zu lassen. Der folgende Druck war eine ungeheure Arbeit; denn es kam auf höchste Genauigkeit an. Zuerst mußte der Untergrund gedruckt werden, der aus unzähligen kleinen braunen Ornamenten bestand. Mit dem bloßen Auge konnte man das zuerst gar nicht feststellen. Diese Vorarbeit ließ Martin Löwenberg bei einem anderen zuverlässigen Druckereibesitzer machen, der Rest wurde in seiner Druckerei nach Feierabend gemacht.“[678]

Für die finanzielle Sicherung der illegalen Arbeit sorgten neben den Sammlungen deutscher Emigranten auch zuverlässige holländische Freunde, darunter Daan Goulooze, sowie ein jüdischer Textilfabrikant aus Zwolle, der in Deutschland bereits knappe Textilien spendete, von deren Verkauf die Instrukteure im Reich ihren Unterhalt finanzieren konnten. Auch die Kommunistin Dr. Ruth Stock, geborene Lilienthal, die im Schweizer Konsulat in Amsterdam arbeitete, unterstützte die deutsche Widerstandsarbeit. Wohlhabende holländische Juden, deren Söhne über illegale Verbindungen nach England in Sicherheit gebracht worden waren, honorierten diese Hilfe durch hohe Geldspenden.

Neben den Holländern, die trotz des Gestapoterrors im Lande das Risiko auf sich nahmen und ihre Wohnungen als illegale Quartiere zur Verfügung stellten, halfen andere den Instrukteuren beim Grenzübertritt und bei der Herstellung fester Verbindungen zwischen Amsterdam und dem Reich. So schleuste ein holländischer Arbeiter auf dem grenznahen Flughafen Venlo 1941 eine Reihe von Instrukteuren, darunter Alfred Kowalke, über das Flugfeld nach Kaldenkirchen auf der deutschen Seite der Grenze. 1942/43 pendelte neben anderen Piet Jansma auf dem Rheinschiff seines Onkels zwischen Holland und Duisburg, um Koffer mit Berichten und Materialien von Knöchel nach Amsterdam und zurück zu bringen. Bis Ende Januar 1942 hielt der Mitropakellner Traugott Lazina eine ständige Verbindung auf seinen Eisenbahnfahrten aufrecht.

Im August 1940 konnte Willi Seng ins Ruhrgebiet einreisen, um die Verbindungen zu den Parteigruppen wieder aufzunehmen und Quartiere für die nachfolgenden Instrukteure zu beschaffen.[679] Er stellte dann nach einem Bericht an das ZK vom Juni 1941 Verbindungen zu 33 Parteigruppen und -zellen im Ruhrgebiet wieder her, so daß man eine „Leitung für den Westen“ beziehungsweise eine Gebietsleitung Ruhr-Niederrhein schaffen konnte.[680]

Die Initiative zur Bildung und Festigung von Widerstandsgruppen ging aber nicht nur von der Abschnittsleitung aus, sondern auch von vielen Kommunisten und Parteilosen im Ruhrgebiet, die nicht mehr im Kontakt zur übergeordneten Leitung standen. Einige wenige Beispiele mögen dies beleuchten:

Sowohl die Widerstandsgruppen in den Dortmunder Metallbetrieben als auch die Gruppe Pöppe/Schmidtfranz in Bochum erreichten ihre größte Wirksamkeit zwar erst 1943 beziehungsweise 1944, haben sich aber gerade in den „stillen" ersten Kriegsjahren zusammengefunden. Auch andere Gruppen, unter anderem in Moers, Sterkrade, Oberhausen, Gelsenkirchen und Bielefeld bestanden teilweise schon in der Vorkriegszeit und setzen ihre illegale Tätigkeit, besonders auch das Abhören des Moskauer Rundfunks und die Diskussion der Kriegslage 1939/41 fort.[680a] Bis 1940 bestand auch die sozialdemokratische Gruppe Zimmermann/Dielitzsch in Dortmund fort und trat weiterhin für die antifaschistische Einheit ein. 1939/40 erhielten Widerstandsgruppen in Essen und Dortmund Materialien und Informationen der KPD-Bezirksorganisation Hamburg über den zur Kriegsmarine eingezogenen Dortmunder Linkssozialisten Siegfrid Drupp. Die KPD-Organisation in Dortmund hielt seit 1939 über Heinrich Schniedermann Verbindung zur KPD-Bezirksorganisation Berlin.[681]

Ein lockerer Kreis von Jungkommunisten aus Bochum und Dortmund traf sich ebenfalls vor und nach Kriegsausbruch bei Fritz Rische in Bochum, diskutierte die politische Lage, vervielfältigte auf einem Handabzugsapparat Flugzettel und schrieb antifaschistische Losungen.[682]

In Gelsenkirchen wurde am 18. Januar 1941 der Bergmann August Mathebel, der damals als Hilfsschlosser bei der Firma Dütsch & Nachf. arbeitete, verhaftet, weil er vor Kollegen gegen den faschistischen Krieg gesprochen hatte. Der langjährige Kommunist wurde wegen dieses „Vergehens" am 18. August 1944 zum Tode verurteilt.[683]

Aber auch außerhalb der organisierten politischen Widerstandsgruppen wuchs langsam der Unmut über die Entbehrungen des Krieges und die faschistischen Zwangsmaßnahmen. Eine typische Form des Jugendprotestes im Rhein-Ruhrgebiet, der vom völlig unpolitischen Aufbegehren bis zum bewußten Widerstand reichte, war die Verbreitung von Gruppen sogenannter Edelweißpiraten. Über seine Teilnahme an einer dieser Gruppen berichtete Bernhard Röppel aus Bottrop:

„Schulentlassung 1940 – Bergarbeiter-Kind – Aufgewachsen in einer typischen Bergarbeiterkolonie. Durchschnittskinderzahl der in dieser Kolonie lebenden Familien: 5 Kinder.

Trotz des bunten Durcheinanders von Oberschlesiern, Ostpreußen, Polen usw. stark entwickelter Gemeinschaftssinn und Zusammengehörigkeitsgefühl der Familien, das durch die schwere Arbeit auf den Schachtanlagen noch gefördert wird. (Übrigens, meines Erachtens einer der Gründe, warum sich der Widerstand gegen die Nazis in diesen Kolonien länger hielt als anderswo, und teilweise die Kinder dieser Eltern durch dieses Erleben zu unbewußten Widerstandshandlungen, gepaart mit Abenteuerlust, veranlaßt wurden.)

In den Schulen schwunghafter Handel mit Beutewaffen, die von den Schrott-

plätzen, oft unter Gefahr für Leib und Leben ‚organisiert' wurden. (Die Wächter dieser Plätze schossen damals auf alles, was sich bewegte.) Das Schießen mit der Schußwaffe wurde nach dem damaligen Held der Westernfilme ‚Tom Mix' fleißig geübt. Schußwaffen aller Kaliber, Revolver und Pistolen, waren in genügender Zahl vorhanden. Schießübungen mit scharfer Munition wurden in Luftschutzbunkern oder auf Wiesen auf Kerzen, Flaschen und leere Büchsen durchgeführt. Um eine Lehrstelle zu erhalten, meldete ich mich freiwillig zum ‚Landjahr'. Hinter diesem Begriff verbarg sich, im Gegensatz zum ‚Landdienst', eine Institution der Hitler-Jugend, die das Ziel hatte, die in diesen Lagern untergebrachten Jungen nach der Devise, ‚Zäh wie Leder, hart wie Kruppstahl und flink wie Windhunde' zu erziehen. In diesen Lagern wurden die ‚Besten' für die SS-Ordensburgen und Führerschulen der HJ ‚vorsortiert'. Hier, unter diesen Bedingungen, wird mir zum ersten Mal bewußt, daß ich die Nazis hasse.
Nach Ableistung dieses Landjahres bekam ich eine Lehrstelle als Schlosser und sollte, wie alle Teilnehmer, in den HJ-Streifendienst übernommen werden. Dieser HJ-Streifendienst hatte die Aufgabe, die damals bei uns bestehenden Ausgangsbeschränkungen für Jugendliche in den Abendstunden zu überwachen, Gruppenbildungen von oppositionellen Jugendlichen zu verhindern und Spitzeldienste unter der Jugend für SA und Gestapo zu leisten. Zu dieser Zeit wurde er insbesondere gegen die sogenannten ‚Edelweißpiraten' eingesetzt. Durch von mir provozierte Disziplinverletzungen entzog ich mich dem Streifendienst und wurde aus der HJ ausgeschlossen.
Der Haß gegen die Nazis und das Bedürfnis, ihnen Schaden zuzufügen, wuchs. Der nächste, für mich durchaus logische Schritt war der Beitritt zu den Edelweißpiraten. Diese locker organisierten Gruppen Jugendlicher im Alter zwischen 14 und 18 Jahren brachten ihren Protest gegen die autoritären Methoden der Nazis auf die verschiedenste Weise zum Ausdruck. Die Skala reichte vom Tragen langer Haare, Übermalen von Nazilosungen, Singen von antinazistischen Liedern bis zum Kleinkrieg gegen den HJ-Streifendienst dem oft regelrechte Schlachten geliefert wurden.
Im Spätsommer 1941 machte die Gestapo ernst. Der Treff unserer Gruppe, die etwa 150 Jungen und Mädchen zählte, wurde umstellt. Zwei ältere Jungen wurden bei einem Ausbruchsversuch aus der Umzingelung kaltblütig niedergeschossen und schwer verletzt. Die übrigen wurden mit vorgehaltenen Schußwaffen zusammengetrieben und nach etwa fünfstündiger Schleiferei durch die Innenstadt Bottrops geführt, als abschreckendes Beispiel für die übrige Bottroper Jugend."[684]
Ähnliche Gruppen gab es bis 1943/44 auch in Krefeld, Wuppertal, Düsseldorf, Köln und anderen Orten, wobei zumindest die Düsseldorfer Gruppe die förmli-

che Zusammenarbeit mit der illegalen KPD suchte und sich mehrmals mit Wilhelm Knöchel traf.[685]
In den Betrieben des Ruhrgebiets kam es 1940 zu verstärkten Unmutsäußerungen, aus denen bei der Gute-Hoffnungs-Hütte in Oberhausen sogar ein Streik erwuchs. Als die Direktion Anfang Juli 1940 eine Arbeitszeitverlängerung anordnete, rissen die aufgebrachten Arbeiter die Plakate mit der Bekanntmachung herunter und traten in den Proteststreik.[686] Proteste gab es auch auf der Zeche Fröhliche Morgensonne in Wattenscheid sowie auf anderen Zechen, auf denen Transportwagen für Kohle unter Tage mit Losungen gegen die niedrigen Löhne und die Kürzung der Weihnachtsgratifikation beschriftet wurden.[687]
Diese Beispiele zeigen, daß selbst die Blitzsiege der Naziwehrmacht und die nationalistische Verhetzung der übergroßen Mehrheit der Bevölkerung nicht imstande waren, den Widerstand gänzlich auszulöschen. Die Antifaschisten und besonders die Mitglieder und Funktionäre der KPD brachten ihren Protest auch in der Zeit von September 1939 bis Sommer 1941 im Rahmen des objektiv Möglichen zum Ausdruck, sammelten erneut ihre Kräfte und begannen, größere und schlagkräftigere Widerstandsgruppen zu formieren.

14. „Friedenskämpfer“: Die KPD-Gebietsorganisation Niederrhein-Ruhr Sommer 1941 – Anfang 1943

Im Sommer 1941 trat der Antikriegskampf in eine neue Phase. Wie in allen besetzten Gebieten Europas, so verstärkte sich auch in Deutschland nach dem vertragsbrüchigen Überfall der Hitlerarmeen auf die Sowjetunion die Aktivität des Widerstandes. Bei vielen alten Anhängern der sozialistischen Arbeiterbewegung wurzelte die Überzeugung sehr tief, daß der erste sozialistische Staat der Welt die wichtigste Errungenschaft der internationalen Befreiungsbewegung war und daher die Verteidigung der Sowjetunion zu den wichtigsten Pflichten jedes klassenbewußten Arbeiters gehörte. Die Völker Europas sahen in den Abwehrschlachten der Roten Armee den Auftakt für die entscheidende Phase des Ringens zwischen Faschismus und Anti-Hitler-Koalition.[688]

Die deutschen Hitlergegner sahen eine große Verantwortung auf sich ruhen: Ihr Kampf im Zentrum des Aggressors bestimmte in nicht geringem Maße, wie schnell und unter welchen Opfern das faschistische System besiegt werden konnte. Im Ringen um den Sturz Hitlers verknüpfte sich die deutsche Widerstandsbewegung mit dem Kampf der Völker Europas zur Befreiung ihrer Heimat. Daher duldete die Zusammenfassung und Aktivierung der zersplitterten antifaschistischen Opposition in Deutschland keinen Aufschub mehr.

Direkt nach dem Überfall auf die Sowjetunion erschien am 26. Juni 1941 ein erstes Flugblatt in Düsseldorf, das nichts weiter als knappe statistische Angaben über die Größe, die Bevölkerungszahl und das industrielle Potential der UdSSR enthielt. In diesen Zahlen drückte sich die Zuversicht aus, daß die Hitlerarmeen nunmehr auf einen Gegner gestoßen waren, den sie nicht besiegen konnten.[689]

Nicht nur die Funktionäre der Abschnittsleitung Amsterdam, sondern auch der Berliner Bezirksparteiorganisation der KPD unter Leitung von Robert Uhrig und die Leitung der illegalen KPD in Frankreich versuchten, Beziehungen zu den Widerstandsgruppen des Rhein-Ruhrgebiets herzustellen. Alle diese Organisationsbestrebungen fügten sich in den Plan des ZK der KPD ein, regionale illegale Leitungen und eine operative Leitung des Kampfes der KPD für ganz Deutschland zu schaffen. Zu diesem Zweck reisten mehrere Instrukteure des

ZK von Skandinavien aus nach Deutschland, unter ihnen auch Arthur Emmerlich, der in Berlin die erste operative Leitung der KPD bildete, die von August 1940 bis Ende Mai 1941 bestand und sich vornehmlich auf Verbindungen im nord- und mitteldeutschen Raum stützen konnte. (Die zweite operative Leitung wurde dann von Robert Uhrig, Alfred Kowalke und Wilhelm Knöchel gebildet und bestand von November 1941 bis Januar 1943; die dritte operative Leitung bildeten von Frühjahr 1943 bis Juli 1944 Anton Saefkow, Franz Jacob, Theodor Neubauer und andere.)[690]

Im Sommer 1940 kam Robert Uhrig bereits mit dem Berliner Kommunisten Albert Lukas zusammen, der seit über einem Jahr Kontakt zu seinem Dortmunder Genossen Heinrich Schniedermann hielt. Uhrig bestellte Lukas zum festen Instrukteur der Parteileitung für Dortmund. Heinrich Schniedermann hatte 1933/34 die Vertrauensfunktion des Nachrichtenmannes für die Dortmunder KPD bekleidet, wurde dann verhaftet und bis 1939 gefangen gehalten. Dann arbeitete er in einem Betrieb in Dortmund-Hörde, wo er die illegale Parteigruppe anleitete. Er besaß eine feste Verbindung zu Kasimir Nowak, einem Funktionär aus der illegalen Dortmunder KP-Leitung, 1941 verfügte Schniedermann über Kontakte zu mehr als 20 Widerstandskämpfern im ganzen Stadtgebiet, überwiegend in kriegswichtigen Betrieben, die selbst wiederum weitere Gruppen organisiert hatten. Nach dem schnellen Vormarsch der faschistischen Truppen in die Sowjetunion kam auch bei Dortmunder Kommunisten eine bedrückte Stimmung auf. Daher beauftragte Robert Uhrig seinen Instrukteur Albert Lukas, selbst nach Dortmund zu reisen und den Widerstandskämpfern neuen Mut zu machen. Lukas führte dann im September 1941 im Dortmunder Stadtwald eine illegale Beratung mit Heinrich Schniedermann und etwa fünf weiteren Antifaschisten durch, über die er Uhrig noch Anfang Februar 1942 Bericht erstattete. Uhrig, der inzwischen mit Wilhelm Guddorf und Alfred Kowalke die operative Leitung der KPD für Deutschland repräsentierte, beschloß, selbst nach Dortmund zu reisen, woran er allerdings durch seine Verhaftung wenige Tage später gehindert wurde.[691]

Im Herbst 1941 knüpfte der Bergmann Reinhold Mewes eine weitere Verbindung zwischen der operativen Leitung der KPD in Berlin und dem Ruhrgebiet.

> Der 1901 in Wien geborene **Reinhold Mewes** kam schon früh ins Ruhrgebiet, wo er im Oktober 1918 mit der Obersekundareife das Duisburger Steinbart-Gymnasium verließ und für die letzten Monate des Weltkrieges noch als Soldat eingezogen wurde. Danach arbeitete er einige Zeit als Gutsverwalter und wechselte 1922 in den Bergbau, wo er zunächst als Hauer arbeitete, bis er Grubensteiger wurde. Bis 1931 gehörte er der bürgerlichen Jugendbewegung an. Dann aber kam er mit gleichal-

terigen Marxisten zusammen und nahm auch regelmäßig an den Veranstaltungen der „Gesellschaft zur Organisation sozialwissenschaftlicher Vorträge“ (Gesov) teil, in denen oftmals prominente Marxisten zu Wort kamen. Ende 1931 trat Mewes der KPD bei. Besonders entschieden trat er dem wachsenden Einfluß der NSDAP entgegen. Daher schloß er sich Anfang 1932 auch dem „Aufbruch“-Kreis um den ehemaligen Freikorps-Führer Beppo Römer an, der in enger Zusammenarbeit mit der KPD für die nationale und soziale Befreiung des deutschen Volkes kämpfte. Namens des „Aufbruch“-Kreises führte Mewes regelmäßige Diskussionen mit Angehörigen nationalistischer Gruppen, ja sogar mit einem Kreis von SS-Leuten in deren Wohnungen. Auch im Heim einer nationalistischen sogenannten Werwolf-Gruppe war Mewes häufiger Gast. In dieser Zeit organisierten die „Aufbruch“-Leute auch große Versammlungen mit Beppo Römer und dem „Roten Grafen“ Alexander Stenbock-Fermor.
Nach der faschistischen Machtergreifung ging Mewes nach Süddeutschland und half beim illegalen Literaturtransport im Münchener Raum bis er im Herbst 1933 verhaftet wurde. Erst im April 1939 wurde er entlassen, emigrierte nach Frankreich, wo er erneut interniert und 1940 den deutschen Behörden ausgeliefert wurde. Am 19. September 1941 wurde er erneut aus der Haft entlassen und bekam sehr schnell in München mit Beppo Römer Kontakt. Seit Oktober 1941 arbeitete Mewes auf der Essener Schachtanlage Zollverein.
Anfang Februar 1942 wurde er bereits durch Spitzeltätigkeit verhaftet, am 2. November 1943 vom „Volksgerichtshof“ zum Tode verurteilt und am 13. Dezember 1943 hingerichtet.[692]

Mewes fuhr nach den Besprechungen in München auch nach Berlin, wo er mit Vertretern der operativen Leitung der KPD sprach und deren Zeitschrift „Informationsdienst“ erhielt. Auch in Essen wurde er von Fritz Riedel aus Berlin aufgesucht. In Duisburg trat Mewes sofort an seine ehemaligen Bekannten heran und besprach mit ihnen die nächsten Aufgaben der illegalen Arbeit. Dabei legte er besonderen Wert auf Kontakte zu den bürgerlichen Mittelschichten und auf die Sabotage der Kriegsproduktion. Tatsächlich schuf er Verbindungen zu Duisburgern, die in den Burger Eisenwerken in Hessen und in einem norddeutschen Flugzeugwerk arbeiteten. In der kurzen Zeit seiner Tätigkeit konnte Mewes allerdings keine Querverbindungen zur Gebietsleitung Rhein-Ruhr der KPD knüpfen.
Bei der Leitung der KPD-Emigration in Frankreich bestand eine Gruppe, die für die Arbeit nach Deutschland hinein verantwortlich war. In ihrem Auftrag

fuhr der Kölner Kommunist Leo Kneler, getarnt als polnischer Fremdarbeiter, am 9. März 1941 nach Deutschland und nahm eine Arbeit im Bunawerk Marl-Hüls an. Im April 1941 fand er Kontakt zur Widerstandsgruppe im Fremdarbeiterlager Marl-Hüls und zur Familie des Kommunisten Hans Weyers in Recklinghausen, die ihm Verbindungen zu weiteren Genossen verschaffte. Mit ihnen diskutierte er auch alle politischen Fragen, die mit der komplizierten Lage 1939 bis 1941 zusammenhingen und erklärte ihnen, warum die Sowjetunion den Nichtangriffspakt hatte schließen müssen. Nach dem 22. Juni 1941 fanden auch weitere Aussprachen über die besorgniserregende Lage an der deutsch-sowjetischen Front statt, bei denen Kneler erklärte: „Es ist schwer, aber solange in der Sowjetunion noch ein Arbeiterherz schlägt, wird der Faschismus nicht siegen." Die Gruppe organisierte Sammlungen von Lebensmitteln für sowjetische Kriegsgefangene. Weitere Kontakte hatte Kneler zu Kommunisten in Wesel, zu seinem Kölner Genossen Weingarten, der mit Sammlungen unterstützt wurde, und zu einem antifaschistisch eingestellten Zentrumsmann. Auch von Bochum aus gab es eine Querverbindung zum Bunawerk Hüls. Im September 1942 fiel der Verdacht auf Kneler, daß er es war, der den sowjetischen Kriegsgefangenen Lebensmittel zukommen ließ, worauf er nach Absprache mit der Widerstandsgruppe im Lager nach Frankreich zurückkehrte. Außerdem hatten die deutschen Kommunisten in Frankreich über Fremdarbeiter und Eisenbahner Kontakte nach Solingen, Düsseldorf, Wuppertal, Leverkusen und Köln.[693]
Als ersten Instrukteur ließ die Abschnittsleitung West der KPD in Amsterdam Willi Seng im August 1940 ins Rhein-Ruhrgebiet einreisen. Willi Seng („August") kam aus Berlin und war von Beruf Schneider. 1934 hatte er die Bezirksorganisation Niederrhein der Roten Sporteinheit geleitet und ab 1937 als Instrukteur der Abschnittsleitung unter anderem in Dortmund gearbeitet. Daher verfügte er über viele Verbindungen im Ruhrgebiet, die er jetzt aktivierte, um die Parteigruppen zusammenzufassen und Quartiere und Anlaufstellen für die nachfolgenden Instrukteure zu schaffen. Seine illegale Wohnung war bei der Familie Kiesebrink in Wuppertal, deren Haus sehr abgelegen stand. Im Juli 1941 fuhr Alfons Kaps („Fred") ins Rheinland, wo er aus seiner langjährigen Instrukteurtätigkeit über Verbindungen besonders in Düsseldorf und Wuppertal verfügte. Im Herbst 1941 knüpfte Albert Kamradt in Dortmund und Duisburg-Ruhrort Verbindungen zu dortigen Parteiorganisationen. Etwa zur gleichen Zeit reiste Alfred Kowalke über das Venloer Flugfeld zunächst nach Köln. Da Köln als wichtiger Verkehrsknotenpunkt schon stark bombardiert und viele Einwohner evakuiert waren, fand er keine Verbindung zur Parteiorganisation und reiste deshalb nach Berlin weiter. Hier bekam er über den Arbeitersportler Werner Seelenbinder Kontakt zur Bezirksleitung der KPD und nahm ab November 1941 an der Arbeit der operativen Leitung der KPD

Der Organisationsaufbau der KPD 1942

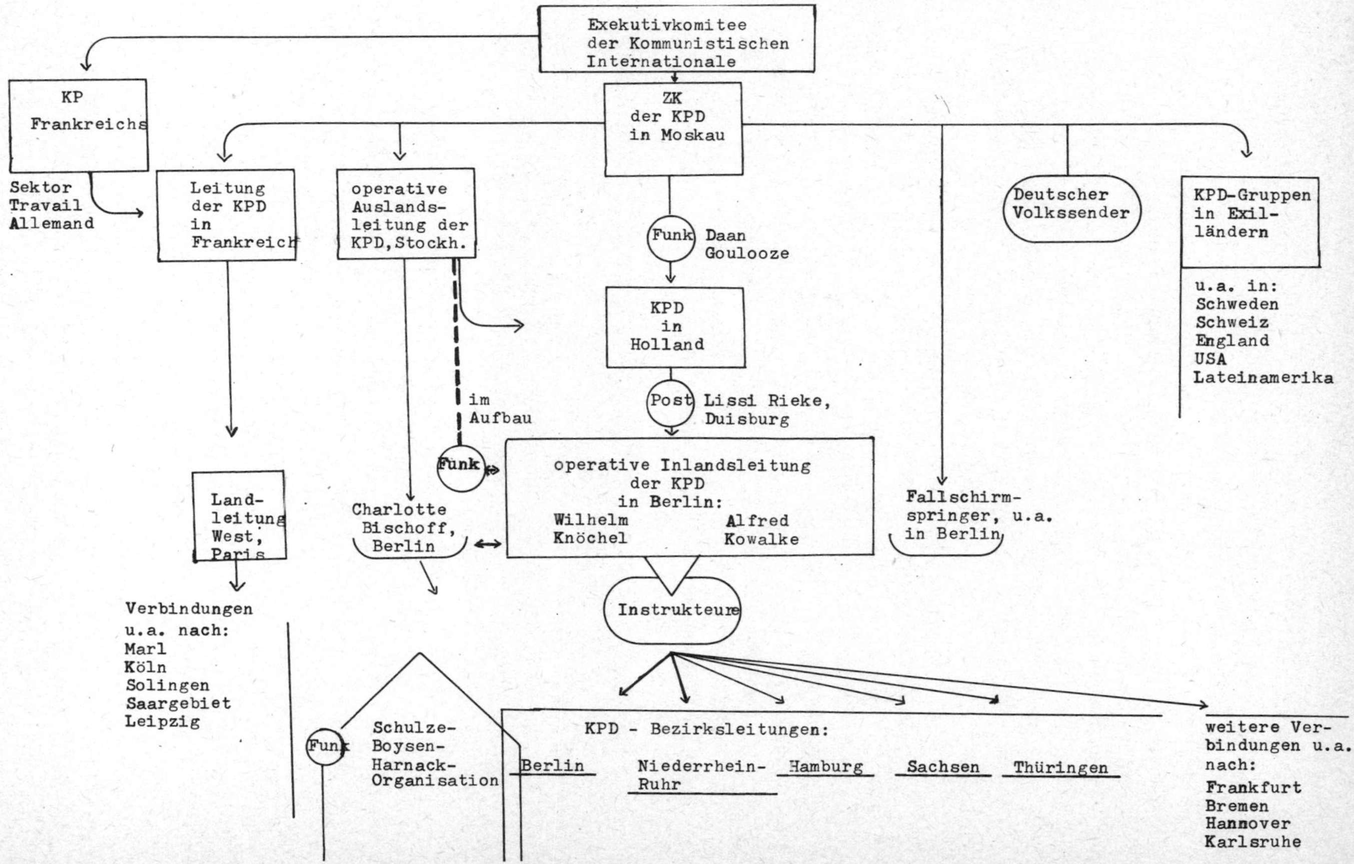
Exekutivkomitee der Kommunistischen Internationale
KP Frankreichs
Sektor Travail Allemand
ZK der KPD in Moskau
Leitung der KPD in Frankreich
operative Auslandsleitung der KPD, Stockh.
Funk
Daan Goulooze
KPD in Holland
Post
Lissi Rieke, Duisburg
Deutscher Volkssender
KPD-Gruppen in Exilländern
u.a. in:
Schweden
Schweiz
England
USA
Lateinamerika
im Aufbau
Funk
operative Inlandsleitung der KPD in Berlin:
Wilhelm Knöchel
Alfred Kowalke
Fallschirmspringer, u.a. in Berlin
Landleitung West, Paris
Charlotte Bischoff, Berlin
Instrukteure
Verbindungen u.a. nach:
Marl
Köln
Solingen
Saargebiet
Leipzig
Funk
Schulze-Boysen-Harnack-Organisation
KPD - Bezirksleitungen:
Berlin
Niederrhein-Ruhr
Hamburg
Sachsen
Thüringen
weitere Verbindungen u.a. nach:
Frankfurt
Bremen
Hannover
Karlsruhe

für Deutschland zusammen mit Robert Uhrig und Wilhelm Guddorf teil.[694]
Im Laufe des Jahres 1942 fuhren noch die Instrukteure Lissi Rieke, Wilhelm Beuttel und Jakob Welter nach Deutschland. Am 8. Januar 1942 verließ das Mitglied des ZK der KPD, Wilhelm Knöchel,[695] Amsterdam, nachdem ihm der Mitropakellner Traugott Lazina eine „Stelle“ als Silberputzer in seinem Speisewagen besorgt hatte. Von Düsseldorf aus reiste Knöchel sofort nach Berlin weiter, wo er die operative Leitung der KPD für Deutschland vervollständigte. Auch nach der Verhaftung Robert Uhrigs im Februar 1942 setzten Knöchel und Kowalke die Arbeit der operativen Leitung fort.[696] Über die Amsterdamer Funkstation teilten sie im Laufe des Jahres 1942 Wilhelm Pieck in Moskau mit, daß sie über Verbindungen nach folgenden Orten verfügten: Berlin, Duisburg, Essen, Dortmund, Düsseldorf, Wuppertal, Solingen, Gelsenkirchen, Recklinghausen, Moers, Bottrop, Osnabrück, Bielefeld, Karlsruhe, Mannheim, Hanau, Leipzig, Bremen. Auch nach Köln, Saarbrücken, Mönchengladbach, Halle, Hannover und ins Bergbaurevier bei Aachen wurden Verbindungen angegangen.[697] Über Charlotte Bischoff liefen Kontakte zur Parteiorganisation der KPD „Innere Front“ in Berlin und zur Schulze-Boysen-Harnack-Organisation, der von der Gestapo so genannten „Roten Kapelle“.[698]
Die ständige Verbindung zwischen Berlin und Amsterdam lief über Duisburg, wo Lissi Rieke von Mitarbeitern Knöchels regelmäßig Koffer mit Berichten, Briefen und Exemplaren aller herausgegebenen illegalen Schriften erhielt. Lissi Rieke gab die Koffer an den holländischen Rheinschiffer Piet Jansma weiter, der sie in Amsterdam bei Cilli Hansmann ablieferte. Von hier aus wurden alle Nachrichten und Anfragen über Daan Gouloozes Funkstation nach Moskau weitergegeben. Auch Artikel aus illegalen Zeitungen sind diesen Weg gegangen; denn mehrmals berichtete der Moskauer Sender und der in der Sowjetunion stationierte Deutsche Volkssender über das „Ruhrecho“ und den „Friedenskämpfer“. Selbst die Zeitung der Belgischen KP „Le Drapeau Rouge“ brachte Faksimiles der illegalen Schriften aus dem Ruhrgebiet als anschaulichen Beweis für den deutschen Widerstand.[699]
Im Herbst 1942 fuhr der holländische Funker Jan Proosdy („Frans“) nach Berlin, wo er eine eigene Sendeanlage für die operative Leitung installierte, die aber vor den Verhaftungen Anfang 1943 nicht mehr in Betrieb genommen werden konnte.[700] Auf jeden Fall stand die operative Leitung der KPD und über deren Instrukteure und Verbindungsleute eine weitverzweigte Parteiorganisation in ganz Deutschland in ständigem Informationsaustausch mit dem Politbüro des ZK der KPD in Moskau und Wilhelm Pieck persönlich. Die KPD war damit als einzige Widerstandsorganisation in Deutschland eine einheitlich handelnde Organisation vom Zentralkomitee bis zur Betriebszelle geblieben.

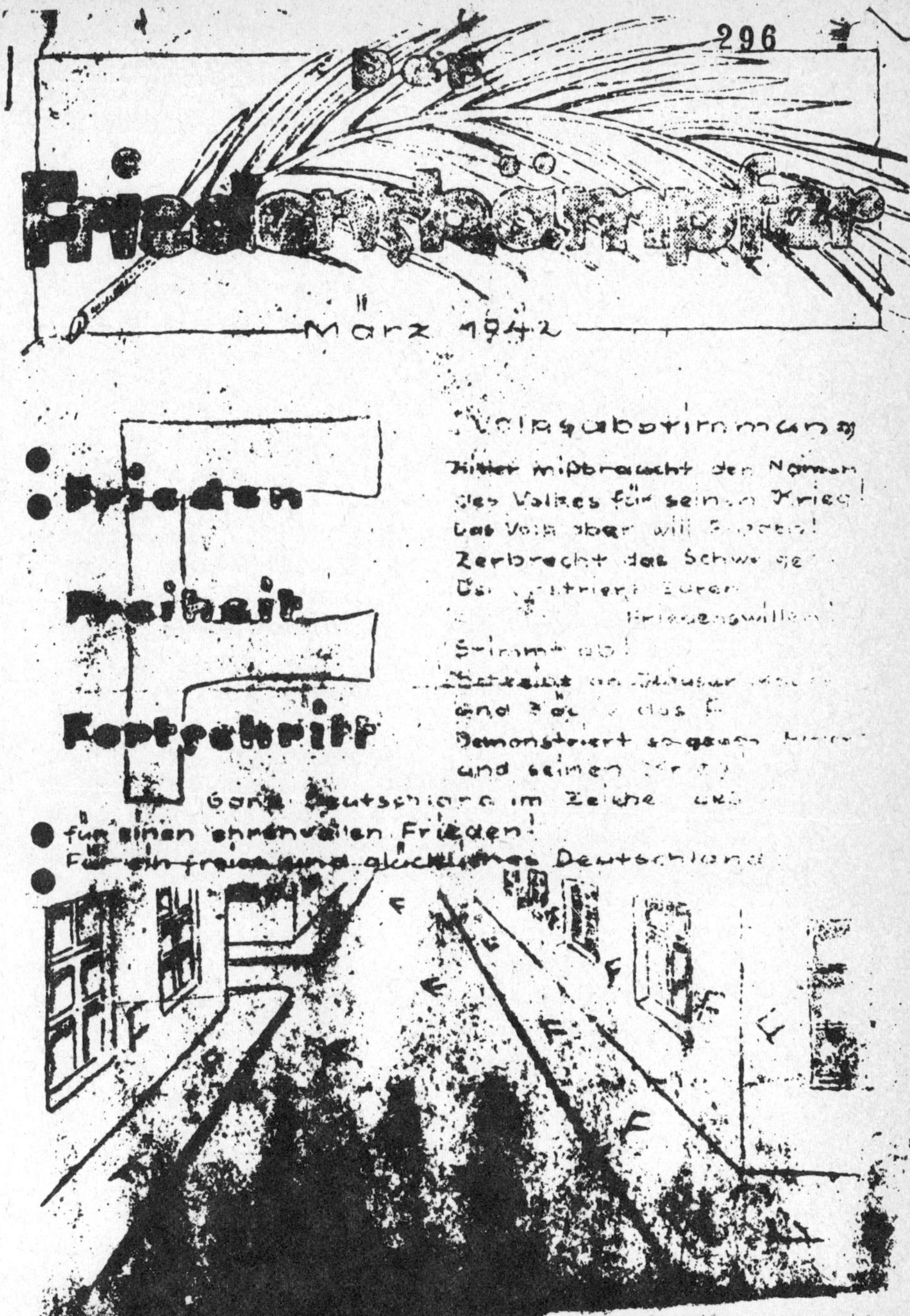
296
März 1942
Volksabstimmung
Hitler mißbraucht den Namen
des Volkes für seinen Krieg
Zerbrecht das Schweigen
Stimmt ab!
Frieden
Freiheit
Fortschritt
für einen ehrenvollen Frieden!
Für ein freies und glückliches Deutschland

Der Friedenskämpfer, März 1942

Auch jene Parteigruppen, deren direkte Verbindung zur Leitung gerissen war, konnten die Instruktionen des Zentralkomitees über den Deutschen Volkssender erfahren.
Bis zur Ankunft Knöchels beschränkte sich die Haupttätigkeit der Instrukteure im Rhein-Ruhrgebiet auf die Beschaffung von Quartieren und Verbindungen, sowie auf die Herausgabe einiger Flugzettel. Seit Februar 1942 erschienen regelmäßig die Zeitungen „Friedenskämpfer", „Freiheit", „Ruhrecho", „Der patriotische SA-Mann", zahlreiche Flugblätter und Klebezettel, für deren Herstellung mehrere Schreibmaschinen, zwei kleinere und ein größerer Vervielfältigungsapparat zur Verfügung standen. Die meisten Materialien wurden in Düsseldorf und Wuppertal gedruckt.[701] Viele Zeitungen erhielten auf der Titelseite einprägsame Illustrationen, die teilweise der Berliner Bauzeichner Erich Garske, bei dem Knöchel untergebracht war, herstellte.[702] Andere Titelbilder, aber auch Vorlagen für Klebezettel und antifaschistische Plakate fertigte der Düsseldorfer Kunstmaler Peter Ludwigs an. Peter Ludwigs, er war schon 1937 wegen Abhörens des Moskauer Senders festgenommen worden, hatte 1941 wieder Kontakt zur KPD gefunden und setzte sich trotz seiner Zuckerkrankheit unermüdlich im Widerstand ein. Nach seiner Verhaftung 1943 ermordeten ihn die Nazis durch Entzug seiner Zuckerdiät.[703]
Neben den 11 Ausgaben des „Friedenskämpfers", von denen jede über 10 Seiten stark war, erschienen als die traditionellen Organe des KPD-Bezirks Niederrhein die „Freiheit" etwa vier- bis sechsmal und des Bezirks Ruhr das „Ruhr-Echo" etwa zehnmal im Jahre 1942 in Auflagen von ca. 200 Exemplaren.[704]
Jede Zeitung verband Berichte zur allgemeinen politischen Lage, besonders zum Kampf der Roten Armee, mit einer umfassenden und argumentativen Darlegung der Hauptaufgabe des deutschen Widerstandes, den Faschismus durch eine Koalition aller am Frieden interessierten Kräfte im deutschen Volk zu stürzen. Berichte aus Fabriken und Bergwerken des Ruhrgebiets gaben praktische Anregungen für die Bildung illegaler Organisationen, für die Verbreitung von Handzetteln und Losungen, sowie für die Sabotage der Kriegsproduktion. Neben Artikeln, die von Seng geschrieben worden waren, erschienen im „Ruhrecho" auch Texte von Wilhelm Knöchel, der unter dem in der Emigration angenommenen Namen „Alfred Schröder" in der freigewerkschaftlichen Bergarbeiterbewegung bekannt war. Seng mag in der Herstellung der Zeitungen auch durch den ehemaligen Redakteur des „Ruhrecho", Hubert Serwe aus Duisburg, unterstützt worden sein, mit dem er Kontakt hielt.[705] Nummern des „Ruhrecho" gelangten über Wehrmachtsangehörige und ausländische Zwangsarbeiter auch nach Frankreich in die Hände der dortigen KPD-

Leitung, die somit seit Mai 1942 über die illegale Partei an der Ruhr unterrichtet war.[706]
Trotz der finanziellen Unterstützung aus Amsterdam war die illegale Arbeit für die Instrukteure der operativen Leitung sehr schwer. Viele von ihnen lebten schon seit 1933 illegal, immer verfolgt, in immer wechselnden Quartieren, ohne auch nur einen Augenblick Ruhe. Je weiter sich die Verbindungen im Ruhrgebiet erstreckten, um so komplizierter wurden die Reisen, um so mehr Wohnquartiere zur Übernachtung mußten in den Orten beschafft werden. Zwar besaßen die Instrukteure gute gefälschte Papiere, aber keine Lebensmittelkarten, weil diese wegen der kurzen Gültigkeitsdauer nicht in Holland hergestellt werden konnten. So mußten die Illegalen von der kargen Lebensmittelzuteilung ihrer Genossen, die legal im Lande wohnten, mit ernährt werden. Besonders tragisch war das Schicksal Wilhelm Knöchels, der an Tuberkulose erkrankte und dringend gute Ernährung und eine ruhige Wohnung brauchte. Zeitweise war er Tür an Tür mit einem Düsseldorfer Gestapokommissar untergebracht. Kowalke versuchte, für ihn einen Sanatoriumsplatz im Harz zu besorgen und seine Genossen im Ruhrgebiet „beschafften" hochwertige Nahrungsmittel. Zum Beispiel organisierte der Duisburger Hubert Roßhoff von einem Nazibauern ein Schwein, schlachtete es und gab das Fleisch zur Ernährung Knöchels weiter. Lene Steller in Kettwig sammelte unter anderem auch Zitronen, Milch und Butter für den TBC-Kranken.[707]
Trotz der großen Schwierigkeiten fanden die Instrukteure der operativen Leitung beziehungsweise der Gebietsleitung Rhein-Ruhr der KPD Parteigruppen und Verbindungsleute in den meisten Städten des Ruhrgebiets, aber auch Gruppen der Bergarbeitergewerkschaft, Sozialdemokraten und Parteilose, die zum gemeinsamen Widerstand bereit waren. Im folgenden soll auf diese örtlichen Stützpunkte, soweit sie bisher bekannt sind, eingegangen werden. Schon der bereits angeführte Bericht an Wilhelm Pieck gab eine gewisse Vorstellung von der organisatorischen Breite. Auch die Tatsache, daß bei der großen Verhaftungsaktion ab Januar 1943 allein bis zum Mai über 150 Personen aus dem Rhein-Ruhrgebiet verhaftet wurden, ja daß Düsseldorfer Widerstandskämpfer die Gesamtzahl der Verhaftungen in Verbindung mit der Gebietsleitung Rhein-Ruhr auf etwa 270 schätzen,[708] verdeutlicht die Ausdehnung einer Organisation, bei der unter anderem die Bochumer, Gelsenkirchener und Dortmunder Gruppen gar nicht von der Gestapo entdeckt wurden.
Duisburg bildete nicht nur die Drehscheibe für den Postverkehr mit Amsterdam, sondern besaß auch eine der bedeutendsten Gruppen. Die Instrukteurin der Abschnittsleitung West, Lissi Rieke, hatte zunächst auf dem Weg von Amsterdam bei ihren Eltern in Osnabrück Station gemacht, bevor sie sich in Duisburg bei Anton Stupp, dem Vater einer nach Holland emigrierten Kom-

munistin niederließ. Über Rieke, Stupp und andere Duisburger liefen nicht nur Verbindungen zu mehreren Parteigruppen der KPD, sondern auch zu Parteilosen und zu bürgerlichen Hitlergegnern, an die sich unter anderem das Flugblatt „Bürger und Bürgerinnen Duisburgs", unterzeichnet vom „Duisburger Kampfkomitee für Freiheit und Frieden" wandte, das Willi Seng und Lissi Rieke im August 1942 ausgearbeitet hatten. Der kommunistische Bergmann Hubert Roßhoff aus Duisburg hatte nach der „Methode des trojanischen Pferdes" eine Widerstandsgruppe von Kumpels seiner Zeche Beekerwerth in einem Kaninchenzüchterverein gebildet, dessen Vorsitzender er war. Über Hans Rentmeister aus Duisburg-Meiderich, der Kontakt zu Seng hatte, erhielt Roßhoff für seinen Verein den „Friedenskämpfer" und das „Ruhr-Echo". Er arbeitete auf seiner Schachtanlage auch eng mit französischen und sowjetischen Arbeitern zusammen. Ein charakteristisches Beispiel für den Opfermut des Widerstands ist sein Bemühen, Russisch zu lernen, um noch besser den sowjetischen Kameraden helfen zu können. Zunächst hatte er sich für einen Russisch-Kurs an der Volkshochschule angemeldet. Als er merkte, daß er mehr Zeit zum Selbststudium brauchte, als ihm die lange Arbeitszeit auf der Zeche ließ, organisierte er einen „Unfall" und zerschlug sich mit dem Vorschlaghammer den großen Zeh, um auf dem Krankenlager intensiv Russisch lernen zu können. Auf dem Hüttenbetrieb in Duisburg-Meiderich vertrat Hans Rentmeister die illegale KPD. Er schickte aber auch, wie viele seiner Genossen, Briefe mit dem „Friedenskämpfer" regelmäßig an Ärzte, Ingenieure und andere Vertreter des Mittelstandes, deren Anschriften sie aus Adressbüchern hatten. Auf der Verhaftungsliste der Gestapo im Frühjahr 1943 standen allein 28 Duisburger. Darüberhinaus blieben ihr die Mitglieder des Kaninchenzuchtvereins völlig unbekannt, weil sich Hubert Roßhoff, um das Leben seiner Kumpel zu schützen, beim Eintreffen der Gestapo selbst erschoß.[709]

In **Oberhausen** bildete sich bereits 1937 um den kommunistischen Bergmann Fritz Kamleiter, der auf der Zeche Concordia beschäftigt war, eine Widerstandsgruppe von Kommunisten, Sozialdemokraten, Gewerkschaftern und Parteilosen heraus, die in Kontakt zur Abschnittsleitung West der KPD und zum Amsterdamer Arbeitsausschuß des Bergbauindustriearbeiterverbandes (BAV) stand. 1940/41 fand diese Gruppe erneut Anschluß an die Gebietsleitung Rhein-Ruhr, verteilte das „Ruhrecho", den „Friedenskämpfer", den „Patriotischen SA-Mann" und verschiedene Flugblätter. Außerdem wurden Losungen und Klebezettel im Betrieb angebracht. Else Kamleiter berichtete darüber:

„Fritz Kamleiter lernte, die demagogischen Losungen der Nazis auszunutzen, zum Beispiel ‚Gemeinnutz geht vor Eigennutz' und so weiter. Er und die ande-

Nr. 9

288

Ruhr-Echo

Organ der K .P .D. Ruhr. — Essen, Maerz 1942.

Nur durch den Sturz Hitlers erhaelt das Deutsche Volk den ersehnten Frieden

und wird Deutschland vor die drohende Katastrophe gerettet!

Schon Jahre zuvor Hitler 1933 auf Draengen der Schlotbarone an der Ruhr aus der Hand Hindenburgs die Macht erhielt - um ihre imperialistischen Profitgelueste zu befriedigen - warnten wir Kommunisten das deutsche Volk: Hitler ist der Krieg! Besonders laut erhoben wir unsere warnende Stimme vor Hitlers Plan,- Deutschland in einen Krieg gegen die Sovjet-Union zu stuerzen. Aber alle unsere Warnungen waren vergebens.

Der Moloch Krieg haelt grauenvolle Ernte unter unser Volk. Millionen unserer Soehne bedeckt fuer immer die russische Erde und mit jedem Tag sieht man mehr Kriegskrueppel [illegible] auf den Strassen in der Heimat dahinschleppen. Und wie vielen erwartet noch das gleiche Los? Gross ist das Herzleid der Angehoerigen um den nicht mehr heimkehrenden Lieben. Der Hunger wird staendig fuehlbarer. In Fabriken und Gruben muessen die Arbeiter bis zum Umfallen schuften. Der Hof des Bauern wird durch den Hitlerkrieg ruiniert und der Bauer ist mehr denn je ein Sklave des Reichsnaehrstandes. Der Mittelstand geht dem sicheren Bankrott entgegen. Die Zukunft der Jugend ist Kanonenfutter fuer Hitler. Stets mehr Frauen werden gezwungen in den Ruestungsbuden zu arbeiten und somit ihre Gesundheit fuer immer zu untergraben. Und Himmlers Gestapohorden versuchen mehr denn je das werktaetige deutsche Volk zu knebeln.

Aber [illegible] Kohle[illegible] Krupp, Kloeckner, [illegible] mit anderen Ver[illegible] [illegible]treten; den oberen [illegible] die "sieben fetten [illegible] mehr Blut und Trae[illegible] [illegible] grossere [illegible] Parasiten [illegible] und Dividen[illegible] [illegible] wie sich die [illegible] Soldaten in [illegible] "nale Ehre" die [illegible] Profit aus [illegible].

So ist es richtig!

Ein neuer Mitstreiter fuer den Frieden!

Beherzte Deutsche, denen die Zukunft Deutschlands am Herzen liegt, haben sich zusammengefunden und eine Streitschrift "Der Friedenskaempfer" herausgegeben.

In der ersten Nummer die uns vorliegt, erklaeren sie, dass "Der Fridenskaempfer" weder an eine politische noch konfessionelle Richtung gebunden ist und dass er lediglich die Intressen des ganzen werktaetigen Volkes und Deutschlands vertreten wird.

Die Aufgabe, die sich "Der Friedenskaempfer" stellt besteht darin, dass deutsche Volk zum Kampf fuer den Frieden zu mobilisieren und zu organisieren.

Sehr richtig betont er, dass das deutsche Volk Hitler stuerzen muss um frieden zu bekommen und somit Deutschland vor die drohende Katastrophe zu retten die Hitler mit seinem Krieg gegen die Sovjet-Union heraufbeschwoert.

Das wollen auch wir. Darum kann "Der Friedenskaempfer" auf unsere allseitiege Unterstutzung rechnen.

F

Seine Aufforderung" an Waenden und Mauern, in Fabriken und Gruben und ueberall "das nebenstehende "F", dass Frieden, Freiheit und Fortschritt bedeutet an zu schreiben, werden wir mit allen Kraeften unterstuetzen.

Jeder Leser des "Ruhr-Echo's" sorgt dafuer, das die "F-Aktion" zur wahren Volksabstimmung fuer den Frieden wird.

Ruhr-Echo, März 1942

ren Genossen bemühten sich um eine bildhafte Sprache, um treffende Ausdrücke und Vergleiche, um einen größeren Sprachschatz; denn das war nicht nur im Betrieb nötig. Sie nahmen Verbindung auf zu Geschäftsleuten, zu den verschiedensten Schichten der Bevölkerung, vor allem um Spenden für die Angehörigen der inhaftierten Kameraden zu erhalten, außerdem, um Kontaktadressen und Unterkünfte zu besorgen. (...)
Am 2. Juni 1942 erfolgte ein schwerer Bombenangriff auf Oberhausen, besonders auf das Arbeiterviertel Lirich. Auf der Zeche Concordia arbeiteten wie überall sehr viele Fremdarbeiter, die zur Nachtschicht verspätet anfuhren und berichteten, daß die ganze Stadt brenne. Die Bergarbeiter drängten heraus. Sie wurden behindert und bedroht – es gab Tumult. Einige Genossen trafen sich sofort und überlegten, was jetzt getan werden müsse: ‚Erstens: die Stadt brennt – Wir müssen Frauen und Kinder retten! Zweitens: Die Steiger müssen Anweisung zur Seilfahrt geben, und wenn wir sie dazu zwingen! Drittens: Alle Fremdarbeiter müssen mit heraus. Sie sollen uns helfen!‘ Genauso wurde gehandelt. Die ganze Belegschaft fuhr aus. Am anderen Tag kam die Gestapo. Doch konnte nichts festgestellt werden. Währenddessen wurden in Oberhausen-Lirich Parolen gegen den Krieg an Mauern und Häuser geschrieben.
Auf der Zeche Concordia, Schacht 4, wo Fritz (Kamleiter) arbeitete, wurden eines Tages folgende Losungen auf Kohlenloren geschrieben: ‚Nieder mit dem Krieg!‘, ‚Macht Schluß mit dem Krieg!‘, ‚Arbeiter, schickt Eure Kinder nicht in den Hitlerkrieg!‘ Dies wurde nicht, wie eine sofortige Kontrolle ergab, von den illegal arbeitenden Genossen um Fritz Kamleiter geschrieben. Es mußte noch eine andere Gruppe am Werk sein.
Fritz hatte seit langem Verbindung zur Ruhrchemie in Holten. Dort arbeiteten Franz Dieveling, August Zilian und andere Genossen. Auf der Ruhrchemie arbeiteten Tausende zwangsverschleppter Arbeiter aus der Sowjetunion, Polen und anderen Ländern. Sie waren mangelhaft bekleidet und viele ohne Schuhe. Bergarbeiter einer Zeche bei Holten regten sich darüber furchtbar auf und kamen zu Fritz. Er fuhr mit ihnen nach Holten und sie horchten herum, wie sich die Bevölkerung dazu äußerte. Es wurde überall gesagt: ‚Die Leute hungern. Sie sind ganz abgemagert. Als sie hierhin kamen, sahen sie besser aus.‘ oder: ‚Wenn sie hergeholt werden zum Arbeiten, müssen sie auch zu Essen bekommen und bekleidet werden. Das ist ja eine Schande für uns alle‘. Dann haben Arbeiter und ihre Frauen – es waren vor allem Frauen – den Arbeitern Brot und Kleidungsstücke zugeworfen, wenn sie zur Arbeit geführt wurden. Es wurde dann in Holten mit den Genossen verabredet, daß sich die Männer zu Hause extra Butterbrote machen ließen, und möglichst eine Art Patenschaft über bestimmte Zwangsarbeiter, besonders die sowjetischen Freunde übernahmen.

Es waren dort auch sowjetische Kriegsgefangene im Lager. Da war es schwieriger, mit ihnen in Kontakt zu kommen. Doch wurde es natürlich von den Genossen mit allen Mitteln versucht.
Auf Concordia, Schachtanlage 6, waren ebenfalls viele sowjetische Kriegsgefangene. Mit ihnen spielte sich in Bezug auf Kleidung, Essen, Schuhe dasselbe ab. In der Gegend der Niebuhrstraße herrschte einmal starke Aufregung: Frauen standen da zu Schichtbeginn und brachten Sachen. Um das zu verhindern, wurden für die Kriegsgefangenen die Arbeitsanfangszeiten geändert. Die Frauen informierten sich gegenseitig über die veränderten Zeiten. Die Wachmannschaften gingen nun gewaltsam gegen die Frauen vor, da gab es erst recht große Aufregung und die Frauen riefen: ‚Ihr solltet Euch schämen, die Menschen so herumlaufen zu lassen'!
Auch im Steinbruch Rauen in Mülheim-Saarn gab es eine große Hilfe und Solidarität mit den zwangsverschleppten Arbeitern.
Die Genossen, die mir das alles erzählten, haben selbst mit Solidarität geleistet und haben unsere illegalen Zeitungen und Flugblätter verteilt. Die Genossen wußten, was diese illegale Arbeit für sie bedeutete, daß sie ständig ihr Leben riskierten. Aber nichts konnte ihre Überzeugung erschüttern, daß dieses fluchwürdige, verbrecherische Hitlersystem gestürzt werden müßte."[710]
Auch Fritz Kamleiter gab sein Leben für ein besseres Deutschland. Er wurde 1943 verhaftet und kurz vor Kriegsende von SS aus dem Zuchthaus Lüttringhausen verschleppt und in der Wenzelnbergschlucht bei Solingen-Ohligs erschossen.
Ähnlich wie bei Kamleiter und Roßhoff rührten auch in der Widerstandsgruppe auf der Ruhrchemie in Holten die illegalen Verbindungen aus der Vorkriegszeit her. Der sozialdemokratische Bergmann Thomas Tabaschowski aus Oberhausen-Sterkrade hatte schon 1936/37 den Kontakt zu Franz Vogt wiederaufgenommen, den er aus dessen Zeit als Sekretär des Bergbauindustriearbeiter-Verbandes (BAV) gut kannte. Über Mittelsmänner im Gewerkschaftshaus Maastricht und über den Instrukteur „Fritz", der auch Kamleiter aufsuchte, wurde er über die Tätigkeit des Amsterdamer Arbeitsausschusses des BAV regelmäßig informiert. 1939 führte „Fritz" dann Willi Seng bei Tabaschowski ein, der im Frühjahr 1941 erneut erschien, mit Tabaschowski und seinen Arbeitskollegen auf der Ruhrchemie, dem Schmied August Zilian und dem Maurer Georg Zinn die politische Lage diskutierte und in Zukunft regelmäßig wieder auftauchte. Mehrmals brachte er das „Ruhrecho" und den „Friedenskämpfer" mit, die in einem größeren Kreis von Kollegen weitergegeben wurden. Auch zu katholischen, dem Zentrum nahestehenden Arbeitern bestanden Verbindungen, beispielsweise zu Vinzens Ratay in Sterkrade. Unter Führung dieses illegalen Betriebskomitees erkämpften die Arbeiter der Ruhrchemie die

Zurücknahme einer Lohnkürzung und erreichten sogar eine Aufbesserung ihres Stundenlohnes.[711]
Auch in **Mülheim** hatten Vertreter der KPD-Organisation Kontakt nach Duisburg aufgenommen und erhielten von dort die illegalen Zeitungen der Gebietsleitung zur Verteilung. Der Kopf des Mülheimer Widerstands war der langjährige Fraktionsvorsitzende der KPD im Stadtparlament, Otto Gaudig, der von Anfang 1933 bis Ostern 1934 bereits im KZ Börgermoor war. Auch er wurde 1943 verhaftet und am 13. April 1945 von der SS in der Wenzelnbergschlucht ermordet.[712]
Die Verbindung zu antifaschistischen Bergleuten in **Bottrop** stammte ebenfalls schon aus der Zeit des Arbeitsausschusses des BAV. 1942 erhielt Seng jedenfalls die Adresse von Franz Kwasigroch über Wilhelm Knöchel. Kwasigroch gab monatlieh 10 bis 12 RM an Seng weiter, die er in seiner Betriebsgruppe auf Zeche Rheinbaben kassiert hatte. Außerdem erhielt Seng detaillierte Berichte über die Stimmung und alle wichtigen Vorkommnisse im Betrieb. Die Betriebszelle verbreitete das „Ruhrecho“, den „Friedenskämpfer“ und den „Patriotischen SA-Mann“ sowie kleinere Flugblätter. Franz Kwasigroch und sein Genosse Michael Mast wurden von der Nazijustiz wegen ihrer Widerstandstätigkeit zum Tode verurteilt und am 22. September 1944 in Dortmund hingerichtet.[713]
Nach **Essen** bestand Verbindung über Kurt Steller, der in Kettwig, unmittelbar an der Stadtgrenze wohnte. Im dortigen Textilbetrieb Klein-Schlotter gab es auch noch Verbindungen zu dem Maurer Anton Schöneich und zu einigen Sympathisanten. Heute ist die kommunistische Gruppe, mit der Kurt Steller nachweislich in Essen Kontakt hatte, nicht mehr namentlich festzustellen. Aber es bestanden in Essen eine Reihe von Gruppen, so zum Beispiel der Kreis um Camillo Scariot bis zu dessen Verhaftung im Mai 1943.[714]
Nach **Bochum** hatte die Gebietsleitung der KPD zumindest 1942 Verbindung. So berichtet die Bochumer Kommunistin Christine Schröder, wie sie Anfang 1942 ein Paket mit illegaler Literatur, das sie aus Hattingen erhalten hatte, an das Mitglied der Betriebszelle der KPD im Rüstungswerk Bochumer Verein, Anton Benning, weitergegeben hat.[715]
Knöchel hatte schon in Juli 1942 berichtet, daß er unter anderem auch nach **Gelsenkirchen** Verbindung habe. Dabei handelte es sich um kommunistische Betriebszellen, um die sich regelrechte Bergarbeitergewerkschaftsgruppen gebildet hatten. Ihre Leiter Walter Jarreck und Hans Schiwon hielten seit 1934/35 Gruppen des Bergbauindustriearbeiterverbandes im mittleren Ruhrgebiet unter anderem auf den Zechen Hugo, Ewald, Scholven und Auguste-Victoria (in Marl) aufrecht. Die Gruppe auf Scholven unter Leitung von Josef Hermes etwa umfaßte ca. zwanzig Mitglieder und baute im Kriege ihre Verbindungen

'ritz Husemann (19. 9. 1873 – April 1935), Sozialde-
nokrat, Vorsitzender des Bergbauindustriearbeiter-
'erbandes, im Moor erschossen

Hans Funger (10. 12. 1891, verstorben im Zuchthaus Celle), Vertrauensmann des illegalen Einheitsverbandes der Eisenbahner Deutschlands

Nikolaus Franz (20. 5. 1912 – 17. 6. 1940), Jungkommunist aus Essen, verstorben im KZ Buchenwald

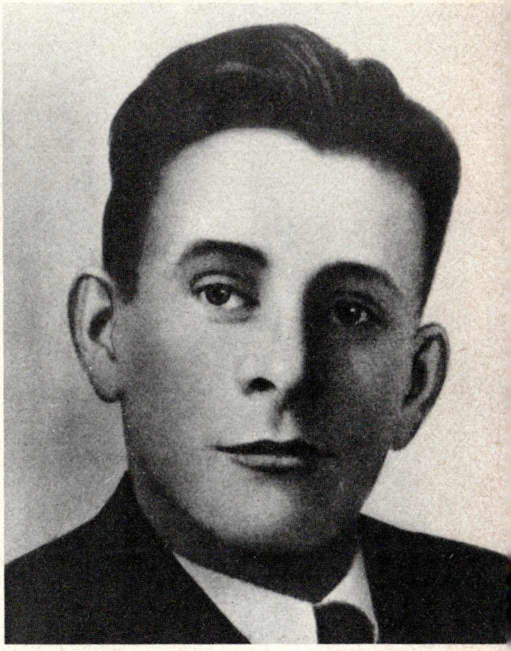

Paul Eisenschneider (5. 5. 1901 – 19. 4. 1944), Instrukteur der KPD in Essen und Bochum 1936

Joseph Rossaint (geb. 5. 8. 1902), katholischer Kaplan in Oberhausen und Düsseldorf, heute Präsident der VVN – Bund der Antifaschisten

Franz Vogt (9. 10. 1899 – 14. 5. 1940), Sozialdemokrat, Sekretär des Bergbauindustriearbeiterverbandes, Erster Vorsitzender des Arbeitsausschusses freigewerkschaftlicher Bergarbeiter

Wilhelm Knöchel (8. 11. 1899 – 24. 7. 1944), Kommunist, Zweiter Vorsitzender des Arbeitsausschusses freigewerkschaftlicher Bergarbeiter

Max Zimmermann (11. 5. 1888 – 13. 5. 1945), sozialdemokratischer Stadtverordneter in Dortmund, Leiter einer Einheitsfrontgruppe

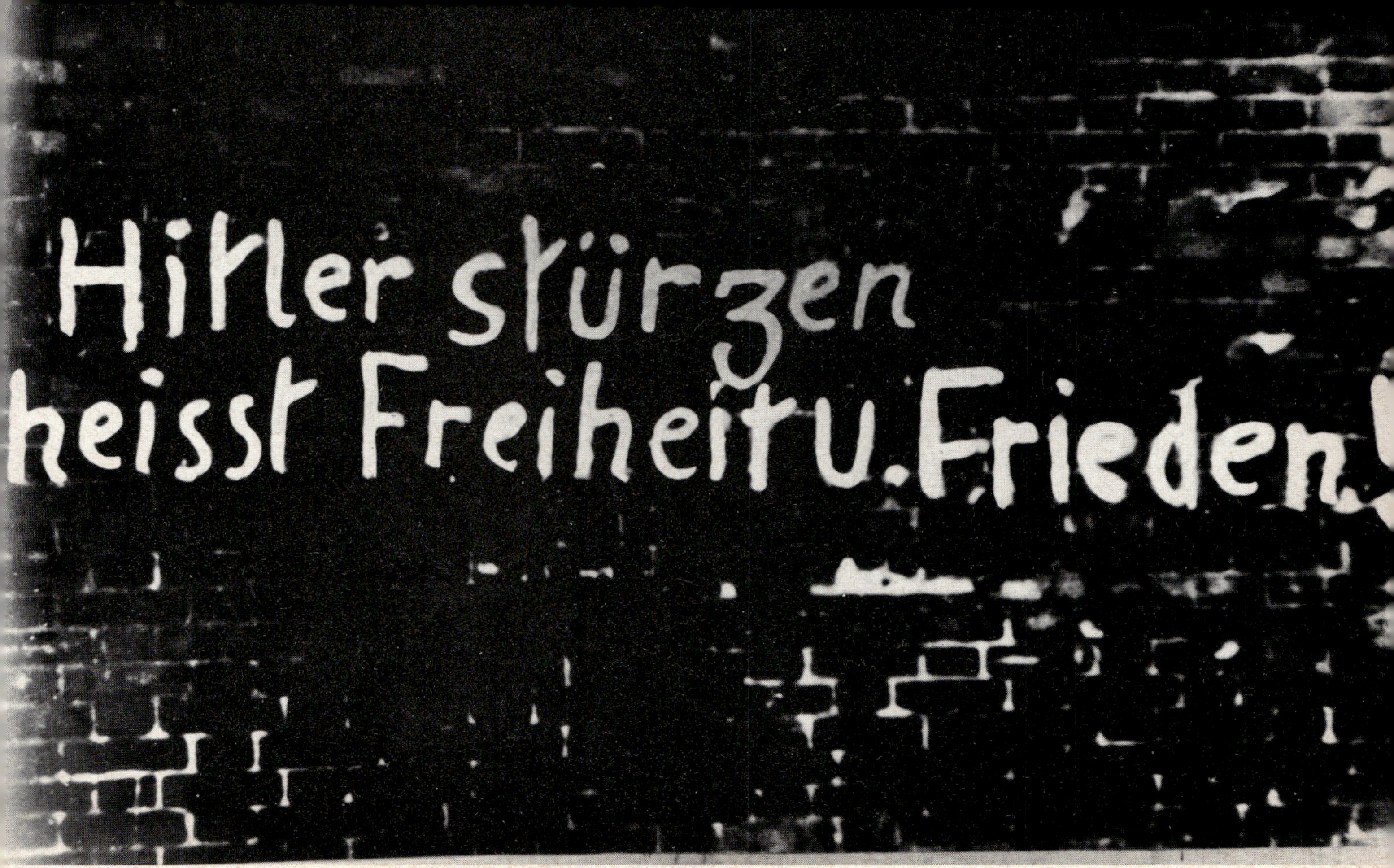
Hitler stürzen
heisst Freiheit u. Frieden!

Wandlosung 1942

Reinhold Mewes (6. 9. 1901 – 13. 12. 1943), Duisburg, Leiter des Aufbruch-Kreises, 1932, Instrukteur der KPD 1941/42

Luise Rieke (18. 8. 1913–5. 1. 1945), Instrukteurin der KPD in Duisburg 1942/43

Erich Gentsch (1. 8. 1893–24. 8. 1944), Leiter der KPD-Abschnittsleitung West

Willi Seng (11. 2. 1909–27. 7. 1944), KPD-Instrukteur im Ruhrgebiet 1937–1943

lfred Kowalke (11. 4. 1907–6. 3. 1944), Instrukteur
er KPD im Ruhrgebiet 1937–1943

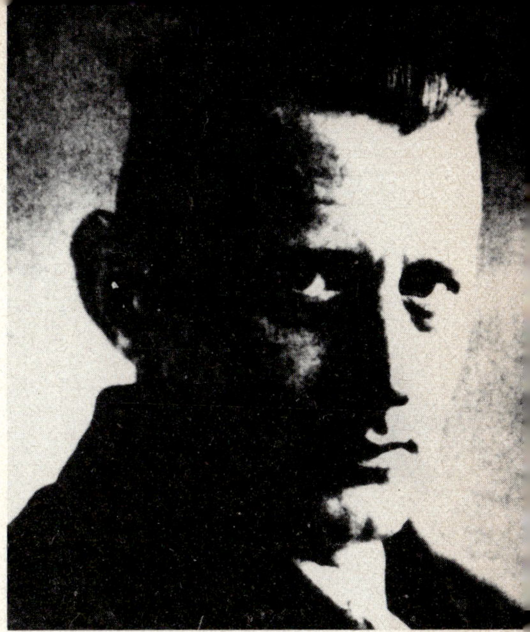

Fritz Kamleiter (16. 3. 1899–13. 4. 1945), Bergmann, Leiter der KPD in Oberhausen 1933 und 1937–1943

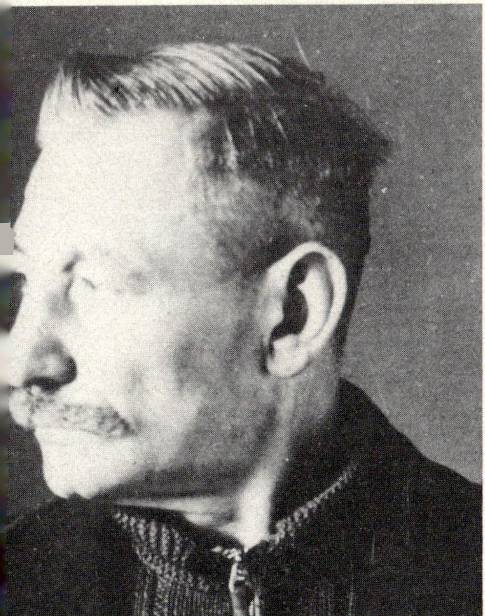

homas Tabaschowski (29. 12. 1886–1956), Sozial-
emokrat, Bergmann in Oberhausen, Teilnehmer der
legalen Gewerkschaftsbewegung und der Bewegung
es „Friedenskämpfer“

August Zilian (6. 2. 1895–25. 8. 1944), Leiter der Widerstandsgruppe auf der Ruhr-Chemie in Holten bis 1943

Alliierte Soldaten find
einen der Folterschrän
im Arbeitslager der Fir.
Krupp in Essen

anz Zielasko (19. 7. 1896–18. 8. 1943), Bergmann s Gladbeck, Instrukteur des ZK der KPD 1943 im ıhrgebiet

Karl Lomberg (16. 1. 1896–28. 10. 1944), Krupp-Arbeiter aus Essen, Leiter der kommunistischen Widerstandsgruppe 1943

ɔhann Schmidtfranz (20. 2. 1898–6. 11. 1944), Boıum, Deutscher Metallarbeiter-Verband

Moritz Pöppe (17. 11. 1897–6. 11. 1944), KPD, Leiter der Bochumer Widerstandsbewegung 1940–1943

Hans Grüning (29. 1. 1917–24. 7. 1944), Dortmunder Jungkommunist, arbeitete mit sowjetischen Zwangsarbeitern zusammen

Karl Altenhenne (23. 7. 1878 bis April 1945), Ber
mann, Betriebsrat auf Zeche Hansa und Stadtveror
neter der KPD in Dortmund, 1945 im Rombergpa
erschossen

Walter Jarreck, Leiter illegaler Gruppen der Bergarbeitergewerkschaft in Gelsenkirchen

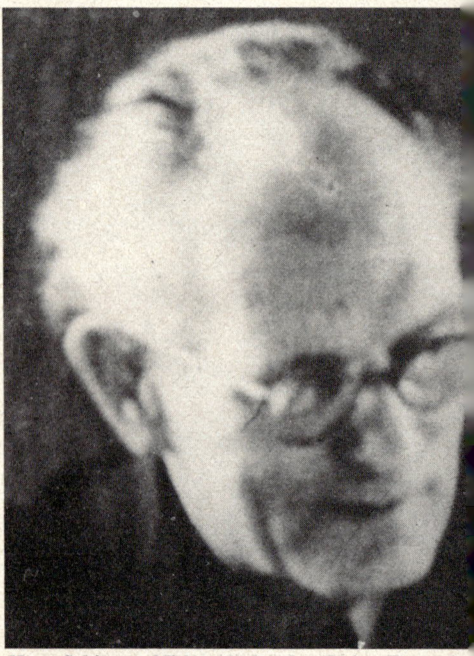

Hans Schiwon, Mitbegründer des Freien Deutsche
Gewerkschaftsbundes, Industrieverband Bergbau, i
April 1945 in Gelsenkirchen

zu sozialdemokratischen Kollegen, zu Christen, darunter zu einem katholischen Pfarrer und zu Angehörigen des Mittelstandes aus. Ansätze für die Verwirklichung der kommunistischen Politik einer „nationalen Friedensfront" zeigten sich auch in Gelsenkirchen, wo sogar der Betriebsführer Sträter auf Zeche Scholven, Mitglied der NSDAP, in die Widerstandsarbeit einbezogen wurde. Er verhinderte übrigens 1945, daß der sogenannte Volkssturm noch in letzter Minute die Zeche „verteidigte".

Im Kraftwerk Scholven führten die Widerstandskämpfer auch eine bedeutende Sabotageaktion durch, indem sie – geschützt durch eine Gewitternacht – in die Anlage eindrangen und durch einen Kurzschluß eine Explosion herbeiführten, die die Stromerzeugung für etwa drei Wochen unterbrach. Auf der Zeche Hugo gehörte der christliche Gewerkschafter Hubert Stein, nach 1945 Vorstandsmitglied der Bergarbeitergewerkschaft, zur Leitung der illegalen Betriebsgruppe. Bei dem sozialdemokratischen Genossen Brotesser, bis 1933 Polizeibeamter, nach 1945 Polizeipräsident von Buer, hörten die Kameraden der illegalen Gewerkschaftsbewegung ausländische Sender ab. Sie waren daher während des ganzen Krieges über die Aufrufe des Deutschen Volkssenders in der Sowjetunion und die internationale politische und militärische Lage informiert. In ihrer langjährigen Orientierung auf die antifaschistische Einheitsgewerkschaft fühlten sie sich besonders durch die Nachrichten über die Formierung einer einheitlichen Weltgewerkschaftsbewegung bestätigt.[716]

Nach einer Schlagwetterkatastrophe auf der Zeche Unser Fritz in **Wanne-Eikkel** wandte sich die Gebietsleitung der KPD mit einem speziellen Flugblatt „An die Bergarbeiter der Zeche ‚Unser Fritz'", in dem sie die Hetze bei der Kohleproduktion für den Krieg und die Einberufung erfahrener Bergleute zur Wehrmacht für das Grubenunglück verantwortlich machten.[717]

In **Dortmund** hatte die Parteiorganisation der KPD nach der Verhaftung Robert Uhrigs und seiner Mitkämpfer im Februar 1942 zunächst ihre Verbindung nach Berlin ruhen lassen, obwohl in Dortmund keine Verhaftungen erfolgten.[718] Im Herbst 1941 reiste auch der Instrukteur der Gebietsleitung Rhein-Ruhr der KPD, Albert Kamradt, ins Ruhrgebiet. Zwar hielt er sich zeitweise in Berlin auf, wo er auch mit Charlotte Bischoff Kontakt aufnahm und über einen Verwandten Verbindungen zum Reichsbahnausbesserungswerk Grunewald herstellte. Mehrmals reiste er in den Duisburger Raum, ins Dortmunder Gebiet, wo auch Verwandte wohnten, die schon vor 1939 bei der Abschnittsleitung West als Kontaktleute zur Dortmunder KPD-Organisation arbeiteten. Mehrmals haben auch andere Instrukteure, unter ihnen wahrscheinlich auch Wilhelm Knöchel in Dortmund übernachtet.[719]

Außerhalb des engeren Ruhrgebietes hatten sich an die Gebietsleitung Rhein-Ruhr unter anderem Widerstandsgruppen und Parteizellen in Bielefeld, Moers,

Düsseldorf, Wuppertal, Krefeld, Lennep, Solingen, Wermelskirchen und Köln angeschlossen.
In **Bielefeld** bildete sich unter Leitung des Kommunisten Otto Giesselmann seit 1939/40 eine Widerstandsorganisation heraus, die sich auf mehrere Betriebszellen, unter anderem in den Dürrkopp-Werken und auf eine Gruppe um Sozialdemokraten stützte. Besonders der Sozialdemokrat Paul Brockmann bemühte sich um die Einbeziehung von Kollegen in den Dürrkopp-Werken, nahm an einem Hörerkreis teil, der regelmäßig den Moskauer Sender abhörte, dessen Informationen diskutierte und unter zuverlässigen Kollegen weiterverbreitete. Er verband auch einen sozialdemokratischen Diskussionskreis, der sich wöchentlich auf dem Alten Markt in Bielefeld traf, sowie den führenden SAP-Funktionär Dörfler mit der Widerstandsorganisation, deren Kern die Zellen der KPD um Otto Giesselmann, Hermann Kleinwächter und Hermann Wörmann waren. Die meisten Mitglieder der Gruppe gehörten bis 1933 dem Deutschen Metallarbeiter-Verband (DMV) beziehungsweise den entsprechenden Organisationen der RGO an. Im Frühjahr 1943 fielen die leitenden Kader und viele Mitglieder der Organisation dem Gestapoterror zum Opfer.[720]
Im Raum **Moers-Homberg-Krefeld** bestanden seit 1939 Kontakte mit Alfons Kaps und später Willi Seng, die dabei an Verbindungen zwischen Moers und Grenzstellen der KPD in Holland und Belgien aus den Vorkriegsjahren anknüpfen konnten. Seit November 1941 traf sich dann Ewald Kuchta aus Moers regelmäßig mit Willi Seng im Düsseldorfer Hofgarten und erhielt von ihm Informationen und Materialien für seine Parteigruppe, der unter anderem Hedwig Langusch und Adolf Hähnel angehörten.[721]
In **Wuppertal** wurde die Widerstandsgruppe von Walter Böhne angeleitet.[722]
Im Raum **Solingen** verbreitete besonders Hugo Paul aus Wermelskirchen, der spätere kommunistische Minister in der Landesregierung von Nordrhein-Westfalen, den „Friedenskämpfer" und die „Freiheit". Überhaupt gingen von Hugo Paul zahlreiche Kontakte ins Rhein-Ruhrgebiet aus. Er gehörte zu jenen legal lebenden (also polizeilich gemeldeten und erwerbstätigen Kommunisten), die nach den Vorstellungen Wilhelm Knöchels und der operativen Leitung mit dem Anwachsen der Parteiorganisation den illegal lebenden Instrukteuren einen großen Teil der Verbindungen abnehmen sollten. Hugo Paul übte somit faktisch Funktionen in der KPD-Gebietsleitung Niederrhein-Ruhr aus. Er betreute unter anderem die Betriebsgruppe bei der Firma Spiess in Neviges, von der aus auch Kontakte zur Henrichshütte in Hattingen angeknüpft wurden. Um Hugo Paul sammelte sich auch eine Gruppe von Kommunisten aus dem Raum Solingen-Remscheid-Wuppertal, die mit gemeinsamen ausgedehnten Wanderungen einen intensiven persönlichen Kontakt pflegten, der es ihnen erlaubte, relativ unverdächtig politische Informationen auszutauschen.[723]

Der Krieg gegen Sowjet Russland
ist Hitlers KRIEG gegen
das deutsche Volk

Was wollte der Himmler in Düsseldorf? Er will seine SS Horde gegen uns schwergeprüfte Düsseldorfer loslassen. So sieht Hitlers Hilfe gegenüber der luftbedrohten und Hab und Gut verlorenen Bevölkerung aus. Aber trotz SS und Gestapo, kämpft die organisierte Friedensfront gegen Hitler u. Krieg

Eltern von Düsseldorf! Rettet Eure 16½ jahrige Sohne und warnt sie vor dem Eintritt in die Waffen SS denn sie sind nur Todeskandidaten für Hitlers Kriegspolitik.

FRIEDEN
ODER
FRIEDHOF

Streuzettel der „Friedenskämpfer" in Düsseldorf 1942

Nach **Köln** hatte Hugo Paul über Maria Eckertz Kontakt, die eine illegale Gruppe betreute. Auch Alfred Kowalke besaß über das Ehepaar Moritz Verbindungen in Köln. Über antifaschistische Eisenbahner gingen wiederum Kontakte von Köln aus zur Leitung der deutschen kommunistischen Emigranten in Frankreich. Auf welchem Wege diese verschiedenen Verbindungen nach Köln auch die Leitung des dortigen Volksfrontkomitees um Richter, Brinker und Tollmann erreichten, ist allerdings noch nicht bekannt, da alle leitenden Funktionäre noch 1945 ermordet wurden.[724]
Eine der bedeutendsten Widerstandsorganisationen hatte sich in **Düsseldorf** gebildet. Mehrere Zellen, darunter eine Betriebsgruppe bei Rheinmetall waren an die Gebietsleitung Rhein-Ruhr angeschlossen. Von Rheinmetall meldete die Gestapo übrigens wiederholt Sabotagefälle, die die Kriegsproduktion schwer geschädigt hatten. Knöchel, Kaps, Kowalke und andere Instrukteure suchten immer wieder ihre Düsseldorfer Mitkämpfer auf, bei denen auch Schreibmaschinen und Druckgeräte für die illegalen Zeitungen untergebracht waren. „Friedenskämpfer“ und „Freiheit“ kursierten in relativ vielen Exemplaren in den Gruppen, wurden aber auch bei Rheinmetall, auf Friedhöfen, Parkbänken, in Briefkästen etc. verteilt. Der Verbindungsmann einer Gruppe zum Beispiel gab regelmäßig an acht bis zehn Mann je zwanzig illegale Zeitungen ab. Daneben wurden zahlreiche Klebezettel und Plakate, die zur „Volksabstimmung für Frieden, Freiheit und Fortschritt“ aufriefen, hergestellt. Ein Flugblatt mit dem Kopf Hitlers enthielt den Text: „Das ist der Mörder und Feind der Düsseldorfer Bevölkerung. Nieder mit dem Volksfeind.“ Finanziell unterstützt wurde die Arbeit des Düsseldorfer Widerstands unter anderem durch den jüdischen Friseur Siegmund Stefanski, der mit seiner ganzen Familie nach Minsk deportiert wurde, wo ihn die Nazis mit Tausenden anderer Juden ermordeten.[725]
In allen Orten des Rhein-Ruhrgebiets, in denen kommunistische Parteigruppen bestanden, versuchten ihre Mitglieder unentwegt, ein sozial und politisch möglichst breites antifaschistisches Bündnis zu schaffen. Neben der bereits geschilderten Einbeziehung sozialdemokratischer Kollegen besonders aus dem Bergbauindustriearbeiterverband und dem Deutschen Metallarbeiter Verband unterhielt Knöchel feste Beziehungen zu dem bekannten leitenden Funktionär des BAV, dem Sozialdemokraten Heinrich Imig aus Essen,[726] aber auch zu christlichen Bergarbeitern. So sendete der Deutsche Volkssender den Aufruf eines christlichen Bergarbeiterfunktionärs aus Duisburg-Hamborn, den er auf dem geschilderten Kurierweg erhalten haben wird. Darin werden besonders die christlichen Bergarbeiter dazu aufgefordert, sich für die Verständigung aller Bergarbeiter des Ruhrgebiets zum gemeinsamen Kampf für den Sturz Hitlers einzusetzen.[727]

Wilhelm Knöchel nahm auch Kontakte zu den oppositionellen Jugendgruppen der Edelweißpiraten auf, die es in den meisten Städten des Rhein-Ruhrgebiets gab. Der Düsseldorfer Edelweißpirat Werner Heyden berichtet von Treffs zwischen Knöchel und der Jugendgruppe, die auch kommunistische Flugblätter und Klebezettel verteilte. Nach diesen Gesprächen rief das „Ruhrecho" in seiner Oktoberausgabe die Jugendlichen in HJ und BdM zur aktiven Solidarität mit den Edelweißpiraten auf. Auch in Wanne-Eickel begnügten sich die Edelweißpiraten nicht mit den bekannten Auseinandersetzungen mit der HJ, sondern reihten sich ganz bewußt in die Widerstandsfront ein, indem sie regelmäßig die in großen Mengen abgeworfenen alliierten Flugblätter in Briefkästen steckten.[728]

Anfang 1942 kursierte in oppositionellen katholischen Kreisen der sogenannte „Mölders-Brief", in dem sich der von der NS-Propaganda gefeierte Fliegerheld Mölders vor seinem Tode zum Christentum bekennt. Dieser vielfach abgeschriebene Brief war für die gläubigen Katholiken ein gewichtiges Argument gegen die faschistischen Heldenmythen und ihre Kriegspropaganda. Er hat unter anderem in Duisburg und Essen, sogar unter gehobenen Staatsbeamten kursiert und auch die Instrukteure der KPD-Gebietsleitung Rhein-Ruhr beteiligten sich an seiner Verbreitung, um alle Möglichkeiten für eine Ausweitung der antifaschistischen Front auszunutzen.[729]

Gestützt auf eine – für die Verhältnisse des Krieges und des Naziterrors – große illegale Organisation, verbreiteten die operative Leitung der KPD in Berlin und die Gebietsleitung Niederrhein-Ruhr ihr Programm für den Sturz Hitlers und die Beendigung des Krieges und organisierten in den Widerstandsgruppen den Kampf für diese Ziele. Neben den periodisch erscheinenden Zeitungen drückte sich die Programmatik der KPD am umfassendsten im Aufruf „An die Genossinnen und Genossen am Niederrhein und an der Ruhr" vom Mai 1942 (im folgenden: Maiaufruf) und im „Friedensmanifest" „An das deutsche Volk und an die deutsche Wehrmacht" vom 6. Dezember 1942 (im folgenden: Dezembermanifest) aus.[730]

Der Maiaufruf wurde von einer illegalen Gebietskonferenz der KPD Niederrhein-Ruhr erlassen und als Flugblatt verteilt. Wilhelm Knöchel berichtete nach Amsterdam, daß diese Konferenz, an der sicher nur die Instrukteure und einige wenige Delegierte teilgenommen haben, um nicht die Beratung zu gefährden, in einem kleinen abgelegenen Landhaus stattgefunden habe.[731] Das Dezembermanifest beruhte auf den Erfahrungen, die die Instrukteure der KPD im Kontakt mit bürgerlichen Bündnispartnern, bei der Entwicklung der „F-Aktion" für „Frieden-Freiheit-Fortschritt" und bei der Verbreitung des „Friedenskämpfers" gemacht hatten. Bei der Formulierung des Dezembermanifestes durch die Parteiführung der KPD in Moskau wurde dieser breiten inhaltlichen Vorbereitung und dem Stand der westdeutschen Friedensbewegung dadurch Rechnung getragen, daß es als Manifest der westdeutschen Friedensbewegung bezeichnet wurde. Unter diesem Titel verbreiteten es auch der Deutsche Volkssender, der „Friedenskämpfer“ und der Moskauer Verlag für Fremdsprachige Literatur (als Broschüre für die Diskussion mit deutschen Kriegsgefangenen in der Sowjetunion). Eine direkte illegale Konferenz in Westdeutschland hat hingegen wohl nicht stattgefunden. Die große Bedeutung dieses Dezembermanifests unterstrich Wilhelm Pieck auch in einer Funkbotschaft an die Leitung der KPD in Frankreich, der er empfahl, die Soldatenarbeit auf seiner Grundlage durchzuführen.[732]

Die relativ große Zahl von Dokumenten aus dem Widerstand im dritten und vierten Kriegsjahr erlaubt es, ein detailliertes Bild der antifaschistischen Propaganda im Rhein-Ruhrgebiet zu zeichnen.

Im Zentrum der Argumentation stand die Frage, wie der Krieg beendet werden sollte. In den Vorstellungen der demokratischen und sozialistischen Kräfte hatte der Kampf um den Frieden sowohl zur Zeit der II. Internationale wie im Weltkrieg 1914/18 eine entscheidende Rolle gespielt.[733] Unter dieser Hauptlosung konnten die sozialistischen Gruppen die Arbeitermassen, aber auch die Bauern und Teile des Mittelstandes in Rußland und in den Mittelmächten in den Aufstand gegen den Krieg und dessen Urheber führen. Hitler – das ist der Krieg!

Besonders die Berner Konferenz der KPD stellte den Sturz des Faschismus als das Kernproblem des Friedenskampfes heraus. Die Beschlüsse der Berner Konferenz, an der auch Seng und Knöchel teilgenommen hatten, blieben die Richtschnur des Antikriegskampfes auch im Rhein-Ruhrgebiet für die folgenden Jahre. Nach Kriegsausbruch war die Frage eines sofortigen Friedensschlusses entscheidend für das Überleben von Millionen Menschen in ganz Europa geworden.

Die Aufforderung, das wachsende Leid der Bevölkerung durch den sofortigen Sturz Hitlers zu beenden, verband sich mit der sozialen Entlarvung der großen finanzkapitalistischen Konzerne als den eigentlichen Verantwortlichen und Profiteuren des Weltkriegs. Ähnlich wie der „Patriotische SA-Mann“ von Januar 1943 zum „Sturm auf die Bastionen der Reichen, der Kapitalisten und der neureichen Bonzen“ rief, sprach der „Maiaufruf“ von den „Plutokraten und Nazibonzen“, die inzwischen zu Großunternehmern aufgestiegen seien.[734] Hier wurde in agitatorischer Form die staatsmonopolistische Verflechtung von Großkapital und ökonomischer Potenz der faschistischen Staatsorgane aufgegriffen.

Das faschistische Regime mochte sich äußerlich auf eine relativ breite Anhängerschaft stützen, die es durch nationalistische Demagogie und dadurch, daß es

Ruhr-Echo

Organ der K.P.D. Essen, Mai 1942.

I. Mai 1942 – Kampftag für den Frieden!

Zum zehnten Mal begeht die deutsche Arbeiterklasse dieses Jahr den I. Mai – seit Generationen Kampftag und Heerschau des Proletariats aller Laender gegen plutokratische Ausbeutung, fuer Frieden, Freiheit und Fortschritt – unter der Hitlerherrschaft. Aber zehn Jahre Hitlerdiktatur konnten den revolutionaeren Kampfgeist des I. Mai's in den Koepfen der deutschen Arbeiter, nicht ausloeschen.

Hitler hat mit seinem schon ueber 2 I/2 Jahre tobenden imperialistischen Krieg, den er nie gewinnen wohl aber verlaengern kann, die nationale Existenz aufs Spiel gesetzt. Bedenkenlos startete er seine Fruehjahrsoffensive. Zunaechst mit "General Hunger" gegen das deutsche Volk. Aber nicht lange wird es dauern und er wird millionen deutsche Maenner gegen die unbesiegbare Rote Armee in den sicheren Tod jagen.

Eine furchtbare Katastrophe droht unserer Nation durch die Kriegsverbrechen der Hitlerbande und unseren Plutokraten, wenn wir uns nicht alle wie ein Mann erheben und ihnen in zwoelfter Stunde in die Arme fallen.

Einen gerechten Frieden braucht Deutschland und nicht die Fortsetzung des sinnlosen Krieges, um die nationale Existenz zu retten.
Allein Hitler mit seiner Clique stehen einem gerechten Frieden entgegen. Darum muss er und sein Regime durch eine wahrhafte Volksrevolution gestuerzt werden.

Der I. Mai soll uns im Ruhrgebiet ein Ansporn sein, unsere Kraefte zu vervielfachen, um Hitler zu stuerzen, den Frieden und ein neues freies Deutschland zu erkaempfen.

-+-+-+-+-+-+-+-+-+-+-

Wir haben den Kameraden Schroeder, den Leiter der freigewerkschaftlichen Bergarbeiterbewegung, gebeten uns einen kurzen Beitrag fuer unsere Mainummer zu schreiben. Nachstehend folgt seine Mahnung an die Bergleute.

Redaktion Ruhr-Echo.

Die Verpflichtung der Bergleute zum I. Mai heisst Handeln.

(von Alfred Schroeder)

Die Kameraden vom "Ruhr-Echo" haben mich aufgefordert in ihrer Mainummer einige [illegible] an die Kumpels des Ruhrgebiets zu richten. Gerne komme ich dieser Aufforderung [illegible] sage den Bergleuten dieses:
Ueber 2 I/2 Jahre tobt nun bereits der von Hitler entfesselte Krieg. Millionen [illegible] Maenner, Familienvaeter und bluehende deutsche Jugend, mussten schon ihr Leben

Ruhr-Echo, Mai 1942

Der
Friedenskämpfer
1. Juni 1942
Weg mit Hitler!
WIR WOLLEN FRIEDEN!
Arbeiter! Schafft in allen Betrieben illegale Betriebskomites!
Deutsche! Schafft in allen Orten Volkskomites zur Or-
ganisierung von Massenstreiks und
Demonstrationen!

Der Friedenskämpfer, 1. Juni 1942

Hunderttausende in seine Verbrechen einbezogen hatte, mit seinem eigenen Schicksal fest verband; es funktionierte dennoch in einer Weise, die nichts mit den objektiven Interessen der Millionen Werktätigen gemein hatte. Die wirkliche gesellschaftliche Grundlage für die faschistische Kriegspolitik lag im Expansionsdrang des kapitalistischen Systems. Sowohl von der Frage der sozialen Machtausübung her, wie von der Frage, wem der Weltkrieg nützte und wer die „Kosten" zu tragen hatte, trennte ein tiefer Gegensatz die kleine Gruppe von Wirtschaftsführern, Reichswehrgeneralität und Nazigrößen von der gesamten übrigen Bevölkerung.

Von dieser Analyse ausgehend, zeigten die Dokumente der Kommunisten im Ruhrgebiet den grundlegenden Interessenwiderspruch zwischen „Plutokraten und Nazibonzen", die sich im Krieg schamlos bereicherten, und jenen deutschen Soldaten auf, die für ihre Kriegsherren nur billiges Kanonenfutter im Ringen um das erhoffte osteuropäische Kolonialreich waren.[735] Darüberhinaus machten sie an der zunehmend schlechteren Versorgungslage in der Heimat, dem gesteigerten Arbeitstempo in den Fabriken und Gruben und an den Schrecken des beginnenden Bombenkrieges deutlich, daß der „Heimatfront" unerträgliche Kriegslasten aufgebürdet würden. So wurde im Artikel „Die Sprache der Verzweifelten" die Durchhaltedemagogie entlarvt. In der gleichen Oktober-Nummer des „Ruhrecho" nahm Knöchel (unter dem Namen „Alfred Schröder", den er in der illegalen Bergarbeiterbewegung getragen hatte) zu „Görings Sparaufruf" Stellung und konfrontierte die immer neuen Entbehrungen des vierten Kriegsjahres mit den Naziversprechungen von 1939, als diese „nicht ohne Erfolg bei größten Bevölkerungsschichten eine Art Eroberungsmentalität und Großmannssucht zu erwecken versucht" hatten.[736]

In einer realistischen Vision der schwierigen Lage, in die das deutsche Volk geraten würde, wenn es nicht die Kraft zum Sturze Hitlers fände, machte das „Ruhrecho" deutlich, daß es die historische Pflicht der Deutschen gerade gegenüber den unterdrückten Völkern Europas sei, endlich die faschistische Kriegsmaschinerie zu stoppen. Nur der Sturz Hitlers könnte Deutschland vor den Schrecken der Niederlage, vor Besetzung und Teilung bewahren. Nur ein aktiver Beitrag der Deutschen zur Niederlage der Hitlerarmeen könnte unser Land wieder in die Familie der freien Völker einreihen. Schon in der März-Nummer des „Ruhrecho" hieß es:

„Nur durch den Sturz Hitlers erlangt das deutsche Volk den ersehnten Frieden und wird Deutschland vor der drohenden Katastrophe gerettet!

(. . .) Es wird Zeit, daß jeder ehrliche, aufrechte und wahrhafte Deutsche den Ernst der Lage, in der sich Deutschland und das deutsche Volk befindet, erkennt. Noch ist es Zeit, das Schlimmste zu verhindern.

(. . .) Vor zwei Wegen steht das deutsche Volk. Entweder wird Hitler von innen, vom deutschen Volk gestürzt, und wir haben den ersehnten Frieden, der die Rettung Deutschlands bedeutet, oder Hitler wird von außen durch die militärische Niederlage auf den Schutthaufen der Geschichte befördert und die im Gefolge der militärischen Niederlage entstehende Katastrophe wäre furchtbar für unser Volk.“[737]

In diesem Zusammenhang wird die verstärkte Betonung des nationalen Charakters des antifaschistischen Widerstands deutlich, die schon seit der Berner Konferenz die Aufklärungsarbeit der KPD charakterisierte. Ähnlich wie der Begriff der Nation in den bürgerlichen Revolutionen des 19. Jahrhunderts alle fortschrittlichen Kräfte, die Gesamtheit des werktätigen Volkes, die gegen die Reaktion des Adels, des Großbürgertums und des Militärs aufstand, umfaßte, so bestimmte sich nun „Nation“ als Sammelbegriff für alle sozialen Kräfte, die objektiv im Widerspruch zum Trustkapital, seinem faschistischen Staat und seinem Eroberungskrieg standen. So ging der „Maiaufruf“ auf das „neuerwachte Nationalbewußtsein“ ein, um von einer Kritik der Wir-sitzen-alle-in-einem-Boot-Stimmung zur Feststellung überzugehen, daß die Sorge um das Schicksal der Nation nicht zur Unterstützung der faschistischen Wehrmacht, sondern zum sofortigen Sturz Hitlers führen müßte.[738] Darüberhinaus umfaßte der Begriff der Nation auch alle fortschrittlichen Traditionen des deutschen Volkes, die Errungenschaften der humanistischen Kultur, und jene positiven sozialen Werte, für die im 19. Jahrhundert Bürgertum und Proletariat gemeinsam gekämpft hatten.[739]

Dem demagogischen Appell der Faschisten an das Nationalgefühl vieler Deutscher und an die Werte, die damit subjektiv ehrlich verbunden waren, setzte die KPD und mit ihr viele Antifaschisten den Aufruf entgegen, die Substanz der Nation, alles, worauf das werktätige Volk stolz sein konnte, gegen die faschistische Barbarei zu verteidigen. Damit wurde nicht nur ein agitatorischer Ansatzpunkt für das Gespräch mit allen, die durch die Nazidemagogie verblendet waren, gewonnen, sondern weit darüber hinaus namens der Arbeiterklasse die Führung der Nation hin zu einem demokratischen, antifaschistischen Deutschland beansprucht. So wie sich im 19. Jahrhundert die ganze arbeitende Bevölkerung um das antifeudal gesinnte Bürgertum scharte, so lag nun – 1942 – der einzige Ausweg aus der nationalen Katastrophe im antifaschistischen Bündnis mit der Arbeiterklasse.

Der Appell der Antifaschisten an die Nation stand in radikalem Gegensatz zu jenem Chauvinismus, mit dem die Faschisten ihre „Herrenrasse“ zur Unterdrückung aller Völker Europas hetzten. Im „Maiaufruf“ und im Artikel der „Freiheit“ „Gegen die Schmach von Compiegne“ wurde erklärt, daß die Rettung der deutschen Nation nicht im Gegensatz zum Kampf der Anti-Hitler-Koaliation stand, sondern nur in der internationalistischen Zusammenarbeit mit allen Völkern, die sich gegen den Aggressor erhoben hatten, zu verwirklichen war.[740] Im Geiste des Internationalismus verdeutlichte der „Maiaufruf“ die Rolle eines freien Deutschland nach dem Sturz des Faschismus:

„Je eher unser Volk zu dieser Tat schreitet, desto weniger groß wird die nationale Katastrophe; die von Hitler überfallenen und unterjochten Völker werden dadurch erkennen, daß das deutsche Volk nicht identisch mit Hitler und seinen Verbrechen ist, und sie werden uns statt Vergeltung die Bruderhand reichen, einen gerechten Frieden zubilligen und als gleichberechtigte Nation behandeln. Aber wehe unserem Volk, wenn es nicht mit Hand anlegt, um die Hitlerbestie zu vernichten.“[741]

Außerdem hob der Aufruf hervor, daß die Siege der Sowjettruppen und der Anti-Hitler-Koalition durchaus im nationalen Interesse Deutschlands liegen, daß jeder Sieg der Roten Armee einen Schritt zur Niederlage Hitlers und damit auch zur Befreiung des deutschen Volkes bedeutete. Der Artikel des „Ruhr-Echo“ zum 25. Jahrestag der Oktoberrevolution schätzte die Sowjetunion als führende Kraft im weltweiten antifaschistischen Ringen ein. Ein kurzer Rückblick auf die Entstehungsgeschichte des sozialistischen Staates verdeutlichte dann dessen Entwicklungsgesetz: Alles für den Frieden! Alles für den antiimperialistischen Kampf der Völker! Da sich der Charakter der Sowjetunion aus seiner sozialen Basis herleitete, also der Macht der Arbeiter und Bauern, mußte die entscheidende Lehre der Oktoberrevolution für die deutschen Werktätigen heißen, durch den Sturz des Kapitalismus die sichere Grundlage für ein Leben in Frieden zu schaffen.[742]

Es entsprach ganz der realistischen Einsicht der KPD in das Kräfteverhältnis und die anstehenden Kampfaufgaben, daß das aktuelle Aktionsprogramm für die Beendigung des Krieges und die Überwindung des Faschismus nicht auf die sozialistische Revolution, sondern auf die antifaschistisch-demokratische Republik zielte. Bereits die März-Ausgabe des „Friedenskämpfers“ stellte in diesem Sinne ein Sieben-Punkte-Aktionsprogramm auf:

„Und wie muß nun dieses Deutschland, das nach dem Sturze des Hitlerregimes entstehen soll, aussehen? Für welche innere politische Ausgestaltung unseres Staates kämpft die Friedensfront der deutschen Werktätigen? Das ist in wenigen Worten gesagt:

1. Alle Schuldigen an diesem Krieg und alle, die für die Scheußlichkeiten gegen unser Volk und gegen andere Völker verantwortlich sind, werden den öffentlichen Gerichten des deutschen Volkes zur gerechten Aburteilung überführt.
2. Alle Monopole, Trusts, Konzerne und Banken werden kostenlos enteignet und verstaatlicht. Ein staatliches Handelsmonopol wird sich in den friedlichen internationalen Güteraustausch zwischen den Völkern einschalten.
3. Der Großgrundbesitz wird den Bauern kostenlos zur Bewirtschaftung über-

tragen. Die Zwangsbewirtschaftung und Zwangsablieferung wird aufgehoben und der freie Markt wiederhergestellt.
4. Das deutsche Handwerk und der gewerbliche Mittelstand wird durch staatliche und private Aufträge sowie durch zinslose staatliche Kredite und Zuschüsse wieder in die Lage gesetzt, seine durch das Hitlersystem ruinierten Betriebe neuem wirtschaftlichem Aufschwung entgegenzuführen.
5. Die gesamte Staatsgewalt wird unmittelbar in die Hände des Volkes gelegt werden. Durch die Herstellung der Rede-, Presse- und Organisationsfreiheit, durch die Freiheit des Gewissens und des Glaubens, durch die Einführung eines wirklich freien Wahlrechts für die Werktätigen können diese ihre besten Vertreter in die Verwaltung des Staates, der Gemeinden und der verstaatlichten Fabriken und Gruben entsenden.
6. Die Wehrmacht wird zu einer wirklichen Volksarmee umgebaut. Die faschistischen Offiziere werden ausgemerzt. Die Befehlsgewalt wird in die Hände solcher Offiziere gelegt, die im Kampfe unseres Volkes gegen Hitler und seinen Krieg auf der Seite des Volkes ihren Mann gestanden haben. Jedem werktätigen Soldaten steht der Weg zum höchsten militärischen Rang offen.
7. In freier Vereinbarung und in voller Gleichberechtigung wird unser Volk gemeinsam mit den anderen Völkern der Welt in rastloser Arbeit und bei steigendem Wohlstand alle Schäden dieses Krieges rasch wieder beseitigen.
Einem solchen Deutschland wird das Ausland vollstes Vertrauen entgegenbringen, da ja das deutsche Volk aus eigener Kraft die Voraussetzungen für einen neuen Weltkrieg im eigenen Lande ausgeschaltet hat. Es werden ihm darum keine erniedrigenden Friedensbedingungen diktiert. Ein Versailler Friedensdiktat neuer Auflage wird es nicht mehr geben und unser Volk hat sich endlich einen dauerhaften Frieden erkämpft."[743]
Das „Dezembermanifest" der „westdeutschen Friedensbewegung" spitzte diese umfassende Programmatik für ein demokratisches Deutschland noch auf ein aktuelles „Aktionsprogramm der nationalen Friedensbewegung" zu. Es wandte sich auch an die Offiziere und Soldaten der Wehrmacht, unter denen es einen großen Kreis von Kriegsmüden und Hitlergegnern wußte, die sich „selbst in den Spitzen der Wehrmacht" befänden. Die im Aktionsprogramm genannten aktuellen Maßnahmen (Rückführung der Wehrmacht in die Heimat, Verhaftung der Kriegschuldigen, Auflösung von SS und Gestapo, Freilassung der politischen Gefangenen, Beendigung der Rassenhetze, Fürsorge für die Kriegsversehrten und Hinterbliebenen, eine verfassungsgebende Reichsversammlung usw.) fügten sich als jeweils erste Schritte in den Rahmen des weitergehenden Programms für eine demokratische Republik von März 1942 nahtlos ein. Damit belegte das „Dezembermanifest" erneut die Einheit der programmatischen Vorstellungen der Kommunisten in Deutschland mit ihrem Zentralkomitee in

Moskau. Es stellte gewissermaßen das Bindeglied zwischen den Anfängen der Friedensbewegung im Lande 1941/42 und dem Manifest des Nationalkomitees „Freies Deutschland" vom 13. Juli 1943 dar.[744]
In der Hauptlosung „Sofortiger Frieden durch den Sturz Hitlers" verbanden sich tiefe sozialökonomische Einsichten in die Möglichkeiten eines breiten Bündnisses gegen Trustkapital und Faschismus mit einem realistischen Programm zur Lösung der brennenden Gegenwartsfragen.
Eine solche Konzeption offenbarte eine große Integrationskraft, indem sie jeder auch noch so partikular antifaschistischen Gruppe ihren Platz zuwies. Sie wußte sich aber prinzipiell von jenen Konzepten abzugrenzen, die, wie bestimmte Militärkreise, nur einen Waffenstillstand unter Beibehaltung der alten Machtverhältnisse herbeiführen wollten, oder die sich, wie einige sozialdemokratische Führer in der Emigration, einseitig auf einen Sieg der Westmächte orientierten.
Die Gebietsleitung der KPD entwickelte auch ihre Aktionsvorschläge aus ihrem grundsätzlichen politischen Programm heraus. Daher stand im Mittelpunkt aller Aktivitäten die „F-Aktion", also die Aufforderung, durch ein großes „F" an Zäunen und Häuserwänden, in Telefonzellen und auf den Kohlenloren in den Bergwerken für „Frieden, Freiheit, Fortschritt" einzutreten.[745]
Unter den Losungen der F-Aktion sollten sich in den Betrieben und Wohngebieten, sowie in den Wehrmachtseinheiten Friedenskomitees bilden. Dazu heißt es beispielsweise im „Ruhr-Echo":
„Arbeiter, organisiert in den Gruben und Betrieben illegale Kampforgane: Vertrauensmänner, Betriebskomitees, Gewerkschaftsgruppen und so weiter, zur besseren Führung des Kampfes und zur Vorbereitung und Führung von politischen Massenstreiks und Massendemonstrationen unter der Losung: Für den Frieden!
Bauern, durchkreuzt alle Anordnungen von Backe und seinem Reichsnährstand. Macht mit den Arbeitern und der Stadtbevölkerung gemeinsame Sache. Verkauft ihnen ‚hintenherum' eure Produkte zu normalen Preisen. Organisiert Euch in illegalen Bauern- und Dorfkomitees!
Soldaten, macht Schluß mit dem Krieg. Geht in Gruppen zu den Russen über und helft ihnen, das Hitlerungeheuer zu vernichten; denn nur so wird Deutschland gerettet. Organisiert euch in Soldatenkomitees!
Deutsche in Stadt und Land, organisiert Euch! Schafft überall illegale Kampforgane für Frieden und Freiheit, für ein neues, freies Deutschland!
Bildet überall Selbstschutzgruppen gegen den Naziterror und bewaffnet Euch. Verabreicht jedem Gestapospitzel, jedem SS-Banditen, jedem Verräter, der die illegalen Friedens- und Freiheitskämpfer dem Nazihenker ausliefert, die gerechte Strafe.

Schluß mit dem Krieg – Wir wollen Frieden!
Nieder mit der Hitlerregierung – Wir wollen eine nationale Friedens- und Volksregierung!“[746]

Das „Ruhrecho“ propagierte in einigen Ausgaben auch Beispiele für die Bildung solcher Komitees,[747] obwohl es sich nur um vereinzelte Aktivitäten gehandelt haben kann; denn insgesamt lastete der Naziterror, aber auch der Einfluß der jahrelangen Demagogie noch so schwer auf der Bevölkerung, daß sich selbst in der Arbeiterklasse nur eine Minderheit dazu bereit fand, aus der Passivität herauszutreten, die Angst vor den Folgen zu überwinden und sich in die Widerstandsgruppen einzureihen. Obwohl sie die geringe Resonanz ihrer Aufrufe in der täglichen Praxis verspürten, verzichteten die Instrukteure der KPD nicht darauf, weiterführende Losungen aufzustellen, die den Weg zu Massenaktionen gegen den Krieg wiesen. In den Vorschlägen für solche weitergehenden Aktionen erkennt man unschwer die starke Orientierung an den Kampf- und Organisationsformen der Friedensbewegung im Ersten Weltkrieg wieder.[748] Auch der „Maiaufruf“ ging auf das Zurückbleiben der illegalen Organisation hinter den Notwendigkeiten einer unverzüglichen breiten Friedensbewegung ein und setzte sich mit Stimmen auseinander, die erst den weiteren Vormarsch der Roten Armee abwarten wollten, um aktiv zu werden.

Im Mittelpunkt der Aktionsvorschläge an die Betriebsarbeiter standen Aufforderungen, auf jedem denkbaren Weg die Kriegsproduktion zu behindern. Dabei reichte die Skala praktischer Ratschläge von „Arbeite-Langsam“-Losungen bis zu detaillierten Vorschlägen für Sabotageakte.[749]

Das „Ruhrecho“ rief auch zu Aktivitäten an einer Front auf, die für den antifaschistischen Kampf der folgenden Jahre von großer Bedeutung wurde: Die aktive Solidarität mit den Kriegsgefangenen und ausländischen Zwangsarbeitern war eine Forderung, die sich sowohl aus den Grundwerten der menschlichen Solidarität gegenüber den unterernährten, schlecht untergebrachten und von ihren Bewachern terrorisierten Zwangsarbeitern, als auch aus den Grundsätzen des proletarischen Internationalismus, dem Bekenntnis zur unteilbaren, einheitlichen Kampffront der Arbeitenden aller Länder ergab. Nicht nur bei den Widerstandskämpfern, sondern auch bei vielen anderen Menschen erweckten die Kriegsgefangenen und Zwangsarbeiter Mitleid, aber auch Hochachtung vor ihrer ungebrochenen Haltung. Ein Dortmunder SD-Bericht von September 1942 mußte sogar zugeben, daß viele Menschen von dem hohen Bildungsstand der Sowjetmenschen beeindruckt waren, der die Goebbelslügen über die UdSSR schlagend widerlegte.[750] Die Zwangsarbeiter und Kriegsgefangenen stellten darüber hinaus ein nicht zu unterschätzendes Widerstandspotential dar. So mußte die Gestapo für Juni 1942 von 16950 Verhaftungen in Deutschland wegen Arbeitsniederlegung hauptsächlich von Zwangsarbeitern berichten. In

Widerstand im Ruhrgebiet 1939–1945

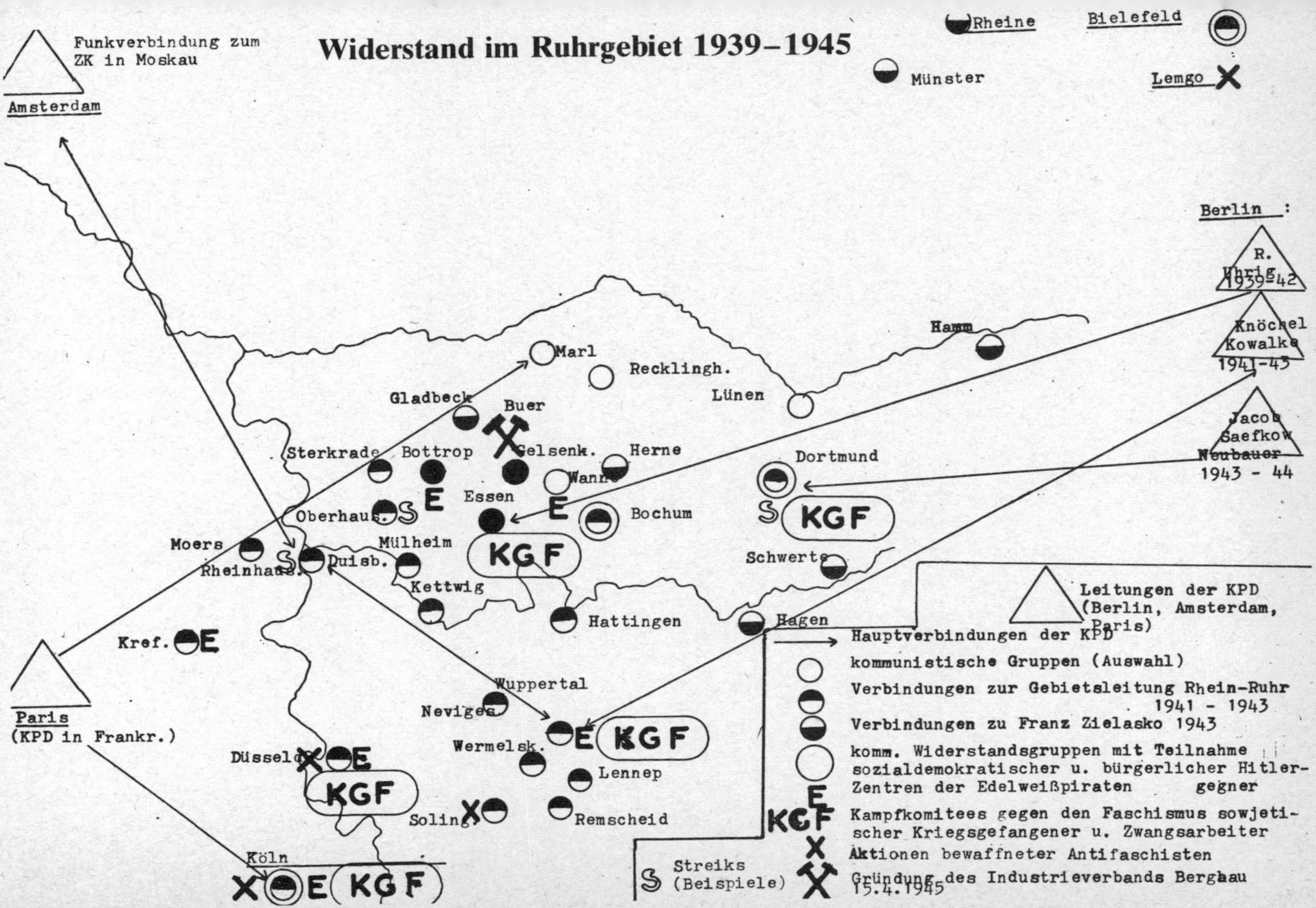

Funkverbindung zum
ZK in Moskau
Amsterdam
Rheine
Bielefeld
Münster
Lemgo
Berlin :
R.
Uhrig
1939-42
Knöchel
Kowalke
1941-43
Jacob
Saefkow
Neubauer
1943 - 44
Hamm
Marl
Recklingh.
Lünen
Gladbeck
Buer
Sterkrade
Bottrop
Gelsenk.
Herne
Wanne
Dortmund
Essen
Bochum
Oberhaus.
Moers
Rheinhaus.
Duisb.
Mülheim
Kettwig
Schwerte
Hattingen
Hagen
Kref.
Paris
(KPD in Frankr.)
Wuppertal
Neviges
Wermelsk.
Lennep
Düsseld.
Solingen
Remscheid
Köln
E
KGF
Leitungen der KPD
(Berlin, Amsterdam,
Paris)
Hauptverbindungen der KPD
kommunistische Gruppen (Auswahl)
Verbindungen zur Gebietsleitung Rhein-Ruhr
1941 - 1943
Verbindungen zu Franz Zielasko 1943
komm. Widerstandsgruppen mit Teilnahme
sozialdemokratischer u. bürgerlicher Hitler-
gegner
Zentren der Edelweißpiraten
Kampfkomitees gegen den Faschismus sowjetischer Kriegsgefangener u. Zwangsarbeiter
Aktionen bewaffneter Antifaschisten
Gründung des Industrieverbands Bergbau
15.4.1945
Streiks
(Beispiele)

den beiden folgenden Monaten stieg die Verhaftungsziffer auf 23157 beziehungsweise 33826.[751] Zu Recht verlangte daher das „Ruhrecho“: „Haltet feste Kameradschaft zu den ausländischen Kameraden. Übt größte Solidarität mit den Kriegs- und Zivilgefangenen. Sie alle sind unsere Kampfgenossen im Kampf gegen die Hitlerbande und ihren Plutokratenkrieg.[752]

Das „Ruhrecho“ ging auch auf die alltäglichen sozialen und ökonomischen Forderungen der Berg- und Hüttenarbeiter ein. Sein Programm für mehr Arbeitssicherheit, Verminderung der Arbeitshetze und Sicherung und Erhöhung der Löhne fügte sich organisch in das Hauptziel der Verlangsamung der Rüstungsproduktion ein.[753]

Die Kommunisten des Ruhrgebiets besaßen klare Vorstellungen über das Verhältnis der angestrebten breiten antifaschistischen Komitees und dem Aufbau der KPD-Zellen. Sie meinten, daß der Erfolg des antifaschistischen Bündnisses von der Stärke der kommunistischen Parteiorganisation abhing, damit sich alle spontanen Bewegungen koordiniert auf das Hauptziel, den Sturz des Faschismus und die Errichtung einer neuen kämpferischen Demokratie hin ausrichteten. Daher gewannen der Aufbau und Ausbau der Gebietsparteiorganisation an Rhein und Ruhr, die entsprechenden Aktivitäten in den anderen Teilen Deutschlands und der weitere Ausbau des illegalen Informations- und Verbindungsnetzes der operativen Leitung der KPD in Deutschland entscheidende Bedeutung für den Aufschwung des antifaschistischen Kampfes. So forderte der „Maiaufruf“ zur weiteren Verstärkung der Aktivitäten an der Basis, besonders in den Rüstungsbetrieben, auf. Die Gebietskonferenz stellte fest, daß es noch großer Anstrengungen und der Einbeziehung von noch mehr Mitgliedern und Gruppen in die illegale Parteiorganisation bedurfte, um der nationalen Verantwortung und den Erfordernissen des Anti-Kriegs-Kampfes gerecht zu werden.

Mit dieser Einschätzung ist zugleich das Problem der historischen Wertung der Widerstandsbewegung im Ruhrgebiet 1942 angesprochen: Das beeindruckende Bild der regionalen Verbreitung von illegalen Gruppen und Verbindungsleuten, ihre große Aktivität und ihr wagemutiger Einsatz dürfen nicht darüber hinweg täuschen, daß es sich hier nur um einen geringen Teil der Arbeiterklasse und anderer werktätiger Schichten handelte, während die Masse der Bevölkerung in Inaktivität, ja sogar immer noch in verblendeter Unterstützung der Hitlerregierung verharrte. So spiegelte sich auch in den Aktivitäten um den „Friedenskämpfer“ im Rhein-Ruhrgebiet ein charakteristischer Widerspruch der deutschen Widerstandsbewegung überhaupt: Die selbstlosen Aktionen einer kleinen antifaschistischen Avantgarde zeigten zwar die historische Chance für das deutsche Volk auf, sich Frieden und Demokratie aus eigener Kraft zu erkämpfen, aber diese Chance konnte nicht genutzt werden, solange nicht die

Masse des deutschen Volkes bereit war, für den Sturz Hitlers zu kämpfen.
Der Terrorapparat, der in seiner alltäglichen Präsenz in den Betrieben und Wohngebieten eine Ausweitung der Widerstandsfront verhinderte, ging zu Anfang des Jahres 1943 mit einer umfangreichen Verhaftungskampagne gegen die operative Leitung und die Gebietsorganisation Niederrhein-Ruhr der KPD vor. Viele führende Kader in diesen Gebieten und bei den Verbindungsstellen der KPD in Holland wurden verhaftet und ermordet.[754] Ihre in Freiheit gebliebenen Mitkämpfer aber setzten den Widerstand fort und erfüllten damit auch das Vermächtnis des „Friedenskämpfer“ von 1942.

15. Widerstandsgruppen 1943 und 1944

Seit dem Überfall auf die Sowjetunion, besonders aber seit 1943, wurde die Rüstungsindustrie des Ruhrgebietes durch eine maßlos verschärfte Ausbeutung der menschlichen Arbeitskraft geprägt. Die faschistische Kriegswirtschaft, die schon immer an der äußersten Grenze ihrer Möglichkeiten produziert hatte, orientierte sich, je mehr die Schwierigkeiten an der Ostfront anwuchsen, desto mehr darauf, aus den Menschen und Maschinen das Äußerste herauszuholen. Der rücksichtslose Verschleiß menschlicher Arbeitskraft und menschlichen Lebens fand seinen konzentriertesten Ausdruck in dem Netz von Zwangsarbeitslagern, das die Städte zwischen Ruhr und Lippe überzog, und im Einsatz von Kriegsgefangenen und KZ-Häftlingen in der Rüstungsproduktion.[755]
Allein für das Stadtgebiet Bochums sind 79 Lager nachgewiesen, in denen ausländische Zwangsarbeiter für rüstungswichtige Firmen beschäftigt waren, wie bei Bochumer Verein, Eisen- und Hüttenwerke Bochum, Westfalia-Dinnendahl, Bochumer Eisenhütte, Gebr. Mönninghoff, Gebr. Eickhoff und andere, sowie für die Bergwerksgesellschaften Gelsenberg, Lothringen, Harpener Bergbau, Hannover-Hannibal und andere. Unter diesen Lagern, in denen im Durchschnitt zwischen 100 und 400 Fremdarbeiter zusammengepfercht waren, befanden sich auch ausgesprochene Massencamps für 1500 Personen (Bochumer Verein, Lager Metzstraße) und 1100 Personen (Zeche Constantin, Lager Hiltroper Straße).[756] Die Zustände in den über das ganze Ruhrgebiet verbreiteten Lagern waren so katastrophal, daß die amerikanischen Gerichte, die die Nürnberger Nachfolgeprozesse durchführten, Alfried Krupp, Friedrich Flick und andere wegen Sklavenhaltung verurteilten.
Außerdem wurden auch KZ-Häftlinge direkt in der Rüstungsproduktion eingesetzt, so etwa beim Bochumer Verein ein Außenkommando des KZ Buchenwald (vom Juni 1944 bis Ende März 1945) mit zuletzt 1356 Häftlingen und beim Eisen- und Hüttenwerk Bochum (vom April 1944 bis Ende März 1945), bis dann die 622 Insassen nach Buchenwald zurückverschleppt wurden, damit sie nicht von den vorrückenden amerikanischen Truppen befreit werden konnten.[757]
In den 81 Fabriken des Krupp-Konzerns arbeiteten von 1940 bis 1945 69898 Zwangsarbeiter, 4978 KZ-Häftlinge und 23076 Kriegsgefangene. Allein in Essen waren im August 1943 11557 „Fremdarbeiter" und 2412 Kriegsgefangene für Krupp eingesetzt.[758] Neben dem nahe Auschwitz neuerbauten

Kruppwerk, das schon in der Standortwahl von dem Willen zeugte, nicht nur für einige Kriegsjahre, sondern für lange Zeit billige Arbeitskraft aus dem KZ bis zur physischen Vernichtung „verwenden“ zu können, waren auch zwei Außenkommandos des KZ Buchenwald in Essen stationiert, darunter ein „SS-Arbeitskommando Friedrich Krupp. Essen“ mit 522 jüdischen Frauen.[759]

Die Leiden der Kruppschen Zwangsarbeit deutete selbst ein Arztbericht an den Kruppdirektor Lehmann an:

„Der allgemeine Gesundheits- und Ernährungszustand in sämtlichen russischen Kriegsgefangenen-Lagern ist durchweg ungünstig (. . .) Es wurde mir in allen Russenlagern von Wehrmachtsangehörigen erklärt, daß die Verpflegung mengenmäßig unzureichend sei (. . .) Kontrollierende Wehrmachtsärzte haben erklärt, daß sie nirgends einen solchen schlechten allgemeinen Zustand bei den Russen angetroffen hätten, als in den Friedrich-Krupp-Lagern.“[760]

Auf eine ärztliche Vorhaltung, daß die russischen Kriegsgefangenen nicht von einer Tagesration von 300 Gramm Brot um vier Uhr morgens leben könnten, erwiderte Krupp-Direktor Lehmann nur, „daß die russischen Kriegsgefangenen nicht an die westeuropäische Ernährung gewöhnt werden dürften.“[761]

Die Behandlung der Kruppschen Zwangsarbeiter war derart unmenschlich, daß Anfang 1942 selbst Proteste des Oberkommandos der Wehrmacht laut wurden.[762]

Eine Untersuchungskommission beim „Generalbevollmächtigten für den Arbeitseinsatz“ beleuchtete Ende 1942 kritisch die Zustände in den sogenannten Ostarbeiterlagern des Ruhrgebiets. Dabei war sie gezwungen, um der NS-Führung ein ansatzweise realistisches Bild der Lage geben zu können, Kritik in einer selbst für einen geheimen Bericht bemerkenswerten Schärfe zu üben:

„Die Stimmung der Ostarbeiter war mit einigen wenigen Ausnahmen (. . .) im allgemeinen eine unzufriedene bis zum Teil sogar katastrophale. So wird zum Beispiel das Bild der Trostlosigkeit und Verelendung in dem Lager des ‚Bochumer Vereins‘ nie ausgelöscht werden können. (. . .) Bochumer Verein: Arbeiter furchtbar heruntergekommen. Stimmung katastrophal, Lager vernachlässigt und dreckig, Essen unzureichend. Prügel. Familien auseinandergerissen. Fluchtversuche sogar von Frauen. Essen als Prämie – erst Leistung, dann Betreuung. Keinerlei Verständnis bei Leitung.“ (Der ‚Bochumer Verein‘ war übrigens ein sogenannter Nationalsozialistischer Musterbetrieb! Anmerk. D. Peukert)

„Essener Steinkohlen AG in Essen: Lager Katharina: Die Ostarbeiter sind gegenwärtig in Baracken für Kriegsgefangene mit schwerstem Stacheldraht und vergitterten Fenstern untergebracht. Entwesung mangelhaft. Viel Ungeziefer. Strohmatratzen mußten entfernt werden, daher Schlafen auf Drahtmatratzen. Zuweilen Prügel. Lohnfragen ungeklärt. Essen nicht besonders.“

(Zur Einstellung der dortigen Lagerleitung wurde die Bemerkung wiedergegeben:) „Der Ostarbeiter sei sehr zäh. Er arbeite, bis er auf dem Arbeitsplatz mit dem Gesicht in den Dreck falle und der Arzt ohnehin nur noch den Totenschein ausstellen könne."[763]
Am 4. März 1944 wurde zur Verpflegung der russischen Kriegsgefangenen auf der Zeche Monopol in Kamen erklärt, daß diese innerhalb von vier Monaten durchschnittlich viereinhalb Kilo Körpergewicht abgenommen hätten.[764]
Wenn auch diese ärztlichen Interventionen in erster Linie nicht aus humanitären, sondern aus Gründen der längerfristigen „Nutzung" des Arbeitskräftepotentials erfolgten, so verdeutlichen sie doch, daß die Großindustrie des Ruhrgebiets im faschistischen Machtgefüge nicht – wie oft behauptet – einen passiven und auf die Ökonomie beschränkten Teil spielte, sondern daß sie so sehr aktiver Vorreiter in der Erprobung neuer Stufen der Barbarei war, daß andere Organe des faschistischen Staatsapparats manchmal sogar kritisch und mäßigend eingreifenmußten.
Der Terror gegen die ausländischen wie die deutschen Arbeiter wurde im Laufe des Krieges noch weiter gesteigert. Instrument für die innerbetriebliche Polizeiherrschaft war der Werkschutz, der sich – mit Karabinern, Pistolen und Knüppeln bewaffnet – als Schlägertrupp besonders hervortat.[765]
Bei Krupp in Essen hatte man sich zur Bestrafung mißliebiger Arbeitssklaven einen spindähnlichen eisernen Schrank angeschafft, in den die Opfer oft stundenlang, ja tagelang, eingesperrt wurden, ohne Bewegungsmöglichkeit, fast ohne Luft. Zur Strafverschärfung goß man im Winter durch ein Loch an der Oberseite noch kaltes Wasser auf die Wehrlosen. Es ist bezeugt, daß selbst schwangere Frauen von dieser Tortur nicht verschont blieben.[766]
Im Kriegsverbrecherprozeß gegen Friedrich Flick konnten Dokumente vorgelegt werden, die Ruhrindustrielle als treibende Kraft beim innerbetrieblichen Terror gegen die deutschen Arbeiter ausweisen. So beantragte die Dortmunder Zeche Gneisenau am 10. November 1942 die Einweisung eines 23jährigen Gedingeschleppers „wegen Bummelei" ins Arbeitslager.[767] Im April 1943 lehnte der faschistische „Treuhänder der Arbeit" sogar einen Antrag der gleichen Zechenleitung, einen 15jährigen Berglehrling ins Arbeitslager zu stecken, ab und zeigte sich in diesem Fall „weniger strafwütig als die Vertreter des Flick-Konzerns".[768] In einem anderen Fall wurde ein Arbeiter „wegen fortgesetzten willkürlichen Fernbleibens von der Arbeit" auf Antrag der Zeche Gneisenau sogar ins KZ überstellt.[769] Das Elend der Zwangsarbeiter und Kriegsgefangenen, das sich mitten im Ruhrgebiet, unter den Augen Hunderttausender deutscher Menschen abspielte, zeugt auch gegen die gängige Schutzbehauptung, das deutsche Volk habe von den faschistischen Greueln nichts gewußt.
Die Maßnahmen der deutschen Kriegswirtschaft, der gesteigerte Terror und

die direkten Kriegseinwirkungen auf das Ruhrgebiet führten zu tiefgreifenden Veränderungen in der Struktur der Industriearbeiterschaft, die nicht ohne Auswirkungen auf die Chancen des Widerstandskampfes bleiben konnten:
Schon der Terror in den Betrieben, aber auch die Einziehungen zur Wehrmacht, beziehungsweise die Drohung damit, ihre Freistellung vom Kriegsdienst aufzuheben, hielten viele Arbeiter davon ab, ihrem Unmut organisiert Ausdruck zu geben. So wurden allein im Monat August 1942 22203 Arbeiter, darunter 1781 Deutsche, wegen „Bummelei" oder Arbeitsniederlegung im Reich verhaftet.[770]
Die traditionellen Belegschaften der Großbetriebe, durch langjährige gemeinsame Erfahrungen zusammengeschlossen und daher für die Faschisten ein gefährliches Aktionspotential, waren weitgehend auseinandergerissen. Was bewußte Versetzungsmaßnahmen und die Verhaftungen der aktivsten politischen Kräfte bis 1939 nicht geschafft hatten, vollbrachte nun die Mobilmachung zur Wehrmacht, der massenhafte Einsatz von Frauen und Angehörigen der Mittelschichten ohne jede gewerkschaftliche und politische Erfahrung, der Masseneinsatz von „Fremdarbeitern", die zwar selbst oftmals aktive Widerstandskämpfer waren, aber schon durch die Sprache und die scharfe Bewachung leichter von der deutschen Belegschaft fernzuhalten waren, sowie die Evakuierungen nach den großen Bombenangriffen seit 1942/43.
Auch die Verbindungen der noch bestehenden Widerstandsgruppen untereinander wurden durch diese Faktoren erschwert oder sogar zerrissen. Besonders die Zerstörung der Ruhrgebietsstädte durch die Bombardierungen ließ viele alte Adressen und Anlaufstellen ausfallen. Die großen Verhaftungsaktionen an der Ruhr von Anfang und Sommer 1943 taten ein übriges und zerschlugen viele hoffnungsvolle Ansätze des organisierten Widerstands. Trotzdem kämpften Antifaschisten des Ruhrgebiets weiter und bemühten sich immer wieder um die Organisation von Gruppen in den Betrieben und Wohngebieten und um die Zusammenarbeit aller Hitlergegner.
Ihren sichtbarsten Ausdruck fanden Kriegsmüdigkeit und zunehmende Mißstimmung unter der Arbeiterklasse in betrieblichen Bewegungen um elementare soziale Forderungen und in Formen passiver Resistenz, die sich in gewisser Weise auch in den Verhaftungsstatistiken der Gestapo von 1944 widerspiegeln: So wurden im Reich im Januar 1944 29108 Menschen (darunter 2060 Deutsche) wegen Arbeitsniederlegungen verhaftet. Im Juni des gleichen Jahres waren es 43505 Menschen.[771]
Die hohe Zahl von Unmutsäußerungen, die passive Resistenz in den Betrieben, weisen deutlich auf den sozialen Raum hin, in dem Widerstand immer erneut durchbrach: den Industriebetrieb, das Zentrum der kapitalistischen Produktionsweise, in dem der schon im Lohnverhältnis angelegte Widerspruch durch

ungezügelte Ausbeutung immer von neuem verschärft wurde. Trotz des – angesichts der unausgewerteten Betriebsarchive in der BRD – geringen Informationsstands über innerbetriebliche Aktionen wird deutlich, daß es neben individuellen Protesten wie Krankfeiern, Langsamarbeiten und so weiter auch eine große Zahl kollektiver oder sogar von antifaschistischen Widerstandsgruppen bewußt geplanter Aktionen gab, die bis zu Sabotageakten und Kurzstreiks führten. Angehörige Dortmunder Widerstandskämpfer berichteten beispielsweise über einen Blitzstreik im Asphaltierwerk II in Dortmund-Hörde am 27. Februar 1944:

„Tag und Nacht wird in der Panzerwerkstätte gearbeitet. Die Lichtbogen der Schweißapparate fressen sich in den blaugrauen Stahl, rotierende Maschinen lärmen durch das dumpfe Getöse gleichförmiger und rhythmischer Hammerschläge. Zwölf Stunden im Betrieb und draußen noch die stetige Unruhe, in die die Arbeiter durch die immer häufiger werdenden Luftangriffe hineingerissen werden. Kaum noch Schlaf! Und die Rationierung der Lebensmittel wird immer strenger. Die Brotration ist von 2 kg 250 g die Woche auf 1 kg 580 g herabgesetzt worden. Statt 3,5 kg Kartoffeln gibt es nur noch 2,5 kg. Kaum gibt es etwas zu rauchen, und dann diese ewigen Nachtschichten!

Heinrich Müller, Alex Sieke und Heinrich Theile sind alte Freunde aus der Arbeiterbewegung. ‚Wir müssen den Burschen mal die Zähne zeigen, sonst machen sie mit uns, was sie wollen. Diese Schinderei ist ja nicht mehr zum Aushalten!‘ Diese drei stehen nicht allein in ihrem Betrieb, viele Freunde haben sich um sie geschart. Auch zu den ausländischen Arbeitern, ob sie aus der Sowjetunion, Polen oder Frankreich hierher verschleppt oder zwangsverpflichtet wurden, stehen sie in einem kameradschaftlichen Verhältnis. Es ist natürlich außerordentlich schwer, im Betrieb sich über Kampfmaßnahmen zu verständigen. Alle müssen äußerst vorsichtig und stets auf der Hut sein. Aber trotzdem muß etwas gemacht werden, um der Schinderei ein Ende zu bereiten.

Am 27. Februar 1944 las die Belegschaft des ‚Phönix-Werks‘ einen Anschlag am schwarzen Brett: Ab sofort wird zwei Stunden länger gearbeitet! Vierzehn Stunden Schufterei! Die Empörung auf dem gesamten Werk war nie so groß, wie gerade nach dieser unerhörten Zumutung durch die Betriebsleitung. Was tun? Einer der Arbeiter zeigt auf den Anschlag und ruft: ‚Das ist ungesetzlich!‘ Jemand fragt: ‚Wieso ungesetzlich?‘ ‚Jawohl, unter diesem Anschlag fehlt die Unterschrift des Treuhänders der Arbeit und des Betriebsobmanns!‘

Da steht die Belegschaft geschlossen wie ein Mann. Um fünf Uhr morgens ruht der ganze Betrieb Asphaltierwerk II. Der Blitzstreik gegen die beabsichtigte Arbeitszeitverlängerung ist einmütig durchgeführt. Eine Stunde später ist der Anschlag zurückgenommen. Vor der Geschlossenheit und der Einmütigkeit der Belegschaft wagt die Gestapo nichts zu unternehmen. Um das Gesicht zu

wahren, werden gegen die Streikenden ‚ausnahmsweise' nur Geldstrafen verhängt."[772]
Auch aus dem westlichen Ruhrgebiet ist eine Streikaktion von Rüstungsarbeitern bezeugt. Am 16. August 1943 legte die Belegschaft der Kleineisenzeugfabrik der Friedrich Krupp AG – Friedrich-Alfred-Hütte in Rheinhausen gegen 8.15 Uhr geschlossen die Arbeit nieder, versammelte sich vor dem Meisterbüro und erklärte, daß sie erst dann die Arbeit wieder aufnahmen würde, wenn die Zeitnehmer, die eine weitere Verschärfung der Arbeitshetze vorbereiteten, den Betrieb verlassen hätten. Unterstützt wurden die Streikenden durch einen von den Nazis selbst eingesetzten Untervertrauensmann, der erklärt hatte, in dieser Sache müsse die Belegschaft geschlossen vorgehen. Mit erhobener Faust protestierten auch die streikenden Arbeiterinnen dagegen, daß sie nur 80 Prozent vom Lohn ihrer männlichen Kollegen erhalten. Erst nachdem sich die Betriebsleitung zu Verhandlungen bereit erklärt hatte, wurde die Arbeit wieder aufgenommen.[773]
In manchen Betrieben gingen die Antifaschisten von der Verlangsamung und Behinderung der Kriegsproduktion zur Sabotage über. So gelang es im Thomaswerk der Dortmunder Union einen ganzen Konverter in die Luft zu jagen: Bei jedem Luftalarm mußte der Konverter nämlich abgeblendet und der Druck vermindert werden, damit er nicht explodierte, während die Arbeiter im Bunker saßen. Bei einem Bombenangriff vergaß der Meister, ein alter Nationalsozialist, den Druck zu senken, und die nachher kontrollierenden Arbeiter waren beide Antifaschisten, die die Steuerung bewußt auf Hochleistung ließen, so daß sie, kaum im Bunker angekommen, bereits die Explosion hörten. Für sechs Wochen war der Betrieb lahmgelegt.[774] In der Endkontrolle bei der Granatenherstellung im Bochumer Verein saß eine Antifaschistin, die weitaus mehr Munition als nötig als „Ausschuß" reklamierte.[775]
Ein politischer Häftling des Zuchthauses Lüttringhausen, der 1942/43 in einem Arbeitskommando bei den Bergischen Stahlwerken in Remscheid eingesetzt war, berichtet, wie die Endfertigung von Rädern für Panzer-Abwehr-Geschütze sabotiert wurde:
„Ein Antifaschist aus Neuss drehte im März oder Anfang April 1943 einige hundert Abschlußringe zu Schrott, wofür er deportiert wurde. Wir haben von ihm nichts mehr gehört. An der Montagebank wurde zum Beispiel jeder 5. oder 10. Kugellagerring, der in die Rädernabe eingedreht werden sollte, auf den Boden geworden und dann ungereinigt eingedreht. Werkzeuge und Arbeitsmittel wurden über Gebühr verschlissen. An der Revolverdrehbank, die schon sehr alt war, gab es oftmals Einstellungsschwierigkeiten, mit denen selbst Meister und Vorarbeiter nicht fertig wurden. Wer jedoch ständig an dieser Bank arbeitete, hätte damit fertig werden können, wenn er gewollt hätte. So konnten

viele gute Stähle verschlissen oder final abgebrochen werden. Anfang März 1943 ließ ein Kollege dann ganz bewußt, ohne sich um die Konsequenzen zu kümmern, den Transport der Drehbank durchlaufen. Damit war das Gewinde der Backenklauen total zerbrochen. Es gab ein großes Geschrei beim Meister und beim Betriebsführer, es wurde von Sabotage gesprochen, aber der Reparaturschlosser, der diese Drehbank untersuchen sollte, erklärte klipp und klar: ‚Die Bank ist einfach verschlissen und damit basta' Es dauerte sechs Wochen, ehe die Ersatzteile kamen. In dieser Zeit konnten keine Granatenköpfe mehr vorgedreht werden."[776]

Aber auch außerhalb der Betriebe machte sich eine Massenstimmung der Unzufriedenheit breit, die allerdings nur manchmal in offenes Aufbegehren umschlug.

Als beispielsweise am 12. April 1943 ein Hauptmann in Dortmund-Hörde einen Soldaten auf der Straße anhielt, weil er angeblich nicht vorschriftsgemäß gegrüßt hatte, wehrte sich der Soldat. Schon bald waren beide von einer etwa 400köpfigen Menschenmenge umgeben, die eine immer drohendere Haltung gegenüber dem Hauptmann einnahm. Unter Rufen wie „Pfui! Es gibt bald Revolution! Gebt uns unsere Jungen, gebt uns unsere Männer wieder!" mußte der Offizier schließlich in die nächste Straßenbahn flüchten.[777]

Immer mehr Familien widersetzten sich den Zwangsevakuierungen. Um ihnen jede Möglichkeit zu nehmen, sich bei illegaler Rückkehr in ihre Heimatorte ernähren zu können, verweigerten ihnen die Behörden die Ausgabe von Lebensmittelkarten. Daraufhin kam es am 11. Oktober 1943 in Witten zur Ansammlung von etwa 300 empörten Frauen, die die Herausgabe der Karten forderten. Selbst die von der Stadt angeforderte Schutzpolizei weigerte sich, gegen die Frauen vorzugehen, weil deren Forderungen berechtigt seien. Zu ähnlichen Aktionen kam es auch in Hamm, Lünen, Bochum und anderen Orten.[778]

Spottverse antifaschistischen Inhalts und Witze gegen die Naziführung kursierten zunehmend im Industrierevier. Nachdem im Berliner Sportpalast eine fanatische Menge von NS-Funktionären der Proklamation des sogenannten totalen Krieges zugestimmt hatte, richteten Ruhrkumpel folgende Verse an die britisch-amerikanischen Bomberflotten:

„Lieber Tommy, fliege weiter,
wir sind alle Bergarbeiter.
Fliege weiter nach Berlin,
die haben alle ‚ja' geschrieben!"[779]

Weitverbreitet war auch das Abhören ausländischer Sender, nicht nur bei bewußten Antifaschisten. Schon die Chance, Aufrufe und Nachrichten zu erhalten, die der Goebbelspropaganda die Wahrheit entgegenstellten, war ein Gewinn für die Kritikbereitschaft und das Widerstandsbewußtsein der Hörer. Unter vielen Vorsichtsmaßnahmen gab man auch die abgehörten Informationen an zuverlässige Bekannte weiter. Den Nazis schien diese weitverbreitete Tätigkeit so gefährlich, daß sie solche „Rundfunkverbrechen“ mit der Todesstrafe bedrohten. Es gab auch Fälle, in denen Hörer der britischen Sender oder der deutschsprachigen Sender auf sowjetischem Boden über die mündliche Verbreitung der Nachrichten im vertrauten Kreis hinausgingen. So hörte der Wuppertaler sozialdemokratische Eisenbahner Fritz Markert nicht nur sowjetische „Feindsender“ ab, wie es in der NS-Sprache hieß, sondern trug auch deren Angaben über Namen und Adressen kriegsgefangener deutscher Soldaten in ein Notizbuch ein, anhand dessen er dann deren Angehörige darüber unterrichten konnte, daß der als vermißt gemeldete Soldat noch am Leben und in Sicherheit war. Damit leistete er einen wichtigen Beitrag zur Aufdeckung der Propagandalüge, daß die Rote Armee keine Gefangenen mache.[780]

Solidarität mit den ausländischen Arbeitern

Die Menschen im Ruhrgebiet sahen jeden Tag, wie KZ-Häftlinge, Fremdarbeiter und Kriegsgefangene behandelt wurden, und viele einfache Bürger haben im Geiste einfacher Humanität versucht, zumindest mit etwas Essen, einem Stück Brot oder Kleidung beim Kampf ums Überleben zu helfen, obwohl ihnen klar war, daß sie es auf einen eventuellen Zusammenstoß mit der Gestapo anlegten. So berichtete eine Essenerin, daß sie allein deshalb bei der Gestapo vorgeladen wurde, weil man sie im Gespräch mit einem „Fremdarbeiter“ gesehen hatte.[781] Auch über das Frauen-KZ bei Krupp in Essen wird berichtet: „Die Sterblichkeit wäre sprunghaft gestiegen, wenn es nicht jene Kruppianer gegeben hätte, die ihr Brot mit den Jüdinnen teilten, ihnen aufmunternde Worte zuflüsterten ...“[782]

In allen Orten des Ruhrgebiets kam es zu Kontakten und Solidaritätsaktionen zwischen deutschen Antifaschisten und ausländischen Zwangsarbeitern und Kriegsgefangenen, von denen hier nur einige charakteristische Fälle angeführt werden können:

In **Oberhausen** beherbergte Otto Marx französische Deportierte, versorgte sie und schützte sie vor den Nachstellungen der Nazis bis zum Eintreffen der alliierten Truppen.[783]

Die Betriebsleitung der Schachtanlage Franz Otto in **Duisburg**-Neuenkamp meldete am 13. Oktober 1943 den kommunistischen Bergmann Max Lapschieß bei der Gestapo, weil er einen sowjetischen Kriegsgefangenen gegen die Übergriffe eines nationalsozialistischen Meisters in Schutz genommen und bei der folgenden Vernehmung erklärt hatte, „daß er immer wieder einschreiten werden, wenn russische Kriegsgefangene angegriffen würden."[784] Der Duisburger Sozialdemokrat Wilhelm Prust wurde vom „Volksgerichtshof" zum Tode verurteilt, weil er Kontakte zu Kriegsgefangenen unterhalten und „in abfälliger und pessimistischer Weise über die politische und militärische Lage des Reiches" gesprochen hatte.[785]

Zum sogenannten Russenlager in **Mülheim** (in der heutigen Rohr-Conti-Straße) hatte eine Widerstandsgruppe um den langjährigen kommunistischen Stadtverordneten Paul Meister bis zum September 1944 Kontakt. Dann verhaftete die Gestapo über 60 deutsche Mitkämpfer und überführte die beteiligten sowjetischen Zwangsarbeiter ins KZ.[786]

In **Essen** gelang es dem Kommunisten Alfred Göge, an seiner Arbeitsstelle die Betreuung sowjetischer Arbeiter übertragen zu bekommen. Diese Stellung nutzte er, um seine Klassengenossen mit Lebensmitteln, Kleidung usw. zu versorgen.[787] Ebenfalls in Essen knüpfte der tschechische „Fremdarbeiter" Karel Ptacnik im Herbst 1943 Kontakt zu einer deutschen Kommunistin, die er mehrmals besuchte. Auf einem Abzugsgerät, das ihrer Widerstandsgruppe gehörte, wurden auch Flugblätter in tschechischer Sprache hergestellt.[788]

Von seiner Zusammenarbeit mit den **Gelsenkirchen**er und **Gladbeck**er Kommunisten Walter Jarreck, Heinrich Weber, Georg Jakobi und anderen berichtet der Sowjetbürger Konstantin Skworejow aus dem Wolgograder Gebiet, der als kriegsgefangener Rotarmist Zwangsarbeit in den Ruhrbergwerken leisten mußte.[789]

In **Bochum** hatte Fritz Rische Kontakt zu einer illegalen sowjetischen Organisation in dortigen Kriegsgefangenenlagern. Die sowjetischen Kameraden verfügten auch über Verstecke für Lebensmittelvorräte, Kleidung und Waffen.[790]

In **Dortmund** hatte der Arbeiter Hans Grüning über die beiden Sowjetbürger Nikrasow und Stuschke Verbindung zu einer illegalen Organisation im Baroper Kriegsgefangenenlager an der Gaststätte „Zum kühlen Grunde". Er half ihnen nicht nur, sowjetische Sender abzuhören, sondern stellte auch nach Vorlagen sowjetischer Freunde einen Aufruf her, den er im Mai 1943 in der Waschkaue und auf Zugangswegen der Zeche Oespel verbreitete. In diesem Aufruf „Kumpel an Ruhr und Rhein" appellieren die sowjetischen Kriegsgefangenen an ihre deutschen Klassengenossen, alles zu tun, um den Krieg schleunigst zu beenden:

„Kumpel an Ruhr und Rhein!

Es rufen dich die Kumpel der russischen Kriegsgefangenenschaft. Kumpel, wie lange willst du noch helfen, den Krieg in die Länge zu ziehen? Mit jeder Tonne Kohle, die du lieferst, forderst du unzählige Menschenleben, Krüppel und Witwen. Spürst du nicht, daß die Kriegsgewinnler auf deinem Rücken sitzen und dich in den Nacken treten, um noch mehr zu liefern? Geregelte Arbeitsstunden

gibt es nicht, auch noch die Sonn- und Feiertage fordert man von dir, den Urlaub verlegt man bis nach dem Kriege. Das Krankfeiern wird als Sabotage betrachtet, gewaltsam drängt man dich zur Arbeit. Kumpel, spürst du nicht, wie die Kriegsgewinnler dir das Mark aus den Knochen ziehen, um ihren Profit stabil zu halten, um ihre Galgenfrist auf die lange Bank zu schieben? Spürst du dies nicht?
Du bist ein moderner Sklave. Man braucht dich unbedingt, ohne Kohle läuft kein Rad. Du hast es in den Händen, wie lange du noch diesen Schicksalsweg gehen willst und wie lange noch das Kriegsrad sich drehen soll.
Macht Schluß damit. Scheut nicht die Spitzel, bildet Komitees, diskutiert über die Sache. Die unterdrückten Völker schreien nach Frieden.“[791]
Im Dortmunder Union-Werk existierte ein Widerstandskreis aus deutschen Kommunisten wie Richard Busse und ausländischen Arbeitern unter Leitung eines Polen mit deutscher Staatsangehörigkeit, Hermann von Tadcinzky, der auch über Kontakte zu den sowjetischen Arbeitern im Betrieb verfügte. In der Laube des Walzwerkarbeiters Otto Schreiber wurden mehrmals sowjetische Frauen aus dem Lager Huckarder Straße beherbergt und von Frau Busse mit Essen und Kleidern versorgt.[792]
Die Moskauer Jungkommunistin Nora Smirnowa war den Nazis als Mitglied einer Partisaneneinheit in die Hände gefallen und nach zweimonatigem Gefängnisaufenthalt nach Dortmund verschleppt worden, wo sie in einer Textilfabrik arbeiten mußte. Hier lernte sie den parteilosen Arbeiter Willi Trost und den Kommunisten Hans Dorenkamp kennen, der sie auch mit Nachrichten über den Vormarsch der Roten Armee versorgte. Mit Hilfe dieser deutschen Arbeiter gelang ihr die Flucht, jedoch wurde sie bei Kutno erneut gefaßt und ins KZ Ravensbrück verbracht. In einem Brief an Frau Hilde Dorenkamp schreibt sie:
„(. . .) Und als ich später in meiner Heimat von jenen Jahren im faschistischen Deutschland erzählte, so sprach ich nicht nur von der Grausamkeit und Bestialität der SS-Leute, sondern auch vom Mut und von der Solidarität einfacher deutscher Arbeiter, einfacher deutscher Menschen. Ihnen wie dem Kameraden Dorenkamp habe ich es zu verdanken, daß es mir gelungen ist, lebend aus der Hölle des Hitlerreichs zurückzukehren.“[793]
In **Lippstadt** bildete sich im Drahtwerk Union eine Widerstandsgruppe aus parteilosen und christlichen Arbeitern um die Kommunisten Engelhardt und Sprink, die ausländische Sender abhörte und deren Nachrichten an eine Gruppe französischer Kollegen aus Lille im Werk weitergab. Am 17. Dezember 1944 wurden dann sechs Deutsche und sieben Franzosen verhaftet und in der Karwoche 1945 in der Bittermark ermordet.[794]
Auch in **Wuppertal** nahm die Zusammenarbeit sowjetischer Kriegsgefangener

und Zwangsarbeiter mit deutschen Kommunisten organisierte Formen an. Eine Gruppe der KPD um Karl Igstaedter hielt Kontakt zur örtlichen sowjetischen Widerstandsgruppe, führte regelmäßige gemeinsame Beratungen durch und unterstützte die Sowjetbürger mit Lebensmitteln. Gefährdeten Kriegsgefangenen wurde die Flucht und das Untertauchen unter anderem Namen in einem der zahlreichen „Ostarbeiterlager" ermöglicht. In einem Stollen nahe dem Bahnhof Wichlinghausen war sogar ein illegales Lager mit Lebensmitteln und Kleidungsstücken untergebracht, die man auf legale und illegale Weise „organisiert" hatte, um den russischen Klassengenossen wenigstens das Überleben zu ermöglichen.[795]

KPD-Organisationen an der Ruhr 1943/44

Wenn auch Anfang 1943 die einheitliche Gebietsparteiorganisation der KPD Niederrhein-Ruhr zerschlagen worden war, so blieben doch weiterhin zahlreiche lockere Freundeskreise von Kommunisten und anderen Antifaschisten sowie einige feste Parteigruppen intakt. In den Freundeskreisen traf man sich regelmäßig, um Nachrichten über den Kampf der AntiHitler-Koalition auszutauschen, politische Probleme und die Stimmung in Betrieb und Wohngebiet zu diskutieren und auf diese Weise einen gewissen Zusammenhang aufrechtzuerhalten. Diese Bestrebungen hatten für den antifaschistischen Widerstand eine große Bedeutung; denn in ihnen wurde das Gedankengut der Arbeiterbewegung und der Haß gegen den Faschismus in relativ festen Formen weitergetragen und, wenn auch natürlich sehr vorsichtig, nach außen verbreitet. Solche Gruppen machten es auch dem Einzelnen, durch den ständigen Kontakt mit Gesinnungsgenossen, leichter, dem zwölfjährigen Druck von Propaganda und Terror standzuhalten.
Aus den verhältnismäßig informellen Freundeskreisen erwuchsen auch alle Formen höherer politischer Organisation, von der festen Hörergemeinschaft über die Gruppe, die im Betrieb oder Wohngebiet durch Flugblätter oder Wandlosungen zum Widerstand aufrief bis zu regelrechten örtlichen Parteiorganisationen und zu Ansätzen neuer Leitungen auf Bezirksebene. Aus den lockeren Gruppen entstanden aber auch direkt mit der militärischen Befreiung vom Faschismus jene antifaschistischen Komitees und Gruppen der Arbeiterparteien, die die aktivsten Kräfte des demokratischen Neuanfangs stellten.
Am Beispiel **Franz Zielaskos** und seiner Kameraden zeigt sich besonders deutlich, wie die Bestrebungen aus dem Lande selbst mit den Aktivitäten des ZK der KPD in Moskau ineinandergriffen. Der Bergmann Franz Zielasko aus Gladbeck war bis 1932 Gausportwart des Arbeiterradfahrerbundes Solidarität.

Dann unterstützte er den sozialistischen Aufbau in der Sowjetunion als Bergmann und später als Betriebsführer einer Schachtanlage. Von 1937 bis 1939 kämpfte er mit der Waffe gegen die faschistischen Interventen für die demokratische Regierung des spanischen Volkes. Im März 1943 wurde er im Auftrag des ZK der KPD mit dem Fallschirm in der Nähe Warschaus abgesetzt, um im Ruhrgebiet die Organisationen der KPD zu unterstützen. Als er Ende März in Gladbeck eintraf, war gerade die Gebietsleitung Rhein/Ruhr verhaftet worden. Sofort ging Zielasko daran, eine neue Organisation im Bezirksmaßstab zu schaffen. In Gladbeck nahmen ihn Genossen aus dem ehemaligen Arbeiterradsportbund auf. Von dieser Unterkunft beim Ehepaar Possner aus stellte er in kurzer Zeit Verbindungen nach Gelsenkirchen, Bottrop, Essen, Herne, Wanne-Eickel, Dortmund, Münster, Rheine, Hamm und Hagen her. Dabei konnte er sich auf bestehende lockere Freundesgruppen oder auf Bekannte aus dem Arbeitersport stützen. In Essen hatte sich um den Krupp-Arbeiter Karl Lomberg seit langem ein Kreis gebildet, der sich regelmäßig privat oder als Schachklub Asbeck traf. Auch diese Gruppe schloß sich den Organisationsbestrebungen Zielaskos an.[796] Über die Aktivitäten dieser Gruppe im Frühjahr 1943 heißt es in einem Bericht:
„Wie überrascht war die Gestapo, als eines Morgens in den verschiedenen Stadtteilen Essens antifaschistische Parolen zu lesen waren. Nieder mit Hitler! Nieder mit dem Krieg! stand da in großen Buchstaben geschrieben. Fieberhaft suchte die Gestapo die Täter zu ermitteln. Aber alle Mühe war vergeblich. Die Polizei fuhr mit Fahrrädern durch die Straßen und versuchte die Inschriften zu entfernen.
In einer mondhellen Nacht schleiche ich durch die Stadt, um neue Inschriften anzubringen. Eine günstige Ecke habe ich mir ausgesucht und schreibe: ‚Nieder mit Hit –‘ Weiter kam ich nicht. Ein lähmender Schrecken überfiel mich, als ich plötzlich hinter mir eine Gestalt sehe. Was tun? Wie der Blitz war ich über alle Berge. Kaum eine Stunde später schreib ich in dicken Lettern gegenüber dem Verkehrslokal der SS ‚Nieder mit dem Krieg‘. Am nächsten Abend saß ich dann in dieser Kneipe und hörte mir die Diskussion an. Fürchterliche Drohungen wurden ausgestoßen, daß es einem eiskalt über den Rücken laufen konnte. Auch in der Bevölkerung gab es Diskussionen. Heimlich raunte einer dem anderen seine zustimmende Meinung zu.“[797]
Im August 1943 verhaftete die Gestapo Zielasko und 44 Mitkämpfer. Zielasko wurde bereits am 18. August zu Tode gefoltert, viele andere wurden zum Tode verurteilt. Aus dem Verhalten der Angeklagten sprach eine starke innere Kraft und die Zuversicht, daß ihre Sache letztlich siegen werde. So rief Karl Lomberg seinen Richtern entgegen: „Der Friede steht höher als der Krieg!“ und in seinem letzten Brief vor der Hinrichtung an seinen Sohn heißt es: (. . .) „Ich

weiß, daß Du nun Deine Pflicht erfüllen wirst . . . Ich bin der Erste nicht, der auf diese Weise sein Leben verliert, hoffentlich aber bald der Letzte . . ."[798]
Die Historiker H. Duhnke und H. Weber spielen die organisierende Rolle der Führung der KPD für den innerdeutschen Widerstand gewöhnlich möglichst herunter.[799] Nachdem in den fünfziger Jahren der große Anteil der Kommunisten, ja der Arbeiterbewegung überhaupt, am Widerstand kaum erwähnt worden war, begann man, als diese Position unhaltbar wurde, einen Gegensatz zwischen den (positiv bewerteten) Aktivitäten innerhalb Deutschlands und der (von „Moskau" abhängigen und noch dazu einflußlosen) Parteileitung der KPD in der Emigration zu konstruieren. Inzwischen liegen genügend Untersuchungen zur Rolle des ZK der KPD und der Tätigkeit seiner Instrukteure sowie der operativen Leitung in Berlin vor.[800] Gerade an den Organisationen im Ruhrgebiet wird erneut das Wechselverhältnis zwischen elementarer Gruppenbildung und den Formen höherer regional koordinierter Organisationen deutlich: So wie die Tätigkeit der Instrukteure, und seien sie noch so aktiv, wirkungslos bliebe, wenn sie sich nicht auf den Willen und die Fähigkeit der Basis stützen könnten, so bedurfte es auch für die einzelnen illegalen Gruppen nicht nur der Kontakte zum ZK durch Abhören der Rundfunksendungen, so wichtig dies war. Auch ihre Aktivität und Wirksamkeit wurde gesteigert, wenn sie Kontakt mit einem Instrukteur der übergeordneten Leitung bekamen.
Die Kommunisten im Ruhrgebiet konzentrierten ihre besondere Aufmerksamkeit auf die Widerstandstätigkeit in den Rüstungsbetrieben; denn hier lag der Lebensnerv der faschistischen Kriegsführung und hier waren immer noch relativ viele Arbeiter mit einer Tradition aus proletarischen Parteien und Gewerkschaften konzentriert. Besonders in Bochum und Dortmund gelang es, Parteizellen auf den wichtigsten Betrieben aufzubauen und um sie herum größere antifaschistische Widerstandsgruppen zusammen mit Sozialdemokraten, Christen und Parteilosen aufzubauen.
Die Anfänge der Parteiorganisation in **Bochum** reichten bis in die ersten Kriegsjahre zurück.[801] Seit 1939/40 trafen sich unter der Leitung des Kommunisten Moritz Pöppe und des parteilosen Gewerkschafters Johann Schmidtfranz „Kommunisten und Mitglieder anderer linksgerichteter Parteien", wie es in einem der Prozesse gegen diese Organisation hieß.[802]

Moritz Pöppe wurde am 17. November 1897 in Bochum geboren. Nach seiner Teilnahme am Weltkrieg kehrte er nach Bochum zurück, wo er von 1919 bis 1923 als Schlosser arbeitete. 1921 trat er der KPD bei und beteiligte sich 1923 führend an dem großen Streik der Berg- und Metallarbeiter. Dafür wurde er im Herbst 1923 zu 1 1/2 Jahren Gefängnis verurteilt. Nach seiner Entlassung konnte er mit einer kurzen Unterbrechung bis 1936 keine Firma mehr finden, die den klassenbewußten Metallarbeiter beschäftigt hätte. 1933 steckten ihn die Nazis für zwei Monate ins Gefängnis, konnten ihm aber weder damals noch bei Verhaftungen in den Jahren 1934 und 1936 seine illegale Tätigkeit nachweisen. Im August 1943 mit einem Teil seiner Gruppe verhaftet, wurde er und Johann Schmidtfranz zum Tode verurteilt und am 6. November 1944 hingerichtet.

Johann Schmidtfranz wurde am 20. Februar 1898 in Bochum-Weitmar geboren. Er lernte Schlosser und arbeitete in verschiedenen Bochumer Firmen. Obwohl parteilos, setzte er sich stetig im Deutschen Metallarbeiter-Verband (DMV) für die Rechte seiner Kollegen ein. Aus diesem Geiste heraus schloß er sich auch der von der KPD geführten antifaschistischen Widerstandsorganisation an, in der sich bis 1936 Sozialdemokraten, Kommunisten, Christen und Parteilose vereinten. 1936 wurde er mit vielen seiner Mitkämpfer verhaftet und zu 3 Jahren, 9 Monaten Zuchthaus verurteilt.[803]

Seit 1940 traf sich die Gruppe wöchentlich in einer Gastwirtschaft und tauschte die Nachrichten aus, die Schmidtfranz und Pöppe beim Abhören ausländischer Sender, besonders des Deutschen Volkssenders, notiert hatten. Reden und Aufrufe von Wilhelm Pieck, Wilhelm Florin und Gustav Sobottka, aber auch Radiobeiträge von Thomas Mann, Bert Brecht und J. R. Becher wurden aufgeschrieben, diskutiert und unter zuverlässigen Kollegen verbreitet. Besonders beeindruckten sie Reden der Staatsmänner der Anti-Hitler-Koalition, Stalin, Roosevelt und Churchill, sowie eine Rede Florins, in der er sich direkt an die Kollegen vom Bochumer Verein wandte. Auch in den schweren Zeiten des faschistischen Vormarsches auf Moskau verließ sie der Mut und das Vertrauen in die Sowjetunion nicht. So erklärte Moritz Pöppe: „Bis jetzt ist alles eingetroffen, was Marx, Bebel und Lenin gesagt haben, und ich glaube fest an den Erfolg der Roten Armee.“[804]
In der Widerstandsorganisation waren Vertreter aller wichtigen Rüstungsbetriebe vereint, so vom Eisen- und Hüttenwerk Bochum (Moritz Pöppe), von der Maschinenfabrik Mönninghoff (Adolf Lotz), der Firma Seiffert & Co (Johann Schmidtfranz) und weiteren Betrieben. Eine besonders starke Gruppe bestand beim Bochumer Verein unter Leitung des Drehers Anton Benning, des Schleifers Otto Wachhorst und des Schlossers Wilhelm Braumann. Gestützt auf die Betriebszelle der KPD, entwickelte sich die Verbindung zu den ausländischen Arbeitern und eine enge Kampfgemeinschaft mit sozialdemokratischen Kollegen, darunter dem Bochumer SPD-Funktionär Geldmacher. Um die Be-

ziehungen zu den sowjetischen Arbeitern im Betrieb zu vertiefen, lernte Wilhelm Braumann Russisch in seiner Freizeit. Die Gruppe hörte ausländische Sender ab, verteilte mehrmals Flugblätter und führte Sabotageaktionen durch. Durch Gustav Drosdat bestand auch Verbindung zu Parteizellen in Wanne-Eickel. Sie besaß über Wachhorst Verbindung zu einem Funktionär der übergeordneten Parteileitung, der ihnen Anweisungen für die illegale Arbeit im Betrieb und für die Flugblattverteilung gab.
Schon in der ersten Hälfte 1942 erhielt die Gruppe im Bochumer Verein Schriften der Gebietsleitung Rhein-Ruhr. Ganz im Sinne dieser Aufrufe bemühten sich die Widerstandskämpfer, illegale Betriebskomitees unter den deutschen und sowjetischen Arbeitern zu schaffen. Auch Moritz Pöppe gab Flugblätter weiter, die zum sofortigen Sturz Hitlers aufriefen, um die nationale Katastrophe vom deutschen Volk abzuwenden. Außerdem wurden selbsthergestellte Streuzettel mit dem Text „Deutsches Volk horch auf! Nieder mit dem Bluthund Adolf Hitler!" im Dezember 1942 in Hausfluren und Briefkästen verteilt, ohne daß es der Gestapo gelang, der Gruppe auf die Spur zu kommen. Johann Schmidtfranz und andere sammelten auch die Flugblätter auf, die englische Flugzeuge abgeworfen hatten und verteilten sie in Briefkästen. Darunter befand sich auch das „Manifest Münchener Studenten" der Geschwister Scholl. Nach einer erneuten Verhaftungsaktion im Juni 1944 im Bochumer Verein waren insgesamt über 30 Bochumer Metallarbeiter in den Händen der Gestapo, die besonders grausam gegen die Mitglieder der Gruppe im Rüstungsbetrieb Bochumer Verein vorging. Vor Prozeßbeginn ermordeten sie nach langen Folterungen bereits den Kommunisten Otto Wachhorst, den parteilosen Gewerkschafter Stefan Spichalski und den Sozialdemokraten Karl Niswandt – aus ohnmächtiger Wut darüber, daß sie über Parteiverbindungen, über die Einbeziehung weiterer Sozialdemokraten und über die Kontakte zu den sowjetischen Arbeitern keinen einzigen Namen, keinen konkreten Hinweis hatten erpressen können.[805]
Die Parteiorganisation der KPD **Dortmund** blickte auf eine für die Verhältnisse des Widerstands recht lange Kontinuität zurück. Zwar wurden 1940 einige Kommunisten um das Mitglied der Unterbezirksleitung Franz Mardas verhaftet, aber beispielsweise Kasimir Nowak blieb von 1935/36 bis zum Februar 1945 in der Unterbezirksleitung. Eigentlich ununterbrochen bestanden Verbindungen zur Gebietsleitung, von 1936 bis 1939 zur Abschnittsleitung in Amsterdam, 1939 bis Februar 1942 zur Bezirksparteiorganisation um Robert Uhrig in Berlin, 1941 bis 1943 zur Gebietsleitung Rhein-Ruhr und seit 1943 zum Mitglied der operativen Leitung der KPD für das Reich, Theodor Neubauer. Seit Kriegsausbruch reihten sich weitere Widerstandskämpfer, darunter etliche mit langjähriger KZ- oder Zuchthaus-„Erfahrung" in die Organisation ein, zu

deren leitenden Mitgliedern Gustav Budnik, Willi Beutel, Karl Altenhenne, die Gebrüder Mörchel und andere gehörten. Regelmäßige Leitungsberatungen fanden in der Schrebergartenlaube von August Kanwischer statt, auf denen auch die Berichte der Betriebsgruppen ausgewertet wurden. Dabei konnte man sich auf Zellen und Verbindungsleute der KPD und auf Widerstandsgruppen, die sich durch die Einbeziehung von Sozialdemokraten, Parteilosen, Gewerkschaftern und Christen gebildet hatten, in folgenden Betrieben stützen (in Klammern: die bekanntesten Verbindungsleute):

– Werk Phönix der Dortmund-Hörder-Hüttenunion in Hörde (Heinrich Müller, Alex Sieke, Heinrich Theile); hier fand am 27. Februar 1944 der geschilderte Streik statt;
– Werk Union der Dortmund-Hörder-Hütten-Union (Wilhelm Müller);
– Westfalenhütte (Paul Mainusch, Willi Beutel, Franz Hippler, Emil Heyen);
– Metallwerk Hermann Bruch (Albert Felsch);
– Asbestfabrik im Dortmunder Hafen (Johann Dorenkamp);
– diverse Hoch- und Tiefbauunternehmen (Emil Frescher);
– Lipper Werk in Lünen (Josef Kriska);
– Zeche Minister Stein (Gustav Budnik, Karl Klose);
– Zeche Hansa (Karl Altenhenne, Wladislaus Halbing, Karl Mörchel);
– Zeche Scharnhorst (Erich Mörchel);
– Zeche Hardenberg;
– Zeche Hansemann (Heinrich Halbing);
– Zeche Massen (Wilhelm Wehlung, Franz Schiemann).

Zum engeren Kreis der Widerstandsgruppe gehörten ferner die christlichen Gewerkschafter Karl Klose und Paul Weber und der Sportwart von Borussia Dortmund, Heinrich Czerkus. Verbindungen über Dortmund hinaus bestanden unter anderem nach Hagen, Lünen, Hohenlimburg, Lüdenscheid, Bochum, Herne. Bei der Entwicklung der überörtlichen Kontakte leistete der blinde Antifaschist Paul Pietzko aus Hagen hervorragendes. Er genoß das besondere Vertrauen der Dortmunder Kommunisten, verfügte aber auch über enge kameradschaftliche Beziehungen zu Sozialdemokraten wie dem langjährigen Hagener Stadtverordneten Julius Nierstenhöfer.[806]

Die Widerstandstätigkeit im Dortmunder Raum nahm solche Ausmaße an, daß die örtliche Gestapostelle eine schwere Rüge vom Reichssicherheitshauptamt erhielt: „Seit Ende 1943 macht sich dort (in Dortmund) mehr und mehr der Widerstand gegen den Krieg bemerkbar und untergräbt die Sache des Führers. Den Widerstandsgruppen gehören neben Deutschen auch zahlreiche volksfremde Elemente, insbesondere Fremdarbeiter . . . an. Auch das Referat ‚Linksbewegung' ist seiner Aufgabe nicht gewachsen; unter seiner Nase hat sich eine Widerstandsgruppe gebildet, die Parolen gegen Hitler an die Wände

malt, ausländische Sender abhört, Flüsterpropaganda betreibt und den größten Teil der unzufriedenen Bevölkerung hinter sich hat.“[807]
Durch das Einschleusen eines Spitzels gelang es der Gestapo, noch im Februar 1945 die meisten leitenden Funktionäre der Widerstandsorganisation zu verhaften. In den Ostertagen 1945 wurden sie nach furchtbaren Folterungen in der Dortmunder Bittermark zusammen mit ausländischen Zwangsarbeitern und Kriegsgefangenen erschossen.
Die Dortmunder Widerstandsorganisation stand über die Unterbezirksleitung der KPD in Kontakt mit der operativen Leitung der KPD für das Reich. Seit etwa Mitte 1943 suchte sie Theodor Neubauer mehr als achtmal auf und vermittelte ihnen die Orientierung der Parteiführung. Neubauer nutzte dabei seine langjährige persönliche Freundschaft mit dem Ehepaar Wechsung aus, mit dem er bereits seit seiner Haftentlassung wieder korrespondierte, und verband seine Freundschaftsbesuche bei Wechsungs mit Beratungen mit der örtlichen Parteiführung in August Kanwischers Schrebergarten.[808]
Nach der Verhaftung der bisherigen operativen Leitung der KPD um Knöchel und Kowalke bildete sich im Frühjahr 1943 die dritte illegale operative Leitung für den das Reichsgebiet aus der engen Zusammenarbeit der KPD-Bezirksorganisationen Berlin, Sachsen-Anhalt, Sachsen und Thüringen. Zu diesem führenden Kollektiv gehörten Franz Jacob, Anton Saefkow, Georg Schumann, Martin Schwantes und Theodor Neubauer. Neubauer, von Beruf Lehrer, war bis 1933 einer der profiliertesten Sprecher der KPD im Reichstag. Im August 1933 verhaftet, wurde er durch viele Zuchthäuser und KZ geschleppt, bis er 1939 auf vielfältige internationale Proteste hin freigelassen wurde. Seitdem knüpfte er von seinem Thüringer Wohnort Tabarz aus Verbindungen zu zahlreichen Widerstandsgruppen, unter anderem auch ins Rhein-Ruhrgebiet, wo er viele Jahre als Chefredakteur der „Freiheit“ und kurzzeitig auch beim „Ruhr-Echo“ gearbeitet hatte.[809]
Die operative Leitung der KPD arbeitete im Laufe des Jahres 1943 eine programmatische Grundlage für die Aktivierung der Parteikader und den Zusammenschluß aller Kriegs- und Hitlergegner aus. Dabei verwertete sie die bisherigen Erfahrungen des illegalen Kampfes im Inland genauso wie die Proklamationen des ZK der KPD und des im Juli 1943 bei Moskau von kriegsgefangenen deutschen Soldaten und Offizieren und von deutschen Emigranten gegründeten Nationalkomitees „Freies Deutschland“. Sie erhielt ihre Orientierung durch die Parteiführung nicht nur über den Rundfunksender „Freies Deutschland“ und die Informationen durch die bis Anfang 1943 eingereisten Instrukteure, sondern auch über eine Verbindung zum ZK-Vertreter in Schweden, Karl Mewis. Auch mit der illegalen Parteileitung im KZ Sachsenhausen, der unter anderem Max Opitz, Max Reimann und Ernst Schneller angehörten, kor-

respondierte die operative Leitung der KPD über Fragen der antifaschistischen Strategie. Schon im Spätherbst 1943 kamen Dokumente aus dem Kreise Anton Saefkows ins Lager. Zur Verständigung über die politischen Aufgaben gaben einige Kommunisten im Lager direkte Kommentare unter anderem zum Entwurf der programmatischen Plattform „Wir Kommunisten und das NKFD“ im Frühjahr 1944.[810]

Die programmatische Arbeit der operativen Leitung reiht sich ein in die Diskussionen der Brüsseler und Berner Parteikonferenzen, die Proklamationen des ZK der KPD, das Friedensmanifest vom 6. Dezember 1942 und das Manifest des NKFD vom 13. Juli 1943. Leidenschaftlich und mit großem Ernst bemühten sich die Inlandsführer der KPD um eine marxistische Analyse der Lage und um das volle Verständnis für die programmatischen Dokumente des Zentralkomitees. Trotz der schweren Informationsbedingungen in der Illegalität bestand nach dem Zeugnis der „Plattform“ in allen grundsätzlichen Fragen eine tiefe Übereinstimmung zwischen den Widerstandskämpfern der KPD in Deutschland und den Parteiführern im Exil. Selbstverständlich gab es auch auseinandergehende Auffassungen nicht nur zwischen ZK und operativer Leitung sondern auch innerhalb der illegalen Gruppen und besonders unter jenen Kommunisten, die seit Jahren kaum eine andere Verbindung zur Gesamtpartei hatten als über den Rundfunk. Aber eigentlich bedeutsam sind nicht die Differenzen in Randfragen und aktuellen Einschätzungen, sondern der prinzipielle Gleichklang der Dokumente.

Diese programmatische Einheitlichkeit der deutschen Kommunisten, die sie von allen anderen Widerstandskräften unterschied, gründete sich nicht nur auf die durch Rundfunk und Instrukteure aufrecht erhaltenen Kontakte, sondern auch darauf, daß die führenden Kader im Reich aufgrund der gemeinsamen marxistischen Anschauung, der gleichen Theorie der Gesellschaft und des Klassenkampfes, der gleichen analytischen Methode und der gemeinsamen Erfahrungen in den Kämpfen der Weimarer Zeit mit einiger Zwangsläufigkeit zur gleichen Grundeinschätzung der aktuellen Lage kommen mußten. Besonders beeindruckt das Bemühen von Anton Saefkow, Franz Jakob und Theodor Neubauer, Strategie und Taktik des antifaschistischen Kampfes zurückgreifend bis zu den theoretischen Grundfragen des Marxismus-Leninismus zu behandeln. Die Besinnung auf Lenins Lehre von den zwei Etappen der Revolution (der demokratischen und der sozialistischen Etappe) und ihre Anwendung auf den Kampf gegen Trustkapital und faschistischen Staat bildete für die operative Leitung den theoretischen Schlüssel zur Beantwortung der aktuellen Strategie: erst mußte die Arbeiterklasse im breiten Bündnis Hitler stürzen, den Krieg beenden und eine „revolutionäre Demokratie“ errichten, bevor sie zum Sozialismus vorrangehen konnte. Die aktuelle, brennendste Aufgabe, für den Sturz

Hitlers ein Bündnis aller antifaschistischen Kräfte und darüberhinaus eine zeitweilige Koalition selbst mit jenen Kräften in den Machtzentren zu schaffen, die aus Gründen der Systemerhaltung gegen Hitlers verlorenen Krieg auftraten, erzwang auch die gleiche Haltung zur Bündnisfrage, zum Militär und zur nationalen Frage bei den deutschen Kommunisten in Berlin wie auch in Moskau. Die Mitglieder der operativen Leitung der KPD in Berlin schätzten dabei die Bewegung „Freies Deutschland" hoch ein, da sie die „Einigung der deutschen Emigranten aller Richtungen" verwirklicht habe. Diesem Vorbild müßten jetzt auch die Antifaschisten in Deutschland selbst nacheifern. Man müsse sich einmal die ganze Bedeutung jener Tatsache vor Augen führen, forderte die „Plattform" der operativen Leitung, daß sich in der Sowjetunion deutsche Generale, stockreaktionäre Junker und eingeschworene Konservative, klassenmäßig alle von ‚jenseits der Barrikade', für diese eine Hauptaufgabe: „Fort mit Hitler – Schluß mit dem Krieg" bereit fänden, in einem Komitee mit Kommunisten zusammen zu arbeiten. In diesem Sinne sei das Nationalkomitee „Freies Deutschland" „der gewaltigste politische Brückenschlag aller Zeiten".
Die „Plattform" „Wir Kommunisten und das NKFD" steckte drei Entwicklungsphasen der weiteren antifaschistischen Bewegung ab und formulierte für jede Etappe die notwendigen Aktionslosungen:
Zur ersten Aufgabe, dem Sturze Hitlers und der Beendigung des Krieges müßten alle nur denkbaren Kräfte vereint werden, unabhängig von ihren weiterführenden Zielen. Allerdings setzte die KPD keine Hoffnungen in eine isolierte Militärverschwörung, sondern betonte, daß nur eine massenhafte Volksbewegung den Sturz des Faschismus wirklich herbeiführen könnte. In dem Rahmen einer solchen Massenbewegung aber konnte eine Aktion der Militärs durchaus einen positiven Stellenwert haben.
Um zu verhindern, daß zwar Hitler gestürzt wird, aber der alte Machtapparat bestehen bleibt, sollten in der zweiten Etappe die Kampforgane der Volkskräfte in den Betrieben, Dörfern, Siedlungen und Städten um die Stärkung ihrer Machtposition kämpfen, die demokratischen Rechte sichern und den Militärs und den Beauftragten des Kapitals im Staatsapparat die Macht entreißen. Noch nicht Sozialismus, aber eine „Demokratie neuen Typs", in der das Volk das entscheidende Wort spricht, war die Orientierung der zweiten Etappe.
Aufbauend auf der umfassenden Demokratisierung des Staates und der ökonomischen Entmachtung des Monopolkapitals kann sich die Arbeiterklasse in der dritten Etappe die Aufgabe stellen, mit der Errichtung der sozialistischen Staatsmacht den Übergang in eine neue historische Epoche zu vollziehen, in der Faschismus, Krise, Unterdrückung und Krieg nur noch historische Erinnerungen sind.
Im Feuer des Widerstandskampfes sollten sich drei große Bewegungen formie-

ren: die einheitliche revolutionäre Arbeiterpartei, hervorgewachsen aus den Zellen der KPD und der Einheitsfront mit den Sozialdemokraten, eine umfassende Gewerkschaftsbewegung mit klassenkämpferischer Orientierung und eine Bewegung „Freies Deutschland", die das Bündnis aller Hitlergegner ausdrücken sollte. Unter Anleitung der wiederhergestellten illegalen Parteiorganisation und auf ihre Initiative sollte sich die Massenbewegung in den Betrieben und der Armee, den Städten wie den Dörfern entwickeln. Die Partei sollte auf die Entfaltung von betrieblichen Kampfaktionen, von Sabotage der Kriegsproduktion, von Streiks und Demonstrationen bis hin zur Bildung bewaffneter Kampforgane orientieren.
Historiker in der Bundesrepublik, wie z. B. Hermann Weber, haben aus der Theorie von der etappenweisen revolutionären Umwälzung den Vorwurf an die KPD abgeleitet, sie meine es mit der Demokratie nicht ernst.[811] Der Marxismus allerdings geht davon aus, daß der historische Entwicklungsprozeß notwendige Aufgaben enthält, die man bei Strafe des Scheiterns nicht überspringen darf. Daher waren die illegalen Kommunisten gerade deshalb für eine vollentfaltete Demokratie, weil sie die besten Bedingungen dafür schafft, die sozialistische Gesellschaft aufzubauen. Umgekehrt bildete aber die Errichtung der Demokratie im politischen Raum, ohne, daß die Beseitigung der sozialökonomischen Wurzeln des Faschismus im Monopolkapital und Großgrundbesitz erfolgt, keine Dauergarantie gegen eine faschistische Restauration. Folglich betonten die Kommunisten, daß erst der Sozialismus die Epoche der Kriege, des Faschismus und der Ausbeutung des Menschen durch den Menschen endgültig abschließt. Sozialismus war ihnen also erst die Sicherung und Vollendung der Demokratie.
Mit diesem weitgefaßten Programm traten die Kommunisten in die Etappe der verschärften Krise der faschistischen Herrschaft und der breitesten Entwicklung der Widerstandsbewegung. Die operative Leitung der KPD verfügte über Stützpunkte in etwa 85 Orten Mitteldeutschlands und mehr als 26 weiteren Städten des Reiches. Ihre Bezirksparteiorganisationen umfaßten mehr als 10000 organisierte Kämpfer.[812] Nach ersten Kontakten mit führenden Berliner Sozialdemokraten im Herbst 1943 trafen sich am 22. Juni 1944 Anton Saefkow und Franz Jacob mit den Sozialdemokraten Adolf Reichwein und Julius Leber, die zusammen mit Wilhelm Leuschner und Carlo Mierendorff von Berlin aus ein lockeres Netz von sozialdemokratischen Vertrauensleuten im Reich geschaffen hatten und über Verbindungen in die Kreise der Militärverschwörer verfügten. Sie erzielten erste Übereinstimmungen über einheitliche Widerstandstätigkeit und eine weitere Zusammenarbeit, als sie am 4. Juli 1944 verhaftet wurden. Danach und besonders nach dem gescheiterten Putsch vom 20. Juli 1944 überzog eine neuerliche Verhaftungswelle das Land, in der viele

Widerstandsorganisationen zerschlagen und hunderte der besten Antifaschisten ermordet wurden. Unter anderem wurden im Rahmen der sogenannten Gewitteraktion von der Gestapo sämtliche früheren Reichs- und Landtagsabgeordnete der KPD und SPD verhaftet.[813] Nur der Standhaftigkeit Theodor Neubauers ist es zu verdanken, daß die Dortmunder Widerstandsorganisation noch nicht in den Sog der Verhaftungen geriet.
Die Bestrebungen des Nationalkomitees „Freies Deutschland" wirkten auch von der Westgrenze her ins Rhein-Ruhr-Gebiet. So wurde in Duisburg die Zeitung „Volk und Vaterland" vom März 1944 verteilt,[814] die das Komitee „Freies Deutschland" für den Westen in Frankreich herausgab. Auch in Köln stellte sich die von der KPD geführte Widerstandsorganisation auf die Grundlagen des Nationalkomitees. Sie erweiterte ihren Einfluß bis in durchaus bürgerliche, ja kapitalistische Kreise. So arbeitete sie zusammen mit dem Direktor des rheinischen Braunkohlensyndikats, Dr. Becker, Mitglied der NSDAP, dem katholischen Arzt Dr. Mertens, dem Leiter einer Bibelforschergruppe, Peter Stahl, einem Regierungsinspektor im Arbeitsamt und dem prominenten Sozialdemokraten Bott. Sie versteckte jüdische Familien, rief zur Sabotage der Kriegsproduktion auf, beherbergte desertierte Soldaten, verteilte Flugblätter, klebte antifaschistische Plakate und rief in Wandlosungen zum Sturz Hitlers und zum sofortigen Friedensschluß auf.[815] In Köln waren um diese Zeit auch Widerstandsgruppen französischer Zwangsarbeiter um die ehemalige Opernsängerin Martha Heublein, sowjetische Widerstandsgruppen und Jugendgruppen der Edelweißpiraten aktiv. Manche von ihnen griffen auch zu den Methoden des Partisanenkampfes, lieferten sich mit der Gestapo und SS Feuergefechte in der zerstörten Stadt und erschossen führende Nazifunktionäre, darunter auch den Kölner Gestapochef. Mit drakonischem Terror unternahmen die Faschisten vor der Befreiung Kölns durch die Alliierten noch einen letzten Rachefeldzug, dem die führenden Mitglieder des Kölner Nationalkomitees, antifaschistische Jugendliche, Kriegsgefangene und Zwangsarbeiter zum Opfer fielen.[816] Die bewaffneten Aktionen in Köln sind eines der wenigen heute bekannten Beispiele dafür, daß auch der deutsche Widerstand Ansätze von bewaffnetem Kampf kannte. Nicht nur in den Partisanenabteilungen fast aller europäischen Staaten kämpften auch deutsche Antifaschisten mit, sondern auch in Deutschland selbst gab es Ansätze von Partisanenaktionen. So operierte unter Leitung des Kommunisten Wilhelm Langenberg bis 1944 im Raum Lemgo-Bielefeld eine illegale bewaffnete Gruppe, die auch mit der Bielefelder KPD-Organisation in Kontakt stand. Auf ihr Konto gingen Gefechte mit regelrechten Polizei-, Gestapo- und Wehrmachtseinheiten sowie eine gewaltsame Gefangenenbefreiung.[817]

Volk u. Vaterland

Nr. 9 Organ des Nationalkomitees "FREIES DEUTSCHLAND" für den WESTEN März 1944

"Man kann in Deutschland nichts mehr von einem Antrieb von oben erwarten,
denn hier sitzt überall Erbärmlichkeit auf den Tronen.....!"

Freiherr VON STEIN 1812 -

Strategischer Rückzug ist wenn

die Führung unter Beibehaltung der Initiative u. dem Schutze eines gesicherten Hinterlandes planmässig einen geordneten Rückmarsch durchführt u. damit

erreicht dass:

1. der Gegner ermattet wird,
2. die eigene Kräfte geschont werden,
3. eine Frontverkürzung eintritt,
4. der Gegner in Räume gelockt wird, wo er infolge des mangelnden Verkehrsnetzes besonders gut zu schlagen ist.

DAS h a b e n d i e RUSSEN 1941/42 DURCHGEFUEHRT, denn sie h a b e n

erreicht dass:

1. unsere Divisionen durch verlustreiche Abnützungsgefechte ermattet und auf eine Riesenfront verteilt wurden,
2. ihre eigenen Armeen zur Vollmobilisierung u. Neuausrüstung Zeit gewonnen und geschont wurden
3. eine Frontverkürzung mit dem Vorteil der inneren Linie eintrat,
4. und sie uns nach STALINGRAD, in die KALMUEKENSTEPPE u. in dem KAUKASUS lockten, wo sie uns zusammenschlugen.

Militärische Katastrophe ist wenn

die Führung die Initiative an den russischen Gegner abgetreten hat mit der Gewissheit einer bevorstehenden Riesen-invasion im Rücken, planlos einem ungeordneten Zurückfluten der Armeen in unbefriedete Feindländer (Polen, Balkan) hilflos u. unvorbereitet zusehen muss u. damit erreicht dass:

1. die Russen durch Zurückgewinnung der anbaumässig u. industriell reichsten Gebiete, sowie durch eigenes Zurücklassen unentbehrlicher schwerer Waffen u. Ausrüstung stündlich unbesieg-barer werden
2. unsere schon vorher auf die halbe Kriegsstärke zusammengeschmolzenen Truppen physisch u. moralisch zugrundegerichtet werden unter Zersetzung u. Vernichtung aller Kampfgruppen, ohne Aussicht auf Ablösung u. mit dem einzigen Ausblick, selbst als Reserve sofort in die bevorstehende Schlacht im Westen geworfen zu werden,
3. eine Frontverlängerung durch Verzahnung, Ausbuchtung u. Ost-Westverlauf der Front um mehrere 100 Km eintritt,
4. die Russen in mitteleuropäische Räume - ohne natürliche Hindernisse - vordringen, wo das Strassen- Eisenbahn- Kanal- u. Telephonnetz immer dichter wird, dass sie den mit ihnen verbündeten Armeen TITOS, der ANGLO-AMERIKANER u. den frohlockenden europäischen Nationen immer näher rücken,... dass Hitler die allerletzte Verteidigungslinie, die DEUTSCHE GRENZE beziehen muss,... dass in den kommenden Monaten die Reste von Wehrmacht u. [illegible] durch die kombinierte Strategie der 3 stärksten verbündeten Weltmächte [illegible] mit mathematischer Gewissheit niedergewalzt werden...., wenn wir nicht, Kameraden OFFIZIERE u. SOLDATEN den militärischen Bankrotteuren u. Verderbern des REICHES in den Arm fallen u. durch SOFORTIGEN BEWAFFNETEN RUECKMARSCH INS REICH das Schlimmste für unser Vaterland verbüten. N o c h [illegible] Z e i t !

Die Männer des Nationalkomitees "Freies Deutschland" haben geschworen, FREIHEIT u. SELBSTSTAENDIGKEIT unseres VATERLANDES zu GARANTIEREN, EINHEIT u. WIEDERGEBURT des REICHES GEGEN TOD u. TEUFEL ZU VERTEIDIGEN !

DIE BEWEGUNG "FREIES DEUTSCHLAND" ist DIE EINZIGE RETTUNG DEUTSCHLANDS

Handelt, ehe es zu spät!

SOLDATEN u. OFFIZIERE! Verbreitet die Wahrheit schriftlich u. mündlich. Klärt alle Kameraden auf! Bildet WEHRMACHTSGRUPPEN u. Gruppen des [illegible] HANDELT!

Deutschland [illegible] leben, deshalb muss Hitler fallen!

Volk und Vaterland, Zeitung des Nationalkomitees „Freies Deutschland" für den Westen, März 1944

V e r m e r k :

Die in der Vernehmung des beschuldigten L o t z Bl. 32 R d.A. behandelten Flugblätter, bezw. Hetzzettel, sind im Dezember 1942 im Stadtgebiet Bochum von unbekannten Tätern verteilt worden. Z.Tl. lagen sie auf den Strassen. z.Tl. in Hausfluren, Hauseingängen und waren auch vereinzelt unter den Türen in die Hauseingänge geschoben worden. Die Täter konnten damals trotz eingehender Nachforschungen nicht ermittelt werden. Es handelte sich um selbstgefertigte Hetzzettel, die in primitiver Form durch Stempelaufdrucke hergestellt worden waren. Ein Exemplar dieser Hetzzettel ist hierunter beigefügt.

Liebert, [Unterschrift]

KS. KS.

[redacted]

„Deutsches Volk"
horch auf

Nieder mit den
- Bluthund -

[redacted] A Hitler [redacted]
[redacted] A Hitler [redacted]
[redacted] A Hitler [redacted]

„D[illegible] [illegible]o'k
[illegible]

[redacted]

Streuzettel Bochumer Antifaschisten, Dezember 1942

Sozialdemokratische Gruppen

Einige lockere sozialdemokratische Freundeskreise bestanden auch noch in den Kriegsjahren. Manche, wie der Kreis um die Dortmunder SPD-Funktionäre Paul Sattler und Franz Klupsch, sowie der für die Einheitsfront auftretende Dortmunder Sozialdemokrat Fritz Menze, verfügten über Verbindungen zu Wilhelm Leuschner in Berlin, bis 1933 Vorsitzender des Allgemeinen Deutschen Gewerkschaftsbundes (ADGB).[818]

Eine Gruppe des Internationalen Sozialistischen Kampfbundes (ISK) um den Bochumer Großhändler Volkmann hatte die Verhaftungsaktion gegen den ISK 1937 überstanden und sich einen losen Zusammenhalt bewahrt.[819] Sie hatten sich allerdings schon 1941 darauf geeinigt, „auf selbstmörderische Widerstandsaktionen zu verzichten". Sie verzichteten auf jede Aktion, die über bloße Kontaktaufnahme hinaus ging. So wie sich die Auslandsorganisation des ISK im Laufe des Krieges immer mehr auf traditionelle sozialdemokratische Positionen begab und aktiv in der Union Deutscher Sozialistischer Organisationen in Großbritannien mitarbeitete, so sammelten sich auch in Bochum „Sozialisten verschiedener Herkunft", ehemalige Mitglieder von SPD, SAP und Deutscher Friedensgesellschaft um den ISK. Die Union, die nur über wenige Kontakte nach Deutschland verfügte, verstärkte im Verlaufe des Krieges ihre Anstrengungen, ebenfalls Einfluß auf den deutschen Widerstand zu gewinnen. Daher reiste beispielsweise das ISK-Mitglied Änne Kappius im April 1944 von der Schweiz aus nach Hannover, Göttingen, Hamburg, Berlin und Bochum und verbreitete in den Gruppen die Erklärungen der Londoner Union.

Am 1. September 1944 setzte die Royal Air Force Jupp Kappius mit dem Fallschirm südlich von Papenburg ab, von wo aus er sich nach Bochum durchschlug. Mit der Hilfe eines Angestellten der Volkmannschen Großhandlung konnte er von hier aus auch Kontakte in mehrere Städte anknüpfen. In Bochum selbst bildete sich ein Team von sieben Sozialisten heraus, die sich zu den Zielen der Union bekannten und über Kontakte in einige Zechen und Fabriken sowie in den letzten Kriegsmonaten nach Essen, Witten, Brilon und Schwerte verfügten. Interessant mag sein, daß Kappius von Kontakten zu leitenden Angestellten, ja Direktoren bei Krupp, Stinnes, der Deutschen Bank, der RWE und in den Behörden berichtet, während gleichzeitig seine schroffe Ablehnung jeder Einheitsfront, ja jeden Kontakts mit den illegalen Kommunisten belegt ist.[820] Er stellte damit bereits die Weichen für die Wiederaufnahme der sozialdemokratischen Tradition der Zusammenarbeit mit den Industriellen in der Nachkriegszeit.

16. Über den Krieg hinaus Widerstand und Befreiung 1945

Je mehr sich der Krieg seinem Ende näherte, desto grausamer schlugen die Terrororgane des faschistischen Staates um sich, als wollten sie möglichst viele ihrer Gegner mit sich in den Untergang reißen. Fast jede Stadt des Ruhrgebietes weiß von Massenmorden in den letzten Tagen vor der Befreiung. So wurden 1945 um die Ostertage herum in der Dortmunder Bittermark 268 Widerstandskämpfer aus sieben Nationen, deutsche Arbeiter genauso wie ausländische, besonders sowjetische Kriegsgefangene und Zwangsarbeiter, ermordet.[821] Aus dem Essener Polizeigefängnis verschleppte die Gestapo 35 Menschen, vorwiegend Sowjetbürger, und ermordete und verscharrte sie in Bombentrichtern des „Montagslochs" auf dem heutigen Grugagelände.[822] Am Karfreitagmorgen trieben Gestapoleute etwa 25 sowjetische Zwangsarbeiter aus dem Polizeigefängnis Gelsenkirchen-Buer in den Stadtwald und erschossen sie dort – einen Tag vor dem Einmarsch der Alliierten.[823] Auch Widerstandskämpfer aus dem Ruhrgebiet waren unter den Hingerichteten und Ermordeten der letzten Kriegswochen in den Zuchthäusern und Konzentrationslagern überall im Restgebiet des Deutschen Reiches.

Trotz des großen Aderlasses durch die Verhaftungen noch 1944/45 formierten sich die Kräfte des Widerstandes in den letzten Kriegstagen erneut. Sie setzten es sich zur Aufgabe, dem Terror in der letzten Stunde so weit wie möglich entgegenzutreten und das Leben möglichst vieler Menschen zu retten. Sie versuchten, die Zeit bis zur Besetzung ihrer Stadt durch die alliierten Truppen möglichst zu verkürzen, die sinnlose Zerstörung und Evakuierung der Städte zu verhindern, und traten gegen die Sprengungen von Zechen, Fabriken, Kraftwerken und Brücken auf. Darüberhinaus begannen sie, die Kräfte zu formieren, die nach der Befreiung den schweren Neuaufbau angehen konnten.

Bergleute verhinderten die Vernichtung ihrer Zechen in den letzten Kriegstagen. Als zum Beispiel nach der Flucht der leitenden Grubenangestellten der Bergwerksbetrieb lahmgelegt war, gingen die Kumpel der Essener Zeche Levin weiter zum Schacht und hielten den Pumpenbetrieb aufrecht, während um sie herum noch gekämpft wurde. Auf der Zeche Wolfsbank in Essen verhinderten Antifaschisten mit der Waffe in der Hand die Zerstörung der Schachtanla-

ge.[824] Auch im mittleren Ruhrgebiet verhinderten die gewerkschaftlich organisierten Bergleute um Hans Schiwon und andere die Sprengung der Schachtanlagen Nordstern, Bergmannsglück, Bismark und Auguste Victoria.[825]
In letzter Stunde ergriffen an einigen Orten angesehene Bürger die Chance, ihre Stadt ohne weitere Kämpfe und Zerstörungen zu übergeben. So rettete der Kommunist Anton Kalt die Stadt Aplerbeck bei Dortmund vor der Zerstörung, indem er auf dem Kirchturm die weiße Fahne hißte, zahlreiche Sprengladungen unter Brücken entfernte und zuletzt mit dem amerikanischen Kommandanten im schon besetzten Nachbarort über die kampflose Übergabe verhandelte.[826]
In Düsseldorf hatte sich um den Rechtsanwalt Dr. Wiedenhofen bereits zur Jahreswende eine Gruppe gebildet, der Handwerksmeister, Kaufleute, ein Architekt und ein Bauunternehmer angehörten. Als der NSDAP-Gauleiter Florian am 29. März 1945 die totale Räumung der Stadt anordnete, verfaßte Dr. Wiedenhofen Aufrufe an Bürger und Soldaten und nahm Verbindungen zu Gruppen in anderen Stadtteilen auf, um die Evakuierung und Zerstörung zu verhindern. Am 16. April, als die amerikanischen Truppen den Stadtrand erreicht hatten, begab sich Wiedenhofen mit seinen Kampfgefährten ins Polizeipräsidium und erlangte tatsächlich von dem Kommandeur der Schutzpolizei, die die Stadt verteidigen sollte, Oberstleutnant Jürgens, die Zustimmung zur Kapitulation und die Vollmacht, die deutschen Linien zu Verhandlungen mit den Amerikanern zu passieren. Währenddessen verhaftete Jürgens den Polizeipräsidenten, SS-Brigadeführer Korreng, wurde aber bald darauf von SS-Truppen des Gauleiters Florian überwältigt und am Nachmittag des 16. April standrechtlich erschossen. Dennoch war es Dr. Wiedenhofen inzwischen gelungen, bei den Amerikanern ein letztes Flächenbombardement Düsseldorfs zu verhindern und an der Spitze von acht Panzern und 800 Mann kampflos bis zum Polizeipräsidium vorzudringen. So rettete das beherzte Vorgehen Düsseldorfer Bürger ihre Heimatstadt vor weiterer Zerstörung.[827]
In den ersten Tagen der Befreiung entstanden im Rhein-Ruhrgebiet an vielen Orten spontan und zunächst unabhängig voneinander drei politische Formationen, die den demokratischen Neuanfang prägten: Antifaschistische Komitees, Gruppen der Freien Gewerkschaften und Organisationen der Kommunistischen Partei, etwas später auch der SPD und anderer demokratischer Parteien. Wie in Essen dieser Neuanfang aussah, berichtete Heinrich Rabbich, der sich nach seiner Flucht aus der Haft bei seiner Tochter im Westerwald versteckt gehalten hatte:
„Als dann in den ersten Märztagen die Nachricht durch den Äther kam, daß alliierte Fallschirmspringer am Niederrhein gelandet seien, hielt ich es in meinem Versteck nicht mehr aus, weil ich wußte, daß der totale Zusammenbruch des ‚Tausendjährigen Reiches' unmittelbar bevorstand. Von dem einzigen

Gedanken beseelt, daß jetzt in der Heimat alle Kräfte gebraucht würden, trieb es mich zur Heimreise.
Teils per Rad, per Auto und zu Fuß traf ich am 12. März 1945 im völlig zerbombten Essen ein. Die letzten Luftangriffe, insbesondere am 11. März hatten Essen den Rest gegeben. Selbst für den Ortskundigen war eine Orientierung sehr schwer. So fand ich meine Heimatstadt wieder. Tagsüber im tiefen Keller eines total zerbombten Wohnhauses, den ich wohlbestückt für eine etwa notwendige Verteidigung eingerichtet hatte, mittags zu Gast bei meiner Schwester und Nachts im Luftschutzstollen, benutzte ich alle Zeit und Gelegenheit, durch Kuriere Verbindungen herzustellen zu alten Freunden und Bekannten; der 1933 verbotene ‚Kampfbund gegen den Faschismus' erlebte in diesen Tagen seine Wiedergeburt.
Viele Besprechungen und Sitzungen, oft größer als es die Regeln der Illegalität und der Sicherheit erlaubten, wurden zur Beratung der dringendsten Aufgaben abgehalten, teils in Kellern, auf Friedhöfen oder in anderen stillen, sicheren Winkeln. Als die damals wichtigsten Aufgaben ging es um die Sammlung und Organisierung Gleichgesinnter, Zersetzung des Volkssturmes, Betreuung von Deserteuren, Kleben von selbstverfertigten Handzetteln mit Lageberichten, Parolen, Aufforderungen zur Sabotage, Ausbau der Verbindungen zu den Lagern der ausländischen Arbeiter und Kriegsgefangenen.
Gleich in den ersten Apriltagen 1945 waren amerikanische Truppen nördlich von Essen bis an die Emscher vorgedrungen. Am 10. und 11. April erfolgte dann die Besetzung der Stadt. Kurz danach trafen auch die ersten Genossen aus der Illegalität, den KZ-Lagern, den Zuchthäusern und dann auch der Emigration wieder in Essen ein. Eine Anlaufstelle für sie war die Wohnung meiner Schwester, die schon bald überbelegt war. Zeitweilig waren hier 15 bis 20 Genossen für kurze oder längere Zeit untergebracht.
Nach der ersten Orientierung gingen die Essener Genossen sofort an die Arbeit. Obwohl noch keine deutschen Organisationen seitens der Besatzungsbehörden zugelassen waren, wurden alle Vorbereitungen für die Neubildung der Parteien, Gewerkschaften, Sport- und sonstigen Organisationen getroffen. Es fanden erste Verhandlungen mit Sozialdemokraten und Gewerkschaftern statt, deren Ergebnisse dann bei uns im Kollektiv beraten wurden. Einigkeit wurde über die Schaffung von Einheitsgewerkschaften auf betrieblicher Basis erzielt.
Die erste Organisation, die sich über den ganzen Bezirk ausbreitete, war der Kampfbund gegen den Faschismus. In allen Stadtteilen, Betrieben und in vielen Versammlungen wurde geworben und Propaganda in Wort und Schrift betrieben. Die Leitung des Bezirkskomitees gegen den Faschismus bestand aus folgenden Genossen: dem sowjetischen Genossen Dr. Paul Timor, Max Wosnia-

kowski, Josef Maul, Josef Neuroth und Heinrich Rabbich. Als Hauptaufgabe stellten wir uns: den Kampf gegen die Überreste des Faschismus und die Hilfe beim Wiederaufbau."[828]
Treibende und orientierende Kraft im Bezirkskomitee war der Sowjetbürger **Dr. Paul Timor.** Nach seinen eigenen Angaben am 18. März 1905 in der Ukraine geboren, studierte er von 1924 bis 1928 Chemie und schrieb nach mehrjähriger Arbeit in der Industrie 1934 im Moskauer Lebensmittel-Forschungsinstitut seine Dissertation. Danach war er Dozent an der Moskauer Hochschule für chemische Technologie. Kurz nach Kriegsausbruch kam er in deutsche Kriegsgefangenschaft und arbeitete seit dem 25. Juni 1942 bei Krupp als Hilfsarbeiter.[829] Bald begann Timor mit der Organisation von antifaschistischen Kampfkomitees unter den sowjetischen Kriegsgefangenen des Ruhrgebietes. Von seinem Quartier in Essen-Borbeck, Neustraße 84, aus führte er zahlreiche Fahrten in die umliegenden Städte durch. Kaum eine Nacht war er zu Hause.[830] Seit Frühjahr 1944 muß die Organisation bereits weit ausgedehnt gewesen sein; denn die Stapoleitstelle Düsseldorf berichtete über illegale Kampfkomitees gegen den Faschismus in Lagern sowjetischer Kriegsgefangener unter anderem bei Düsseldorfer Betrieben, im Dortmunder Raum und über Verbindungen nach Aachen, Köln und Süddeutschland, ohne daß es der Gestapo gelang, in die illegale Organisation tiefer einzudringen.[831]
Timor stellte auch Kontakte zu deutschen Antifaschisten her. So lernte er 1944 über eine Gruppe sowjetischer Arbeiterinnen auch Heinrich Rabbich kennen.[832] Der illegale Kampfbund sowjetischer Arbeiter stellte sich folgende Aufgaben:
„1. Organisierung aller Werktätigen zum Widerstand gegen den Faschismus.
2. Organisierung von Sabotage in den Betrieben, Zerstörung von Maschinen, Verderben von Kriegsmaterial, Verlangsamung der Kriegsproduktion.
3. Anhaltung von Arbeitern zur Flucht aus den Kriegsbetrieben.
4. Organisierung bewaffneter Trupps zum Kampf gegen militärische faschistische Verbände.
5. Vorbereitung zum Aufstand im Ruhrgebiet für den Fall des Einmarsches der Alliierten Armeen.
6. Agitationsarbeit zwischen deutschen und ausländischen Arbeitern, wie französischen, russischen, polnischen, belgischen, tschechischen und holländischen; und Schaffung einer festen Verbindung aller im Ruhrgebiet (tätigen) antifaschistischen Gruppen."[833]
Nach der Befreiung Essens konstituierte sich das Bezirkskomitee gegen den Faschismus aus sowjetischen und deutschen Arbeitern und schuf von seinem Büro am Viehofer Platz in Essen Verbindungen zu Antifaschisten in allen Orten des Ruhrgebiets, gestützt auf die Lager-Organisationen der sowjetischen

Kriegsgefangenen. Aus diesen Lagern kamen übrigens in den nächsten Wochen große Geldsummen zur Unterstützung der deutschen antifaschistischen Komitees und zur Finanzierung des Wiederaufbaus der Kommunistischen Partei.[834]

Das Komitee bildete Ausschüsse für Gewerkschaften, Kommunalfragen, Wohnungen, Lebensmittelversorgung, antifaschistische Aufklärung, Neuorganisation der Schulen und Massenmedien und so weiter und gab sich für die erste Zeit nach der Befreiung folgende Aufgaben:

„1. Zusammenfassung aller antifaschistischen Kräfte, die in der Zeit des faschistischen Terrors aktiv gewesen sind und den faschistischen Terror überlebten. In dieser Organisation sollten die Antifaschisten aller Nationalitäten zusammengefaßt werden.

2. Organisierte Hilfe für die alliierte Militärregierung zur Ausrottung versteckter Faschisten und Aufdeckung von bewaffneten Kampfgruppen, die unter Leitung deutscher Offiziere versuchen, die Aufbauarbeit der Militärregierung in Deutschland zu stören.

3. Aufklärung der Bevölkerung über die Bedeutung der Vernichtung des Faschismus in Deutschland; und die Rolle der demokratischen und sowjetischen Staaten zur Befreiung Europas von der faschistischen Sklaverei.

4. Kulturelle Aufklärung russischer und polnischer Arbeiter, die sich hier in Deutschland befinden, Nachrichtenvermittlung zu ihrer Heimat, Kampf gegen Plünderung und Diebstahl, sowie Organisierung einer guten Führung der russischen und polnischen Arbeiter und für ein gutes Einvernehmen zwischen den Fremdarbeitern und der antifaschistischen deutschen Bevölkerung.

5. Schaffung einer festen Verankerung zwischen den ausländischen Arbeitern und den deutschen antifaschistischen Kräften. Organisierung aller ehrlichen Antifaschisten zur Beseitigung der Faschisten aus allen Positionen des öffentlichen Lebens, die Sabotage leisten an der Aufbauarbeit (. . .)“[835]

In einem Flugblatt von April 1945 gedachte der Kampfbund gegen den Faschismus der Opfer des Naziterrors und erklärte:

„In ihrem Geiste müssen wir ein neues, freies Deutschland in breitester demokratischer Grundlage aufrichten. WIR MÜSSEN UNS EINE HEIMAT ERARBEITEN! Es wird schwer sein und neue Opfer verlangen. Jeder wird seine Hand anlegen müssen (. . .)

Sorgt dafür, daß sich in der Polizei und in den Büros, in den Betrieben und Verwaltungen, in Staat und Kommunen keine Nazis einnisten können. Ersetzt sie überall durch Antifaschisten (. . .)

Sorgt dafür, daß nur eine einige Front da ist:

DIE VOLKSFRONT ZUR AUSROTTUNG DER NAZIHERRSCHAFT!

DER KAMPFBUND GEGEN DEN FASCHISMUS!“[836]

Eine solche breite demokratische Initiative noch vor der Kapitulation der Wehrmacht rief bei den britischen und amerikanischen Besatzungsbehörden nicht etwa Zustimmung, sondern tiefe Unruhe hervor. Hier schienen sich Volkskräfte zu formieren, die mit der Demokratisierung wirklich ernst machten. Die enge Zusammenarbeit deutscher Antifaschisten mit den verschleppten Sowjetbürgern wird ihre Besorgnis noch gesteigert haben. Jedenfalls verboten sie die Tätigkeit des Komitees schon Anfang Mai 1945. Erneut in die Illegalität gedrängt, arbeiteten die Mitglieder des Komitees aber trotz aller Repressionen weiter.

Auch die illegalen Gruppen der einheitlichen freien Bergarbeitergewerkschaft, die seit 1934/35 im mittleren Ruhrgebiet um das Zentrum Gelsenkirchen herum bestanden, traten in den letzten Kriegstagen zusammen, um die breite gewerkschaftliche Organisierung der Ruhrkumpel vorzubereiten.

Schon am 1. April, während noch am Kanal bei Gelsenkirchen gekämpft wurde, hatten sich 12 Gewerkschafter in der Wohnung des Kommunisten Walter Jarreck versammelt. Jarreck betonte in seinem Referat, daß sich die neue deutsche Gewerkschaftsbewegung auf der Linie jener großen Einheitsströmung bewegen müsse, die dann in der Gründung des Weltgewerkschaftsbundes gipfeln sollte. Aus den Erfahrungen der Vergangenheit heraus müßte eine einheitliche starke Gewerkschaft gegründet werden, in der „Christen, Sozialdemokraten und Kommunisten erfaßt“ werden: „Wir müssen gemeinsam für die Neuordnung Deutschlands, für Wirtschaftsdemokratie und Sozialismus kämpfen, so wie wir auch in der Illegalität gemeinsam gekämpft haben! Die Form der Berufsverbände muß aufgegeben werden, weil sie in der Vergangenheit zu einer Zersplitterung der Arbeiterschaft geführt hat. Die Zukunft gehört den Industriegewerkschaften, in denen auch Angestellte und Beamte erfaßt sein müssen.“

Die Teilnehmer der Beratung unterstützten diese Einschätzung und beschlossen, in den folgenden 14 Tagen auf ihren Schachtanlagen Belegschaftsversammlungen zur Wahl antifaschistischer Betriebsräte durchzuführen. Überall im nördlichen Ruhrgebiet – in den anderen Teilen wurde noch gekämpft – fanden demgemäß Betriebsratswahlen statt. Am 15. April fanden sich Vertreter von 22 Zechen und drei chemischen Werken unter anderem aus Buer, Gladbeck, Bottrop und Recklinghausen zur ersten Betriebsrätekonferenz nach der Befreiung im Hegeheim in Buer zusammen. Nach einem Referat Walter Jarrecks sprachen sich alle Diskussionsteilnehmer, gleich ob sie aus der christlichen, der sozialdemokratischen oder der kommunistischen Bewegung kamen, für die Einheitsgewerkschaft aus und wählten einen vorbereitenden Hauptausschuß für die Bildung des „Freien Deutschen Gewerkschaftsbundes – Industriegruppe Bergbau“ unter Vorsitz von Hans Schiwon. Über die Tätigkeit

dieser Betriebsräte schreibt eine offizielle Dokumentation der IG Bergbau von 1949:
„Bei der Würdigung des Neuaufbaus der Organisation darf die selbstlose Tätigkeit der ersten, von den Arbeitern und Angestellten gewählten Betriebsräte nicht vergessen werden. Sie waren Betriebsräte und gleichzeitig unermüdliche Propagandisten für die neue Organisation. Da die Arbeitsmoral durch den Zwang der faschistischen Diktatur außerordentlich gelitten hatte, bedurfte es des unermüdlichen Eifers und oft auch aller Überredungskunst von Seiten der Betriebsräte, um vielen Menschen die Notwendigkeit einer intensiven Arbeit klarzumachen. Gleichzeitig aber mußte alles getan werden, um die Versorgung der schwerarbeitenden Bergarbeiter sicherzustellen. Bei den chaotischen Zuständen im ganzen Verkehrswesen stellten sich dieser Aufgabe oft schier unüberwindliche Schwierigkeiten entgegen. In ihrer unermüdlichen Arbeit wurden unsere Betriebsräte die eigentlichen Gründer und die ersten Funktionäre der neuen Bergarbeitergewerkschaft.“[837]
Der auf der ersten Betriebsrätekonferenz am 15. April 1945 gewählte Hauptausschuß entfaltete eine unermüdliche Arbeit zur Konstituierung der Gewerkschaft. Immer neue Verbindungen mit Betrieben in Essen, Bochum, Dortmund, Wanne, ja selbst noch in Hamm wurden von seinen Mitgliedern, denen für diese weiten Fahrten nur Fahrräder zur Verfügung standen, geknüpft.
Am 29. April fand dann die zweite, repräsentative Betriebsrätekonferenz statt, an der etwa 360 Delegierte von 56 Schachtanlagen, sowie von einigen Großbetrieben der Chemie und Metallindustrie teilnahmen. Die Delegierten nahmen einen Gründungsaufruf an, der auf der Basis der ersten Konferenz vom Hauptausschuß verfaßt worden war, und beschlossen „Richtlinien zum Aufbau der Gewerkschaften“ sowie einen Organisationsplan. Danach sollte die Einheitsgewerkschaft in enger Zusammenarbeit mit den Betriebsräten auf einem breiten betrieblichen Vertrauensmännerkörper aufbauen. Weiter waren gewerkschaftliche Schulungen sowie als wichtige politische Aufgabe die Säuberung der Betriebe von eingefleischten Nazis festgelegt. Im Geiste der Einheitsgewerkschaft berief die Konferenz den christlichen Gewerkschafter Hubert Stein, der schon in den illegalen Gruppen mitgearbeitet hatte, in den Hauptausschuß.

„Aufruf zur Gründung des Freien Deutschen Gewerkschaftsbundes

Die am 15. April stattgefundene Konferenz aller Betriebsräte und aller Gewerkschaftsrichtungen früherer Jahre hat folgendes beschlossen:

Nach der **Wiedererlangung des Koalitionsrechtes** der deutschen Arbeiter ist die Bildung einer einheitlichen Gewerkschaftsbewegung aller Arbeiter das erste Gebot der Stunde. Im Gegensatz zur DAF, einer rein faschistischen Organisation, soll die **Einheitsgewerkschaft** den Charakter der Freiwilligkeit, aber auch der fanatischen Entschlossenheit tragen und den Kampf unserer Klasse gegen die Ausbeutung des Menschen durch den Menschen, den Kampf gegen eine unfähige und degenerierte Gesellschaft, die die Arbeiterschaft in Not und Elend, ja in den Abgrund führte, aufnehmen.
Wollen wir aus den Jahren der Knechtschaft und der Uneinigkeit der Arbeiterklasse unsere Lehren ziehen, dann können wir nur feststellen, daß nur die Unentschlossenheit der Arbeiter das Unglück anbahnte, das uns jetzt so furchtbar getroffen hat.
Darum wollen wir heute mit fanatischer Entschlossenheit daran arbeiten, eine große, alle Arbeiter umfassende Organisation zu bilden,
die die Voraussetzungen dafür schafft, daß die organisierten Arbeiter in den Betrieben die Kontrolle über den Betrieb maßgeblich beeinflussen werden. Es darf nie wieder geschehen, daß die Arbeiterklasse durch eine faschistische Wahnsinnspolitik in ein so großes und grausames Elend hineingestoßen wird. Was unter dem faschistischen Zwang und der Diktatur möglich war, wollen wir in richtiger Erkenntnis der Situation unter Hintansetzung aller politischen und konfessionellen Meinungsverschiedenheiten in Freiwilligkeit und entschlossener Bereitschaft tun.
Gleichzeitig aber sind wir ebenso entschlossen, allen Quertreibereien, aus welcher Richtung sie auch kommen mögen, mit der geballten Kraft der organisierten Arbeiter entgegenzutreten.
Es gilt, die Zukunft der Arbeiterklasse, es gilt, die Voraussetzungen zu schaffen für ein neues, besseres Leben. Bisher waren Not und Elend die Begleiter des Lebens der deutschen Arbeiter. Von nun an gilt es, allen Widersachern der Arbeiterklasse die Stirn zu bieten. Kameradschaft und eiserne Entschlossenheit sollen die Grundlage sein, für die kommenden Auseinandersetzungen.

Es lebe die Einheit aller klassenbewußten Arbeiter! Es lebe der Freie Gewerkschaftsbund aller Arbeiter! Es lebe der Kampf für den Sozialismus!

Der Organisationsausschuß:

gez. Goroncy, Schiwon, Badziong, Braukmann, Hermes."[838]

In diesen Tagen fanden auch Besprechungen der Vertreter des Hauptausschusses mit Essener Gewerkschaftern, unter ihnen dem Funktionär des ehemaligen Gewerkvereins der christlichen Bergarbeiter Deutschlands, Franz Rotthäuser, und mit dem Sozialdemokraten August Schmidt, dem ehemaligen 2. Vorsitzenden des Verbandes der Bergbauindustriearbeiter Deutschlands, in Dortmund

statt, die zu einer breiten Einbeziehung aller dieser Kollegen in die Gründungsarbeit führten.
Der große Elan des Neuaufbaus wurde allerdings durch die britische Besatzungsbehörde stark gehemmt, so daß erst am 8. Mai eine Erlaubnis zur Bildung betrieblicher Gewerkschaftsgruppen vorlag, während örtliche und regionale Zusammenschlüsse für Monate verboten wurden. So mußten wenige Tage nach der Befreiung vom Faschismus die neuen gewerkschaftlichen Verbindungen illegal weitergeführt werden, bis im Herbst endlich Stadtgewerkschaften und im Frühjahr 1946 regionale Organisationen zugelassen wurden. Erst am 16. März 1946 konnte dann offiziell eine vorläufige Bezirksleitung des Ruhrgebietes mit dem ersten Vorsitzenden August Schmidt (SPD) und dem zweiten Vorsitzenden Hans Schiwon (KPD) gewählt werden. Inzwischen hatten 113121 Bergarbeiter auf 96 Schachtanlagen ordnungsgemäß ihre Betriebsräte gewählt. Unter der Losung „Die besten Gewerkschafter in die Betriebsräte" hatten die kommunistischen Kandidaten 49983, die Sozialdemokraten 28313 und die christlichen Gewerkschafter 16503 Stimmen erhalten. Ein Beweis dafür, daß die Bergarbeiter den großen Einsatz der kommunistischen Kollegen für die Einheitsgewerkschaft, für die Wiederingangsetzung der Betriebe und für die sozialen und demokratischen Rechte der Arbeiter, hoch einschätzten.
Die Einheitsgewerkschaft entstand im Ergebnis der unvergessenen Leistungen der illegalen Widerstandskämpfer und der Männer der ersten Stunde. Unter schweren Opfern sozialdemokratischer, kommunistischer, christlicher und parteiloser Kollegen errungen, trat sie 1945 „für die demokratische Neuordnung Deutschlands, für Wirtschaftsdemokratie und Sozialismus" (Walter Jarreck auf der Sitzung am 1. April) an.[839]
Nach der Besetzung ihrer Städte durch alliierte Truppen begannen die Kommunisten überall im Ruhrgebiet mit dem Wiederaufbau ihrer Parteiorganisationen. Schon etwa am 20. April 1945 bildete sich in Essen ein provisorisches Leitungskollektiv für den Ruhrbezirk heraus, das aus Adolf Prinz, Walter Jarreck, Josef Ledwohn und anderen bestand und in den ersten Maitagen Verbindungen nach Oberhausen, Dortmund, Gelsenkirchen, Recklinghausen, Hamm und anderen Orten aufnahm. Die provisorische Bezirksleitung, die wegen des Verbots politischer Tätigkeit durch die Besatzungsmacht illegal arbeiten mußte, orientierte ihre Genossen darauf, bei den unmittelbaren Fragen des Wiederaufbaus an erster Stelle zu stehen und in enger Aktionsgemeinschaft mit den Sozialdemokraten einen festen Block aller antifaschistischen und demokratischen Kräfte zu schmieden, der die Lehren aus dem Faschismus beherzigen und dessen Wurzeln ein für alle Mal ausrotten sollte.[840]
In den grundlegenden Schlußfolgerungen aus Faschismus und Krieg waren sich 1945 Politiker aller Parteien einig, wie nicht nur die bekannten programmati-

schen Dokumente der KPD vom 11. Juni 1945, der SPD vom 15. Juni 1945, der Aufruf der Bezirksleitung Ruhr der KPD vom September 1945 und die verschiedenen Beratungen zwischen den führenden Funktionären der KPD und der SPD in Westfalen, Max Reimann, Josef Ledwohn und Fritz Henssler zeigten. Selbst noch das „Ahlener Programm“ der CDU von 1947 mußte auf die Volksstimmung eingehen und das Monopolkapital als Urheber des Faschismus benennen.

An vielen Orten des Ruhrgebietes hatten sich Sozialdemokraten, Kommunisten und andere Antifaschisten zu enger Kampfgemeinschaft zusammengefunden und bekundeten: gegen die einheitliche Arbeiterklasse, gegen ein geeint kämpfendes Volk ist die Reaktion machtlos. Daß sie diese Lehren gezogen hatten, dokumentierten z. B. die Reden des Sozialdemokraten Eberhard Brünen und des Kommunisten Anton Gebler auf der ersten gemeinsamen Kundgebung von SPD und KPD in Duisburg am 27. Oktober 1945.[841]

Am 27. 10. 1945 fand in Duisburg die erste gemeinsame Kundgebung der SPD und KPD statt.
Damit wurde ein entscheidender Schritt auf dem

Wege zur Einheit

getan. Beide Arbeiterparteien haben aus den Fehlern der Vergangenheit gelernt und sind entschlossen, allen Versuchen zur Spaltung einmütig entgegenzutreten. Das Bewußtein ihrer Kraft liegt in ihrer Einigkeit und in der Erkenntnis, daß nur ihr gemeinsamer Weg zum gemeinsamen Ziele führt.

Die Kundgebung der Einheit.

Diese denkwürdige Kundgebung fand ihren Anfang mit einer Minute des Gedenkens der zahllosen Opfer, die der Hitlerfaschismus beiden sozialistischen Bruderparteien abforderte. Dann gab der SPD Genosse Gustav Sander als Versammlungsleiter seiner Freude und Genugtuung Ausdruck, die erste gemeinsame Kundgebung der SPD und KPD eröffnen zu können. Er rief den Anwesenden zu:
"Dieser Tag, der Tag der Verbrüderung wird in die Geschichte ein-

Der Gen. Eberhard Brünen von der SPD.

Werte Anwesende! Genossen und Genossinnen!

Ungefähr 12 Jahre ist es her, daß die Duisburger Arbeiterschaft geschlossen marschierte. Damals begruben sie einen ihrer toten Kameraden. Ein Opfer des Faschisten-Terrors Noch nie hatte unsere Stadt eine Kundgebung von solcher Macht, von solcher Geschlossenheit und solchem Ausmaße erlebt. Der Gedanke der Einheit der Arbeiterschaft brachte eine derartige Kundgebung zustande. Doch leider vergaßen die Parteien, sich auch über das Grab ihres Genossen hinaus zu einer Kampfgemeinschaft zusammenzuschließen. Die Folge einer solchen Uneinigkeit war der Sieg des Faschismus.
Nie wollen wir vergessen, daß der Sieg des Faschismus nur möglich war durch die Uneinigkeit der Arbeiterbewegung. Gemeinsam hätten wir kämpfen müssen gegen den gemeinsamen Feind.
Für ihr Versagen hat die Arbeiterklasse büßen müssen. Die besten unserer Kämpfer haben ihr Leben gelassen. Tausende und Abertausende haben Freiheit und Leben eingesetzt und doch den Sieg des

Aus dem Protokoll der ersten Einheitskundgebung

Der Gen. Anton Gebler von der K. P. D.

12 Jahre Hitlerfaschismus, das tausendjährige Reich liegt hinter uns Es waren für die Reichen und Bonzen herrliche und fette Jahre. Es waren 12 Jahre der Ausbeutung der Arbeiterschaft und der Angestellten.

beschleunigt durchzuführen:

1. Schärfste Heranziehung der Nazis zum Wiederaufbau Duisburg-Hamborns!
2. Säuberung der Stadtverwaltung!
3. Kontrolle des Unterrichts!
4. Vereinigung des Wirtschaftslebens!
5. Einziehung des Vermögens!
6. Schärfste Heranziehung der besitzenden Nazis zur Kleiderabgabe!
7. Scharfe Kontrolle des Wohnraumes und sofortige Verteilung
8. Einleitung einer Aktion „Frauen und Kinder in Not."
9. Gemeinsamer Kampf gegen die Nazi-Ideologie

und Mobilisierung aller Arbeitskräfte für den Aufbau.

10. Bildung einer Kommission, die die sofortige Ingangsetzung der Industrie für die Herstellung von Bedarfsartikeln und die Unterstützung des Handwerks, sowie die Zulassung antifaschistischer Handwerker einleitet und durchführt.

Nur durch die Zusammenarbeit aller antifaschistischen Parteien mit den in Duisburg schon bestehenden Gewerkschaften wird die Wirtschaft in Gang kommen, wird die Wiedergutmachung – soweit es möglich ist – durchgeführt, wird die Nazi-Ideologie ausgerottet. Wird das Ansehen des deutschen Volkes, das durch die Verbrechen des Nationalsozialismus vollständig verschwunden ist, wieder zurückgewonnen Wir sind: Für die Einheit der Jugend. Für die Einheit des Sports.

Für die Einheit der Schulen. Für die einheitliche Frauenbewegung.

Gehen wir an die Arbeit, verwirklichen wir diese Ziele, für alle Zukunft, geben wir dann der Reaktion kein Betätigungsfeld

von SPD und KPD in Duisburg, 27. Oktober 1945

Widerstand im Ruhrgebiet Versuch einer Bilanz

Eine regionalgeschichtliche Arbeit wie die vorliegende beschränkt sich nicht nur auf die Untersuchung der ortsverbundenen Traditionen. Allerdings hat auch eine reine Heimatgeschichte des antifaschistischen Widerstands ihre Bedeutung für die Entwicklung des Geschichtsbewußtseins gerade in der jüngeren Generation. Sie liefert historische Beispiele für eine Traditionslinie der Volkskämpfe im eigenen Lebensbereich des Lesers. Demokratische Heimatgeschichte bietet die Chance, sowohl das eigene soziale und politische Handeln bewußt einzureihen in die ortsspezifischen Volkstraditionen, aber am konkreten Bild des Faschismus die Gefährlichkeit auch der heutigen Gegner von Entspannung und demokratischem Fortschritt in aller emotionalen Schärfe zu erleben.
Darüberhinaus kann aber eine Regionaluntersuchung, besonders im industriell bedeutenden Ruhrgebiet, dazu beitragen, Fragen des antifaschistischen Kampfes in ganz Deutschland, gestützt auf örtliches Material, klären zu helfen. Gerade die antifaschistische Widerstandsbewegung, wie Volksbewegungen allgemein, erschöpfte sich nicht in den Beratungen und Beschlüssen auf zentraler Ebene, sondern bildete darüber hinaus ein Mosaik zahlloser individueller Akte, zwar oftmals zentral geordnet und geleitet, dennoch aber immer geprägt durch eine große Formenfülle, Verschiedenartigkeit und Originalität. Es ist daher in dieser Arbeit versucht worden, die enge Wechselbeziehung zwischen gesamtnationaler, beziehungsweise internationaler Leitung und Programmsetzung mit den Bewegungen am Ort, im Betrieb, auf der Straße anzusprechen. Weder eine Beschränkung auf die sogenannte Basis als der angeblich „eigentlichen" Arbeiterbewegung, noch eine Reduzierung der historischen Darstellung auf ein einfaches Unterordnungsverhältnis der örtlichen Umsetzung unter die zentralen Beschlüsse, wird der gegenseitigen Einflußnahme von „oben" und „unten", ihrer Spannung, wie ihrer Einheit gerecht. Diese Arbeit möchte auch verdeutlichen, wie sich etwa die großen programmatischen Ziele der Einheits- und Volksfront in den täglichen Kämpfen der Ruhr-Region verwirklichten, beziehungsweise auf welche Grenzen sie gestoßen sind. Sie wollte aber auch zeigen, wie intensiv die örtlichen Erfahrungen gerade des Ruhrgebiets in die zentralen Diskussionen und Beschlüsse eingeflossen sind.
Im Ruhrgebiet wird besonders deutlich, daß sich im Ringen zwischen Faschismus und Widerstand zwei soziale Blöcke krass gegenüber standen: auf der einen Seite eine seit Jahrzehnten hochorganisierte traditionsreiche Arbeiter-

schaft mit bedeutenden Gewerkschaftsorganisationen sozialdemokratischer, kommunistischer und christlicher Prägung und starken Regionalverbänden von SPD und KPD; auf der anderen Seite eine unheilige Allianz jener Schwerindustriellen, die schon im Kaiserreich und in der Weimarer Republik zu den Hauptträgern reaktionärer und kriegerisch-aggressiver Politik zählten, mit der faschistischen Bewegung – im Ergebnis dessen ein staatlich-industrieller Lenkungs-, Formierungs- und Terrorapparat, der das Herz der deutschen Rüstungsproduktion fest im Griff hatte.

Der besonderen Schärfe der sozialen und historischen Konfrontation zwischen Herrschenden und Beherrschten im rheinisch-westfälischen Industriegebiet entsprach auch die Hartnäckigkeit und Intensität, mit der sich der Arbeiterwiderstand gegen den Faschismus wandte. Im Raum der materiellen Produktion, im kapitalistischen Betrieb, trat der soziale Gegensatz zwischen den Produzenten, die das Dritte Reich völliger Reglementierung und Rechtlosigkeit unterworfen hatte, und den Besitzern der Produktionsmittel, die sich ihre Macht und ihre Profite in einem höchstorganisierten ökonomisch-staatlichen faschistischen Herrschaftsapparat zu sichern wußten, jeden Tag aufs neue hervor und machte aus den einfachsten Bewegungen zur Verteidigung des Gedinges, beziehungsweise Akkords, zum Arbeitsschutz oder zur Beschränkung des Arbeitstempos hochpolitische Angelegenheiten.

Der Arbeiterwiderstand steht im Ruhrgebiet aber auch deshalb so unangefochten, ja fast ausschließlich an der Spitze der regionalen Widerstandsbewegungen, weil jene zur Opposition gegen Hitler partiell bereiten Mittelschichten beziehungsweise Herrschaftsträger, wie Beamte, Kirchenrepräsentanten, Vertreter von Kunst und Wissenschaft, später auch Militärs im Ruhrgebiet kaum angesiedelt waren. Sie sind eher in den Metropolen anzutreffen. Breitere nichtproletarische Aktivitäten werden daher mehr aus Städten wie Köln und Düsseldorf genannt.

Eine zusammenfassende Beleuchtung der wesentlichen Züge der antifaschistischen Widerstandsbewegung darf sich weder auf eine Definition stützen, die fast jede Oppositionshaltung zum Widerstand zählt, weil sie alle qualitativen Unterschiede verwischen würde, noch sich auf die Organisationen der politischen Parteien beschränken. Wenn man davon ausgeht, daß der antifaschistische Widerstand eine Volksbewegung gewesen ist, dann muß seine Definition alle jene Elemente umfassen, die von einer partikularen und spontanen Opposition bis zur hochorganisierten illegalen Partei reichen. Auch die illegalen Parteien stützten sich immer auf ein breites Feld von sozialen Beziehungen, dem nicht der Charakter bewußter Organisation zugesprochen werden kann. Hier seien nur Freundschafts- und Verwandtschaftsbeziehungen, Sportgruppen und Nachbarschaftskontakte genannt. Besonders in den traditionsreichen „Ko-

lonien", den Arbeitersiedlungen der großen Werke und Zechen, spielt die Tradition und das Klima proletarischer Lebensweise, gemeinsames Schicksal, Nachbarschaftssolidarität, gemeinsame Erfahrungen in Betrieb und sozialer Umwelt eine große Rolle. In erhöhtem Maße gilt dies für die Zechen-Kolonien, in denen auch noch die Verbundenheit der Kumpel und ihrer Familien angesichts der ständigen Gefahren „unter Tage" zur Atmosphäre der Solidarität beiträgt.
Gerade die Sozialstruktur der antifaschistischen Volksbewegung blieb aber nicht auf die Arbeiterklasse beschränkt. Dem Widerstand schlossen sich Teilnehmer aus den Mittelschichten, den Intellektuellenkreisen, ja selbst der Bourgeoisie an. Der Weg des Faschismus in den Krieg und die Entfaltung einer schrankenlosen staatsmonopolistischen Herrschaft drängten objektiv die breitesten sozialen Schichten in die Opposition, auch wenn diese mehrheitlich nicht die Kraft und Einsicht fanden, sich zur Wahrung ihrer objektiven Lebensinteressen mit der antifaschistischen Bewegung aus der Arbeiterklasse zusammenzuschließen.
Eine statistische Auswertung der Haftbücher des Dortmunder Gefängnisses Steinwache, in das auch Gefangene aus anderen Orten des Ruhrgebiets und des ländlichen Westfalens eingeliefert wurden, nach politischen Haftgründen im weitesten Sinne (von der „Vorbereitung zum Hochverrat" bis zur „Störung des Arbeitsfriedens" und dem Nichttragen des Judensterns) ergibt von 1933 bis 1945 21283 aus politischen Gründen Inhaftierte, darunter 2898 mit dem Haftgrund „Vorbereitung zum Hochverrat" und „politische Schutzhaft". In diesen Angaben sind die 8676 in Dortmund festgenommenen Sowjetbürger (vom 4. April 1942 bis zum 11. April 1945) noch nicht mit aufgeführt. Bei 9383 politisch Inhaftierten der Jahre 1933 bis 1942 sind die Berufe angegeben, so daß sich ein zwar ungenaues, aber in groben Zügen sicher zutreffendes Bild von der sozialen Zusammensetzung der Gegner des Dritten Reiches im Dortmunder Raum ergibt:[842]

Arbeiter:	7311
Angestellte:	268
Invaliden:	250
Rentner:	32
Ehefrauen:	44
Gewerbetreibende:	140
freie Berufe:	565
Kaufleute:	9
Beamte:	284
Schüler/Studenten:	396
Landwirte:	39

Wenn man zu den „Arbeitern“ im engeren Sinne dieser Statistik jene Angestellten, Invaliden, Rentner, Ehefrauen und Schüler hinzurechnet, die sozialökonomisch zur Arbeiterklasse gehören, wird man sagen können, daß weit über 80 Prozent der politisch Inhaftierten zur Arbeiterklasse zählten. Mindestens genauso interessant ist aber die Tatsache, daß auch alle anderen Bevölkerungsschichten unter den Hitlergegnern in durchaus relevanter Zahl vertreten sind.

Den sozialen Raum des Widerstandes stellte also das Volk aus allen Klassen und Schichten mit der Arbeiterklasse als herausragender Kraft. Dabei gehörte es zu den Besonderheiten des deutschen Widerstandes gegenüber manchem anderen europäischen Land, daß sich zwar einzelne Vertreter der deutschen Mittelschichten zu ihrem objektiven antifaschistischen Interesse bekannten, daß aber breiteste Volksschichten die Herrschaft des Faschismus nicht nur duldeten, sondern aktiv unterstützten. In Deutschland wurde nur die Möglichkeit, nicht aber die tatsächliche Durchsetzung und Kraftentfaltung eines breiten Klassenbündnisses gegen den Faschismus sichtbar.

Eine ähnliche Vielfalt wie in der sozialen Zusammensetzung findet sich auch bei den Motiven und Zielen des Widerstandes. Der Faschismus griff nicht nur die Lebensrechte der Arbeiterklasse an, sondern darüber hinaus alle demokratischen geschichtlichen Errungenschaften überhaupt. Selbst antifaschistische Opposition aus rein humanistischen Motiven heraus, ohne politische Konsequenzen zu ziehen, reflektierte doch objektiv den Protest gegen jenen Rückfall in die Barbarei, den das imperialistische Herrschaftssystem seit der Jahrhundertwende verstärkt hervorbrachte.

Daher fanden sich im Widerstand solche Kräfte, die nur Kritik an Teilaspekten der Rassen-, Kirchen- oder Militärpolitik des „Führers“ übten, mit jenen konsequenten Kämpfern, die den Faschismus insgesamt in Frage stellten, ihn nicht nur als „schlechte“, unmenschliche oder unmoralische Politik begriffen, sondern als Herrschaftssystem, das aus der Macht der reaktionärsten Monopolkapitalisten hervorgegangen war. Während manche Oppositionelle nur auf die Wiederkehr der alten, vorfaschistischen Zeiten orientierten, entwickelte sich doch ein breites Bewußtsein im Widerstand, daß der Sturz der Diktatur nicht die Rückkehr zu Weimarer Zuständen bedeuten dürfe. In der Volksfrontbewegung leuchtete das Ziel eines neuen demokratischen Systems auf, das sich zuverlässig gegen die Restauration der alten Besitz- und Machtverhältnisse absichern sollte.

Der Vielfalt der Motive und Ziele in der Anti-Hitler-Opposition entsprach am klarsten die Orientierung auf ein breites Volksfrontbündnis mit einem gemeinsamen Programm, ungeachtet weiterführender Zielsetzungen, und der gemeinsamen Hauptlosung, alle Kräfte zum Sturz des Faschismus zu vereinen. Trotz einiger Erfolge bei der Entwicklung der Einheits- und Volksfront, besonders 1935/36, und der nationalen Friedensfront beziehungsweise der Bewegung „Freies Deutschland“ in den Kriegsjahren, blieb die antifaschistische Opposition zersplittert, wenn sich auch in der Teilnahme nichtkommunistischer Kämpfer an den von der KPD geleiteten Widerstandsorganisationen besonders seit 1942/43 die mögliche politische und soziale Ausdehnung des Widerstandes spiegelte. Im Laufe von 12 Jahren faschistischer Diktatur und in der ersten Nachkriegszeit setzte sich bei breiten Kreisen die Erkenntnis durch, daß die Einheit der verschiedenen Volkskräfte der Schlüssel zum Sieg der Demokratie über Faschismus und Reaktion gewesen wäre. Heute hingegen versuchen zahlreiche historische Darstellungen in der Bundesrepublik erneut, die Verschiedenartigkeit der Motive, das prinzipiell Trennende im Widerstand zu betonen, um die historischen Lehren von der notwendigen demokratischen Einheit vergessen zu machen.[843]

Damit ist die allgemeine Frage nach dem Wesen des Antifaschismus aufgeworfen. War die Opposition gegen Hitler nur im Negativen geeint, in ihrer Ablehnung des Regimes oder nur bestimmter Aspekte des Faschismus? Waren die Einigungsbestrebungen im Zeichen der Volksfront nur zeitbedingt und mußten nach dem Sturz Hitlers wieder die alten Gegensätze dominieren?

Zunächst scheint es so; denn ähnlich wie vor 1933 die verschiedenen politischen Kräfte, Sozialdemokraten, Kommunisten, Zentrum, bürgerliche Demokraten, jede vor dem Faschismus warnten, ohne daß es ihnen gelungen wäre, bereits gegen die gemeinsame Bedrohung eine gemeinsame Abwehrfront zu schaffen, so beriefen sich auch nach 1945 schon bald sehr auseinanderstrebende politische Richtungen jeder auf die Erfahrungen mit dem Dritten Reich, oftmals um sehr begrenzte, dem Anliegen des Antifaschismus widersprechende Vorstellungen zu rechtfertigen. Als Beispiel mag dienen, daß sich die Hauptströmung der Polemik gegen die kommunistischen Parteien und die sozialistischen Staaten auf die Konstruktion von angeblichen Gemeinsamkeiten zwischen den sogenannten totalitären Ordnungen kommunistischer und nationalsozialistischer Prägung berief. Ein bedeutender und unverzichtbarer Bestandteil der antifaschistischen Bewegung, nämlich der kommunistische Widerstand, sollte so aus der gemeinsamen Front der Demokraten herausgelöst, isoliert und unter Verbot bzw. Berufsverbot gestellt werden.

In verhängnisvoller Weise wiederholt diese Exkommunikation des kommunistischen Widerstandes, die Leugnung seines Beitrags zur nationalen demokratischen Tradition, das Fehlverhalten der Weimarer Parteien vor 1933, die sich untereinander verfeindet und daher politisch immobil der faschistischen Herausforderung stellten.

Das Heraufkommen des Faschismus stellte – auch verglichen mit bisherigen

reaktionären, nationalistischen und kriegerischen Bewegungen – eine völlig neuartige Bedrohung aller herkömmlichen Formen des sozialen und politischen Lebens dar. Der Rückfall in Formen der Barbarei, für die selbst Vergleiche mit dem dunkelsten Mittelalter schwerlich treffen, die Errichtung eines Sklavenhalterstaates auf dem Rücken der europäischen Völker, ausgestattet mit allen Mitteln moderner ökonomischer Monopolmacht und dem rücksichtslosen terroristischen und ausbeuterischen Einsatz der neuesten technischen Errungenschaften in Produktion, Rüstung und Staatsapparat forderte eine neue Antwort von allen bedrohten sozialen und politischen Kräften, seien sie sozialdemokratischer, kommunistischer, christlicher, bürgerlich-humanistischer oder selbst traditionalistischkonservativer Herkunft.
Ein strategisches Konzept galt es zu entwickeln, das nicht einfach den Faschismus aus der jeweiligen gewohnten politisch-ideologischen Haltung heraus kritisierte und bekämpfte, ihm – selbstredend zu Recht – Unchristlichkeit, Arbeiterfeindlichkeit, Unmoralität oder ähnliches vorwarf. Es galt, über den Differenzen zwischen den verschiedenen Bewegungen und Konzepten nicht zu vergessen, was sie alle angesichts der faschistischen Herausforderung gemeinsam hatten. Es reichte nicht einfach eine zeitweilige Interessenkoalition auf der Basis eines Minimalprogramms, das, so wichtig es als erster Schritt gewesen wäre, wohl kaum ohne eine gründliche Neuformulierung der Standpunkte aller Beteiligten möglich gewesen wäre. Antifaschismus als politische Theorie und als strategisches Konzept verlangte, daß jede beteiligte Bewegung ihre eigene Haltung kritisch überprüfte, um das allen Gemeinsame, also die Verteidigung des Friedens und der Menschenrechte in den Mittelpunkt zu stellen. Jeder Teilnehmer der antifaschistischen Front wurde darüber hinaus vor die Aufgabe gestellt, Achtung und Respekt für die spezifischen Belange des Bündnispartners, für seinen je aus der eigenen Tradition erwachsenen Beitrag zum gemeinsamen Programm aufzubringen. Bündnis hieß auch, anzuerkennen, daß viele Wege, nicht nur der eigene, in die gemeinsame Opposition gegen die Barbarei führen konnten, daß jeder Weg nicht nur sein eigenes Recht habe, sondern darüber hinaus auch das Denken und Handeln der Bündnispartner bereichern könnte.
Am klarsten äußerten sich die Grundlinien für eine gemeinsame Programmatik des Antifaschismus in den Erklärungen solcher breiter Bewegungen wie dem Pariser Volksfrontausschuß oder den Organisationen „Freies Deutschland" in den Emigrationsländern während des Zweiten Weltkrieges. Aber weit über den Kreis jener hinaus, die sich bewußt zusammenfanden, reichte der programmatische Gleichklang in den Hoffnungen und Wünschen der Widerstandskämpfer und Verfolgten. Gemeinsame antifaschistische Substanz findet sich daher zum Beispiel im Prager Manifest der SPD, den Erklärungen der Brüsseler und der

Berner Konferenzen der KPD, den Dokumenten der Union deutscher Sozialisten in Großbritannien, der verschiedenen gewerkschaftlichen Vereinigungen wie auch in den Grundsätzen des Kreisauer Kreises.
Ohne das Trennende zu leugnen, lassen sich eine Reihe einheitlicher Grundüberzeugungen und -forderungen feststellen:
– die Achtung der Menschenrechte, des Rechts auf freie Entfaltung der Persönlichkeit, die Wiederherstellung der Rechtssicherheit und der Gleichheit aller vor dem Gesetz. Hier brach sich unter den Antifaschisten angesichts der bitteren Weimarer Erfahrungen die Erkenntnis Bahn, daß formale Garantien allein nicht ausreichten, sondern daß die Machtverhältnisse so gestaltet werden müßten, daß nicht hinter der Fassade formaler Gleichheit die materielle Ungleichheit, besonders der Ausschluß der arbeitenden Menschen von der Lenkung der Wirtschaft, und von den Angeboten der Bildung und Kultur, der Mehrheit der Bevölkerung den Genuß der garantierten Rechte verwehre;
– die Garantie und Fortentwicklung der sozialen Lebensrechte aller Bevölkerungsschichten, der gewerkschaftlichen und sozialen Rechte der Arbeiter, Auskommen und Unterstützung der Mittelschichten und Bauern, die Gleichberechtigung der Frau, die die Faschisten zu einer Matrone und Gebärmaschine herabwürdigen wollten, das Recht der Jugend auf Gestaltung ihrer eigenen Zukunft ohne militärischen Drill;
– Freiheit von Kunst und Wissenschaft, eine humanistische Kultur und Bildung, die allen Bevölkerungsschichten zugänglich gemacht wird;
– die Gewährleistung einer Demokratie, die nicht wie die Weimarer überlagert wird von der Herrschaft reaktionärer Machteliten in Militär, Staat und Wirtschaft, die gleichberechtigte Mitbestimmung der Arbeiter in der Wirtschaft und die Schaffung einer Wirtschaftsstruktur, die ein für allemal verhindert, daß eine Handvoll Großkonzerne Politik gegen die Interessen des ganzen Volkes machen kann;
– Verteidigung beziehungsweise Wiederherstellung des Friedens und Schaffung von Garantien, daß von deutschem Boden nie wieder ein Krieg ausgehen kann.

Das Gebot der Gleichberechtigung und der gegenseitigen Achtung mußte auch die Beziehungen zwischen den verschiedenen Partnern in den antifaschistischen Bündnissen bestimmen, wobei die dialektische Spannung zwischen den existenziellen Gemeinsamkeiten und den spezifischen Differenzen nicht durch das Austragen der Gegensätze bis zur Spaltung, sondern im Ringen um einen echten historischen Kompromiß zwischen den großen antifaschistisch-demokratischen Strömungen bewältigt werden sollte.
Von der Sozialstruktur her gesehen bedeutete antifaschistisch-demokratische Einheit, die Interessenkonflikte zwischen Arbeitern und Bauern, Stadt und

Land, Arbeitern und Angestellten, Selbständigen und Beamten und so weiter ins zweite Glied zu rücken gegenüber der sozialen Gemeinsamkeit, daß alle als Produzenten der materiellen Werte dem Besitzanspruch und monopolistischen Aneignungswillen der Großkonzerne, ihrer mit dem faschistischen Staatsapparat verschmolzenen Macht, und der Vernichtung materieller Werte und von Millionen Menschenleben durch den Krieg entgegentreten mußten.
Der Aufgabe, der faschistischen Herausforderung geschlossen entgegenzutreten, wurden die Hitlergegner bis 1933 nicht gerecht. SPD und Gewerkschaften sprachen sich wiederholt für die Einheit aus, aber sie verstanden darunter die Einordnung in die von ihnen geführte Eiserne Front unter Ausschluß der KPD und konnten sich darüber hinaus nicht zur Entfaltung der Kräfte auch nur der eigenen Anhängermassen zum Generalstreik gegen Hitler aufraffen. Das Zentrum, Träger fast aller Koalitionen der Weimarer Republik, gab sich der Illusion hin, durch Übernahme eigener autoritär-diktatorischer Machtpositionen Schlimmeres verhüten zu können. Die KPD entwickelte zwar mit der Antifaschistischen Aktion eine wichtige einigende Massenbewegung, überwand aber noch nicht ihre sektiererische Haltung gegen die Bildung einer Einheitsfront auch zwischen den Spitzenorganisationen der Arbeiterbewegung und konnte sich noch nicht von überholten strategischen Einschätzungen trennen.
Erst der Schock von 1933 brach in allen Parteien, wenn auch oft nur zeit- und ansatzweise, die Kruste festgefahrener Konzepte wirklich auf. Ein blutiger Lernprozeß rückte das antifaschistische Gemeinsame ins Zentrum des Denkens und Handelns. Für die Sozialdemokratie bedeutete das, sich von den Illusionen einvernehmlichen sozialen Wandels in Koalition mit dem Großkapital zu trennen. Für die bürgerlichen Parteien hieß es, das Verhältnis zur Arbeiterbewegung und die Stellung zur Eigentumsfrage neu zu bewerten. Sie wurden auf die Erkenntnis zugedrängt, daß gerade die Verteidigung ihrer sozialen Stellung und des Kleineigentums eine Frontstellung gegen den Großbesitz erforderte. Nicht zuletzt half die Solidarität der Illegalen in Verfolgung und KZ, Vorurteile gegen Sozialisten und Kommunisten abzubauen. Für die KPD hieß die Lehre von 1933, endgültig von allem Sektierertum Abschied zu nehmen, im Interesse des Bündnisses andere Ideologien schon um der geringsten Gemeinsamkeit willen zu achten. Die Vernichtung selbst der formalen demokratischen Rechte ließ die KPD auch das Verhältnis von Demokratie und Sozialismus neu überdenken, sich nicht mehr mit der Versicherung begnügen, daß der Sozialismus breiteste Demokratie für die arbeitenden Massen bedeute, sondern auch für Erhaltung und Ausbau der Demokratie unter bürgerlich-parlamentarischen Bedingungen einzutreten. Darüberhinaus verlangte die Überwindung der Spaltung der Arbeiterbewegung, auf neue Art an die Einheit der Gewerkschaftsbe-

wegung und die Bildung einer neuen einheitlichen Arbeiterpartei heranzugehen.
Die Ausgangsfrage der antifaschistischen Bewegung „Was kommt nach Hitler?“ durfte nicht im Sinne eines oberflächigen Minimalprogramms beantwortet werden, sondern durch eine Synthese der besten Traditionselemente der Teilnehmer am Widerstand und durch eine neue Solidarität der Demokraten im erstrebten neuen Staat. Die antifaschistisch-demokratische Ordnung konnte daher weder eine Neuauflage von Weimar sein, noch als einfaches Übergangsstadium zur Durchsetzung weiterführender programmatischer Ziele auf dem Rücken der bisherigen Koalitionspartner verstanden werden. Zur Substanz der neuen Demokratie sollten vielmehr alle großen antifaschistisch-demokratischen Volksströmungen, die christliche, sozialdemokratische, bürgerlich-demokratische und kommunistische in Toleranz und gegenseitiger Beeinflussung beitragen.
In Deutschland bildeten sich diese antifaschistischen Gemeinsamkeiten zwar nur in Ansätzen heraus und führten, anders als in Frankreich, Italien und anderen europäischen Ländern nicht zur Bildung einer geschlossenen nationalen Front, beziehungsweise Volksfront aller Hitlergegner. Dennoch wirkten selbst diese Ansätze in Übereinstimmung mit den Beschlüssen der Anti-Hitler-Koalition zunächst prägend auf die Nachkriegsentwicklung ein. Bevor der Kalte Krieg diese Ansätze zerbrach, hatten Koalitionen aus SPD, KPD, CDU und FDP die Regierungsgeschäfte der Länder übernommen, den schweren Wiederaufbau getragen, wichtige Reformgesetze verabschiedet und die Verfassungen der Länder entscheidend geprägt.
Gegen die historische Bedeutung eines parteiübergreifenden Antifaschismus läßt sich weder das Argument ins Spiel bringen, es habe sich im Widerstand um völlig unterschiedliche Teilnehmer gehandelt; denn gerade in der loyalen Beachtung und Einbeziehung der verschiedenen oppositionellen Strömungen lag das Wesen des Antifaschismus. Noch läßt sich die antifaschistische Gemeinsamkeit auf die Jahre 1933 bis 1945 beschränken; denn nur mit Hilfe des Kalten Krieges wurden für einige Zeit die gemeinsamen Anschauungen und solidarischen Beziehungen der demokratischen Bewegungen zueinander verdrängt. Es scheint, daß mit Ende der Nachkriegszeit und mit dem Übergang vom Kalten Krieg zur Entspannung sowie der Entwicklung neuer politischer Kräftekonstellationen in Ländern wie Frankreich und Italien gerade die Einheit der Demokraten aus dem Geiste und den Erfahrungen des Antifaschismus eine neue Renaissance erfährt.
Auch die Kampf- und Organisationsformen des antifaschistischen Widerstands reichten vom individuellen Protest und der einmaligen Solidaritätshandlung über den lockeren Gruppenzusammenhalt bis zur festorganisierten und

aktiven illegalen Partei. Bei den Widerstandsaktionen verbanden sich „legale“ Proteste etwa im Rahmen der Arbeitsfront mit illegalen wie Streiks, Flugblattverteilungen usw. Nur ein geringer Teil der Widerstandsaktivitäten ist heute bekannt, der größte Teil für immer vergessen; denn nur noch wenige lebende Zeugen können aus ihrer Erinnerung ergänzen, was sich nicht in zeitgenössischen Dokumenten wiedergespiegelt hat. Daher ist es unmöglich, ein annähernd genaues Bild über Breite und Massenwirksamkeit des Widerstandes zu geben; denn es gehört zum Wesen des illegalen Kampfes, daß seine Struktur und seine Verbindungen möglichst wenig sichtbar sind. Einfluß und Wirksamkeit einer Widerstandsbewegung treten oftmals erst dann in erstaunlichem Ausmaß hervor, wenn es zu offenen Kämpfen wie Partisanenaktionen und Aufständen kommt. Zwar wurden auch in Deutschland alle möglichen Kampfformen bis zu Ansätzen des bewaffneten Kampfes eingesetzt, aber die wesentlichen Aktionsformen blieben Mundpropaganda, Verbreitung von illegalen Schriften und ähnliche.

Von einigen statistischen Indizien für eine breitere antifaschistische Stimmung, wie sie in der „Volksabstimmung“ vom 19. August 1934 und in den „Vertrauensrätewahlen“ 1934 und 1935 zum Ausdruck kommt, und von den verallgemeinernden Stimmungsberichten der geheimen faschistischen Informationsdienste einmal abgesehen, läßt sich ein ungefähr anschauliches Bild über die zahlenmäßige Größe der Widerstandsbewegung nur durch die Daten von Verhaftungen und Prozessen ausdrücken, wobei man berücksichtigen muß, daß hier nur ein Teil des Widerstandes erfaßt wird. Eine unvollständige Übersicht über die bis Ende 1968 im Landesarchiv der VVN Nordrhein-Westfalen dokumentierten Prozesse gibt folgende Daten:[844]

In 523 Prozessen von 1933 bis 1945 gegen Widerstandskämpfer in Nordrhein-Westfalen standen 8073 Angeklagte vor Gericht und wurden 528 illegale Schriften registriert. Die Urteile lauteten 97mal auf Todesstrafe und 19mal auf lebenslänglich Zuchthaus. Außerdem wurden insgesamt 17.951 Jahre Gefängnis und Zuchthaus verhängt.

Dem faschistischen Mordterror fielen in Nordrhein-Westfalen mehrere tausend Widerstandskämpfer zum Opfer. Schon die unvollständigen Namenslisten im Landesarchiv der VVN registrieren über 2000 Tote, über 200 davon allein in Essen und über 400 in Düsseldorf.[845]

Eine Statistik des Dortmunder Amts für Wiedergutmachung registriert bei einer relativ engen Definition des „politisch Verfolgten“ für das Stadtgebiet 1925 politisch Verfolgte, darunter 1260 Kommunisten und 511 Angehörige der SPD, der sozialdemokratisch beeinflußten Organisationen und der sozialistischen Splittergruppen.[846]

Die geschichtliche Entwicklung des Widerstands im Ruhrgebiet verlief durch-

aus nicht gradlinig. Mehrere Etappen lassen sich deutlich unterscheiden:
1933/34 kämpfte die insgesamt gesehen größte Zahl von Antifaschisten gegen die Konsolidierung der Hitlerdiktatur. Die Mitglieder der KPD und verschiedener sozialistischer Gruppen produzierten und verteilten eine imponierende Zahl von Flugblättern, Zeitungen, Aufrufen, Losungen und Klebezetteln, um die Arbeiterklasse zum Sturz des Naziregimes und zum Kampf für demokratische Rechte und den Sozialismus aufzurütteln. Angesichts der allgemein verbreiteten Vorstellung, daß dem Hitlerregime keine lange Dauer beschieden sein würde, nimmt es nicht wunder, wenn in gewisser Weise zunächst die alten strategischen und taktischen Konzepte der Arbeiterparteien beibehalten wurden. Während die KPD ihre Parteiorganisation trotz der Massenverhaftungen recht schnell in die Illegalität überführte und zu einem beachtlich großen Apparat ausbaute, fanden die Sozialdemokraten, aber auch die meisten sozialistischen Splittergruppen erst nach Monaten aus der politischen Lähmung nach der Zerstörung ihres legalen Apparates zu einer vorsichtigen illegalen Sammlung.
In der **zweiten Hälfte 1934**, verstärkt **Anfang 1935**, zog die deutsche Arbeiterbewegung in harten selbstkritischen Diskussionen die Lehren daraus, daß sich die faschistische Diktatur vorerst konsolidieren konnte. Trotz des verschärften Polizeiterrors verbreiteten die Parteiorganisationen der KPD im Ruhrgebiet ihr Programm der antifaschistischen Einheit. An einigen Orten erzielte man erste Erfolge in der Entwicklung der Gewerkschaftsbewegung und der Einheitsfront von Sozialdemokraten und Kommunisten. Ausgehend von Kaplan Rossaint in Düsseldorf wurden auch mehrere katholische Geistliche und die Jugendgruppen der Sturmscharen in die Widerstandsbewegung einbezogen. Zur gleichen Zeit erlangte der Prager Emigrationsvorstand der SOPADE über ein Netz von Lesezirkeln kurzfristig wieder einen gewissen Einfluß im Lande.
Seit 1936 wurde die Widerstandsbewegung sichtlich zurückgedrängt. Der Polizeiterror hatte inzwischen große Lücken in die illegalen Organisationen der KPD gerissen und die Verbindungsnetze der SOPADE und und der sozialistischen Splittergruppen beinahe gänzlich zerstört. Die zunehmende nationalistische Verhetzung von großen Teilen der Bevölkerung ließ manchen Widerstandskämpfer resignieren. In dieser Zeit entwickelten allerdings die Bergarbeiter die antifaschistische Gewerkschaftseinheit, indem sie den einheitlich von Kommunisten und Sozialdemokraten geführten Arbeitsausschuß der freigewerkschaftlichen Bergarbeiter Deutschlands gründeten, der bis 1940 über Verbindungen zu zahlreichen Ruhrzechen verfügte und aus dessen Kadern die Gründer der IG Bergbau an der Ruhr im April 1945 hervorgingen. Die KPD dezentralisierte 1935/36 ihre Organisation, verlagerte die übergeordnete Leitung für das Rhein-Ruhrgebiet nach Amsterdam und leitete die illegalen Grup-

pen durch Instrukteure an. Dies sicherte die Kader im Lande weitgehend vor Verhaftungen und sorgte für die unbehinderte Fortführung illegaler Gruppen oftmals bis weit in die vierziger Jahre. Trotz aller Bemühungen war aber der offensive Elan in den Widerstandsgruppen stark geschwächt und auch solche Ansätze für Oppositionsbewegungen wie in der Septemberkrise 1938 führten nicht zur Bildung einer einheitlichen Antikriegsfront.

Nach Kriegsausbruch trat der Widerstand in seine deprimierendste und isolierteste Phase, als die Zerschlagung vieler Verbindungen und der Blitzsiegrausch in der Bevölkerung die antifaschistischen Gruppen fast ganz auf die Erhaltung und Sammlung ihrer Kader beschränkte. Dennoch erlosch der Widerstand selbst unter diesen Bedingungen nicht, und die vorsichtige Sammlung der Kräfte bildete eine der wichtigsten Vorraussetzungen für den späteren Aufschwung der antifaschistischen Aktionen.

Erst mit dem **Kriegseintritt der Sowjetunion** verstärkte sich wieder die Kampfbereitschaft und die Hoffnung auf eine Niederlage des Faschismus. Geführt durch Instrukteure des ZK der KPD, sowie durch deren operative Leitung in Berlin, informiert durch illegale Schriften wie den „Friedenskämpfer" und durch den Deutschen Volkssender beziehungsweise seit 1943 den Deutschen Freiheitssender, bildeten sich größere Zellen der KPD in den Betrieben und Städten, um die herum sich Sozialdemokraten, Parteilose, Gewerkschafter, Christen, Mittelständler, ja sogar einzelne Angehörige der Bourgeoisie zur Nationalen Friedensfront und zur Bewegung „Freies Deutschland" vereinten.

In den Jahren des Krieges prägte sich auch die internationale Verflechtung des Widerstandskampfes immer deutlicher aus, die sich schon in den spanischen Interbrigaden, aber auch in der Solidarität der europäischen Völker mit den verfolgten deutschen Antifaschisten gezeigt hatte. Im Weltkrieg nun kämpften deutsche Hitlergegner, darunter viele aus dem Rhein-Ruhrgebiet, an der Seite der Armeen der Anti-Hitler-Koalition genauso wie in französischen, italienischen, jugoslawischen, polnischen und anderen Partisanengruppen.

Trotz aller aktiven Versuche, gelang es nicht, aus eigener Kraft den Faschismus zu stürzen. Aus dieser bei allem Opfermut in der Hauptfrage negativen Bilanz zogen Historiker oft den Schluß, daß ein organisierter Massenwiderstand, wie ihn die KPD konzipierte, gar nicht erfolgreich sein konnte. Diese Kritik ist schon von ihrer Methode her nicht haltbar. Sie unterschlägt nicht nur den erfolgreichen Massenkampf in anderen europäischen Ländern, sondern folgert auch aus der historisch gesehenen Erfolglosigkeit in Deutschland auf die prinzipielle Unrichtigkeit der Konzeption, als wenn nicht auch einer richtigen Politik unter Umständen der sofortige Erfolg versagt bleiben könne. Dem angeblich unmöglichen Programm des Massenwiderstands stellten konservative Geschichtswissenschaftler wie Ritter das Vorbild des Putsches von oben, etwa

durch das Militär und die Spitzen des Staatsapparates gegenüber. Hier allerdings scheint das Argument der historischen Erfolgslosigkeit nicht mehr so schwer zu wiegen, da man sich ja immerhin mit den Traditionen der Männer des 20. Juli besser identifizieren kann als mit dem Arbeiterwiderstand. Dieser Bruch in der Argumentationsweise zeigt aber auch den eigentlichen Zugang zur Bewertung des Widerstands auf: sie hängt ab vom Gesellschafts- und Geschichtsbild des Historikers. Mit der Unterbewertung des Massenwiderstandes tritt eine Geschichtskonzeption hervor, die dem Volk nur eine passive, bestenfalls begleitende Rolle in der Geschichte zuweist, während sich das eigentliche Interesse den Männern an den Schalthebeln des Staatsapparates zuwendet, dabei kaum berücksichtigt, daß diese, selbst wenn sie 1944 in Opposition zu dem gescheiterten Feldherrn Hitler standen, doch eine äußerst konservative Staats- und Gesellschaftstheorie vertraten, die für eine Demokratisierung Deutschlands nichts Gutes erwarten ließ. Selbst im Falle eines erfolgreichen 20. Juli 1944 hätte das Schicksal einer wirklichen demokratischen Erneuerung Deutschlands in den Händen der Arbeiterklasse gelegen.
Dennoch bot die Entwicklung der politischen Krise des Hitlerregimes, der Vormarsch der Roten Armee und der anderen alliierten Streitkräfte, sowie der Stand der von der KPD geführten Widerstandsorganisationen die Chance, den Putsch vom 20. Juli 1944 für die weitere Entfaltung der Volkskräfte und die Erringung eines legalen Spielraums auszunutzen. Die – natürlich nur sehr begrenzt vergleichbaren – Erfahrungen beim Sturz des Faschismus zum Beispiel in Italien zeigten, daß selbst reaktionäre Putschisten, mit antidemokratischen und antikommunistischen Zielen, einfach durch die für sie notwendigen Attakken auf die fanatischtesten Faschisten eine Volksbewegung auslösten, die sie wahrlich nicht wollten. Darüber hinaus gab es ja auch unter den deutschen Putschisten durchaus progressive Patrioten wie den Oberst Stauffenberg, aber selbst die reaktionärsten Kräfte um Goerdeler wären zu einer Aktion gegen SS und Gestapo gezwungen gewesen, die notwendig auch den Massenterror gelokkert hätte. In ihren programmatischen Dokumenten hatte sich die KPD und besonders das Nationalkomitee „Freies Deutschland" ja nicht gegen eine Aktion von Wehrmachts-Offizieren gewandt, sondern nur darauf Wert gelegt, daß eine gleichzeitig entfaltete Massenbewegung eine Dynamik zu wirklich demokratischen Zielen und zur Verständigung mit der Sowjetunion in Gang setzte.
In dieser Arbeit ist an vielen Stellen unterstrichen worden, wie sehr sich die KPD darum bemüht hatte, eine dem realen Kräfteverhältnis und den nationalen Erfordernissen des deutschen Volkes angemessene Politik zu entwickeln. Ungeachtet der zahlreichen Dokumente für die enge Verbundenheit des ZK der KPD mit dem Kampf in Deutschland konstruieren Historiker, wie Horst

Duhnke und Hermann Weber immer wieder die These von der „Agentenrolle" der KPD und der Abhängigkeit ihres ZK von „Moskau". Hier tut sich auch die im Auftrage der Friedrich-Ebert-Stiftung verfaßte Untersuchung Kuno Bludaus über den Widerstand in Duisburg hervor, die in flotter Kombination von antikommunistischen Schlagworten mit handwerklicher Schluderigkeit und wissenschaftlicher Unredlichkeit auch noch die abgestandensten Legenden des Kalten Krieges neu aufwärmt.[847]
Wer aber die kommunistischen Widerstandskämpfer als Befehlsempfänger „Moskaus" darstellt, der leugnet sowohl die Tatsache, daß sich kein Arbeiter in die antifaschistische Front einreihte, der nicht in seinem Innersten davon überzeugt war, daß er damit sein Leben für die Freiheit des deutschen Volkes einsetzte, als auch, daß das Handeln der deutschen Antifaschisten von einer tiefen und echten internationalistischen Verbundenheit mit der Sowjetunion erfüllt war, die ebenso wie die Kommunistische Internationale für die revolutionäre Arbeiterbewegung keine ausländische „Befehlszentrale", sondern das Herz der weltweiten Befreiungsbewegung, die materielle Verkörperung ihrer sozialistischen Hoffnungen darstellte.
Die genannten Historiker behaupten, es habe keine organisatorische Einheit und Kontinuität der KPD im Widerstand gegeben. Diese Haltung wird aber auch nicht durch sture Wiederholung und Negierung der inzwischen vorgelegten Tatsachen wahrer. Für das Rhein-Ruhrgebiet jedenfalls läßt sich die bisherige Darstellung so zusammenfassen, daß man sagen kann: die KPD hat vom ersten Tag der faschistischen Diktatur bis zum letzten in den wechselnden Formen der illegalen Organisation, natürlich behindert und manchmal auch zeitweise unterbrochen durch die Terrorfeldzüge der Gestapo, als einzige Partei ihre Einheit und Kontinuität gewahrt.
Manche Historiker kritisieren auch die angeblich „sinnlose" Wagemutigkeit und Opferbereitschaft, die sich in vielen Widerstandsaktionen zeige. Dabei sollte man doch auch im Rückblick beachten, daß sich Tausende Antifaschisten, vor die Alternative gestellt, nichts zu tun und auf größere Sicherheit zu warten, oder aber den Kampf trotz des hohen Risikos fortzusetzen und ihr Leben zu gefährden, für die Aktion entschieden. Wenn es nicht gelang, diese mutigen Ansätze zu einer breiten, organisierten und einheitlichen Antihitlerbewegung zu vereinen, so waren sie dennoch die einzig möglichen Schritte auf dem Weg, das Kräfteverhältnis zu verändern und den Faschismus schließlich zu stürzen.[848]
Der deutsche antifaschistische Widerstand darf nicht nur daran gemessen werden, daß er dieses Hauptziel nicht aus eigener Kraft erreichte. Trotz seiner relativ schwachen Verankerung in den Massen der „Eroberernation" Deutschland, verglichen mit den Befreiungsbewegungen in den unterdrückten

Völkern Europas, reihte sich der deutsche Widerstand in die internationale antifaschistische Front ein und leistete zu ihrem Kampf seinen spezifischen Beitrag. Er bemühte sich, dem Terrorapparat, besonders aber der Aufrüstung und Kriegsproduktion, soviel Hindernisse wie möglich in den Weg zu legen. Eingebettet in die Gesamtheit der internationalen Aktionen haben hier auch das Langsamarbeiten und die Ansätze zur Sabotage in den Werken und Zechen des Ruhrgebiets ihren Anteil an der Niederringung der Kriegsmaschinerie. Solidarität mit den Familien politischer Gefangener, Hilfe für Zwangsarbeiter und Kriegsgefangene, Bildung von Widerstandsgruppen, Verteilen von Flugblättern, Abhören und Verbreiten der Nachrichten ausländischer Sender – alles dies erhielt gegenüber dem unvorstellbaren Terror dennoch den Geist des Widerstands, ließ die Faschisten auch auf dem Höhepunkt ihrer Macht nicht restlos sicher werden und zwang sie zu manchen Manövern und Zugeständnissen. Die sorgfältige Beobachtung auch der kleinsten Veränderung in der Massenstimmung durch die faschistischen Nachrichtendienste in Deutschland dokumentieren, daß der mögliche Umschlag von Unzufriedenheit in Opposition, von Opposition in Widerstand auf dem „Kriegsschauplatz Innerdeutschland" für die Herren des Reiches ein fortwährendes Trauma darstellte.

Innerhalb eines Teils der Bevölkerung hielt der Geist des Widerstands jene moralischen Kräfte wach, die in den besten Traditionen der demokratischen und sozialistischen Bewegung, besonders der Arbeiterbewegung, wurzelten. Diese progressive Linie der deutschen Geschichte wurde unter den schwierigsten Bedingungen weitergeführt und hatte trotz der terroristischen Machtentfaltung des „Tausendjährigen Reiches" am 8. Mai 1945 ihren Anteil an dem von den Völkern der Anti-Hitler-Koalition errungenen historischen Sieg.

Aus den Kräften des deutschen und internationalen Widerstands erwuchs eine Chance zum Neubeginn, die sich noch im antifaschistischen Geist des Grundgesetzes der Bundesrepublik und in der Verfassung des Landes Nordrhein-Westfalen widerspiegelt. Die Verwirklichung des demokratischen und sozialen Rechtsstaates, die Überführung der Schlüsselindustrie in Gemeinwirtschaft, die volle Mitbestimmung der Arbeiter, die gesetzliche Ächtung aller reaktionären Propaganda und Kriegshetze, sowie viele andere demokratische Forderungen sind ein Verfassungsauftrag aus antifaschistischer Grundhaltung, dessen Durchsetzung in unserem Lande noch immer eine Aufgabe für die demokratischen Kräfte ist.

Im Einsatz für diese Ziele liegt die beste Würdigung und Ehrung jener, die für unsere Freiheit und die demokratische Erneuerung unserer Heimat ihr Leben gaben.

Anhang

Verzeichnis der Abkürzungen

ADGB	Allgemeiner Deutscher Gewerkschaftsbund
AIZ	Arbeiter – Illustrierte Zeitung
AL	Abschnittsleitung
AM	Antimilitaristischer Apparat (der KPD)
ATH	August-Thyssen-Hütte
BAV	Bergbauindustriearbeiterverband
BDM	Bund Deutscher Mädel
BzG	Beiträge zur Geschichte der Arbeiterbewegung, Zeitschrift, Berlin
CDU	Christlich-Demokratische Union
DAF	Deutsche Arbeitsfront
DDP	Deutsche Demokratische Partei
DMV	Deutscher Metallarbeiter-Verband
DNVP	Deutschnationale Volkspartei
EdED	Einheitsverband der Eisenbahner Deutschlands
EVBD	Einheitsverband der Bergarbeiter Deutschlands
EVfdB	Einheitsverband für das Baugewerbe
FAUD	Freie Arbeiter-Union Deutschlands
GBAG	Gelsenkirchener Bergwerks AG
Gesov	Gesellschaft zur Organisation sozialwissenschaftlicher Vorträge
Gestapo	Geheime Staatspolizei
HJ	Hitlerjugend
HZ	Historische Zeitschrift
Inprekorr	Internationale Pressekorrespondenz
ISK	Internationaler Sozialistischer Kampfbund
ITF	Internationale Transportarbeiter-Föderation
JBWG	Jahrbuch für Wirtschaftsgeschichte, Berlin
KJMV	Katholischer Jungmänner-Verband
KJVD	Kommunistischer Jugendverband Deutschlands
Komintern	Kommunistische Internationale
KPD	Kommunistische Partei Deutschlands
KPdSU	Kommunistische Partei der Sowjetunion
KZ	Konzentrationslager
NDEB	Neuer Deutscher Esperanto-Bund
NS	nationalsozialistisch

NSBO	Nationalsozialistische Betriebsorganisation
NSDAP	Nationalsozialistische Deutsche Arbeiterpartei
PCF	Parti Communiste Français
PV	Parteivorstand
RE	Ruhr-Echo
RGO	Revolutionäre Gewerkschaftsorganisation
RH	Rote Hilfe
RM	Reichsmark
RSD	Revolutionäre Sozialisten Deutschlands
SA	Sturmabteilungen (der NSDAP)
SAJ	Sozialistische Arbeiterjugend
SAP	Sozialistische Arbeiterpartei
SJDV	Sozialistischer Jugendverband Deutschlands
SOPADE	Sozialdemokratische Partei Deutschlands, Exilparteivorstand Prag
SPD	Sozialdemokratische Partei Deutschlands
UB	Unterbezirk
UdSSR	Union der Sozialistischen Sowjetrepubliken
VfZ	Vierteljahreshefte für Zeitgeschichte
ZfG	Zeitschrift für Geschichtswissenschaft, Berlin
ZK	Zentralkomitee

Personenregister

(F = Foto; Hitler ist wegen zu häufiger Nennungen ausgelassen)

Ortsregister

Literaturverzeichnis (Auswahl)

Adibekow, G. M.: Die Rote Gewerkschaftsinternationale. Grundriß der Geschichte der RGI. dt. Berlin. Verlag Tribüne 1973.

Allen, W. S.: Eine statistische Analyse der sozialistischen Untergrundbewegungen in Nordrhein-Westfalen 1933-1938. in: Forschungsinstitut der Friedrich-Ebert-Stiftung: Widerstand, Verfolgung und Emigration 1933 bis 1945. Bad Godesberg 1967, S. 24-36.

Anatomie des Krieges. Neue Dokumente über die Rolle des deutschen Monopolkapitals bei der Vorbereitung und Durchführung des zweiten Weltkrieges, hrsg. und eingel. von Dietrich Eichholtz und Wolfgang Schumann, Berlin (DDR) 1969.

Die Antifaschistische Aktion. Dokumentation und Chronik. Mai 1932 bis Januar 1933. Hrsg. von Heinz Karl und Erika Kücklich. Verlag Dietz, Berlin (DDR) 1965.

Antifaschistische Einheit. Die Manifestation der 40000. Dokumentation des 10. Mai 1975 in Frankfurt/Main und des Bundeskongresses der VVN-Bund der Antifaschisten in Offenbach. Röderberg-Verlag, Frankfurt 1975

Bahne, Siegfried: Die KPD im Ruhrgebiet während der nationalsozialistischen Herrschaft. in: Arbeiterbewegung an Rhein und Ruhr. Beiträge zur Geschichte der Arbeiterbewegung in Rheinland-Westfalen. Hrsg. von Jürgen Reulecke. Hammer Verlag. Wuppertal 1974, S. 315–354.

ders.: Die Kommunistische Partei Deutschlands. in: Matthias/Morsey (Hrsg.): Das Ende der Parteien 1933. Droste, Düsseldorf 1960, S. 655-739

Battaglia, Roberto/Garritano, Guiseppe: Der italienische Widerstandskampf 1943 bis 1945, Militärverlag der DDR, Berlin (DDR) 1970.

Bednarek, Horst: Die Gewerkschaftspolitik der Kommunistischen Partei Deutschlands – Fester Bestandteil ihres Kampfes um die antifaschistische Einheits- und Volksfront zum Sturze der Hitlerdiktatur und zur Verhinderung des Krieges (1935 bis August 1939) Tribüne-Verlag, Berlin (DDR) 1969.

30 Jahre Befreiung vom Faschismus. 8. Mai 45/75. Hrsg. Vereinigung der Verfolgten des Naziregimes – Bund der Antifaschisten, Kreisvereinigung Essen, Essen 1975.

Bergarbeiter. Katalog zur Ausstellung zur Geschichte der organisierten Bergarbeiterbewegung in Deutschland. Bochum 1969.

Bergmann, Karl Hans: Die Bewegung „Freies Deutschland in der Schweiz 1943-1945. Carl Hanser Verlag, München 1974.

Bericht der Industriegewerkschaft Bergbau, Bezirksleitung Gelsenkirchen-Buer . . . über Wiederaufbau und Tätigkeit seit dem Jahre 1945, Gelsenkirchen-Buer, September 1949.

Besymenski, L.: Akte Barbarossa. Rowohlt Verlag, Reinbek 1974.

Die Berner Konferenz der KPD (30. Januar – 1. Februar 1939), hrsg. und eingel. von Klaus Mammach, Dietz, Berlin (DDR) 1974.

Berthold, Lothar.: Der Kampf der Kommunistischen Partei Deutschlands gegen den drohenden Krieg. Die Berner Konferenz, in: Zeitschrift für Geschichtswissenschaft, 1960, S. 583 ff.

Biernat, Karl Heinz/Kraushaar, Lusie: Die Schulze-Boysen/Harnack – Organisation im antifaschistischen Kampf, Dietz, Berlin (DDR), 2. durchges. Aufl., 1972.

Billstein, Aurel: Der eine fällt, die anderen rücken nach . . . Dokumente des Widerstandes und der Verfolgung in Krefeld 1933-1945 (Bibliothek des Widerstandes), Röderberg-Verlag, Frankfurt/Main 1973.

Bischoff, Charlotte: Die „Innere Front" – Ein Beispiel des Kampfes der deutschen Arbeiterklasse unter Führung der KPD gegen Militarismus und Faschismus, in: Der deutsche Imperialismus und der zweite Weltkrieg, Bd. 4: Die Innenpolitik und die Besatzungspolitik . . ., hrsg. Kommission der Historiker der UdSSR und der DDR, Red. Heinz Schumann und Heinz Kühnrich, Rütten & Loening, Berlin (DDR), 1961, S. 411-421.

Bludau, Kuno: Gestapo geheim! Widerstand und Verfolgung in Duisburg 1933-1945, Schriftenreihe des Forschungsinstitutes der Friedrich-Ebert-Stiftung, Bd. 98, Verlag Neue Gesellschaft, Bonn-Bad Godesberg 1973.

derselbe: Nationalsozialismus und Genossenschaften. Schriftenreihe des Forschungsinstitutes der Friedrich-Ebert-Stiftung. Verlag für Literatur und Zeitgeschehen, Hannover, 1968.

Boberach, Heinz: Berichte des SD und der Gestapo über Kirche und Kirchenvolk in Deutschland 1934-1944. Mainz 1971.

derselbe: Meldungen aus dem Reich. Auswahl aus den geheimen Lageberichten des Sicherheitsdienstes der SS 1939-1944. Luchterhand-Verlag, Neuwied, 1965.

Bracher, Karl-Dietrich: Die deutsche Diktatur. Entstehung, Struktur, Folgen des Nationalsozialismus, Kiepenheuer & Witsch, Köln – Berlin, 2. Auflage 1969.

Bracher/Sauer/Schulz: Die nationalsozialistische Machtergreifung. Studien zur Errichtung des totalitären Herrschaftssystems in Deutschland 1933/34. 3 Bde., Ullstein, Frankfurt/Berlin/Wien, 1974.

Braunbuch über Reichstagsbrand und Hitlerterror. Faksimile-Nachdruck. Röderberg-Verlag, Frankfurt/Main, 1973

Bretschneider, Heike: Der Widerstand gegen den Nationalsozialismus in München 1933 bis 1945. MISCELLANEA BAVARICA MONACENSIA, H. 4, hrsg. von Karl

Bosl und Michael Schattenhofer, Neue Schriftenreihe des Stadtarchivs München, München, 1968.

Brigada Internacional . . . Erlebnisse ehemaliger deutscher Spanienkämpfer, ausgew. und eingel. von Hans Maaßen, 2 Bde., Röderberg-Verlag, Frankfurt/Main, 1976.

Brodski, J. A.: Im Kampf gegen den Faschismus. Sowjetische Widerstandskämpfer in Hitlerdeutschland 1941-1945, VEB Deutscher Verlag der Wissenschaften, Berlin (DDR), 1975.

Broszat, Martin: Der Staat Hitlers. Grundlegung und Entwicklung seiner inneren Verfassung. dtv – Weltgeschichte des 20. Jahrhunderts, Bd. 9, München 1969.

Die Brüsseler Konferenz der KPD (3.-15. Oktober 1935) Hrsg. und eingel. von Klaus Mammach. Verlag Marxistische Blätter, Frankfurt/Main 1975.

Buchenwald, Mahnung und Verpflichtung. Dokumente und Berichte. Hrsg. Internationales Buchenwald-Komitee, Röderberg-Verlag, Frankfurt/Main, 1960.

Buck, Hans-Robert: Der kommunistische Widerstand in Hamburg 1933 bis 1945. Wiss. Verlag Werner Blasaditsch, Augsburg, o. Jg..

Carlebach, Emil: Von Brüning zu Hitler. Das Geheimnis faschistischer Machtergreifung. Texte zur Demokratisierung, Heft 2, Röderberg-Verlag, Frankfurt/Main, 1971.

Catalogue of Camps and Prisons in Germany and Germanoccupied territories. 1st Issue, Juli 1947, 2nd Issue April 1950.

Christier, Holger: Sozialdemokratie und Kommunismus. Die Politik der SPD und der KPD in Hamburg 1945-1949. Leibniz-Verlag, Hamburg 1975.

Czichon, Eberhard: Wer verhalf Hitler zur Macht? Zum Anteil der deutschen Industrie an der Zerstörung der Weimarer Republik, 3. Aufl., Pahl-Rugenstein-Verlag, Köln, 1972.

Der Deutsche antifaschistische Widerstand 1933-1945 in Bildern und Dokumenten, hrsg. von Peter Altmann, Heinz Brüdigam, Barbara Mausbach-Bromberger, Max Oppenheimer, Röderberg-Verlag, Frankfurt/Main, 1975.

Der Deutsche Widerstand 1933-1945. Informationen zur politischen Bildung. Heft 160, 1974.

Der deutsche Widerstand gegen Hitler. Vier historisch-kritische Studien, hrsg. von Walter Schmitthenner und Hans Buchheim, Kiepenheuer & Witsch, Köln – Berlin, 1966.

Deutsche Widerstandskämpfer 1933-1945, Biographien und Briefe, hrsg. von Luise Kraushaar, 2 Bde., Dietz Verlag, Berlin (DDR), 1970.

Deutschland im ersten Weltkrieg. Autorenkollektiv unter Leitung von Fritz Klein. 3 Bde., Berlin, 1968/69.

Deutschland im zweiten Weltkrieg (Hrsg. von Autorenkollektiv unter Leitung von Wolfgang Schumann und Gerhard Hass), Bd. 1, Vorbereitung, Entfesselung und Verlauf des Krieges bis zum 22. Juni 1941, VEB Deutscher Verlag der Wissenschaften, Berlin (DDR), 1974.

Deutschland von 1933 bis 1939 (Autorenkollektiv Erich Paterna, Werner Fischer, Kurt Gossweiler, Gertrud Markus, Kurt Pätzold). Lehrbuch der deutschen Geschichte (Beiträge), Bd. 11, VEB Deutscher Verlag der Wissenschaften, Berlin (DDR), 1969.

Deutschland von 1939 bis 1945 (Autorenkollektiv Wolfgang Bleyer, Karl Drechsler, Gerhard Förster, Gerhardt Hass), Lehrbuch der deutschen Geschichte (Beiträge), Bd. 12, VEB Deutscher Verlag der Wissenschaften, Berlin (DDR), 1970.

Zur Deutschlandpolitik der Anti-Hitler-Koalition (1943-1949), hrsg. Eberhard Heidmann und Käthe Wohlgemuth. Dietz, Berlin (DDR), 1968.

Dimitroff, Georgi: Ausgewählte Schriften, 3. Bde., Dietz, Berlin (DDR), 1956.

Dimitroff, Georgi. Biographischer Abriß. Hrsg. vom Institut für Geschichte der Bulgarischen KP. deutsch, Berlin (DDR), 1972.

Dortmund, Schul- und Kulturamt: Dortmunder Karfreitag 1945. Die Massenerschießungen in der Bittermark und im Rombergpark, Dortmund 1960.

Drechsler, Hanno: Die Sozialistische Arbeiterpartei Deutschlands (SAPD). Meisenheim/Glan, Verlag Anton Hain, 1965.

Drobisch, Klaus: Dokumente und Materialien zur direkten Zusammenarbeit zwischen Flick-Konzern und Gestapo bei der Unterdrückung der Arbeiter, in: Jahrbuch für Wirtschaftsgeschichte, 1965, Bd. III, S. 217 ff.

ders: Der Werkschutz – betriebliches Terrororgan im faschistischen Deutschland, in: Jahrbuch für Wirtschaftsgeschichte, 1965/Bd. IV., S. 217 ff.

derselbe: Christen im Nationalkomitee „Freies Deutschland“. Eine Dokumentation. Union-Verlag, Berlin (DDR), 1973.

Drobisch, Klaus/Goguel, Rudi/Müller, Werner: Juden unterm Hakenkreuz, Verfolgung und Ausrottung der deutschen Juden 1933-1945. Röderberg-Verlag, Frankfurt/ Main 1973.

Duclos, Jacques: Memoiren. Bd. II, 1940-1945, dt. Dietz, Berlin (DDR), 1973.

Duhnke, Horst: Die KPD von 1933 bis 1945, Kiepenheuer & Witsch, Köln, 1971.

Ebeling, Hans/Hespers, Dieter: Jugend contra Nationalsozialismus. Bartmann-Verlag, Frechen, 1968.

Edinger, Lewis: Sozialdemokratie und Nationalsozialismus. Der Parteivorstand der SPD im Exil von 1933-1945. Norddeutsche Verlagsanstalt, Hannover/Frankfurt 1960.

Eichholtz, Dietrich: Geschichte der deutschen Kriegswirtschaft 1939-1945, Bd. I., 1939-1941, Akademie-Verlag, Berlin (DDR), 1971.

Emig, Erik: Jahre des Terrors. Der Nationalsozialismus in Oberhausen. Gedenkbuch für die Opfer des Faschismus, o. O., o. Jg., (1967).

Esters, Helmut/Pelger, Hans: Gewerkschafter im Widerstand. Schriftenreihe des Forschungsinstituts der Friedrich-Ebert-Stiftung, Verlag für Literatur und Zeitgeschehen, Hannover, 1967.

Fall 5. Anklageplädoyer, ausgewählte Dokumente, Urteil des Flick-Prozesses mit einer Studie über die „Arisierungen" des Flick-Konzerns. Hrsg. von Karl-Heinz Thieleke und Klaus Drobisch. VEB Deutscher Verlag der Wissenschaften, Berlin (DDR), 1965.

Fall 6. Ausgewählte Dokumente und Urteil des IG-Farben-Prozesses. Hrsg. und eingel. von Hans Radantt, VEB Deutscher Verlag der Wissenschaften, Berlin (DDR), 1970.

Faschismus – Theorien I-VII, in: Das Argument. Zeitschrift für Philosophie und Sozialwissenschaften. Berlin 1966 bis 1974.

Finker, Kurt: Stauffenberg und der 20. Juli 1944. Union-Verlag, Berlin (DDR), 3. Aufl., 1972.

Florin, Wilhelm: Fragen unserer Einheitsfrontpolitik, in: Die Internationale. Zeitschrift für Praxis und Theorie des Marxismus. 15. Jg., 1932, S. 339-347.

derselbe: Die Bedeutung der Wirtschaftskämpfe, der politischen Streiks und die mangelnden Erfolge der RGO. in: ebd, S. 233-247.

v. Freyberg, Jutta: Sozialdemokraten und Kommunisten. Die Revolutionären Sozialisten Deutschlands vor dem Problem der Aktionseinheit 1934-1937. Pahl-Rugenstein-Verlag, Köln, 1973.

Zur führenden Rolle der Kommunistischen Partei Deutschlands und ihres Zentralkomitees im antifaschistischen Widerstandskampf, in: BzG, 3. Jg., 1961, H. 3, S. 547 ff.

Zur Geschichte der Arbeiterjugendbewegung in Deutschland. Eine Auswahl von Materialien und Dokumenten aus den Jahren 1904-1946. Verlag Neues Leben, Berlin (DDR), 1956.

Zur Geschichte der deutschen antifaschistischen Widerstandsbewegung 1933-1945. Eine Auswahl von Materialien, Berichten und Dokumten, hrsg. vom Verlag des Ministeriums für Nationale Verteidigung, Berlin (DDR), 1958.

Geschichte der deutschen Arbeiterbewegung, hrsg. Institut für Marxismus-Leninismus (IML) beim ZK der SED, Bd. V (Von Januar 1933 bis Mai 1945), Dietz, Berlin (DDR), 1966.

Geschichte der deutschen Arbeiterbewegung, Biographisches Lexikon. Hrsg. IML beim ZK der SED, Dietz, Berlin (DDR), 1970.

Geschichte der deutschen Arbeiterbewegung. Chronik, Teil II. Von 1917 bis 1945. Hrsg. IML beim ZK der SED. Dietz, Berlin (DDR), 1966.

Aus der Geschichte der deutschen Arbeiterjugendbewegung 1904-1945. Dokumente und Materialien. Neudrucke zur sozialistischen Theorie und Gewerkschaftspraxis. Bd. 7, hrsg. von Institut für Marxistische Studien und Forschungen. Verlag Marxistische Blätter, Frankfurt/Main, 1975.

Geschichte der deutschen Arbeiterjugendbewegung. 1904-1945. Autorenkollektiv unter Leitung von Karl-Heinz Jahnke, Berlin (DDR), 1973.

Geschichte der Kommunistischen Partei der Sowjetunion. Hrsg. IML beim ZK der KPdSU, Bd. V., 1938-1958, Erstes Buch (1938-1945), dt. Moskau, 1974.

Zur Geschichte der Kommunistischen Partei Deutschlands. Eine Auswahl von Materialien und Dokumenten aus den Jahren 1914-1946. Hrsg. Marx-Engels-Lenin-Stalin-Institut beim ZK der SED. Dietz, Berlin (DDR), 1954.

Geschichte der sowjetischen Außenpolitik. (Autorenkollektiv). Teil 1, 1917-1945. Berlin (DDR), 1969.

Gittig, Heinz: Illegale antifaschistische Tarnschriften 1933 bis 1945. Röderberg-Verlag, Frankfurt/Main, 1972.

Gleissberg, Gerhard: SPD und Gesellschaftssystem. Aktualität der Programmdiskussion 1934 bis 1946. Dokumente und Kommentar. Hrsg. vom Institut für Marxistische Studien und Forschungen, Verlag Marxistische Blätter, Frankfurt/Main, 1973.

Glondajewski, Gertrud/Rossmann, Gerhard: Ein bedeutendes politisches Dokument des illegalen antifaschistischen Kampfes der Kommunistischen Partei Deutschlands, in: Beiträge zur Geschichte der Arbeiterbewegung, 1966, H. 4, S. 644-676.

Glondajewski, Gertrud/Schumann, Heinz: Die Neubauer-Poser-Gruppe. Dokumente und Materialien des illegalen antifaschistischen Kampfes (Thüringen – 1939 bis 1945), Dietz, Berlin (DDR), 1957.

Görgen, Hans-Peter: Düsseldorf und der Nationalsozialismus, phil. Diss., Düsseldorf, 1969.

Goguel, Rudi: Antifaschistischer Widerstandskampf 1933-1945, Bibliographie, hrsg. vom Komitee der Antifaschistischen Widerstandskämpfer der DDR, Zentralleitung, Berlin, 1974, (Eigenverlag).

Gora, Wladyslaw/Okecki, Stanislaw: Za nasza i wasza wolnsc – Für unsere und eure Freiheit. Deutsche Antifaschisten im polnischen Widerstandskampf. dt. Berlin (DDR), 1975.

Gossweiler/Kühnl/Opitz: Faschismus: Enstehung und Verhinderung. Texte zur Demokratisierung. Heft 4, Röderberg-Verlag, Frankfurt/Main, 1972.

Groß, Günther: Der gewerkschaftliche Widerstandskampf der deutschen Arbeiterklasse während der faschistischen Vertrauensrätewahlen 1934. Tribüne-Verlag, Berlin (DDR), 1962.

Hamm, Heinrich: Organisierter Widerstand gegen Hitler, in: Westdeutsches Volks-Echo, 12. September 1947.

Hammer, Franz: Theodor Neubauer. Aus seinem Leben. Dietz, Berlin (DDR), 1970.

Harmsen, Ger: Daan Goulooze. Uit het leven van een Communist, Utrecht, 1967.

Heer, Hannes: Burgfrieden oder Klassenkampf. Zur Politik der sozialdemokratischen Gewerkschaften 1930 bis 1933. Luchterhand, Neuwied/Berlin, 1971.

Herzog, Wilhelm: Von Potempa zum Rombergpark, Dortmund, o. Jg., (1968?).

histoire du parti communiste français (manuel), Autorenkollektiv, editions sociales, Paris, 1964.

Hochmuth, Ursel: Faschismus und Widerstand. Eine Verzeichnis deutschsprachiger Literatur (Bibliothek des Widerstandes. Röderberg-Verlag, Frankfurt/Main, 1973.

Hochmuth, Ursel/Meyer, Gertrud: Streiflichter aus dem Hamburger Widerstand 1933-1945. Berichte und Dokumente (Bibliothek des Widerstandes), Röderberg-Verlag, Frankfurt/Main, 1969.

Ihlau, Olaf: Die Roten Kämpfer. Ein Beitrag zur Geschichte der Arbeiterbewegung in der Weimarer Republik und im Dritten Reich. Verlag Anton Hain, Meisenheim/Glan, 1969.

Jacobsen, H. A.: 1939-1945. Der zweite Weltkrieg in Chronik und Dokumenten. Wehr und Wissen Verlagsgesellschaft, Darmstadt, 1959.

Jahnke, Karl-Heinz: Der Anteil der deutschen Jugend am antifaschistischen Widerstandskampf unter besonderer Berücksichtigung der kommunistischen Widerstandsbewegung 1933-1945. Teile 1-3. Phil. Habil. Greifswald, 1966.

400 Jahre Reformation in Essen. Festschrift der drei evangelischen Kirchenkreise in Essen. 1963.

Junge, Heinz/Pawlik, Margret: Hans Grüning. Ein deutscher Antifaschist kämpft und stirbt gemeinsam mit sowjetischen Patrioten. Dortmund, 1973.

Kaiser, Peter: Monopolprofit und Massenmord im Faschismus. In: Blätter für deutsche und internationale Politik. Köln, Nr. 5/1975, S. 552-576.

Kalbe, Ernstgert: Freiheit für Dimitroff, der internationale Kampf gegen die provokatorische Reichstagsbrandstiftung und den Leipziger Prozeß. Rütten & Loening, Berlin (DDR), 1963.

derselbe: Antifaschistischer Widerstand und volksdemokratische Revolution in Südosteuropa. Das Hinüberwachsen des Widerstandskampfes gegen den Faschismus in die Volksrevolution (1941-1944/45). Ein revolutionsgeschichtlicher Vergleich. Berlin (DDR), 1974.

Im Kampf bewährt. Erinnerungen deutscher Genossen an den antifaschistischen Widerstandskampf von 1933 bis 1945. Hrsg. Heinz Voßke. Dietz, Berlin (DDR), 1969.

Kießling, Wolfgang: Alemania Libre in Mexiko, 2 Bde., Aufbau-Verlag, Berlin (DDR), 1974.

Klassenkampf, Tradition, Sozialismus. Von den Anfängen der Geschichte des deutschen Volkes bis zur Gestaltung der entwickelten sozialistischen Gesellschaft in der Deutschen Demokratischen Republik. Grundriß. Autorenkollektiv unter Leitung von Ernst Diehl. VEB Deutscher Verlag der Wissenschaften, Berlin (DDR), 1974.

Kliem, Kurt: Der sozialistische Widerstand gegen das Dritte Reich, dargestellt an der Gruppe „Neu Beginnen", phil. Diss. Marburg, 1957.

Klönne, Arno: Gegen den Strom. Bericht über den Jugendwiderstand im Dritten Reich. Norddeutsche Verlagsanstalt, Hannover/Frankfurt, 1957.

Klose, Willi/Beutel, Gertrud: Katyn im Rombergpark. Anklage, Warnung, Mahnung. Dortmund-Hörde, o. Jg.

Klotzbach, Kurt: Gegen den Nationalsozialismus. Widerstand und Verfolgung in Dortmund 1930-1945. Eine historisch-politische Studie. Schriftenreihe des Forschungsinstituts der Friedrich-Ebert-Stiftung, Verlag für Literatur und Zeitgeschehen, Hannover, 1969.

Koch, Werner: Heinemann im Dritten Reich. Ein Christ lebt für morgen. Aussaat-Verlag, Wuppertal, 1974.

Die Kommunistische Internationale. Kurzer historischer Abriß. Hrsg. IML beim ZK der KPdSU. dt. Dietz, Berlin (DDR), 1970.

VII. Kongreß der Kommunistischen Internationale. Referate und Resolutionen. Hrsg. IML beim ZK der SED, Dietz, Berlin (DDR), 1975.

Krause, Ilse: Die Schumann-Engert-Kresse-Gruppe. Dokumente und Materialien des illegalen antifaschistischen Kampfes (Leipzig – 1943 bis 1945) Dietz, Berlin (DDR), 1960.

Kraushaar, Luise: Zur Tätigkeit und Wirkung des „Deutschen Volkssenders“ (1941-1945), in: BzG, 6. Jg., 1967, S. 1046-1061.

Kritik der bürgerlichen Geschichtsschreibung. Handbuch. Hrsg. Werner Berthold, Gerhard Lozek, Helmut Meier, Walter Schmidt. Pahl-Rugenstein-Verlag, Köln, 1971.

Kuczinski, Jürgen: Studien zur Geschichte des staatsmonopolistischen Kapitalismus in Deutschland 1918-1945. Bd. 16 der Geschichte der Lage der Arbeiter unter dem Kapitalismus. Akademie-Verlag, Berlin (DDR), 1965.

derselbe: Studien zur Geschichte der zyklischen Überproduktionskrisen in Deutschland 1918-1945, in: ebd., Bd. 15.

derselbe: Darstellung der Lage der Arbeiter in Deutschland von 1933 bis 1945, in: ebd, Bd. 6.

derselbe: Die Barbarei – extremster Ausdruck der Monopolherrschaft in Deutschland. In: ZfG, 1961, S. 1484 ff.

Kühnl, Reinhard: Der deutsche Faschismus in Quellen und Dokumenten. Pahl-Rugenstein-Verlag, Köln, 1975.

Kühnrich, Heinz: Der Partisanenkrieg in Europa 1939-1945. Dietz, Berlin (DDR), 1965.

derselbe: Zur Erforschung und Darstellung der deutschen antifaschistischen Widerstandsbewegung während des zweiten Weltkrieges. Ergebnisse und Aufgaben, in: BzG, 17. Jg., 1975, H. 2, S. 260-282.

Kupisch, Karl: Zwischen Idealismus und Massendemokratie. Eine Geschichte der Evangelischen Kirche in Deutschland 1815-1945. Berlin, 1959.

Laschitza, Horst: Faschismus und Widerstand – Fälschung und Wirklichkeit – Auseinandersetzung mit Auffassungen der westdeutschen Historiker Hans Rothfels und Walter Hofer, in: ZfG, 1961, S. 1847-1860.

derselbe: Kämpferische Demokratie gegen Faschismus. Die programmatische Vorbereitung auf die antifaschistisch-demokratische Umwälzung in Deutschland durch die Parteiführung der KPD. Militär-Verlag, Berlin (DDR), 1969.

derselbe/Vietze, Siegfried: Deutschland und die deutsche Arbeiterbewegung 1933-1945. Dietz, Berlin (DDR), 1966.

Lebendige Tradition. Lebensbilder deutscher Kommunisten und Antifaschisten. Hrsg. Autorenkollektiv unter Leitung von Paul Heider, 2 Bde., Militär-Verlag, Berlin (DDR), 1974.

Lehnert: Der blutige Rosenmontag. Folgen des Reichstagsbrands auch in Essen zu spüren, in: Neue Ruhr Zeitung vom 27. Februar bis 20. März 1958.

Lewerenz, Elfriede: Die Analyse des Faschismus durch die Kommunistische Internationale. Die Aufdeckung von Wesen und Funktion des Faschismus während der Vorbereitung und Durchführung des VII. Kongresses der Kommunistischen Internationale (1933-1935), Dietz, Berlin (DDR), 1975.

Link, Werner: Die Geschichte des Internationalen Jugend-Bundes (IJB) und des Internationalen Sozialistischen Kampfbundes (ISK). Ein Beitrag zur Geschichte der Arbeiterbewegung in der Weimarer Republik und im Dritten Reich. Verlag Anton Hain, Meisenheim/Glan, 1964.

Maiski, I. M.: Wer half Hitler? Aus den Erinnerungen eines sowjetischen Diplomaten. dt. Moskau, o. Jg.

Mammach, Klaus: Die Berner Konferenz der KPD, in: BzG, 1965, S. 871-889.

derselbe: Die KPD und die deutsche antifaschistische Widerstandsbewegung 1933-1939. Röderberg-Verlag, Frankfurt/Main, 1974.

derselbe/Nitzsche, Gerhard: Zum antifaschistischen Kampf der KPD in den Jahren 1939 bis 1941, in: BzG, 1971, S. 911-935.

Mammach, Klaus/Nitzsche, Gerhard: Zur Brüsseler Konferenz der KPD im Oktober 1935, in: BzG, 1965, S. 892-894.

Manchester, William: Krupp. Zwölf Generationen. Kindler-Verlag, München, 1968.

Mannschatz, Gerhard/Seider, Josef: Zum Kampf der KPD im Ruhrgebiet für die Einigung der Arbeiterklasse und die Entmachtung der Monopolherren 1945-1947, Dietz Verlag, Berlin (DDR), 1962.

Martin Martiny: Arbeiterbewegung an Rhein und Ruhr vom Scheitern der Räte- und Sozialisierungsbewegung bis zum Ende der letzten parlamentarischen Regierung der Weimarer Republik (1920-1930), in: Arbeiterbewegung an Rhein und Ruhr. Beiträge zur Geschichte der Arbeiterbewegung in Rheinland-Westfalen, hrsg. von Jürgen Reulecke. Verlag Hammer, Wuppertal, 1974, S. 241-274.

Matthias, Erich: Die Sozialdemokratische Partei Deutschlands, in: Matthias/Morsey (Hrsg.): Das Ende der Parteien 1933. Droste, Düsseldorf, 1960, S. 101-278.

Matthias, Erich/Morsey, Rudolf (Hrsg.): Das Ende der Parteien. Veröffentlichung der Kommission für Geschichte des Parlamentarismus und der politischen Parteien. Droste, Düsseldorf, 1960.

Mewis, Karl: Im Auftrag der Partei. Erlebnisse im Kampf gegen die faschistische Diktatur. Dietz, Berlin (DDR), 1972.

Milatz, Alfred: Wähler und Wahlen in der Weimarer Republik. Schriftenreihe der Bundeszentrale für politische Bildung, H. 66, Bonn, 2. Auflage, 1968.

Mitteräcker, Hermann: Kampf und Opfer für Österreich. Ein Beitrag zur Geschichte des österreichischen Widerstandes 1938 bis 1945. Stern-Verlag, Wien, 1963.

Müller, Hans (Hrsg.): Katholische Kirche und Nationalsozialismus. dtv, München, 1968.

1917-1945. Neue Probleme der Geschichte der deutschen Arbeiterbewegung in Forschung und Lehre. Akademie-Verlag, Berlin (DDR), 1965.

Niemöller, Wilhelm: Bekennende Kirche in Westfalen. Bechauf-Verlag, Bielefeld, 1952.

Nitzsche, Gerhard: Die Saefkow-Jacob-Bästlein-Gruppe. Dokumente und Materialien des illegalen antifaschistischen Kampfes (1942 bis 1945). Dietz, Berlin (DDR), 1957.

Opitz, Reinhard: Der deutsche Sozialliberalismus 1917-1933. Pahl-Rugenstein-Verlag, Köln, 1973.

Oppenheimer, Max: Der Fall Vorbote. Zeugnisse des Mannheimer Widerstandes. (Bibliothek des Widerstandes), 2. Aufl. Röderberg-Verlag, Frankfurt/Main, 1970.

Osche, Ulrich: Wie ich zur Brüsseler Konferenz fuhr, in: BzG, 1965, S. 833 f.

Pätzold, Kurt: Faschismus, Rassenwahn. Judenverfolgung. Eine Studie zur politischen Strategie und Taktik des faschistischen deutschen Imperialismus (1933-1935). VEB Deutscher Verlag der Wissenschaften, Berlin (DDR), 1975.

Pasaremos. Deutsche Antifaschisten im nationalrevolutionären Krieg des spanischen Volkes. Bilder. Dokumente. Erinnerungen. Autorenkollektiv unter Leitung von Horst Kühne. Militär-Verlag, Berlin (DDR), 1970.

Paterna, Erich: Zum Kampf der KPD gegen die Vorbereitung des zweiten Weltkrieges durch das Naziregime (Februar bis August 1939), in: BzG, 1964, S. 581-600.

Pech, Karl-Heinz: An der Seite der Résistance. Zum Kampf der Bewegung „Freies Deutschland" für den Westen in Frankreich (1943-1945), Röderberg-Verlag, Frankfurt/Main, 1974.

Peukert, Detlev: Vom Widerstandskämpfer Bochumer Metallarbeiter gegen den Krieg, in: Unsere Zeit, Düsseldorf, 31. Oktober 1974.

derselbe: April 1945: Gründung der Bergarbeitergewerkschaft, in: Unsere Zeit, Düsseldorf, 18. April 1975.

derselbe: Widerstand im Zerrspiegel, in: die tat, Frankfurt/Main, Nr. 22, 1. Juni 1974.

Pieck, Wilhelm: Gesammelte Reden und Schriften. Hrsg. IML beim ZK der SED, Bd. V, Februar 1933 bis August 1939, Dietz, Berlin (DDR), 1972.

Plum, Günter: Die Arbeiterbewegung während der nationalsozialistischen Herrschaft, in: Reulecke, Jürgen (Hrsg.): Arbeiterbewegung an Rhein und Ruhr. Beiträge zur Geschichte der Arbeiterbewegung in Rheinland-Westfalen, Wuppertal, 1974, S. 355-384.

derselbe: Der Widerstand gegen den Nationalsozialismus als Gegenstand der zeitgeschichtlichen Forschung in Deutschland. Eine kritische Analyse der Widerstandsliteratur, in: Stand und Problematik der Erforschung des Widerstands gegen den Nationalsozialismus ... Friedrich-Ebert-Stiftung, Bonn-Bad Godesberg, 1965.

derselbe: Widerstand und Antifaschismus in der marxistisch-leninistischen Geschichtsauffassung, in: Vierteljahreshefte für Zeitgeschichte, 9. Jg., 1961, H. 1, S. 50-65.

derselbe: Die KPD in der Illegalität. Rechenschaftsbericht einer Bezirksleitung aus dem Jahre 1934, in: Vierteljahreshefte für Zeitgeschichte, 1975, Heft 2, S. 219-235.

Das Potsdamer Abkommen. Dokumentensammlung. Hrsg. Historische Gedenkstätte des Potsdamer Abkommens. Cecilienhof, Potsdamer Institut für Internationale Politik und Wirtschaft, Berlin, Staatsverlag der DDR, Berlin, 1975.

Das Prager Manifest von 1934. Ein Beitrag zur Geschichte der SPD, hrsg. und eingel. von Wolfgang Runge. Hamburg, 1971.

Protokoll des VII. Weltkongresses der Kommunistischen Internationale (Nachdruck der 1935 erschienen Sondernummern der „Rundschau“), 2 Bde., Erlangen, 1974.

Ptacnik, Karel: Jahrgang 21. dt., Berlin, 1957.

Puls, Ursula: Die Bästlein-Jacob-Abshagen-Gruppe. Bericht über die antifaschistische Widerstandsbewegung in Hamburg und an der Wasserkante während des zweiten Weltkrieges. Dietz, Berlin (DDR), 1959.

Quast, Cläre: Die Kommunistische Partei Deutschlands – Organisator und Führer der westdeutschen Friedensbewegung in den Jahren 1941 bis 1943, in: BzG, 1959, S. 303-318.

dieselbe/Graf, Rudolf: Der Kampf der KPD im Rhein-Ruhrgebiet für die schnelle Beendigung des Krieges (1942), in: Der deutsche Imperialismus und der zweite Weltkrieg, Bd. 4, S. 423-445.

Résistance. Erinnerungen deutscher Antifaschisten. Hrsg. Dora Schaul, Röderberg-Verlag, Frankfurt/Main, 1973.

Revolutionäre deutsche Parteiprogramme. Hrsg. von Lothar Berthold und Ernst Diehl, Dietz, Berlin (DDR), 1967.

Röder, Werner: Die deutschen sozialistischen Exilgruppen in Großbritannien. Ein Beitrag zur Geschichte des Widerstandes gegen den Nationalsozialismus. Schriftenreihe des Forschungsinstituts der Friedrich-Ebert-Stiftung, Verlag für Literatur und Zeitgeschehen, Hannover, 1968.

Rossmann, Gerhard: Der Kampf der KPD um die Einheit aller Hitlergegner, Dietz, Berlin (DDR), 1963.

Der rote Großvater erzählt. Berichte und Erzählungen von Veteranen der Arbeiterbewegung aus der Zeit von 1914 bis 1945. Hrsg. von der Werkstatt Düsseldorf des Werkkreises Literatur der Arbeitswelt, Fischer-Bücherei, Frankfurt/Main, 1974.

Ruge, Wolfgang: Deutschland von 1917 bis 1933. Lehrbuch der deutschen Geschichte. Beiträge, Bd. 10, 2. erweit. Aufl., VEB Deutscher Verlag der Wissenschaften, Berlin (DDR), 1974.

Sachwörterbuch der Geschichte Deutschlands und der deutschen Arbeiterbewegung. Autorenkollektiv, 2 Bde., Dietz, Berlin (DDR), 1969.

Salm, Fritz: Im Schatten des Henkers. Vom Arbeiterwiderstand in Mannheim gegen faschistische Diktatur und Krieg. (Bibliothek des Widerstandes), Röderberg-Verlag, Frankfurt/Main, 1973.

Sbosny, Inge/Schabrod, Karl: Widerstand in Solingen. Aus dem Leben antifaschistischer Kämpfer (Bibliothek des Widerstandes), Röderberg-Verlag, Frankfurt/Main, 1975.

Schabrod, Karl: Widerstand an Rhein und Ruhr. 1933-1945. Hrsg. vom Landesvorstand der Vereinigung der Verfolgten des Naziregimes Nordrhein-Westfalen, Düsseldorf, 1969.

Scheurig, Bodo: Freies Deutschland. Das Nationalkomitee und der Bund Deutscher Offiziere in der Sowjetunion 1943-1945, Nymphenburger Verlagsanstalt, München, 1960.

Schirinja, K. K./Schumacher, H: Methodologische Aspekte in der Arbeit des VII. Weltkongresses der kommunistischen Internationale, in: BzG, 17. Jg., 1975, H. 4, S. 579-598.

Schmidt, Elli: Der Weg über Amsterdam, in: BzG, 1965, S. 835 ff.

Schmidt, Ernst: Vierzig bewegte Jahre. In: Borbecker Nachrichten vom 19. September 1969 – 9. Januar 1970.

derselbe: Arbeiterwiderstand gegen den Faschismus im Ruhrgebiet. Karl Lomberg, Essen, kämpfte in der Gruppe des Bergmanns Zielasko, in: Unsere Zeit, Düsseldorf, 18. Oktober 1974.

derselbe: 1946: Heinz Renner wurde Oberbürgermeister in Essen, in: ebd., 6. Februar 1976.

Schmidt, Walter, A.: Damit Deutschland lebe. Ein Quellenwerk über den deutschen antifaschistischen Widerstandskampf 1933-1945, Kongress-Verlag, Berlin (DDR), 2. Aufl., 1959.

Schüddekopf, Otto-Ernst: Nationalbolschewismus in Deutschland 1918-1933. Ullstein, Frankfurt/Berlin/Wien, 1972.

Schürmann, Klaus: Die Entwicklung der KPD in Dortmund von den Reichstagswahlen 1928 bis zum Ende der Weimarer Republik. Staatsexamensarbeit an der pädagogischen Hochschule, Ruhr, Abt. Dortmund, 28. April 1972.

Semjonow, W. S.: Kapitalismus und Klassen. Zur Sozialkorrektur in der modernen kapitalistischen Gesellschaft, dt., Köln, 1973.

Steinberg, Hans-Josef: Widerstand und Verfogung in Essen 1933-1945. Schriftenreihe des Forschungsinstituts der Friedrich-Ebert-Stiftung, Bd. 71, Bonn-Bad Godesberg, Verlag Neue Gesellschaft, 2. Aufl., 1973.

Stegmann, Dirk: Zum Verhältnis zwischen Großindustrie und Nationalsozialismus 1930-1933, in: Archiv für Sozialgeschichte 13 (1973), S. 399-482.

Stenbock-Fermor, Alexander: Der rote Graf. Autobiographie. Berlin, 1973.

Strugar, Victor: Der jugoslawische Volksbefreiungskrieg 1941 bis 1945, 2 Bde., Militär-Verlag, Berlin (DDR), 1969.

Studien zur Geschichte der Kommunistischen Internationale. Hrsg. IML beim ZK der SED. Dietz, Berlin (DDR), 1974.

Sywotteck, Arnold: Deutsche Volksdemokratie. Studien zur politischen Konzeption der KPD 1935-1946 (Studien zur modernen Geschichte, hrsg. von Fritz Fischer, Klaus-Detlev Grothusen, Günter Moltmann, Bd. 1), Hamburg, 1973.

Teubner, Hans: Exilland Schweiz, Dokumentarischer Bericht über den Kampf dergrierter deutscher Kommunisten 1933-1945. Röderberg-Verlag, Frankfurt/Main, 1975.

Thälmann, Ernst: Geschichte und Politik. Artikel und Reden 1925-1933. Verlag Marxistische Blätter. Frankfurt/Main, 1975.

derselbe: Zu unserer Strategie und Taktik im Kampf gegen den Faschismus, in: Die Internationale. 15. Jg., 1932, S. 261-292.

Ernst Thälmann. Bilder und Dokumente aus seinem Leben. Hrsg. Marx-Engels-Lenin-Stalin-Institut beim ZK der SED. Dietz, Berlin (DDR), 1955.

Thorez, Maurice: Ausgewählte Reden und Schriften 1933-1960. Dietz, Berlin (DDR), 1962.

Tjaden, K. H.: Struktur und Funktion der „KPD-Opposition“ (KPO). Eine organisatorisch-soziologische Untersuchung zur „Rechts“-Opposition im deutschen Kommunismus zur Zeit der Weimarer Republik. Verlag Anton Hain, Meisenheim/Glan, 1964.

Togliatti, Palmiro: Lektionen über den Faschismus. Neudrucke zur sozialistischen Theorie und Gewerkschaftspraxis, Bd. 4, hrsg. vom Institut für Marxistische Studien und Forschungen. Verlag Marxistische Blätter, Frankfurt/Main, 1973.

Turner, Henry Ashby jr.: Faschismus und Kapitalismus in Deutschland. Studien zum Verhältnis zwischen Nationalsozialismus und Wirtschaft, Göttingen, 1972.

derselbe: Großunternehmertum und Nationalsozialismus 1930 bis 1933. Kritisches und Ergänzendes zu zwei neuen Forschungsbeiträgen, in: Historische Zeitschrift, Bd. 221, 1975, H. 1, S. 18-68.

Ulbricht, Walter: Zur Geschichte der deutschen Arbeiterbewegung. Aus Reden und Aufsätzen. Bd. II, 1933-1946, Berlin 1963; Bd. II (1933-1946), Zusatzband, Berlin, 1966; Bd. II (1933-1946), 2. Zusatzband, Dietz, Berlin (DDR), 1968.

Vietzke, Siegfried: Die Kapitulation der rechten SPD-Führer vor dem Hitlerfaschismus Ende Januar/Anfang Februar 1933, in: ZfG, 1963, S. 104-115.

derselbe: Die KPD auf dem Weg zur Brüsseler Konferenz. Dietz, Berlin (DDR), 1966.

Voßke, Heinz/Nitzsche, Gerhard: Wilhelm Pieck. Biographischer Abriß. Verlag Marxistische Blätter, Frankfurt/Main, 1975.

Weber, Hermann: Die Wandlung des deutschen Kommunismus, die Stalinisierung der KPD in der Weimarer Republik, Bd. 2, Frankfurt/Main, 1969.

derselbe/Kennan, George (Hrsg.): Dokumentation: Aus dem Kadermaterial der illegalen KPD 1943, in: VfZ, 20. Jg. 1972, S. 422-446.

Weisenborn, Günther: Der lautlose Aufstand. Berichte über die Widerstandsbewegung des deutschen Volkes 1933-1945, 4. verb. Aufl., (Bibliothek des Widerstandes), Röderberg-Verlag, Frankfurt/Main, 1974.

Weltgeschichte in zehn Bänden. Hrsg. Akademie der Wissenschaften der UdSSR. Bd. 10 (1939-1945), dt. Berlin (DDR), 1968.

Der VII. Weltkongreß und die KPD. Aus einem Beschluß zur Vorbereitung des Kongresses und aus Diskussionsreden deutscher Delegierter, hrsg. K. Mammach/G. Nitzsche, in: BzG, 17. Jg., 1975, H. 4, S. 636-651.

Werner, Gerhart: Aufmachen! Gestapo! Über den Widerstand in Wuppertal 1933-1945. Mit Beiträgen von Karl Ibach, Hermann Lutze und Willi Spicher. Peter Hammer Verlag, Wuppertal, 1974.

Werth, Alexander: Rußland im Krieg, 2 Bde., Droemer-Knaur, München/Zürich, 1965.

Widerstand und Verfolgung in Köln 1933-1945. Ausstellung des Historischen Archivs der Stadt Köln, Katalog, Köln, 1974.

Winkler, Heinrich August: Extremismus der Mitte? Sozialgeschichtliche Aspekte der nationalsozialistischen Machtergreifung, in: VfZ, 1972, S. 175-191.

Wolff, Willi: An der Seite der Roten Armee. Zum Wirken des Nationalkomitees „Freies Deutschland“ an der sowjetischen-deutschen Front 1943 bis 1945. Militär-Verlag, Berlin (DDR), 1973.

Zanders J. (d. i. Jacob Zorn): Der antifaschistische Widerstandskampf des Volksfrontkomitees „Freies Deutschland“ in Köln in den Jahren 1943-1944, in: BzG, 1960, S. 720-741.

Zorn, Edith: Einige neue Forschungsergebnisse zur Tätigkeit deutscher Antifaschisten, die an der Seite der französischen Resistance kämpften, in: BzG, 1963, S. 298-314.

Ungedruckte Quellen (Herkunftsverzeichnis)

I. Archive, Bibliotheken

1. Archiv der VVN – Bund der Antifaschisten, Landesverband Nordrhein-Westfalen. Düsseldorf. (Signatur: VVN-DÜ): Schriften aus dem Widerstand. Prozeßmaterialien, Berichte und Interviews.
2. Archiv der VVN – Essen, Archivsammlung Ernst Schmidt: Schriften aus dem Widerstand, Prozeßmaterialien, Berichte und Interviews (Sign. VVN-E).
3. Archiv der VVN – Köln, Sammlung Walter Kuchta (Prozeßmaterialien, Berichte und Interviews).
4. Forschungsstelle für die Geschichte des Nationalsozialismus in Hamburg – Archiv. (Prozeß gegen W. Knöchel).
5. Institut für Marxismus-Leninismus beim Zentralkomitee der SED, Berlin: Zentrales Parteiarchiv (Signatur IML/ZPA), Bibliothek (Signatur: IML/B): Prozeßmaterialien, Gestapoberichte, Materialien aus dem Archiv des ZK der KPD, Schriften aus dem Widerstand, Erinnerungsberichte.
6. Institut für Zeitungsforschung, Dortmund (Kämpfer, Westfälische Allgemeine Volkszeitung).
7. Stadtarchiv Essen (Ruhr-Echo).
8. Bibliothek zur Geschichte der Arbeiterbewegung. Ruhr-Universität Bochum. (Schriften aus Widerstand und Emigration).
9. Bergbaumuseum Bochum (Foto Franz Vogt).
10. Internationales Institut für Sozialgeschichte, Amsterdam (Nachlaß F. Vogt).

II. Private Sammlungen, Auskünfte

1. Heinz Junge, Dortmund (Prozeßmaterialien, Photos)
2. Josef Hermes, Lennestadt (Materialien aus dem Nachlaß Hans Schiwon).

3. Eduard Wienskowski, Duisburg (Materialien der VVN-Duisburg).
4. Luise Kraushaar, Berlin (u. a. Brief von A. Lukas).
5. Karl-Heinz Pech, Berlin (u. a. Bericht von Leo Kneler).
6. Allan Merson, Southampton (Manuskript: High Treason in Düsseldorf).
7. Werner Krüger, Wanne-Eickel (Interviews).
8. Joseph Rossaint, Düsseldorf (Materialien zu Oberhausen und zu seinem Prozeß).
9. Familie Pöppe, Bochum (Foto von Moritz Pöppe).

III. Materialien im Besitz des Verfassers

1. Schriften des Widerstandes (Fotokopien, einige Originale).
2. Ablichtungen von Prozeßmaterialien und Gestapoberichten.
3. Interviews, Berichte, Auskünfte von: Konrad Buchner, Bochum; Richard Busse, Dortmund; Paul Claassen, Solingen; Cilli Hansmann, Köln; Otto Funke, Berlin; Willi Heinzkill, Duisburg; Max Heitland, Dortmund; Josef Hermes, Lennestadt; Hans Jennes, Frankfurt; Heinz Junge, Dortmund; Else Kamleiter, Oberhausen; Walter Kuchta, Köln; Josef Ledwohn, Frankfurt; Alfred Lemnitz, Berlin; Max Mikloweit, Duisburg; Hans Möller, Oberhausen; Willi Rattai, Essen; Max Reimann, Düsseldorf; Hans Rentmeister, Berlin; Fritz Rische, Düsseldorf; Joseph Rossaint, Düsseldorf; Emil Sander, Dortmund; Karl Schabrod, Düsseldorf; Heinrich Schmitz, Duisburg; Bernhard Schnarr, Bochum; Christine Schröder, Bochum; Lene Steller, Kettwig; Alice Sterzenbach, Düsseldorf; Fritz Szegelat, Bottrop; Walter Thüssfeld, Dortmund; Richard Titze, Dachau; Paula Wechsung, Dortmund; Heinrich Weinand, Etzbach; Eduard Wienskowski, Duisburg.

Anmerkungen

Zur Einführung

1 Hans-Josef **Steinberg:** Widerstand und Verfolgung in Essen 1933-1945. 2. Auflage, Verlag Neue Gesellschaft, Bonn-Bad Godesberg 1973; Kurt **Klotzbach:** Gegen den Nationalsozialismus. Widerstand und Verfolgung in Dortmund 1030-1945. Eine historisch-politische Studie. Verlag für Literatur und Zeitgeschehen, Hannover 1969; Helmut **Esters**/Hans **Pelger:** Gewerkschafter im Widerstand. Verlag für Literatur und Zeitgeschehen, Hannover 1967; Kuno **Bludau:** Gestapo – geheim! Widerstand und Verfolgung in Duisburg 1933-1945. Verlag Neue Gesellschaft, Bonn-Bad Godesberg 1973

2 Landesarchiv der Vereinigung der Verfolgten des Naziregimes (VVN) – Bund der Antifaschisten, Düsseldorf (im folgenden zitiert: VVN-DÜ): Karl **Schabrod:** Widerstand an Rhein und Ruhr 1933-1945, hrsg. vom Landesvorstand der VVN-Nordrhein-Westfalen, Düsseldorf, 1969

3 Archiv der VVN-Bund der Antifaschisten – Essen/Archivsammlung Ernst Schmidt, Essen (im folgenden zitiert: VVN-E); Archiv der VVN-Bund der Antifaschisten Köln, Walter Kuchta; Archivsammlung Heinz Junge, Dortmund

4 besonders im Institut für Marxismus-Leninismus beim ZK der SED, Zentrales Parteiarchiv (im folgenden zitiert: IML/ZPA)

5 siehe dazu: Detlev Peukert: Widerstand im Zerrspiegel, in: „die tat“, Frankfurt/Main, Nr. 22, 1. Juni 1974

1. Der Aufmarsch des Faschismus

6 Zur Lage in den letzten Jahren der Weimarer Republik und zum Aufstieg der NSDAP siehe u. a.: Eberhard **Czichon:** Wer verhalf Hitler zur Macht? Zum Anteil der deutschen Industrie an der Zerstörung der Weimarer Republik. 3. Aufl. Pahl-Rugenstein-Verlag, Köln, 1972; Wolfgang **Ruge:** Deutschland von 1917 bis 1933. Lehrbuch der deutschen Geschichte (Beiträge). Bd. 10., 2. erw. Aufl., VEB Deutscher Verlag der Wissenschaften, Berlin 1974; Emil **Carlebach:** Von Brüning zu Hitler. Das Geheimnis faschistischer Machtergreifung. 2. verb. Aufl., Texte zur Demokratisierung – Antifaschistische Arbeitshefte, Heft 2, RöderbergVerlag, Frankfurt/Main 1974; **Gossweiler/Kühnl/Opitz:** Faschismus: Enstehung und Verhinderung. Material zur Faschismus-Diskussion. Texte zur Demokratisierung – Antifaschistische Arbeitshefte, Heft 4, Röderberg-Verlag, Frankfurt/Main 1972; Karl-Dietrich **Bracher,** Wolfgang **Sauer** und Gerhard **Schulz:** Die nationalsozialistische Machtergreifung. Studien zur Errichtung des totalitären Herrschaftssystems in Deutschland 1933/34. 3 Bde. Ullstein Verlag, Frankfurt/Berlin/Wien 1974; Heinrich August **Winkler:** Extremismus der Mitte? Sozialgeschichtliche Aspekte der nationalsozialistischen Machtergreifung. In: Vierteljahreshefte für Zeitgeschichte, Stuttgart, Heft 2/1972, S. 175-191; eine übersichtliche Sammlung wichtiger Dokumente zu Aufstieg und Herrschaft des deutschen Faschismus gibt Reinhard **Kühnl:** Der deutsche Faschismus in Quellen und Dokumenten. Pahl-Rugenstein Verlag, Köln, 1975. Siehe auch: Dirk **Stegmann:** Zum Verhältnis von Großindustrie und Nationalsozialismus 1930-1933, in: Archiv für Sozialgeschichte 13 (1973), S. 399-482; sowie Henry Ashby **Turner,** jr.: Großunternehmertum und Nationalsozialismus 1930-

1933, Kritisches und Ergänzendes zu zwei neuen Forschungsbeiträgen, in: Historische Zeitschrift, Bd. 221 (1975), H. 1, S. 18-68

7 Alfred **Milatz:** Wähler und Wahlen in der Weimarer Republik. Schriftenreihe der Bundeszentrale für politische Bildung, Heft 66, 2. Aufl., Bonn 1968, S. 112; zum Aufstieg der NSDAP im Ruhrgebiet, siehe: Wilfried **Böhnke:** Die NSDAP im Ruhrgebiet 1920-1933. Schriftenreihe des Forschungsinstitutes der Friedrich-Ebert-Stiftung, Bonn-Bad Godesberg, 1974, der sich allerdings über die Rolle der rheinisch-westfälischen Schwerindustrie ausschweigt

8 Klaus **Schürmann:** Die Entwicklung der KPD in Dortmund von den Reichstagswahlen 1928 bis zum Ende der Weimarer Republik. Staatsexamensarbeit an der Pädagogischen Hochschule Ruhr, Abt. Dortmund, 28. April 1972

9 ebenda

10 Geschichte der deutschen Arbeiterbewegung. Chronik. Dietz Verlag, Berlin, 1966, Bd. 2, S. 304. Siehe auch die Berichte der zeitgenössischen Tageszeitungen, bes. „Ruhr-Echo", Organ der KPD, Bezirk Ruhrgebiet, Essen, 1932

11 Klotzbach: Gegen den Nationalsozialismus, a. a. O., S. 68 f.

2. Antifaschistische Aktion

12 „Westfälischer Kämpfer", Dortmund, 2. Mai 1930

13 Ebenda, 5. Mai 1930

14 Ebenda, 12. August und 1. September 1930

15 Ebenda, 17. Oktober 1930

15a siehe dazu bes. Das Ende der Parteien, hrsg. Erich Matthias und Rudolf Morsey, Droste Verlag. Düsseldorf 1960; vergl. Kurt Klotzbach: Gegen den Nationalsozialismus . . ., a. a. O.

16 „Ruhr-Echo", Essen (im folgenden zitiert: RE), 20. Januar 1932

17 RE, 1. Februar 1932

18 RE, 5. Februar 1932

19 RE, 6. Februar 1932

20 Siehe Erich **Matthias:** Die Sozialdemokratische Partei Deutschlands, in: Das Ende der Parteien 1933. Hrsg. Erich Matthias und Rudolf Morsey. Droste Verlag, Düsseldorf, 1960, S. 101-278; Ruge: Deutschland von 1917 bis 1933, a. a. O., S. 394 ff. und S. 415 ff.

21 Siehe Ruge, a. a. O., S. 415 ff.

22 „Kämpfer" Zeitung der KPD Ruhrgebiet (Kopfblatt des RE), Dortmund, 7. Juni 1932

23 Die Antifaschistische Aktion. Dokumentation und Chronik Mai 1932 bis Januar 1933. Hrsg. Heinz Karl und Erika Kücklich. Dietz Verlag, Berlin, 1965

24 Ebenda, S. 366

25 „Kämpfer", 6. Juni 1932

26 RE, 24. Juni und 7. Juli 1932

27 RE, 23. Juni 1932

28 Aufruf der KPD-Bezirksleitung in RE/„Kämpfer" vom 22. Juni 1932; RE 24. Juni und 25. Juni; Materialsammlung Wienskowski, Duisburg (darin u. a.: Notiz der AIZ, der Rhein-Ruhrzeitung vom 25. Juni 1932, Auskünfte von Hans Theißen, Heinrich Schmitz, Eberhard Brünen, Wilhelm Petry, Gottfried Schäfer)

29 RE. 25. Juni 1932

30 RE, 24. Juni 1932; Text des Aufrufes in: Die Antifaschistische Aktion, a. a. O., S. 131

31 RE, 27. Juni 1932; gemeint ist die erfolgreiche Abwehr des Kapp-Putsches im März 1920 durch den von SPD, KPD, USPD und Gewerkschaften getragenen Generalstreik

32 Ebenda

33 RE, 29. Juni 1932

34 RE, 24. Juni und 28. Juni 1932

35 RE, 7. Juli 1932

36 RE, 8. Juli und 13. Juli 1932, Flugblatt der Roten Hilfe: Nazimord in Hattingen, VVN-E

37 RE, 8. Juli 1932

38 Westdeutsche Allgemeine Volkszeitung, 2./3. März 1932, siehe auch Klotzbach, Gegen den Nationalsozialismus. a. a. O., S. 54, 58

39 Gisela **Jähn,** Horst **Köpstein:** Zur Einheitsfrontpolitik der Kommunistischen Internationale. In: Studien zur Geschichte der Kommunistischen Internationale. Sammelband. IML beim ZK der SED. Dietz Verlag, Berlin 1974, S. 134-180; Institut für Marxismus-Leninismus beim ZK der KPdSU: Die Kommunistische Internationale. Kurzer historischer Abriß. Dietz Verlag, Berlin 1970; Geschichte der deutschen Arbeiterbewegung, in acht Bänden. (IML beim ZK der SED). Dietz Verlag, Berlin 1966, Bd. 4 und 5

40 Klotzbach: Gegen den Nationalsozialismus., a. a. O., S. 53 und 64

41 RE, 12. Juli 1932

42 Hanns **Heer:** Burgfrieden oder Klassenkampf. Zur Politik der sozialdemokratischen Gewerkschafen 1930-1933, Luchterhand Verlag, Neuwied und Berlin, 1971
vgl.: Steffen **Lehndorff:** Wie kam es zur RGO? Probleme der Gewerkschaftsentwicklung in der Weimarer Republik von 1927 bis 1929. Verlag Marxistische Blätter, Frankfurt/Main, 1975

43 siehe Erich Matthias: Die Sozialdemokratische Partei Deutschlands, a. a. O.

44 RE, 12. Juli 1932

45 Wilhelm **Florin:** Fragen unserer Einheitsfrontpolitik, in: „Die Internationale. Zeitschrift für Praxis und Theorie des Marxismus, 15. Jg., 1932, S. 340

46 histoire du Parti communiste français (manuel), Paris 1964, S. 264

47 RE, 21. Juli 1932

48 Interview mit Christine Schröder, Bochum (D. Peukert), 13. Februar 1975

49 RE, 21. Juli 1932; Interview mit Heinz Junge, Dortmund (D. Peukert), 20. Februar 1975. Interview mit Heinrich Schmitz, Duisburg (D. Peukert), 29. April 1975

50 für das Reichsgebiet siehe Matthias: Die Sozialdemokratische Partei Deutschlands, a. a. O.

51 „Vorwärts", Berlin, Morgenausgabe, 21. Juli 1932

52 vgl.: Matthias, a. a. O.

53 RE, 22. Juli 1932

54 Ebenda

55 RE, 1. August und 9. August 1932

56 Schürmann: Die Entwicklung der KPD in Dortmund, a. a. O.

57 Bericht der Organisationsabteilung des ZK der KPD vom 13. August 1932, in: Die Antifaschistische Aktion, a. a. O., S. 225-227

58 RE, 10. August 1932

59 G. M. **Adibekow:** Die Rote Gewerkschaftsinternationale. Grundriß der Geschichte der RGI. Verlag Das europäische Buch, Berlin, 1973, bes. S. 109 ff.

60 Wilhelm **Florin:** Die Bedeutung der Wirtschaftskämpfe, der politischen Streiks und die mangelnden Erfolge der RGO. In: Die Internationale, 15. Jg. 1932, S. 238 und 245

61 Interview mit Max Reimann, Düsseldorf (D. Peukert), 17 Januar 1975

62 Martin **Martiny:** Arbeiterbewegung an Rhein und Ruhr vom Scheitern der Räte- und Sozialisierungsbewegung bis zum Ende der letzten parlamentarischen Regierung der Weimarer Republik (1920-1930), in: Arbeiterbewegung an Rhein und Ruhr. Beiträge zur Geschichte der Arbeiterbewegung in Rheinland-Westfalen, hrsg. Jürgen Reulecke, Peter Hammer Verlag, Wuppertal, 1974, S. 253

63 RE, 12. August 1932

64 RE, 5. September 1932

65 RE, 12.-16. September 1932

66 RE, 16. September 1932

67 RE, 10. Dezember 1932

68 RE, 4. Oktober und 5. Oktober 1932

69 RE, 28. Oktober 1932

70 „Freiheit", Organ der KPD-Niederrhein, Düsseldorf, 20. Oktober 1932

71 RE, 27. Oktober 1932

72 RE, 10. November 1932

73 RE, 7. November 1932

74 RE, 11. November 1932

75 RE, 28. und 29. November 1932

76 RE, 10. Dezember 1932

77 RE, 18. November 1932

78 RE, 11. Dezember 1932

79 RE, 6. Dezember 1932

80 RE, 22. Dezember 1932

81 Siegfried **Bahne:** Die Kommunistische Partei Deutschlands, in: Matthias/Morsey (Hrsg.): Das Ende der Parteien, a. a. O., S. 655-739; derselbe: Die KPD im Ruhrgebiet in der Weimarer Republik, in: Arbeiterbewegung an Rhein und Ruhr, a. a. O., S. 315-354; Horst **Duhnke:** Die KPD von 1933 bis 1945. Verlag Kiepenheuer & Witsch, Köln 1971, s. bes. S. 13-63

82 „Kämpfer", Dortmund, 4. Januar 1933

83 „Kämpfer", 5. Januar 1933

84 „Kämpfer", 7./8. Januar, 9. Januar, 10. Januar 1933

85 „Kämpfer", 9. Januar 1933

86 Interview mit Max Reimann, Düsseldorf (D. Peukert), 17. Januar 1975

87 „Kämpfer", 10. Januar 1933

88 Geschichte der deutschen Arbeiterbewegung, Chronik, Teil II, von 1917 bis 1945, Dietz, Berlin, 1966, S. 304

89 „Kämpfer", 7./8. Januar 1933

90 Geschichte der deutschen Arbeiterbewegung in acht Bänden, a. a. O., Bd. 4, S. 602 ff.

91 „Kämpfer", 12. Januar 1933

92 „Kämpfer", 23. Januar 1933

93 Die Antifaschistische Aktion, a. a. O., S. 346 ff.

94 „Kämpfer", 30. Januar 1933

3. Die Errichtung der faschistischen Diktatur Januar bis März 1933

95 Zitat nach Czichon: Wer verhalf Hitler zur Macht? a. a. O., S. 77 f.

96 Rundschreiben der Bezirksleitung Ruhrgebiet der KPD vom 7. Februar 1933, Kopie VVN-E

97 Vorwärts, 31. Januar 1933, s. a. Matthias, a. a. O., S. 151 ff.

98 Rundschreiben der BL Ruhr der KPD vom 7. Februar 1933, a. a. O.

99 Der Faschismus und das Heranreifen der revolutionären Krise. Aus den Thesen des XXII. EKKI-Plenums, in: Der Faschismus in Deutschland. XIII. Plenum des EKKI, Dezember 1933, Moskau – Leningrad 1934, S. 277 f.

100 Siehe Elfriede **Lewerenz:** Die Analyse des Faschismus durch die Kommunistische Internationale. Die Aufdeckung von Wesen und Funktion des Faschismus während der Vorbereitung und Durchführung des VII. Kongresses der Kommunistischen Internationale (1933-1935), Verlag Marxistische Blätter, Frankfurt/Main, 1975

101 Brief von Karl Adolphs vom 23. März 1974, VVN-DÜ; Interview mit Christine Schröder, Bochum (D. Peukert), vom 13. Januar 1975

102 Ebenda

103 Lehnert: Der blutige Rosenmontag. Folgen des Reichstagsbrandes auch in Essen zu spüren. Artikelfolge in der „Neuen Ruhr-Zeitung", Essen, 13. Jahrgang vom 27. Februar bis 20. März 1958

104 Ebenda; Katalog „Bergarbeiter", Bochum, 1969; Steinberg: Widerstand und Verfolgung in Essen, a. a. O., S. 43

105 IML/ZPA, St 3/74 (die Benutzungsordnung des IML/ZPA verlangt diese Zitationsweise. Daher werden keine weiteren Angaben zum Charakter des Aktenstücks und zur Blattzahl gemacht. D. Peukert)

106 Klotzbach: Gegen den Nationalsozialismus, a. a. O., S. 97

107 Essener Lokalpost, 23. April 1933

108 Interview mit Fritz Rische, Düsseldorf (D. Peukert), vom 22. Oktober 1974; Interview mit Christine Schröder, Bochum (D. Peukert), vom 13. Februar 1975; Interview mit Konrad Buchner, Bochum (D. Peukert), vom 19. Februar 1975

109 Deutsche Widerstandskämpfer, 1933-1945. Biographien und Briefe. Dietz Verlag, Berlin, 1970, Bd. 1, S. 280

110 Düsseldorfer Mordbilanz von 1933. In: „Die Tat" Frankfurt/Main. 14. Jg., Nr. 36, 7. September 1963; zwei Polizeifotos des Ermordeten wurden veröffentlicht in: Peter Altmann/Heinz Brüdigam/Barbara Mausbach-Bromberger/Max Oppenheimer: Der deutsche antifaschistische Widerstand 1933-1945. In Bildern und Dokumenten. Röderberg-Verlag, Frankfurt/Main 1975, S. 56

111 IML/ZPA, St 3/764

112 Bericht Heinrich Burggraf, VVN-E

113 „Nationalzeitung", Essen, 12. September 1933

114 Lehnert; Der blutige Rosenmontag, a. a. O.

115 VVN-E: Kopie der Urkunde

116 „Kämpfer", 31. Januar 1933

117 Werner Krüger, Manuskript von Tonbandgesprächen mit Wanne-Eickeler Widerstandskämpfern (unveröffentlicht)

118 Bericht Willi Rattai, Essen, vom 25. Mai 1974 (im Besitz D. Peukert)

119 Interview mit Bernhard Schnarr, Bochum (D. Peukert), vom 19. Februar 1975

120 Interview mit Konrad Buchner, Bochum (D. Peukert), vom 19. Februar 1975
121 Bericht von Walter Kuchta, Köln, 1. November 1975 (im Besitz von D. Peukert)
122 Rundbrief der Bezirksleitung Ruhr der KPD vom 7. November 1933
123 Ebenda
124 „Kämpfer", vom 15. Februar 1933; über die Verhinderung der SPD-Kundgebung mit Phillip Scheidemann im Essener Zirkus Hagenbeck durch Gewaltakte der SA siehe Lehnert: Der blutige Rosenmontag, a. a. O.
125 „Kämpfer", vom 15. Februar und 18./19. Februar 1933
126 „Kämpfer" vom 15. Februar 1933
127 Ebenda
128 Ebenda
129 Ebenda
130 „Kämpfer", 16. Februar 1933
131 „Kämpfer", 20. Februar 1933
132 vergl. Klaus **Mammach:** Die KPD und die deutsche antifaschistische Widerstandsbewegung 1933-1939. Röderberg-Verlag, Frankfurt/Main 1974. Bes. S. 9-55

4. Die KPD im Kampf um die Einheitsfront gegen den Faschismus 1933 bis 1935

133 Ebenda, S. 39 ff.
134 Siehe „Antifaschistisches Mai-Manifest" in „Rote Fahne", April 1933, Original VVN-DÜ 2037
135 Interviews mit: Alfred Lemnitz, Berlin, 13. Mai 1974; Max Reimann, Düsseldorf, 17. Januar 1975; Christine Schröder, Bochum, 13. Februar 1975; Konrad Buchner, Bochum, 19. Februar 1975; Max Mikloweit, Duisburg, 20. Februar 1975; Willi Heinzkill, Duisburg, 20. Februar 1975; (alle mit D. Peukert); Bericht von Willi Rattai, Essen an D. Peukert, 26. Mai 1974; sowie Tonbandinterviews von Walter Kuchta mit Kölner Widerstandskämpfern (Abschriften VVN-DÜ)
136 Rundschreiben KPD-BL Ruhr vom 7. Februar 1933, VVN-E
137 Interview mit Alfred Lemnitz, Berlin, vom 13. Mai 1974
138 Interview mit Max Reimann, Düsseldorf, vom 17. Januar 1974
139 „Ruhr-Echo", März 1933, Original VVN-E; Auskunft von Wilhelm Bick an Ernst Schmidt, Januar 1972
139a Manuskript von Allan Merson: High Treason in Düsseldorf, Kapitel 5
140 Steinberg: Widerstand und Verfolgung in Essen, a. a. O., S. 288
141 „Rote Fahne", April 1933, Original VVN-DÜ 2037
142 Siehe Werner Krüger: Manuskript von Tonbandgesprächen mit Wanne-Eickeler Widerstandskämpfern; Interview mit Josef Hermes, Lennestadt, (D. Peukert), vom 13. Februar 1974; sowie Anmerkung 135
143 Foto VVN-E
144 „Revolutionär" Juni 1933, Original VVN-DÜ 2035
145 Auszüge aus der Resolution in „Brief an alle Mitglieder" von November 1933, VVN-DÜ 2253; Fragment (2 Seiten maschinenschriftl.) VVN-DÜ 2836
146 Interview Fritz Rische, Düsseldorf (D. Peukert), 22. Oktober 1974
147 Interview Alfred Lemnitz, Berlin (D. Peukert), 13. Mai 1974
148 Interview Max Reiman, Düsseldorf (D. Peukert), vom 17. Januar 1974

149 IML/ZPA, NJ 8587
150 Nachruf auf August Stötzel, in: „Die Tat", Frankfurt/Main, Nr. 36, 7. September 1963
151 IML/ZPA, NJ 8587
152 Besonders bei Bludau: Gestapo – geheim! Widerstand und Verfolgung in Duisburg 1933-1945, a. a. O.
153 Anklage OJ 279/34, Kopie VVN-E
154 IML/ZPA, St 3/742
155 Ebenda. Zu Beginn des Reichstagsbrandprozesses war den Mitgliedern der KPD noch nichts über das Zurückweichen Torglers vor der Nazijustiz bekannt
156 VVN-DÜ 2253
157 Ebenda, hier nur Auszüge zitiert
158 Steinberg: Widerstand und Verfolgung in Essen. a. a. O., S. 104
159 Interview mit Willi Heinzkill, Duisburg (D. Peukert), vom 20. Februar 1975; Interview mit Max Mikloweit, Duisburg (D. Peukert) vom 20. Februar 1975; Brief Heinz Junge an D. Peukert vom 23. Juli 1975
160 Alexander **Abusch:** Die große Wahrheit des Braunbuches über den Reichstagsbrand. Nachwort zum Faksimile-Nachdruck des Braunbuches über Reichstagsbrand und Hitlerterror, Röderberg-Verlag, Frankfurt/Main 1973; Interview mit Max Reimann, Düsseldorf (D. Peukert), vom 17. Januar 1975
161 Siehe Anmerkung 135
162 IML/ZPA St 3/744
163 Interview mit Joseph Rossaint, Düsseldorf (D. Peukert), vom 24. Februar 1975
164 Ernstgert **Kalbe:** Freiheit für Dimitroff. Der internationale Kampf gegen die provokatorische Reichstagsbrandstiftung und den Leipziger Prozeß. Verlag Rütten & Loening, Berlin, 1963; Institut für Geschichte der Bulgarischen KP: Georgi Dimitroff. Biographischer Abriß. deutsch: Berlin 1972, S. 137-173
165 In diesem Zusammenhang kann die gegenwärtige Diskussion über die Urheber des Reichstagsbrandes außer acht bleiben; denn hier geht es allein um die politische, nicht kriminalistische Seite der Auseinandersetzung 1933
166 IML/ZPA, NJ 4316
167 „Ruhr-Echo", Dezember 1933, Kopie VVN-E
168 Anklage OJ 658/34 gegen Steinhage u. a.: sowie „Elektrowärme", Original VVN-DÜ 2311
169 „Ruhr-Echo", Januar 1934, VVN-DÜ
170 IML/ZPA, St 3/745
171 Kopie VVN-E
172 IML/ZPA, St 3/742
173 Ebenda
174 IML/ZPA, St 3/745
175 Kopie VVN-E
176 Kopie VVN-E
177 VVN-DÜ 3002
178 Kopie VVN-E
179 IML/ZPA, NJ 10774
180 Ebenda und St 3/766, St 3/742
181 IML/ZPA, St 3/742, ergänzt und bestätigt durch Angaben örtlicher Prozesse, sowie die Materialien des Rote-Hilfe-Prozesses; siehe auch die Interviews in Anmerkung 135

182 Steinberg: Widerstand und Verfolgung in Essen, a. a. O., S. 181-183
183 Ebenda, S. 109
184 IML/ZPA, NJ 11134
185 VVN-E
186 IML/ZPA, NJ 5461; Interview mit Karl Schabrod, Düsseldorf (E. Schmidt), vom 29. Juni 1974
187 Lebenslauf Karl Schabrod (im Besitz von D. Peukert)
188 Ebenda; Brief von Karl Schabrod an D. Peukert vom 29. April 1974
189 Urteil 9 J 301/35, VVN-DÜ 2415
190 Ebenda
191 IML/ZPA, NJ 5461
192 Der Faschismus in Deutschland. XIII. Plenum des EKKI, Dezember 1933, Moskau-Leningrad 1934
193 Interview mit Karl Schabrod, a. a. O.; IML/ZPA, St 3/766
194 Interview mit Schabrod, a. a. O.
195 IML/ZPA, NJ 5461
196 Original VVN-DÜ 2757
197 Original VVN-DÜ 3054
198 Original VVN-DÜ 3932
199 IML/ZPA, NJ 5461
200 Original VVN-DÜ 3034
201 Siegfried **Vietzke:** Die KPD auf dem Weg zur Brüsseler Konferenz. Dietz Verlag, Berlin, 1966, S. 85; Abstimmungsergebnis Bottrop: IML/ZPA, St 3/944
202 Siehe Mammach: Die KPD und die deutsche antifaschistische Widerstandsbewegung, a. a. O., S. 74 ff.; Vietzke: Die KPD auf dem Weg zur Brüsseler Konferenz, a. a. O., S. 119 ff.
203 Siehe Rudi **Goguel:** Es war ein langer Weg. Ein Bericht. Volksverlag, Singen 1949
204 IML/ZPA, St 3/745
205 Siehe Anmerkung 202
206 Z. B. Duhnke: Die KPD von 1933 bis 1945, a. a. O.
207 Internationale Pressekorrespondenz, Nr. 31, 17. August 1934 „Um die Einheit der deutschen Arbeiterklasse“, Original VVN-DÜ 3043
208 Original VVN-DÜ 3026; IML/ZPA, St 3/745, St 3/762, St 3/769
209 IML/ZPA, NJ 3327
210 Siehe Anmerkung 207
211 Original VVN-DÜ 3029; IML/ZPA, St 3/774
212 Original VVN-E; IML/ZPA, St 3/768
213 Ebenda
214 IML/ZPA, St 3/774
215 IML/ZPA, NJ 5461
216 IML/ZPA, St 3/745
217 IML/ZPA, St 3/774; Interview mit Max Mikloweit, Duisburg (D. Peukert), vom 20. Februar 1975; Brief von Karl Schabrod an D. Peukert vom 25. Juni 1975
218 Vgl. Inge **Sbosny**/Karl **Schabrod:** Widerstand in Solingen. Aus dem Leben antifaschistischer Kämpfer. Bibliothek des Widerstandes. Röderberg-Verlag, Frankfurt/Main, 1975, S. 78 ff.
219 Urteil 9 J 151/35, VVN-DÜ 2825
220 VVN-DÜ 4047
221 IML/ZPA, St 3/775, St 3/776

222 IML/ZPA, St 3/771, St 3/745; zur Beschlagnahme von Widerstandsliteratur s. St 3/75

223 Interview mit Max Mikloweit, Duisburg (D. Peukert), vom 20. Februar 1975

224 Urteil 9 J 301/35, VVN-DÜ 2415; Vietzke, Die KPD aud dem Weg zur Brüsseler Konferenz, a. a. O., S. 132; IML/ZPA 3/1/371

225 Kurzbiographie in: Deutsche Widerstandskämpfer, a. a. O., Bd. 1, S. 531 ff.; Interview mit Hans Degel (E. Schmidt); IML/ZPA, EA 1345; IML/ZPA, NJ 6247; Steinberg, Widerstand und Verfolgung in Essen, erwähnt Otto Kropp überhaupt nicht.

226 IML/ZPA, 3/1/371, sowie NJ 6247

227 Steinberg, Widerstand und Verfolgung in Essen, a. a. O., S. 114 f.

228 IML/ZPA, NJ 6247

229 IML/ZPA, NJ 14212

230 IML/ZPA, NJ 15589

231 IML/ZPA, NJ 14213

232 Ebenda

233 IML/ZPA, St 3/74, St 3/75, St 3/742; Steinberg, a. a. O., S. 244 gibt ein von der Stapo Recklinghausen gefertigtes Schaubild über die illegalen Verbindungen wieder, erkennt richtig, daß die Gestapo hier Literaturtransport und Leitungsverbindung durcheinandergeworfen hat, vermag aber nicht zu erkennen, daß tatsächlich die Bezirksparteiorganisation in dieser Zeit von Duisburg aus geleitet wurde, nur nicht von den angegebenen Leuten

234 Interview mit Josef Hermes, Lennestadt (D. Peukert), 13. Februar 1975; siehe auch das Kapitel Gewerkschaftler im Widerstand 1933-1935

235 IML/ZPA, St 3/742; Interview mit Bernhard Schnarr, Bochum (D. Peukert), 19. Februar 1975

236 Interview mit Christine Schröder, Bochum (D. Peukert), 13. Februar 1975

237 IML/ZPA, NJ 2344

238 Prozesse 92/35, 576/35, VVN-DÜ

239 Bericht Günter Daus, Mülheim, 6. November 1968, VVN-DÜ 3140

240 IML/ZPA, NJ 3374

241 Vgl. Kapitel über den gewerkschaftlichen Widerstand

242 IML/ZPA, NJ 6247; Interview mit Max Mikloweit, Duisburg (D. Peukert), 20. Februar 1975; Interview mit Paul Claassen, Solingen (D. Peukert), 16. August 1974

243 IML/ZPA, NJ 3374; VVN-DÜ 3487

244 IML/ZPA, St 3/782; Auskunft von W. Kuchta vom 28. Oktober 1975 an D. Peukert; siehe auch die später erwähnte Rede des Bergmannes Max Langusch („Werner") auf der Brüsseler Konferenz der KPD, Oktober 1935

245 VVN-DÜ 3487

246 IML/ZPA, NJ 6247

247 Ebenda

248 IML/ZPA, NJ 6247; VVN-DÜ 2413

249 IML/ZPA, St 3/744, St 3/742; Interview mit Heinz Junge, Dortmund (D. Peukert), 20. Februar 1975

250 IML/ZPA, St 3/762, 763, 772, 774

251 IML/ZPA, St 3/763; Materialsammlung Oberhausen von Joseph Rossaint; vgl. auch das Kapitel: Der Widerstandskampf sozialdemokratischer Gruppen

252 IML/ZPA, St 3/767

253 IML/ZPA, St 3/742, 776

254 Vgl. Brotfabrik „Germania" im Kapitel über den sozialdemokratischen Widerstand

255 IML/ZPA, 3/1/371

256 Interview mit Max Heitland, Dortmund (D. Peukert), vom 7. Februar 1975; Anklage 5 OJs 217/36 (im Besitz Heinz Junge, Dortmund); Ermittlungsbericht des Kriminalsekretärs Cassebaum, Dortmund, 13. Mai 1936, Ablicht., VVN-DÜ 1430

257 in: Internationale Gewerkschafts-Pressekorrespondenz, 5. Jg., 1935, Nr. 9, 14. Mai, S. 4-5. Der dort ohne Nennung des Ortes Dortmund veröffentlichte Text stimmt mit den von Max Heitland als echt bezeugten Zitaten aus der Rede Walter Ulbrichts auf der Brüsseler Konferenz der KPD, Oktober 1935 überein. vgl. Walter Ulbricht: Zur Geschichte der deutschen Arbeiterbewegung. Aus Reden und Aufsätzen, Bd. II (1933-1946), Berlin 1963, S. 98 f.

258 IML/ZPA, St 3/745

259 Ebenda

260 IML/ZPA, NJ 15589

261 Die Brüsseler Konferenz der KPD (3.-15. Oktober 1935), hrsg. und eingel. von Klaus Mammach. Verlag Marxistische Blätter, Frankfurt/Main, 1975

262 Siehe die Kapitel über den gewerkschaftlichen Widerstand

263 Klotzbach: Gegen den Nationalsozialismus, a. a. O., S. 143

264 IML/ZPA, St 3/775; Bericht Ernst Vollmer, Essen, an E. Schmidt vom 2. April 1974; Schabrod: Widerstand an Rhein und Ruhr 1933-1945, a. a. O., S. 67 f.

265 IML/ZPA, NJ 6247; Vietzke: Die KPD auf dem Wege zur Brüsseler Konferenz, a. a. O., S. 179. Die Beratung war allerdings nicht in Prag, sondern in Holland

266 IML/ZPA, St 3/782

267 Ebenda; IML/ZPA, NJ 1156

268 IML/ZPA, St 3/779, St 3/782

269 IML/ZPA, St 3/40/II; Elli **Schmidt:** Der Weg über Amsterdam. In: Beiträge zur Geschichte der Arbeiterbewegung. (im folgenden: BzG), Dietz Verlag, Berlin, Heft 5, 1965, S. 835 ff.

270 IML/ZPA, St 3/772

271 IML/ZPA, St 3/774

272 Ebenda

273 IML/ZPA, EA 1345

274 IML/ZPA, NJ 3327; vgl. Klaus **Mammach,** Gerhard **Nitzsche:** Der VII. Weltkongreß und die KPD. Aus einem Beschluß zur Vorbereitung des Kongresses . . ., in: Beiträge zur Geschichte der Arbeiterbewegung, 17. Jg., 1975, H. 4, S. 636-652 (darin, S. 649-651 auch die Rede Elli Schmidts [Niederrhein] auf dem VII. Weltkongreß am 9. August 1935)

275 Elli Schmidt: Der Weg nach Amsterdam, a. a. O.

276 IML/ZPA, EA 1288

278 Karl **Mewis:** Im Auftrag der Partei. Erlebnisse im Kampf gegen die faschistische Diktatur (1933-1945). Dietz Verlag, Berlin 1971

279 Nach Auskunft von Walter Kuchta an D. Peukert vom 21. Juni 1975. Hinweise auf „Werners" richtigen Vornamen Max gibt Ulrich Osche (IML/ZPA, EA 1288). Weitere Hinweise (nach Auskunft von Luise Kraushaar, Berlin) in den Polizeiakten nach der Verhaftung von Max Langusch, September 1939 in Belgien, daß Max Langusch am VII. Weltkongreß und an der Brüsseler Konferenz teilgenommen hat

280 IML/ZPA, EA 1288: „Dobler" wurde 1935 zum Kandidaten des ZK gewählt, aber einige Jahre später ausgeschlossen.

281 Wilhelm **Pieck:** Gesammelte Reden und Schriften, Band V, Dietz Verlag, Berlin 1972, S. 93-166

282 Ebenda, S. 167-183, siehe dazu auch: Die Brüsseler Konferenz der KPD (3.-15. Oktober 1935), a. a. O., mit der Veröffentlichung der Referate Piecks und Florins, sowie weiterer Reden und Diskussionsbeiträge (u. a. von E. Schmidt, „Werner", U. Osche und K. Mewis)

283 „Laufen und Gehen. Olympiaheft Nr. 8", Original VVN-DÜ 3182

284 Fundort der Tarnschrift: Mülheim/Ruhr, nach Auskunft von Karl Schabrod

285 Siehe Vietzke: Die KPD auf dem Wege zur Brüsseler Konferenz, a. a. O., S. 214-143; Mammach: Die KPD und die deutsche Widerstandsbewegung, a. a. O., S. 113-131

286 Pieck: Gesammelte Reden und Schriften, a. a. O., S. 268

287 Ernst **Thälmann:** Zu unserer Strategie und Taktik im Kampf gegen den Faschismus, in: Die Internationale, 15. Jg., 1832, S. 277

288 Siehe Kapitel über sozialdemokratischen Widerstand

289 Florin: Wie stürzen wir Hitler? a. a. O., S. 23; vgl.: Die Brüsseler Konferenz, a. a. O., S. 203 f.

290 Ebenda, S. 54; vgl.: Die Brüsseler Konferenz, a. a. O., S. 249

291 Ebenda, S. 58 f.; vgl.: Die Brüsseler Konferenz, a. a. O., S. 255 f.

292 In Klaus Mammach/Gerhard Nitzsche: Zur Brüsseler Konferenz der KPD im Oktober 1935, BzG, 1965, S. 892-894

293 Bericht von Walter Kuchta, Köln, an D. Peukert vom 28. Oktober 1975

294 Protokoll des VII. Weltkonkresses der Kommunistischen Internationale (Nachdruck der 1935 erschienenen Sondernummern der „Rundschau"), Erlangen, 1974, Rede Genossin „Gärtner" (d. i. Elli Schmidt), S. 619-622

295 Florin: Wie stürzen wir Hitler? a. a. O., S. 32; vgl.: Die Brüsseler Konferenz, a. a. O., S. 216 f.

5. Der Widerstandskampf sozialdemokratischer Gruppen

296 Klotzbach: Gegen den Nationalsozialismus, a. a. O., S. 128; zur Gesamtdarstellung siehe Matthias: Die Sozialdemokratische Partei Deutschlands, a. a. O.; sowie Lewis J. **Edinger:** Sozialdemokratie und Nationalsozialismus. Der Parteivorstand der SPD im Exil von 1939-1945. Norddeutsche Verlags-Anstalt, Hannover und Frankfurt/Main 1960

297 Steinberg: Widerstand und Verfolgung in Essen, a. a. O., S. 70

298 Bericht Otto Meister vom 21. August 1951, VVN-E

299 Interview mit Max Heitland, Dortmund (D. Peukert), 7. Februar 1975

300 Erinnerungen Otto Meister, a. a. O.

301 IML/ZPA, St 3/742; Interview mit Heinrich Schmitz, Duisburg (D. Peukert) vom 29. April 1975

302 Kuno **Bludau:** Nationalsozialismus und Genossenschaften. Schriftenreihe des Forschungsinstituts der Friedrich-Ebert-Stiftung. Verlag für Literatur und Zeitgeschehen, Hannover 1968, S. 205 f.: Bericht der Stapostelle Dortmund vom 15. November 1934 über „ehem. marxistische Konsumvereine"

303 Siehe Kapitel: Um die Einheit aller Hitlergegner 1936-1939

304 IML/ZPA, St 3/744

305 Klotzbach: Gegen den Nationalsozialismus a. a. O., S. 142

306 IML/ZPA, St 3/742

307 Erinnerungen Fritz Runge, Essen, VVN-E
308 IML/ZPA, St 3/744
309 Siehe Kapitel: Die KPD im Kampf um die Einheitsfront, 1933-1935
310 IML/ZPA, St 3/772
311 Kurt **Kliem:** Der sozialistische Widerstand gegen das Dritte Reich. Dargestellt an der Gruppe „Neu beginnen". Dissertation, Marburg 1957; Jutta von **Freyberg:** Sozialdemokraten und Kommunisten. Die Revolutionären Sozialisten Deutschlands vor dem Problem der Aktionseinheit 1934-1937. Pahl-Rugenstein Verlag, Köln 1973
312 IML/ZPSA, NJ 15889
313 Prozeß 479/35 gegen Runge u. a. VVn-DÜ, Vernehmung Runge vom 3. Juni 1935
314 Prozeß 596/35 gegen Rotthäuser u. a. bzw. Linkenheil u. a., VVN-DÜ
315 Original VVN-DÜ 3008
316 IML/ZPA, St 3/745
317 Steinberg: Widerstand und Verfolgung in Essen, a. a. O., S. 69
318 Klotzbach: Gegen den Nationalsozialismus, a. a. O., S. 134
319 Ebenda, S. 140 f.
320 Broschüre „Revolution gegen Hitler" der emigrierten SPD-Vorstandsmitglieder in: Bibliothek zur Geschichte der Arbeiterbewegung, Ruhr-Universität Bochum
321 Das Prager Manifest von 1934. Ein Beitrag zur Geschichte der SPD. Hrsg. und eingel. von Wolfgang Runge, Hamburg 1971
322 Florin: Wie stürzen wir Hitler? a. a. O., S. 23
323 Siehe Anmerkungen 313 und 314; IML/ZPA, NJ 5708
324 IML/ZPA, St 3/44, St 3/744, St 3/745
325 Urteil 9 J 479/35, VVN-DÜ 1309
326 IML/ZPA, St 3/763, St 3/40/I, 3/1/371
327 Freyberg: Sozialdemokraten und Kommunisten, a. a. O., S. 157-161; über Franz Vogt siehe auch das Kapitel über die antifaschistische Gewerkschaftsbewegung
328 Hanno **Drechsler:** Die Sozialistische Arbeiterpartei Deutschlands (SAPD). Verlag Anton Hain, Meisenheim/Glan, 1965
329 IML/ZPA, St 3/742, 744, 776; vgl. auch Bludau: Gestapo – geheim! a. a. O., S. 47-59 und Klotzbach: Gegen den Nationalsozialismus, a. a. O., S. 145-150
330 IML/ZPA, St 3/776
331 Prozeß 6 OJs 24/36, VVN-DÜ
332 IML/ZPA, NJ 15914; Olaf **Ihlau:** Die Roten Kämpfer, Verlag Anton Hain, Meisenheim/Glan, 1969
333 Werner **Link:** Die Geschichte des Internationen Jugend-Bundes (IJB) und des Internationalen Sozialistischen Kampfbundes (ISK), Verlag Anton Hain, Meisenheim/Glan, 1964
334 K. H. **Tjaden:** Struktur und Funktion der „KPD-Opposition" (KPO), Verlag Anton Hain, Meisenheim/Glan, 1964
335 IML/ZPA, St 3/783, NJ 8816, EA 1345; Interview mit Heinrich Weinand, Etzbach (D. P.), 6. August 1974
336 Bludau, a. a. O., S. 65-74
337 IML/ZPA, NJ 3571
338 Otto-Ernst **Schüddekopf:** Nationalbolschewismus in Deutschland 1918-1933, Frankfurt/Main – Berlin – Wien, 1972, S. 367 ff.
339 Klotzbach, a. a. O., S. 138 ff.; Interview mit Walter Thüssfeld, Dortmund (D. Peukert), 7. Februar 1975
340 IML/ZPA, NJ 2457; Bericht Karl Kuhn, Essen, 22. Oktober 1967, VVN-E

6. Gewerkschafter im Widerstand 1933 bis 1935

341 Hannes **Heer:** Burgfrieden oder Klassenkampf, a. a. O., Gerhard **Beier:** Das Lehrstück vom 1. und 2. Mai 1933, Frankfurt 1975

342 Bericht Richard Riegel, VVN-E

343 VVN-DÜ, Original

344 Entwurf einer Entschließung des Bezirkskomitees der RGO Ruhrgebiet, VVN-DÜ 2078 erhalten geblieben die Seiten 1-5, 6-9, 16-23, 25-33, korrigierte Fassung, S. 10-12, maschinenschriftl. mit handschriftl Korrekturen; s. auch IML/ZPA, St 3/763

345 IML/ZPA, St 3/742

346 Original VVN-DÜ 2102

347 Original VVN-DÜ 2077

348 IML/ZPA, St 3/763

349 IML/ZPA, St 3/742

350 Urteil 28/34, VVN-DÜ 2211

351 Günther **Groß:** Der gewerkschaftliche Widerstandskampf der deutschen Arbeiterklasse während der faschistischen Vertrauensrätewahlen 1934, Tribüne-Verlag, Berlin, 1962

352 „Rote Fahne", April 1934, Kopie VVN-E

353 „Freiheit", Mai 1934, VVN-DÜ 3006

354 Siehe Kapitel: Die KPD ... 1933 bis 1935

355 Situationsbericht aus den UB's. Manuskript Otto Hertel Sommer 1934, VVN-DÜ 2989

356 Cläre Quast, Wie die Partei in Wuppertal den illegalen antifaschistischen Kampf organisierte. In: Im Kampf bewährt, Erinnerungen deutscher Genossen an den antifaschistischen Widerstandskampf von 1933-1945. Hrsg.: Heinz Voßke. Dietz Verlag, Berlin, 1969; IML/ZPA, NJ 6447; NJ 2901; NJ 5789; 3/1/371; Brief Ludwig Vorberg vom 4. Juli 1967, VVN-DÜ, 1636

357 Siehe Anmerkung 355

358 Original VVN-DÜ 3025; s. a. IML/ZPA 3/1/371

359 IML/ZPA, St 3/775, NJ 5789; St 3/162, NJ 6247; Brief L. Vorberg vom 4. Juli 1967

360 Ebenda

361 IML/ZPA, NJ 5789

362 W. S. **Allen:** Eine statistische Analyse der sozialistischen Untergrundbewegung in Nordrhein-Westfalen 1933-1938, in: Forschungsinstitut der Friedrich-Ebert-Stiftung: Widerstand, Verfolgung und Emigration 1933 bis 1945. Bad Godesberg 1967, S. 24-36

363 Cläre Quast, a. a. O., S. 49

364 Interview mit Paul Claassen, Solingen (D. Peukert), 16. August 1974

365 Ablichtung AIZ, undatiert, VVN-DÜ

366 IML/ZPA, St 3/767

367 IML/ZPA, St 3/781

368 IML/ZPA, NJ 5789

369 IML/ZPA, St 3/162

370 Original in: IML/ZPA, St 3/162; Faksimile in: Der deutsche antifaschistische Widerstand 1933-1945. In Bildern und Dokumenten, a. a. O., S. 85

371 Original VVN-DÜ 2633

372 IML/ZPA, St 3/162

373 Ebenda
374 Anklage gegen Gerhard Jurr, 2 J 331/36, VVN-DÜ 2557
375 Bericht Ludwig Vorberg vom 14. Juni 1971, VVN-DÜ 3933
376 Bericht L. Vorberg vom 4. Juli 1967
377 IML/ZPA, NJ 1156
378 Siehe Kapitel 4
379 IML/ZPA, St 3/745, NJ 6247; Zitat bei Schabrod, a. a. O., S. 72
380 IML/ZPA, NJ 2901; 3/1/371
381 IML/ZPA, NJ 6247; 3/1/371; Bericht von Walter Kuchta, 7. Dezember 1968, VVN-DÜ 3204
382 Siehe Kapitel 4
383 IML/ZPA, NJ 2344, NJ 3374, NJ 6247; Interview mit Paul Claassen, Solingen, 16. August 1974
384 IML/ZPA, St 3/769
385 IML/ZPA, St 3/768
386 Interview Paul Claassen, 16. August 1974
387 IML/ZPA, NJ 6247
388 IML/ZPA, St 3/781
389 IML/ZPA, NJ 6247, St 3/744
390 IML/ZPA, 3/1/371; Interview mit Josef Hermes, Lennestadt (D. Peukert), 13. Februar 1975
391 IML/ZPA, NJ 2344. Selbst die Zahlenangabe im Prozeß über die Größe der Hoesch-Betriebsgruppe und die Dortmunder Parteiorganisation von Herbst 1934/Anfang 1935 stimmt überein mit den Angaben des Oberberaters für Gewerkschaftsfragen, Heinrich Schmitt an das ZK der KPD vom 24. November 1934 (IML/ZPA, 3/1/371). Ein weiterer Beleg für die Genauigkeit der Rechenschaftsberichte aus dem Lande an die Parteiführung.
392 IML/ZPA, St 3/747
393 IML/ZPA, St 3/776
394 IML/ZPA, NJ 6247
395 IML/ZPA, 116/1/424
396 IML/ZPA, St 3/776, St 3/779
397 hierzu und im folgenden: Esters/Pelger: Gewerkschafter im Widerstand, a. a. O.; Bericht Paul Emmen, VVN-DÜ; Interview mit Willi Komorowski, Köln, (Walter Kuchta), vom 20. Mai 1975
398 Bericht Paul Emmen, zit. in: Aurel **Billstein:** Der eine fällt, die anderen rücken nach. Dokumente des Widerstandes und der Verfolgung in Krefeld 1933-1945. Röderberg-Verlag, Frankfurt/Main, 1973, S. 154 ff.
399 IML/ZPA, 3/1/371; NJ 2901; Interview Willi Komorowski (W. Kuchta), vom 20. Mai 1975

7. Jugend im antifaschistischen Kampf

400 Geschichte der deutschen Arbeiterjugendbewegung. 1904-1945. Autorenkollektiv unter Leitung von K. H. Jahnke, Weltkreis-Verlag, Dortmund, 1973, S. 467-535
401 Interview mit Joseph Rossaint, Düsseldorf (D. Peukert), 24. Februar 1975
402 Interview mit Eduard Wienskowski, Duisburg (D. Peukert), 20. Februar 1975;

Briefe Eduard Wienskowski an D. Peukert vom 23. und 28. 000 1975

403 Arno **Klönne:** Gegen den Strom. Bericht über den Jugendwiderstand im Dritten Reich. Norddeutsche Verlagsanstalt, Hannover-Frankfurt/Main, 1957

404 Interview mit Fritz Rische, Düsseldorf (D. Peukert), 22. Oktober 1974; Brief Heinz Lohkamp vom 25. Juni 1973, VVN-DÜ 4114; Interview mit Hans Rentmeister, Berlin (D. Peukert), Dezember 1974; Bericht von Wille Rattai, Essen (an D. Peukert), 26. Mai 1974; IML/ZPA, NJ 15511

405 Bericht Franz Szegelat, Bottrop (i. Bes. D. Peukert), undatiert; Bericht Richard Titze, Dachau, sowie dessen Brief und mündliche Auskunft, Mai 1975 (D. Peukert)

406 Interview mit Fritz Rische, a. a. O.

407 Interview mit Alfred Lemnitz. Berlin (D. Peukert), 13. Mai 1974; Interview mit Walter Kuchta, Köln (D. Peukert), 21. Juni 1975; Bericht Willi Rattai, Essen, a. a. O.

408 Original VVN-DÜ 3030a

409 Materialien des KJVD-Ruhr Kopie, VVN-E

410 Kopie VVN-E

411 Karl-Heinz **Jahnke:** Der Anteil der deutschen Jugend am antifaschistischen Widerstandskampf, unter besonderer Berücksichtigung der kommunistischen Widerstandsbewegung 1933-1945, T. 1-3, Phil. Habil. Greifswald 1966, S. 113 f.; Brief Heinz Junge an D. Peukert vom 23. Juli 1975;

412 Interview mit Willi Heinzkill, Duisburg (D. Peukert), 20. Februar 1975

413 Faksimile Steinberg: Widerstand und Verfolgung in Essen, a. a. O., S. 261 f.

414 Kopie VVN-E

415 Bericht aus der Sammlung Joseph Rossaint

416 Bericht Richard Titze, VVN-E

417 Bericht Walter Kuchta, Köln, 1. November 1975, (im Besitz D. Peukert)

418 „Frühe Feuertaufe", Bericht Heinz Junge, Dortmund, VVN-DÜ 3442

419 Bericht Willi Rattai, a. a. O.

420 Geschichte der deutschen Arbeiterjugendbewegung, a. a. O., S. 480 f.

421 Original VVN-E

422 „Pressedienst der KPD", 4. Oktober 1933, Kopie VVN-E

423 Interview Joseph Rossaint, a. a. O., siehe auch: Kapitel 11; Interview Willi Heinzkill, a. a. O.

424 IML/ZPA, St 3/762

425 Bericht Walter Kuchta, Köln, 7. Dezember 1968, VVN-DÜ 3204

426 Brief Alfred Hauser, Stuttgart, 5. August 1974, VVN-E; Bericht Richard Titze, Dachau, 8. Juli 1969, VVN-E; Information Albert Weichert, Essen an E. Schmidt, Essen

427 IML/ZPA, NJ 1760

428 Siehe Anmerkung 426 sowie IML/ZPA, St 3/782

429 mündlicher Bericht Richard Titze an D. Peukert, 10. Mai 1975; Bericht Richard Titze, VVN-E

430 Siehe Anmerkung 26; IML/ZPA, St 3/745

431 IML/ZPA, NJ 5125

432 „Junge Garde", Nr. 12, Mitte Juli 1934, Original VVN-DÜ 2756

433 „Westdeutscher Arbeiter-Sport", Juli 1934, September 1934, Original VVN-DÜ 3040, 3046

434 IML/ZPA, St 3/768; siehe auch IML/ZPA, NJ 1760

435 Original VVN-DÜ 3042

436 IML/ZPA, St 3/768

437 Urteil VGH 8 J 72/36 gegen Joseph Rossaint u. a., VVN-DÜ

438 Geschichte der deutschen Arbeiterjugendbewegung, a. a. O., S. 490 f.; IML/ZPA, St 3/779, NJ 1760, EA 1288

439 Interview mit Hans Jennes, Frankfurt/Main, (D. Peukert), 8. Mai 1975; Interview mit Willi Heinzkill, a. a. O.

440 IML/ZPA, St 3/774

441 IML/ZPA, St 3/779

442 IML/ZPA, St 3/40/III, St 3/747

443 Interviews mit Heinz Junge, Dortmund (D. Peukert), 20. Februar 1975, Walter Kuchta, a. a. O., Hans Jennes, a. a. O.

444 Klotzbach: Gegen den Nationalsozialismus, a. a. O., S. 129 f.

445 Interview Heinz Junge, Dortmund (D. Peukert), 10. April 1975; Prozesse 9 J 92/41, 5 OJ 59/41, VVN-DÜ 2117; siehe dort auch das Folgende

446 Ebenda

8. Um die Einheit aller Hitlergegner 1936 bis 1939

447 Anatomie des Krieges. Neue Dokumente über die Rolle des deutschen Monopolkapitals bei der Vorbereitung und Durchführung des zweiten Weltkrieges. Hrsg. und eingel. von Dietrich Eichholz und Wolfgang Schumann, VEB Deutscher Verlag der Wissenschaften, Berlin 1969, S. 144 f.

448 Jürgen **Kuczynski:** Studien zur Geschichte des staatsmonopolistischen Kapitalismus in Deutschland 1918-1945, Bd. 16 der Geschichte der Lage der Arbeiter unter dem Kapitalismus, Berlin 1965, S. 215 ff., S. 134

449 Dietrich **Eichholtz:** Geschichte der deutschen Kriegswirtschaft 1939-1945, Bd. 1: 1939-1941, Akademie-Verlag, Berlin, 1971

450 Anatomie des Krieges, a. a. O., S. 33

451 **Paterna/Fischer/Gossweiler/Markus/Pätzold:** Deutschland 1933-1939. Lehrbuch der deutschen Geschichte, (Beiträge), Bd. 11, VEB Deutscher Verlag der Wissenschaften, Berlin 1969, S. 325

452 Siehe Mammach, Die KPD und die deutsche antifaschistische Widerstandsbewegung, a. a. O., S. 259 ff.; Klassenkampf, Tradition, Sozialismus, a. a. O., S. 454 ff.

453 Mammach, a. a. O., S. 151-166

454 IML/ZPA, St 3/781

455 Bericht Cilli Hansmann, Köln, VVN-DÜ 3278; Anklage 9 J 51/44 gegen W. Knöchel, Archiv der Forschungsstelle für die Geschichte des Nationalsozialismus in Hamburg, Sign. 8128/Vii, die mir von Prof. Dr. Jochmann freundlicherweise in der Kopie überlassen wurde

456 Westdeutsche Kampfblätter, Originale: Nr. 2/1. Juli 1936, VVN-DÜ 2641, Nr. 2, 2. Jg. 31. Juli 1937, VVN-DÜ 2666; „Freiheit" Frühjahr 1939, VVN-DÜ 2115; Interview mit Ismar Heilborn, Berg.-Gladbach, (D. Peukert), 17. August 1974; vollständige Bibliographie und Inhaltsangabe in: Heinz **Gittig:** Illegale antifaschistische Tarnschriften 1933 bis 1945. Röderberg-Verlag, Frankfurt/Main 1972

457 Interview mit Heinz Junge, Dortmund (D. Peukert), 20. Februar 1975

458 VVN-DÜ 1776b; IML/ZPA, 3/1/442

459 Bericht Cilli Hansmann, a. a. O.; Ger **Harmsen:** Daan Goulooze. Uit het leven van een Communist, Utrecht 1967

460 VVN-DÜ 1776a, sowie Information Werner Mutmann, Wanne-Eickel an Karl Schabrod; Urteil 317/36, VVN-DÜ
461 Information von Jan Jürgens, Mülheim an Karl Schabrod
462 IML/ZPA, St 3/747, St 3/783
463 Interview mit Josef Hermes, Lennestadt (D. Peukert), 13. Februar 1975
463a Information von Ernst Schmidt, Essen
464 IML/ZPA, St 3/779
464a Bericht Else Kamleiter, Sammlung Rossaint
465 Urteil 6 OJs 174/37, VVN-DÜ 3207
465a Interview mit Richard Busse, Dortmund (D. Peukert/U. Krempel), 3. Januar 1975
466 Interview Fritz Rische, Düsseldorf (D. Peukert), 22. Oktober 1974, Interview Heinz Junge, a. a. O.; Brief Heinz Junge an D. Peukert vom 23. Juli 1975
467 Urteil 5 OJs 213/37, VVN-DÜ 2583a; IML/ZPA, EA 1345
468 IML/ZPA, St 3/747; Interviews mit Christine Schröder, Bochum (D. Peukert) vom 2. November 1973 und 14. Februar 1975
469 RE, 29. November 1932
470 Lebenslauf Jurkes von Anna Finkner, Düsseldorf, 27. August 1946; VVN-DÜ; Interviews Christine Schröder, a. a. O.; IML/ZPA, NJ 1230
471 Siehe Kapitel: Der Widerstand sozialdemokratischer Gruppen
472 Interview Heinrich Schmitz, Duisburg, (D. Peukert), 29. April 1975
473 IML/ZPA, NJ 1295
474 VVN-DÜ 2557; siehe auch Kapitel: Gewerkschaftler im Widerstand 1933-1935
475 Ebenda, offensichtliche Schreibfehler der Abschrift wurden korrigiert, D. Peukert
476 IML/ZPA 15585; VVN-DÜ 3697; Deutsche Widerstandskämpfer, a. a. O., Bd. 1. S. 223 f.
477 Ebenda; Prozeß 387/36, VVN-DÜ; Interview Josef Hermes, a. a. O.
478 VVN-DÜ 3697
479 IML/ZPA, NJ 1311
480 VVN-DÜ 3697
481 IML/ZPA, NJ 15589; St 3/747
482 IML/ZPA, St 3/50/I; Interview Christine Schröder, a. a. O.; Interview Josef Hermes, a. a. O.
483 Interview Heinz Junge, a. a. O.
484 Ebenda
485 IML/ZPA, NJ 11561
486 Vgl. Klotzbach: Gegen den Nationalsozialismus, a. a. O., S. 45
487 Interview Heinz Junge, a. a. O.; siehe in diesem Kapitel den Abschnitt: Die Berner Konferenz der KPD
488 IML/ZPA, St 3/747, NJ 11561
489 Interview mit Walter Thüssfeld, Dortmund (D. Peukert), 7. Februar 1975
490 IML/ZPA, EA 1345
491 IML/ZPA, NJ 14555
492 Urteil 9 J 30/40 g // VGH 5/41, VVN-DÜ
493 Bericht Heinz Junge, VVN-DÜ 3443; s. a. Deutschland-Informationen des ZK der KPD, Paris, September 1937, S. 20
494 Aus den Aufzeichnungen von Albert Demmel, zusammengestellt von seinen Kindern, Archivsammlung Ernst Schmidt, Essen
495 Interview mit Bernhard Schnarr, Bochum (D. Peukert), 19. Februar 1975

496 IML/ZPA, St 3/782
497 Ebenda, siehe auch IML/ZPA, EA 1345
498 IML/ZPA, St 3/783
499 IML/ZPA, St 3/747
500 IML/ZPA, St 3/783
501 IML/ZPA, St 3/44/I
502 Steinberg: Widerstand und Verfolgung in Essen, a. a. O., S. 167 f.
503 Zur allgemeinen Einschätzung siehe: Klaus **Drobisch**/Rudi **Goguel**/Werner **Müller:** Juden unterm Hakenkreuz. Verfolgung und Ausrottung der deutschen Juden 1933-1945. Röderberg-Verlag, Frankfurt/Main 1973, S. 136
504 Brief Heinz Junge an D. Peukert, 23. Juli 1975
505 IML/ZPA, NJ 14555
506 IML/ZPA, St 3/183
507 IML/ZPA, St 3/747
508 IML/ZPA, St 3/744
509 Ebenda
510 IML/ZPA, St 3/770
511 Die Berner Konferenz der KPD, hrsg. Klaus Mammach, Dietz Verlag, Berlin 1974, S. 140
512 „Freiheit", Anfang 1939, Original VVN-DÜ 2115
513 IML/ZPA, St 3/183
514 IML/ZPA, St 3/747
515 Interview Ernst von Asselt, Essen (E. Schmidt), 16. Juli 1974

9. Die antifaschistische Gewerkschaftsbewegung 1936 bis 1939

516 Zur Literatur über die Eisenbahnergewerkschaft siehe die Anmerkungen 397 und 398
517 „Faschismus", Organ der ITF, Originale VVN-DÜ, 4842-44, siehe bes. Nr. 10/17. November 1934; Nr. 12/15. Dezember 1934, Nr. 3/8. Februar 1936
518 IML/ZPA, St 3/764
519 IML/ZPA, St 3/744
520 Horst **Bednarek:** Die Gewerkschaftspolitik der KPD 1935-1939, Tribüne-Verlag, Berlin 1969, S. 162 f.; Anklage W. Knöchel, a. a. O.; Esters/Pelger, a. a. O., S. 70 f.
521 Interview Cilli Hansmann, Köln (D. Peukert), 5. August 1974; Anklage Knöchel, a. a. O.
522 u. a. bezeugt von Otto Niebergall, s. Brief Heinz Junge vom 23. Juli 1975 an D. Peukert
523 IML/ZPA, 3/1/442
524 RE, 4. Januar 1932
525 Bednarek: Die Gewerkschaftspolitik der KPD, a. a. O., S. 116, 124; s. a. Nachlaß Franz Vogt im Internationalen Institut für Sozialgeschichte, Amsterdam
526 Ebenda, S. 111; VVN-DÜ 2635, Original „Informationsdienst"
527 nach dem Interview mit Walter Thüssfeld, Dortmund (D. Peukert), 7. Februar 1975, sind die Angaben in der Anklageschrift zum politischen Werdegang Knöchels in Dortmund ungenau. Bis 1930 trat er nicht besonders hervor.; Anklage Knöchel, a. a. O.

528 Bednarek: Die Gewerkschaftspolitik der KPD, a. a. O., S. 156
529 Urteil 1 H 97/44, VGH, Archiv der Forschungsstelle für die Geschichte des Nationalsozialismus in Hamburg, Sign. 8128/VIII; Bericht Cilli Hansmann, VVN-DÜ 3278
530 Bednarek, a. a. O., S. 126 f.
531 Bergarbeitermitteilungen, Nr. 1, Juli 1936, Original in der Bibliothek zur Geschichte der Arbeiterbewegung, Ruhr-Universität Bochum, vollständige Sammlung bis Anfang 1939
532 Bednarek, a. a. O., S. 129 ff.
533 Bergarbeitermitteilungen, Nr. 1, 1936
534 Bericht Cilli Hansmann, a. a. O.; Bergarbeitermitteilungen Nr. 1/1936, Nr. 3/1939; Bergarbeiterzeitung, Nr. 2. Oktober, 1937, Bibliothek . . . Ruhr-Universität Bochum
535 so in Oberhausen-Sterkrade (IML/ZPA, NJ 2979); Zeche Concordia, Oberhausen (Bericht Else Kamleiter); Dortmund (Interview mit Heinz Junge, a. a. O.)
536 Bericht Cilli Hansmann; Interview Cilli Hansmann, a. a. O.; IML/ZPA, NJ 2979
537 Duhnke: Die KPD 1933-1945, a. a. O., S. 579 folgt den Behauptungen der Nazi-Anklageschrift gegen Knöchel und erklärt dessen Tätigkeit als Arbeit in der „KPD-Gewerkschaftsbewegung", was auch immer das sei; auch Steinberg, a. a. O., Bludau, a. a. O., Klotzbach, a. a. O., und Esters/Pelger, a. a. O. schweigen sich über die Bergarbeitergewerkschaft aus
538 Interview Cilli Hansmann, a. a. O.; IML/ZPA 3/1/371; siehe auch Kapitel: Gewerkschafter . . . 1933-1935, auch in den folgenden Angaben wurden Erinnerungen Beteiligter mit internen Berichten der KPD über Gewerkschaftsfragen, sowie mit Prozeßakten verglichen, ein weiteres Indiz für die Existenz von gewerkschaftlichen Verbindungsleuten ist der jeweilige Abdruck detaillierter interner Berichte von einzelnen Zechen in den „Bergarbeitermitteilungen"
539 Bergarbeitermitteilungen, Nr. 1/1936, Nr. 2/1937
540 Bergarbeitermitteilungen, 1938/Nr. 3, 1937/Nr. 11; IML/ZPA 116/1/424
541 Bergarbeitermitteilungen, 1936/Nr. 2; IML/ZPA 116/1/424
542 IML/ZPA, NJ 2979
543 Bericht Else Kamleitner, Sammlung J. Rossaint, Kopie im Besitz D. Peukert
544 IML/ZPA, NJ 2979; 116/1/424; Bergarbeitermitteilungen 1936/Nr. 1
545 Bergarbeitermitteilungen 1938/Nr. 6; IML/ZPA, 3/21/449: in diesem Bericht über die Lage im Ruhrgebiet vom 28. April 1939 werden detaillierte Angaben gemacht, die mit ihrem typischen Lokalkolorit nur von einheimischen Vertrauensleuten der Bergarbeitergewerkschaft nach Amsterdam durchgegeben worden sein können
546 Bergarbeitermitteilungen 1937/Nr. 7; IML/ZPA 3/21/449
547 IML/ZPA, NJ 14555
548 Interview mit Cilli Hansmann, a. a. O.; IML/ZPA 3/21/449, siehe auch Anmerkung 545
549 Interview mit Josef Hermes, Lennestadt, a. a. O.
550 Bergarbeitermitteilungen 1938/Nr. 3
551 Ebenda, 1937/Nr. 12
552 Ebenda, 1937/Nr. 7
553 Ebenda,
554 Ebenda, 1936/Nr. 2; Interview Cilli Hansmann, a. a. O.
555 Interview Heinz Junge, a. a. O.; siehe auch Kapitel 15
556 Bergarbeitermitteilungen 1936/Nr. 2; Interview Heinz Junge
557 Interview Heinz Junge

558 „Alfred“ (d. i. Wilhelm Knöchel): Deutsche Bergarbeiter in den Fesseln des Vierjahresplanes, in: Rundschau, Basel, 1937, Nr. 37, S. 1312 f.
559 Bergarbeitermitteilungen, 2. Jg., Nr. 9, September 1937
560 Bericht Cilli Hansmann, VVN-DÜ
561 IML/ZPA, St 3/747
562 Bericht Cilli Hansmann
563 Ebenda
564 Bergarbeitermitteilungen 1936, Nr. 1
565 Bednarek: Die Gewerkschaftspolitik der KPD, a. a. O., S. 166
566 Ebenda
567 Bergarbeitermitteilungen, 1. Jg., Nr. 6, Dezember 1936; IML/ZPA, 116/1/424
568 Interview Hans Jennes, Frankfurt, (D. Peukert), 8. Mai 1975
569 Bergarbeitermitteilungen, 1937/Nr. 2, 1939/Nr. 1
570 Ebenda, 1937/Nr. 5
571 Bergarbeitermitteilungen, 3. Jg. 1938/Nr. 11
572 Bergarbeitermitteilungen, 3. Jg., Nr. 9, September 1938
573 Bergarbeitermitteilungen 1939/Nr. 1
574 Ebenda, 1937/Nr. 11
575 Ebenda, 1937/Nr. 12
576 IML/ZPA, 3/4/1648; Berichte in Bergarbeitermitteilungen 1936/Nr. 3; Bednarek: Die Gewerkschaftspolitik der KPD, a. a. O., S. 156
577 u. a. Bergarbeitermitteilungen, Sondernummern: Anfang Dezember 1936; Februar 1937; Mitte Oktober 1937; Januar 1938
578 Ebenda, 1938/Nr. 6; Bednarek, a. a. O., S. 214 ff.; Bericht Cilli Hansmann, a. a. O.
579 Bergarbeitermitteilungen, 1938/Nr. 6
580 Ebenda, 1938/Nr. 5; Bednarek, a. a. O., S. 214
581 IML/ZPA, St 3/183
582 Bericht Cilli Hansmann
583 Vgl. Kapitel: Über den Krieg hinaus, 1945

10. Solidarität mit dem spanischen Volk

584 Brigada Internacional ist unser Ehrenname . . . Erlebnisse ehemaliger deutscher Spanienkämpfer, hrsg. Heinz Maaßen, 2 Bde., Militärverlag der DDR, Berlin, 1974; Pasaremos, Deutsche Antifaschisten im national-revolutionären Krieg des spanischen Volkes. Bilder-Dokumente-Erinnerungen. Autorenkollektiv unter Leitung von Horst Kühne, Militärverlag der DDR, Berlin, 1970
585 Aus einem Interview mit Emil Sander, Dortmund (Silke Brockmann/Wolfgang Zank), 20. April 1974
586 Robert **Schreiber:** Wir setzten über den Ebro, in: Der rote Großvater erzählt. Berichte und Erzählungen von Veteranen der Arbeiterbewegung aus der Zeit von 1914 bis 1945. Hrsg. Werkstatt Düsseldorf des Werkkreises Literatur der Arbeitswelt, Fischer-Bücherei, Frankfurt/Main, 1974, S. 192 ff.
587 Gustav Szinda, in: Brigada Internacional, a. a. O.
588 Pasaremos, a. a. O., S. 227 f.

589 Deutsche Widerstandskämpfer, a. a. O., Bd. 1, S. 494; Auskunft Eduard Wienskowski an D. Peukert

590 Original Archiv Zur Geschichte der Arbeiterbewegung, Ruhr-Universität Bochum

591 Siehe Inhaltsangaben und Bibliographie bei Gittig: Illegale antifaschistische Tarnschriften, a. a. O.

592 Siehe Kapitel 9

593 IML/ZPA, St 3/783

594 Ebenda

595 IML/ZPA, St 3/747

596 Erlebnisse in Spanien, Original VVN-DÜ 2660, Fundort: Mülheim/Ruhr; über die Entstehung der Broschüre: Cilli Hansmann, Bericht

597 IML/ZPA, St 3/782. Die polizeiliche Untersuchung ergab, daß die Zettel nur in Spanien eingelegt worden sein konnten

11. Christliche und bürgerliche Opposition

598 Siehe Kapitel: Die KPD . . . 1933-1935

599 Zit. bei Klotzbach: Gegen den Nationalsozialismus, a. a. O., S. 222

600 400 Jahre Reformation in Essen. Festschrift der drei evangelischen Kirchenkreise in Essen, 1963, S. 42

601 u. a. Wilhelm **Niemöller:** Bekennende Kirche in Westfalen, Bielefeld 1952; Karl **Kupisch:** Zwischen Idealismus und Massendemokratie. Eine Geschichte der Evangelischen Kirche in Deutschland, 1815-1945, Berlin, 1959; Heinz **Boberach:** Berichte des SD und der Gestapo über Kirche und Kirchenvolk in Deutschland 1934-1944 . . . ., Mainz, 1971; Hans **Müller** (Hrsg.): Katholische Kirche und Nationalsozialismus, München, 1968; Klaus **Drobisch:** Christen im Nationalkomitee „Freies Deutschland". Berlin, 1973

602 400 Jahre Reformation in Essen, 1963, S. 48

603 Ebenda, S. 46: Über die Widerstandstätigkeit Heinemanns siehe: Werner **Koch:** Heinemann im Dritten Reich. Ein Christ lebt für morgen. Wuppertal, 1972

604 400 Jahre Reformation . . ., S. 52, 55

605 Siehe Anmerkung 601; Siehe auch Bludau: Gestapo – geheim! a. a. O., S. 175 ff.

606 Bludau, S. 187

607 Ebenda, S. 181

608 Ebenda, S. 204

609 Siehe Kapitel: Die KPD . . . 1933-1935

610 Geschichte der deutschen Arbeiterbewegung, Chronik, Bd. II, Berlin, 1966, S. 377

611 Interview Ännchen Teschner, Essen (E. Schmidt), 29. Mai 1974

612 IML/ZPA, St 3/183

613 Interview Joseph Rossaint, Düsseldorf (D. Peukert), 24. Januar 1975, Materialsammlung Rossaint

614 Ebenda, Urteil 2 H 7/37

615 Ebenda, sowie Interview Rossaint

616 Billstein: Der eine fällt, die anderen rücken nach, a. a. O., S. 289 ff.

617 Siehe Kapitel 7

618 Interview Otto Funke, Berlin (D. Peukert/Karl Schabrod), Dezember, 1973

619 Interview J. Rossaint, a. a. O.
620 Zit. in Geschichte der deutschen Arbeiterjugendbewegung, a. a. O., S. 512 ff.
621 Ebenda
622 Original IML/Bibliothek
623 Ebenda
624 Siehe Arno **Klönne:** Gegen den Strom, a. a. O., S. 125 ff.; **Ebeling/Hespers:** Jugend contra Nationalsozialismus; Frechen, o. Jg., Billstein, a. a. O.
625 Deutsche Widerstandskämpfer, a. a. O., Bd. 1, S. 394 ff.; IML/ZPA, NJ 1319, NJ 1741; Auskunft Erich Jungmann an Luise Kraushaar
626 Steinberg, a. a. O., S. 23, Anmerkung 25
627 Günter **Weisenborn:** Der lautlose Aufstand, Röderberg-Verlag, Frankfurt/Main, 1974, S. 409
628 Siehe die Analyse bei Reinhard **Opitz:** Der deutsche Sozialliberalismus, 1917-1933, Pahl-Rugenstein Verlag, Köln, 1973

12. Widerstandskämpfer in Zuchthäusern und Konzentrationslagern

629 IML/ZPA, NJ 3834
630 Siehe bes. IML/ZPA, NJ 8173
631 Karl **Ibach:** Als Häftling im KZ Kemna, in: Werner Gerhart: Aufmachen! Gestapo! Über den Widerstand in Wuppertal 1933-1945, Peter Hammer Verlag, Wuppertal, 1974, S. 48 ff.
632 Information von E. Schmidt, Essen
633 Berichte Heinrich Rabbich, Essen, VVN-E
634 Willi **Perk:** Die Hölle im Moor, Röderberg-Verlag, Frankfurt/Main, 1970
635 Original VVN-E
636 Bericht Heinz Junge: „Frühe Feuertaufe“, VVN-DÜ
637 Ebenda
638 Interview Heinrich Weinand, Etzbach (D. Peukert), 6. August 1974; Bericht und Briefe H. Weinand, VVN-DÜ 3690; Auskunft Walter Kuchta, 28. Oktober 1975
639 Bericht Hermann Runge, in: Der rote Großvater erzählt, a. a. O., S. 182 f.
640 IML/ZPA, St 3/747
641 IML/ZPA, St 3/775
642 IML/ZPA, NJ 6247; bestätigt im Interview Paul Claassen, Solingen (D. Peukert) 30. April 1975
643 Interview Christine Schröder, Bochum (D. Peukert) 14. Februar 1975
644 IML/ZPA, NJ 12963
645 IML/ZPA, NJ 15812
646 Ebenda
647 Ebenda, IML/ZPA, NJ 12963; Interview Richard Busse und Frau, Dortmund (D. Peukert/U. Krempel) 3. Januar 1975; Interview Christine Schröder, a. a. O.; gleichlautende Informationen auch in fast allen anderen Interviews; siehe auch: Rote-Hilfe-Tätigkeit von Anton Adrejesczak, Kamp-Lintfort, März 1934 – Mai 1935, IML/ZPA, NJ 3374
648 Sachsenhausen-Informationen, 25. März 1964; Max **Opitz:** Widerstand im KZ Sachsenhausen, in: Im Kampf bewährt. Erinnerungen an den Widerstand 1933-1945. Hrsg. Heinz Voßke. Dietz Verlag, Berlin 1969, S. 143-184

649 Buchenwald. Mahnung und Verpflichtung. Dokumente und Berichte, Röderberg-Verlag, Frankfurt/Main, 1960. Berichte August Stötzel u. a.

650 Bericht Jan Jürgens, VVN-DÜ, zit. bei Schabrod: Widerstand an Rhein und Ruhr, a. a. O., S. 131 ff.

651 Ebenda; siehe auch Anmerkung 638

652 Hermann Runge, a. a. O., S. 189 ff.

13. Die Formierung des Widerstands gegen den Krieg September 1939 bis Sommer 1941

653 Tim Mason beispielsweise stellt zwar durchaus einen Systemzusammenhang zwischen Faschismus und Kapitalismus fest, meint dann aber, daß die „Irrationalität", der faschistischen Kriegsziele und die Judenvernichtungen ein Beleg dafür seien, daß spätestens seit 1936 die (Nazi-)Politik den „Primat" gegenüber der (monopolkapitalistischen) Ökonomie gehabt habe. Siehe die Debatte zwischen Mason, Eichholtz, Gossleiler und Czichon in: Das Argument, Westberlin, Nr. 41 (8. Jg., Dez. 66) und Nr. 47 (10. Jg., Juli 68); zusammenfassend zur Faschismus-Theorie neuerdings: Reinhard **Opitz:** Über die Entstehung und Verhinderung von Faschismus, in: Das Argument, 16. Jg., November 1974, Heft 7-9, S. 543-604. Zum Verhältnis Großkonzerne – KZ siehe: Peter Kaiser: Monopolprofit und Massenmord im Faschismus . . ., in: Blätter für deutsche und internationale Politik, Köln, Nr. 5/1975, S. 552-576

654 Zu den Kriegszielplanungen der Monopole siehe: Deutschland im ersten Weltkrieg, Autorenkollektiv unter Leitung von Fritz Klein, 3 Bde., Berlin, 1968/69; Deutschland im zweiten Weltkrieg, Autorenkollektiv unter Leitung von Wolfgang Schumann und Gerhart Hass, Bd. 1, Vorbereitung, Entfesselung und Verlauf des Krieges bis zum 22. Juni 1941, Berlin 1974

655 Autorenkollektiv: Geschichte der sowjetischen Außenpolitik, Teil 1, 1917-1945, deutsch, Berlin 1969, bes. Kapitel 11, S. 377-428

656 Massenwirksame Publikationen dieser Färbung sind etwa Joachim Fests Hitlerbiographie und die Zeitschrift „Das Dritte Reich"

657 Literatur siehe Anmerkung 654, sowie: Anatomie des Krieges, hrsg. D. Eichholtz, W. Schumann, Berlin 1969; Griff nach Südosteuropa, Berlin 1975; Dietrich **Eichholtz:** Geschichte der deutschen Kriegswirtschaft, Bd. 1 (1939-1941), Berlin, 1971

658 Dazu siehe z. B. das berüchtigte „Hoßbachprotokoll" in: H. A. **Jacobsen:** 1939-1945. Der zweite Weltkrieg in Chronik und Dokumenten, Darmstadt 1959, S. 83-90

659 Dazu aus marxistischer Sicht: Geschichte der sowjetischen Außenpolitik, a. a. O.; Deutschland im zweiten Weltkrieg, Bd. I, a. a. O.; nichtmarxistische Darstellung: Alexander **Werth:** Rußland im Krieg, Bd. 1, München/Zürich, 1965

660 I. M. **Maiski:** Wer half Hitler?, dt. Moskau, o. Jg.; L. **Besymenski:** Akte Barbarossa, dt. Rowolt, Reinbek, 1974

661 Literatur: siehe Anmerkung 657; sowie: Fall 5. Der Prozeß gegen den Flick-Konzern, Berlin 1965; Fall 6: Der IG-Farben-Prozeß, Berlin, 1970; Urteil im Krupp-Prozeß (dt. Fassung im Bes. d. Verf.); William **Manchester:** Krupp. Zwölf Generationen, deutsch: München 1968

662 Manchester, a. a., S. 408

663 Siehe auch: Jürgen **Kuczinski:** Die Barbarei – extremster Ausdruck der Monopolherrschaft in Deutschland, in: Zeitschrift für Geschichtswissenschaft, 1991, S. 1484 ff.
664 Siehe Deutschland im Zweiten Weltkrieg, a. a. O.; Autorenkollektiv: Weltgeschichte in zehn Bänden, Bd. 10 (1939-1945), Berlin 1968; Heinz **Kühnrich:** Der Partisanenkrieg in Europa, 1939-1945, Dietz Verlag, Berlin 1965
665 Siehe: Deutschland im Zweiten Weltkrieg, a. a. O.; **Mammach/Nitzsche:** Zum antifaschistischen Kampf der KPD in den Jahren 1939 bis 1941, in: BzG, 1971, S. 911-935
666 Die Berner Konferenz der KPD, hrsg. von Klaus Mammach, Dietz Verlag, Berlin, 1974, S. 89 f.
667 Siehe: Deutschland im Zweiten Weltkrieg, a. a. O., S. 294 ff., 610 ff.
668 Anatomie des Krieges, a. a. O., S. 359 f.
669 IML/ZPA, St 3/1067
670 Deutschland im Zweiten Weltkrieg, a. a. O., S. 271 f.
671 IML/ZPA, St 3/747
672 Ebenda
673 IML/ZPA, 3/21/449
674 Ebenda
675 Mammach/Nitzsche, a. a. O., S. 916; Deutschland im Zweiten Weltkrieg, a. a. O., S. 289; Interview mit Cilli Hansmann, Köln (D. Peukert) 1. Dezember 1974
676 Die folgende Darstellung siehe Bericht Cilli Hansmann, VVN-DÜ, Interviews Cilli Hansmann, a. a. O.; siehe auch: Ger **Harmsen:** Daan Goulooze. Uit het leven van een Communist. Utrecht 1968, leider mit Flüchtigkeitsfehlern!
677 Zur Funkverbindung siehe auch: K. H. **Pech:** An der Seite der Resistance, Röderberg-Verlag, Frankfurt/Main, 1974, S. 35
678 Bericht Cilli Hansmann, VVN-DÜ
679 Nach Cilli Hansmann; Harmsen nennt für Seng den 16. Januar 1941, siehe G. Harmsen, a. a. O., S. 111; Seng selbst sagt im Verhör vom 1. März 1943, daß er Frühjahr 1941 in Sterkrade war, IML/ZPA, NJ 2979
680 Deutschland im Zweiten Weltkrieg, a. a. O., S. 591; Mammach/Nitzsche; a. a. O., S. 927
680a Siehe die beiden folgenden Kapitel
681 Deutschland im Zweiten Weltkrieg, a. a. O., S. 591; **Hochmut/Meyer:** Streiflichter aus dem Hamburger Widerstand, Röderberg-Verlag, Frankfurt/Main, 1969, S. 361; Ursula **Puls:** Die Bästlein-Jacob-Abshagen-Gruppe, Dietz Verlag, Berlin, 1959, S. 95 und 97; Brief an A. Lukas, Berlin an Luise Kraushaar, 17. Februar 1975
682 Interview Fritz Rische, Düsseldorf (D. Peukert), 22. Oktober 1974
683 IML/ZPA, NJ 15722
684 Bericht Bernhard Röppel, Bottrop, im Besitz D. Peukert
685 Siehe auch Billstein: Der eine stirbt, die anderen rücken nach, a. a. O.; Interview Jean Jülich, Köln (W. Kuchta), 4. März 1975; siehe auch folgendes Kapitel
686 IML/ZPA, St 3/767, St 3/186
687 Ebenda, St 3/186

14. „Friedenskämpfer": Die KPD-Gebietsorganisation Niederrhein-Ruhr Sommer 1941 bis Anfang 1943

688 Siehe die Stellungnahmen des ZK der KPD, sowie der SOPADE, SAP, Neubeginnen, in: Geschichte der deutschen Arbeiterbewegung, Bd. V., Berlin, 1966, S. 547-555

689 IML/ZPA, St 3/1185

690 Heinz **Kühnrich:** Zur Erforschung und Darstellung der deutschen antifaschistischen Widerstandsbewegung während des Zweiten Weltkrieges. Ergebnisse und Aufgaben, in: BzG, 17. Jg., 1975, H. 2, S. 260-282

691 Brief Albert Lukas, Berlin, an Luise Kraushaar, 18. Februar 1975; auch über Schniedermann: Informationen von Heinz Junge, Dortmund

692 Zu Mewes: Urteil 9 J 70/42, Film VVN-DÜ 3219; Briefe Eduard Wienskowski, Duisburg, an D. Peukert vom 23. März und 28. März 1975; Interview mit Eduard Wienskowski (D. Peukert), 20. Februar 1975

693 Bericht Leo Kneler, Berlin, freundl. w. erhalten von K. H. Pech, Berlin; Interview Fritz Rische, Düsseldorf (D. Peukert), 22. Oktober 1974

694 Bericht Cilli Hansmann, VVN-DÜ; Mammach/Nitzsche, a. a. O., S. 929 f.;

695 Siehe Biographie in Kapitel: Die Gewerkschaftsbewegung 1936-1939, Bericht Cilli Hansmann

696 Siehe Anmerkung 694

697 Mammach/Nitzsche, a. a. O., S. 931

698 IML/ZPA, St 3/761

699 Bericht Cilli Hansmann: Edith **Zorn:** Einige neue Forschungsergebnisse zur Tätigkeit deutscher Antifaschisten, die an der Seite der französischen Resistance kämpften, in: BzG, 1965, H. 2, S. 298-314

700 IML/ZPA, St 3/761; Harmsen, a. a. O., S. 114

701 Anklage 9 J 51/44 gegen W. Knöchel; Archiv der Forschungsstelle für die Geschichte des Nationalsozialismus in Hamburg, Sign. 8128/VII

702 Deutsche Widerstandskämpfer, a. a. O., Bd. 1, S. 296 ff.

703 IML/ZPA, St 3/783; VVN-DÜ

704 Siehe Anmerkung 701

705 Urteil 2 H 140/44 gegen H. Serwe, VVN-DÜ 2193

706 Otto **Niebergall:** in: Resistance. Erinnerungen deutscher Antifaschisten, Röderberg-Verlag, Frankfurt/Main, 1973, S. 45

707 Interview mit Hans Rentmeister, Berlin (D. Peukert), Dezember 1974; Interview mit Lene Steller, Kettwig (D. Peukert), 9. April 1975

708 Interview mit Reinhard und Else Sturm, Düsseldorf (K. Schabrod), 5. November 1963, VVN-DÜ 893

709 Deutsche Widerstandskämpfer, a. a. O., Bd. 2, S. 88 f.; Interview Hans Rentmeister, a. a. O.; IML/ZPA, St 3/761

710 Bericht Else Kamleiter, Oberhausen, Sammlung Rossaint

711 IML/ZPA, NJ 2979; Cläre **Quast**/Robert **Graf:** Der Kampf der KPD im Rhein-Ruhrgebiet für die schnelle Beendigung des Krieges (1942), in: Der deutsche Imperialismus und der zweite Weltkrieg, Bd. 4, Berlin 1961, S. 423-445, hier S. 438 f.

712 Brief Günter Daus, Mülheim, vom 14. Dezember 1968, VVN-DÜ 3140

713 IML/ZPA, NJ 2979; Deutsche Widerstandskämpfer, a. a O., Bd. 2, S. 514

714 Interview Lene Steller, a. a. O.; zu Scariot siehe Steinberg: Widerstand und Verfolgung in Essen, a. a. O., S. 121

715 IML/ZPA, NJ 4033; Interview Christine Schröder, Bochum (D. Peukert), 13. Februar 1975

716 Interview Josef Hermes, Lennestadt (D. Peukert), 13. Februar 1975

717 Quast/Graf, a. a. O., S. 431

718 Brief A. Lukas an Luise Kraushaar, Berlin

719 Bericht Lotte Berger, Berlin, VVN-DÜ 3946; Interview Cilli Hansmann, Köln, (D. Peukert), IML/ZPA, St 3/783; Interview Walter Thüssfeld, Dortmund (D. Peukert), 7. Februar 1975

720 Urteile 2 H 134/44 (Giesselmann u. a.), 2 H 101/44 (Kleinewächter u. a.), VVN-DÜ 1267, 1308

721 Interview Ewald Kuchta (K. Schabrod), 14. Juli 1970, VVN-DÜ

722 IML/ZPA, St 3/761

723 Sbosny/Schabrod, Widerstand in Solingen, a. a. O., S. 48 f., 109 ff.; Auskunft Fritz Krützner an K. Schabrod; Auskunft Inge Sbosny an D. Peukert

724 Auskunft W. Kuchta, Köln, an D. Peukert; Edith Zorn, a. a. O., S. 303, 311; zum Volksfrontkomitee siehe das folgende Kapitel

725 VVN-DÜ 893, 3284, 3303, 1402a, 2671, 3244; IML/ZPA, St 3/1185, St 3/761; Schabrod, Widerstand an Rhein und Ruhr, a. a. O., S. 118 ff.

726 Cilli Hansmann, Interview (D. Peukert)

727 IML/ZPA, St 3/1185

728 Siehe Kap. 13; Bericht Werner Heyden, VVN-DÜ 1083; Werner Krüger, Manuskript über Widerstand in Wanne-Eickel

729 Bludau, a. a. O., S. 204, f., S. 298

730 in: Die Kommunistische Partei Deutschlands. Dokumente und Materialien, Berlin 1954, S. 410-414; **Laschitza/Vietzke:** Deutschland und die deutsche Arbeiterbewegung 1933-1945, Berlin 1965, S. 389 ff.

731 Interview Cilli Hansmann, a. a. O.

732 Die Darstellung von Cläre **Quast:** Die KPD-Organisation und Führer der westdeutschen Friedensbewegung in den Jahren 1941 bis 1943, in: BzG, 1959, S. 303-318, über die angebliche Konferenz entspricht nicht dem heutigen Erkenntnisstand

733 Zur Herausbildung der deutschen Linken im Ersten Weltkrieg siehe Heinz **Wohlgemut:** Die Entstehung der KPD, Berlin, 1968. In den illegalen Zeitungen 1942 wird mehrmals auf die Antikriegsbewegung 1917/18 verwiesen. So konfrontiert das „Ruhr-Echo" (August 1942) „Hitlers Todesoffensive" auf Stalingrad mit der letzten Offensive Ludendorffs 1918. Im Leitartikel ebenda „Was hinter Goebbels Kraftmeierei steckt" wird explizit auf die Januarstreiks 1918 verwiesen. Alle im weiteren zitierten Nummern des „Friedenskämpfer" und des „Ruhr-Echo" in IML/Bibliothek

734 Der patriotische SA-Mann, Januar 1943, S. 6, IML-Bibliothek, Maiaufruf a. a. O. (Anmerkung 730)

735 RE, August 1942; September 1942

736 Ebenda, Oktober 1942

737 Ebenda, März 1942

738 Maiaufruf, a. a. O., S. 412

739 Ebenda; Friedenskämpfer, Mai 1942

740 Freiheit, Juli 1942, IML-Bibliothek; Friedenskämpfer, September 1942

741 Maiaufruf, a. a. O., S. 413

742 RE, November 1942

743 Friedenskämpfer, März 1942;

744 Dezembermanifest, a. a. O., (Anmerkung 45); Manifest des NKFD vom 13. Juli 1943, in: Zur Geschichte des antifaschistischen Widerstandes in Deutschland. Dokumente und Materialien, Berlin 1959, S. 227-231

745 Maiaufruf, a. a. O.; Friedenskämpfer, Februar 1942, März 1942; RE, März 1942

746 RE, August 1942

747 RE, Mai 1942

748 Zur Auswertung der Novemberrevolution durch das ZK der KPD siehe Mammach/Nitzsche, a. a. O., S. 934

749 RE, Dezember 1942

750 Meldungen aus dem Reich. Auswahl der geheimen Lageberichte des Sicherheitsdienstes der SS 1939-1944, hrsg. von Heinz Boberach, Luchterhand-Verlag, Neuwied 1965, S. 287

751 Cläre Quast, a. a. O., S. 312

752 RE, Dezember 1942

753 Ebenda, Mai 1942, Oktober 1942, Dezember 1942

754 Die verhafteten Instrukteure Alfons Kaps, Willi Seng und Wilhelm Knöchel gaben unter der Folter wichtige Namen und Verbindungen preis, soweit man den Gestapoakten glauben darf. Niemand jedoch weiß, was wirklich in den Gestapokellern vorgegangen ist. Eine historisch objektive Darstellung des Widerstandes sollte daher, soweit möglich, sich jeder Wertung etwaiger Geständnisse etc. enthalten. Besonders traurig ist in diesem Fall der Versuch des „Vorwärts"-Redakteurs Jürgen Schollmer, diese Vorgänge zur antikommunistischen Tagespolitik auszunutzen. Es entspricht der elementarsten Achtung vor der Persönlichkeit und den Leiden der Gestapoopfer, wenn man sich auf die Schilderung ihrer bedeutenden Widerstandstätigkeit vor der Verhaftung beschränkt.

15. Widerstandsgruppen 1943 und 1944

755 Siehe dazu: „Fall 5". Der Prozeß gegen den Flick-Konzern, Berlin 1965; „Fall 6". Der IG-Farben-Prozeß, Berlin 1970; Kriegsverbrecherprozeß gegen Alfried Krupp u. a., Urteil des MGH, Nr. III., Fall X, 31. Juli 1948, deutsche Fassung des Protokolls, maschinenschriftlich, S. 13617-13872, (im Besitz D. Peukert)

756 Auskunft des Internationalen Suchdienstes Arolsen vom 20. Juni 1974, siehe auch dessen: Catalogue of camps and prisons in Germany and German-occupied territories. Ist Issue, Juli 1947, IInd Issue April 1950

757 Ebenda

758 Krupp-Prozeß, Urteil, a. a. O., S. 13690

759 Auskunft Arolsen an E. Schmidt, Essen; Faksimile eines Schreibens des „SS-Arbeitskommandos. KZ Buchenwald. Friedrich-Krupp-Essen" vom 12. Oktober 1944 in: 30 Jahre Befreiung vom Faschismus, 8. Mai 1945/1975, hrsg. von VVN-E, Hans Lomberg, Ernst Schmidt, S. 16

760 Krupp-Prozeß, Urteil, a. a. O., S. 13702

761 Ebenda, S. 13699

762 Ebenda, S. 13704

763 Fall 5, a. a. O., S. 200 f.

764 Ebenda, S. 207

765 Klaus **Drobisch:** Der Werkschutz – betriebliches Terrororgan im faschistischen Deutschland, in Jahrbuch für Wirtschaftsgeschichte (JBWG), 1965/Bd. IV., S. 217 ff.

766 William **Manchester:** Krupp. Zwölf Generationen. dt. München 1968, S. 553; Fotos der Folterschränke im Besitz VVN-E, siehe auch Bildteil dieses Buches

767 Klaus **Drobisch:** Dokumente und Materialien zur direkten Zusammenarbeit zwischen Flick-Konzern und Gestapo bei der Unterdrückung der Arbeiter, in JBWG, 1965/Bd. III., S. 217 ff., hier S. 221

768 Ebenda, S. 222

769 Ebenda

770 Ebenda

771 Ebenda

772 **Klose/Beutel:** Katyn im Rombergpark, Dortmund, o. Jg., S. 7

773 Nach Informationen und Materialien von Aurel Billstein, Krefeld

774 Interview Richard Busse, Dortmund (D. Peukert/U. Krempel), 3. Januar 1975

775 Gespräch mit Emil Sander und Frau, Dortmund, 20. Februar 1975 (D. Peukert)

776 Bericht Walter Kuchta, Köln, 1. November 1975 (im Besitz D. Peukert)

777 Meldungen aus dem Reich, a. a. O., S. 420

778 Ebenda, S. 4512

779 Ebenda, S. 390

780 IML/ZPA, NJ 7548

781 Interview mit Mimi Wommer, Essen (E. Schmidt), 13. März 1974

782 Manchester, a. a. O., S. 527 f.

783 Dankschreiben der französischen Zivildeportierten an Otto Marx, Kopie im Besitz D. Peukert

784 Kopie des Schreibens im Besitz von Max Mikloweit, Duisburg

785 Bludau, Gestapo – geheim! a. a. O., S. 45 f.

786 Brief Günter Daus, Mülheim, 9. November und 14. Dezember 1968, VVN-DÜ 3140

787 Interview Alfred Göge, Essen (E. Schmidt), 25. Juli 1974

788 Karel **Ptacnik:** Jahrgang 21, deutsch Berlin 1957, bestätigt in einem Brief K. P. an E. Schmidt, Essen

789 Faksimile eines Briefes von K. Skworejow, in: **Junge/Pawlik:** Hans Grüning. Ein deutscher Antifaschist kämpft und stirbt gemeinsam mit sowjetischen Patrioten, Dortmund 1973, S. 18

790 Interview Fritz Rische, Düsseldorf (D. Peukert), 22. Oktober 1974

791 Junge/Pawlik, a. a. O.

792 Interview Richard Busse, Dortmund (D. Peukert/U. Krempel), 3. Januar 1975

793 Brief Nora Smirnowa vom 27. Juli 1960 und deren Bericht vom 19. August 1960, in: Wilhelm **Herzog:** Von Potempa zum Rombergpark, Dortmund, o. Jg., S. 108-110

794 Klose/Beutel, a. a. O., S. 18 f.

795 Bericht Ludwig Vorberg vom 14. Juni 1971, VVN-DÜ 3933, 3935

796 Urteile 2 H 73/44 (Possner u. a.), 2 H 80/44 (Schillack u. a.); 74/44 (Rahkopp u. a.), 2 H 95/44 (Duhme u. a.), VVN-DÜ

797Westdeutsches Volksecho, 12. September 1947

798 Original VVN-E

799 Duhnke, a. a. O., Kapitel 8, S. 457 ff.; Hermann **Weber:** Dokumentation: Aus dem Kadermaterial der illegalen KPD 1943, in: Vierteljahreshefte für Zeitgeschichte, 20. Jg. 1972, S. 422 ff.; vgl. H. J. **Reichardt:** Möglichkeiten und Grenzen des Widerstandes der . . . Arbeiterbewegung, in: Der deutsche Widerstand gegen Hitler . . ., Köln – Berlin, 1966, S. 169-215

800 Siehe Kühnrich: Zur Erforschung und Darstellung der deutschen antifaschistischen Widerstandsbewegung . . ., a. a. O.
801 IML/ZPA, NJ 1120, NJ 4033
802 IML/ZPA, NJ 1120
803 Ebenda
804 Ebenda
805 IML/ZPA, NJ 4033; Interview Christine Schröder, Bochum (D. Peukert), 13. Februar 1975; Auskunft Gustav Drosdat, Wanne-Eickel
806 Klose/Beutel, a. a. O.
807 Herzog, W. a. a. O., S. 102
808 Interview Paula Wechsung, Dortmund (D. Peukert/U. Krempel), 3. Januar 1975
809 Franz **Hammer:** Theodor Neubauer. Aus seinem Leben. Dietz Verlag, Berlin 1967; **Glondajeweski/Schumann:** Die Neubauer-Poser-Gruppe, Dietz Verlag, Berlin 1957
810 Siehe Kühnrich, a. a. O.; Glondajeweski/Rossmann: Ein bedeutendes politisches Dokument . . ., in: BzG, 1966, Heft 4, S. 644-676; Gerhard **Nitzsche:** Die Jacob-Saefkow-Bästlein-Gruppe, Dietz Verlag, Berlin 1957; Brief Heinz Junge an D. Peukert vom 23. August 1975
811 Siehe bes. H. Webers Vorrede zu „Dokumentation: Aus den Kadermaterialien der illegalen KPD 1943", in: Vierteljahreshefte für Zeitgeschichte (VfZG), 20. Jg., 1972, S. 422-446
812 Geschichte der deutschen Arbeiterbewegung, a. a. O., Bd. 5, S. 408
813 mitgeteilt von E. Schmidt, Essen
814 IML:ZPA, St 3/1185; vgl. Karl-Heinz **Pech:** An der Seite der Resistance, Röderberg-Verlag, Frankfurt/Main, 1974
815 J. **Zanders** (d. i. Jakob Zorn): Der antifaschistische Widerstandskampf des Volksfrontkomitees „Freies Deutschland" in Köln im Jahre 1943-1944, in: BzG, 1960, H. 2, S. 720-741; siehe auch Interviews von W. Kuchta, Köln mit: Jakob Zorn (8. Januar 1975); Franz Boweleit (7. Januar 1975); Reinhold Heps (12. Februar 1973).
816 Ebenda, sowie Interview mit Jean Jülich, 4. Mai 1975
817 IML/ZPA, nach Auskunft Prof. H. Kühnrich
818 Klotzbach, a. a. O., S. 141
819 Siehe Kapitel: Der Widerstand sozialdemokratischer Gruppen, sowie Werner Link, a. a. O., S. 310-317
820 Ebenda, S. 316 f.; Interview Fritz Rische, a. a. O.

16. Über den Krieg hinaus Widerstand und Befreiung 1945

821 Klose/Beutel, a. a. O.
822 E. **Schmidt:** Vierzig bewegte Jahre, in: Borbecker Nachrichten, Artikelfolge v. 19. September 1969 bis 9. Januar 1970
823 Interview Josef Hermes, Lennestadt (D. Peukert), 13. Februar 1975
824 E. Schmidt: Vierzig bewegte Jahre, a. a. O.
825 **Mannschatz/Seider:** Zum Kampf der KPD im Ruhrgebiet für die Einigung der Arbeiterklasse und die Entmachtung der Monopolherren 1945-1947, Berlin 1962, S. 27
826 Der rote Großvater erzählt, a. a. O., S. 30 f.
827 Ruhr-Zeitung Nr. 5 vom 9. Juni 1945; sowie Berichte in VVN-DÜ

828 Bericht Heinrich Rabbich, Essen, VVN-E

829 Brief Timors an Leutnant Boyee vom 4. Mai 1945, Originale VVN-E (einige Zeit später soll Timor in einem amerikanischen Flugzeug in die UdSSR gebracht worden sein. Über seinen weiteren Lebensweg ist mir leider nichts bekannt).

830 Auskunft E. Schmidt, Essen; Brief Timors vom 4. Mai 1945 VVN-E; Interview mit Josef Ledwohn, (D. Peukert/E. Schmidt), 25. Juni 1975

831 Siehe J. A. **Brodski:** Im Kampf gegen den Faschismus. Sowjetische Widerstandskämpfer in Hitlerdeutschland, 1941-1945, VEB Deutscher Verlag der Wissenschaften, Berlin, 1975, S. 155

832 Interview Heinrich Rabbich (E. Schmidt), Februar 1974

833 Brief Timors vom 4. Mai 1945, VVN-E

834 Interview Josef Ledwohn, a. a. O.

835 Brief Timors vom 4. Mai 1945, VVN-E

836 VVN-E, Kopie

837 Bericht der Industriegewerkschaft Bergbau, Bezirksleitung Gelsenkirchen-Buer . . . über Wiederaufbau und Tätigkeit seit dem Jahre 1945, Gelsenkirchen-Buer 1949

838 Ebenda

839 D. **Peukert:** April 1945: Gründung der Bergarbeitergewerkschaft, in: Unsere Zeit (UZ), Düsseldorf, 18. April 1975; die Wahlangaben aus Mannschatz/Seider, a. a. O., S. 53

840 Interview Josef Ledwohn, a. a. O.

841 Broschüre „Auf dem Weg zur Einheit", Duisburg 1945, VVN, DÜ, Original

Widerstand im Ruhrgebiet. Versuch einer Bilanz

842 Klotzbach, a. a. O., S. 243 f.

843 Beispielsweise: Informationen zur politischen Bildung, Heft 160, 1974: Der deutsche Widerstand 1933-1945

844 Schabrod: Widerstand an Rhein und Ruhr, a. a. O., 2 143

845 Information K. Schabrod, Düsseldorf, E. Schmidt, Essen

846 Klotzbach: Gegen den Nationalsozialismus, a. a. O., S. 244

847 Detlev **Peukert:** Widerstand im Zerrspiegel, in: die tat, Frankfurt/Main, 1. Juni 1974

848 Günter Plum geht angesichts der Kommentierung eines internen Organisationsberichts des kommissarischen politischen Leiters des KPD-Bezirks Niederrhein, Otto Hertel, vom August 1934 so weit, vom „Selbstzerstörungsprozeß der Kommunistischen Partei" zu sprechen, (G. **Plum:** Die KPD in der Illegalität. Rechenschaftsbericht einer Bezirksleitung aus dem Jahre 1934, in: Vierteljahreshefte für Zeitgeschichte, 1975, Heft 2, S. 219-235), weil angeblich „offensive politische Aktivität und konspirative Sicherung der Organisation einander ausschließen" (S. 228). Während Plum sich nicht einmal die Mühe macht, die inhaltlichen Angaben des Berichts in die Gesamtentwicklung einzuordnen, weil er dann zugestehen müßte, daß diese angeblich so isolierten Kommunisten in Wuppertal im Herbst und Winter 1934 eine bedeutende Gewerkschaftsorganisation auf Einheitsfrontbasis ins Leben gerufen haben, muß man aus seiner generellen Diffamierung „offensiver politischer Aktion" gegen den Faschismus folgern, daß er allen demokratischen Kräften nur Abwarten und „innere Emigration" anzuempfehlen weiß. Schließlich ist Plum ja bekannt, daß selbst erheblich zurückhaltenderen Organisationsansätze als die

der KPD relativ schnell von der Gestapo aufgespürt wurden (z. B. die SOPADE-Lesezirkel). Plums schulmeisterliche Abqualifizierung der KPD-Organisation vermischt sich übrigens mit einer erstaunlichen Unkenntnis von Details des antifaschistischen Widerstandes. So behauptet er in Anmerkung 62 (S. 234), daß es nach 1933 keine deutsche Ausgabe der Inprekorr mehr gegeben habe, obwohl in fast allen Prozessen deren Existenz und Weitergabe eine Rolle spielt. Originale der Inprekorr vom 6. Juli 1934, 17. August 1934, 26. Oktober 1934, 21. März 1936 und 4. April 1936 kann man im Archiv der VVN-DÜ einsehen (Sign. Nr. 3018, 3043, 3053, 2636, 2759).